JN308934

刑法総論

佐久間 修

Osamu Sakuma

Strafrecht Allgemeiner Teil. Ein Lehrbuch

成文堂

はしがき

　本書は，法学部または法科大学院の未修者クラスで，刑法総論を学ぶ人のために執筆したものです。法科大学院の既修者クラスであっても，各種の演習書やケースブックなどと併用して頂くことも可能です。また，その内容は，刑法（典）の「第1編　総則」にある条文をもとにして，犯罪論の基本構造や刑罰の本質論を，正確かつ平易に説明するように心がけました。

　一般に，刑法総論では，犯罪の本質をめぐる理論的対立が激しいこと，抽象的な議論が展開されるため，初学者にとっては，相当に理解が困難であるといわれています。その意味で，旧版（刑法講義〔総論〕）から新版に改めるにあたり，縦書きから横書きにするだけでなく，叙述の仕方についても，かなり工夫しました。もちろん，各種の論争で背景となる事情も含めて，最新の判例にも言及しながら，できるかぎり，具体的な素材を用いて解説しています。その意味で，単なる改訂作業ではないため，表題も『刑法総論』としました。この点で，旧版の読者には，申し訳ないと思いますが，ご海容頂ければ幸いです。

　本書では，刑法学を勉強するうえで必要不可欠な専門用語については，適宜，**ゴチック文字**にしました。そのほか，複数の見解が交錯する領域では，**各学説の違いを図示した**ところもあります。これによって，諸見解の違いが，少しでも明確になれば幸いです。他方，全体の頁数を抑制する必要があったため，法律学辞典で検索可能な語句については，思い切って説明を割愛してあります。また，学説上の諸見解をすべて紹介することも控えました。およそ実務から乖離した「理論のための理論」は，初学者が刑法を学ぶうえでは有害無益だからです。そのほか，読者の読み易さを優先して，旧版にあった引用文献を最小限のものとしました。これまで引用させて頂いた諸先生には，ご海容をお願いする次第です。

　他方，いたずらに読みやすさを追求することは，若くて能力のある読者の理解力を低下させ，学問的な正確さを犠牲にするおそれもあります。した

がって，私の力不足から，なお読みづらい部分が多々残るでしょうが，各人が学説を読み解くことにも期待したいと思います。

　最後に，本書の内容は，学生時代から御指導頂いた大塚仁博士の御見解を，私なりに展開したものです。内容自体の未熟さや考察の不十分さは，もっぱら私の理解不足によるものであり，今後とも，各方面のご批判を踏まえつつ，そうした点を補ってゆきたいと考えています。また，数年前に眼病を煩ったこともあり，当初の執筆予定が大幅に遅れたにもかかわらず，温かく見守って下さった成文堂の阿部社長，土子取締役をはじめ，編集部の方々に対して心より感謝申し上げます。

　平成21年1月
　　　　　　　　　　　伊吹下ろしの厳しい名古屋の自宅にて
　　　　　　　　　　　　　　　　　　　　　著　　者

凡例および文献

(1) 法令は，平成 20 年（2008 年）12 月現在のものであり，その引用方法は，主として，平成 3 年（1991 年）3 月の法律編集者懇話会『法律文献等の引用方法』によった。なお，刑法典については，条文数のみを示すこととし，法制審議会による昭和 49 年の改正刑法草案は，改正草案と表記しておいた。そのほか，刑訴＝刑事訴訟法，軽犯＝軽犯罪法，憲＝憲法，会社＝会社法，盗犯＝盗犯等ノ防止及処分ニ関スル法律，罰臨＝罰金等臨時措置法，民＝民法など。

(2) 判例も，同じく平成 20 年 12 月までに公刊された判例集その他に登載されたものの中から，原則として，大審院及び最高裁の判例を引用することとし，その年月日及び登載判例集のみ掲げるにとどめた。ただし，下級審判例にあっても，特に重要とみられるものは注記しておいた。その略称については，『法律文献等の引用方法』に従ったが，判例体系（第一法規）に収録された判例は，体系○巻○頁と表記した。

たとえば，大判明治 45・6・20 刑録 18 輯 896 頁＝大審院明治 45 年 6 月 20 日判決（大審院刑事判決録 18 輯 896 頁），最決昭和 63・7・18 刑集 42 巻 6 号 861 頁＝最高裁昭和 63 年 7 月 18 日決定（最高裁判所刑事判例集 42 巻 6 号 861 頁），東京高判平成 2・2・20 高刑集 43 巻 1 号 11 頁＝東京高等裁判所平成 2 年 2 月 20 日判決（高等裁判所刑事判例集 43 巻 1 号 11 頁）。

なお，下刑集＝下級裁判所刑事裁判例集，刑月＝刑事裁判月報，裁集＝最高裁判所裁判集・刑事，裁特＝高等裁判所刑事裁判特報，新聞＝法律新聞，東高時報＝東京高等裁判所刑事判決時報，判時＝判例時報，判タ＝判例タイムズ，判特＝高等裁判所刑事判決特報。

(3) 学説については，これから刑法を学習する読者の便宜を考えて，現在公刊されている教科書・注釈書などを中心に紹介したが，すでに絶版のものや特殊研究に属する論文についても，特に参照すべき文献は掲記しておいた。また，法律雑誌や大学紀要に発表された論文は，掲載された雑誌名と巻・号・頁のみを示すにとどめたが，略記の方法は，同じく『法律文献等の引用方法』に準拠している。

【本書の使い方】

なお，全体の構成について簡単に説明しておく。本書では，犯罪論の体系と重要なテーマの比重を考慮しつつ，第 1 部第 1 章〔序論〕から第 6 部第 2 章〔刑罰論〕まで，全部で 23 の章を設けた。その上で，第 1 部［刑法の基礎理論］，第 2 部［構成要件該当性］，第 3 部［違法性］，第 4 部［責任］，第 5 部［修正された犯罪類型］，第 6 部［犯罪の個数と刑罰の理論］に大きく分けている。通年の講義であれば，1 回の講義ごとに 1 項目を解説してゆくことで，刑法総論の全体像がおおむね把握できるであろう。なお，刑罰論については，矯正の実情も含めて，現在公刊されている刑事政策の参考書をご覧いただきたい。また，論点ごとの解説書と比べて，全体の頁数を絞ったため，不十分な記述になったところもあるが，重要な論点については，詳細な注記を設ける一方，主要な参考文献を掲げることにした。読者は，必要に応じて，それらの資料を参照して下されば，幸いである。

なお，演習（ゼミナール）などで個別的な問題を考える際には，各々の処罰規定の背後にある社会的要因を，諸外国の現状とも比較対照しつつ考えて欲しい。学習用の教材として

iv 凡例および文献

は，いわゆる概説書・基本書のほかにも，各条文ごとに解説を加えた注釈書（コンメンタール）や，各種の判例に関する文献（判例評釈・判例研究），さらに，特定のテーマについてまとめた論文集などがある。論文集については，本書の末尾でテーマごとにまとめておいた。

☆以下，本文中に引用した概説書の略記方法を掲げておく（50音順）。なお，本文中に引用する際には，原則として，著者名・○頁と表記した。

【行為無価値論の立場から執筆されたもの】
　板倉　宏・刑法総論（補訂版・平19）
　井田　良・講義刑法学・総論（平20）
　伊東研祐・刑法総論（平20）
　大塚　仁・刑法概説（総論）（第4版・平20）
　　同　　・犯罪論の基本問題（昭57）
　　同　　・刑法論集(1)（昭51）
　大谷　實・刑法講義総論（新版第3版・平21）
　香川達夫・刑法講義〔総論〕（第3版・平7）
　川端　博・刑法総論講義（第2版・平18）
　　同　　・集中講義刑法総論（平4）
　斎藤信治・刑法総論（第6版・平20）
　齊藤信宰・刑法講義〔総論〕（新版・平19）
　西原春夫・刑法総論（昭52）
　野村　稔・刑法総論（補訂版・平10）
　日高義博・刑法総論講義ノート（第2版・平8）
　福田　平・刑法総論（全訂第4版・平16）
　福田平＝大塚仁・刑法総論Ⅰ（昭54），同前Ⅱ（昭57）
　福田平＝大塚仁・対談刑法総論(上)（昭61），同前(中)（昭61），同前(下)（昭62）
　藤木英雄・刑法講義総論（昭50）

【結果無価値論の立場から執筆されたもの】
　浅田和茂・刑法総論（補正版・平19）
　内田文昭・刑法Ⅰ（総論）（改訂版・昭61）
　吉川経夫・刑法総論（3訂版・平1）
　齋野彦弥・基本講義刑法総論（平19）
　曽根威彦・刑法総論（第4版・平20）
　内藤　謙・刑法講義総論（上・昭58），同前（中・昭61），同前（下Ⅰ・平3），同前（下Ⅱ・平14）
　中　義勝・講述犯罪総論（昭55）
　中山研一・刑法総論（昭57）
　西田典之・刑法総論（平18）
　林　幹人・刑法総論（第2版・平20）
　平野龍一・刑法総論Ⅰ（昭47），同前Ⅱ（昭50）

同　　・刑法の基礎（昭41）
　　同　　・刑法概説（昭52）
　　同　　・刑法の機能的考察（昭59）
　　同　　・犯罪論の諸問題(上)総論（昭56），同前(下)総論（昭57）
　堀内捷三・刑法総論（第2版・平16）
　前田雅英・刑法総論講義（第4版・平18）
　　同　　・現代社会と実質的犯罪論（平4）
　　同　　・刑法の基礎総論（平5）
　松宮孝明・刑法総論講義（第4版・平21）
　山口　厚・刑法総論（第2版・平19）
　山中敬一・刑法総論（第2版・平21）

【その他の概説書】（絶版書を含む）
　青柳文雄・刑法通論Ⅰ総論（昭40）
　植松　正・刑法概論Ⅰ総論（再訂版・昭49）
　小野清一郎・新訂刑法講義総論（増補版・昭25）
　木村亀二・刑法総論（阿部純二増補・昭53）
　　同　　・犯罪論の新構造(上)（昭41），同前(下)（昭43）
　草野豹一郎・刑法要論（昭31）
　佐伯千仭・刑法講義（総論）（四訂版・昭56）
　荘子邦雄・刑法総論（第3版・平8）
　正田満三郎・刑法体系総論（昭54）
　瀧川幸辰・犯罪論序説（改訂版・昭22）
　団藤重光・刑法綱要総論（第3版追補・平7）
　中野次雄・刑法総論概要（第3版・平4）
　平場安治・刑法総論講義（昭36）
　不破武夫＝井上正治・刑法総論（昭50）
　牧野英一・日本刑法上巻（重訂版・昭12）
　宮本英脩・刑法大綱（昭10）

　☆判例教材および注釈書として
　　西田典之＝山口厚＝佐伯仁志編・刑法判例百選Ⅰ総論（第6版・平20）
　　前田雅英・最新重要判例250刑法（第6版・平19）
　　大塚仁＝河上和雄＝佐藤文哉編・大コンメンタール刑法第1巻～第5巻（第二版・平11～平16）〔＝執筆者名・大コメ(1)～(5)〕
　　大塚仁＝川端博編・新判例コンメンタール刑法4～6（平9）〔＝執筆者名・新判コメ4～6〕
　　川端博＝西田典之＝原田國男＝三浦守編・裁判例コンメンタール第1巻（平18）
　　阿部純二編・基本法コンメンタール改正刑法［第3版］（2007年版・平19）
　　前田雅英＝松本時夫＝池田修＝渡邉一弘＝大谷直人＝河村博編・条解刑法（平14）
　　そのほか，ジュリスト増刊・重要判例解説（昭43～），判例評論1号～（昭30～）など

vi 凡例および文献

がある。

☆また、記念論文集としては，
渥美東洋先生古稀祝賀・犯罪の多角的検討（平 18）
阿部純二先生古稀祝賀論文集・刑事法学の現代的展開（平 16）
板倉宏先生古稀祝賀・現代社会型犯罪の諸問題（平 16）
井戸田侃先生古稀祝賀論文集・転換期の刑事法学（平 11）
井上正治博士還暦祝賀・刑事法学の諸相(上)（昭 56），(下)（昭 58）
植松正博士還暦祝賀・刑法と科学〔法律編〕（昭 46）
内田文昭先生古稀祝賀論文集（平 14）
大野眞義先生古稀祝賀・刑事法学の潮流と展望（平 12）
岡野光雄先生古稀記念・交通刑事法の現代的課題（平 19）
香川達夫博士古稀祝賀・刑事法学の課題と展望（平 8）
神山敏雄先生古稀祝賀論文集 1 巻（平 18）
吉川経夫先生古稀祝賀・刑事法学の歴史と課題（平 6）
齊藤金作博士還暦祝賀・現代の共犯理論（昭 39）
齊藤誠二先生古稀祝賀・刑事法学の現実と展開（平 15）
佐伯千仭博士還暦祝賀・犯罪と刑罰(上)，(下)（昭 43）
佐々木史郎先生喜寿祝賀論文集・刑事法の理論と実践（平 15）
佐藤司先生古稀祝賀・日本刑事法の理論と展望(上)，(下)（平 14）
下村康正先生古稀祝賀・刑事法学の新動向(上)（平 17）
荘子邦雄先生古稀祝賀・刑事法の思想と理論（平 3）
鈴木茂嗣先生古稀祝賀論文集上巻（平 19）
団藤重光博士古稀祝賀論文集 1 巻〜3 巻（昭 58〜59）
内藤謙先生古稀祝賀・刑事法学の現代的状況（平 6）
中義勝先生古稀祝賀・刑法理論の探究（平 4）
中野次雄判事還暦祝賀・刑事裁判の課題（昭 47）
中山研一先生古稀祝賀論文集 1 巻〜5 巻（平 9）
夏目文雄先生古稀記念・刑事法学の新展開（平 12）
西原春夫先生古稀祝賀論文集 1 巻〜3 巻（平 10）
日沖憲郎博士還暦祝賀・過失犯(1)，(2)（昭 41）
平野龍一先生古稀祝賀論文集上巻（平 2），下巻（平 3）
平場安治博士還暦祝賀・現代の刑事法学(上)（昭 52）
福田平・大塚仁博士古稀祝賀・刑事法学の総合的検討(上)，(下)（平 5）
松尾浩也先生古稀祝賀論文集上巻（平 10）
松岡正章先生古稀祝賀・量刑法の総合的検討（平 17）
三原憲三先生古稀祝賀論文集（平 14）
宮澤浩一先生古稀祝賀論文集 3 巻（平 12）
森下忠先生古稀祝賀・変動期の刑事法学（平 7）
八木國之先生古稀祝賀・刑事法学の現代的展開(上)（平 4）

目　　次

はしがき

凡例および文献

第1部　刑法の基礎理論……………………………………………………*1*

第1章　序　論……………………………………………………………*1*

第1節　刑法および刑法学……………………………………………*1*
　　1　刑法の意義（*1*）　　2　刑法学とは何か（*3*）
　　3　刑法のもつ社会的機能（*4*）

第2節　刑法の歴史的発展と学派の対立……………………………*6*
　　1　刑法の起源（*6*）　　2　古典学派と近代学派（*7*）
　　3　わが国における沿革（*9*）

第3節　罪刑法定主義の現代的意義…………………………………*12*
　　1　罪刑法定主義の沿革（*12*）
　　2　罪刑法定主義の派生原則（*13*）
　　3　現代社会における意義（*15*）

第4節　刑法の適用範囲………………………………………………*17*
　　1　時間的適用範囲（*17*）　　2　場所的適用範囲（*20*）
　　3　人的・物的適用範囲（*21*）

第2章　犯罪論の基礎……………………………………………………*23*

第1節　犯罪の本質と形式……………………………………………*23*
　　1　犯罪の意義（*23*）　　2　犯罪の種類（*25*）

第2節　犯罪論の体系…………………………………………………*27*
　　1　犯罪成立要件（*27*）　　2　二分説と三分説（*29*）

第3節　行為論…………………………………………………………*30*
　　1　犯罪概念の基底としての行為（*30*）
　　2　自然的行為論と社会的行為論（*32*）

3　目的的行為論と人格的行為論 (33)　　4　本書の立場 (35)
　第4節　行為論における課題……………………………………………37
　　　1　法人の犯罪行為 (37)　　2　作為と不作為 (39)
　　　3　行為概念における結果と行為者 (40)

第2部　構成要件該当性——第1の犯罪成立要件………………43

第1章　構成要件の理論……………………………………………43
　第1節　構成要件の概念……………………………………………43
　　　1　その歴史的沿革 (43)　　2　現在の構成要件論 (44)
　第2節　構成要件の機能と種類……………………………………46
　　　1　構成要件の機能 (46)　　2　構成要件の種類 (48)
　　　3　構成要件論の限界 (49)
　第3節　構成要件の要素……………………………………………51
　　　1　基本的構成要件要素 (51)　　2　行為の客観面 (53)
　　　3　行為の主観面 (55)　　4　行為の主体 (56)
　　　5　行為の客体・行為の状況 (59)
　　　6　修正された構成要件の要素 (60)

第2章　実行行為——構成要件要素（その1）……………………62
　第1節　実行行為の概念……………………………………………62
　　　1　実行行為の意義 (62)　　2　実行行為性 (63)
　　　3　実行行為と主観的要素 (64)
　　　4　実行行為の時期——早すぎた結果発生 (67)
　第2節　実行行為の存否……………………………………………70
　　　1　実行行為の判断基準 (70)
　　　2　実行行為の開始（実行の着手）(71)
　第3節　不作為犯における実行行為………………………………74
　　　1　不作為犯の処罰根拠 (74)　　2　作為義務の発生根拠 (77)
　　　3　作為犯との等価値性（等価値性の原則）(79)
　第4節　間接正犯における実行行為………………………………81
　　　1　間接正犯の意義 (81)　　2　実行行為の開始時期 (83)

        3　被利用者標準説に対する批判（*84*）
        4　着手・未遂分離説に対する批判（*86*）
　第3章　因果関係――構成要件要素（その2）………………………*88*
　　第1節　因果関係の理論……………………………………………*88*
        1　因果関係の意義（*88*）
        2　因果関係論における諸見解の対立（*89*）
        3　本書の立場（*91*）
　　第2節　条件関係の確定……………………………………………*93*
        1　条件関係の有無（*93*）　　2　条件関係の仮定（*94*）
        3　条件関係の競合（*96*）
　　第3節　相当因果関係――条件説の限定…………………………*98*
        1　「相当性」判断の基準（*98*）　　2　客観説・主観説・折衷説（*99*）
        3　行為時の特殊事情（*101*）　　4　行為後の介在事情（*102*）
        5　結果発生に対する寄与度（*103*）
　　第4節　相当因果関係論の展開……………………………………*105*
        1　不作為の因果関係（*105*）　　2　過失犯の因果関係（*106*）
        3　疫学的因果関係（*107*）
　第4章　構成要件的故意（実行故意）
　　　　　――構成要件要素（その3）………………………………*109*
　　第1節　故意の意義および要件……………………………………*109*
        1　故意の体系的地位（*109*）　　2　故意の成立要件（*111*）
        3　故意の種類（*112*）
　　第2節　故意の存否の判断…………………………………………*114*
        1　認識主義と意思主義（*114*）　　2　故意の段階的構造（*116*）
　　第3節　特殊な主観的構成要件要素………………………………*118*
        1　行使の目的・一定の意思傾向（*118*）
        2　結果的加重犯における主観的要素（*120*）
　第5章　構成要件的事実に関する錯誤………………………………*122*
　　第1節　構成要件的錯誤の意義・種類……………………………*122*
        1　事実の錯誤と法律の錯誤（*122*）

　　　　2　法律的事実に関する錯誤（*123*）
　　　　3　同一構成要件内の錯誤と異なる構成要件間の錯誤（*125*）
　　第2節　同一構成要件内の錯誤……………………………………126
　　　　1　法定的符合説と具体的符合説（*126*）
　　　　2　客体の特定と複数結果の併発（*129*）
　　第3節　異なる構成要件間の錯誤…………………………………131
　　　　1　法定的符合説と抽象的符合説（*131*）
　　　　2　各構成要件の重なり合い（*134*）
　　第4節　事実の錯誤と故意犯の成否………………………………135
　　　　1　既遂結果の故意帰属（*135*）
　　　　2　相当因果関係と因果関係の錯誤（*137*）
　　　　3　規範的構成要件要素の錯誤（*139*）

第6章　構成要件的過失――構成要件要素（その4）………………141
　　第1節　過失の意義および要件……………………………………141
　　　　1　過失の体系的地位（*141*）
　　　　2　過失の成立要件（*143*）　　3　過失の種類（*145*）
　　第2節　過失の構成要素……………………………………………147
　　　　1　結果予見義務と結果回避義務（*147*）
　　　　2　結果予見義務の違反（*149*）　　3　結果回避義務の違反（*150*）
　　第3節　伝統的過失概念の縮小・拡大……………………………151
　　　　1　信頼の原則と注意義務（*151*）　　2　管理・監督過失（*153*）
　　　　3　管理・監督過失論に対する批判（*155*）　　4　過失の競合（*156*）

第3部　違法性――第2の犯罪成立要件……………………………………158
第1章　違法性の理論……………………………………………………158
　　第1節　違法性の概念………………………………………………158
　　　　1　違法性の意義（*158*）　　2　違法性の理論と正当化事由（*160*）
　　第2節　違法性の本質………………………………………………162
　　　　1　形式的違法性と実質的違法性（*162*）
　　　　2　主観的違法性と客観的違法性（*163*）

第3節　違法性の要素………………………………………………………… *165*
　　1　客観的違法性と主観的違法要素（*165*）
　　2　主観的正当化要素の観念（*167*）
　　3　行為無価値論と結果無価値論（*169*）
　　4　行為無価値論と正当化事由（*171*）
　第4節　違法性の程度………………………………………………………… *173*
　　1　可罰的違法性の理論（*173*）
　　2　犯罪論上の意義と判断基準（*174*）
　　3　判例における可罰的違法性（*176*）
第2章　正当行為一般（刑法35条）……………………………………… *178*
　第1節　法令行為（労働争議行為を含む）………………………………… *178*
　　1　正当行為の種類（*178*）　　2　法令行為（*179*）
　　3　労働争議行為（*181*）
　第2節　正当業務行為………………………………………………………… *183*
　　1　正当業務行為と許された危険（*183*）
　　2　治療行為と正当化事由（*184*）
　　3　脳死体からの臓器摘出（*186*）
　第3節　安楽死と尊厳死……………………………………………………… *188*
　　1　安楽死の正当化要件（*188*）　　2　尊厳死の正当化要件（*190*）
　第4節　被害者の承諾による行為…………………………………………… *192*
　　1　被害者の承諾と保護法益（*192*）
　　2　被害者の合意と承諾（*193*）
　　3　保護法益と正当化の根拠（*194*）
　　4　有効な同意の条件（*195*）
　第5節　推定的承諾と危険の引受け………………………………………… *198*
　　1　推定的承諾による正当化（*198*）
　　2　危険の引受けによる正当化（*200*）
第3章　正当防衛（刑法36条）…………………………………………… *203*
　第1節　正当防衛の意義……………………………………………………… *203*
　　1　正当防衛の沿革とその本質（*203*）

2　正当化の根拠とその限界 (204)
　　　3　正当防衛の制裁的機能 (206)
　　　4　緊急行為としての自救行為 (207)
　第2節　急迫不正の侵害——正当化要件 (その1) ……………………… 208
　　　1　侵害の急迫性 (208)　　2　不正な侵害 (210)
　　　3　対物防衛 (212)
　第3節　防衛行為の必要性・相当性——正当化要件 (その2) …… 214
　　　1　防衛行為の前提条件 (214)　　2　防衛意思とその内容 (215)
　　　3　やむを得ずにした行為 (218)
　第4節　誤想防衛と過剰防衛 …………………………………………………… 220
　　　1　広義の誤想防衛 (220)　　2　過剰防衛の意義 (221)
　　　3　誤想過剰防衛の取り扱い (224)

第4章　緊急避難 (刑法37条) …………………………………………………… 227

　第1節　緊急避難の意義 ………………………………………………………… 227
　　　1　緊急避難の沿革とその本質 (227)
　　　2　不可罰の根拠 (正当化と免責) (229)
　　　3　正当防衛と緊急避難 (231)
　第2節　緊急避難の正当化要件 ………………………………………………… 233
　　　1　現在の危難 (233)　　2　避難行為 (235)
　　　3　過剰避難と誤想避難 (237)
　第3節　緊急避難と義務の衝突 ………………………………………………… 238
　　　1　特別義務者の緊急避難 (238)　　2　義務の衝突 (239)
　　　3　正当化事由の競合 (241)

第4部　責　任——第3の犯罪成立要件 …………………………………… 243

第1章　責任の理論 …………………………………………………………………… 243

　第1節　責任の概念 ……………………………………………………………… 243
　　　1　責任の意義 (243)　　2　構成要件と責任 (245)
　　　3　違法性と責任 (246)

第2節　責任の本質………………………………………………247
　　　　1　道義的責任論と社会的責任論（247）
　　　　2　行為（意思）責任論，性格責任論，人格的責任論（249）
　　　　3　心理的責任論と規範的責任論（251）
　　第3節　責任の要素………………………………………………253
　　　　1　主観的責任要素と客観的責任要素（253）
　　　　2　責任能力の存否（255）　　3　責任能力の判断（257）
　　第4節　期待可能性の理論………………………………………259
　　　　1　期待可能性論の意義（259）　　2　期待可能性の判断基準（261）
　　　　3　期待可能性論の具体的展開（262）
第2章　原因において自由な行為……………………………………264
　　第1節　責任主義と責任無能力…………………………………264
　　　　1　行為と責任の同時存在（264）
　　　　2　その処罰根拠（実行と責任の所在）（266）
　　　　3　適用の限界（268）
　　第2節　故意犯の場合……………………………………………270
　　　　1　主観面における限定（270）
　　　　2　客観的要件（実行の着手時期）（272）
　　　　3　連続型と非連続型（273）
　　第3節　過失犯の場合……………………………………………275
　　　　1　過失犯の構成要件と注意義務違反の時期（275）
　　　　2　注意能力と責任能力（277）
第3章　故意責任――違法性の意識と違法性の錯誤………………280
　　第1節　故意責任の本質…………………………………………280
　　　　1　故意の体系的地位（280）
　　　　2　故意責任における事実の認識（282）
　　　　3　故意概念の実質化（284）
　　第2節　違法性の意識……………………………………………285
　　　　1　責任論上の意義（285）　　2　中間的見解（287）
　　　　3　違法性の意識の内容（289）

第3節　違法性に関する錯誤 …………………………………… 291
1　構成要件的錯誤と違法性に関する錯誤 (291)
2　違法性阻却事由の錯誤 (293)
3　違法性の錯誤（禁止の錯誤）(296)
4　刑法38条3項の解釈と違法性の意識可能性 (298)

第4章　過失責任──過失犯と予見可能性 …………………………… 301

第1節　過失責任の本質 ………………………………………… 301
1　責任要素としての過失 (301)
2　構成要件的過失と責任過失 (302)
3　事実の過失と法律の過失 (305)

第2節　責任過失の要素 ………………………………………… 306
1　結果回避義務と結果予見義務 (306)
2　過失における予見可能性 (309)
3　因果関係の認識可能性 (310)

第3節　法人の過失責任 ………………………………………… 312
1　両罰規定と選任・監督過失 (312)
2　両罰規定による従業員の処罰 (314)

第5部　修正された構成要件──未遂犯と共犯 …………………… 317

第1章　未遂犯と中止犯──修正された構成要件（その1）……… 317

第1節　未遂犯（広義）………………………………………… 317
1　未遂犯の意義 (317)　　2　未遂犯と実行行為 (319)
3　未遂犯における違法と責任 (322)

第2節　不能犯──実行行為の存否 …………………………… 324
1　不能犯の意義 (324)　　2　不能犯と未遂犯の区別 (325)
3　具体的危険説と客観的危険説 (327)
4　不能犯と事実の欠如 (330)

第3節　中止犯 …………………………………………………… 332
1　中止犯の意義と減免の根拠 (332)
2　中止の任意性（「自己の意思により」）(334)
3　犯罪の中止（結果の不発生）(336)

4　中止犯の効果（必要的減免）（*338*）
第2章　広義の共犯――修正された構成要件（その2）……………*341*
　第1節　共犯の理論………………………………………………………*341*
　　　1　共犯の意義（*341*）　　2　正犯と共犯の区別（*343*）
　　　3　正犯と共犯を分ける基準（*345*）
　第2節　共犯の本質………………………………………………………*347*
　　　1　刑罰拡張事由としての共犯（*347*）　　2　共犯の処罰根拠（*349*）
　第3節　共犯の従属性と独立性…………………………………………*352*
　　　1　共犯従属性説と共犯独立性説（*352*）
　　　2　従属性の程度をめぐる諸見解（*354*）
　　　3　実行従属性・要素従属性・罪名従属性（*357*）
第3章　共同正犯……………………………………………………………*360*
　第1節　共同正犯の意義…………………………………………………*360*
　　　1　共同正犯の成立要件（*360*）　　2　共謀共同正犯の理論（*362*）
　　　3　間接正犯類似説と優越的行為支配説（*363*）
　　　4　共謀共同正犯における「実行」（*365*）
　第2節　共同正犯の成立が限定される場合……………………………*367*
　　　1　承継的共同正犯（*367*）　　2　過失犯の共同正犯（*370*）
　　　3　結果的加重犯の共同正犯（*372*）
　第3節　共同正犯の成立が疑問視される場合…………………………*373*
　　　1　片面的共同正犯（*373*）　　2　不作為の共同正犯（*375*）
　　　3　予備罪の共同正犯（*376*）
第4章　狭義の共犯――教唆犯と従犯……………………………………*379*
　第1節　教唆犯と従犯の意義……………………………………………*379*
　　　1　従属的共犯としての教唆・幇助（*379*）
　　　2　従属的共犯の取り扱い（*381*）
　第2節　教唆犯の成立要件………………………………………………*382*
　　　1　教唆の故意と未遂の教唆（*382*）
　　　2　過失による教唆と過失犯に対する教唆（*384*）
　　　3　教唆行為とその態様（*386*）

　　　　4　「(正犯に) 犯罪を実行させた」(388)

　第3節　従犯の成立要件……………………………………………389
　　　　1　幇助の故意と未遂の幇助 (389)
　　　　2　幇助行為とその態様 (390)　　3　「正犯を幇助した」(392)

第5章　共犯に関する諸問題
　　　　──事実の錯誤・未遂と離脱・身分犯と共犯……………394

　第1節　共犯の錯誤…………………………………………………394
　　　　1　共犯における事実の錯誤 (394)
　　　　2　同一共犯形式内における事実の錯誤 (395)
　　　　3　重なり合いの範囲 (398)
　　　　4　異なる共犯形式間における事実の錯誤 (400)

　第2節　共犯の未遂…………………………………………………402
　　　　1　共犯の障害未遂と中止未遂 (402)
　　　　2　共犯関係からの離脱 (403)　　3　共犯の中止と離脱 (406)
　　　　4　共犯における正当防衛・過剰防衛 (407)

　第3節　共犯と身分…………………………………………………411
　　　　1　刑法でいう「身分」とは何か (411)
　　　　2　刑法65条の解釈 (413)　　3　真正身分犯と共犯 (416)
　　　　4　不真正身分犯と共犯 (417)

第6部　犯罪の個数と刑罰の理論……………………………………421

第1章　罪数論…………………………………………………………421
　第1節　罪数論の基礎………………………………………………421
　　　　1　総説 (421)　　2　罪数の判断基準 (422)
　　　　3　構成要件該当性と可罰的評価 (423)

　第2節　本来的一罪の諸形態………………………………………424
　　　　1　本来的一罪の意義 (424)　　2　本来的一罪でないもの (425)
　　　　3　集合犯・結合犯など (本来的一罪) (426)

　第3節　包括的一罪…………………………………………………427
　　　　1　包括的一罪と法条競合 (427)
　　　　2　包括的一罪(広義)と本来的一罪 (428)

第4節　科刑上一罪 …………………………………………… 430
1　観念的競合 (430)　　2　牽連犯 (432)
3　科刑上一罪の「かすがい」現象 (434)

第5節　併合罪 …………………………………………………… 435
1　併合罪の意義 (435)　　2　併合罪の処分 (437)
3　累犯 (再犯) (438)

第2章　刑罰論 ………………………………………………………… 440

第1節　刑罰の本質 …………………………………………… 440
1　応報刑主義と目的刑主義 (440)　　2　刑罰論と犯罪論 (442)
3　刑事政策的刑罰観 (444)
4　客観的処罰条件と処罰阻却事由 (447)
5　重大犯罪の法定刑の引き上げ (448)

第2節　刑罰の種類 …………………………………………… 450
1　生命刑・自由刑・財産刑 (450)　　2　死刑 (生命刑) (452)
3　懲役・禁錮・拘留 (自由刑) (455)
4　罰金・科料 (財産刑) (456)　　5　没収・追徴 (付加刑) (457)
6　保安処分 (459)

第3節　刑罰の適用 …………………………………………… 461
1　法定刑・処断刑・宣告刑 (461)
2　加重・減軽の種類と順序 (462)
3　加重・減軽の方法 (465)
4　酌量減軽と量刑事情 (466)

付録 ……………………………………………………………………… 470

事項索引 ………………………………………………………………… 478

判例索引 ………………………………………………………………… 487

第1部　刑法の基礎理論

第1章　序　論

第1節　刑法および刑法学

1　刑法の意義

(1) 広義の刑法と刑法典

　刑法（Strafrecht；criminal law）とは，犯罪と刑罰に関する法全般をいう。広い意味では，犯罪の成立要件と法律効果（刑罰）を定めた法規範の総体を指している（**広義の刑法**）。これに対して，**狭義の刑法**とは，明治40年（1907年）制定の「刑法」をいう。狭義の刑法は，通常，**刑法典**と呼ばれる。刑法典以外の処罰規定としては，特別刑法または行政刑法の領域に属するものがある。たとえば，暴力行為等処罰ニ関スル法律，盗犯等ノ防止及処分ニ関スル法律，軽犯罪法，覚せい剤取締法，爆発物取締罰則などが挙げられる。また，会社法や独占禁止法にも，多数の処罰規定が含まれている。これらは，**実質的意義**における**刑法**と呼ばれる。

　刑法典は，平成7年（1995年）の現代用語化により，全面的な法改正があった。しかし，犯罪と刑罰については，明治時代に制定された条文の内容が，そのまま維持されている。また，平成16年には，刑法典の制定以来，ほとんど変更されなかった刑の重さを再検討して，重大犯罪の法定刑を引き上げるとともに，懲役刑と禁錮刑の上限を延長して，20年までの期間に加重した。個々の犯罪の法定刑も見直して，殺人罪，傷害（致死）罪，強姦罪などでも，法定刑が改められた。これにともなって，刑の公訴時効の期間も延長されている。その背景には，最近，他人の生命・身体の安全に重大な危害を及ぼす

凶悪犯罪が増加したことから，国民の「体感治安」が悪化するとともに，被害者の処罰感情が強くなったという事情がある。

(2) 実体法と手続法

上述した刑法とは，刑罰権の発動に関する実質的な法律関係を規定するため，いわゆる**実体法**（materielles Recht）にあたる。これに対して，**刑事法**（Kriminalrecht）の概念は，こうした実体刑法を中心として，刑事訴訟法や刑事訴訟規則などの手続法のほか，刑罰の執行と受刑者の取り扱いを定めた「刑事収容施設及び被収容者等の処遇に関する法律」など，犯罪者の矯正や触法少年の保護処分に関する法制度を包含した概念である。また，刑法は，刑罰権の主体である国家と処罰対象となる個人（犯罪者）の関係を規律する点で，憲法や行政法と同じく，**公法**（öffentliches Recht）に属する。したがって，個々の刑事裁判で法的評価の前提となるだけでなく（裁判規範），社会にとって有害な犯罪行為を抑止するため，一般国民にも働きかけるという意味で，禁止・命止をする作用がある（行為規範）[1]。

【図示】

```
              ┌─ 刑法（刑法典＋特別刑法）
広義の刑法 ──┼─ 刑事手続法（刑事訴訟法＋刑事訴訟規則＋少年法など）
（刑事法）    └─ 刑事政策（犯罪原因論＝犯罪学＋受刑者処遇関係法＝矯正学）
```

刑法典では，犯罪と刑罰の関係を，「人を殺した者は，死刑又は無期若しくは5年以上の懲役に処する」という方式で規定している（199条）。そこでは，前半の部分が犯罪成立要件であり，後半部分が，法律効果としての刑罰である。しかし，刑法典以外の特別刑法では，「……してはならない」という禁止規定と，違反者に対する罰則を別個に設けることが一般である。その場合にも，犯罪行為を規定した条文と法律効果である刑罰を示した条文が一体となって，**実質的意義の刑法**となるのである。

---

[1] 今日では，こうした思想的な対立を離れて，より機能主義的に理解する必要もある。しかし，刑罰それ自体が犯罪者にとって害悪であり，犯罪をそれ以上の害悪とみることは（平野44頁），刑罰のもつ積極的意義を否定した「消極的な結果責任主義」にほかならない。また，一般予防機能も含む行為規範性を軽視するという欠陥もある。

2　刑法学とは何か

(1) 実質的な犯罪と形式的な犯罪

　実質的な意味の犯罪は，社会的にとって有害なものであり，国民の生活秩序を危うくする行為全般を意味する（**実質的意味の犯罪**）。およそ人間の行為でありさえすれば，幼児・精神障害者などの違法行為も含まれる。さらに，動物による侵害でさえも，事実上の「犯罪」となりうる。しかし，刑法上の犯罪は，少なくとも，人間の行為でなければならない。また，処罰に値するという意味では，刑罰法規に違反する当罰的な行為に限られる（**形式的意味の犯罪**）。

　現実には，社会的にとって有害な行為であっても，犯罪にあたらないものが，多数存在している。たとえば，配偶者のある者の姦通行為や，一時の娯楽に供する物品を対象とした賭博のように，道徳的には反社会的なものであっても，現行の刑罰法規が処罰しない行為は，形式的意味の犯罪には含まれない。ここでいう**犯罪論**とは，形式的意義における犯罪が，どのような過程で成立するかを論じるものである。また，狭義の**刑法学**（Strafrechtswissenschaft）は，実体刑法の解釈学を指している（**刑法解釈学**；Strafrechtsdogmatik）。その背後には，人間の行動に関する法哲学的省察や比較刑法学などがあり，犯罪の発生原因や抑止方法を研究する犯罪学（Kriminologie）の分野も含めることで，広い意味でいう**理論刑法学**が形成される（大塚8頁）。

(2) 刑法総論と刑法各論

　刑法学は，刑法典の中に総則と各則があるように，犯罪と刑罰をめぐる一般原則を示した刑法総論（Allgemeiner Teil）と，各種の犯罪類型における犯罪成立要件と刑罰（法律効果）を検討する刑法各論（Besonderer Teil）に区分される。刑法典総則の規定は，各法律に特別の定めがないかぎり，特別刑法を含む刑法全体に適用される（8条）。また，刑法典総則における一般原則は，当初，各犯罪類型に共通する諸原理を抽出したものであり，その意味で，刑法総論と刑法各論は，密接不離の関係にあるといえよう。しかし，特別刑法では，取締目的の達成という見地から，刑法典総則の例外を認めることもある。たとえば，刑法38条1項の趣旨と異なり，明文の規定がない過失犯の処罰を

認めるほか（大判大正6・12・12刑録23輯1357頁,）、いわゆる限時法の理論（後述）を採用したり，法人の刑事責任をめぐって，刑法典総則とは異なる法理を用いることがある。

3 刑法のもつ社会的機能

(1) 秩序維持機能と法益保護機能

実質的意義の刑法には，(a)規制的機能，(b)秩序維持機能，(c)自由保障機能がある。まず，(a)刑法は，「何が犯罪となるか」を明らかにすることで，一定の行為が法的には無価値であるという規範的判断を示している（**評価機能**）。また，個々の行為者については，刑罰という法的効果を与えることで，およそ犯罪に向けた意思決定をしないように命令する（**意思決定機能**）。これら両者をあわせて，刑法の**規制的機能**（normierende Funktion）と呼ぶ（M・E・マイヤー、大塚5頁）。つぎに，(b)刑法は，国家が犯罪者を処罰することで，国家の秩序ないし社会的秩序を維持する機能を有している（**秩序維持機能**：Sicherungsfunktion）。それによって，国民一般が犯罪から遠ざけられ（**一般予防機能**），すでに犯罪者となった者は，再び同じような行為をしないように強制される機能を有する（**特別予防機能**）。また，これらの諸機能と併せて，社会生活上も一定の利益が法益（Rechtsgut）として保護されるという機能がある（**法益保護機能**）。

もっとも，刑法の秩序維持機能や法益保護機能は，他の法令による規制が不十分な場合に限られる。これを，**刑法の補充性**（komplementäre oder sekundäre Natur）と呼ぶ。刑罰という強力な手段を用いることは，国民の権利を著しく制限するおそれがあるため，可能なかぎり，抑制的な態度を維持しなければならない（**謙抑主義**）。しかし，一部の学説のように，「処罰の範囲を限定しさえすれば，それだけで国民の利益になる」と考えるのは，犯罪行為が引き起こす現実の被害に目を閉ざすものであって，一部の人権論者の誤解にすぎない（前田5頁）。

---

2) 荘子邦雄・注釈特別刑法(1)5頁以下など参照。そのほか，予備・陰謀段階における煽動などを独立罪として処罰することもある（爆発4条，国公111条，地公62条，破防41条など）。
3) ここでいう秩序維持機能を，国民各人の利益に還元して説明する見解もあるが（前田4～6頁），現実には，個人の利益の総和を超える社会全体の利益が存在しており，それが反射的に平穏な生活秩序を維持している点では，むしろ，刑法上独立した法益にあたる。

(2) 自由保障機能と秩序維持機能

　上述した機能とは別に，刑法には，(c)国家刑罰権の行使を一定の範囲に限定して，国民個人の自由な行動を保障する機能がある（**自由保障機能**）。あらかじめ処罰される行為の範囲を明示することは，その裏返しとして，およそ処罰規定のない行為は犯罪とならず，最初から国家の刑罰権が及ばないことを示している。すなわち，刑罰権を行使する範囲が限定される点で，一般国民のみならず，（潜在的）犯罪者の自由も保障されるからである。こうした機能は，歴史的な見地から，**マグナ・カルタ的機能**とも呼ばれ，罪刑法定主義と密接な関係を有している（→罪刑法定主義）。なるほど，自由保障機能と秩序維持機能は，相互に対立する関係にあり，かつて国家による恣意的な刑罰権が行使されたという経験を踏まえて，近代刑法学では，自由保障機能がより重視されてきた。しかし，現代国家で民主主義が定着するのに応じて，最近では，一般市民を保護するための秩序維持機能が強調されることがある（大谷9頁以下）。

　一部の学説は，刑法の自由保障機能を，秩序維持機能よりも上位に置こうとする。しかし，刑法の沿革からすれば，まず，何らかの利益保護のために刑法が設けられたのであって，その後，刑罰権の無制限な拡張を控える論理として，刑法の自由保障機能が唱えられた。その意味で，自由保障機能と秩序維持機能は，一方が他方より優越するという関係にはない。また，国民の基本的人権を無視するような国家的秩序は，刑法的保護の対象とはなりえない。かようにして，両者は，表裏一体の関係にあると理解すべきである（大塚6頁）[5)6)]。

---

4) かつて，一部の刑事法学者は，堕胎，売春，麻薬使用，賭博などの犯罪を「被害者のない犯罪」と名づけて，処罰の範囲から除外しようとした（平野・機能的考察1頁以下など）。しかし，堕胎が，客観的に胎児の生命を侵害する行為であり，他の犯罪も，間接的とはいえ，社会的に有害な結果を生じさせる点で，「被害者のない犯罪」とはいえない（福田＝大塚・双書Ⅰ24頁以下参照）。
5) なお，犯罪抑止手段としての刑法では，上述した規制的機能と自由保障機能が両輪を成すため，秩序維持機能と法益保護機能は，その結果にすぎないという見方もありうる。しかし，こうした理解は，学説の多数が法益保護を処罰権限定の出発点とする態度と合致しない。また，刑罰の目的として相対的応報刑論を持ち出すことで，ただちに「社会秩序安定機能」を導くことも早計であろう。
6) また，法益保護思想とリーガル・モラリズムを対置させるのは，あまりに一面的な理解である。なお，刑法の機能をめぐる見解の対立は，自律性（自由）原理とパターナリズムをめぐる議論にも反映される。たとえば，国家による後見的保護と被害者の自由な処分が衝突する場合には，自律性原理の内在的制約として国家刑罰権の介入を認めるべきかが問われる。この点に関しては，被害者の承諾のところで詳しく説明することにしたい（→違法論）。

【図示】刑法の社会的機能
- 国家の視点——規制的機能（評価機能＋意思決定機能）
- 社会の視点——秩序維持機能（一般予防・特別予防機能）
- 国民の視点——法益保護機能→←自由保障機能——刑法の補充性⇒罪刑法定主義
　　　　　　　　　　　　（対抗関係）

第2節　刑法の歴史的発展と学派の対立

1　刑法の起源

(1)　同害報復の思想

　西欧の刑法は，古代における部族間の復讐から始まった。その後，**同害報復**（タリオの法：ius talionis）および**贖罪金**（Sühnegeld）の制度を経由して，中世になってからようやく，刑法が，国家的な性格を帯びるようになった。これに対して，東洋の中国では，早くから，国家的刑法が存在した。また，すでに紀元前には，罪刑法定主義の思想や応報刑論のほか，一般予防主義や威嚇刑主義などが主張されていた。特に唐律の時代には，当時のヨーロッパ諸国に比較して格段にすぐれた刑法典を設けていたのである。しかし，その後の中国では，十分な進展がみられないまま，近代に移行したのと異なり，ヨーロッパでは，キリスト教思想の影響下で，次第に，刑罰の応報的性格が明確になった。また，12世紀以降は，ローマ法を継受した「注釈学派」が登場したこともあり，ドイツでは，当時の刑法理論が，1532年のカロリーナ刑事法典に集大成されている。

(2)　人道主義刑法学

　17～18世紀における啓蒙主義の時代になってから，人道主義および自由主義思想の発展・普及を背景としつつ，残虐な刑罰を禁止するとともに，社会契約説的見地から，刑罰の目的を国民の威嚇と犯人の改善に求める見解が採られるようになった。そうした流れの中で，刑罰の合理性・目的性を強調して，刑法の一般予防的機能を唱えたのが，**ベッカリーア**である。彼は，その著「犯罪と刑罰」の中で，罪刑法定主義と客観主義（後述）の思想を明らかにしており，「近代刑法学の始祖」と呼ばれる。このような啓蒙思想は，フラン

ス革命における人権宣言やナポレオン法典を経由して，ヨーロッパの刑事立法に大きな影響を及ぼした。ドイツでも，新しい法典が次々と制定され，1871年には，プロイセン刑法典を母体とした「ドイツ刑法典」が成立するにいたった。

2 古典学派と近代学派

(1) 応報刑主義と古典学派

啓蒙期の刑法学では，哲学者のカントが，自由主義的・人道主義的立場から，理性的存在である人間を出発点としつつ，犯罪は，社会契約にもとづく国家的刑法に違反するものであるとした。そのうえで，刑罰は，犯罪を行ったことに対する**応報**でなければならないとした（**応報刑主義，絶対主義**）。およそ犯罪が外界に現れた権利侵害であるとしても（**客観主義**），国家的刑法は，共同生活の目的に反する犯罪行為を防止するためにある。すなわち，法律によって，犯罪とその反作用としての刑罰を予告することで，一般人をして犯罪を思いとどまらせる（**一般予防主義，相対主義**）。**フォイエルバッハ**は，このような立場から，いわゆる「心理強制説」を提唱することで，罪刑法定主義を根拠づけようとした。こうした彼の学説は，ドイツ刑法学に決定的影響を与えており，彼が「近代刑法学の父」と呼ばれるゆえんである。[1]

応報刑主義および絶対主義は，**カント**から**ヘーゲル**に引き継がれた。そこでは，「法の侵害（否定）」にあたる犯罪を否定することによって，「法の回復」が図られることになる。そうである以上，刑罰は単なる威嚇にとどまらず，侵害の価値に応じた害悪・苦痛でなければならない（**法律的応報刑**）。これらの主張では，犯罪人の自由意思を認めたうえで，自由意思の発現である客観的犯罪の意義を論じている。また，刑罰についても，その応報主義的契機を前提としており，共通の思想的基盤に立脚する。[2] カントやヘーゲルに代表される刑法理論は，**古典学派**または**旧派**と呼ばれる。そのほかにも，**ビルクマイ**

---

1) 刑法思想史については，大塚仁・刑法における新・旧両派の理論（昭32）1頁以下，山口邦夫・19世紀ドイツ刑法学研究（昭54）5頁以下，荘子邦雄・近代刑法思想史研究（平6）1頁以下など参照。
2) その後，旧派では，国家制定法を前提とした概念法学が優勢となり，次第に形式的な「法実証主義」による解釈論が支配的地位を占めるにいたった。

ヤー，ベーリング，M・E・マイヤーなどの学者が古典学派に属している[3]。

(2) 社会的責任論と近代学派

19世紀の後半から始まった産業革命は，さまざまな経済的・社会的変化を生じさせた。失業などに起因する犯罪が激増したため，古典学派による自由意思を基盤とした犯罪論は，大きな反省を迫られることとなった。イタリアの**ロンブローゾ**は，犯罪人の身体的・精神的特徴を研究した結果，必然的に犯罪をおこなう「生来犯罪人」が存在するとして，**犯罪人類学**を提唱した。また，犯罪対策としては，旧来の刑罰に代えて，社会的な隔離が必要になると主張した。**フェリー**は，人類学的要因と並んで，社会学的要因を考慮しつつ，犯罪人には自由意思がないとしたうえで，素質と環境によって支配された行為についても，社会の一員である犯人は，刑事責任を負担するべきであるという（**社会的責任論**）。**ガローファロ**は，犯罪人類学に加えて，犯人の心理学的側面を考慮しつつ，行為者の危険性に着目した犯罪論を構築しようとした。

これらの論者に代表されるイタリア学派は，各種の犯罪人を分類して，矯正の場面でも，それぞれの行為者属性に応じた処置が必要であると述べている。ドイツでは，**リスト**が，刑罰の合理性・目的性を主張しており，刑法は一定の法益保護であるとしつつ，行為者の反社会性を基準とした刑罰の個別化を主張した（**目的刑論**）。彼が提唱した「罰せられるべきものは，行為でなく，行為者である」という標語は，とりわけ有名である。リストの主張は，その後，犯罪徴表説および教育刑論として発展させられ，近代学派の刑法学の中でも，その中核を形成することとなった。ロンブローゾなどの犯罪人類学派と，リストによる社会学派をあわせて，**近代学派**または**新派**と呼ぶ（**主観主義**）[4]。

[3) ベーリングは，応報刑論を基調とした道義的責任論を採っているが，彼の構成要件論は，現在の犯罪論体系における三分説の原点となった。また，ビンディングに代表されるこれらの論者を後期旧派として，前期旧派であるフォイエルバッハなどと区分する見解も有力である。しかし，初期の啓蒙主義的な刑法学に対して，独立した犯罪論上の意義を認めるべきかは疑問である。
4) もっとも，行為者の危険性が「犯罪の実行」という外部的徴表に現われなければならず，その限度で，リストの犯罪論には，自由主義的側面（自由保障機能）が認められる。

3　わが国における沿革

(1)　律令制度と西洋法の継受

わが国の刑法は，古代から，中国の律令制度にもとづく国家的刑法が部分的に行われてきたが，中世にあっては，武家法が支配的となった。しかし，明治時代には，条約改正と列強諸国に追いつくため，**西洋法の継受**に努めた。まず，フランス刑法を模範とした旧刑法が明治15年（1882年）に施行されたが，その後，ドイツ刑法学から多大の影響を受けた現行刑法典が，明治40年（1907年）に制定されるにいたった（1908年施行）。わが国の刑法の特色は，当時，近代学派が優勢になったこともあり，きわめて包括的な犯罪類型を設けている。また，犯人の反社会性に応じた刑罰を一定の枠内で自由に決定できるように規定された。なるほど，第2次大戦後の日本国憲法の制定にともない，一時は刑法典の全面改正が試みられた（なお，昭和49年改正刑法草案参照）。しかし，国家刑罰権の限界をめぐる基本的姿勢の対立から法改正がなされないまま，今日にいたっている。ただ，平成7年（1995年）には，犯罪と刑罰に関する実質的内容の変更を避けた**刑法典の現代用語化**によって，法文全体が平易なものに書き改められた（1995年施行）。もちろん，犯罪現象の多様化に対処するため，社会的要請に応じた部分的な改正を繰り返してきたが，保安処分制度など，実務上の運用で対処できない問題も多いとされる。

(2)　新旧学派の対立

わが国においても，ドイツにおける学派の対立を引き継いだ論争があり，自由意思論を基調とする応報刑論と，犯罪人に対する社会防衛を重視する目的刑論の間で，容易に埋められない溝があるとされた。両者の主張の要点をまとめるならば，以下のようになろう。まず，古典学派は，(a)およそ犯罪者を，自由意思にもとづいて行動する理性人とみたうえで（**非決定論**），(b)そのような犯罪者によって実際に生じた外部的な行為および結果につき（**行為主義，客観主義**），(c)犯罪的意思に向けられた道義的非難としての責任を論じる（**意思**

---

5) 学説史として，内藤77頁以下，木田純一・戦後日本の刑法学（昭47），中山研一・刑法の基本思想（昭54），同・刑法諸家の思想と理論（平7）などがある。

責任論，道義的責任論）。したがって，(d)刑罰は，責任のある犯罪行為に対する害悪の一種であり，(e)犯罪人に罪を償わせると同時に（**応報刑論，絶対主義**），一般人を威嚇して，将来の犯罪を防止するものとされる（**一般予防主義**）。

これに対して，近代学派では，(a)行為者の自由意思を認めず（**決定論**），(b)素質と環境によって支配された行為にもとづいて，その行為に徴表された犯罪者の危険性が重視されるべきであるという（**徴表主義，主観主義**）。また，(c)そうした犯罪者から社会を防衛する必要がある以上，むしろ，犯罪者の受刑能力が前提となる（**性格責任論，社会的責任論**）。したがって，(d)刑罰の目的は，社会防衛処分として犯罪者を再社会化するところに求められるため（**目的刑論，教育刑論**），(e)犯罪者自体の改善による犯罪の予防を強調する見地からは（**特別予防主義**），刑罰の個別化や，不定期刑および保安処分制度を承認するのである（**一元主義**）。

(3) 学派の対立の止揚

近年では，古典学派の主張を基盤としつつ，近代学派の実証主義的態度も考慮する立場が一般的である。目的的行為論や社会的行為論，および，後述する人格責任論の中には，両学派の思考を包摂しようとする傾向が窺われるのである（併合主義。大塚39頁，大谷32頁）。理論上は，相対的意思自由論にもとづく犯罪者像と，刑罰論における絶対主義的契機と相対主義的契機の調和が，すでに刑法学全体の共通認識になったといえよう。また，自由意思をめぐる見解の対立[6]

【図示】古典学派と近代学派の主張

	犯 罪 論	→	刑 罰 論
古典学派 （客観主義）	行為主義 ＋ 自由意思（非決定論） → 心理強制説（一般予防）	→	応報刑論（罪刑の均衡）
近代学派 （主観主義）	行為者主義 ＋ 生来犯罪人（決定論） → 犯罪徴表説	→	教育刑論（不定期刑）

6) これに対して，人間の意思が因果法則に支配されるとしたうえで，意味や価値を含めた「自由な」決定を前提とする「やわらかな決定論」が対立している（平野・刑法の基礎〔昭41〕25頁以下，61頁以下）。

が，ただちに犯罪論および刑罰論を左右するわけでなく，刑法的評価における責任原理としては，相対的な意思決定の自由とそれにもとづく行動の自由が存在すれば足りるのである。

現在，古典学派と近代学派の対立は，犯罪と刑罰の意義をめぐる哲学的考察とその背後にある人間（犯罪者）像の違いとして認識される（理性的な犯人像と宿命的な犯人像）。また，刑罰論においても，新派の説く目的刑思想が，相対的応報刑論の考え方に吸収された以上，これらを独立して分類するだけの実益が乏しい。その後，両学派の対立を止揚する傾向が支配的になったとはいえ，現在も残る理論的対立の源流は，こうした新旧両派の犯罪観の違いに求められる。たとえば，共犯論においては，共犯独立性説と共犯従属性説の対立のように，依然として，さまざまの局面で論争の基盤となっている[7]。ただし，最近の議論では，こうした対立が具体的な結論の差異には直結しないこともあり，詳細については，それぞれの犯罪論上の争点を取り扱う際に言及することにしたい。

今日，わが国の刑法学は，道義的責任論にもとづく規範違反の側面を重視する立場（通説。団藤14頁，大塚4頁など）と，いわゆる機能主義的な見地から抑止刑論を唱えつつ，刑法から社会倫理を排除しようとする立場（平野43頁，内藤47頁以下など）に二分される。しかし，後者の見解は，行為規範となる外部的倫理の問題を，内心における「主観的道徳観」と混同しており，これが**被害者のない犯罪**に対する行き過ぎた「非犯罪化」と結びついている。しかも，こうした認識の差異は，違法論における行為無価値論と結果無価値論の対立にも反映されるのである（→違法性の本質・要素）。

7）新派に立脚する文献として，佐藤昌彦・牧野刑法学説の研究（昭56），八木國之・新派刑法学の現代的展開（昭59）がある。

第3節　罪刑法定主義の現代的意義

1　罪刑法定主義の沿革

(1)　歴史的な起源

　刑法の自由保障機能を実現する原理として，近代以降，多数の学者によって承認されてきたのが，**罪刑法定主義**（Gesetzlichkeitsprinzip）である。この原理は，フォイエルバッハの「法律がなければ犯罪はなく，法律がなければ刑罰もない（Nullum crimen sine lege, nulla poena sine lege）」という標語に明らかなように，一定の行為を犯罪として禁圧するためには，あらかじめ，成文の刑罰法規が存在しなければならないと主張する。罪刑法定主義の起源は，きわめて古く，イギリスの**マグナ・カルタ**（Magna Carta, 1215）に求められるが，当初は，封建諸侯が国王と交わした「特許状（charter）」としての，一片の封建的文書にすぎなかった。[1] しかし，その後，アメリカ合衆国の権利宣言やフランスの人権宣言を通じて，同文書の歴史的存在が，近代刑法典の生成に向けての精神的支柱を提供したのである。

(2)　罪刑法定主義の復興

　罪刑法定主義は，各時代状況に触発された自由主義思想の産物であった。また，権力の担い手と受け手が理性的な人間であることを前提とした，国家機関の自己抑制原理にすぎない。すなわち，形式的にみて，成文の法律さえあれば，一般市民に対する刑罰権の行使が実質的に抑制されるわけでなく，その意味では，当時の歴史的条件に支配されていたことは否めない。したがって，資本主義の勃興期における近代学派の台頭や，その後，共産主義的思想や全体主義的風潮が優勢となった時代には，罪刑法定主義のもつ歴史的重要性は失われた。しかし，第2次大戦後は，再び，これを尊重しようとす

---

1) なるほど，罪刑法定主義を「成文法主義」という意味で捉えるならば，不文法のコモンローを法源とするイギリス法とは相容れないであろう。しかし，人権思想と自由主義を出発点とした経緯からして，国家刑罰権を抑制する原理としては，近代の啓蒙主義と並ぶ思想的系譜に属している。なお，大野眞義・罪刑法定主義（昭55）109頁以下参照。

る傾向が強まった（たとえば，1948年の世界人権宣言11条2項参照）。わが国の現行刑法典は，罪刑法定主義に関する明文の規定を設けていないが，日本国憲法31条，および，同法39条前段や73条6号ただし書きの内容からして，罪刑法定主義が，刑法上の基本原則であることはいうまでもない。

2　罪刑法定主義の派生原則

(1)　4つの派生原則

こうした罪刑法定主義が，刑法解釈の指導原理として用いられる場合，幾つかの派生原則に区分するのが一般である。(a)まず，「成文の法律がなければ刑罰はない」というルールは，**慣習刑法排除の原則**（Verbot des Strafgewohnheitsrecht）となり，刑法の法源は狭義の法律だけに限られる（憲31条）。したがって，政令では，法律にもとづく特定委任がある場合にのみ，罰則の制定が可能である（憲73条6号ただし書き）。いわゆる**白地刑罰法規**（Blankettstrafgesetz）は，補充規範への委任を含めて，上述した**成文法主義**に違反しないように，慎重に定められねばならない。[2]

(b)つぎに，「法律による明文の規定がなければ刑罰は認められない」以上，そこから，**類推解釈の禁止**（Analogieverbot）が導かれる。刑法にあっても，条文の目的論的解釈が排除されるわけではないが，縮小解釈から，文理解釈および拡張解釈（ausdehnende Auslegung）までは許されるとしても，罪刑法定主義の原則からして，法律が予想した範囲を超える**類推解釈**（Analogie；analogy）は認めがたい。拡張解釈と類推解釈の違いは，法律が制定された趣旨に鑑みて，その用語のもつ本来的意味の範囲内にとどまるかどうかによる。

しかし，両者の違いが明確な差異でないときには，その限界をめぐって異なった理解も可能であろう。学説の中には，場合によって類推解釈を許容する見解もみられる（シュトラーテンヴェルト，植松76〜77頁）。さらに，刑法の法源は何であるかも争われており，保護責任者遺棄罪（218条）でいう保護責任者の範囲や，水利妨

---

[2] ただし，地方自治体の条例が設けた罰則の中には，法律に準じるものとして，一定の範囲内で包括的な委任が与えられる（地方自治法14条5項）。また，白地刑罰法規にあたるかが争われた例として，猿払事件判決がみられる（最大判昭和49・11・6刑集28巻9号393頁）。条例への委任については，最大判昭和37・5・30刑集16巻5号577頁など参照。

害罪（123条）でいう水利権の内容など，犯罪成立要件の範囲や行為の違法性を判断する際，成文法以外の慣習や条理も，条文を解釈する場面で考慮されることがあろう。超法規的な違法性阻却事由も，各種の慣習・条理を根拠として認められることがある。その意味で，直接的な法源とはなりえないが，過去の判例も，裁判所による刑法の有権的解釈として，将来の裁判例を拘束する力を有している（先例拘束力）。

(c)さらに，刑法では，「あらかじめ法律が発布されていなければならない」。したがって，**刑法の不遡及ないし遡及禁止**という原則が生まれた（憲39条）。そこでは，刑法の時間的適用範囲が問題となるため，詳細については，第4節「刑法の適用範囲」の項目で説明することにしたい。そのほか，(d)罪刑法定主義における**罪刑の均衡**は，絶対的不定期刑を禁止している（→刑罰論）。

(2) 判例における類推禁止

判例上も，類推解釈にあたるかが問題となった事例を紹介しておこう。**電気窃盗事件**では，従来，有体物と理解された「財物」の中に電気も含めうるかが争われた（旧刑法366条参照）。これについて，裁判所は，人による**管理可能性**を根拠として窃盗罪の成立を認めた（管理可能性説。大判明治36・5・21刑録9輯874頁）。また，ガソリンカーを転覆させて，乗客を死傷させた行為につき，過失往来危険罪（129条）でいう「汽車」にあたるとした判例がある（大判昭和15・8・22刑集19巻540頁）。

最高裁の判例としては，これまで原本性を前提とした文書偽造罪の成否をめぐって，いわゆる電子コピーを，客体たる「文書」に含めるとした判例が注目される（最判昭和51・4・30刑集30巻3号453頁，最決昭和54・5・30刑集33巻4号324頁など）。**電子コピー偽造事件**は，立法当時に予定した条文の意味を超えるものであるが，犯人を処罰することが予想外の結果とはいえず（予測可能性），刑法典の制定後に生じた社会状況の変化に応じて，刑罰法規の内容と同種の違法行為を取り込んだにすぎず，許される拡張解釈の範囲内にとどまるといえよう（通説）。

また，犯人が開設・運営するパソコン通信のホストコンピュータに「わい

---

3) また，刑法の補充性などから，解釈においても，他の法領域への従属性を要求する見解がみられる。

4) なお，法源としての判例を認める向きもあるが（大谷59頁），成文法主義をとるわが国においては，刑法の直接的な法源にはなりえない（大塚65頁，川端49頁）。したがって，確立した判例が解釈の指針となりうるとしても，裁判における不利益変更が，当然に禁止されるわけではない。

せつ画像」データを記憶・蔵置させて，不特定多数の会員に閲覧可能な状態にした事案では，そもそも，客体が「わいせつ物」にあたるかどうかが争われた。この**サイバーポルノ事件**では，不特定多数の会員にその画像を閲覧させた行為が，公然陳列にあたるかも問題視されたが，最高裁は，わいせつな画像データを記憶・蔵置させたホストコンピュータのハードディスクは，「わいせつ物」にあたるとした。また，不特定多数の会員をして，上記のわいせつ画像データを自らのパソコンにダウンロードさせ，画像表示ソフトを用いて画像を再生閲覧できる状態に置いたことで，わいせつ物の公然陳列にあたるとみている（最決平成13・7・16 刑集55巻5号317頁）。ここでも，拡張解釈の基準となったものは，サーバーからダウンロードするなどの機械的プロセスの違いではなく，公衆の性風俗という保護法益からみた，条文の日常用語的解釈がどうなるかであろう。

3　現代社会における意義

(1)　**実体的デュープロセス主義**

　近年，上述した罪刑法定主義の原則を再検討しようとする動きがみられる。なぜならば，犯罪と刑罰の「法定」を形式的に捉える立場では，国家機関が明文の法律で規定するという手続さえ遵守すれば足りるため，刑罰法規の内容の妥当性までは吟味されないからである（福田＝大塚・双書Ⅰ44頁，大谷59〜60頁）。これでは，現代国家の行政機能が肥大化したことによる処罰範囲の拡大を，十分に抑制することができない。すでに述べたように，「法律がなければ犯罪はなく，法律がなければ刑罰はない」という法格言は，かりにその歴史的背景となった自由主義的思想や人権尊重主義を捨象するならば，単なる形式主義におちいるという批判を免れない。

　そこで，アメリカ法に模範を求めて，「刑罰法規の明確性」および「刑法の内容の適正」という原理を提唱する論者が多くなった（**実体的デュープロセス主義** substantive due process of

---

5) これに反対するのは，平野・諸問題（下）140頁以下などである。しかし，立法者の採用した文言が，常に一義的なものでない以上（たとえば「文書」），刑法の社会的機能からは，同時代的解釈が必要である。また，罰則の適用を不当に抑制するならば，立法が予定した同種の侵害を放置することになりかねない。

law)。この考え方によれば，何が犯罪にあたるかの判断基準が明らかでないときには，「不明確による無効の理論」(void-for-vagueness doctrine)から，その適用を拒否することになる。また，刑法の実質的内容が合理的かつ公正なものでない場合，刑法が前提とする自由主義と人権尊重の理念に反するがゆえに，国家による刑罰権行使は許されないと説明する（大谷60頁以下，前田74頁以下など）。

そもそも，憲法31条に規定された「法律の定める手続」は，アメリカ法の「法の適正な手続」に起源が求められる。そのため，現行法の下では，実体的デュープロセス主義を，立法・解釈の基本原理としようとする向きもある。最近の刑法学で顕著になった犯罪論の「実質化」傾向も，それと軌を一にするものであろう。しかし，アメリカ法のように，いわゆる判例法が具体的事件における罰則の適用を超えた積極的意義をもつならば，刑法自体の規制的機能が裁判官に委譲されるという意味で，やはり，実務家による**罪刑専断主義**となりかねない。わが国の法曹を，そこまで信頼してよいかは疑問が残るであろう。また，異なる社会階層の間では，何が「適正かつ公平」な判断であるかについて，共通の認識を得ることは困難であろう。

(2) 刑罰法規の明確性

また，実質的判断を優先させる刑法理論は，結局，恣意的な刑罰権の拡大をもたらすおそれがあり，国会制定法の枠内で厳格な解釈を維持する罪刑法定主義に代わりうる原理とはいえない。これに対して，**刑罰法規の明確性の原則**は，犯罪と刑罰の限界を国民に明示するように求めている。こうした思考は，個人の行動の自由を保障し，為政者による不当な解釈・運用を防止するという意味では，罪刑法定主義を補充する付加的原理といえよう[6]（大塚58頁）。

なるほど，罪刑法定主義の理論的根拠となった三権分立思想は，その後の法治国家の有り様や行政権の肥大化による部分的修正を免れない。しかも，人権思想の変遷にともなう人間観の深化も考慮するならば，19世紀に確立さ

---

6) なお，法文が不明確であることを理由として，実際にも，憲法31条違反による無効を認めた最高裁判例はみられない（ただし，最大判昭和50・9・10刑集29巻8号489頁参照）。また，条文の解釈により明確性を確保すればよいという主張もあるが（前田76～78頁），立法技術上の支障となる場合はともかく，「厳格な解釈」による謙抑主義は，従来，国民の予測可能性と自由保障機能を確保してきた。これに対して，実務に依存した「犯罪論の実質化」が，不明確な規定ぶりのまま実質的な処罰要求を追認する可能性は排除できないであろう。

れた罪刑法定主義が，そのままの形で維持されることはありえないであろう。また，実体的デュープロセス主義が，実質的な権利保護の手段にとどまり，各刑罰法規の性質に応じた政策的判断におちいることも多い以上，まず，犯罪類型の外枠を罪刑法定主義により確定することが肝要である[7]。今日，法的安定性の見地から，形式論理を重視した犯罪論体系が重視されるべき理由は，これらの点に求められるのであって，罪刑法定主義が，実際的結論の妥当性と並ぶ刑法解釈学の支柱となるのはいうまでもない。

(3) 「淫行」概念と刑罰法規の明確性

過去，刑罰法規の明確性と限定解釈が問題になった事例として，福岡県青少年保護育成条例事件がある。同事件では，青少年保護育成条例の掲げる「淫行（10条1項）」の概念が不明確であると批判されたが，裁判所は，以下のような理由で，明確性の原則に反しないとした。すなわち，問題となった「淫行」とは，広く青少年に対する性行為一般を指すものでなく，「青少年を誘惑し，威迫し，欺罔または困惑させる等その心身の未成熟に乗じた不当な手段により行う性交または性交類似行為のほか，青少年を単に自己の性的欲望を満足させるための対象として扱っているとしか認められないような性交または性交類似行為」をいうからである（最大判昭和60・10・23刑集39巻6号413頁）。ここでは，縮小解釈が採用されている。

第4節　刑法の適用範囲

1　時間的適用範囲

(1)　刑法不遡及とその例外

刑法は，その法律が施行された後の犯罪行為についてのみ，適用されることになる（なお，法の適用に関する通則法2条参照）。したがって，法が施行される以前の違法行為にまでさかのぼって適用しないのが，罪刑法定主義から派生した**刑法不遡及の原則**（Grundsatz der Nichtrückwirkung）である。かりに行為時

---

[7] なお，萩原滋・実体的デュープロセス理論の研究（平3）269頁以下参照。

に適法であった行為が，事後法によって処罰されるならば，国民の行動の自由を著しく侵害するおそれがあり，法的安定性をそこなうからである。これに対して，新しい法律が社会状況の変化に合わせたものであるならば，特に法令の改廃をめぐって，刑罰法規にも遡及効を認めようとする主張がある。もちろん，そのことが，一般予防的機能を含めた罪刑法定主義の趣旨からして，国民にとって行動の予測可能性を奪うことになってはならない。

そこで，刑法典は，犯罪時法よりも裁判時法による刑が軽い場合には，犯罪後の法律による刑の変更であっても，犯罪者の利益になる方向で，軽い刑を適用すべき旨を定めている（6条）。この規定は，実行行為がなお継続中であったり，後述する状態犯の場合などを除き，犯罪の完成後に没収以外の主刑が変更されたとき[1]（大判明治42・1・21刑録15輯10頁，大判大正2・1・31刑録19輯151頁），刑法不遡及の原則に対する例外を定めたものである。もっぱら刑罰権を限定する方向で作用するため，実質的にみて，罪刑法定主義の考え方に違背しないからである。

(2) 法令が改廃された場合

つぎに，犯罪後の法令により刑が廃止された場合，もはや犯人を処罰できないのは，当然である（刑訴337条2号）。なるほど，戦中・戦後の時代には，物価統制令などの時限立法が改廃された後でも，「刑の廃止」にあたらないとした判例が散見される（大判昭和16・5・20刑集20巻305頁，最大判昭25・10・11刑集4巻10号1972頁など）。しかし，その後は，判例の態度も変化した。たとえば，当時外国であった地域からの貨物を密輸入した罪をめぐって，当該地域が日本に復帰した後は「刑の廃止」があったと判断して，刑法6条を適用しているからである（最大判昭和32・10・9刑集11巻10号2497頁など）。

もっとも，最高裁は，道路交通取締規則が規定する原付自転車の2人乗り禁止が解除された後でも，改正以前の行為をめぐって，刑が廃止されたわけではないと述べている（最大判昭和37・4・4刑集16巻4号345頁）。この事件は，直接に改正されたものが公安委員会規則であったため，構成要件の一部である具体的な下位法規の変更にとどまる。その点から，厳密にいえば，「刑の廃止」にあたらないと考えたのであろう[2]。また，最近の法改正では，窃盗罪の法定刑中に罰金刑を

---

1) 学説上は，付加刑である没収の変更も，「刑の変更」に含められる（通説）。また，執行猶予の条件についても，刑罰と同様にみる見解もあるが（大塚71頁，大谷70頁），判例によれば，刑自体の変更でない以上，新法は適用すべきでないとする（最判昭和23・6・22刑集2巻7号694頁）。

選択刑として追加したが，その趣旨は，比較的軽微な事案に対する科刑の適正を期するためであった。したがって，これまでは懲役刑とされた事案の処理に特段の影響を与えるものではなく，当該事件の犯情などからして，その量刑を再検討するべき余地がないのであれば，刑事訴訟法383条2号および397条1項により，第1審判決を破棄すべき「刑の変更」にはあたらないとされた（最決平成18・10・10 刑集60巻8号523頁）。

(3) 限時法の理論

さらに，一部で遡及適用を容認した刑法6条の例外として，限時法の問題がある。**限時法**（Zeitgesetz；temporäres Gesetz）とは，いわゆる時限立法のように，当初から適用期間が限定された法律をいう。したがって，有効期間を経過した後は，当然に廃止されることになるため，刑法6条によれば，たとえ期間中の行為であっても，廃止後の裁判時には免訴の判決が言い渡されねばならない。しかし，通常の裁判では一定の時間が必要である以上，有効期間の終了が近づいた時期には，ほとんど法の適用が及ばないという不都合が生じる。そこで，限時法にあっては，あらかじめ，有効期間中の違反行為には，法令の廃止後も処罰される旨を明記しておくのが一般である（**限時法の追及効**）。

これに対して，限時法の追及効が明記されない場合にも，法令自体の限時法的性格に着目しつつ，解釈により追及効を認めようとするのが，**限時法の理論**である。すなわち，時限立法の実効性を確保するため，あるいは，国家の法律的見解が変更されない法令の改廃については，有効期間中の違反行為について，常に可罰性が認められることになる。しかし，通説は，こうした限時法の理論を批判してきた。むしろ，限時法の中に，廃止前の違反行為に対する処罰が明示された場合に限って（形式的意義の限時法），その追及効が認められるというのである（大塚75頁，大谷73～74頁，川端70頁）。罪刑法定主義の見地からは，安易に追及効を認めないという意味で，後者の見解が妥当であろう。

---

2) これに対して，法令の改廃はすべて「刑の廃止」にあたるとするのは，大谷72頁などである。

2 場所的適用範囲

(1) 属地主義の原則

刑法の場所的適用範囲については、属地主義 (Territorialprinzip)、属人主義 (Nationalitätprinzip)、保護主義 (Schutzprinzip)、世界主義 (Universalprinzip) という4つの原則がみられるが、わが刑法は、第1に、犯人の国籍がどこであるかを問わず、日本国内で行われたすべての犯罪に対して適用される（1条1項）。この点では、まず、**属地主義**の採用を明言するのである。なお、日本国外にある日本国籍の船舶・航空機内において犯罪があった場合にも、日本国の領域内とみなして、その犯人には、日本の刑法が適用される[3]（1条2項）。

第2に、犯罪の場所（犯罪地）が外国である場合にも、放火、殺人などの一定の犯罪をおこなった日本国民には日本法が適用される点で、補充的に**属人主義**が採用されている（3条）。第3に、犯人の国籍および犯罪地の如何を問わず、日本国または日本国民の重要な利益を保護するために、内乱、通貨偽造などの罪を犯した人間には、日本刑法を適用するという**保護主義**の考え方も、併用している（2条、4条）。また、国際条約により国外犯にも日本刑法で処罰される罪については、属地主義に代えて、世界各国で共通する利益を守るための**世界主義**が採用されている[4]（4条の2）。

(2) 犯罪人の引渡し

しかし、たとえ国外犯に対して日本刑法が適用される場合にも、自国の裁判権を行使するためには、外国にいる犯罪人の引渡しを受けねばならない。いわゆる国際司法共助においては、逃亡犯罪人引渡法があり、たとえば、ア

[3) もっとも、旗国主義を採用したにとどまるため、日本国民が所有する船舶であれば足りる。したがって、常に日本船籍である必要はない（最決昭和58・10・26刑集37巻8号1228頁）。なお、平成15年の刑法一部改正では、消極的属人主義と呼ばれる考え方が導入された結果（3条の2）、日本国民が被害者となった一定の犯罪については、外国人による国外犯にも日本法が適用されることになった。

4) なお、国外犯に対する日本法の場所的適用範囲をめぐっては、遍在主義と呼ばれる立場が通説・判例となっており、犯罪事実の一部だけでも日本国内で生じていればよいとされる。詳細については、佐久間修「『越境犯罪』における犯罪地の決定」刑法雑誌43巻1号（平15）150頁以下、同「国民に対する重大犯罪の国外犯処罰規定について——新設された3条の2の意義と問題点」ジュリ1256号（平15）52頁以下など参照。

メリカ合衆国や韓国との間には，そのための条約も締結されている（日米犯罪人引渡条約など）。ただし，実際に犯罪人が引き渡されるためには，相互的な引渡義務が前提となる一方（相互主義），自国民や政治犯は引き渡さないとする立法例も少なくない。

なお，同一の犯罪行為が複数国の刑法の適用を受ける場合，すでに外国で確定裁判があったときにも，わが国の裁判権の行使を妨げない（5条）。こうした取り扱いは，憲法上の一事不再理の原則にも反しないとされる（最大判昭和28・7・22刑集7巻7号1621頁など）。もっとも，犯人が外国判決による執行を受けた事実は，刑の執行を減軽・免除するという形で，判決の言渡し時に考慮されることになる（5条ただし書）。

3 人的・物的適用範囲

(1) 人的な処罰阻却事由・訴追条件

従来，天皇や摂政，国会議員や外国の官吏・軍隊などについては，刑法の適用が及ばなかった。しかし，現在では，人的に刑法の適用が排除されるわけでなく，特殊な処罰阻却事由にあたるとか，訴追条件が欠けるとみる見解が一般である（大塚84頁，川端75頁）。したがって，天皇の行為であっても，その象徴という地位にもとづき，在任中は訴追できないにとどまる（人的な処罰阻却事由。なお，皇室典範21条参照）。また，外国の元首・使節や外交官については，国際法上，訴追条件が欠如するだけであって，公訴時効にかからないかぎり，その身分を喪失した後は訴追できるという判例がみられる（大判大正10・3・25刑録27輯187頁）。

(2) 特別刑法の適用範囲

そのほか，刑法典が一般的に適用されるのと異なり，特別刑法の中には，場所的または人的な側面で限定された領域でのみ適用されるものがある。たとえば，地方自治体の条例および公務員法などがそれにあたる。さらに，法規制の対象となる事物を限定した特別刑法も認められる。具体的には，行政刑法は，一般の刑事刑法と異なり，国家の行政目的に応じて設定された法定

---

5) 詳細については，森下忠・国際刑法の新動向（昭54），同・国際刑事司法共助の理論（昭58），同・国際刑法の潮流（昭60），同・刑事司法の国際化（平2），芝原邦爾・刑事司法と国際準則（昭60），山本草二・国際刑事法（平3）などを参照されたい。

犯・行政犯だけに対象を限定する（刑法の物的適用範囲）。そうした刑罰法令は，犯罪の性格によって，租税刑法，経済刑法，労働刑法などに区分できるであろう。

(3) **刑法典総則の適用範囲**

　もちろん，一般法である刑法典の総則は，刑罰法規全体の基本法として，刑法典以外の法令にも適用されることになる。しかし，当該法令の中に特別の定めがあるときは，行政法上の例外的諸規定が優先的に適用される場合もある (8条)。たとえば，特別法上は，犯罪の主体につき，法人または法人格のない団体に管理・監督過失を推定したり（所得税法244条1項，法人税法164条1項，労基法121条など），直接的な行為者のみならず，経営者も罰する「三罰規定」を設けているものが多い（➡法人の刑事責任）。また，正当防衛に対する例外的規定として，盗犯等ノ防止及処分ニ関スル法律1条がみられる。

第2章　犯罪論の基礎

第1節　犯罪の本質と形式

1　犯罪の意義

(1) 実質的な意味の犯罪

　広い意味でいう「犯罪（Verbrechen；crime）」とは，社会生活上の利益を侵害し，共同の秩序を破壊する人間の行動（および結果）一般である（実質的意義における犯罪）。しかし，刑法学における犯罪の概念は，刑罰を科すべき対象に限られる。したがって，単なる自然現象や高度の精神障害者の行為は，たとえ社会にとって有害なものであっても，本書でいう犯罪の概念から除かれる（→責任主義）。さらに，倫理的ないし道徳的な見地から反社会性のある行為でも，現行法制度で犯罪とならないものを，刑法でいう犯罪の中に含めることはできない（→罪刑法定主義）。かようにして，狭い意味でいう犯罪とは，刑罰法規に違反することで，可罰性（Strafbarkeit）を備える社会侵害行為であり，これを**形式的意義**における**犯罪**と呼ぶことにしたい。

　上述した狭義の犯罪について，19世紀初頭の啓蒙主義刑法学では，その本質を権利の侵害とみる立場から出発した（**権利侵害説**）。しかし，刑法が保護しようとする社会生活上の利益を，すべて「権利」に読み替えるのは困難であったため，成文法を基礎とする法実証主義的な立場から，犯罪の概念は，国家によって保護された「財（Gut）＝法益」を侵害し，これを危険に陥れる行為と定義されるようになった（**法益侵害説**）。法益の侵害（Rechtsgutsverletzung）という考え方は，かつて**ビンディング**によって提唱されたものである。その後，リストは，「法益とは，法的に保護された利益であって，すべての法益は，個人または共同社会の生活利益であ」り，「法の保護こそ，生活利益を法益（Rechtsgut）にまで高める」と説明するにいたった。これに対して，ナチス時代のドイツでは，犯罪の本質を義務の違反（Pflichtverletzung）に求める見

解が台頭し(**義務違反説**)，第2次世界大戦後になってからは，人的不法論にもとづく行為者関係的な犯罪概念が，有力に主張されている(➡目的的行為論)。もっとも，こうした義務違反的要素を中心とした犯罪論については，国家規範を重視した権威主義的な刑法観であると批判されている。

(2) **法益概念の精神化**

おもうに，上述した人的不法観にもとづく犯罪概念は，行為者の主観面に傾きすぎた面がある。その意味で，具体的な生活利益である法益の侵害・危険が，刑法各論の体系化を含めて，犯罪の客観面で解釈上の指針となるべきことは，いうまでもないであろう。近年における刑法学の潮流は，違法論で紹介する法益衡量説からも窺うことができる(➡違法性阻却事由)。しかし，すべての犯罪を法益の侵害や危殆化によって説明することは，犯人の主観面や行為態様の違いを，抽象的な「法益」概念中に取り込むおそれがある。学説の中には，法益の「危険・脅威」の意味を操作することで，多様な犯罪様式のすべてを説明しようとするが(平野51頁，内藤51頁など)，それには限界がある。また，こうした**法益概念の精神化**は，保護法益論を罰則の立法目的と同視する古い立場に「先祖返り」させるものであり，何ら犯罪の本質を明らかにしていない。[1]

また，法益侵害の「危険」を持ち出して説明する立場は，客観的には同一行為でありながら，法定刑が異なる単純遺棄罪(217条)と保護責任者遺棄罪(218条)の違いを，「危険」の量的差異に還元しようとする。しかし，不真正身分犯における刑の加重根拠は，もっぱら客観的危険の違いとして説明できるものではない。したがって，一般には，法益の侵害という結果だけでなく，当該行為の態様も含めた法益の危殆化を中心に考えるべきであり，一部の犯罪類型では，義務違反的要素も考慮されるのである[2](通説。大塚92～93頁，大谷92頁，川端80頁，野村75頁など)。

[1) なるほど，法益概念が，もっぱら実定法上の産物にすぎないとはいえ，存在論的な見地からは，侵害の客体として現実の構成物でなければならない。そうである以上，実質的危険などの価値的要素を無制限に取り込むのは避けるべきであろう。なお，総論において法益概念の枠組みを明らかにすることは，違法性の犯罪限定機能を通じて，各論における個別的法益の確定に資する。法益概念については，伊東研祐・法益概念史研究(昭59)1頁以下など参照。

2) かような法益概念を軸とした学説の対立を「不毛な概念の争い」として，各犯罪類型の基礎にある個別的な法益を検討すればよいという考え方もありうる(前田48～51頁)。しかし，それぞれの犯罪観が予定する法益論を無視して，裁判官の「実質的に妥当な」結論を偏重する態度は，犯罪論の形骸化と罪刑法定主義の否定につながるおそれがある。

2 犯罪の種類

(1) 自然犯と法定犯

　形式的意義の犯罪でも，法的効果である刑罰の程度に応じて，重罪（Verbrechen），軽罪（Vergehen），違警罪（Übertretung）という区分を設けた法制度もある。しかし，現行刑法典は，こうした形式的な分類を採用していない。むしろ，犯罪行為の具体的情状に応じて適切に処罰できるように，広範な法定刑の幅を設けている[3]。つぎに，人間の本来的感情に反するものを**自然犯・刑事犯**と呼ぶのに対して，もっぱら制定法により犯罪とされたものを**法定犯・行政犯**と呼ぶ場合がある。しかし，こうした分類による犯罪の種別は，時代・場所を超えて固定されたものでない。たとえば，緊急時の経済統制法規に対する違反が，当初は法定犯・行政犯であったにもかかわらず，その後の社会状況の進展により，社会通念（法感情）が変化した結果，国民の倫理・道徳に反する行為まで高められることもある。いわゆる**法定犯・行政犯の自然犯・刑事犯化**と呼ばれる現象である。したがって，自然犯と法定犯の区別を前提としつつ，違法性の意識をめぐって故意犯の成否を論じる見解は，両者の相対的な差異に依存することになりかねない（➡責任論）。

(2) 主体・行為による区分

　犯罪の主体をめぐる区別としては，一定の身分者を予定した**身分犯**と，広く国民一般を主体とする**非身分犯**の区別がある。また，一定の犯罪を反復・継続する主体に着目した**常習犯**と非常習犯という犯罪類型もみられる（186条1項など）。さらに，侵害行為の態様に応じて，**実質犯**と**形式犯**に二分したうえで，実質犯を結果犯または挙動犯に分ける一方，**侵害犯**または**危険犯**という種別が設けられている。そのほか，未遂犯と既遂犯，単独犯と共犯という区別，故意犯・過失犯の違いも，行為の態様による犯罪の種類に含められる。いずれも，後述するところを参照して頂きたい（➡構成要件の要素）。

---

3) なお，刑法施行法では，死刑，無期または短期1年以上の懲役・禁錮にあたる罪を重罪とし，それ以外の懲役・禁錮および罰金にあたる罪を軽罪とする一方，違警罪は，拘留または科料にあたる罪と定めている（同法29～31条）。

(3) 親告罪

これらに対して，親告罪および非親告罪という区別は，現行犯と非現行犯のそれと同様，むしろ，刑事訴訟法上の概念である。**親告罪**（Antragsverbrechen）とは，訴追の前提条件として，告訴権者の告訴を必要とする犯罪である。たとえば，強制わいせつ罪・強姦罪（176条以下，180条），名誉毀損罪・侮辱罪（230条以下，232条）では，犯罪の保護法益やその性質から，被害者の利益をより保護するために親告罪となっており，毀棄隠匿罪（259条以下，264条）では，比較的軽微な犯罪にあって，被害者の告訴意思を尊重しようとする考え方に立脚している。[4]

(4) 政治犯

刑事学的分類としては，**政治犯**と普通犯の区別がある。これは，内乱罪のように，一定の目的で国家の統治秩序を攪乱する犯罪と，それ以外の犯罪を分けるものであって，裁判の公開（憲82条2項ただし書）や，犯罪人引渡しの拒否などの特殊な取り扱いが認められている（→刑法の場所的適用範囲）。こうした犯罪は，私利私欲のためでなく，政治的確信や道徳的・宗教的な動機から行われることが多いため，いわゆる**確信犯**の一種として，処遇上も考慮すべき諸事情が存在するからである。ただし，政治的な動機にもとづく行為であっても，殺人や強盗，放火などの**破廉恥罪**が，普通犯として処罰されることはいうまでもない。[5] そのほか，犯人の動機に着目した分類として，愉快犯，利欲犯などの概念がみられる。

---

[4] 利害関係人の請求を待って論ずべき罪も，性質上，親告罪と同視されるであろう（たとえば，92条）。

[5] なお，非破廉恥罪については，刑法典上も，名誉刑である禁錮を科すことで区別している（→刑罰論）。

第2節　犯罪論の体系

1　犯罪成立要件

(1)　犯罪の3要素

　刑法上の犯罪は，その内容を理論的に分析することで，以下の3要素に区分されてきた。なるほど，犯罪論の体系・構造をめぐっては，種々の見解が対立しているが，本書では，通説と同様，形式的意義における犯罪を，「(a)構成要件に該当する，(b)違法，かつ，(c)有責な行為である」と定義することにしたい。なぜならば，かような犯罪論体系は，犯罪の成立要件につき，順次，一般的・抽象的なものから，特殊的・具体的なものへと検討を進めてゆく点で，実際の刑事裁判における認定方法に沿っており，論理的な順序としても，思考経済上の見地から，適切に犯罪概念の構造を示しているからである。したがって，犯罪者の個別的行為は，これらの3つの要件が具備された場合に初めて，刑法上の犯罪となる（犯罪成立要件の充足）。そして，刑法上の犯罪と認定された後，国家の具体的な刑罰権の行使が議論されることになるのである[1]（法律効果としての刑罰）。

(2)　その段階的構造

　以下，上述した3要素の特徴と内容をみておこう。

　(a)　**構成要件該当性**（Tatbestandsmäßigkeit）　第1に，刑法学でいう犯罪は，刑法典の条文またはその他の刑罰法規に規定された「構成要件（Tatbestand）」に該当する人間の行為でなければならない。罪刑法定主義の原則を採用した現行法制度のもとで，犯罪と認められるためには，単に反社会的な行為であるというだけでなく，成文の法律によって明記された所定の犯罪構成要件を充たすことが必要となる。

---

[1] また，犯罪論体系は，その形式的論理性を通じて，刑罰権の恣意的な行使を抑制する機能を有している。これに対して，理論的な整合性より，具体的結論の合理性（妥当性）を優先する見解もみられる（前田39～40頁。また，平野・刑法の基礎225頁参照）。しかし，これを支える実質的な判断基準が，裁判官の個別的判断にとどまるのであれば，不当な処罰権の行使を招来する危険がある。

(b) 違法性(Rechtswidrigkeit)　　第2に，こうした構成要件に該当する行為が，実質的にも「違法」と評価されなければならない。構成要件は，本来，違法な行為を類型化したものであるから，構成要件に該当する以上，通常は，違法性も認められる場合が一般であろう（**構成要件の違法性推定機能**）。しかし，正当防衛（36条）や緊急避難（37条）など，例外的に違法性を阻却する行為事情があるとき，形式的には構成要件に該当しながらも，実質的には，適法な行為と評価される場合も少なくない（違法性阻却事由）。この意味において，当該行為のもつ具体的な違法性が，犯罪成立要件の第2順位に置かれることになる。

(c) 責任(Schuld)　　第3の犯罪成立要件として，構成要件に該当し，かつ，違法と判断された行為が，「有責」なものでなければならない。すなわち，個々の犯罪者は，法的に非難される態度から当該行為に出たことが必要である。たとえば，重度の精神障害者（心神喪失者）が社会的に有害な行為をしたとき，それに対する責任非難ができないならば，刑法上の犯罪は成立しない。また，犯人の責任能力や故意・過失が認められても，客観的にみて適法な行為を期待しえない状況下では，行為者の責任が否定されるのである（責任阻却事由）。

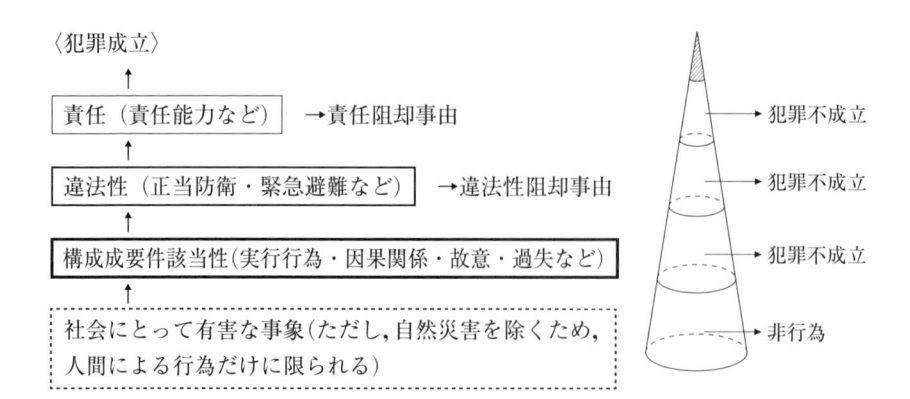

〈犯罪成立〉
↑
責任（責任能力など）　→責任阻却事由
↑
違法性（正当防衛・緊急避難など）　→違法性阻却事由
↑
構成要件該当性（実行行為・因果関係・故意・過失など）
↑
社会にとって有害な事象（ただし，自然災害を除くため，人間による行為だけに限られる）

犯罪不成立
犯罪不成立
犯罪不成立
非行為

2　二分説と三分説

(1) 客観的要素と主観的要素

　上述した犯罪論体系は，今日，わが国の刑法学説の出発点となっているが，かつては，客観的要素と主観的要素に区分する二分説から始まった（ビルクマイヤー，ヘルムート・マイヤー）。もちろん，犯罪の内容を客観的・外形的な側面から検討し，順次，行為者の主観的な側面へと進む思考の順序を示した点では，そこに一定の功績を認めることができよう。しかし，それぞれの要素を，単純に客観的不法と主観的責任に分属させるのであれば，およそ外部的事情は責任要素となりえないし，個別的な行為事情が各判断の階梯に応じて異なった評価を受けるという段階的差異を無視している。英米法におけるアクトゥス・レウス（actus reus）とメンズ・レア（mens rea）の区別にあっても，同様の批判があてはまるであろう。

(2) 裸の行為論

　また，学説の一部には，構成要件よりも先行する「行為」概念に対して，独立した意義を認めつつ，行為，構成要件該当性，違法性および責任に四分するものがある（内藤137頁以下，曽根42〜43頁など）。これらの見解は，刑罰法規が定める構成要件に該当した場合にのみ，人間の行為が刑法的評価の対象となる点を看過しており，単なる自然的行為（裸の行為）に刑法学上の中核的意義を与えるものと批判される（大塚114〜115頁，大谷95頁）。なるほど，行為の概念は，刑法的評価を加えるべき前提として，およそ処罰の対象となりえない事象を排除する機能を有しており（後述第3節参照），たとえば，背後者に脅されて他人を殴った人間（道具）の行動は，刑法上の行為にならないことがある。しかし，形式的意義の犯罪は，法文上明記された構成要件の概念を出発点とする以上（→罪刑法定主義），刑法上の「行為」にあたるかどうかは，およそ構成要件該当性という法的判断の前提段階であるため，行為概念を犯罪論体系の中に含めるべきではない。[2]

---

[2] そのほか，行為と行為者に区分する二元論的体系や（ラードブルッフなど），行為，違法性，責任，可罰性（構成要件）に区分する見解もみられるが（リスト，ベーリング），本文中に述べた理由からして，いずれも失当である。

(3) 構成要件・違法・責任

現在では，M・E・マイヤーが提唱した，(i)構成要件該当性，(ii)違法性，(iii)責任の三段階を認める犯罪論体系が一般であるが（大塚115頁以下，大谷95頁以下，川端87頁など），現在のドイツ刑法学では，違法行為の類型である構成要件を「不法」の中に包含することで，(i)行為，(ii)不法，(iii)責任の3要件に区分する見解が支配的になった（メツガー，エーバーハルト・シュミット）。わが国でも，これに賛成する論者が少なくない（平野99,106頁など）。

こうした「不法構成要件」の考え方によれば，構成要件に該当するという定型的・形式的な判断が，個別的な行為状況も踏まえた具体的および実質的な違法評価と合体することになる。また，理論的には，違法性阻却事由の要件となるべき行為事情が，消極的な構成要件要素として，犯罪構成要件の「原則的」な要素に転化するという不合理な帰結にいたる（➡消極的構成要件要素の理論）。また，構成要件要素の中には，責任要素を定型化した故意・過失なども含まれるところ，「不法」の概念を責任と対置することは，違法かつ有責な行為を類型化した構成要件の体系論的な意義を軽視することになろう[3]。

したがって，犯罪を構成する客観的要素および主観的要素は，抽象的ないし一般的なものから（構成要件），具体的ないし個別的な要素へ（違法・責任），換言すれば，行為それ自体の要素から行為者の要素へと発展的に検討・吟味する方法が，もっとも実際的かつ論理的な体系であって，現実の裁判にも適合した犯罪論体系ということができる。

第3節　行為論

1　犯罪概念の基底としての行為

(1) 行為論の意義

行為概念は，犯罪論にとって，どのような位置づけを与えられるべきか。[1]

---

[3] また，最近の実質的犯罪論の行きつく先が，二元論的な犯罪論体系の再評価であるならば（前田39頁），そこにも，学説による分析的思考を後退させることで，「実務家による」全体的な考察方法に接近する傾向がうかがえる。

まず，刑法における行為（Handlung；Verhalten）とは，単なる内心の主観にとどまるものでなく，外界に発現した人間の活動でなければならない。また，行為全体は，積極的な身体的動作としての**作為**（Begehungstat）と，一定の消極的な状態である**不作為**（Unterlassung）に分けられる。しかも，犯罪の中には，故意による場合と過失による場合があるため，刑法上は，これらのすべてを含むような行為概念の定立が必要となるのである。[2]

通常は，殺人罪の「人を殺した」場合のように，何らかの積極的作為による犯行が予定されている（作為犯）。これに対して，多衆不解散罪（107条）でいう「権限のある公務員から解散の命令を3回以上受けたにもかかわらず，なお解散しなかったとき」や，不退去罪（130条後段）でいう「要求を受けたにもかかわらずこれらの場所から退去しなかった者」のように，「何か（作為）をしない」こと（不作為）が，犯罪とされる場合も少なくない（真正不作為犯）。また，後述する**不真正不作為犯**も，一定の行為者による作為義務の違反が処罰されるべき場合にあたる。ところが，不作為は，物理的な意味で外界の変更を生じさせないため，従来から，それが刑法における「行為」にあたるかどうかが争われてきた。すなわち，そこでは，犯罪行為として刑法的評価を受ける前提条件が問題となるのであって，まさしく，行為論は「犯罪概念の基底」をなすものにほかならない。[3]

(2) **行為論の役割**

こうした刑法的判断の出発点となる「行為」が，どのように定義されるかをめぐっては，種々の見解が対立してきた。しかし，刑法が，単なる道徳・倫理規範ではなく，犯人の「悪しき意図」という主観だけでは，犯罪概念の

---

1) 行為論につき，大塚仁・刑法論集(1)33頁以下，福田平・目的的行為論と犯罪理論（昭39）41頁以下，平場安治・刑法における行為概念の研究（昭41），米田泰邦・行為論と刑法理論（昭61）など参照。

2) これに対して，一般的行為概念の定立に消極的な見解として，川端95頁以下，斉藤信治61頁などがある。

3) 本来，行為論は，価値中立的なものであり，単なる「思想」を，刑法的評価の対象から除外するという意味では，すべての犯罪論に共通する限界づけ機能を果たしている。しかし，目的的行為論から行為無価値論が唱えられたように，犯罪論上の個別問題にあっては，一定の解釈論的帰結を導くことがある。たとえば，有意性を排除した社会的行為論は，結果無価値論と結びつくことが多い。

基礎とすることはできない以上，少なくとも，行為というべきものは，外界に発現した身体的な動静として，現実的な存在でなければならない（「何人も，思想のゆえに罰せられることはない」）。

また，行為概念には，刑法上の行為から除外される事象を選別するという**限界要素**としての機能だけでなく，構成要件該当性，違法性および責任判断などの刑法的評価の対象を示す**基本要素**としての機能，さらに，「違法または有責な」という修飾語が付加される点で，これらを結びつける**結合要素**としての機能がある（マイホーファー）。そこで，従来の刑法学は，上述した犯罪論の基底となるべき，すべての属性を備えた行為概念を構築しようと努力してきたのであり，学説上は，以下の諸見解が輩出したのである。

2　自然的行為論と社会的行為論

(1)　自然的行為論

歴史的には，刑法上の行為も，自然科学的ないし物理学的な見地から捉えることで，何らかの意思態度から発生した因果的事象とみる立場が先行した。すなわち，**自然的行為論**（natürliche Handlungslehre）は，外界に示された身体活動およびそれにともなう外界の変更を「行為」と解するのであって，たとえば，リストは，行為を「有意的な（willkürlich）挙動による外界の変更」と説明している（わが国では，小野93頁，植松95，97頁など）。「有意的な」とは，単なる心理的事象を意味するにとどまり，積極的な意思のない過失行為も包含しうるが，不作為は，物理的な意味での自然的挙動とはいいがたい。

しかし，物理的には外界の変更がみられないとしても，今日の刑法学では，不作為犯も，社会的に意味のある存在として，反社会的な結果発生の原因となりうる。したがって，行為論である以上，これらのすべてを刑法的判断の対象に含めなければならない。かような意味で，いわゆる「因果的行為」を前提とした自然的行為論は，犯罪概念の基底として不十分であると批判される[4]。

---

[4]　また，身体の動静というだけで反射的動作を「行為」に含める見解は，限界要素としての機能を果たしておらず，いわゆる「客観的」目的的行為論も，意思の種別に着目した自然的（有意的）行為論の一種にとどまる。

(2) 社会的行為論

これに対して、**社会的行為論**（soziale Handlungslehre）は、社会的に意味のある有意的な身体の動静を、刑法における行為と解する立場である（E・シュミット、内藤164頁、曽根49〜50頁）。行為者の主観面を責任段階で取り扱う点では、自然的行為論と同じであるが、刑法上の行為が規範的な概念であることを強調しつつ、価値関係的なものとして把握する。そのため、作為と不作為を、統一的な行為概念のもとに包摂することが可能となる。ただ、社会的行為論にあっても、認識のない過失にもとづく不作為犯（忘却犯）は、およそ行為者の有意的態度がみられない以上、行為の範疇から脱落するおそれがある。そこで、有意性の要件を緩和して、「意思支配の可能性」で足りるとする立場がある。しかも、発生した事実の社会的重要性を強調することにより、忘却犯も行為とみることが可能となった（マイホーファー、イェシェック、大谷103頁以下、板倉81頁など）。

しかし、社会的行為論では、「社会的な影響」や「意思支配の可能性」を基準とした行為概念の価値関係的な定義が中心となる。したがって、犯罪の成否をめぐる評価と厳格に区別されておらず、「社会的な重要性」という概念も不明確である。その意味では、犯罪論の基底としての存在論的性格を看過するものと批判される（大塚100、104〜105頁）。特に、刑法上の行為概念がもつ統合的機能を重視するとき、社会的行為論と結びつきやすいのは、決して偶然ではない。また、社会的行為論では、しばしば価値的要素が混入する点はともかく、自然的行為論と同様に、行為の「盲目的因果性（Kausalität）」に着目するため、後述する目的的行為論からは、**因果的行為論**（kausale Handlungslehre）と呼ばれることになった。

3　目的的行為論と人格的行為論

(1) 目的的行為論

第2次大戦後、にわかに有力となった**目的的行為論**（finale Handlungslehre）とは、行為の存在論的性格を強調しつつ、行為者が一定の目的を設定したうえで、その達成に向けた行動に出るという点に行為の本質を求めている。すなわち、「目的定立的な意思に支配された実在的な意味の統一体」を、刑法上の行為と定義するのである（ヴェルツェル、マウラッハ、福田59頁以下など）。なるほど、物理的な見地か

らは「行為」性を欠く不作為も，存在論的には，行為者の目的によって統制・制御されたものであり，その限度では「目的的行為」の範疇に含められる。しかし，過失行為には，意識的な目的性を認めがたい以上，行為性が否定されてしまう。

そこで，論者の中には，「潜在的目的性」(potentielle Finalität) という概念により，過失犯の目的的行為性を基礎づけようとしたり（ヴェルツェル），故意行為が構成要件的結果を目指した行為であるのに対して，過失行為は，それ以外の法的に重要でない結果を目指す目的的行為であると説明してきた（福田61頁）。だが，犯人の予定した意思を実現する故意行為にあってはともかく，過失行為の本質は，必要な注意を怠った落ち度のある人間の態度に求められるべきである。目的的行為論の支持者が，「目的性」の要件に拘泥して，法的に重要でない結果に向けた「目的的行為」を認めることは，行為概念の破綻を示したものにほかならない。[5]

(2) **人格的行為論**

近年のわが国では，「行為者人格の主体的現実化」を行為の本質とみる**人格的行為論**（人的行為概念；personaler Handlungsbegriff）が有力になった。これによれば，故意・過失行為はもとより，不作為による忘却犯も行為に含みうるのであって，現時点におけるもっとも優れた見解といえよう（アルトゥール・カウフマン，団藤105頁以下，大塚103頁以下）。すなわち，本人の主体的な人格態度と結びつけられた身体の動静であるかぎり，上述した行為形態のすべてを，刑法的評価の対象として，事実的な行為概念の中に包摂しうるからである。人格的行為論により初めて，行為概念の「基本要素としての機能」と「限界づけの機能」が十分に果たされることになる。また，社会的行為論が，行為の規範的・法的把握を目指したのに対して，人格的行為論は，その存在論的基礎を事実的・前法的性格に求めた点でも，正鵠を得ていたとおもう。

また，目的的行為論も，従来の「有意性」という無内容な主観的要素に代

---

[5] 福田博士は，「目標に向かって統制される行為の全過程」を考慮するものであるから，法的に無意味ではないとされるが（福田61頁），個人的な目標の達成よりも不注意な手段を選択した点が過失犯の本質をなす以上，依然として，過失行為における実体（不注意）を直視したとはいいがたい。

えて，犯人の主体的な意思活動を行為概念の中核に据えようとした点では，妥当な志向に立脚するものである。しかし，行為者の「目的性」に対する過剰な要求が，過失行為や忘却犯の理論的説明を困難にしただけでなく，責任評価の対象となるべき主観面についても，事実的故意という表面的な態度のみを考慮しているにすぎない。他方，人格的行為論も，「主体的な人格態度」だけを行為概念の内容とするとき，行為者人格の外延が必ずしも明確でないと批判された。行為者人格の内面については，実際上も認定するのが困難であるため，責任評価と同じになってしまうとも批判されている（平野109頁以下，大谷103頁，川端133頁）。

その意味では，人格的行為論にあっても，客観的見地からは，行為概念が限界要素として機能すべきである以上，論者のいう人格の「現実化」の意味が問い直されねばならない。大塚博士が，人格的行為について，主体的に外界に発現した身体的動静であると同時に，事実的にも認識可能な限度で「社会的な意味」を行為論で考慮しようとされたのは（大塚106頁），こうした趣旨にもとづくものであろうか。

4　本書の立場

(1)　行為概念の位置づけ

本書では，行為概念のもつ哲学的基礎はともかく，もっぱら機能的に考えることとしたい。それによれば，およそ刑法上の行為論は，行為概念から「非行為」を排除しつつ，それ以外の事象をすべて包摂するための枠組みとして理解されるべきである。すなわち，(a)主観面においては，反射的動作や無意識下の挙動，さらに，絶対的強制下に置かれた者の行動を除外しなければならない。そこでは，外界の変更という限度で身体の動静があるにもかかわらず，行為の主観的要素にあたる有意性が欠けているからである。具体的には，被利用者の手にナイフを握らせたうえ，その手を掴んで無理矢理に第三者の腹部を突かせるなど，物理的強制下にあった場合が考えられる。また，相手方の生命・身体や家族の安全を代償として，第三者に危害を加えさせるという心理的強制の場合も考えられる。ただ，後者の場合には，ただちに行為性が排除されるわけでなく，むしろ，強要にもとづく緊急避難の問題が生じう

る。その詳細については，緊急避難の項目を参照して頂きたい（→第3部第4章・緊急避難）。

　もちろん，過失行為も，犯人にはおよそ犯罪事実の認識がなかったところ，刑法上の注意義務に違反する有意的な態度として，ここでいう行為概念に含められねばならない。しかも，(b)客観的側面にあっては，何ら外界に対する積極的介入がみられず，因果の流れを放置することで，さらに状況を悪化させた不作為の場合も，行為概念中に取り込まねばならない。これに対して，行為者の内心にある「思想・心情」の類を排斥するのは当然であって，行為概念が，上述した(a)主体性の要素と，(b)因果性の要素に分かれるとすれば，因果的事実の流れにおける客観的な側面と，行為者人格の発現という意味での主観的側面を，ともに充足する必要があるといえよう。

(2) 社会的人格の意義

　かような見地から，人格的行為論は，意思的側面（責任）における過失行為の意味を適切に説明しているが，不作為における因果的側面（不法）の意義を明らかにしたとはいいがたい。もとより，「行為の因果的・事実的側面をみのがして正当な行為理論は構成されえない」（団藤115頁）。しかし，他方では，ここでいう行為概念が刑法的評価の基礎となる点で，単なる自然的かつ事実的存在にとどまらないことは，すでに自然的行為論の欠陥が示したところである。むしろ，従来の学説が，有意性に着眼した限界づけ機能を重視しすぎた点に対する反省を踏まえつつ，今後は，刑法的評価に値する「社会的意味のある」点にこそ，両者を統合する原理を求めるべきではなかろうか。

　特に不作為犯については，あくまで自然的・物理的な存在ではないため，外形的事実の側面だけで説明するのは困難である。その限度では，行為概念にも，一定の社会的評価を持ち込まざるをえないとおもう（大塚106頁）。ただし，行為概念の統一性だけを追い求めて，もっぱら客観的事象の社会的意味だけに着目する態度は，行為論のもつ限界づけ機能に十分配慮したとはいえない。また，構成要件に盛り込まれた実定法上の概念だけを重視する立場も，行為

---

6) もっとも，心理的強制にとどまる場合には，期待可能性の不存在にもとづく責任阻却事由とされることもある。

概念について，過剰な法実証主義的傾向と行為概念の相対化を招来するおそれがある[7]。

第4節　行為論における課題

1　法人の犯罪行為

(1)　法人の刑事責任

　犯罪概念の基底にあたる行為論では，無意識下の行動や反射的動作が除外されるが，そのほかにも，どのような事象が行為の概念から排除されるであろうか。従来の行為論から派生する具体的な諸問題を取り挙げてみよう。

　まず，法人（juristische Person）の犯罪については，行為能力の点も含めて，法人が刑事規制の対象になるという見解（大谷120〜121頁）と，およそ法人の犯罪能力を否定する見解が対立している（大判昭和5・6・25刑集9巻433頁，大判昭和10・11・25刑集14巻1217頁）。そもそも，法律上の存在にすぎない法人格が，自然人と同様な意味で意思活動をできない以上，たとえ，正式の意思決定機関から指示を受けた従業員が，法人のために犯罪行動をしたとしても，その刑事責任は，むしろ，機関たる自然人に帰せられるはずである。

　ところが，特別法上は，法人に対する刑罰を定めた多数の条文が存在しており（両罰規定など），伝統的な犯罪類型にあっても，機関・従業員に対する「監督責任」という形で，その犯罪能力と受刑能力を肯定してきた[1]。なるほど，これらの場合にも，法人だけが独立して「行為責任」を負うわけでなく，直接実行者の自然的行為が前提とされるため，完全な法人の犯罪能力を認めた

---

7) なお，判例では，妄想性精神障害のある被告人が，半覚醒下の意識状態で，夢の中で暴漢に襲われたことによる恐怖心から，それと知らずに妻の首を絞めて死亡させた事案につき，行為者の意思支配がない以上，行為にあたらないとしたものがある（大阪地判昭和37・7・24下刑集4巻7=8号696頁）。しかし，有意性を越える厳格な意思支配性を要求するならば，責任能力を欠く心神喪失状態も，およそ行為たりえないはずである。また，こうした無能力下の侵害行為が違法でないときには，これに対する正当防衛も許されないことになって，不当であろう。実質的な規範的意思の可能性を問うのであれば，むしろ，責任段階で吟味すべきである（大谷106頁など）。
1) なお，法人の犯罪を監督責任の懈怠として構成しつつ，両罰規定が監督過失を推定するものという理解が，今日の通説・判例である（たとえば，最判昭和40・3・26刑集19巻2号83頁参照）。

ものではない。しかし，経済犯罪などでは，法人が主体となった犯行が日常化している現在，これからは，法人という行為者類型に応じた行為論が必要となるであろう。[2]

(2) 法人実在説と法人格の発露

かつての「団体責任」では，独立した法主体といえない集団・組織に対する刑事責任の追及が，個々の構成員に振り向けられることもあった（→共謀共同正犯論）。しかし，今日の法人犯罪は，法律上のみならず，社会生活上も独立した存在として（法人実在説），自らの利益を目指して行った反社会的行動につき，当該法人格を認められた限度で，その刑事責任を問うものにほかならない。したがって，正式の執行機関の活動を通じた法人の活動と認定できる以上，犯罪論の基礎となるべき行為の範疇にも含めることができよう。たとえば，上述した人格的行為論では，もっぱら自然人の行為を前提にした「行為者の主体的人格の発現」を捉えてきたが，いわゆる道義的非難に根ざす責任主義からすすんで，規範的責任論に立脚したうえで（→第4部第1章），「法人格の発露」である違法行為を処罰対象とする場合，もはや，法人処罰規定を例外的なものとみるべきではない。

すなわち，客観面では，執行機関による犯罪遂行が法人全体の意思を体現したものであるとき，違法な事業活動の社会的意味を直視しつつ，後述する間接正犯的な場合と同様，従業員を道具とした法人の犯罪行為を認めることも可能だからである。もちろん，殺人罪などのように，犯罪の種類によっては，自然人以外が実行できない場合もあり，当該行為の外見上の主体が法人であったという一事を捉えて，法人の犯罪行為とみることは妥当でない。したがって，法人に対する処罰権の行使は，なお条件付きの限定された範囲にとどまるという意味では，現行法制度上も，明文の規定がある場合にのみ，法人の（犯罪）行為能力を認めるべきである。[3]

---

2) 法人に完全な犯罪能力が認められるとすれば，従来の付随的ないし従属的な責任にとどまらず，直接実行者である従業員個人を特定できなくても，法人だけが犯罪行為の主体として罪責を問われるはずである。

2 作為と不作為

(1) 行為の二面性

つぎに，従来の行為論で論争の中心となった作為と不作為は，すでに行為論の段階から区別されねばならないであろうか。学説上は，行為それ自体の構造的差異に着目する見解がある。たとえば，「身体的動作によって，外界の変動を生じさせ，法益侵害・危険化をもたらした場合」が，作為であるのに対して，「すでに生じていた外部的事態に変更を生じさせないことによって，自然のなりゆきに任せた場合」が，不作為であるといわれる。しかし，作為を「外界の悪変」としたところで，行為と外界の変化との関係は，それほど明瞭に識別されるものでない。具体的には，川で溺れかけたため，助けを求めて近づいてくる幼児を，同じく水の中にいる父親が，殺害の目的で払いのける行為は，「救助しない」という事実に着目するかぎり，不作為であるが，「手を払う」または「子供の接近を妨害する」という点では，作為犯にあたるともいえる。

また，法定の制限速度以上のスピードで走行する自動車運転手には，「速度遵守」義務に違反した不作為が認められる一方，「自動車を運転する」という点では，作為犯にほかならない。さらに，身体的動作と外界の変動が時間的・場所的に隔たっているとき，一定の先行動作をただちに「行為（作為）」とみるのは，失当であろう。かりに，その後の因果経過も考慮して，結果発生を回避しうる最後の時点で「行為があった」と認定するのであれば，先行した部分は作為の形式であっても，その後，自己によって作り出した「自然の成り行き」に委ねたという意味では，不作為にあたるともいえるからである。そもそも，人間が純粋な「不作為」，すなわち，完全に「無」または静止状態に

---

3) 刑法典が，自然人を予定した責任能力の規定しか有しないからといって，行為の主体を自然人に限定することにはならず（大判昭和10・11・25刑集14巻1217頁），法人の設立目的以外の行為についても，法人の主体性を否定するほか，適切な刑罰がないという理由だけでは，法人の刑事責任を排斥する根拠に乏しいであろう。さらに，犯罪論上は，法人実在説または法人擬制説のいずれが妥当かを決する必要はなく，もっぱら罪責を帰属させる主体たりうるか否かを論じれば足りるのである。

4) 作為と不作為の区別については，金澤文雄・広島大学政経論叢15巻1号43頁以下，2号1頁以下，神山敏雄・岡法26巻3=4号273頁以下，西原春夫・平場還暦（上）83頁以下参照。

あるとは考えられず，休息する場合にせよ，何らかの動作をともなっているのが一般であるとすれば，およそ行為は，2つの側面を有しているのではなかろうか。

(2) 作為・不作為と構成要件的評価

したがって，作為と不作為の区別は，犯罪の成否をめぐって，当該行為のもつ積極的な「作為」の側面と，消極的な「不作為」の側面のいずれに着目して議論するかの点に求められる。換言すれば，作為と不作為の違いは，それぞれの作為（不作為）義務を前提としつつ，一方の側面における犯罪の成否を通じて決まるものであり，一種の法的評価の産物である。このように考えるとき，作為・不作為の判断は，構成要件段階における実行行為性のレベルで行われるべきである。[5] これに対して，もっぱら身体の動静を行為とみる因果的行為論によれば，犯人の地位に応じた行為の社会的意味を等閑視する結果となるため，刑法的評価の対象となるべき範囲を限定することができず，責任論にいたって初めて，作為と不作為が区別されるという不都合がある点にも，注意しなければならない。

3 行為概念における結果と行為者

(1) 挙動犯・結果犯・危険犯

通説は，行為を「外界における身体的動静」と定義したが，行為概念には，後述する挙動犯のように，挙動・動作だけが含まれるわけではない。犯罪行為の種類によっては，結果犯のように，実際に生じた侵害結果も包含される。[6] そもそも，刑法上の結果は，存在論的には行為と別個の概念であるにもかかわらず，殺人罪などのように，典型的な犯罪の多くが結果犯であるため，通常は，結果の惹起が犯罪成立要件となってきた。その意味では，社会的に有害な結果についても，客観的要件である「行為」の中に含めざるをえない。また，行為概念が，刑法的評価の対象となる行為全般を包摂するのであれば，挙動犯や危険犯のみならず，結果犯における結果もまた，行為の要素とみな

---

5) これに対して，社会的行為論の立場から，作為と不作為を違いを説明する見解もみられる。
6) 学説では，これを所為（Tat）と呼んで，行為から区別する論者もみられる。

けれ ばならない。

しかし,従来,行為と結果の違いが明確に意識されないまま,「法益の侵害・危険」という結果の要素を,行為概念の中で論じてきたようにおもわれる。[7] なるほど,犯罪行為にともなう侵害結果の防止が,刑事立法の最終目標であるとしても,理論上は,具体的行為によって当該結果が発生しうるのであり,行為それ自体は,主体である行為者と社会侵害的結果を結びつける要素である。したがって,リストのように「罰せられるべきは行為者である」として,犯罪概念の基底に犯人を組み入れることが許されないように,反対説が結果の要素に分類される「危険」概念をもち出して,あたかも行為論それ自体を客観化できるかのように主張するのは,あまりに一面的な見方といわざるをえない。

(2) 行為と行為者

行為主義を原則とする古典学派に立脚する以上,現実の行為から離れて犯罪の意義を論じることはできない。なるほど,かつての「有意的」行為論が,旧時代における結果責任主義の思想を排斥することで,いわゆる団体責任にあたる組織全体の連帯責任を否定し,個人責任の原則を確立するために役立ったことは事実である。しかし,自然的な意味における意思支配の原理を貫徹したいのであれば,むしろ,責任の領域で主張するべきであって,19世紀の因果論的な行為概念は,到底,行為論における人間の主体的地位を踏まえたものとはいいがたい。[8]

また,具体的な行為の背後にある犯罪者の人格的差異も,責任ないし量刑の側面などで考慮することが許されるならば,これらを類型化することで,行為論の補充的要素として加算することが可能である(大塚107頁以下)。たとえば,常習賭博罪(186条1項)のように,刑法上も行為者類型を明記した場合があ

---

7) 学説の中には,危険概念を用いて行為と結果を機械的に接合したものがある。
8) もっぱら因果性の世界で行為概念を構築することは,外界の変更に影響を与える事象のすべてを同等に位置づけるが,およそ刑法は,宿命に対する報いとしての純応報的な作用を営むものでなく,将来に向かって規範の妥当性を回復するための創設的効果を担うものである。そこでは,行為概念も,単なる因果的行為論であってはならない。これに対して,刑法的評価の本質を明らかにしない因果的行為概念が,むしろ,犯罪概念の基底としての価値中立性に合致するという見方もあった(ラートブルッフ)。

り，そこでは，行為者の属性を通じて行為自体の危険性が高まることになる。さらに，不真正不作為犯における保障者的地位や同地位にもとづく作為義務は，行為と行為者を切り離して論じられるものでない。これらの諸事情からしても，行為者の属性は，行為の背後に潜む存在として，行為概念の補充的な要素といって差し支えないであろう（大塚109頁）。

第2部　構成要件該当性
——第1の犯罪成立要件

第1章　構成要件の理論

第1節　構成要件の概念

1　その歴史的沿革

(1) 犯罪のカタログ

　構成要件 (Tatbestand) とは，刑法上，個々の犯罪の内容を規定した一定の類型（犯罪の外枠）をいう。その意味で，構成要件は，犯罪のカタログであって，現実の社会で生じた違法行為の中から，犯罪となるものを選び出す際の第1の判断基準となる。具体的には，刑法典の第2編［各則］に規定された各犯罪の条文に記述されたものである。たとえば，殺人罪（199条）では，「人を殺した者」という記述が，殺人罪の構成要件を示している。ただし，各条文の中には，違法性や責任に関する規定も散在するので，注意する必要がある。たとえば，80条，170条，173条，228条の2，230条の2などである。
　つぎに，各犯罪の構成要件が何であるかは，結局のところ，刑法典各則や特別刑法の中に列挙された処罰規定の解釈から導かれる。したがって，本章では，個々の犯罪成立要件に共通する抽象的な「構成要件」の概念と，それが果たすべき理論上の機能について説明しておこう。構成要件の意義・内容に関する諸見解の対立は，**構成要件論**と呼ばれる。まず，構成要件論が発生するにいたった歴史的な経緯を概観したい。

(2) 犯罪事実と構成要件

　そもそも，構成要件の概念は，当初，訴訟法的な見地から，「犯罪事実（Corpus delicti）」としての意味を与えられたにすぎなかった。しかし，20世紀の初頭

になって、ベーリングが、構成要件を「犯罪類型の輪郭（Umriß）」として位置づけた。そこでは、具体的な構成要件（生の犯罪事実）と、この事実をあてはめる抽象的な構成要件を区別したうえで、構成要件の概念を後者の意味に限定しつつ、**類型説**（Typentheorie）という主張を展開したのである。また、構成要件論では、罪刑法定主義に立脚した構成要件の客観的・記述的内容が強調され、規範的・価値的概念である違法性と峻別された。

(3) **指導形象と構成要件**

しかし、その後、ベーリングが、ドイツで有力となった不法構成要件の考え方と決別して、いわゆる「指導形象（Leitbild）」の考え方を採用したため、こうした構成要件は、各条文の犯罪類型から切り離された観念上の存在になってしまった。すなわち、指導形象とは、各条文の**犯罪類型**（Deliktstypus）に先行する概念であり、全犯罪がもつ多様な要素を統一・包摂するための概念とされる。たとえば、殺人の実行という違法類型と殺人の故意という責任類型を統一するものが、指導形象としての構成要件とみるのである。

したがって、指導形象としての構成要件では、客観的要素の中でも規範的な要素は、もっぱら違法性で論じられる反面、主観的要素は責任へ放逐されることになった（「違法性は客観的に、責任は主観的に」）。だが、本来、違法な行為を類型化した構成要件が、まったく規範的要素と無関係になるはずがない。また、主観的事実であっても、各個の構成要件を区別する際に重要な要素となる場合がある（主観的構成要件要素）。その意味で、構成要件要素をもっぱら客観的・記述的要素に限定する態度は、理論的に誤っているといえよう[1]。

2 現在の構成要件論

(1) **構成要件の違法性推定機能**

当初、ベーリングが唱えた抽象的構成要件の理論は、その後、具体的かつ事実的な構成要件（犯罪構成事実）から区別された、刑法上の構成要件論として発展した。たとえば、M・E・マイヤーは、構成要件と違法性の関係につい

---

[1] かつては、滝川博士が、ベーリングの指導形象論を採られたことがあり、最近でも、構成要件の客観的・記述的性格を強調する見解が散見される。しかし、そこでは、構成要件の違法性推定機能を単なる事実上のものとして、両者の論理的関連を否定することになる。

て，具体的な犯罪事実が構成要件に該当することで，違法性の重要な**認識根拠**（Erkenntnisgrund）になるとした。したがって，特に違法性阻却事由が存在しないかぎり，構成要件に該当した行為は，通常，違法と評価される（**構成要件の違法性推定機能**）。いわば，違法性が「火」であるとすれば，構成要件該当性はそれを推測させる「煙」に相当するわけである。

したがって，違法性を徴表する犯罪構成要素は，すべて構成要件に含まれることになる。これを徴表的構成要件と呼ぶ。しかし，構成要件の内容は，客観的・記述的な要素だけにはとどまらない。すなわち，構成要件を各犯罪類型とみるならば，規範的構成要件要素のみならず，主観的違法要素の定型化を通じて，主観的構成要件要素も認めるべきことになろう[2]。

(2) 違法・有責類型と不法構成要件

現在のわが国では，構成要件を違法類型とみる立場からすすんで，責任要素をも類型化したものとみる見解が有力である（大塚122頁，大谷111～112頁など）。また，故意犯と過失犯が構成要件上も区別されること，適法行為の期待可能性がない場合を予定した特別構成要件があることからして（104条など），構成要件該当性は，単に違法性の認識根拠であるにとどまらず，行為者の責任についても，間接的に推定させる側面があるといえよう[3]。

これに対して，メッガーは，構成要件と違法性の関係をさらに緊密なものと捉えて，構成要件を包摂した**不法**（Unrecht）という観念を提唱した。彼によれば，構成要件該当性は，違法性の**実在根拠**（Geltungs- und Realgrund）であって，特別の「不法阻却事由」により正当化されない以上，当然に構成要件該当行為は違法となる（不法構成要件の理論）。ドイツでは，こうした**新構成要件論**が通説的見解となっており，それによれば，規範的要素とともに，主観的な要素も認められる[4]。実際にも，メッガーが，いわゆる主観的不法要素（subjektive Unrechtselemente）論の提唱者であった点は，後述するとおりである（→違法性の要素）。

2）ただし，マイヤー自身は，主観的構成要件要素の観念を排除していた。
3）これに対して，もっぱら違法類型とみられるのは，平野99頁，福田69～70頁，内藤196頁などである。
4）わが国でも，同様な見地から，構成要件的故意の「提訴」機能を強調するものがある。しかし，こうした見解は，構成要件該当事実の中に，実質的な違法評価を持ち込むものにほかならない。

(3) 本書の立場

不法構成要件の理論は，構成要件が違法行為を類型化した「枠」であり，本来は，実質的な価値判断を含まない「当てはめ」にあたることを看過している。上述した構成要件の機能からして，構成要件該当性と違法性の質の相違を軽視するならば，定型的な構成要件判断と個別具体的な違法評価が混同される一方，超法規的な正当化事由も含めて，違法阻却事由を構成要件と一体化する（消極的）構成要件要素の考え方に行き着くであろう（消極的構成要件要素の理論[5]）。

もっとも，わが国で生まれた違法・有責類型説を，構成要件と責任の質的差異をもち出して批判する向きもある。しかし，それらの批判は，構成要件と違法・責任の関係を機械的な接合と捉えたにすぎない。むしろ，構成要件を起点とする犯罪論体系は，有機的かつ段階的な構造になっており，構成要件論と責任論も，まったく無関係のものではありえない。したがって，反対説によれば，構成要件の輪郭づけの機能を弱めることにもなりかねないであろう[6]（ただし，前田56～60頁など参照）。

第2節　構成要件の機能と種類

1　構成要件の機能

(1) **構成要件該当性**　構成要件は，法律が定めた抽象的な犯罪類型（外枠）である。したがって，これに具体的な事実（犯罪構成事実）をあてはめて，すべての構成要件要素を充足した場合に，構成要件該当性（Tatbestandsmäßigkeit）が認められる。すなわち，「構成要件に該当する」という判断は，(a) 抽象的で一般的な犯罪類型である構成要件それ自体と，(b) 具体的な犯罪構成事実を比較・対照しつつ，(c) 後者が前者に該当するという決定である。その

---

[5] そのほか，中義勝・誤想防衛論（昭46）3頁以下など参照。
[6] 近年は，わが国でも，類型的・形式的な構成要件概念を排して，法益侵害説を基礎とした「犯罪概念の実質化」を唱える論者が少なくない（後述参照）。しかし，つぎに述べる構成要件の自由保障的意義からして疑問であろう。

意味において，構成要件該当性は，定型的かつ形式的な判断になるといえよう。

　しかし，個別的な犯罪事実を構成要件という定型に「あてはめる」前提として，法律上の構成要件の内容を，解釈によって明らかにしておかねばならない。また，上述した構成要件と違法性の結びつきからも明らかなように，構成要件該当性の有無は，およそ価値判断から無関係になるわけではない。たとえば，「わいせつ」性をめぐる判断は（175条），刑法上の基準となるものに「あてはめる」作業であっても，それが社会全体の規範意識と無縁でない以上，何らかの規範的評価をともなう。[1]しかも，犯罪が成立するためには，当該事件の諸事情が全構成要件要素を充たさなければならない。かようにして，犯罪のカタログにあたる法律的な構成要件は，それ自体が一定の社会的機能を営むことになる。

(2) **構成要件の犯罪個別化機能**

　まず，違法・有責類型である構成要件は，違法性と責任の判断に先行して，社会生活上の可罰的行為の外枠を形成するものである。そのことは，構成要件に該当しないかぎり，個別的行為の違法性や責任を吟味するまでもないという意味で，規範の名宛人にとっては，自由保障機能を有している。構成要件論の創始者であるベーリングが，その起源を罪刑法定主義に求めたのも当然であった。彼は，国民の自由を保障するため，もっぱら客観的・記述的要素から構成要件の概念を構築したが，かりに規範的要素および主観的要素を認めたとしても，構成要件論によって，犯罪成立要件が個別化または明確化されることはいうまでもない（**犯罪個別化機能**）。また，構成要件から導かれた行為規範が，刑法の目指す価値秩序を指し示すとともに，犯罪の発生を抑止する点では，秩序維持機能も果たすであろう。

(3) **構成要件の故意規制機能**

　一部の学説は，立法時における犯罪類型の「定立」と，その後の解釈で明

---

1) これに対して，構成要件を「評価の対象」（ドーナ）ないし「禁止の素材」（ヴェルツェル）とみる一方，違法性と責任を，評価それ自体に限定する見解もある。しかし，構成要件該当性の判断は，独立した評価であることに加えて，違法性や責任の中にも，判断対象としての事実が含まれる以上，上述した見解は，犯罪の成否を決定するための論理構造を正確に捉えていない。

らかになった構成要件の機能を，はっきりと区別しないまま議論する向きがある。なるほど，立法過程では，主として構成要件の自由保障機能と秩序維持機能が重視されるであろうが，犯罪類型が定立された後の条文解釈にあっては，むしろ，構成要件該当性が違法性と責任を推認させるという徴表的機能が，より重視されるのである。そのほか，構成要件的故意は，構成要件に該当する客観的事実の表象・認容であるため，大方の学説によれば，故意で必要となる認識内容を限定する機能が付与されている（**故意規制機能**）。また，構成要件要素を充足しないとき，未遂犯の成否が問題となるほか，刑罰論に先立って，構成要件の概念が罪数の判断基準となるなど（→罪数論），構成要件論は，犯罪論の中核としての意義を有している。[2]

2 構成要件の種類

(1) 開かれた構成要件

構成要件の中には，すべての犯罪構成要素が記述された「完結した構成要件」ないし「閉じられた構成要件（geschlossener Tatbestand）」と，「補充を必要とする構成要件」ないし「開かれた構成要件（offener Tatbestand）」がある。特に，開かれた構成要件では，犯罪構成要素の一部しか示されておらず，他の要素は，当該法律の目的に沿って解釈することで，適宜補充するように予定されている。たとえば，過失犯や不真正不作為犯では，侵害結果にいたる注意義務違反の内容や作為義務者の範囲について，もっぱら裁判官の判断に委ねられている。もちろん，補充により確定された構成要件も，完結した構成要件と同様，違法性推定機能をもつことに鑑みれば，罪刑法定主義または刑罰法規の明確性の原則からして，厳格な解釈態度が要求される（大塚128頁(3)）。

(2) 消極的構成要件

つぎに，通常の構成要件は，違法性の積極的な認識根拠であって，行為の違法性を推定させることになるが，例外的に犯罪の成立を否定する規定がある（109条2項ただし書，230条2項，230条の2など）。これを「消極的構成要件」

---

[2] もっとも，これらの機能は並列的なものでなく，犯罪のカタログである構成要件論では，各犯罪の個別化を通じた処罰範囲の確定が，その第一次的な機能とみられる。

と呼んで，積極的構成要件と区別する見解がみられる。しかし，こうした見解は，構成要件と違法性の違いを弁えないものとして，疑問である。また，構成要件の違法類型性を強調する見地から（存在根拠説），正当化判断を基礎づける行為事情につき，消極的構成要件要素（negative Tatbestandsmerkmale）の概念を提唱する立場もある。ここでは，違法性を阻却する諸要素がすべて構成要件の中に取り込まれるが，個別具体的な行為の違法評価と抽象的な構成要件判断を同視する結果として，両者の質的相違が看過されることになる。[3]

(3) 修正された構成要件

以上の構成要件は，刑法の各本条に定められた基本的構成要件であった。これに対して，犯罪が完成する以前の段階について（未遂犯），または，複数の行為者が犯行に加担した場合について（共犯），既遂犯や単独犯の基本的構成要件を修正したものがある。すなわち，修正された構成要件とは，各種の刑罰法規における基本的な犯罪類型から，刑法総則における未遂・共犯の諸規定（43条，60条以下）を用いて作成された，未遂構成要件と共犯構成要件を指している（大塚126頁）。

なお，構成要件の「該当」（Mäßigung）と区別される「充足」（Erfüllung）の観念を認める見解がある。これは，未遂犯の構成事実は，基本的構成要件を充足していないという形で説明される。しかし，構成要件「充足」の程度を問題にする態度は，定型的な「あてはめ」判断と合致しないだけでなく，未遂犯の中にも，その成立要件を異にする中止犯の形態がある以上，各々の構成要件ごとに「該当性」の有無を論じるべきであろう。未遂犯および共犯は，単なる犯罪現象にとどまるものでなく，また，個別的な刑罰拡張事由でもないからである（大塚126頁）。

3 構成要件論の限界

(1) 形式的犯罪論と「実質化」傾向

刑法典各則に規定された諸犯罪では，殺人罪や窃盗罪のように，伝統的な

---

3) また，不法構成要件では，2回のテストで犯罪を確認するルーズな体系になると批判される。ただし，消極的構成要件要素の理論は，違法性阻却事由の錯誤につき，いわゆる責任説の見地から，通常の「禁止の錯誤」とは異なる結論を導くために採用されることも多い（→責任論）。

違法行為とみられるものが多い。他方，特別刑法では，各時代の社会的要請に応じて，新たに犯罪として追加されたものがあり，必ずしも，当然には違法行為とみられない。特に，第2次大戦後に進んだ行政刑法の拡大により，刑罰法規の総数が飛躍的に増加する中で，「実体的デュープロセス」論を用いて，刑罰権の拡大を抑制する傾向を生み出した。すなわち，法定犯のように，各刑罰法規に規定された違法行為の実質的内容が明らかでない場合には，具体的な事件ごとに可罰的行為の範囲を限定する論理が必要となってくるからである。そうした傾向は，犯罪論の「実質化」を掲げて，旧来の構成要件論を「形式的犯罪論」と批判する見解にもみられる。

そもそも，国家による恣意的な刑罰権行使を防ぐ目的で，第2次大戦後しばらくは，構成要件論を中核とした「形式的犯罪論」が有力となった。そこでは，可罰性の外枠（構成要件）を明らかにしたうえで，順次，具体的な違法評価や個別的な責任評価を通じて，実質的な見地から犯罪概念に絞りをかけてゆく理論体系が支持されてきた（いわゆる定型説）。しかし，犯罪類型としての構成要件を形式的に確定できれば，国家の刑罰権濫用を予防できるという考え方は，今日，再検討を迫られている。上述した行政権の優越に加えて，立法機関による刑事規制のコントロールが困難となった現状では，条文の恣意的解釈を排除するだけでは，国民の利益を十分に擁護できないからである。その意味で，可罰的行為の範囲を限定する際，判例実務に依存すべき部分が大きくなった[4]。

(2) **実質的犯罪論の問題点**

ところが，最近の「実質的犯罪論」は，従来の定型説的な思考に代えて，「処罰の必要性」と「その合理的な制限」を判断基準としている。そこでは，いわゆる法益侵害説にもとづく構成要件論の軽視がみられるが，こうした政策的な「可罰性ないし当罰性」評価を出発点とした犯罪論は，刑罰権の限界を厳密に確定することができない。かえって，実際の具体的事案で明らかに

---

4) 学説上は，すでに可罰的違法性論との関係で構成要件論の「実質化」傾向を示唆したものがあった（藤木116頁以下，同・可罰的違法性の理論〔昭42〕など）。その後，こうした見解が，実務重視の行為無価値論に流れたため，結果無価値論者から「心情刑法に陥る」などと批判されたのは，周知のとおりである（→違法性の本質）。

なった処罰要求に応じて，無制限に刑罰権を拡張するおそれがあろう。他方，刑罰法規の解釈における構成要件の指導的な役割を否定したにもかかわらず，(a)条文の表現形式，(b)保護法益の比較衡量，(c)結論的な妥当性のほか，(d)他の法規との整合性に条文解釈の基準を求めるならば，実質的には，従来の構成要件判断と同じである。

これに対して，構成要件該当性も，実質的な利益衡量論の帰結でしかないと批判されるが（前田・実質的犯罪論33頁，同・刑法の基礎52頁以下），「可罰性」の評価にもとづく実質的判断は，それが刑法の秩序維持機能を偏重する態度と結びついたとき，伝統的な構成要件論のもつ自由保障機能さえ否定することになりかねない。さらに，利益衡量論を前提とした当罰性判断は，彼らのいう法益概念の多義性からみて，犯罪の成立範囲を限定する根拠としては不十分である。

(3) **本書の立場**

かようにして，実質的犯罪論は，解釈の客観性を維持できるかという疑問があり，また，実務における恣意的な条文適用の歯止めとなるかについても，きわめて疑わしいとおもう。そもそも，処罰規定の文理解釈から出発する場合にも，当罰性判断の指導原理となるべき保護法益は，各々の法令に示された構成要件の内容と無関係に決定することはできない。さらに，具体的事案の評価にあっても，他の犯罪類型との違いを踏まえた各法益の比較衡量を経ることなしに，適用すべき条文を明らかにすることはできない。むしろ，通説的な構成要件論は，刑罰法規の文理解釈を基礎とした構成要件という外枠の内部で，各種の実質的な解釈原理を用いて，次第に可罰的行為を絞り込んで行く「実質的な違法論・責任論」と一体になっていた点を想起すべきである。

第3節　構成要件の要素

1　基本的構成要件要素

(1) **客観的要素と主観的要素**

構成要件の基本的要素としては，行為の外形に現れた客観面を内容とする

客観的構成要件要素（行為の主体，客体など）と，行為者の内心の態度を内容とする主観的構成要件要素がある（故意，過失）。また，その中には，違法類型としての構成要件要素と責任類型としての構成要件要素が含まれている。ただし，ここでいう構成要件要素は，抽象的な犯罪類型である構成要件を形成する諸要素を分類したものにすぎない。むしろ，実質的な違法・責任評価に先行する構成要件該当性の内容は，構成要件にあてはまる犯罪行為（結果を含む）から決定されるのであって，その客観面は，実行行為と因果関係に分かれる一方，主観面は，構成要件的故意および構成要件的過失に分かれる（なお，その詳細は，第2部第2章以下を参照されたい）。

(2) **規範的構成要件要素**

つぎに，ほとんどの構成要件要素では，裁判官が構成要件に該当する具体的事実の存否を認定することになる（記述的構成要件要素）。しかし，規範的構成要件要素では，犯人にとっても一定の規範的評価が求められる。たとえば，「他人の財物」（235条）にあたるかは，民法上の理解が必要となり，「わいせつな行為」（174条，176条，178条），「不敬な行為」（188条）など，刑法上の可罰性判断と結びつく場合も少なくない。さらに，犯罪によっては，公務執行妨害罪（95条1項）における職務執行の適法性のように，「記述されない構成要件要素」もある。これらの構成要件要素では，裁判官の解釈で補充することが必要となってくる。さらに，記述的要素であっても，客体である「人」の時間的範囲をめぐって諸見解が対立するため（出生および死亡の時期），実際の解釈論としては，犯行当時の社会状況を踏まえた一定の評価的要素が入ってくることもある。

(3) **構成要件解釈の在り方**

かようにして，各構成要件の内容は，条文の文理解釈と一定の論理操作を介して，はじめて「確定」できる。その意味で，今日では，もはや，ベーリングのいう客観的・記述的構成要件の思考を維持することはできないのである。ただ，裁判官による恣意的な法令の適用を防止するためにも，できるかぎり，客観的・記述的要素を中心として法令解釈の限界を示すように努めなければならない。以下，より客観的構成要件要素から始めて，順次，主観的な構成要件要素について，簡単に説明しておこう。

2　行為の客観面

(1)　**作為犯と不作為犯**

各構成要件が規定する行為（構成要件的行為）の態様には，様々なものがあるため，それぞれの形態に応じて，構成要件要素が異なってくるのは当然である。まず，社会的に意味のある行為として，作為と不作為の要素がある。**作為犯**（Begehungsdelikte）では，刑罰法規の禁止に違反する積極的動作（作為）が問題となる。これに対して，**不作為犯**（Unterlassungsdelikte）では，刑罰法規の命令に違反した消極的態度（不作為）が問題となる。しかも，構成要件的行為が作為犯の形式で規定されたにもかかわらず，不作為によって犯罪が実現された場合を，**不真正不作為犯**（unechte Unterlassungsdelikte）と呼ぶ。たとえば，母親が乳児に授乳するのを怠って餓死させた場合，その母親は，自分の子を養育すべき作為義務に違反するという不作為の形式で，殺人罪（199条）という作為犯を犯している。なお，最初から不作為の形式で規定された犯罪類型を，**真正不作為犯**（echte Unterlassungsdelikte）といい，刑法典上は，不解散罪（107条）や不退去罪（130条後段）などがみられる。

(2)　**結果犯と挙動犯**

構成要件的行為の中には，行為者の身体的動静だけでなく，それによる侵害的結果も含まれる。殺人罪（199条）や窃盗罪（235条）のように，一定の結果発生を必要とする場合は，**結果犯**（Erfolgsdelikte）と呼ばれ，ほとんどの犯罪がこれにあたる。しかし，住居侵入罪（130条），偽証罪（169条）や脅迫罪（222条）においては，行為の遂行それ自体が犯罪とされるため，これらを**挙動犯**（Tätigkeitsdelikte）と呼ぶ。また，結果犯の中にも，たとえば，傷害致死罪（205条）のように，基本となる犯罪（傷害罪）が生じた後，一定の結果（被害者の死亡）が発生した場合に法定刑を加重する構成要件があり，**結果的加重犯**（erfolgsqualifizierte Delikte）と呼ばれる。さらに，それぞれが単独でも犯罪となる複数の構成要件的行為を結合して，1個の構成要件とまとめた**結合犯**（Zusammengesezte Delikte）の類型もある。たとえば，強盗強姦罪（241条前段）は，強盗罪（236条）と強姦罪（177条）の結合形態である。

(3) 実質犯と形式犯

結果犯の中でも，法益の侵害や危険の発生を要件とするものが一般である。このような犯罪を**実質犯**（Materialdelikte）といい，法益侵害の抽象的危険すら必要としない**形式犯**（Formaldelikte）から区別される。単なる行為だけを処罰する形式犯は，行政取締法規に多くみられるが（食品衛生法6, 7条, 71条1項1・2号），刑法典上の犯罪は，本来，何らかの法益に対する侵害・危険を含むものでなければならない。つぎに，実質犯の中で，現実に法益の侵害が必要となるものを**侵害犯**（Verletzungsdelikte）と呼び，危険の発生だけで足りるものが，**危険犯**（Gefährdungsdelikte）と呼ばれる。その中でも，現実的な危険の発生を要求するものが，**具体的危険犯**（konkrete Gefährdungsdelikte）であり，行為自体に含まれた危険性で十分とされる**抽象的危険犯**（abstrakte Gefährdungsdelikte）と区別される。自己所有の非現住建造物に対する放火罪（109条2項）は，具体的危険犯であり，現住建造物放火罪（108条）は，抽象的危険犯である[1]。

(4) 即成犯・継続犯・状態犯

さらに，**即成犯**とは，法益の侵害・危険にあたる結果の発生が，ただちに犯罪を完成させる場合である。殺人罪（199条）や放火罪（108条以下）が，その例として挙げられる。他方，逮捕監禁罪（220条）のように，一定の法益侵害が続く間，犯罪行為が継続するものを**継続犯**（Dauerdelikte）と呼ぶ。こうした継続犯にあっては，犯行の継続中であれば，共犯の成立が可能となるだけでなく，刑法の時間的適用範囲においても，犯行終了時の法律が適用されることになる。さらに，窃盗罪（235条）のように，一定の法益侵害の発生で犯罪行為は終了するが，それにともなって生じた違法状態が継続するものは，**状態犯**（Zustandsverbrechen）と呼ばれる。状態犯は，罪数論上，その後の犯罪行為の個数判断に影響を与える。たとえば，窃盗犯人が奪った財物を損壊しても，新たに器物損壊罪（261条）を構成しない（不可罰的事後行為[2]）。

---

1) なお，抽象的危険犯に対して，準抽象的危険犯の概念を唱える見解として，山口厚・危険犯の研究（昭57）248頁などがある。
2) もっとも，継続犯，状態犯および即成犯の区別は，必ずしも明らかでなく，むしろ，個々の犯罪行為ごとに決定すべきだとする見解もみられる。

3 行為の主観面

(1) 故意と過失

刑法38条1項は、「罪を犯す意思がない行為は、罰しない」と定めている。したがって、刑法上の犯罪は、故意犯であることが原則とされている。故意犯では、犯罪事実の表象（認識）・認容としての故意が、主観的構成要件要素となる。過失犯については、刑法38条1項ただし書で、「法律に特別の規定がある場合は、この限りでない」と規定されている。具体的には、条文で「過失により」（122条，129条，209条，210条など）とか、「失火により」（116条）という明文の規定がある場合に限って、例外的に処罰されるにすぎない。過失犯では、行為者の不注意により侵害結果の発生を予見・回避しなかったことが、主観的構成要件要素となる。

当初、故意・過失は、もっぱら責任要素とされてきた。しかし、人の死という同一の結果をめぐって、殺人罪（199条）、傷害致死罪（205条）、過失致死罪（210条）に区分する際の類型的要素として、すでに構成要件の段階から主観的要素となるべきである（➡構成要件的故意の体系的地位）。

(2) 目的と不法領得の意思

また、構成要件の中には、「行使の目的」（148条以下）や、「営利、わいせつ又は結婚の目的」（225条）、「憲法の定める統治の基本秩序を壊乱する……目的」（77条）のような、特殊な主観的構成要件要素を規定したものが少なくない。これらの**目的犯**（Absichtsdelikte）では、たとえば、偽造それ自体に「行使」の要素が含まれないため、犯人が目的とした内容は、偽造行為の客観的要素を超過している。そのため、理論上は、**超過的内心傾向**（überschießende Innentendenz）と呼ばれており、構成要件該当事実の認識・認容にとどまる構成要件的故意や構成要件的過失から区別されている。[3]

なお、目的犯の主観的要件は、法文上も明記されるのが普通であるが、窃

---

3) なお、内乱罪のように、目的を実現するために新たな行為を予定しないもの（断絶された結果犯）と、文書偽造罪における「行使」のように、行為者または第三者による別の行為を必要とするもの（短縮された二行為犯）に分けられる。大塚博士は、それぞれ、直接目的犯および間接目的犯として、前者では、目的の内容が確定的に認識されるべきであるが、後者では、未必的なもので足りるとされる（大塚135頁）。

盗罪（235条）や詐欺罪（246条）などの「領得罪」では，**不法領得の意思**（Zueignungsabsicht）が必要であり（通説・判例），これは，条文の解釈から導かれた主観的構成要件要素である。また，こうした目的が犯罪の成否を左右する場合は，**真正目的犯**（echte Absichtsdelikte）と呼ばれる一方（たとえば，148条以下），「販売の目的」などにより法定刑が加重・減軽される場合は（たとえば，105条，136条，225条），**不真正目的犯**（unechte Absichtsdelikte）と呼ばれる。

(3) 傾向犯と表現犯

さらに，メッガーが主観的違法（不法）要素を含むとした**傾向犯**（Tendenzdelikte）と**表現犯**（Ausdrucksdelikte）にあっても，主観的構成要件要素が認められる。たとえば，強制わいせつ罪（176条）では，行為者の主観的な性的傾向（わいせつ傾向）が必要とされるし（最判昭和45・1・29刑集24巻1号1頁），偽証罪（169条）では，犯人の内部的・精神的状態（記憶）の表出が，偽証行為とされるからである[5]（通説・判例）。これらの定型的な主観的要素は，構成要件要素とみるべきであるが，後述する結果無価値論の中には，主観的構成要件要素の観念に消極的な態度を示す論者も少なくない（平野126頁以下，西田83頁，曽根67～68頁など）。

4 行為の主体

(1) 身分犯

構成要件要素としての行為の主体は，原則として，自然人であれば足りる。これに対して，犯人に一定の地位・身分が必要となる犯罪は，**身分犯**（Sonderdelikte）と呼ばれる。身分犯には，一定の身分があることで初めて犯罪を構成する**真正身分犯**（echte Sonderdelikte）と，当初から犯罪にあたる違法行為の刑罰が加重・減軽される**不真正身分犯**（unechte Sonderdelikte）もみられる。[6]

---

4) ただし，横領罪（252条）における「不法領得の意思」は，横領行為の領得罪としての性格を基礎づけるものにすぎず，意味を付与する目的と呼ばれる。

5) 詳細は，違法論における説明を参照して頂きたい。これらの主観的違法要素と異なり，個々の行為者が犯行に出た具体的な動機や意図が，もっぱら責任評価の対象となることはいうまでもない。

6) 真正身分犯における身分を構成的身分，不真正身分犯における身分を，加減的身分と呼ぶ論者もある。たとえば，公務員という同一の身分が，収賄罪（197条以下）や職権濫用罪（193条）では，構成的身分にあたるが，特別公務員職権濫用・暴行陵虐罪（194条以下）では，逮捕監禁罪（220条）や暴行罪（208条）の加減的身分にあたるため，むしろ，違法・責任身分という区別を提唱する見解も有力である（西田典之・共犯と身分〔昭57〕131頁以下など）。

真正身分犯としては，公務員が主体となる収賄罪（197条）があり，不真正身分犯としては，保護責任者遺棄罪（218条）や，自己堕胎罪（212条）などが挙げられる。

身分の意義については，「男女の性別，内外国人の別，親族の関係，公務員たるの資格のような関係のみに限らず，総て一定の犯罪行為に関する犯人の人的関係である特殊の地位又は状態を指称する」とされる（大判明治44・3・16刑録17輯405頁，最判昭和27・9・19刑集6巻8号1083頁）。しかし，「営利の目的」のような犯人の一時的な心理状態を，本来継続性を予定した身分概念に含めるのは（大谷454頁，最判昭和42・3・7刑集21巻2号417頁），妥当でない（大塚329頁(2)，大判大正14・1・28刑集4巻14頁）。むしろ，刑法上の身分は，「社会的・法律的などの人的関係において特定の義務を負担するところの地位・資格」とみるべきである。なお，本章では，一般的な「身分」概念を論じることを避けて，以下には，総則中の「公務員」の定義について説明するにとどめたい。

(2) **公務員と公務所**

刑法は，公務員を「国又は地方公共団体の職員，その他法令により公務に従事する議員，委員その他の職員をいう」と定義する（7条1項）。また，公務所とは，「官公庁その他公務員が職務を行う所」であって（同条2項），官公署その他の組織体を意味する。公務員については，その地位が法令に根拠を有するものであれば足り，法令上に職務権限の定めがあることは要求されない（大連判大正11・7・22刑集1巻397頁，最判昭和25・2・28刑集4巻2号268頁）。他方，何らかの意味で，精神的・知能的な判断を職務内容とする者でなければならず，「単純な機械的・肉体的の労務に従事する者」は除外されてきた。もっとも，最高裁によれば，郵便集配人も「公務員」に含められる（最判昭和35・3・1刑集14巻3号209頁）。また，日本銀行や住宅営団などの役職員については，法律の規定によって公務員とみなされるため（みなし公務員），刑法上は，職務の性質に応じて，公務員と同様の取り扱いを受けることになる。

(3) **常習犯と多衆犯**

常習犯も，身分犯の一種とされる。たとえば，賭博常習者のように，ある

---

7) さらに，一定の主体だけが構成要件上の実行を行いうる犯罪があり，自手犯と呼ばれている（大塚仁・間接正犯の研究〔昭33〕224頁以下参照）。従来，真正身分犯では，収賄罪や横領罪が，不真正身分犯では，常習賭博罪など挙げられたが，近年，事後強盗罪の身分犯性や，一定の社会的身分により犯罪が不成立となる場合について，これを「消極的身分」と呼ぶべきかが議論されている。詳しくは，非身分者による共犯の成否をめぐる議論を参照されたい（→共犯と身分）。

犯罪を反復・継続する習癖のある者は，構成要件上も，特に法定刑が加重されている（186条1項）。こうした常習性は，まさしく行為者の属性であって，その反社会的性格が考慮されるが，一定期間内に反復・継続された複数の犯行を，常習犯として一括評価するという意味では，行為の属性でもあるといえよう。また，構成要件上，行為の主体が複数であることを前提とする犯罪がある。たとえば，内乱罪（77条），騒乱罪（106条）であり，同様にして，重婚罪（174条）でも，相手方がいなければ成立しない（➜必要的共犯）。

(4) 法人処罰と両罰規定

特に行為の主体として問題になるのは，法人または法人格なき団体である。刑法の一般原則によれば，自然人以外に犯罪能力を認めることはできず，法人に対する刑罰の観念は，否定されてきた（大判大正2・11・6刑録19輯1137頁，大判昭和10・11・25刑集14巻1217頁）。なるほど，法人には，自然人と同様な意味で，身体的動静としての行為を認めがたい。また，責任主義の見地からも，法人格に対する道義的非難は考えにくいであろう。また，刑罰についても，死刑や自由刑を中核とした現行刑罰制度を，そのまま法人に対して適用することはできない。しかし，社会的実在としての法人が，その機関たる個人の行動を支配して，独自の利益を追求する活動が増えるに及んで，法人に対する刑事規制の必要性が増大した。今日，転嫁罰（代罰）規定からすすんで，実行担当者たる現場の従業員とともに，法人である業務主を処罰する両罰規定が多数みられる。

こうした両罰規定を，単に行政刑罰法規における例外規定として，無視することはできないであろう。[8] むしろ，特別法上の犯罪では，政策的理由から多数の法人処罰規定が設けられており，犯行の主体を自然人に限定する理由に乏しいどころか，もっぱら法人による違反を予定した構成要件も少なくないのである（たとえば，独禁95条1・2項，法人税法164条1項，人の健康に係る公害犯罪の処罰に関する法律4条など）。すなわち，団体の執行機関である自然人の行為が，社会的意味でも法人固有の意思決定にもとづく犯罪行為とみられる以

---

8) 法人の犯罪能力を否定する見解も有力であるが，近年では，肯定説も増加しつつある（大塚137頁，川端120〜122頁など）。なお，業務主の責任をめぐって，転嫁罰規定とした時代には，無過失の代位責任とみなされたが，責任なき刑罰が許されないため，現在では，従業員に対する選任・監督義務の懈怠を推定したものとみる立場が，一般である（大塚139頁，川端124〜125頁，最大判昭和32・11・27刑集11巻12号3113頁，最判昭和40・3・26刑集19巻2号83頁）。

上，法的非難としての責任も，法人自身が受けるべき場合がある。その限度では，法人の犯罪能力を肯定するべきであろう（なお，第2章の第4節を参照されたい）。

また，刑罰についても，特別法上の営業停止や解散命令などのように，自然人に対する自由刑に匹敵する効果を期待できる制度がある。さらに，当初は，法人処罰を予定しなかった犯罪類型であっても，財産刑などの刑事罰を科することは可能である[9]。したがって，今後は，両罰規定における法人業務主の選任・監督上の過失責任から進んで（通説・判例），積極的に法人自体の刑事責任を認めることが，責任主義の見地からも要請されるであろう[10]。

5 行為の客体・行為の状況

(1) 行為の客体と保護の客体

構成要件的行為の対象となるのは，**行為の客体**（Handlungsobjekt；Tatobjekt）である。たとえば，殺人罪や傷害罪の客体は，「生命のある人」または「人の身体」であり，窃盗罪では，「他人の財物」が行為の客体となる。行為の客体は，すべての犯罪構成要件に含まれるわけでなく，単純逃走罪（97条）や多衆不解散罪（107条），重婚罪（184条）などでは，行為の客体が存在しない。また，公然わいせつ罪（174条）のように，自らの肉体を用いる挙動犯や，内乱罪（77条）や騒乱罪（106条）のように，喧騒を引き起こす行為それ自体が構成要件的行為となる場合も同様である。さらに，偽証罪（169条）における虚偽の陳述などでも，行為の客体は存在しない。

これに対して，**保護の客体**（Schutzobjekt）とは，各犯罪の**保護法益**（Rechtsgut）のことであり，すべての犯罪について認められる。たとえば，殺人罪の保護法益は，個人の生命であり，窃盗罪の保護法益は，個人の財産（権）である。また，公務執行妨害罪では，行為の客体は公務員であるのに対して，保護の客体は，公務それ自体であって，両者は区別されねばならない。特に刑法典

---

[9] しかし，本文中に述べたことは，決して機関たる自然人の責任を免れさせる趣旨ではないため，その限度で，1個の違法行為に対する二重処罰の問題が生じる。しかし，共犯関係と同様に考えるならば，複数の関与者が行為責任を分担することも許されるであろう。

[10] そのほか，いわゆる企業組織体責任論や，業務主を頂点とした組織体の全構成員が危険共同体を形成するという理解については，板倉宏・企業犯罪の理論と現実（昭45）20頁以下，同・現代社会と新しい刑法理論（昭55）44頁以下などを参照されたい。

総則が行為の客体を定義したものは，電磁的記録についてである（7条の2）。この規定は，各種の情報が電子計算機によって処理されることで，従来の文書形式でなく，「電子的方式，磁気的方式その他人の知覚によっては認識することができない」形で，保存・整理・伝達されることが多くなったため，昭和62年の一部改正で新たに設けられた。電磁的記録は，それ自体が人間にとって可読的な内容ではないが，端末機やプリンターを用いて，容易に情報を認識・利用できることが前提となっている。ただし，電磁的記録とは異なり，電子計算機を作動させるためのプログラムは，たとえ情報処理に必要不可欠な存在であっても，ここでいう「電磁的記録」たりえないことがある。

(2) 行為の状況と被害者の概念

構成要件上，限られた状況においてのみ，一定の行為が犯罪となる場合として，たとえば，消火妨害罪（114条）が挙げられる。そこでは，消火用品の隠匿・損壊などの妨害行為が「火災の際」におこなわれねばならず，水防妨害罪（121条）にあっても，「水害の際」が犯罪の成立する前提条件となっている。中立命令違反罪（94条）における「外国交戦の際」についても，同様である。さらに，特定の犯罪を訴追するため，被害者の告訴が必要となる親告罪では，「被害者（Verletzte）」の概念が重要となるが，これは行為の客体に限られない。窃盗罪の被害者は，財物の占有者または所有者であるが，殺人罪では，被殺者のほか，その親族も被害者であって，1個の犯罪によって複数の被害者が発生することも少なくない。

6　修正された構成要件の要素

(1) 未遂犯の構成要件

未遂犯では，既遂犯の場合と同様，実行行為（の開始）と故意・過失などの構成要件要素が必要となる。ただし，結果犯の未遂は，そもそも結果が発生しないか，たまたま発生した結果につき因果関係が欠ける場合も含めて，構成要件的結果にいたらなかった場合でなければならない。また，中止犯では，主観的に自己の意思により犯罪の完成を妨げたことが必要となる。

(2) 共犯の構成要件

共犯では，2人以上の正犯者が共同して犯罪を実現する場合（共同正犯）と，

正犯者の行為を教唆・幇助する形で関与する場合がある（教唆犯・従犯）。いずれにあっても，行為の客観面はもちろん，主観面において，特定の犯罪実行を共同にする旨の意思連絡（共同正犯）や，他人をそそのかす意思（教唆犯），または，正犯者を幇助する意思（従犯）が必要となる。さらに，共犯において行為の主体が限定される場合にも，単独犯の構成要件を修正して考えるべき場合が少なくない（→共犯と身分）。

第2章　実行行為——構成要件要素（その1）

第1節　実行行為の概念

1　実行行為の意義

(1)　構成要件に該当した行為

　具体的な犯罪事実の中で，各構成要件に該当した犯人の身体的動静である「犯罪行為（結果を含む）」は，刑法学上，**実行行為**（Ausführung）と呼ばれる。基本的構成要件では，既遂犯で単独犯となるものが予定されるが，挙動犯にあっては，行為それ自体（狭義の行為）が行われることで，ただちに犯罪が完成する。他方，結果犯では，構成要件に該当する侵害結果の発生に加えて（広義の行為概念），実行行為と結果の間の因果関係が存在しなければならない。

　かようにして，構成要件該当性とは，実際に発生した具体的な犯罪事実（判断の対象）を，犯罪のカタログである構成要件（判断の基準）に「あてはめ」て，すべての要素が充たされたとき，構成要件の定型に該当するという刑法の評価の一種である（判断それ自体）[1]。個々の犯罪事実を構成要件に「あてはめる」作業を，判断の対象・判断それ自体・判断の結果という3要素に分けて説明されたのは，団藤博士であるが，その後，さらに第4の要素として，「評価の資料」も付加しておられる（団藤101頁以下）。

(2)　実行行為と結果（因果関係を含む）

　構成要件に該当した個別具体的な行為が，刑法上の実行行為であって，後述するように，各処罰規定の内容に応じた実行行為性の判断が必要となる。また，構成要件的結果を含めた行為の客観的・事実的な部分が，結果犯にお

---

1) これを図示するならば，以下のとおりである。

　　┌─判断の対象─┐　　┌─判断の基準──────┐　　┌─判断それ自体──┐
　　│具体的な犯罪事実│ → │構成要件という枠（定型）│ → │該当するという評価│
　　└────────┘　　└──────────────┘　　└─────────┘

ける実行行為となることは，行為論における行為と結果の関係をめぐって，すでに述べたとおりである（→前章第3節参照）。ただし，構成要件的結果については，各構成要件によって内容が異なること（殺人罪では，人の死亡，窃盗罪では，財物の奪取など），挙動犯では，結果の発生や因果関係が問題にならないため，ここでは，結果発生にいたる因果関係を除いた，狭義の実行行為とは何かを説明することにしたい。なお，実行行為の概念は，法文上も，刑法43条および60条における「実行」という文言に示されている。

【図示】
客観的な構成要件該当性＝広義の実行行為

| （狭義の）実行行為 | ——（因果関係）→ | 構成要件該当結果（結果犯） |

2 実行行為性

(1) 作為犯・直接正犯・不作為犯・間接正犯

実行行為とは，それぞれの犯罪規定が予定した法益侵害の類型的危険性を含むものでなければならない。たとえば，殺人罪（199条）の場合，拳銃で被害者の頭部を狙って撃つほか，用意した登山ナイフで胸部を突き刺すなどの行為が，一般的にみて，被害者の生命を奪うに足りる危険性をもった行為にあたる。通常は，行為者自身が直接的かつ積極的な攻撃行動に出ることで，典型的な殺人行為と認められるが（作為による直接正犯），消極的な不作為によって犯罪を実現する場合や（不作為犯），事情を知らない他人を道具にして殺人を行う場合もある（間接正犯）。不作為犯における実行行為性の判断も，定型説的立場を基本としながら，当該行為の社会的意味を踏まえた刑法的評価となる。

(2) 実行行為と非実行行為

これに対して，人身事故の可能性を予期して自動車を運転する行為は，たとえ実際に相手方が事故死したとしても，通常，人の死を惹起する定型的行為にあたらない。したがって，殺人の実行行為から除外されることになる。

ところが，交通事故が頻繁に発生する危険な高速道路へ不慣れな初心者を誘導して運転させることで，その運転者が死亡するような重大事故を発生させたならば，被害者自身の行動を利用した「殺人」にもあたりうる。その意味でも，実行行為の存否は，前提事実となる行為の状況を考慮した法的判断になるのである。

(3) 実行行為の機能

かような意味の実行行為は，構成要件の類型性を反映することになる。それは，定型説の見地から，およそ構成要件に該当しない非犯罪行為を除外するとともに（→不能犯），いったん実行行為が開始された以上，侵害結果を発生させなくても未遂犯が成立しうることを示している[2]（→実行の着手。43条参照）。また，みずからが実行行為をする者が正犯となるのに対して（基本的構成要件該当性），それ以外の共犯者（教唆犯・幇助犯）が（従属的な）促進作用を営むという意味で（修正された構成要件該当性），「実行行為」の概念は，正犯と共犯を区別する場面でも用いられる。構成要件は，こうした多方面において，まさしく犯罪の成立範囲を確定する中核的概念となるのである。

3 実行行為と主観的要素

(1) 危険性判断の基礎事情

本来，実行行為は，客観面と主観面の統一体であるが，理論上，狭義の実行行為は，主観的構成要件要素である故意・過失から区別される。もちろん，故意犯の場合には，故意による実行行為のもつ結果惹起の危険性が，過失行為より格段に高いとされるため，すでに実行行為の段階でも，過失行為と区別して取り扱うことになる。たとえば，「わざと殺す」実行行為と「誤って死に至らしめる」実行行為は，外見上は同一であっても，刑法上の実行行為として異なるのは，当然であろう（通説）。

これに対して，主観的要素をもっぱら責任要素とみる立場は，およそ構成

---

[2] なお，未遂犯として処罰すべき結果発生の危険性（実行の着手）と，行為自体のもつ構成要件的な危険（実行行為性）を区別する見解がみられる（前田140〜141，147頁）。しかし，こうした2通りの「危険」概念を認めることは，未遂犯における実行行為の意義を軽視するものといわざるをえない（後述参照）。

要件の概念が，故意の認識対象を限定するものである以上（故意規制機能），主観的構成要件要素は認められないと主張する[3]。しかし，犯人の認識した内容が，危険性判断の基礎事情として，その存否を左右することも少なくない。たとえば，Aが飛行機事故を装ってBを殺害しようと考えたとき，あるテロリストが当該旅客機に爆弾を仕掛けた事実を知って，Bをその飛行機に乗せようとした場合と，単に事故発生率の高い航空会社のチケットを贈ったことで，たまたま墜落する運命の飛行機に被害者を搭乗させた場合では，およそ事情が異なる。すなわち，前者が，殺人の実行行為となるのに対し，後者は，およそ殺人罪の構成要件該当性が否定される[4]。そこでは，客観的にみて，各行為のもつ結果発生の危険性は同程度であったにもかかわらず，行為者の主観的意思内容に着目するとき，刑法的評価における実行行為性の判断は，まったく違うものとなるのである[5]。

(2) 行為時の現実的危険

ところが，反対説では，未遂犯の多くが不能犯であるという帰結になりかねない。客観的かつ事後的にみれば，第三者の妨害により結果が発生しなかった場合はともかく，ほとんどの未遂犯は，最初から結果が発生しえない場合といえるからである。他方，通説・判例は，犯行時における事前予測も踏まえた，結果発生の現実的危険性にもとづいて実行行為性を認めてきた。

また，出張先から帰宅した夫を毒殺する目的で，不仲の妻が，毒入りウィスキーを戸棚に隠しておいたところ，予想外に早く帰宅した夫が，自分でウィスキーを見つけて飲んだため中毒死した場合にも，すでに客観的には存在した危険性が実現したことになる。しかし，予備的行為から構成要件的結果が

---

[3] ただし，いわゆる結果無価値論の中でも，曽根60～61頁は，犯罪個別化機能と故意規制機能を両立させており，前田202頁(1)は，そもそも，故意規制機能に対して消極的な態度を採っておられる。
[4] この点は，実際に爆弾事故で被害者が死亡したときにはもちろん，あらかじめセットされた爆弾が不発であったため，予期した結果が発生しなかったときにも，未遂犯の成否をめぐって同様に判断されることになろう。
[5] なお，前田教授は，これを「実行行為性の認識」として重視されるが（前田227～228頁），実行の着手時期については，主観的要素を排除することで，もっぱら事後的な客観的危険評価で足りるといわれるのは，不可解である。ただ，行為者の主観的な意思内容をどの程度まで考慮するかにつき，幾つかの見解に分かれるため，その意味で，「実行行為」性の判断は，必ずしも一義的に明らかになっているわけではない（なお，未遂犯の項目を参照されたい）。

発生しても（➡早すぎた構成要件実現），犯人である妻には，これから夫を殺害するという現実的な認識・認容（実行故意）が欠けるため，まだ殺人未遂罪は成立しない。せいぜい，殺人予備罪（201条）と（重）過失致死罪（210条・211条1項後段）が成立しうるにとどまる。

(3) **故意・過失と実行行為**

したがって，実行行為は，犯行時の主観的事情も踏まえるという意味では，客観的要素だけで構成されるものではない。ただし，実行行為性の判断である以上，当該犯人の個別具体的な意思内容から独立した，行為自体の危険性を左右する事実の認識に限られるべきであろう。さもなければ，未遂論における主観説（後述）のように，もっぱら行為者の犯行計画にもとづく実行行為を認めることになるからである。通説である具体的危険説にあっても，構成要件上，特に重視される基礎事情は，当該行為が包含する結果惹起の客観的危険性であったことに注意すべきである[7]（➡未遂犯の処罰根拠）。

なるほど，実際の犯罪事象では，まず，行為者が犯罪意思を形成したうえで，具体的な反社会的行動に出る。そのため，自然主義的な見地からは，主観的な犯罪意思が客観的な実行行為よりも先行するはずである。また，実際の裁判でも，最初に故意の有無が問題になることがあるとはいえ，刑法理論上は，客観的な行為から犯罪の成否を検討することになる（行為主義）。まして，今日のように，犯罪の実質を法益の侵害・危険に求める立場が支配的となった状況では，実行行為と侵害結果の存在を確認した後で，主観的な故意・過失の有無を論じるべきであろう[8]。

---

6) これに対して，客観的な結果発生の危険性だけを問題とする見解によれば，少なくとも，構成要件該当性は肯定されるであろう。また，故意殺人と過失致死の実行行為では，「因果関係の起点」が異なるという説明もあったが，客観的に同一の事象であるにもかかわらず，別個の実行行為性を認めるのであれば，従来の通説と何ら異ならない。
7) たとえば，落雷によって感電死させる，鉄道事故で死亡させるなどの行為が，常に実行行為としての定型的危険性を欠くかどうかは（前田114頁），具体的状況によっては疑問が残るであろう。これに対して，呪いによって人を殺そうとする行為が，結果発生の「定型的危険性」を欠くため，実行行為にあたらないことはいうまでもない（➡不能犯）。
8) 大塚仁・刑法概説（総論）〔第4版〕177頁以下では，因果関係に先立って，故意・過失が議論されており，人格的行為論に根ざした犯罪論体系がさらに徹底されている。

4　実行行為の時期——早すぎた結果発生

(1)　クロロホルム殺人事件

　近年，早すぎた結果発生をめぐる議論が盛んになった。これは，いわゆるクロロホルム殺人事件が契機となっており，具体的には，犯人らが保険金殺人の目的で被害者を殺そうと計画し，被害者にクロロホルムを嗅がせて失神させたうえ，別の場所に運んで自動車ごと海に沈めて事故死に偽装したというものである。しかし，犯行当日，多量のクロロホルムにより昏倒した被害者は，近くの港に運ばれて海中へ投棄されて溺死する前に，すでにクロロホルム吸引に伴う肺機能停止で死亡していた可能性があった[1]。すなわち，犯人らの計画によれば，単なる準備行為の段階で被害者が死んでいたが，犯人らは，そのことに気づかないまま，犯罪を完成するための行為を続行して，最終的には殺害目的を達成した点で，早すぎた結果発生と呼ばれるのである[2]。

　この事件で問題となったのは，現実の死亡結果に対して故意既遂罪を認めてよいかである。その際，客観的にみれば，被害者の生命を奪うに足りる第1行為が行われており，これが実行の着手にあたるかぎり，その後の因果経過の逸脱は，せいぜい，**因果関係の錯誤**として処理されれば足りる[3]（→第5章第1節および第2節）。最高裁も，第1行為がもつ現実的危険性に着目しつつ，第1行為と第2行為が密接に関連しており，最終的には被害者が死亡している以上，殺人既遂罪が成立すると判示した。すなわち，第1行為が殺人の実行行為にあたる以上，たとえ行為者の主観的認識と異なる部分があっても，犯行全体に殺人の故意が及ぶからである。

---

1) 最決平成16・3・22刑集58巻3号187頁。なお，上述した「早すぎた結果発生」と異なる概念として，「早すぎた構成要件実現」と呼ばれるものがある。たとえば，数日後の殺人に使う目的で銃の手入れをしていた際，その銃が暴発したことにより，近くにいた標的を射殺した場合や，不仲の夫を殺害する目的で毒入りの酒を隠しておいたところ，たまたま酒を見つけた夫が勝手に飲んで死亡した場合である。これらの場合には，客観的にも実行行為に着手する以前に，既遂結果が発生しており，およそ未遂犯の成立する余地はない。したがって，殺人予備罪と（重）過失致死罪の観念的競合になる。
2) 詳細については，佐久間修・曹時57巻12号1頁以下など参照。
3) 通説は，犯人の故意を阻却するような重大な齟齬でないとして，故意既遂犯の成立を認める（大塚193〜195頁，川端245〜246頁，前田118〜119頁など）。

(2) 故意と実行の同時存在

これに対して，学説の中には，「故意と実行の同時存在」という原則を設けて，犯人らの主観によれば，準備段階で生じた結果には故意が及ばず，せいぜい，殺人予備罪と過失致死罪（または故意未遂罪）にとどまるという見解がみられる。しかし，早すぎた結果発生も，犯行全体を1個の実行行為とみるかぎり，犯人らの犯行計画を実行行為の基礎事情とみるかは，クロロホルム吸引のもつ客観的意味に左右される。当該行為の現実的危険性が殺人の実行行為に相当する以上，たまたま，犯人の内心では準備行為にすぎなかったとしても，それだけで，行為と結果の結びつきが否定されるわけではない。

むしろ，保険金殺人の過程で被害者を昏倒させることが必須であり，しかも，クロロホルム吸引の危険性を承知で犯行に及んだならば，犯罪事実の認識という側面でも，何ら欠けるところはなかったといえよう。したがって，その後の因果経過の逸脱は，せいぜい，因果関係の錯誤にすぎないのである。他方，「故意と実行の同時存在」原則については，「実行行為に故意性を付与する」という意味が明らかでない。かりに個別的行為ごとに独立した故意を必要とするのであれば，犯罪全体の起点となる犯罪意思のもつ意味を正しく理解していない。同様な疑問は，いったん実行に着手した後，当初の犯意を継続しつつ別の手段・方法に変更した際，その準備段階で既遂結果が生じた事案について，故意未遂罪と過失犯に分断する見解にもあてはまるであろう（→ベランダ転落死事件）。

---

4) たとえば，高橋教授は，38条2項における両構成要件の重なり合いを認めつつ，「客観的には既遂に至る実行故意があったが，主観的には，既遂に至らない実行行為で終わった」以上，未遂犯が成立するにすぎないとされる（高橋則夫・刑事法の理論と実践（平14）49頁以下，同・現代刑事法4巻1号102頁以下）。

5) 最高裁によれば，「第1行為は第2行為に密接な行為であり」，「第1行為を開始した時点で既に殺人に至る客観的な危険性が明らかに認められる」以上，「一連の殺人行為に着手してその目的を遂げた」ならば，「殺人の故意に欠けるところはなく」，殺人既遂の共同正犯が成立することになる。

6) ベランダ転落死事件では，犯人が殺意から被害者をめった突きにした後，室内でガス中毒死させる目的で，ベランダ上の被害者をつかまえようとしたが，後半の行為には，それ自体として，死亡結果を惹起する危険が乏しい。その意味で，後半部分については，早すぎた結果発生にあたるが，この事案についても，裁判所は，全体として殺人既遂罪の成立を認めている（東京高判平成13・2・20判時1756号162頁）。そのほか，複数行為による殺人事件として，シャクティ治療殺人事件（最決平成17・7・4刑集59巻6号403頁）などがある。

(3) 遅すぎた結果発生

　早すぎた結果発生とは逆の場合として，「遅すぎた結果発生」と呼ばれるものがある。すなわち，犯人の犯行計画によれば，殺意のある第１行為は未遂にとどまったが，その後の第２行為（死体遺棄）により，初めて既遂結果が発生した場合である。過去の判例では，犯人が殺意をもって被害者の首を絞めたところ，身動きしなくなったので，すでに被害者が死亡したものと誤信して，犯跡をくらます目的で，砂浜に運んでその身体を放置したため，その後，被害者が海岸の砂末を吸い込んで窒息死したという場合がある（砂末吸引事件。大判大正12・4・30刑集2巻378頁）。これは，学説上，**ヴェーバーの概括的故意**と呼ばれており，その取り扱いをめぐっては，同じく，因果関係の錯誤で議論される（→第5章第1節および第2節）。

　かつては，遅すぎた結果発生について，第１行為の故意と第２行為の故意を包括したうえで，全体的結果に対する故意責任を肯定する見解が有力であった。しかし，早すぎた結果発生の場合と比べて，行為と結果の時間的順序が逆転したとはいえ，やはり，故意（既遂）犯の成否をめぐって，因果経過の逸脱に関する主観と客観のくい違いが問題になっている。その意味で，第１の行為と第２の行為が一体のものであるかぎり，犯人の故意と実際の結果が相当因果関係の枠内にとどまる以上，故意の符合を認めてよいと考える[7]。

---

7) そのほか，「事前の故意」および「事後の故意」という概念がみられる。事前の故意とは，ヴェーバーの概括的故意にあたる事例であり，犯人の予定した結果が，当初の実行行為では発生しなかったが，その後，犯罪の完成を誤信した事後の（死体遺棄）行為などによって実現された場合である。これに対して，事後の故意とは，医師が適法な手術を開始した後，当該患者を殺す目的で手術を中止したため，放置された患者が死亡した場合をいう。行為開始時には，当該結果を惹起する意思がなく，その後に殺意を生じたため，実行行為後に生じたという意味で「事後の」故意と呼ばれる。しかし，先行行為により作為義務を負担する者が，結果の発生を防止する処置をとらず，事態の成り行きに委ねた点では，むしろ，不作為犯として論じられるべきである（大塚186頁）。

第2節　実行行為の存否

1　実行行為の判断基準

(1)　主観説と客観説

　実行行為の存否を決定する基準は，各構成要件が予定する危険性の程度に達したかどうかである。しかし，その前提となる犯罪概念の理解によっては，こうした判断の対象となる事実や，判断の基準などが異なってくる。過去の学説では，当該行為の危険性を判断する資料として，客観的事実や行為の外形を重視する客観説と，犯人の意思内容に着目する主観説が対立してきた。たとえば，主観説では，犯罪の本質を行為者の危険性に求める見地から，犯意の成立がその「遂行的行為によって確定的に認められるとき」，または，「犯意の飛躍的表動」があったとき，そうした危険性を徴表する実行行為があったという（いわゆる徴表説）。

　これに対して，客観説は，実行行為の存否を，結果惹起の危険性にもとづく客観的基準で確定できると主張する。しかし，こうした客観説の中でも，もっぱら形式的な見地から，犯罪構成要件に属する行為やこれに密接する行為をおこなう場合とみる**形式的客観説**と，法益侵害に向けた最初の行為を開始したとき，あるいは，法益侵害の現実的危険を生じさせる点に求める**実質的客観説**に分裂しており（後者が多数説である），こうした理論的対立が，各犯罪においても，実行の着手時期をめぐる争いにつながった（詳細については，未遂犯と不能犯の項目を参照されたい）。

(2)　実行行為の所在

　そもそも，未遂犯を規定した刑法43条の「実行」とは，本来，構成要件に該当する行為を意味している。そうである以上，未遂犯が成立するためには，実行行為それ自体が開始されねばならない。しかし，多くの学説は，厳格な意味で構成要件該当行為にあたるものだけでなく，これに密接する行為も「実行の着手」の中に含めている。たとえば，強盗罪（236条）では，手段である暴行・脅迫が開始された以上，財物の奪取がなされなくても，実行の着手は

認めうるし，強姦罪（177条）では，強姦目的で被害者をダンプカーに引きずり込んだ時点で，性的自由という法益に対する現実的危険が生じたとされる[2]（最決昭和45・7・28 刑集24巻7号585頁）。

通常，実行行為では，行為者自身が法益侵害に向けた積極的な行動に出る場合を想定している。しかし，犯罪の中には，「何もしない」という消極的な方法で犯罪を実現したり（不作為犯），他人を道具として犯罪を実行するほか（間接正犯），責任無能力状態にある自分の身体を利用して犯罪を実現する場合がある（原因において自由な行為）。これらの犯行形態にあっては，構成要件該当性を検討する際にも，通常の実行行為と比べて特別の配慮が必要となる。

さらに，過失犯にあっても，単に侵害結果の発生だけでなく，当該行為者の注意義務に違反した行動が過失の構成要件にあたると考えるならば，やはり，その実行行為性が問題となるであろう。ただ，過失犯における実行行為は，注意義務の存否と密接不可分の関係にあるため，便宜上，構成要件的過失のところで論じる（→第6章第2節）。また，原因において自由な行為についても，責任能力に関する前提知識が必要となるため，実行行為の内容も含めて，責任論のところで取り扱うことにしたい（→第4部第2章）。

2 実行行為の開始（実行の着手）

(1) 客観説の諸見解

実行行為概念をめぐる諸学説では，その開始時期についても，大きな差異が出てくることがある。上述したように，当初は，行為者の主観的意思の危険性に着目する主観説と，結果発生の危険性を重視する客観説が唱えられた[3]

---

1) もっとも，結果無価値論から客観的危険説を唱える論者は，手段たる行為の「実行」だけでは足らず，最終的に「目標」を達成するための行為がなければ，未遂犯を認めがたいとされる。
2) なお，結合犯の実行行為は，その重要な構成部分である各犯罪が含まれねばならない。たとえ強盗の目的があっても，現に暴行・脅迫行為を開始しないかぎり，先行する財物奪取は，窃盗罪を構成するにすぎない。ただし，当初から強盗の意思で暴行・脅迫をおこなったならば，それだけで実行の着手が認められる。また，結果的加重犯では，基本犯を実行しただけでは足らず，結果の発生が必須とされるため，通常の犯罪とは異なる。
3) たとえば，「犯意の成立がその遂行的行為によって確定的に高められるとき」，行為者の犯罪意思で「取消不可能な確実性を示す行為のあったとき」，あるいは，「犯意の飛躍的表動があったとき」に，実行の着手を認めている。

（通説）。だが，主観説によれば，社会防衛論の見地から，強盗罪などの結合犯の場合を含めて，強盗の目的で凶器を携えて他人の住居に侵入しただけで，すでに確定的な犯意が認められる。その結果として，侵入が始まった時点で強盗罪全体が肯定されることになる。これでは，実行の着手時期が早くなりすぎると批判された。そのため，近年では，主観説を支持する者はほとんどみられず，むしろ，客観説の内部で諸見解の対立が激しくなったのである。

(a)まず，**形式的客観説**によれば，犯罪構成要件の一部，または，これに密接する行為を開始したときが，実行の着手時期とされる。しかし，不真正不作為犯や過失犯など，構成要件的行為が明記されない場合，実行行為の限界を明確に示したとはいえず，一種の循環論におちいると批判されてきた。また，間接正犯や原因において自由な行為のような離隔犯では，直接的な侵害行為が実行行為とならざるをえず，着手時期が遅くなりすぎるという指摘がある。たとえば，間接正犯における道具が，実際に殺害行為を始めた時点でようやく，実行の着手が認められることになろう（**被利用者標準説**）。しかし，間接正犯では，背後の利用者が道具を誘致する行為にこそ，実行行為が認められるべきであって，それを開始した時点で着手があったはずである（**利用者標準説**）。さらに，こうした形式的な基準では，実行の着手時期が一義的に明らかとはならず，これを補うものとして，犯罪に対する実質的把握を一歩進めたものが，具体的危険説であるといえよう[4]。

(b)つぎに，**具体的危険説**では，構成要件を実現する具体的危険のある行為が，実行行為と考えられる。したがって，犯罪の実質である「法益侵害」の現実的危険を含む行為が開始されれば，実行の着手があったことになる。客観主義的な見地から，犯罪の成立範囲を厳格に捉えようとするかぎり，こうした志向が妥当であることはいうまでもない。ただ，ここでいう「危険」の本質を，「行為自体の危険性」と「結果発生の危険性」のいずれに求めるべきかが問題となる。また，危険性の有無を判断するにあたって，行為者の主観面も考慮するかなど，学説上の諸見解は多岐に分かれる。現在の支配的見解

---

4) また，形式的客観説では，抽象的危険の発生を予定するがゆえに，着手時期が早くなりすぎると批判される。

は，主要な判断基準である法益侵害・危険という要素を維持しつつ，判断の資料としては，行為者の主観も含めたうえで，個別的行為のもつ犯罪実現の危険性を吟味する立場であるといってよい[5]（大塚268, 270頁，大谷369～371頁など）。したがって，危険性判断の基準となるべき行為主体は，専門的知識を有する科学的一般人でなく，通常人ならば，そうした危険を予測したかどうかにより決定されるのである（大塚271頁）。

(2) 客観的危険説と主観的危険説

これに対して，学説の中には，結果発生の危険を未遂犯処罰の唯一の根拠としつつ，一切の主観を排除した行為の客観面から実行の着手を決定するものがある。(c)**客観的危険説**は，古い客観説の延長とみることができよう（西田279～280頁，前田150頁など）。しかし，外形上は同じくピストルを構える行為であっても，犯人が単なる脅迫のために用いたのか，それとも，ただちに被害者を射殺する意思で銃口を向けたかによって，実行行為としての評価は異なってくる。その意味で，法益侵害の危険が切迫したか否かの判断は，およそ行為者の意思内容を無視して決まるものではない。

なるほど，従来の具体的危険説では，危険性判断の基礎事情として主観面を検討する理由づけが不十分であったところは否めない。しかし，未遂犯の処罰根拠を持ち出すまでもなく，そもそも「実行行為」概念が，当該行為の社会的意味にかかわる行為者自身の認識を含んでいた。また，犯行の態様によっては，結果発生の客観的危険性がかなり低い実行行為もある反面，たとえ予備段階の行為であっても，客観的危険性の高い場合があることからして，客観的な結果発生の確率だけでは判断の基準たりえないであろう[6]。さらに，客観的危険説では，具体的危険説による「早すぎる実行の着手」を「是正」しようとする狙いも窺えるが，その危殆化という概念の広範さゆえに，かえって未遂の処罰範囲が拡大するおそれがある[7]（なお，後述する「間接正犯」の項目を

---

5) 学説の中には，これらも主観的危険説と呼ぶものがあるとはいえ，後述する個別的な犯行計画を基準とする見解とは区別すべきであろう。
6) もっとも，これらの論者が，当該行為の具体的な危険性でなく，立法者が予定した抽象的・定型的危険を意味するのであれば別である。しかし，それでは，結論的に形式的客観説と異ならない。
7) 実際，ドイツの判例では，客観的な危険性判断をおこなって，未遂犯による処罰を不当に拡張した例がないわけではない。

他方、学説の中には、より主観面を重視する見解もある。(d)**主観的危険説**（折衷説）では、行為者の犯行計画に照らして法益侵害の危険が切迫していたかどうかを判断する。具体的には、犯人の「全体的企図を基礎とし」つつ、当該構成要件の保護客体に対する直接的危険を惹起する行為の中に、犯罪的意思が明確に表現されたとき、実行の着手があるという。また、後述する個別的客観説の中には、「犯行計画全体によれば」、直接に構成要件を実現する行為があったとして、実行の着手を認めたり（ヴェルツェル）や、構成要件的行為の直前に位置する行為があったことを基準にする見解もみられる。

(3) **主観的危険説に対する批判**

しかし、これらの見解はいずれも、当該行為者の主観面に依拠した危険性判断をおこなう限度において、冒頭に述べた実行行為の性格と合致しない。また、客観的危険説の論者からも、故意を超えた行為者の内心の態度（犯行計画）を判断資料とする点が批判されてきた。特に最後の見解に対しては、主観説と客観説の形式的な接合に過ぎないと批判されている。もっとも、ドイツの刑法学説では、ドイツ刑法典22条で主観的危険説を前提とした法文が盛り込まれたこともあり、現在では、主観的危険説が支配的である[8]。ただし、かつてのように、行為者自身が撤回可能と考えたかどうかを基準とする極端な主観説ではない。

第3節　不作為犯における実行行為

1　不作為犯の処罰根拠

(1) **不作為の実行行為**

不作為犯とは、何か（作為）をしない不作為によって、犯罪を実現する場合である。不作為犯の実行行為は、各構成要件が定めた作為義務の履行を、犯

---

8) なお、こうしたドイツおよびわが国の学説状況につき、野村・未遂犯の研究285頁以下、塩見・法叢121巻4号21頁以下、奥村正雄・同法32巻5号98頁以下など参照。

人が怠ったという消極的態度に求められる。不作為犯の中にも，多衆不解散罪（107条）や不退去罪（130条後段）のように，最初から刑法典の条文が，不作為犯の形式で構成要件的行為を規定したものを，**真正不作為犯**（echte Unterlassungsdelikte）と呼ぶ。そこでは，「解散せよ」または「退去しろ」という命令・要求を受けたにもかかわらず，あえて「解散しな（い）」または「退去しな（い）」ことが，構成要件的行為の内容となる。真正不作為犯では，作為義務の内容が，各犯罪の規定に明記されるため，解釈論上も問題は生じない。

これに対して，たとえば，殺人罪や放火罪のように，法文上は「人を殺した」または「放火して…焼損した」と規定する作為犯の構成要件を，不作為の形式で実現した場合，**不真正不作為犯**（unechte Unterlassungsdelikte），または，**不作為による作為犯**と呼ぶ。ここでは，実行行為性を基礎づける作為義務違反は何かという判断が，解釈論上の出発点になってくる。特に不真正不作為犯では，もっぱら条文の解釈によって，作為犯の類型を不作為犯にも拡張して適用するため，罪刑法定主義の見地からは，処罰範囲の明確化が求められる。

(2) **保障者説**

そこで，学説上は，行為主体を一定の作為義務者に限定する見解が有力となった。いわゆる**保障者説**（Garantenlehre）である。具体的には，乳飲み子を養育する義務のある母親が，愛人と生活する時点で子どもが邪魔になったため，わざと授乳することなく餓死させた場合には，殺人罪（199条）の不真正不作為犯が成立する。この場合に行為主体となるのは，保障者的地位にある母親だけである。これに対して，母親の不作為を知って傍観した愛人も，客観的にみれば，被害者である乳児が死亡する危険を放置している。しかし，それが不作為の共犯となる場合はともかく，保障者以外の者が不作為の（単独）正犯として処罰されることはない。その意味で，不真正不作為犯では，保

---

1) なお，不真正不作為犯は，その処罰根拠が直接に明示されないため，罪刑法定主義の見地から疑問があるとされた。しかし，当該結果を防止すべき地位にある者が，故意にこれを惹起する場合は，故意作為犯と同程度の可罰性を具備するし，明文の規定で不作為犯が排除されていない以上，条文の解釈によって，不真正不作為犯を認めることも許されるであろう。ただ，可罰性の限界を含めて不明な部分があるとすれば，不当な拡張を避ける努力が必要となる。
2) なお，真正不作為犯の犯罪成立要件については，刑法各論の説明を参照されたい。

障者的地位のあることが前提条件となる（身分犯[3]）。

【図示】　不真正不作為犯の成立要件
- 客観的要件 ── ①保障者的地位にあるか（作為義務者の確定）→②保障者の負う義務は何か（作為義務の範囲）→③作為の可能性または容易性（作為義務違反の有無）→④作為犯との等価値性（引受け・支配領域性など）
- 主観的要件 ── 故意（作為義務違反＋結果発生の認識・認容）
  ☆ただし，先行する危険状態の利用意思を要求する見解もみられる（藤木）。

(3) 因果的犯罪論

他方，不作為犯の因果関係を重視する見地から，もっぱら結果回避可能性に着目して不作為犯の成否を検討した後，作為義務の履行可能性や作為義務の内容（保障者的地位および作為犯との等価値性）に言及するものがある（西田109頁以下）。こうした考え方は，犯罪の因果的理解に拘泥する結果として，不真正不作為犯の成立範囲を限定しようとした保障者説の意義を軽視している。また，思考経済上も，不作為犯の行為主体を限定しないまま，もっぱら因果論的な見地から全関与者の不作為を吟味するという，極めて不合理な仕組みになっている。したがって，作為犯との等価値性も，因果的要素から構成されるため，すでに発生した因果の流れを手中に収めていた者が，不作為犯となるのである（排他的支配領域性説）。

さらに，この立場では，深夜に帰宅した夫が，首つり自殺を図って仮死状態になった妻を発見したとき，これを故意に放置して死亡させたならば，排他的な支配領域内にあったとして，常に殺人罪の不真正不作為犯が成立する

---

3) 客観的にみれば，母親の不作為を傍観した第三者も，危険な事態を放置した点では同じである。しかし，監護義務者である母親だけが殺人罪（199条）に問われるのは，まさしく保障者的地位が前提となるからである。そのほか，川で溺れかかった子を見つけた者が，容易に救助しうるにもかかわらず，これを傍観して死亡させたとしても，それが単なる通行人であれば，保障者にあたらないため，道義上の義務違反はともかく，不真正不作為犯にはならない。

ことになりかねない（西田116頁）。その点では，不作為犯の領域を絞り込む機能は，ほとんど働かないであろう。そこで，こうした不都合を回避するため，犯人の意思にもとづく排他的支配を要求する一方，それ以外の場合には，不真正不作為犯の成立を否定しようとする（ただし，「支配領域性」は認められる）。ところが，再度，夫婦関係にもとづく継続的な保護関係を持ち出すため，結局は，不真正不作為犯の成立が肯定されることになる（西田116～117頁）。

かようにして，不真正不作為犯の成否をめぐって，因果論的思考だけで説明できないのは明らかであるが，一部の論者は，不作為の因果性を論じる場面で，結果の回避可能性に言及しつつも，まず，作為義務の前提となる保障者的地位を援用した後，各人の作為義務の内容・範囲などを論じるものがある（前田124頁以下，山口74～75頁）。ここでは，作為犯との等価値性を構成する排他的支配の有無が，先行行為にもとづく危険創出や特別な依存関係に着目した，物的要素および人的要素から総合的に判断されるため，行為者を限定することも可能となるであろう（山口88頁以下）。

2 作為義務の発生根拠

(1) 作為義務者の類型化

かつては，不作為犯の本質を，もっぱら義務違反的要素に求めたことから，むしろ，違法性の問題として取り扱われた時期もある。しかし，「保障者」の不作為に限定することで，作為犯の場合と同様，違法性・責任の判断に先立って，不作為犯の実行行為性が論じられるようになった。すなわち，保障者的地位と作為義務の存否が法的な評価を含むとはいえ，これらを類型化することによって，一般的な見地から，作為義務のある場合が示されるからである（規範的構成要件要素）。そうした作為義務の発生根拠をめぐって提唱された考え方が，まさしく上述した保障者説である。そこでは，一定の犯罪結果が生

---

4) そもそも，不作為は，物理的な意味で外界を変更しないので，従来，それが刑法上の「行為」といえるかが争われてきた点は，すでに上述した（→行為論）。さらに，自然的・物理的には「ゼロ（無）」である不作為犯が，当該結果を惹起する因果力を有するか（因果関係の有無）が疑問視された時期もあったが，現在では，作為義務を遵守したとき，その結果は生じなかったといえるかぎり，因果関係を肯定するのが一般である（→後述第3章）。なお，日高義博・不真正不作為犯の理論（昭54）107頁以下など参照。

じうる危険な状況下で，結果発生を阻止するべき特別の義務を負担する保障者が，自らの作為義務を履行できたにもかかわらず，これを怠って不作為の態度を選択した場合に，不作為の実行行為と認められる（大塚151頁，川端219頁以下など）。その意味で，保障者説は，不真正不作為犯を，一種の身分犯として構成するものにほかならない。

(2) **法令・契約・事務管理**

現在の通説は，不真正不作為犯の作為義務が発生する場合を，つぎのように類型化している。(a)まず，法令にもとづく場合として，親権者の子に対する監護義務（民820条）や，夫婦間の相互扶助義務（民752条）などがある。たとえば，夫が重病の妻を故意に放置して死亡させたときには，保護責任者遺棄（致死）罪（218条，219条）や殺人罪（199条）が成立しうる。(b)第2の類型は，契約により幼児や病人の世話を引き受けた者が，その養育または看護をおこなう義務を怠った場合であり，不作為により生じた結果につき，不真正不作為犯の罪責を問われることがある（大判大正4・2・10刑録21輯90頁）。同様にして，契約上の告知義務があるにもかかわらず，一方当事者がこれに違反して，重要な事実を黙秘したまま，不当な財産的利益を得た場合には，不作為による詐欺（246条）となる。(c)第3に，事務管理として病人などを自宅に引き取った場合，その者の生存に必要な保護責任を負うことがある（大判大正15・9・28刑集5巻387頁）。したがって，そうした看護義務を懈怠して，被害者の生命に対する危険を生じさせれば，遺棄罪の問題となるし，傷害・死亡の結果にいたれば，不作為による傷害罪（204条）や殺人罪が成立しうる。

(3) **慣習・条理**

最後に，(d)慣習・条理にもとづく作為義務が挙げられる。たとえば，信義誠実の原則や公序良俗の観念から発生する義務として，(i)雇用主は，同居の雇い人が病気のときには，これを保護する義務があり（大判大正8・8・30刑録25輯963頁），建物の所有（占有）者は，自らが管理する建物から出火した場合，これを消火する

---

5) 判例によれば，たとえ契約上は明示されなくても，売り主は，売買の目的物について重要事項を告知する義務がある。したがって，相手方が錯誤におちいっている状態を利用して売りつけた場合，詐欺罪が成立しうる（大判大正6・11・29刑録23輯1449頁，大判大正7・7・17刑録24輯939頁，大判昭和4・3・7刑集8巻107頁）。

作為義務が生じる（大判大正7・12・18刑録24輯1558頁,　）。さらに，(ii)出火の原因が行
大判昭和13・3・11刑集17巻237頁
為者自身の過失に起因する場合，先行行為にもとづいて消火する作為義務が
課せられる（最判昭和33・9・9刑）。
集12巻13号2882頁

　もっとも，自動車運転手が誤って通行人を轢いた場合，ただちに不真正不
作為犯の作為義務を負う保障者となるわけではない。なるほど，道路交通法
では，負傷者の救護義務が課せられるが（道交法72条参照），不真正不作為犯が
成立するためには，被害者の受傷の程度も含めて，刑法上の作為義務を認め
るだけの客観的状況がなければならない[6]。しかも，保障者としての作為義務
を履行できる状態にあることが前提であり，もし作為義務の履行が不可能な
場合には，義務違反も認められない[7]。

3　作為犯との等価値性（等価値性の原則）

(1) 支配領域性

　上記のような作為義務に違反した行為者の態度が，不真正不作為犯の実行
行為といえるためには，その不作為が，作為犯と同等の法的価値を有してい
なければならない。たとえば，人身事故を起こしたドライバーが，事故現場
に瀕死の重傷者を放置したとき，たとえ未必の殺意があったとしても，それ
だけでは不十分である。これに対して，厳冬の深夜に通行人をひいた犯人が，
いったん自分の車で被害者を病院に運ぼうとしたが，その後，証拠隠滅の目
的で，奥深い山中に被害者を捨てたり，適切な手当もせずに運転を続けた結
果，車中で被害者が死亡してしまった場合，通常の殺人罪（作為）に匹敵する
犯罪性があるとされた（東京地判昭和40・9・）。すなわち，(i)犯人が殺意により
30下刑集7巻9号1828頁
生命侵害の危険を維持したほか，(ii)被害者を自車内に運び込むことによって，
第三者による救助を排除したという支配領域性（引受け）が認められるからで

---

6) すなわち，結果発生を防止する義務は，単なる行政法規違反では足らず，かりに公務員の協力要
請に応じなかった場合にも，それが作為義務者でなければ，軽犯罪法1条8号後段に違反するの
はともかく，不作為の放火罪にならないのは当然である（大塚152～153頁）。なお，作為義務一
般につき，堀内捷三・不作為犯論（昭53）3頁以下参照。
7) ここでいう作為義務は構成要件要素であって，一部の論者が主張するように，保障者的地位と保
障者的義務に区分して，後者だけを違法性の要素とみるべきでない。そもそも，保障者的地位は，
犯人の作為義務から基礎づけられる反面，不作為の本質が作為義務違反である以上，作為義務は，
構成要件段階でも可罰性を限界づける要素となるからである。

ある。
(2) 現実的危険性
　このような条件を具備した事案であって，実際，放置された被害者が死亡したのであれば，殺人罪の不真正不作為犯が認められるであろう。反対に，作為義務者が傷病者を置き去りにした場合にも，容易に第三者が救助できる状態であれば，保障者の不作為を，ただちに殺人行為と同一視するのは困難である。換言すれば，不作為犯の実行行為にあっても，その結果を惹起するだけの現実的危険性がなければならない（大塚156頁，大谷146頁）。なお，作為犯との等価値性という要素を，作為義務の内容に含める見解もみられるが（前田131～133頁），刑法上の作為義務違反を明らかにしたうえで（外枠としての不作為），それとは別個に，当該状況下における作為犯との等価値性を論じることで，より不真正不作為犯の実行行為が限定できるのではなかろうか[8]（具体的危険性の有無）。

(3) 利用意思の要否
　そのほか，不真正不作為犯の成否を検討する際，特に行為者の主観面に着目して，既発の危険を利用する意思を要求する見解がある。古い判例の中には，不作為の放火罪について，「既発の火力を利用する意思を以て鎮火に必要なる手段を執らざるとき」（大判大正7・12・18刑録24輯1558頁），あるいは，「危険の発生を防止すること可能なるに拘らず，其の危険を利用する意思を以て消火に必要なる措置を執ら」ないことを成立要件としたものがみられる（大判昭和13・3・11刑集17巻237頁）。学説の中にも，こうした判例を支持したものがあった（藤木135頁）。しかし，今日では，未必の故意による不真正不作為犯も排除されていない以上，特別な利用意思を成立要件に含めるのは妥当でない（大塚158頁。なお，最判昭和33・9・9刑集12巻13号2882頁参照）。

---

[8] なお，最近，不作為による殺人が認められた例として，シャクティパット治療事件がある。被告人は，重篤な状態で入院中の患者の親族からシャクティ治療を依頼された際，主治医の警告を無視して，患者を滞在中のホテルに運び込んだうえ，生命維持に必要な医療措置を受けさせないまま死亡させた。その際，患者の手当を全面的にゆだねられた被告人には，適切な医療措置を受けさせる作為義務があったところ，途中からは，未必の殺意で患者を放置しており，不作為による殺人罪にあたるとされた。なお，殺意のない患者の親族とは，保護責任者遺棄致死罪の限度で共同正犯が成立するとした（最決平成17・7・4刑集59巻6号403頁）。

第4節　間接正犯における実行行為

1　間接正犯の意義

(1)　理論上の沿革

犯人が「自ら手を下して」犯罪をおこなうのでなく，他人を犯行の道具として利用する場合がある。こうした場合は，通常の**直接正犯**と対比して，**間接正犯**（mittelbare Täterschaft）と呼ばれる。そもそも，間接正犯の概念は，共犯論において極端従属性説を採用したとき（→後述第5部第2章参照），犯行の道具である人間の行為が違法と評価されず，または，およそ責任能力が欠けていた場合，背後の利用者には，共犯（教唆犯・従犯）さえ成立しないという不都合を回避するために考案された理論上の産物である。

その際，かりに共犯の概念を拡張するとしても，従属的共犯には可罰性の限界があり，しかも，実際には，背後の人間が犯行全体を支配したにもかかわらず，単なる従属的共犯とするだけでは，直接正犯に匹敵する背後者の行為を適切に評価できない。他方，被利用者が単なる道具として何ら刑責を負わないこともある以上，まさしく道具が惹起した侵害結果の原因は，背後の利用者の行為に求められるべきである（行為因果性）。その際，客観面では，法益の侵害・危険を生じさせる「利用行為」が存在しており（行為優越性），主観面では，もっぱら自分のために犯罪を実現する意思が認められる（意思支配性）。そうである以上，率直に，直接正犯と同視しうる可罰性を付与しなければならない。[1]

(2)　利用行為の諸形態

学説上は，間接正犯の場合を類型化して，以下の諸形態に区分している。まず，(a)およそ行為性が欠ける被利用者の身体活動を利用する場合である（**死んだ道具**）。具体的には，独立した行為能力を具備しない幼児や精神障害者を利用したり，絶対的強制下の状況で他人を道具として使役する例が考えられ

---

[1] なお，間接正犯の理論については，大塚仁・間接正犯の研究（昭33）1頁以下など参照。

る。しかし，直接実行者が責任能力を欠いたことや，相手方に肉体的・精神的な強制を加えたことで，ただちに間接正犯が成立するわけではない。

つぎに，(b)**故意のない道具**を利用する場合がある。たとえば，担当医が治療薬であると偽り，およそ事情を知らない看護師を利用して，患者に毒物を注射させる例が考えられる。かりに被利用者である看護師が注射液の内容を確認しなかった点で過失が認められるとしても，背後の利用者を故意の間接正犯とみることは，何ら妨げられない。

さらに，(c)**身分のない道具**を利用する場合が考えられる。具体的には，身分者である公務員が，非公務員の妻を使って賄賂を収受させる例である。非公務員の収賄は「主体の不能」にあたるため，せいぜい従犯として処罰されるにとどまる（→共犯と身分）。そのほか，(d)**目的のない道具**とは，文書偽造罪（154条以下）のように，構成要件上「行使の目的」が要求される犯罪で，被利用者は偽造自体を認識していたが，本物として使う意図がなかったところ，これを利用した背後の利用者には，偽札を本物として行使する目的があった場合である。

---

2) もっとも，判例では，必ずしも是非弁別の能力を欠くとはいえない12〜13歳の年少者を利用した場合にも，窃盗罪の間接正犯を肯定した（最決昭和58・9・21刑集37巻7号1070頁）。そこでは，養女に対する父親の虐待という事情があった反面，責任無能力者に対する共犯も成立しうるため，ほぼ同年齢の息子を利用した場合，強盗罪の共同正犯とした判例もある（最決平成13・10・25刑集55巻6号519頁）。

3) 実際，最決昭和31・7・3刑集10巻7号955頁は，情を知らない者を利用した窃盗罪の間接正犯を認めている。また，被害者自身の行為を利用した殺人の間接正犯として，最判昭和33・11・21刑集12巻15号3519頁がある。通常，他人を威迫して自殺させた場合，自殺者の自由意思が残っていたならば自殺教唆罪にあたるが，意思決定の自由を失わせるほどの威迫を加えたならば，殺人罪を認めた下級審判例もあった（広島高判昭和29・6・30高刑集7巻6号944頁）。最近では，事故死を装って多額の保険金を取得する目的で，被害者に暴行・脅迫を加えて自動車ごと海中に転落するように仕向けたが，被害者が自力で脱出した場合，被害者自身の行為を利用した殺人（未遂）罪にあたるとした例がある（最決平成16・1・20刑集58巻1号1頁）。

4) そこでは，同一の結果に対する故意犯と過失犯が併存することになる。ただ，看護師が途中で毒物であることに気づいたにもかかわらず，患者に対する殺意をもって注射した場合には，直接実行者が正犯となるのは当然として，利用者たる医師は，意図したところと異なる過程をたどって結果が発生したため，共犯における錯誤として処理されるべきであろう（→共犯と錯誤）。

5) これに関連して，犯罪の性質上，他人を利用した場合が排除される自手犯（eigenhändige Delikte）の観念を認める見解がある（大塚164頁）。たとえば，偽証罪（169条）のように，宣誓をした証人だけが虚偽の陳述をできる場合や，虚偽公文書作成罪（156条）のように，間接正犯にあたる場合が別罪とされた類型を挙げておられる。

最後に，(e)**違法性を欠く道具**が考えられる。すなわち，背後の利用者が何らかの緊急状況を作り出すことにより，被利用者の正当防衛や緊急避難を利用して，第三者を攻撃させる場合である。判例では，違法な堕胎手術を始めたもぐりの中絶医が，その手術で妊婦に生命の危険を生じさせた後，妊婦の緊急治療にあたった医師を道具として胎児を堕胎させた事案につき，堕胎罪の間接正犯が認められた例がある[7)8)]（大判大正10・5・7刑録27輯257頁）。

2　実行行為の開始時期

(1)　具体的危険説

間接正犯は，他人の手を介して犯罪を実現するため，どの時点で背後者の実行行為が始まったかをめぐって争いが生じる。これは，いわゆる離隔犯に共通する問題であるが，どの時点から現実的危険が生じたかについては，諸見解が対立してきた。まず，(a)主観説では，すでに利用行為の時点で，間接正犯者の犯意が確定的に（ないし外部的にも）認めうるため，そこで実行の着手があったとする。これに対して，(b)構成要件に定められた行為の一部が開始されたことを基準とする形式的客観説や，(c)法益侵害の具体的危険が一定程度に達した時点を，実行の着手時期とみる実質的客観説（具体的危険説）では，背後者の利用行為に着手時期を求める見解（利用者標準説）と，被利用者の直接的な結果惹起に向けた行為に着手時期を求める見解（被利用者標準説）に分かれている。

---

6) ただし，被利用者たる道具が，身分のない故意のある道具と同じく，常に客観的な行為事情を認識しなかったとはいいがたい。したがって，故意のある道具を利用したとき，およそ間接正犯の範疇から除外する見解は，正しくない。
7) なお，反対説は，すでに堕胎の着手があったと指摘するが，同意堕胎罪（213条）では既遂犯だけが処罰される点に加えて，胎児を人為的に排出した者は，依頼された医師にほかならないのである。
8) そのほか，**故意のある幇助的道具**を認めるかどうかが争いとなった。判例は，会社の代表取締役Ａが，情を知った使用人Ｂをして，不法に米を運搬させた事例に対して，Ａによる食糧管理法違反罪の間接正犯を認めている（最判昭和25・7・6刑集4巻7号1178頁）。また，特別法違反については，ニセ患者が腹痛が激しいように装い，麻薬施用者である医師に対して麻酔薬の注射を求める方法で，事情を知らない道具をして，麻薬を注射させた事案につき，(旧)麻薬取締法27条1項の麻薬施用罪の間接正犯を肯定した例もある（最決昭和44・11・11刑集23巻11号1471頁）。

(2) 利用者標準説

　まず，道具理論を徹底する見地からは，利用者が犯罪誘致行為を開始したとき，実行の着手を認めるべきである（大塚174頁）。そこでは，「実行行為」をする者が「(間接)正犯」であるという理論的一貫性が認められる。したがって，背後者の利用行為が，因果経過の一部である道具の行動を含めて，構成要件的結果を惹起しうる定型的な危険を引き起こした以上，実行行為が存在するのであって，かりに犯罪の遂行が被利用者の意思に依存するならば，真の意味で間接正犯にあたらないわけである。たとえば，郵便局員を介して脅迫状を送付した場合であれば，その後は，自動的に因果経過が進行して相手方に到達して，被害者が脅迫状を見るのが一般であり，背後の正犯者の行為は，まさしく現実的危険性のある行為として，利用行為を始めた時点で実行行為が始まったと理解される。

(3) 不作為犯的構成

　もっとも，毒物の搬送を使者である友人に託した場合には，道具である第三者の自由意思が介在するだけでなく，被害者が毒物を「食べる」という行為も必要となる。その点では，被利用者の独立した意思に左右される状態が残っており，また，利用行為から結果の発生まで相当な時間的・場所的間隔がある場合には，原因設定（誘致）行為がなされただけでは，まだ侵害結果の発生する現実的危険性が乏しいといえよう（大判大正7・11・16刑録24輯1352頁参照）。他方，かりに当初の利用行為が終了した後も，犯人が容易に因果経過の進行をくい止めることができる状況であれば，被害者に対する直接的な侵害が切迫した状態になったとき，初めて実行の着手を認めるべき場合もある。その意味で，間接正犯の着手時期をめぐって，不作為犯的な理論構成を採用する近時の有力説にも相当な理由があるとおもう（後述参照。大塚175頁(17)，同・基本問題108～109頁）。

3　被利用者標準説に対する批判

(1) 被利用者標準説

　もっぱら結果発生の客観的危険に着目する客観的危険説では，道具である被利用者が直接的な侵害行為を始めたとき，初めて実行の着手を認めることになる（平野319頁，西田311頁，前田144頁以下）。この見解では，被利用者を絶対的強制下に置いて

利用した場合にも，物理的には侵害結果を惹起したことを理由として，およそ自由意思のない道具の機械的動作を実行行為とみるという問題がある。また，利用行為後の客観的な因果経過に応じて実行行為の開始時期を判断するため，離隔犯一般についても，犯人自身の行為とはまったく別個に，実行の着手が決まることになろう。たとえば，夫を殺そうとした妻が，事情を知らない家政婦を介して毒殺する目的で，青酸カリ入りのブランデーを戸棚に並べておいたところ，道具である家政婦に指示を出す以前に，予想外に早く帰宅した夫が飲んでしまった場合にも，客観的基準だけで判断すれば，間接正犯者である妻の態度いかんにかかわらず，実行の着手を認めることになりかねない。

(2) **離隔犯の着手時期**

また，時限爆弾を利用するような離隔犯では，犯人が数ヶ月前に爆弾を設置した後，実際に爆弾が発火しうる状況になるまで，実行の着手を待つことになるのであろうか。この設例にあって，かりに爆弾を仕掛けた者が長期の海外旅行に出かけたとき，反対説のいう客観的危険が発生する時点では，もはや設置者自身であっても，爆弾を解除する作為義務の履行が不可能になっている。その際，第三者には爆弾の発見・除去が困難であるにもかかわらず，およそ設置者は不能犯になってしまうのであろうか。さらに，個別的な事案の客観的危険性を重視する立場は，通説のいう利用者標準説を「抽象的な危険性を説くもの」と批判するが（曽根241頁，前田144頁），特定の客体ごとに故意行為の危険性を論じることは，定型的な構成要件判断に個別的事情を混入させた実質的評価をおこなうものである（➡構成要件的故意・錯誤）。

(3) **利用者標準説と個別化説**

もちろん，原因設定（誘致）行為があった時点で，まだ結果発生の類型的危険性さえ生じていないとき，これを間接正犯とみるかどうかは別論である。その意味では，上述したように，被利用者が侵害的行動に出た時点で実行行為とみるべき例外的な事例もないわけではない。この場合には，背後の利用者は，誘致行為の終了後も当該犯罪の進行を阻止する作為義務を負うため，実際に道具となった被利用者の侵害行為が避けえない段階にいたって，ようやく実行の着手があったという理論構成を採用することになる（個別化説。大谷372頁，川端

465〜
466頁）。しかし，こうした不作為犯構成を併用する際にも，あくまで間接正犯者の利用行為が実行行為の標準となっており，利用者標準説の範疇に含まれるのである。

4　着手・未遂分離説に対する批判

(1)　実行の着手時期の早期化

　利用者標準説によれば，着手時期が早くなりすぎるため，こうした事態を回避するため，実行の着手時期と未遂犯による処罰を分離する見解が，近時有力となった。すなわち，被利用者の侵害行為をもって未遂犯を成立させるとともに，時間的な接着性や犯罪遂行の確実性によって，背後者の利用行為にも実行の着手を認めようとする（西原317頁，藤木279頁なと）。同様にして，間接正犯の実行行為性と法益侵害の「現実的危険性」は，別個の問題であるとしたうえで，背後者の実行行為の開始とは別に，当該結果の発生を因果の流れに委ねた時点で（いわば「引き返せなくなった」とき），実行の着手を認める見解も，着手と未遂の問題を分離する趣旨に出たものであろう[9]。

(2)　実行の着手と未遂犯の成否

　これらの見解は，未遂犯となるための「行為の危険」と，不能犯における「結果発生の危険」を区別することで，背後者の利用行為に実行の着手を認めながら，未遂処罰の時期を遅らせるための便法を用いている。そこでは，違法論でいう結果無価値の思考が，実行行為性の内容に取り込まれる一方，犯罪論の「実質化」や，行為それ自体の危険性と異なる「既遂結果を惹起する危険」を犯罪成立要件とするものである。すなわち，上述した着手・未遂分離説は，実行行為の概念を現在進行中の行為に限定したうえで，当該結果の発生を左右する客観的事態が，未遂犯処罰を根拠づけると考えている。しかし，すでに実行行為は終了したにもかかわらず，別途，現実的な結果発生の危険により，未遂犯を基礎づける「実行の着手」を認定するのは，論理一貫性を欠くといわざるをえない。

---

[9] そのほか，実行行為自体とその着手時期を分離する考え方も，理論的な整合性と具体的妥当性を調整しようという意思の現われであろうが，そこでは，「実行」の概念が2つに分裂しており，統一的な理論構成を放棄している。

(3) 処罰範囲の限定

なるほど，不作為犯的構成を取り入れた利用者標準説に対しては，煩雑な理論構成にすぎるとか，予備的行為に作為義務の根拠を求めたという批判が予想される。しかし，現行法上，間接正犯の類型は，刑法解釈論から産まれた犯罪構成要件であり，不真正不作為犯の場合と同じく，処罰範囲を限定する類型化の要請が強く働くのは，当然である。さらに，不作為犯構成では，間接正犯者が利用行為の終了後に眠り込んでしまったとき，作為可能性が欠けるため，その可罰性を説明できないという指摘がある。だが，まさしく結果発生の阻止が不可能となる時点では，上述したように，もはや引き返せない状態となる直前で，実行の着手を認めればよいであろう。かりに，最終の局面でも，まだ当該結果の発生が不確実であったならば，そもそも，背後者の利用行為には，間接正犯にあたる実質的支配がなかったというべきである。[10]

---

[10] なお，実行行為概念を犯罪論の中核とする立場にあっても，形式的な枠概念に固執する指導形象論に従うのでないかぎり，未遂犯と不能犯に関する実質的客観説を採用しうるのであり，また共犯論では，実質的な実行行為性を論じつつ，共謀共同正犯における共同正犯性も肯定できるであろう。

第3章　因果関係——構成要件要素（その2）

第1節　因果関係の理論

1　因果関係の意義

(1) 行為と結果

　実行行為から一定の結果が発生したことを成立要件とする犯罪類型は，結果犯と呼ばれる。結果犯では，実行行為と構成要件的結果の間に，刑法上の原因・結果にあたる客観的関係が認められねばならない[1]。これが，**因果関係**（Kausalität oder Kausalzusammenhang）である。刑法上の因果関係が否定される場合には，たとえ実行行為が存在し，実際に侵害結果が生じていても，せいぜい，未遂犯が成立するだけである（→第5部第1章）。たとえば，殺人の意思で斬りつけたところ，被害者が病院へ運ばれる途中で，救急車の交通事故により死亡したとき，犯人の行為と被害者の死亡（結果）の間には，刑法的な意味での原因・結果の関係が存在しない（殺人未遂となる。199条，203条）。

　また，傷害致死罪（205条）などの結果的加重犯では，基本的犯罪（傷害）と重大な結果（被害者の死亡）の間に因果関係が必要となる以上，被害者の死亡に対する因果関係が否定されたならば，傷害罪（204条）の限度で刑責を問われるだけである。さらに，詐欺罪（246条）のように，犯人の欺く行為による相手方の錯誤と，それにもとづく財産的処分行為が必要となる構成要件では，それぞれの構成事実の間に因果関係が認められた場合にのみ，これらの犯罪が完成する（すなわち，既遂犯となる）。したがって，欺く行為の相手方が騙されたことに気づいたが，むしろ，犯人に対する憐れみの情から金品を与えたならば，最終的には目的物が移転したにもかかわらず，詐欺罪は未遂となるに

---

1) なお，挙動犯においては，行為それ自体が行われたとき，犯罪はただちに既遂となり，結果の発生は不要とされるので，因果関係の有無を論じる実益はない。

すぎない。

(2) 因果関係不要論

通常，先行する実行行為から結果が発生すれば，刑法上の因果関係も肯定されるが，侵害結果にいたる過程で，予想外の自然的事実や第三者の故意行為が介入したとき，因果関係の存否につき疑問が生じる。その際，如何なる基準で判断すべきかをめぐって，過去，種々の見解が対立してきた。古い学説の中には，事実関係さえ明らかであれば，因果関係の有無を論じる必要はないとして，単に責任論で処理する**因果関係不要論**（瀧川37頁以下）もみられる。しかし，こうした見解は，類型的な構成要件該当性の問題と，当該行為者に対する個別的な責任非難を混同している[2]。また，犯人による積極的な行為がみられない場合や（不作為犯），現代科学では因果の機序（メカニズム）が十分に解明されていないときには，刑法上の因果関係も，単なる事実認定だけにとどまらない。最近では，結果の回避可能性を因果関係論に持ち込む見解さえみられるのである（後述3(1)参照）。

2 因果関係論における諸見解の対立

(1) 条件説と原因説

因果関係論における従来の学説を大別するならば，(a)自然的な因果連鎖にもとづく「条件公式」を前提とする**条件説**と，(b)こうした条件説の不当な拡大を防ぐための**原因説**が対立した。その後，因果関係が法的評価であることを重視した**相当因果関係説**が主張されるにいたった。いずれの見解にあっても，実行行為と当該結果の結びつきは，具体的な事実のつながりを無視して抽象的に論じられるわけではない。しかし，実際の因果連鎖に対する刑法的評価のあり方（基準）を示すという意味では，定型的な構成要件該当性判断の一部をなすものである（団藤175頁，福田96頁）。

(a) 条件説 (Bedingungstheorie)　条件説とは，実行行為と構成要件的結果の間で，「その行為がなければ，結果も生じなかったであろう (conditio sine qua

---

[2] 因果関係不要論では，責任を軽減する事情が存在しないとき，行為者の罪責を絞り込むことができず，結局，偶然的な事情によって処罰するおそれが生じるであろう。

non)」という結びつきがあれば（いわゆる条件公式）、刑法上の因果関係を認めようとする見解である。当該結果に先行するすべての条件が、同等の価値を付与される点で、**等価説**（Äquivalenztheorie）とも呼ばれる。ドイツでは、依然として有力に主張されている見解であり（バウマン＝ヴェーバー、ヴェルツェル、イェシェック、マウラッハ＝ツィプフ）、わが国では、確立した判例が、条件説に従っている（大判大正12・5・26刑集2巻458頁、最判昭和25・11・9刑集4巻11号2239頁など）[3]。

しかし、こうした条件関係だけで刑法上も足りるとするならば、自然的な意味の因果連鎖が無限に続くことからして、刑法上の因果関係も不当に拡大することになろう。たとえば、Aから暴行を受けたBが、軽微な擦過傷を治療するために訪れた病院で、未熟な医師が誤って劇薬を注射したことで中毒死した場合にも、Aには、傷害致死罪が成立するのであろうか。なるほど、Aの暴行がなければ、Bは病院へ行かず、その後の中毒死も生じなかったと考えられるため、条件関係は存在しているが、だからといって、ただちに刑法上の因果関係を認めるべきでないのは、明らかであろう[4]。

(b) **原因説**（Kausalitätstheorie）　原因説とは、沿革上、条件説による因果関係の不当な拡大を是正する試みとして登場した見解である（**個別化説**とも呼ばれる）。その中でも、当該結果に対する諸条件の中から、(i)時間的に最終の条件を「原因」とする**最終条件説**、(ii)その結果に対して最も有力な条件を与えたものを「原因」とする**最有力条件説**、(iii)犯人の常軌を逸した行動に着目する**異例行為原因説**などが主張された。しかし、いずれの見解にあっても、複数の条件の中から、単一の原因を選び出す基準・根拠が不明確である。それどころか、(i)最終条件説のように、実際には、結果の発生する直前の条件が単なる契機にとどまる場合もあり、かえって不当な結論が生じる。したがって、原因説を支持する論者は、現在、ほとんどみられない。

---

3) 学説上は、岡野光雄・刑法における因果関係の理論（昭52）5頁以下、211頁、下村康正・刑法総論の現代的諸問題（昭54）64頁以下など参照。
4) これに対して、条件説を主張する論者は、因果関係の中断または責任範囲の限定によって、刑事責任の不当な拡大を回避しようとする（ただし、岡野・前掲書220頁以下）。しかし、一旦は肯定した（条件説的な）因果関係の存在を否定するのは、自らの欠陥を認めたものにほかならず、どのような場合に「中断」するかについても、別個の基準を必要とするであろう（大塚225頁）。

(2) 相当因果関係説の登場

現在の通説である**相当因果関係説**（Adäquanztheorie）とは、社会生活上の経験に照らして、通常、その行為から結果に到達することが「相当」といえるかにより、刑法的因果関係の有無を判断する見解である。**相当説**または**一般化説**とも呼ばれる。因果関係論も、各構成要件の予定した類型的な因果経過の有無を決定するものである以上、一般社会の常識的知識を踏まえた判断でなければならない。

ただし、相当因果関係説では、「相当性」を判断する資料として、(i)行為当時に犯人が認識したり、少なくとも認識可能であった行為事情を判断の基礎とする**主観説**と、(ii)行為当時に存在した一切の客観的事情に加えて、行為後であっても一般人に予見可能な事情をすべて考慮する**客観説**（平野142頁, 曽根74頁）、さらには、(iii)行為当時に一般人が認識しえた事情のほか、特に犯人が認識していた事情を基礎とする**折衷説**（大塚228〜229頁）が対立している。その意味で、相当性判断の基礎となる事情が異なっており、相当性の基準も一義的でないと批判されてきた。[5]

3 本書の立場

(1) 刑法上の因果関係

そもそも、因果関係の存否は、自然界における因果連鎖の中で、刑法的な見地から、人間が認識できる原因・結果の関係を抽出したうえで、当該行為に結果を帰属させるための法的評価である。したがって、事前予測として因果の流れを確定する作業ではなく、刑法上重要な結果から遡って原因となるべき行為を探求することになる（因果関係の事実的基礎）。また、構成要件上は、行為・結果の定型的な結びつきがあるかどうかの判断であって、その意味で、実際の時間的推移や場所的な違いを含む行為事情が一定程度まで抽象化され

---

[5] また、相当性判断の基礎に主観的事情を加えることは、因果関係論と責任論を混同しており（青柳152頁）、因果経過に関する錯誤の問題と区別できないと指摘されている。さらに、共犯者間の認識の差異により、因果関係が異なるのは不都合という批判もみられる（平野141頁、曽根73〜74頁）。たとえば、被害者の特殊事情を知悉した背後者が、過敏症の被害者を脅かすように教唆したとき、折衷説では、ショック死に対する因果関係の存否を関与者ごとに決定することになってしまう。

るのは，当然である。すなわち，ここでいう因果関係の概念も，構成要件的評価として一般化されたものを選択するプロセスにほかならない。

もちろん，外界における個別具体的な因果連鎖が相当性判断の事実的基礎となるため，もっぱら「法が期待する行為」や「結果の回避可能性」などの違法・責任要素から，因果関係論でいう結果の帰属を考える見解は，採りえない。こうした見解では，因果関係の存否を単なる思考上の産物に矮小化することになる。かようにして，刑法的な帰属の前提条件となるべき因果関係は，まず，自然科学的に行為と結果が結びつく場合に限定されるため，条件関係の存在を予定している。上述した相当因果関係説も，こうした事実面における自然的連続性を出発点とする。その意味で，本書では，条件関係の存否をめぐる問題点を指摘したうえで，つぎに，相当因果関係説の見地から，構成要件的結果の客観的帰属について言及することにしたい。

(2) **客観的帰属論**

近時の有力説となった客観的帰属論とは，条件関係の存在を前提としつつ，当該行為が内包する法的に禁止された危険が，当該結果に実現されたかどうかを問うものである（山口60～61頁，また，山中敬一・刑法における因果関係と帰属〔昭59〕53頁以下参照）。こうした評価的要素は，実質的にみて，相当因果関係の判断とも重なってくるであろう。しかし，当初の「危険の創出」とは異なり，上述した「危険の実現」が何をもって認定されるかは，なお明らかでない。また，「規範の保護範囲」を基準とする見解に対しては，およそ解釈論上の根拠をもたないため，恣意的な処罰要求と明確に区別されるのかが問題となる。さらに，いわゆる「危険増加原理」も，わずかな危険性の上昇だけで結果の帰属を認めるとすれば，侵害犯を「危険犯」に転化するものではないかという批判がある[7]。

---

6) もっとも，因果関係論にあって，自然科学的な意味での事実の連鎖を重視するのか，それに対する法則的結びつきを確認するのかについては，各論者によって微妙な差異が存在する。なお，山中・刑法における因果関係と帰属239頁以下，吉岡一男・法叢126巻4＝5＝6号155頁以下，同・森下古稀（上）152頁以下など参照。

7) なお，因果関係の中断に代えて，自由かつ意識的な結果の惹起（事実）がある以上，それ以前に行われた行為を原因とみるべきでなく，かような見地から，いわゆる「遡及禁止（Regreßverbot）」論を主張する論者も少なくない（ヤコブス，山口68頁）。なるほど，因果関係は事後的な帰属判断であるため，こうした事情も考慮されるが，その内容は，実質的な因果関係中断論である。

第 2 節　条件関係の確定

1　条件関係の有無

　条件関係とは，上述したように，「その犯罪行為がなければ，犯罪結果も発生しなかった」という公式を用いて認められる。こうした条件公式を適用する場面では，仮定的な事実を付け加えてはならないとされる。しかし，条件公式それ自体が一種の仮定的消去法であるため，ここでは，まず，因果関係の事実的基礎にあたる「条件関係の存否」を確定しておく必要があろう。従来の条件公式によれば，因果関係が否定されうる事例として，(a)因果関係の断絶，(b)重畳的因果関係と呼ばれる場合が挙げられる。

　(a)　**因果関係の断絶**（Abbruch der Kausalität）とは，AがBに致死量の毒を飲ませたところ，Aとは無関係に殺意をもったCが，Bの死亡する前にナイフで心臓を突き刺した場合が考えられる。すなわち，先行した条件によってではなく，後から生じた条件が当該結果を惹起した場合をいう。刑法上，毒が回る以前の時点でBが死亡した以上，具体的結果については，先行する実行行為との間に条件関係は認められず，後の条件が原因とみられる。なお，「因果関係の中断」が，条件関係を否定するための根拠・結論であったのに対して，因果関係の断絶とは，そもそも，条件関係が否定される事象に与えられた名称である。

　また，人を熊と誤認したまま発砲して致命傷を負わせた後，その被害者が死亡する以前に，同一犯人が故意をもって殺害した場合も，厳密にいえば，先行した誤射行為がなければ，殺害行為がなされなかった点で，条件関係は認められる。だが，判例上は，もっぱら事後の故意行為と死亡結果の間で因果関係が肯定された[1]（最決昭和53・3・22 刑集32巻2号381頁）。なるほど，条件関係としては，相互に

---

1) これに対して，山中敬一・百選〔第4版〕I 25頁は，先行する過失行為の証拠を隠滅する目的ないし逃走の目的で，重傷を負った被害者を殺害することが，全体として相当因果関係の範囲内にあったとされる。また，事実を抽象化したとき，相当性が認められるというのは，樋口亮介・百選〔第6版〕I 23頁である。

競合する複数の原因が考えられる。しかし，相当性判断を経由する刑法上の因果関係は，本来，排他的なものである。そうである以上，結果発生の原因が他の行為事情によるものであるかぎり，当該行為との因果関係は否定されるべきである。

なお，上述した判例の事案は，重傷の被害者を放置した場合にも，死亡することは必然の状態であったため，2つの行為は，後述する仮定的因果経過の関係にあったといえなくもない。しかし，先行の過失行為にもとづく条件関係は，第2の故意行為によって断絶されるのである。

(b) **重畳的因果関係**（kumulative Kausalität）とは，それだけでは致死量に達しない毒物を，DとEが別個に独立して被害者に投与したため，両者の毒が重畳・合併することによって，初めて死亡結果を引き起こした場合をいう。いずれの行為についても，それが存在しなければ，合算した致死量による殺人にいたらなかった以上，上述した因果関係の断絶とは異なり，双方の行為と発生結果の間に条件関係が存在する。しかし，DとEの間に意思の連絡がない以上，共同正犯の場合にはあたらず，別人が同時に毒物を飲ませるという異常な事態があるため（殺人の同時正犯），後述する相当性判断により因果関係が否定される。その結果として，いずれの行為者についても，殺人未遂が成立するにとどまる（大塚235頁，大谷224頁）。

2 条件関係の仮定

犯人の故意または過失行為によって，犯罪的結果は生じたが，かりに犯人の行為がなかったとしても，同じ結果が発生したとみられる場合をいう。ここでは，(a)仮定的因果経過と(b)合義務的な択一的挙動を説明しておこう。

(a) **仮定的因果経過**（hypothetische Kausalverläufe）とは，たとえば，AがBを自動車で跳ねて死亡させたところ，かりにAが注意深く運転してAとの衝突を回避したときでも，すでにBを射殺しようと狙っていたCが，直後にBを射殺したと考えられる場合である。これは，形式論理からすれば，「当該行為がなくても，その結果にいたった」場合にあてはまる。しかし，被害者であるBが異なる原因で死亡する可能性は無限に存在するため，新たな仮定的因果条件を付け加えて判断するのは妥当でない（大谷222頁，前田172頁）。

したがって，すでにAの行為によりBが死亡した以上，条件関係は肯定されるのであって，条件公式自体が仮定的判断であるとはいえ，消去法は許されても，新たな条件の付加は禁止される。条件関係は，せいぜい，相当性判断の事実的基礎となるにすぎず，その点で，条件関係は，当該行為と侵害結果の結びつきが自然的因果法則によって承認されるという程度の意味しかもたない(合法則的条件説。)。上述した設例のように，共犯関係のない複数人の行為については，別個に独立して犯罪の成否を考えることになる。すなわち，その者が実行行為に出なければ構成要件的結果が発生しない以上，他人による同一の結果発生がありうるか否かにかかわらず，因果関係が肯定されるのである(大塚233頁)。

(b) **合義務的な択一的挙動** (pflichtmäßiges Alternativverhalten) とは，トレーラーの運転手Dが，前方の自転車に乗っているEを追い越す際，十分な車間距離をとらなかったため，自転車のEを転倒・死亡させたが，たとえ法律に定められた車間距離を守ったとしても，酔っ払っていたEが転倒・死亡したと認められる場合である（トレーラー事例）。ここでも，義務に合致する行動を選択することで，同じ結果の発生を避けえなかった点が問題となる。一部には，「その行為がなくても，同一結果を生じたであろう」と認められるので，条件関係を否定する見解も少なくない(大判昭和4・4・11新聞3006号15頁，名古屋高金沢支判昭和41・1・25下刑集8巻1号2頁)。

しかし，法に違反するDの行為を取り除いたとき，同じ時点で同一態様により被害者が死亡するか否かの問題は，やはり仮定的判断の一種であって，当該結果については，現にそれを発生させた以上，率直に条件関係を認めるべきであろう(大塚234頁)。反対説は，因果関係の存否をめぐって，処罰目的である結果の防止を期待しえないと述べるように，因果関係の判断の中に，結果の回避可能性を持ち込んでいる。したがって，こうした見解は，許された（危険）行為と関連させて，行政取締規則に違反した行為と侵害結果の因果関係

---

2) なお，死刑執行官を押しのけて死刑台のスイッチを入れた事例や，他の自動車運転手が同じく轢死させたであろう事例にあっても，条件関係の認定に余計な仮定的行為を付加するのであれば，失当である。
3) ちなみに，条件関係を肯定するべく，具体的な結果が異なる点に着目するとしても，そこでは，同一時間に同一の方法で生命が奪われたにもかかわらず，便宜的に結果概念を使い分けることになり，理論上も，到底支持できないといえよう。

を肯定しようとする見解と同じく（たとえば，危険増加原理など），事実的な因果関係の問題と当罰性の判断を混同している。

3 条件関係の競合

(1) 択一的競合

つぎに問題となるのは，**択一的競合**（alternative Kokurrenz）である。こうした事態は，AとBがまったく独立して，Cに致死量の毒薬を入れたジュースを渡した結果，これを飲んだCが死亡した場合に認められる。すなわち，複数の原因が競合して死亡結果を発生させたが，各行為がそれだけでも当該結果にとって十分な発生原因とみられる場合である。同一の結果に対して，2つの行為が択一的または競合して作用しているため，**二重の因果関係**（Duel-Doppel-Kausalität）とも呼ばれる。もちろん，裁判所の認定で，一方のAが投与した速効性の毒薬から被害者が死亡したのであれば，まだ効き目の生じていない遅効性の毒薬を投与したBの行為については，未遂犯が成立するにとどまるであろう（因果関係の断絶のケース）。他方，複数の毒物が競合することにより，単独で用いた場合よりもCの死期が早まったならば，いずれの行為についても，条件関係が認められる（重畳的因果関係のケース）。

しかし，そのような事情が判明しない場合には，一方の行為がなくても，他方の行為により結果が発生したと考えられるので，「A（またはB）の行為がなければ，Cの死亡はなかった」という条件公式をあてはめるかぎり，因果関係を否定せざるをえない。ところが，競合するAとBの両行為を取り除けば，Cの死亡結果は発生しないため，両者が致死量の半分ずつを飲ませた場合に条件関係が認められるのと比較して，明らかに不合理な結果となる[4]。そこで，条件公式を修正して，「双方の条件を取り除けば，結果が発生しない」場合には，各条件が当該結果を惹起したと説明する論者もある（大塚235頁，大谷223～224頁，前田171頁）。

---

[4] そのほか，①Xが拳銃でZの心臓を，YがZの頭部を撃ち抜くという，いずれも致命的な攻撃を同時に加えたとき，②道路に寝ていた被害者を，別個にD，E，Fの自動車が轢いて死亡させたとき，さらに，③Oが鉄道の転轍手Pに睡眠薬を飲ませた後，Qが眠っているPを縛り上げて，列車の転覆を引き起こしたなどの設例が挙げられる。

(2) 条件公式の射程

　なるほど、AおよびBの行為が、それ自体、結果発生の現実的危険性を含むものである以上、自然的な意味で、両行為は当該結果に対して積極的に作用している。しかし、それだけでは、未遂犯としての実行行為性を基礎づける事実となるにすぎない。また、各人が独立して犯罪の実行に及んだ以上、AとBの行為に条件関係を肯定する論者は、全体を一括して取り扱う根拠を示す必要があろう。その際、択一的競合では、Aの行為がなくてもCが死亡したというとき、Bの行為と死亡結果の条件関係を前提としている。他方、Bの行為と死亡結果の因果関係を論じる際には、Aの行為による結果発生が出発点となっている点で、一種の背理を含んでいる。したがって、単純に条件公式をあてはめるべきでなく、仮定的条件にあたる他者の行為を除外して、Aが毒薬を投与しなければ、Cが死亡しなかったという関係があれば、条件関係があるというべきであろう。

　学説の中には、この場合の因果関係を否定して、A、Bともに殺人未遂にとどめる見解もみられる。しかし、ここでは、仮定的因果経過の場合と同じく、第三者の違法行為を除外しつつ（すなわち、他の人間はすべて適法に行為したとする）、各人の実行行為だけを切り離して、条件関係の有無を判断するべきである。その際、条件公式が充たされるのであれば、刑法上の条件関係を認めて差し支えないとおもう。[5] これに対して、結果発生の防止と一般予防の観点から、仮定的原因が別に存在するため、当該結果に対する回避可能性がない以上、AとBの双方の因果関係を否定する見解もみられる。しかし、この見解は、因果関係の事実的基礎にあたる条件関係の中に、刑法の一般抑止論（ないし当罰性の判断）を持ち込んでおり、それらを相当性判断の中で検討する本書の立場では、採りえない主張である。[6]

---

5) また、いずれの毒物がCの死を惹起したかが確定できないまま、AとBの双方について条件関係が否定される事態は、実際上は、それほど多くないであろう。なお、証明不十分であるかぎり、双方の結果帰属が否定されるのはいうまでもないが、侵害結果の個別具体化にも限界があるため、すべてを犯罪事実の認定問題に解消しうるわけではない。
6) 構成要件論上の因果関係の存否を結果回避可能性で判断する立場は、他の介入条件との関係で、故意・過失や責任能力なども問題にしており、それ自体、犯罪論体系上の混乱が示されている。

第3節　相当因果関係——条件説の限定

1　「相当性」判断の基準

(1)　異常な因果経過の排除
　刑法上の因果関係は，上述した条件関係の存在を前提としつつ，一般社会生活上も「相当」であるかどうかの判断によって，さらに限定されることになる。すなわち，条件関係の範囲内にある先行事実の中でも，犯人の実行行為と侵害結果の間には，構成要件上，一定の「結びつき」が必要だからである。たとえば，具体的な結果の発生が，通常の予想される範囲を超えた偶発的なものであった場合には，当該行為による相当因果関係の範囲から除外することで，刑法的評価の対象に含めるべきでない。このことは，刑法の規制的機能にもとづいて要請される。
　なるほど，上述した「実行行為」の存否では，行為それ自体の危険性が必要とされたが，因果関係では，実行行為から当該結果にいたる因果の流れが，全体として構成要件の予定する「相当性」の枠内に入っていなければならない。もちろん，いずれも刑法的見地から決定されるという意味で，それが広義における可罰性の評価とまったく無関係ではない。しかし，異常な因果経過を除外するという相当性判断の枠を超えて，規範の保護目的や結果予防の見地を基準とする反対説は，本来，定型的な因果関係の中に過剰な規範的評価を持ち込むものである。

(2)　広義の相当性と狭義の相当性
　ドイツでは，因果関係でいう相当性判断を，「広義の相当性」と「狭義の相当性」に分けて説明する立場が一般である。そこでは，社会生活上も当該結果を実現するに足りる危険性（広義の相当性）が欠けるとき，およそ未遂犯にもならず[1]，その意味で，広義の相当性が，実行行為の存在を予定した因果関

---

1) たとえば，墜落事故を予想しつつ被害者を飛行機に乗せることにより，実際にも事故死させたとはいえ，当該結果に対する刑事責任を「飛行機に乗せる」行為に帰することはできず，およそ未遂犯にもならない。これは，まさしく「実行行為」性の問題である。

係の判断（狭義の相当性）から，区別されるのは当然であろう。しかし，従来の因果関係論は，こうした両者の違いを踏まえたものであった[2]。ところが，近年，広義の相当性にあたる「実行行為」の問題を，行為と結果の因果関係に還元しようとする傾向がみられる（曽根72頁など）。そこでは，犯罪行為の客観的把握ないし因果論的理解にもとづく結果無価値論（後述第3部第1章参照）から，構成要件そのものの意義が軽視されており，実行行為の存否（未遂）の問題と，因果関係における結果帰属（既遂）の問題を混同するものといわざるをえない。

　もちろん，反対説の表現を借りれば，構成要件の客観的側面は，「行為による危険の創出（実行行為性）」と，「当該結果における危険の実現（因果関係）」に分けられる。しかし，具体的な結果の惹起に実現されなかった「行為の危険性」は，別途，未遂として論じられるのであって，因果関係論は，そうした実行行為の存在を前提としたうえで，すでに存在する結果を実行行為に帰属させるための作業にほかならない[3]。その意味で，未遂犯の成立を踏まえた既遂結果の帰属を判断する因果関係論は，実行行為性の判断から区別されるべきである。

2　客観説・主観説・折衷説

(1)　相当性判断の基礎資料

　行為時に当該犯人が知らなかっただけでなく，一般人にも認識不可能であった特殊な行為事情は，因果関係の存否を決定する事実的基礎（判断の資料）に算入されるであろうか。たとえば，被害者が一般人には知りえない血友病に罹患していたとして，それが原因で犯人の軽微な暴行から血友病により死亡した場合，たとえ条件関係を肯定できるとしても，傷害致死罪に求められる刑法的関連性（相当因果関係）が欠けている（折衷的相当因果関係説）。これに対して，相当因果関係説の中でも，客観的相当因果関係説によれば，行為後に判明した事情も含めて一切の行為事情が基礎事情となる。したがって，一般

---

2) ただ，従来の通説的見解が，実行行為と結果の関係を明らかにしなかった点で，「結果から切断された実行行為」概念の誤解を招くことになったといえよう（➡第1部第2章第3節参照）。
3) 反対説は，行為自体の危険性から切り離した結果との結びつきだけを問題にするため，結局，「事後的・客観的な」構成要件該当性を論じるという「結果無価値論」的思考を基礎とした因果関係論におちいっている。

人には知りえない場合であっても，相当因果関係が肯定されることもある。また，行為後に発生した客観的事情も「相当性」判断の基礎として組み入れられるため，実際上は，因果関係の自然的基礎である条件関係が，そのまま「相当因果関係」として肯定される可能性もある。

近年，客観的相当因果関係説の論者が，結果の回避可能性などを「狭義の相当性」と称して，相当因果関係を限定する論理としているのは，具体的な結論の妥当性に配慮したものであろう。これに対して，主観的相当因果関係説では，もっぱら行為者の認識した事情が，相当性判断の基礎となるため，客観的な行為と結果に向けた類型的判断である因果関係の性質と合致しない。なるほど，折衷の相当因果関係説も，行為者の認識内容によって相当性判断が異なると指摘されるが，後述するように，一般人の認識しえた事情に加えて，特に行為者が知った事情を考慮することは，構成要件該当性における定型的性格と矛盾するものではない。そこでは，類型的な因果関係を前提としつつ，例外的に認識された客観的事実を判断の基礎事情に加えるものであって，主観的認識がただちに相当性を左右しないからである。

(2) **客観的事後予測としての相当性**

およそ因果関係の判断は，ある種の事後予測であると同時に，客観的かつ遡及的な判断でもある。したがって，相当性判断の基礎事情も，裁判時までに判明した事実の中から選別することになる。すなわち，それが一般人にとって認識可能であるか，特に行為者が認識した事情であるかぎり，これらの事情を判断資料に含めつつ，全体として刑法的因果関係の有無を決定しなければならない。したがって，実行行為の終了後に発生した付随事情も含まれることがある。他方，折衷的相当因果関係説によれば，行為後に生じた事情を十分考慮しえないという批判がある。しかし，この批判は，実行行為の終了後に生じた事象であっても，客観的な事後予測として，一般人や行為者が認識しうる限度であれば，相当性判断の資料に含めうるとした，折衷説の趣旨を正しく理解していない。

これに対して，客観的相当因果関係説では，実行行為から結果発生にいたるプロセス全体を，事後的にみて「相当であるかどうか」判断するため，「経験法則上予測可能な事情」については，すべての客観的事象が相当性判断の

基礎事情の中に付け加えられる。他方，行為後の因果経過の各局面を順次検討する見解によれば，異常な事態の介入によって因果連鎖が切断されないかぎり，因果関係が不当に広がるおそれがあろう（大塚230頁）。換言すれば，個々の因果的要素の間の結びつきは肯定できても，全体的に観察するならば「通常の事態からのずれ（相当性からの逸脱）」が大きいとき，刑法上の相当性を否定するべき場合がある。以下，具体的な判例を中心として，行為時までの諸事情と行為後に発生した諸事情に分けて検討しよう。

3　行為時の特殊事情

(1) 条件説と相当因果関係説

因果関係の存否に関する判例は，大審院以来，条件説の立場を維持してきた（大判昭和3・4・6刑集7巻291頁，大判昭和8・7・11刑集12巻1290頁など）。しかし，一部には，相当因果関係説を採用したような判例もみられる（米兵ひき逃げ事件。最決昭和42・10・24刑集21巻8号1116頁）。こうした態度は，学説上，理論的に一貫しないと批判されることもあるが，むしろ，過去の判例は，実際の具体的帰結の妥当性に配慮しつつ，行為時に存在した事情については，条件説的立場を維持する一方，犯行後に介在した事情については，相当因果関係説に依拠していたといえよう。

(2) 脳梅毒事件とふとん蒸し事件

行為時の特殊事情としては，脳梅毒による高度の病的変化があったため，被告人の暴行により被害者が死亡した事案に因果関係を肯定したものがある（最判昭和25・3・31刑集4巻3号469頁）。また，一般人や行為者が知りえない被害者の心臓疾患があったとしても，それが唯一ないし直接の原因である必要はなく，犯人による「ふとん蒸し」という暴行とあいまって，被害者の死亡結果が生じたのであれば，因果関係は認められるとしたものがある（最判昭和46・6・17刑集25巻4号567頁）。これらの判例をみるかぎり，依然として，条件説が判例の基本的態度であるといっ

---

4) なお，こうした見地から，後述する最決昭和42・10・24の事案をめぐって，相当因果関係を肯定した学説もみられる。
5) もっぱら行為後の事情について予見可能な範囲内のものに限定する見解に対しては，外見上は行為後に生じていても，行為時に存在した事実から派生したものであるとき，両者を区別して取り扱う理論的根拠が乏しいと批判される。しかし，そこでは，もっぱら結果発生時から遡った事後的評価が想定されていることに注意しなければならない。

て差し支えない（なお、最決昭和49・7・5刑集28巻5号194頁）。なお、相当因果関係説にあっても、行為自体のもつ危険性に着目するならば、これらの事案はいずれも、当該行為に包含された加重結果の発生する危険が、実際の致死結果に実現されたものといえよう。

4　行為後の介在事情

(1)　被害者の事後行為

これまでの判例は、犯人の暴行で傷害を負った被害者が、神水を塗布するという異常な行動により丹毒症を併発させた場合や（大判大正12・7・14刑集2巻658頁）、被害者が加えられた暴行を避けようとして転倒・傷害を負ったり（最判昭和25・11・9刑集4巻11号2239頁）、犯人の暴行から逃れる際に転落・死亡した場合についても（最決昭和59・7・6刑集38巻8号2793頁）、因果関係の存在を認めてきた（そのほか、大判昭和2・9・9刑集6巻343頁など）。また、犯人の行為と最終結果との間に、被害者自身の不適切な行為が介在したとはいえ、行為自体のもつ結果惹起の危険と被害者の選択した行動の相当性からして、相当因果関係が認められるであろう（そのほか、最決昭和63・5・11刑集42巻5号807頁、最決平成4・12・17刑集46巻9号683頁参照）。

なお、犯人が加えた暴行・傷害それ自体は、被害者を死亡させるほど重大なものでなかったが、その後に医師の不適切な治療という過失が介入したため、最終的に死亡した事案についても（大判大正12・5・26刑集2巻458頁）、因果関係が肯定されている。

(2)　最近の肯定例

最近では、長時間にわたり執拗な暴行を受けた被害者が、その現場から逃走しようとして高速道路に進入したため、疾走してきた自動車にはねられて死亡した場合についても、暴行との因果関係が認められた。こうした被害者の行動は、著しく不自然かつ不相当であったとはいえず、犯人らの暴行に起因する死亡結果に該当するからである（最決平成15・7・16刑集57巻7号950頁）。また、頭部をビール瓶で殴られたり、底の割れたビール瓶で頸部を突き刺された被害者が、医師の指示に従わず、無断で退院しようとして治療用の管を抜くなどして暴れた結果、治療の効果が上がらないまま死亡した場合にも、やはり因果関係が認められた（最決平成16・2・17刑集58巻2号169頁）。すでにその傷害自体が、死の結果を招来する強度なものである以上、当該傷害と死亡との間に相当因果関係があるため、

傷害致死罪が成立しうるからである。

なお，通説・判例は，ヴェーバーの概括的故意と呼ばれる場合について，刑法上の因果関係を肯定することで，故意既遂罪の成立を認めてきた。たとえば，犯人が殺害の目的で相手の首を絞めた後，ぐったりとした被害者をすでに死亡したものと誤信した犯人が，そのまま海岸に被害者を放置したことにより，砂末吸引による窒息死を招来した場合（大判大正12・4・30刑集2巻378頁），犯人の第1行為および第2行為と死亡結果の間の因果関係を肯定している。

5 結果発生に対する寄与度

(1) 第三者による故意行為

これに対して，実行行為後に犯人自身の新たな決意にもとづく行動があった場合や，第三者の故意行為が介在した場合には，因果関係を否定した事例がみられる。上述したように，第三者による過失行為の介入は，経験則上も予測可能であるところ，第三者の故意行為が介入するのは，独立した構成要件的評価にふさわしい事情だからである（なお，大阪地判平成3・5・21判タ773号265頁参照）。たとえば，**米兵ひき逃げ事件**で，運転手が誤って自動車を衝突させ，被害者を自車の屋根に跳ね上げたまま運転を続けていたところ，同乗者がこれを引きずり落としたため，路上に転落して死亡するにいたった事案につき，被告人の過失行為から，ただちにこうした異常な致死結果が発生することは，経験則上予想しえないとされた[6]（最決昭和42・10・24刑集21巻8号1116頁）。また，熊撃ちに出かけた犯人が，先行する過失行為によって被害者に重傷を負わせた後，被害者を「早く楽にしてやる」ため，新たに殺害する決意を生じ，故意に射殺したうえで逃走した事案においても，第1の過失行為と死亡結果の因果関係が否定されている（熊撃ち事件。最決昭和53・3・22刑集32巻2号381頁）。

(2) 大阪南港事件

ところが，犯人の暴行にもとづく脳内出血で意識不明状態の被害者が突堤に放置された後，最終的に死亡するまでの間に被害者の頭部を殴打した第三

---

[6] 学説の中では，この決定を援用しつつ，戦後の最高裁が，条件説から相当因果関係説に態度を変更したとみる見解が有力になった。

者がいた事例について，第1の暴行と死亡結果の間に因果関係を肯定した判例が出るにいたった（大阪南港事件。最決平成2・11・20刑集44巻8号837頁）。その際，上述した相当性判断を前提とする以上，予測不能な第三者の故意行為があったならば，先行行為と死亡結果の間の因果関係を否定せざるをえない。したがって，学説の中には，いわゆる「予測可能性」の基準に代えて，結果に対する影響力の大小を考慮する見解（寄与度の考え方）や，相当因果関係説そのものに対する疑問を提起するものが出現した（「相当因果関係説の危機」）。なるほど，行為後に介在した諸事情が，どの程度まで当該結果の発生に寄与したか（原因力の多寡）という判断をしないまま，「予測可能ないし予測不可能」を論じる旧来の伝統的見解は，刑法上の相当性判断としては不十分であったといわねばならない[7]。

(3) **本書の立場**

おもうに，行為後の介入事情が，被害者の死期をわずかに早めただけであり，社会生活上も，犯人の行為による死亡という構成要件評価が変わらないのであれば，これを判断の基礎資料から除外することになる。この点は，定型的判断にもとづく従来の相当因果関係説においても，当然の前提となっていたのではなかろうか[8]。同様にして，夜明け前の暗い高速道路上に自家用車を停めておいた不注意な態度から，後続車の追突事故により死傷結果を惹起した場合，たまたま相手方が危険な現場にとどまった事情があるとしても，犯人の行為と被害者らの死傷結果の間には因果関係があるといえよう（最決平成16・10・19刑集58巻7号645頁）。また，被害者を自動車の後部トランク内に押し込んだまま，道路上に停車していたところ，他の自動車が前方不注意のために追突した結果，被害者が死亡したときにも，被害者をトランクに監禁した行為とその死亡の間には，因果関係を肯定できることになる（最決平成18・3・27刑集60巻3号382頁）。

---

7) 現に，一般予防的見地から，介在事情の「利用可能性」を相当性判断の基準とする論者も，別途，発生結果に対する「寄与度」を問題にしている。
8) 具体的には，強度の打撃から生じた脳内出血による死亡や，暴行に伴う運動機能の減退によって溺死した場合，第三者が別に殴打したという事実があったり，別人が被害者を再度水に突き落とした事実があっても，実行行為それ自体のもつ高度な危険性と比較して軽微な影響しかもたない。その意味で，先行した行為と結果の相当因果関係を否定するものでない。

第4節　相当因果関係論の展開

1　不作為の因果関係

(1) 規範的な因果性

かつて不作為は，積極的な行為がない「無」とされたため，不作為には結果に対する原因力がないとした時代もあった。しかし，不作為が社会的な意味をもった存在であって，法律上は，期待された一定の作為に出ないことが犯罪成立要件とされる以上，その因果関係も，一種の規範的見地から把握されるべきである。すなわち，自然的・物理的な意味における因果性によってではなく，社会的な価値判断をともなった規範的評価として理解するのである。たとえば，(i)時間的にも不作為と同時に存在した作為的行動に，結果との因果関係を認めようとする**他行行為説**や，(ii)不作為に先行する何らかの作為に着目する**先行行為説**，さらに，(iii)すでに存在した結果惹起の原因を妨害しうる者が，これを利用して結果を発生させる点に着目する**他因利用説**などは，自然主義的な因果関係を前提としつつ，一部で規範的な考え方を導入して，不作為の因果性を，他の付随的な行為事情に求めようとした例といえよう。

(2) 作為義務の履行と結果の不発生

そもそも，不作為犯の成立範囲は，自然的な行為の観察によって決まるものでない。そうである以上，構成要件的評価としては，法律が要求する作為義務を履行したならば，その犯罪の結果も生じなかったと考えられるかぎり，少なくとも条件関係は肯定できる[1]。なるほど，不作為犯の場合には，存在しない条件（作為義務の履行）があったと仮定して両者の「結びつき」を判断するという意味で，通常，現に存在する条件を否定したうえで，当該結果も排除されるかを吟味する作為犯の条件公式とは異なる。また，犯人において作為

---

1) 判例では，覚せい剤の注射により錯乱状態になった少女を，ホテルの一室に放置したため死亡させた事案につき，ただちに救命措置を施していれば，助けることが可能であったとして，不作為と当該結果の因果関係を肯定したものがある（最決平成元・12・15刑集43巻13号879頁）。

の可能性がない場合，不作為の因果関係が否定される点では，作為犯とは違った要素があるといわざるをえない。こうした特徴に着目して，構成要件的結果の回避可能性が認められない以上，そもそも，当該不作為には結果惹起の危険性がなく，未遂犯の成立も否定されるという見解さえみられる（前田125～126頁）。

(3) **作為可能性と回避可能性**

しかし，保障者的義務の要素である作為の可能性と結果の回避可能性は，別個の犯罪成立要件である。したがって，すでに保障者（作為義務者）による義務違反が存在するならば，理論的には，未遂犯が成立しうるであろう。それにもかかわらず，もっぱら結果に対する因果的側面だけを強調して，餓死させる目的で乳児に授乳しない母親の不作為だけでなく，同居人や隣人の不作為にも因果関係を肯定する一方，不作為犯の成立範囲が無制限に広がるのを避けるため，保障者的地位ないし作為義務によって主体の範囲を限定しようとする態度は，逆転した論理といわざるをえない。なぜならば，不作為犯では，まず作為義務を負うべき犯行主体を確定したうえで，作為義務者の不作為と発生結果の因果関係を問うべきだからである。

2　過失犯の因果関係

(1) **義務違反と作為可能性**

たとえ条件関係が存在しても，ただちに相当因果関係が肯定されるわけではない。したがって，交通事故にともなう死傷結果について，異常な運転行動を示す対向車の進路を予測できないため，たとえ義務に合致した行動を選んでも，最終的に衝突を避けえなかったならば，当該結果の回避は不可能であったとして，過失犯としての因果関係が否定される[2]（合義務的な択一的挙動）。なるほど，「結果の回避可能性」は，しばしば，「過失の因果関係」と同じ意味で用いられるが，本来，回避可能性は，過失犯における注意義務の要素である。したがって，実質的には，注意義務の「履行可能性」を意味していた

---

[2] そのほか，「（過失）行為の危険性」を結果帰属の相当性と同視するのは，平野193～194頁であるが，ここでも，過失の実行行為性と因果関係の問題は区別されねばならない。

のであり,「義務違反と侵害結果の間の因果関係」とは異なるものといわねばならない。[3]

(2) 結果の回避可能性

過失犯における結果回避措置も，最終的には，結果発生の防止に向けられた要素であるが，その義務を遵守することによって，確実に結果発生を阻止できることまで要求されるわけではない。ここでも，回避不可能を理由に条件関係を否定する立場は，注意義務の一部をなす要素と，因果経過の「日常性」の問題を混同している。なお，構成要件要素である過失の注意義務を，それぞれの事態に応じて決まる客観的な作為・不作為の要求にすぎないとしつつ，およそ条件関係を肯定したうえで，客観的帰属論で解決しようとする見解もみられる。しかし，こうした見解は，過失犯に2種類の因果関係を認めるものであって採用しがたい。

3 疫学的因果関係

(1) 統計上の因果関係

ある条件から結果発生にいたる因果経過を，科学的な見地から完全には解明できなくても，対照群との比較における統計学的な手法により，一定の事象と侵害結果の間に強度の結びつきが認められる場合もある。これを，**疫学的因果関係**（statistische Kausalität）と呼ぶ。こうした疫学的因果関係は，従来，公害事件をめぐって，企業による有害廃棄物の投棄と特定地域で生じた住民の疾病の間で，医学上ないし薬学上，環境汚染による疾病の発生・機序（メカニズム）を解明できなかった場合に問題となった。その際，疫学的因果関係は，刑法上の因果関係を肯定するための論理として用いられた。ただ，因果関係論それ自体が，原因から結果にいたる因果経過の異常性を問うものにすぎない以上，科学的な見地からみて，公害発生から住民被害にいたるメカニズムが，特に異常なものでなければ，刑法上の因果関係も肯定できるのは，むしろ当然のことであろう。

---

3) なお，義務違反と結果との因果関係につき，大判昭和4・4・11新聞3006号15頁，名古屋高金沢支判昭和41・1・25下刑集8巻1号2頁，大阪地判昭和47・12・18判タ291号297頁，福岡高那覇支判昭和61・2・6判時1184号158頁など参照。

(2) 定型的な因果関係の機序

　刑法上，条件説的な因果関係論によれば，有機水銀中毒による奇病（いわゆる水俣病）の発生が科学的にもありうると判断されるかぎり，その疾病が自然界では頻繁に起こりえない事実さえ証明されれば足りるであろう。すなわち，行為から結果にいたる因果経過が，自然法則と矛盾しない点で条件関係のあることが立証されたとき，汚染された魚介類の摂取を通じて，病気の発生にいたる詳細な機序まで証明する必要はないのであって，ここでの問題は，もっぱら相当因果関係の存否として考えられるべきである。ただし，相当性の判断も，刑事裁判における厳格な証明を必要とする以上，合理的な疑いをいれない程度に達しなければならないのは，もちろんである[4]（大塚236～237頁。なお，最決昭和57・5・25判時1046号15頁，東京高判昭和51・4・30判時851号21頁参照）。

---

[4] もっとも，立法上は，因果関係の推定規定を設けて対処している（いわゆる公害罪法5条）。そのほか，熊本地判昭和54・3・22刑月11巻3号168頁参照。

第4章　構成要件的故意（実行故意）
—— 構成要件要素（その3）

第1節　故意の意義および要件

1　故意の体系的地位

(1)　事実的故意

　刑法38条1項によれば、「罪を犯す意思がない行為は、罰しない」とされる。したがって、刑法上の犯罪は、原則として故意犯である[1]。しかし、犯罪の主観的要件となる故意が、どのような要素で構成されるかをめぐっては、故意の位置づけによっても異なってくる。そこで、まず、故意の体系的地位に関する本書の立場を明らかにしておこう。

　従来の学説では、「違法は客観的に、責任は主観的に」のテーゼにしたがい、故意も含めた主観的要素は、もっぱら責任の存否を左右するものとされてきた（責任条件ないし責任形式としての故意）。しかし、すでに構成要件の段階において、殺人罪（199条）、傷害致死罪（205条）および過失致死罪（210条）が別個の構成要件であることからも明らかなように、故意犯と過失犯の違いは、「刑法各本条の解釈上犯罪を特殊化し、個別化する要素である（小野）」。したがって、故意・過失も、犯人の主観的態度を類型化した限度で、構成要件該当性の一部をなすものといわねばならない。

　こうした**構成要件的故意**（事実的故意；Tatbestandsvorsatz）の概念は、第2次大戦後、目的的行為論によって強力に主張されたが、故意それ自体は、責任論に本籍を有する。すなわち、故意が犯人の反規範的態度を表すものとして、責任の段階でも考慮されるべきことは、当然である（**責任要素としての故意**[2]）。換言するならば、「構成要件的故意は、本来的に責任要素とされた故意を類型

---

1) もっとも、同項ただし書には、「法律に特別の規定がある場合は、この限りでない」と規定されており、条文に明記された範囲では、例外的に過失犯の処罰が可能となる（詳細は、後述第6章参照）。

【図示】故意の体系的地位

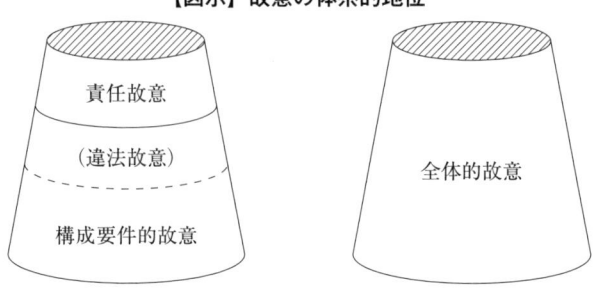

化して捉えたもの」であり，この意味において，構成要件は責任の類型でもある（大塚178頁，板倉238頁など）。

(2) **責任故意**

これに対して，有力説は，故意をもっぱら責任要素とみたうえで，構成要件論および違法論の段階では，極力，主観的要素を排除しようとする。しかし，客観的には同じ外部的結果が生じたとはいえ，過失犯や無過失の場合が，構成要件該当性および違法性の段階で，故意による加害行為と同一の刑法的評価を受けるのであろうか。また，責任の段階にいたって，突如，故意犯と過失犯に分化するのは，到底，一般人の認識と相容れないであろう。社会的には，故意の殺人（人殺し）と過失致死（事故死）は，最初から異なった刑法的評価を受けることが，国民一般の意識からも当然とみられるからである。

また，法律が例外的に過失犯を処罰するにもかかわらず(38条1項ただし書)，故意と過失の決定的差異を，単なる責任の問題に解消して，構成要件的評価とは無縁であるとみる見解は採用できない。[3] さらに，たとえ反対説であっても，例外的に一部の犯罪では，主観的違法要素の存在を承認するため，その

---

2) なお，故意の観念を，犯罪事実の表象にあたる事実的故意と把握したうえで，そうした故意は，せいぜい主観的違法要素にとどまると説く立場もないではない（責任説。福田86頁，大谷165頁など）。しかし，そこでは，故意犯と過失犯の差異が，単なる事実認識の有無に還元されており，むしろ，法規範に違反する積極的な人格態度が故意犯の本質であることが，十分に考慮されていない（後述第4部第3章を参照）。

3) 理論的な見地からは，違法・責任類型である構成要件の意義を軽視して，もっぱら，法益侵害（という結果）の原因となった外形的事実に限定するため，違法かつ有責な行為を定型化した犯罪類型の機能が失われると批判することもできよう。

範囲においては，違法の「形式的客観性」が貫徹されていないのである。

2　故意の成立要件

(1)　故意の内容

　構成要件的故意の存否は，故意犯の定型的な構成要件該当性にかかわるものである。それは，(a)犯罪事実の表象と，(b)意味の認識によって決定される。まず，犯罪事実の表象とは，「罪となるべき犯罪事実の認識・予見」であって，各構成要件に定められた行為の主体・客体や，行為の状況などの客観的要素のすべてに及ぶことになる。もちろん，主観的要素それ自体が故意の認識対象とはなりえないが，実行行為の客観面であるかぎり，すべての要素が含まれる。たとえば，いわゆる結果犯では，構成要件的結果だけでなく，当該行為から結果にいたる因果関係の認識も必要とされる。これに対して，学説の一部は，因果関係の認識を不要とする。

　なるほど，因果経過の詳細にわたる認識・予見を要求するならば，故意犯の認められる範囲が不当に狭くなってしまう。しかし，刑法上は，類型的な因果関係または実際の因果経過の概要を認識・予見したことで足りるのであって（大判大正14・7・・/3刑集4巻470頁），こうした事実認識が，実行行為における現実的危険性を基礎づけることは，すでに述べたとおりである（→第2部第2章第1節3）。なお，犯罪事実の「表象」とは，客観的事実の存否や将来における事実の発生が分かっていたと評価される一定の心理的状態をいう。[4]

(2)　意味の認識

　構成要件に定められた犯罪事実は，元来，社会侵害的行為を類型化したものである以上，一定の価値判断を含んでいることが少なくない。たとえば，規範的構成要件要素のように，一定の社会的評価が必要とされる場合がある。こうした「意味の認識（Bedeutungskenntnis）」は，わいせつ物頒布罪（175条）などでみられる。すなわち，同罪が成立するためには，頒布・販売者が，刑

---

[4] ただし，故意の存否は，後述する構成要件的錯誤における結果の帰属論からも明らかなように，単なる心理的事実の認定にとどまるものではない。

法上問題となった記述・表現の社会的意味を理解していなければならない。しかし，定型的な構成要件該当性の段階では，一般人が理解する程度で，当該行為の規範的意味を了解したことで十分である。

これに対して，裁判官がおこなう厳格な法律解釈のように，客体である表現物が刑法典上の「わいせつな文書」にあたるという認識まで要求するわけではない。すなわち，メッガーのいう「素人領域における平行的評価」があれば，構成要件的故意は認められるため，かりに犯人が，法律上のわいせつ性をめぐって「あてはめの錯誤」におちいっていたとしても，それによって故意が阻却されるわけではない[6]（後述第5章参照）。

3　故意の種類

(1) 確定的故意と不確定的故意

故意は，行為者の認識の程度や，その対象となった事実の性質などによって，幾つかの種類に区分される。まず，行為者が犯罪事実の存在または発生を確定的なものとして表象・認識していた場合が，**確定的故意**（dolus determinatus）であって，不確定なものと表象・認識した場合が，**不確定的故意**（dolus indeterminatus）と呼ばれる。その際，不確定的故意であっても，当然に，故意の存在が否定されるわけではないが，不確定的故意の中には，認識ある過失と境界を接するものがあり，その程度いかんによっては，故意犯の領域から排除されるものがあることは，後述するとおりである（→本章第2節）。

つぎに，不確定的故意は，犯罪的事実を認識する態様に応じて，(a)概括的故意，(b)択一的故意，および，(c)未必の故意に区分される。(a)**概括的故意**（dolus generalis）とは，群衆中の誰かが死亡することを予見して，集団に向かって爆弾を投げつける場合である。すなわち，一定の範囲内の客体に侵害結果が発

---

5) もっとも，最大判昭和32・3・13刑集11巻3号997頁は，わいせつ性の認識を不要と明言しているが，そこでは，「刑法175条所定の猥褻性」を具備するかどうかの認識が故意を阻却しないと述べたにとどまり，およそ意味の認識を欠いたまま，当該文書の存在を表象しただけで足りるとした趣旨であるかは，疑問であろう。
6) たとえば，特別刑法に規定された法定犯の中には，法文上明示された正式な化学名でなく，むしろ，単なる事実認識を超えた「常用すると健康にとって有害な作用を及ぼす薬物」という程度の認識で足りると主張する見解もないではない（前田226〜227, 239頁）。しかし，詳細は，錯誤論のところに譲る（→第5章第3節）。

生することは確実であるが，個々の具体的客体まで決まっておらず，自動発火装置（たとえば，振動感知式のもの）つきの爆弾を設置する場合のように，侵害の時間・場所および被害者の個数さえ特定しないまま，行為者が犯行に出た場合にも認められる。

また，(b)**択一的故意**（dolus alternativus）とは，AとBの一方を殺す意思で発砲する場合のように，その中のいずれに命中するかは不明であるが，1つの客体に命中して死亡させることが確実な場合である。さらに，(c)**未必的故意**（dolus eventualis）とは，結果の発生自体につき，行為者が確定的認識をもっていない場合である。犯人は，犯罪事実が生じるかも知れないと思いながら，それにかまわず「敢えて」行為に出た場合であるため，認識のある過失との違いが問題となる（後述する構成要件的過失も参照されたい）。なお，犯罪の実行を一定の条件にかからせる場合に「条件付き故意」を認めることもあるが，これも不確定的故意の一種であるといえよう（最決昭和56・12・21刑集35巻9号911頁など参照）。

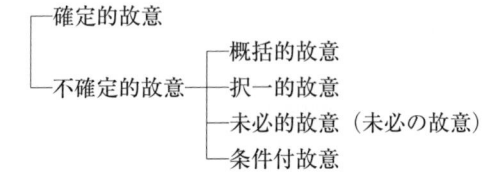

【図示】故意の種類
```
┌─確定的故意
│              ┌─概括的故意
└─不確定的故意─┼─択一的故意
              ├─未必的故意（未必の故意）
              └─条件付故意
```

(2) **その他の故意**

学説上，**侵害故意**（Verletzungsvorsatz）と**危険故意**（Gefährdungsvorsatz）の区別を認めるものがある。これは，構成要件の種別に対応する分類であり，侵害犯にあっては，一定の法益の侵害を表象・認容することが必要であるが（侵害故意），危険犯では，法益に対する危険の存在を表象・認容すれば足りる（危険故意）。もっとも，抽象的危険犯と具体的危険犯では，その危険性にかかる事実認識の程度が異なっており，抽象的危険犯では，漠然と意識されれば十分であるのに対して（たとえば，108条，109条1項），具体的危険犯では，行為者が危険性を明確に表象したのでなければならない（たとえば，109条2項，110条）。

さらに，一部には，**事前の故意**（dolus antecendens）と**事後の故意**（dolus

subsequens)という表現を用いるものがある。事前の故意とは，たとえば，犯人が殺意をもって被害者の首を絞めたところ，身動きしなくなったので，すでに被害者が死亡したものと誤信して，犯跡をくらます目的で，砂浜に運んでその身体を放置したため，結果的に，被害者は砂末を吸い込んで窒息死したという場合である（大判大正12・4・30刑集2巻378頁）。当初（事前に）予期した結果が，第1行為により犯罪が完成したと誤信した，当該犯人の第2行為によって生じた場合であって，いわゆる「ヴェーバーの概括的故意」と呼ばれた時期もある。その取り扱いをめぐっては，通常，因果関係の錯誤のところで議論される（→第5章第1節および第2節）。こうした事例について，古い時代には，第1の故意と第2の故意を包括したうえで，全体的結果に対する故意責任を論じたこともあったのである。

これに対して，事後の故意とは，医師が適法に手術を開始した後で，その患者を殺す目的で手術を中止したため，放置された患者が死亡したような場合をいう。行為開始時には，当該結果を惹起する故意がなかったものの，その後に殺意を生じたため，このように呼ばれることがある。ただ，この問題は，すでに何らかの侵害に着手した者が，結果発生を阻止するための処置をとらず，事態の成り行きに任せたところに問題があり，むしろ，不作為犯として論じられるべきである（大塚186頁）。

第2節　故意の存否の判断

1　認識主義と意思主義

(1) 故意と過失の違い

犯罪事実を認識（予見・表象）したうえで，実行行為に出たのであれば，通常は，その犯罪に向けた故意があったといえるであろう（表象説）。しかし，自動車を運転する者が，通行人に衝突する可能性を予見したにもかかわらず，

---

7) ただし，判例の中には，具体的危険犯についても，公共の危険を生ぜしめる認識を要しないとしたものがある（大判昭和6・7・2刑集10巻303頁，最判昭和60・3・28刑集39巻2号75頁）。

自分の技量からすれば事故にならないと軽信して、速度を緩めないまま走行した場合のように、必ずしも、犯罪事実を積極的に実現する意思がない場合もありうる。そこでは、人を轢くという客観的事実の可能性を予期したとはいえ、故意犯と評価するだけの反規範的態度があったとはいえない（認識のある過失[1]）。

他方、上記の交通事故にあって、行為者が通行人を傷つけても仕方がないと考えていたのであれば、未必の故意に相当する主観的態度が認められる。そこで、両者を区別する基準を何に求めるかが、学説上も長らく争われてきた。当初、認識主義の立場から唱えられた**表象説**（Vorstellungstheorie）では、過失犯の中に犯罪事実を表象した「認識のある過失」が含まれることを説明できない。そこで、いわゆる意思主義の立場から、知的要素だけでなく、行為者の主観的意図に着目した**意思説**（Willenstheorie）が主張された。しかし、犯人が当該事実を意欲・希望したことまで要求するならば、故意犯の成立範囲が著しく狭められる[2]。現在では、犯罪事実の発生について「認容する」状態で足りるという**認容説**（Einwilligungstheorie）が採られている（大塚183頁、大判大正12・2・16刑集2巻97頁、最判昭和23・3・16刑集2巻3号227頁など）。

(2) 認容説と蓋然性説

学説上、構成要件的故意についてはもちろん、責任要素である故意についても、意欲・希望のほか、上述した認容などの情緒的要素を取り込むべきでないという見解が、依然として有力である（平野185頁、内藤1088頁以下）。これらの見解によれば、目的・動機などの主観的要素は、事実の認識に比べて外形的事実から認定しがたいとされる。また、「認容」的要素が、事実の認識という知的要素を超える以上、限界的事例では、内心の奥底にまで立ち入った判断は困難になるというのである。そこで、表象説を修正して、犯罪事実が実現される可能性を「相当程度まで確実である」と認識した場合にのみ、故意の存在を肯

---

1) すなわち、特に犯罪事実の実現を意識しなかった以上、その行為者には、「故意犯としての犯罪事実」の表象はなかったとされる。他方、蓋然性説によれば、一般的な犯罪実現の可能性は認識したが、自己の場合は例外的に危険性が低いと誤信した以上、高度の危険性を認識していた場合と比べて（未必の故意）、認識ある過失にとどまることになる。
2) なぜならば、犯罪の実現に向けた積極的意欲まで求めるとき、自己の行為や結果に対して無関心な犯人が、かえって故意責任を免れるという不都合が生じるからである。

定しようとする**蓋然性説**（Wahrscheinlichkeitstheorie）が主張された（前田207~208頁）。

なるほど，「蓋然性」の基準は，事実認識という価値中立的態度に着目するものであり，より客観的な判断につながるであろう。しかし，それだけで，故意犯としてふさわしい積極的態度があったといえるかは疑問である。また，もっぱら客観的な発生確率を問題にするのであれば，どの程度まで確率が高まったとき蓋然性があったというべきか，そもそも，法的評価である故意の存否を数値だけで決めてよいであろうか。むしろ，蓋然性説においても，犯罪実現の高度な可能性（蓋然性）を知悉したうえで，侵害結果に向けた行為に及んだのであれば，その結果の発生を意欲・希望しなかったとしても，実際には，犯罪事実の認容もあったといって差し支えない[3]。すなわち，一般人であれば行為を抑止すべきであるにもかかわらず，その規範的制止を振り切って実行行為を開始したところに，故意犯としての構成要件該当性を肯定することができるからである[4]。

2　故意の段階的構造

(1) 故意論と錯誤論

構成要件的故意の存否は，行為者の犯罪事実に対する現実的な認識ないし予見にもとづいて決定される。その意味で，構成要件的錯誤（後述）でいう故意既遂犯の成否とは判断の階層が異なる。なるほど，通説的な故意・錯誤論が，具体的な客体に向けた実際の犯罪意思を抽象化したうえで，もっぱら構成要件的評価である事後的な結果帰属を論じるのであれば，行為者の現実の表象を無視したという批判が妥当するであろう。しかし，ここでいう故意の存否は，錯誤論における結果帰属に先立って，実行行為それ自体を支える「実

---

[3] これを「行為の動機」で説明する論者もみられるが（大谷170頁，山口199頁），そこでは，通常の事実認識を超える意思的要素が考慮されている。また，表象説の見地からは，「修正された動機説」が主張されることもある（西田203頁）。

[4] 現在，言葉本来の意味で，表象説・意思説を支持する論者は少なく，実際上，両説の間にそれほど大きな差異が存在するわけではない。むしろ，今日では，故意の本質をめぐる理論的な対立に帰着する。なお，判例の中でも，表象説に従ったようにみえるものがある（大判大正4・1・26刑録21輯21頁）。

行故意」を決定するものである。しかも,生(なま)の主観的認識および意思にもとづいて認定されるため,上述した反対説の批判はあたらない。

これに対して,およそ故意を責任要素に限定する反対説では,故意の存否が,個々人の具体的な認識いかんによって左右されるため,構成要件の定型説的理解を放棄せざるをえない。そのことがまた,事実の錯誤論でも,違法の形式的客観性と客体の特定性に拘泥する具体的符合説(後述)に結びつくことになる。理論上も,故意を責任要素とする論者が,具体的符合説に傾いたのは当然であった。また,反対説によれば,構成要件の故意規制機能が重視されるため,主観的要素は,ほとんどが構成要件の中から追放されることになる。同様にして,事実の錯誤論でも,構成要件の定型性を無視して,犯行の不法・責任内容を「重なり合い」の判断基準としたり,いわゆる「故意の実質化」を唱えて,複数の構成要件にまたがる犯罪類型を認めるのである。[5]

しかし,構成要件の故意規制機能を強調しておきながら,各構成要件の掲げた犯罪事実に直結する「故意」が,複数の構成要件間にまたがって存在することは,一種の背理にほかならない。とりわけ,実際の行為者意思を判断基準とする具体的(法定)符合説によれば,不法・責任の量に着目した故意概念の規範化が,その前提的理解と合致しないのは明らかであろう。[6]

(2) **故意の内容**

故意犯で認識の対象となる事実は,故意概念を構成要件・違法または責任のいずれに位置づけるかによって異なることは上述した。また,構成要件的故意の内容である犯罪事実の表象・認容は,もっぱら,構成要件に該当する客観的事実に向けられるが,異なる構成要件間の錯誤(後述)では,故意の符合を論じる際,一部で違法故意が論じられることもある。したがって,構成要件的評価の背後にある保護法益や侵害行為の態様も,構成要件相互の「重なり合い」の有無をめぐって考慮されることがある。

責任故意については,行為者が正当化される事情があると誤認したとき(い

---

5) たとえば,町野朔・警研54巻4号3頁以下,同5号3頁以下,前田雅英・現実社会と実質的犯罪論(平4)210頁以下,林幹人・刑法の現代的課題(平3)97頁以下など。なお,佐久間・福田＝大塚古稀(上)155頁以下参照。
6) なるほど,具体的な客体に向けられた行為者意思の方向性を問題にする以上,客体の錯誤では,個々の構成要件を超越した「具体的」故意を認めることも不可能ではない。

わゆる違法性阻却事由の錯誤)，こうした事実認識を故意の内容に含めるべきかという場面で，理論上も議論されることがある。学説の中には，この種の錯誤も構成要件的故意を阻却するという見解がみられるが（消極的構成要件要素の理論)，詳しくは，違法性に関する錯誤のところで説明する（→第4部第3章第3節)。なお，違法性の意識が故意の要素であるかについても，責任における故意の中で説明することにしたい。

なお，反対説からは，通説が「事後的故意」を認めたものと批判されることがある。しかし，そこでいう「事後的故意」の中身は，事実の錯誤論にあって，実際に生じた既遂結果を当該（構成要件的）故意に帰属できるかの判断を指しているとすれば，実行行為時における犯人の主観から実行故意の存否を判断する実行故意（狭義の故意論）と異なるのは，当然であろう。さらに，因果関係の錯誤による故意の阻却が，特殊な「未遂犯の故意」を認めるという指摘も，ここでいう実行故意の概念と，客観的な結果との帰属関係を問う事実の錯誤論を混同したものにほかならない（福田＝大塚・対談刑法(中)146頁）。

第3節　特殊な主観的構成要件要素

1　行使の目的・一定の意思傾向

(1)　目的犯と傾向犯

犯罪事実の表象・認容のほか，犯行の動機や目的などの主観的要素は，本来，責任の要素とみなされてきた。しかし，故意・過失以外にも，特殊な主観的構成要件要素が存在する。一定の犯罪構成要件にあっては，これらを個別化する行為者の内心が重要な要素となるからである。たとえば，目的犯における目的や，傾向犯における主観的傾向は，当該行為の違法性を決定するうえで，不可欠の意義を有する。そのため，これらの主観面は，従来から，

---

7) 福田平＝大塚仁・対談刑法総論(中)（昭61）249頁以下，佐久間・福田＝大塚古稀(上)160頁以下参照。

1) これらの要素は，当初，ヘーグラー，M・E・マイヤー，メッガーなどにより，客観的違法論における主観的違法要素として主張された。わが国では，佐伯千仭・刑法における違法性の理論（昭49）209頁以下，高橋敏雄・違法性論の諸問題（昭58）63頁以下参照。

主観的な違法要素として認められてきた（→第3部第1章第3節）。また，それらは，構成要件上も各犯罪の可罰性を基礎づける要素として，**主観的構成要件要素**（subjektive Tatbestandselemente）になるといわねばならない。[2]

　まず，通貨偽造罪（148条以下）や文書偽造罪（155条以下）にあっては，犯人が「行使の目的」で偽造した場合にはじめて，各々の構成要件に該当するからである。また，強制わいせつ罪（176条）では，他人の性的自由を侵害する行為について，犯人自身の性的欲求を満足させる意図を条件とするのが，確立した判例である[3]（最判昭和45・1・29刑集24巻1号1頁）。同様にして，行為者の身分や行為客体の特性が刑罰を加重・減軽する場合にも，犯人が当該事実を表象したことで，構成要件的故意の内容が充たされる（101条，109条2項，110条2項など）。これに対して，刑の加重・減軽事由にあたる「目的」については（たとえば，225条，225条の2など），あらためて，行為者がそのことを自覚したかどうかを判断する必要はない。実際上，そうした内心の状態が存在すれば足りるであろう（大塚181頁，川端174頁）。

(2) 目的の客観化と表現犯

　これに対して，構成要件と違法の形式的客観性を強調する立場からは，本物に似た偽貨やニセ文書を作成する行為であれば，それが責任評価の段階にいたるまで，当該行為の構成要件該当性と違法性を認めざるをえない。同様にして，強要罪（223条）と強制わいせつ罪の区別も，もっぱら責任面における差異に矮小化されることになる。なるほど，反対説の中には，「行使の目的」を真正の通貨として使用される可能性の認識に読み替えて，犯人がわずかでも使用されると認識したならば足りると述べて，故意の中に目的要件を取り込むものがある（内藤217頁，曽根85頁）。しかし，それでは，第三者による行使を少しでも危惧したならば，未必の故意による場合も含めて，偽造罪の成立範囲が不当に拡大するであろう（そのほか，福田＝大塚・対談刑法(上)327頁以下参照）。

---

2) なお，主観的違法要素が，そのまま主観的構成要件要素になるのかについては，争いがある。主観的構成要件要素の中には，当初，責任要素であったものが，責任類型として構成要件の中に包含されたものがあり，これらの位置づけは，構成要件と違法・責任をどのような関係とみるかに左右されるであろう（→第2部第1章第1節および第2節）。
3) もっとも，ここでいう目的は，犯人の人格的非難を内容とした責任要素としての目的でなく，責任評価から切り離された行為の属性としての主観的要素である。

他方,偽証罪(169条)のような表現犯でも,証人の記憶に反する虚偽の陳述が,違法性の存否を左右する点で重視されてきた。しかし,上述した目的要件が,偽造行為それ自体の認識・認容を超えるのに対して,自己の記憶という心理状態は,偽証罪の客観的側面を超過していない。また,文言上も主観的要素として明記されておらず,いわゆる超過的内心傾向にあたる「行使の目的」などと同視することはできない。同様にして,防衛の意思などは,いわゆる主観的違法(正当化)要素であっても,主観的構成要件要素ではない。

2 結果的加重犯における主観的要素

結果的加重犯(erfolgsqualifizierte Delikte)とは,基本となる構成要件(**基本犯**;Grunddelikt)が実現された後で,一定の重大な結果が発生した場合,基本犯の法定刑を加重する犯罪をいう。たとえば,傷害致死罪(205条)では,傷害罪を実行することの認識・認容があれば,そこから発生した被害者の死亡結果については,およそ故意を必要としない。かりに重い結果につき認識・認容があったならば,率直に,当該結果に対する故意犯の成立を認めるべきだからである[4]。かようにして,結果的加重犯は,基本となる犯罪が内包する類型的危険性が,重い結果によって実現された点に着目した特別加重類型である。

もっとも,わが国の判例のように,重い結果の発生につき因果関係さえあればよいとする態度は(大判昭和3・4・6刑集7巻291頁,最判昭和32・2・26刑集11巻2号906頁など),結果的加重犯を**古い結果責任主義の遺物**にとどめるものである。近代刑法の基本原則たる責任主義にしたがう以上,重い結果の発生についても基本犯の犯人に何らかの過失があった場合にのみ,刑事責任が問われるべきである。その意味で,結果的加重犯は,故意犯と過失犯との結合形態であるといえよう[5](通説。大塚180頁,大谷211~212頁,)。

なお,こうした結果的加重犯の特徴は,未遂犯や共犯の成否において種々の理論的問題を生じさせるが,それらは,おおむね,加重結果の発生に向け

---

4) なお,結果的加重犯の未遂を考えるうえで,故意の結果的加重犯という観念を肯定する論者(大谷210頁)は,各論における強姦致死傷罪(181条)や強盗致死傷罪(240条)などの特殊な犯行形態を一般化するものであって,失当である。
5) 学説上,結果的加重犯の特性を重視して,客観的には,故意の基本犯の実行だけで足りるとして,重い結果については相当因果関係さえ存在すれば,ただちに結果的加重犯の成立を認める見解もないではない。そのほか,香川達夫・結果的加重犯の本質(昭53)62頁以下など参照。

た過失の取り扱いに関するものである。したがって，後述する構成要件的過失の理解と無関係ではなく，しかも，未遂論や共犯論における諸見解の対立とも関係するため，それぞれの場面で検討することにしたい。

第5章　構成要件的事実に関する錯誤

第1節　構成要件的錯誤の意義・種類

1　事実の錯誤と法律の錯誤

(1) 分類の基準

行為者の認識した犯罪事実と，実際に発生した客観的結果がくい違う場合，その結果に対する故意は阻却される。従来，刑法上の錯誤では，**事実の錯誤** (Tatirrtum；error facti) と**法律の錯誤** (Rechtsirrtum；error juris) の区別にもとづいて，「事実の錯誤は故意を阻却するが，法律の錯誤は故意を阻却しない」という原則が採用されてきた。すなわち，事実の錯誤では，刑罰法規に違反する意識を喚起するだけの事実認識がないため，故意犯にとって必要な主観的態度が欠けるからである。[1] また，最近では，**構成要件的錯誤** (Tatbestandsirrtum) と**違法性の錯誤** (Rechtswidrigkeitsirrtum) の分類が主張されることがあり，[2] 後者の分類では，行為者の認識対象となった各事実の理論的差異を考慮しつつ，それぞれ，構成要件的故意または責任故意のいずれかを阻却することの是非が問われる。犯罪論体系からみれば，後者の分類がより優れているといえよう。

(2) 実質的な分類

構成要件的事実に関する錯誤の中にも，純然たる客観的事象の予見・認識から，刑法の条文にあてはめる際の誤解（いわゆる「あてはめの錯誤」）まで，幅

---

1) なお，法律の錯誤では，当該行為が法的に許容されるかをめぐる刑法規範の誤解が問題となる。すなわち，行為者は法的な禁止を意識しなかった場合にすぎないので，学説上は，違法性の意識のところで取り扱うのが一般である（→第4部第3章「故意責任」）。
2) 後者は，禁止の錯誤（Verbotsirrtum）と呼ばれることもあるが，法的に禁じられたと認識しないことが，当然に，事実的故意の成否とは無関係とする「責任説」を連想させるため（第4部第3章第2節を参照されたい），本書では，もっぱら犯罪体系論上の違いを示すものとして，「違法性の錯誤」の名称を用いた。

広いものが含まれている。また，違法性に関する錯誤であっても，単なる法的評価の誤りにとどまらず，違法性阻却事由の錯誤（誤想防衛など）のように，正当化事由の事実的前提に関する錯誤も含まれる。したがって，実質的な見地からは，事実の錯誤と法律の錯誤という伝統的な分類方法も併用せざるをえない。むしろ，構成要件的錯誤と違法性の錯誤の分類を採用する論者の多くは，それぞれの概念の中に，旧来の伝統的な分類である「事実の錯誤と法律の錯誤」の内容を盛り込んでいるといえよう。

2　法律的事実に関する錯誤

(1)　意味の認識と錯誤

事実の錯誤と法律の錯誤の分類にあっては，いわゆる**法律的事実の錯誤**をどのように取り扱うかの問題がある。構成要件的錯誤と違法性の錯誤を区別する場合にも，同様の問題が生じる。法律的事実の錯誤とは，たとえば，自己所有物に対する放火罪（109条2項）や窃盗罪（235条）において，行為の客体となった他人所有の財物を自分の所有物であると誤信していたとき，それが民法上の所有権概念を前提とする以上，当該事実の法的評価にも関係するからである。その点では，単純な事実の誤認である事実の錯誤と同視できない場合をいう。このような法律的事実の錯誤であっても，犯罪構成要件の内容である事実の認識を左右する以上，いわば「意味の認識」に対応する錯誤として，事実の錯誤に含まれる。また，理論上の分類では，構成要件的錯誤にあたる（通説）。

(2)　判例による分類

過去の判例は，民事訴訟法などの解釈を誤った結果，有効な差押えを無効と信じて封印等を損壊した事案につき，犯罪の構成要素たる事実の誤認があったと述べて，刑法96条の故意がないと解してきた（大決大正15・2・22刑集5巻97頁）。また，犯人が警察規則を誤解した結果，鑑札のない他人の飼犬は無主犬にあたると信じ，この犬を撲殺して皮革を取った場合，器物損壊罪および窃盗罪の故意

---

3) その意味で，客体が第三者の所有物であることは，一種の規範的構成要件要素となる。規範的構成要件要素の錯誤については，後述する第4節で詳しく説明する。

がないとして，犯罪の成立を否定した（最判昭和26・8・17刑集5巻9号1789頁）。同様にして，各種の行政犯の中には，特定の場所での追越し行為が禁止されるなど，犯罪の成否が一定の関連事実と結びついていることも多いが，その際，違反者が追越し禁止区域であると知らなかった場合には，当該犯罪の構成要件的故意が阻却されることになる（行政法規違反の認識）[4]。

(3) 違法性阻却事由の錯誤

通常，違法性阻却事由の錯誤とは，違法性に関する事実の錯誤をいう。ここでは，誤想防衛や誤想避難のように（➡後述第3部第3章以下参照），違法性阻却事由を構成するための事実的前提が誤認されている。すなわち，急迫不正の侵害または現在の危難が実際には存在しないにもかかわらず，犯人は緊急状況があると誤信して防衛・避難行為をする場合である。違法性阻却事由の錯誤は，上述した事実の錯誤に属するものの，もっぱら行為の違法評価にかかわる錯誤のため，構成要件的錯誤に包含することはできない。また，当該行為の違法評価を誤った法律の錯誤の場合とも異なる。したがって，構成要件的錯誤と違法性の錯誤（禁止の錯誤）の境界線上に位置する事実の錯誤であり，その取り扱いをめぐって学説上の対立があった。もっとも，違法性阻却事由の錯誤と違法性の錯誤（法律の錯誤）を合わせた「違法性に関する錯誤」は，構成要件要素である故意の成否とは関係がないため，むしろ，責任要素としての故意を左右することになる。したがって，詳細については，後述する故意責任の項目を参照されたい（➡第4部第3章第3節）。

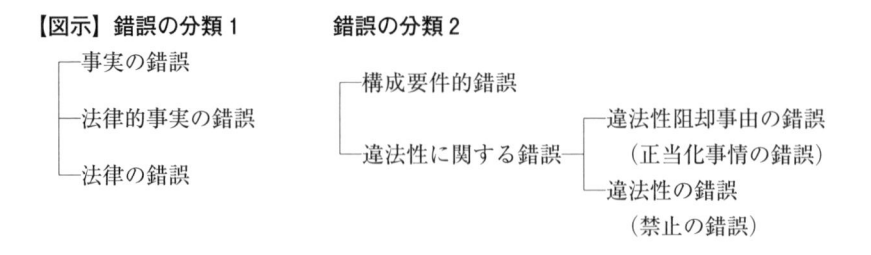

【図示】錯誤の分類1

- 事実の錯誤
- 法律的事実の錯誤
- 法律の錯誤

錯誤の分類2

- 構成要件的錯誤
- 違法性に関する錯誤
  - 違法性阻却事由の錯誤（正当化事情の錯誤）
  - 違法性の錯誤（禁止の錯誤）

---

[4] もっとも，追越し禁止のルールが，交差点内や坂道などの走行場所の特徴から明白である場合には，犯人がこの行為状況を知っていた以上，事実の認識に欠けるところはない（大塚188頁(2)）。なお，判例については，佐久間修・大コメ(3)211頁以下など参照。

3　同一構成要件内の錯誤と異なる構成要件間の錯誤

(1)　具体的事実の錯誤と抽象的事実の錯誤

　客観的な構成要件要素に関する錯誤は，構成要件的故意の成否を左右することになる。こうした構成要件的錯誤では，行為者の主観的認識と客観的事実の不一致が，同一構成要件の枠内にとどまった場合と，異なる構成要件間にまたがった場合に二分される。伝統的な学説では，前者が，「具体的事実の錯誤と」呼ばれ，後者は，「抽象的事実の錯誤」と呼ばれてきた。

(2)　客体の錯誤・方法の錯誤・因果関係の錯誤

　つぎに，同一構成要件内の錯誤にあっても，(a)行為者が，暗闇の中で仇敵のAだと信じて実際には通行人のBを殺害した場合のように，客体の取り違えによる**客体の錯誤**（error in objecto）があり，(b)同じく標的のCを狙って発砲したところ，そのねらいが外れて，近くにいたDに命中しDを死亡させた場合のように，行為者の意図した客体とは別の客体に結果が生じた**方法の錯誤**（aberratio ictus；打撃の齟齬）がある。さらに，(c)仇敵のEを橋から川に突き落として溺死させようとしたところ，Eが落下する途中で橋桁に衝突して死亡した場合のように，犯人の予見した因果経過とは別の過程をたどったが，最初に犯人が意図したとおりの結果になった**因果関係の錯誤**（Irrtum über Tatverlauf）がある[5]（なお，東京高判昭和60・5・28判時1174号160頁参照）。

　なお，故意の要素として因果関係の認識を必要としない見解では，因果関係の錯誤によって故意犯の成否が左右されることはない（前田249～250頁）。しかし，因果関係が客観的構成要件要素であり，その概要を認識することが故意の内容となる以上，行為者が故意犯に必要な既遂結果の認識を有していても，現実にたどった因果経過が当初に想定した因果経過から著しく逸脱したときに

---

[5]　ここでは，上述した「事前の故意」，または，ヴェーバーの概括的故意にあたる場合が含まれる。たとえば，EがFを殺す目的で首を絞めて気絶させた後，まだ生きているFを「死体」だと思って海岸に放置した結果，うつ伏せになった状態のFが，砂末を吸い込んで窒息死した事案が考えられる（大判大正12・4・30刑集2巻378頁）。すなわち，死亡結果を惹起したと誤信してなされた第2行為によって，当初予定した犯罪結果を実現したとき，第1行為と第2行為を一体とみて，その間の因果経過が相当因果関係の範囲内にあるかどうかを論じることになる（大塚194頁，大谷181頁など）。

は，別途，故意（既遂）犯の罪責を否定するべき場合がありうる（福田＝大塚・対談刑法総論㊥146頁）。

(3) 構成要件を超える侵害結果

異なる構成要件間の錯誤としては，(a)行為者が恋敵のAを殺すつもりで，たまたまAが連れていた犬を撃ち殺してしまった場合，逆に，(b)近所の犬を殺すつもりで，毒餌を撒いたところ，これを食べた隣家の子供Bを殺してしまった場合など，殺人罪（199条）と器物損壊罪（261条）の両構成要件にまたがる事実の錯誤が考えられる。くい違いの原因・形態に応じて，客体の錯誤と方法の錯誤に分類されるのは，上述した同一構成要件内の錯誤と同様である。これに対して，因果関係の錯誤は，異なる構成要件間では考えにくいとされる（大塚195～196頁など）。しかし，(c)犯人のCが詐欺の意思で被害者のDに働きかけたところ，賢明なDはその嘘に気づいて騙されなかったものの，日頃からCの粗暴な言動を恐れていたため，恐怖心で目的物を差し出した場合のように，詐欺罪（246条）と恐喝罪（249条）にまたがる構成要件的錯誤も考えられる。したがって，本書では，異なる構成要件間の錯誤でも，客体の錯誤，方法の錯誤および因果関係の錯誤を問題にすることにしたい（なお，佐久間・刑法における事実の錯誤156頁参照）。

第2節　同一構成要件内の錯誤

1　法定的符合説と具体的符合説

(1) 法定的「符合」の意義

同一構成要件内の錯誤の取り扱いをめぐっては，従来，(a)法定的符合説と(b)具体的符合説が対立してきた。(a)**法定的**（構成要件的）**符合説**は，行為者の表象と発生した事実が，当該構成要件の範囲内で「符合」すると認められれば，故意（既遂）犯が成立するのに十分であるという。これに対して，(b)**具体的符合説**は，個別具体的な事実についても，行為者の主観的認識と客観的事実が一致しなければならないとする。すなわち，法定的符合説によれば，客体の錯誤・方法の錯誤・因果関係の錯誤のいずれであるとを問わず，意思と

事実の不一致が同一構成要件内にとどまるかぎり，何ら構成要件的故意を阻却しない。したがって，発生した当該結果に対する故意既遂罪が成立する[1]（大塚190〜194頁，大谷182頁，川端234〜235, 240〜241, 243頁，最判昭和53・7・28刑集32巻5号1068頁）。

上述した同一構成要件内の錯誤の設例で，客体が人間であれば，およそ故意を阻却しないように，因果関係の錯誤についても，行為者の予見した因果経過と現実の因果経過が，相当因果関係の範囲内で「符合」したときには，犯人の意図した故意犯の既遂が認められる[2]。これに対して，(b)具体的符合説では，方法の錯誤の場合，行為者のねらいが外れて別の客体に侵害結果が生じた以上，意図した客体を侵害するにいたっていないので，ねらった客体に対する故意未遂と発生した事実に関する過失犯の観念的競合となる（曽根184頁，山口204, 207頁など）。ただし，客体の錯誤については，「目的物が刑法上同一の価値を有する」こと，ないし，「ねらったその人間を殺している」ことを理由にして，故意の（殺人）既遂を認めるのである[3][4]。

(2) 具体的「符合」の意義

本来，具体的符合説の主張を徹底するならば，犯人が仇敵のAであると思い込んで，よく似た体型のBを殺害した場合にも（客体の錯誤），故意既遂罪の成立が否定されるべきである。そもそも，人間の行動に随伴する軽微な錯誤も含めて，すべての具体的事実の錯誤で故意を阻却することが，具体的符合説の主張だったからである。他方，方法の錯誤では，Cの自動車を傷つける

---

1) 方法の錯誤につき，故意の既遂犯を認めた判例として，大判大正11・5・9刑集1巻313頁，大判昭和8・8・30刑集12巻1445頁がみられる。もっとも，ドイツでは，法定的符合説に相当する**等価値説**（Gleichwertigkeitstheorie）は少数説であって，方法の錯誤により故意を阻却する**具体化説**（Konkretisierungstheorie）が支配的見解である（佐久間・刑法における事実の錯誤〔昭62〕12頁以下参照）。また，英米法における錯誤論については，木村光江・主観的犯罪要素の研究（平4）125頁以下参照。
2) なお，ヴェーバーの概括的故意にあっては，第1行為と第2行為が，場所的・時間的に近接しているならば，相当因果関係の見地からみて，事実と認識の不一致が同一構成要件の範囲内にあるかぎり，故意既遂犯が成立することになる（前出大判大正12・4・30，大判大正12・3・23刑集2巻254頁）。
3) この点の違いにもとづいて，旧来の具体的符合説と区別するべく，論者の中には，「具体的法定符合説」と自称するものがある（西田205頁など）。
4) そのほか，行為者が実際に生じた結果を予見していた場合にも，やはり当該犯行に出たかどうかを検討したうえで，客体の錯誤・方法の錯誤のいずれについても，故意を否定しようとする動機説がみられる（リスト）。

意思で石を投げたところ，ねらいを誤って，Dの自動車に当たりその窓ガラスを毀損した場合，器物損壊罪の未遂と過失による器物損壊罪の観念的競合となる。しかし，これらの行為は，現行法上不可罰であるため，行為者は何ら処罰されないことになるが，それでは実際的妥当性を欠く[5]。

つぎに，方法の錯誤と客体の錯誤を区別する基準は，これらの見解の中でも，一義的に明らかとなっていない。通常，実行行為の終了後に生じた認識と事実の不一致は，犯罪的結果にいたる因果経過にかかわる錯誤であって，方法の錯誤に分類されるであろう。しかし，犯人が電話口で相手方を脅迫する際，通話先を間違えた場合には，客体の錯誤にあたるとも考えられる。また，背後者がねらった客体ではなく，直接実行者が別の客体に攻撃を加えた場合など，間接正犯（背後者）にとって，客体の錯誤または方法の錯誤のいずれにあたるのかが，不明な場合もみられるのである[6]。

(3) 事実の錯誤論と故意の符合

かりに，各人による客体の特定方法に応じて，客体の錯誤や方法の錯誤に分類されるのであれば，そうした曖昧な基準から故意犯の成否が決定されてよいのであろうか。特に未遂犯と過失犯を処罰する規定がない犯罪類型では，方法の錯誤の場合，およそ行為の可罰性が否定されることになる。そこでは，客体の錯誤と方法の錯誤の間で，著しく不合理な結論的差異が生じるであろう。そもそも，構成要件的故意の存否は，当該行為による侵害結果を故意に帰属させるか否かという定型的な判断である。そうである以上，現実の行為者意思をそのまま判断基準とするだけの具体的符合説は，「錯誤理論」にふさわしい内容を備えていないのである[7]。

---

5) これに対して，一部の学説は，侵害の客体が一身専属的法益であるかによって，客観的結果に対する故意を認めようとするが，そこでは，保護法益の違いを理由として，便宜的かつ部分的に法定的符合説を採用したにすぎない。

6) この点は，ドイツの学説では，プッペによって指摘されたところである。また，間接正犯のような離隔犯で生じた予想外の結果として，ローゼ・ロザール事件をめぐる議論があった（詳細は，中義勝・刑法上の諸問題〔平3〕287頁以下参照）。

7) なお，具体的符合説では，結果無価値論（後述）を支持する論者が多いため，通説的立場からは，行為者の主観を重視する具体的符合説は矛盾しないのかという指摘もあるが，反対説が責任要素としての故意を前提とするかぎり，具体的符合説と結果無価値論が相互に矛盾・対立するわけではない。

2　客体の特定と複数結果の併発

(1) 故意の抽象化

　法定的符合説では，客体の錯誤・方法の錯誤・因果関係の錯誤のいずれであるかを問わず，侵害結果を含めた故意の既遂罪が成立する。殺人罪を例にすれば，犯人が方法の錯誤により別人を殺傷した場合にも，その認識した内容と発生した事実が「およそ人を殺す」という点で符合すれば足りるのである。しかし，実際の犯罪意思は，各々の「具体的客体」ごとに向けられるため，具体的符合説の論者からは，「故意の概念を不当に抽象化している」と批判されてきた[8]。それが故意論（実行故意）と錯誤論（結果の帰属）の差異を無視した批判であるとしても，一部の法定的符合説では，実際にも，故意の抽象化がおこなわれている。

　こうした「抽象的故意」の概念によれば，行為者の攻撃が，当初から意図した客体だけでなく，予想外の客体にも命中して侵害結果を招来した場合，複数の故意既遂犯を認めることにもなりかねない。すなわち，純然たる「規範的故意」を前提とするかぎり，法的に「同価値」の結果が生じたのであれば，故意犯の成立範囲は，質的にも量的にも限定されないからである（**数故意犯説**）[9]。たとえば，①Aを殺そうとして発砲したところ，標的のAを射殺したうえ，その近くにいたBの身体にも命中して死亡させた場合，両名に対する殺人既遂罪が成立する（大判昭和8・8・30刑集12巻1445頁参照）。さらに，②AとBのいずれか一方が負傷したにとどまる場合のほか，③AとBがともに傷害するだけで終わった場合にも，被害者の数に応じた殺人未遂（既遂）罪が成立することになろう（大谷185～186頁，前田246, 249頁，最判昭和53・7・28刑集32巻5号1068頁）。

(2) 故意の個数

　理論上は，責任主義の見地から，故意の個数を重視する見解が妥当である（**一故意犯説**）。それによれば，予想外の併発結果は，せいぜい過失犯によって

---

8) しかし，故意における客体の特定方法については，学説上の一致があるわけでない。
9) 同様にして，もっぱら責任主義の見地や犯人の反規範的態度から，法定的符合説を根拠づけようとする見解も（大谷184頁），それだけでは，故意帰属の判断基準として抽象的にすぎるため，故意の成立範囲を不当に拡大するおそれがある。

処罰されるにとどまる。上述した設例では，①が殺人既遂と過失致死の観念的競合になるところ，②および③では，意図した客体Aの殺人未遂と実際に生じたBの過失傷害が成立し，さらに，④Bのみが死亡したならば，Aの過失傷害とBの殺人既遂が観念的競合となるであろう（大塚192頁）。すなわち，犯人が意図したとおりにAを殺害した限度で，錯誤論の適用は排除されるが，標的のAだけが負傷したときには，犯人の故意（殺人の意思）が評価し尽くされたかどうかにより，1個の故意既遂（未遂）と過失（既遂）犯が成立するのである。[10]

これに対して，数故意犯説の支持者は，複数の故意犯が成立しても，最終的に科刑上一罪で処理されるため，実際上の不都合は生じないと反論する。しかし，責任故意であればともかく，構成要件的故意では故意の個数を無視することはできない。そもそも，人の生命という法益が刑法上独立して評価される以上，罪数論における構成要件の意義からして，構成要件的故意の内容には，当然に，客体の個数に関する認識も含まれるからである。その意味で，併発結果の事例は，すでに1個の殺人構成要件の枠を超えている。したがって，客観的には複数の客体を侵害した場合にも，もっぱら1人を殺そうとしたのであれば，一故意犯説にしたがい，犯人には1個の殺人既遂（未遂）罪が成立するにとどまる[11]（大塚192〜193頁）。

(3) **客体の錯誤と併発結果**

かようにして，法定的符合説の中では，併発結果をめぐる態度が分かれるとはいえ，客体の錯誤にあっても複数の結果が併発しうる以上，具体的（法定）符合説でも同様な問題が生じる。すなわち，目の前の1人を殺す目的で切りつけたが，被害者がコートの中に抱いていた子供まで殺傷した場合，それが客体の錯誤にあたる以上，具体的符合説では，現に発生した複数結果に

---

[10] そのほか，④Aが傷害される一方，Bが死亡したという場合，Bに対する殺人既遂罪だけを認める見解がある（福田120頁(8)）。しかし，そこでは，人の生命という個別的法益の独立性が十分に考慮されていない（大塚192頁，同・基本問題249頁）。

[11] なお，最近の高裁判例では，Xを殺害する意思で発砲した結果，Xとその周囲にいたYを射殺したほか，Zにも重傷を負わせた事案について，すでに方法の錯誤によりXおよびYの殺人既遂罪とZの殺人未遂罪を肯定した以上，たとえ数故意説であっても，当初からYおよびZに対する殺意があった場合と同様な量刑は許されないとした（東京高判平成14・12・25判タ1168号306頁）。

ついて故意既遂罪を認めるのであろうか。また，故意論で紹介した概括的故意の場合には，個々の客体から切り離された定型的な故意を認めざるをえないので，方法の錯誤の場合に限って，客体の特定性を要求する具体的符合説は，偏跛にして不均衡な見解と批判されるのである。

第3節　異なる構成要件間の錯誤

1　法定的符合説と抽象的符合説

(1)　事実の錯誤と刑法38条2項

　異なる構成要件間の錯誤でも，同一構成要件内の錯誤と同じく，客体の錯誤・方法の錯誤・因果関係の錯誤の場合が考えられる。たとえば，(a)他人の犬を殺傷する意思で，近づいてくる「もの」に石を投げたところ，それが飼い主（人間）であったため，人に命中して傷を負わせた場合（**客体の錯誤**）や，(b)犬をねらって投石したが，そのねらいが逸れて，傍らの通行人を傷つけた場合（**方法の錯誤**）である。なお，因果関係の錯誤は，異なる構成要件間では考えにくいとされるが，構成要件上，特定の因果関係を想定して別個の犯罪類型になっている場合には，行為者の予見した因果経過と異なる因果経過をたどって，犯人が意図した結果を惹起したとき，因果関係の錯誤が認められる。[1]

　刑法典上，38条2項は，「重い罪に当たるべき行為をしたのに，行為の時にその重い罪に当たることとなる事実を知らなかった者は，その重い罪によって処断することはできない」と規定している。したがって，上述した設例では，いずれも軽い器物損壊罪（261条）を犯す意思で，重い傷害罪（204条）の結果を引き起こしており，傷害罪の刑によって処罰することは許されない。しかし，刑法38条2項は，処断上の限界を示したにとどまり，いかなる理由・根拠に基づいて，どのような犯罪が成立するかを明らかにしていない。[2] 逆のケースについても，その取り扱いが不明である。すなわち，重い犯罪を実行

---

1) そのほか，行為者が1人の女性を殺害する目的で毒を飲ませたところ，たまたま被害者が懐胎中であったため，胎児も死亡させた場合のように，殺人罪と堕胎罪の両構成要件にまたがる複数結果の併発事例も考えられる。

する意思で，軽い犯罪にあたる事実を惹起した場合の処理方法は，もっぱら学説の解釈に委ねられるのである。

(2) **抽象的符合と法定的符合**

いわゆる抽象的事実の錯誤をめぐっては，種々の見解が対立してきた。しかし，事実の錯誤が異なる構成要件間にまたがる場合，具体的(法定)符合説の論者も，法定的符合説と同様な限度で，主観的認識と客観的事実の重なり合いを認める[3]。そこで，異なる構成要件間の錯誤では，法定的符合説と抽象的符合説の違いが重要となる。**抽象的符合説**とは，そもそも近代学派から主張された見解であり，異なる構成要件間にまたがって事実の錯誤が生じた場合にも，単なる「徴表構成要件」という枠にとらわれず，広く抽象的な符合を肯定して，故意犯の成立を認めようとする[4]。また，法文にない未遂犯や過失犯を設けることによって，軽い罪の未遂犯と重い罪の過失犯，または，重い罪の未遂犯と軽い罪の過失犯の競合として処罰する見解や，可罰的評価としての故意概念では，意図した故意の未遂犯と発生結果の過失犯，さらに，当該結果に対する故意既遂犯の規定を比較・対照しつつ，選択的に刑罰を適用する**可罰的符合説**がみられた[5]。

他方，法定的符合説は，構成要件論の見地から，行為者の表象した犯罪事実と異なる構成要件の結果が発生した場合，原則として故意既遂犯の成立を否定する。すなわち，軽いA罪を犯すつもりで，重いB罪の結果を惹起した場合はもちろん，重いC罪を犯す意図で，軽いD罪の結果を実現した場合にも，意図した犯罪の故意未遂犯と侵害結果に関する過失犯を認めようとする

---

2) この場合，最初から軽い犯罪が成立するという立場（大塚197頁(20)，最決昭和54・3・27刑集33巻2号140頁など）と，犯罪論上は重い罪が成立するが，刑罰だけは軽い罪によるという立場（大判明治43・4・28刑録16輯760頁）が対立してきた。
3) しかし，客体ごとの故意を要求する具体的符合説の基本的態度からすれば，故意の符合が認められるのは，客体の錯誤の場合に限られるべきであろう。
4) ただ，古典学派からも，科刑上の考慮にもとづいて抽象的符合説が主張されており，特に軽い器物損壊罪を犯す目的で人の死亡という重い結果を発生させた場合には，器物損壊罪の限度で故意既遂犯の成立を認めるものがある（日高義博・刑法における錯誤論の新展開〔平3〕13頁以下など）。
5) そのほか，抽象的符合説の中でも，目的的行為論の立場から，故意および結果の抽象化を制限することで，法定刑が同一の場合や刑の加重・減軽事由に関する場合を除いて，認識した重い犯罪事実の未遂（または不能犯）と軽い事実の過失が観念的競合になるという見解がみられる。

（両罪の観念的競合）。したがって，上記の「犬殺し」事件では，器物損壊罪の未遂（不可罰）と，人を傷つけたことで過失傷害罪（209条）が成立しうるのに対して，人を傷つける意思で犬を殺したという逆のケースでは，傷害罪の未遂（暴行罪，208条）と，過失による器物損壊罪（不可罰）の観念的競合となって，結局，暴行罪だけが成立することになる。

　定型的な構成要件的要素である「故意への帰属」を判断する基準としては，法定的符合説が妥当である[6)7)]（大塚189，196～197頁，大判昭和6・7・8刑集10巻312頁，最判昭和25・7・11刑集4巻7号1261頁）。また，異なる構成要件にまたがる因果関係の錯誤にあっては，上述したように，詐欺の意思で恐喝の結果になった場合，少なくとも，行為者が欺く行為を開始した以上，詐欺罪（246条）の未遂が成立する一方，恐喝（249条）の結果については，過失犯が処罰されておらず，刑法上の問題とならない。

【図示】具体的符合説・法定的符合説・抽象的符合説の違い

具体的事実の錯誤	客体の錯誤	方法の錯誤	因果関係の錯誤
具体的符合説	符合する	符合しない	符合する・しない
法定的符合説	符合する	符合する	符合する

抽象的事実の錯誤	客体の錯誤	方法の錯誤	因果関係の錯誤
具体的符合説	符合しない	符合しない	ありえない？
法定的符合説	符合しない	符合しない	ありえない？
抽象的符合説	符合する	符合する	符合する

---

6) 抽象的符合説の論者は，法定的符合説が，物品を壊す意思で現に器物を損壊したとき，故意既遂犯として3年以下の懲役または30万円以下の罰金・科料に処するにもかかわらず（261条），誤って人を殺傷するという重大な結果を惹起した行為者が，単に過失致死傷罪（209，210条）により罰金刑となるのでは，罪刑の不均衡が生じると批判してきた。しかし，それは，過失犯に対する科刑を軽く見積もった現行刑法の態度に起因するのである（大塚199～200頁）。
7) なお，被殺者が殺害の承諾を与えたと知らずに殺した場合には，普通殺人罪と同意殺人罪の間で錯誤が生じている。しかし，被害者の承諾は，通常，違法性阻却事由に含まれるため，通説のように，ただちに同意殺人罪を適用すべきか（大塚仁・刑法概説各論〔第3版増補版〕22頁），それとも，普通殺人罪の未遂にするかをめぐって，なお疑問が残る。

2 各構成要件の重なり合い

(1) 各構成要件を超える「符合」

なお、法定的符合説では、両者の構成要件が同質的で重なり合うとき、上記の原則に対する例外として、軽い罪の故意既遂犯を認めようとする。たとえば、他人の占有する財物を遺失物であると信じて持ち去ったとき、行為者は、遺失物等横領罪（254条）の意思で、窃盗罪（235条）の結果を実現している。その際、遺失物等横領罪の性格が、他人の占有を離れた金品を領得する点で、最も基本的な財産犯（領得罪）の形態であるとすれば、占有侵害の要素を除外して考えるとき、窃盗罪と共通する部分がある。そこで、より軽い遺失物等横領罪（故意既遂）の成立を肯定することになる。しかし、どのような基準で、犯人の認識と客観的事実の「重なり合い」を認めるかについては、様々な見解が主張されており、近年では、**不法・責任符合説**や**合一的評価説**などが主張されている。

近年では、次第に重なり合いの範囲が拡張されてきたが、構成要件の定型性を超えた「符合」の拡大傾向は、法定的符合説と抽象的符合説の差異を曖昧にしつつある。なるほど、犯罪構成要件の表現形式（規定ぶり）に拘束されることで、およそ異なる構成要件間にわたる「故意への帰属」を否定する態度は、現実的な対応とはいい難い。しかし、麻薬を覚せい剤と誤信して密輸入した事案につき、「日本に持ち込むことを禁止されている違法な薬物である」との認識さえあれば、刑の軽重にかかわりなく、両構成要件の重なり合いを認める見解は（前田237、239、261頁、最決昭54・3・27刑集33巻2号140頁、最決昭和61・6・9刑集40巻4号269頁など）、法律上、犯罪の客体をめぐる定型的認識が実質化ないし規範化される点で、行政犯における故意犯の成立範囲を不当に広げるものである。[8]

(2) 不法・責任符合説と故意構成要件

およそ別個の法令にある複数犯罪を横断する共通の故意を認めることは、構成要件の犯罪個別化機能を弱めるだけでなく、その故意規制機能も軽視することになる。たとえば、不法・責任符合説にあっては、具体的な判断基準

---

[8] そのほか、「概括的故意」の一種とみて、同種の結論を採用する見解もある。

が不明確であるという批判は措くとしても[9]，違法論および責任論の領域で，行為者の認識内容と客観的事実が符合することを指すのであれば，少なくとも，構成要件的故意の判断には妥当しない。しかも，もっぱら違法・責任における実質的評価を強調するかぎり，異なる処罰規定を統合した新たな「故意構成要件」を，解釈によって創設することにもなりかねない[10]。

　構成要件の故意規制機能を前提とする以上，異なる構成要件間にわたる重なり合いは，原則として否定されるべきである。まして，別個の法令が規定した犯罪間で「故意の符合」を認めるのは，科刑上の考慮からとはいえ，行き過ぎといわざるをえない。かりに錯誤論における「符合」の判断が，行為者の意思内容を超えて，保護法益の内容から具体的な行為態様まで，さらには，当該法律の立法目的まで考慮して決定されるものだとしたら，もはや，類型的な構成要件該当性判断では説明できないのである。

第4節　事実の錯誤と故意犯の成否

1　既遂結果の故意帰属

(1) 主観的な結果帰属

　構成要件上，客体の錯誤・方法の錯誤・因果関係の錯誤における故意犯の成否は，実行行為やこれに対応する実行故意の問題から区別されねばならない[1]。前章で述べた構成要件的故意の要素は，もっぱら，客観的な行為を支える犯人の具体的な意思にかかわる判断であったが，錯誤論では，「発生事実に基づく事後的な帰属判断」として，刑法上の構成要件を基準とした定型的な

---

[9] たとえば，不法・責任符合説の論者が，窃盗罪と遺失物等横領罪では，責任内容の符合を肯定するのに対して，窃盗罪と器物損壊罪では否定する場合，その間にどのような質的差異が認められるのであろうか。

[10] 学説上，薬物事犯については，目的物の形状・毒性などが類似する場合，一般的な「薬物輸入罪」の構成要件を認めようとする見解もある。しかし，不法・責任符合説は，抽象的事実の錯誤について，錯誤論の適用を省略するだけの意味しかもたず，かえって，故意概念の内容を不明確にすると批判されている。なお，福田＝大塚・対談刑法総論(下)25～27頁参照。

[1] 両者を区別するものとして，たとえば，福田＝大塚・対談刑法総論(中)139～140頁，佐久間・刑法における事実の錯誤142頁，前田雅英・現代社会と実質的犯罪論201～204頁など。

結果の帰属が問題となる。従来，通説である法定的符合説は，個々の客体に向けられた行為者の表象・意図にもとづく侵害故意（実行故意）を認定したうえで，事実の錯誤論における「発生結果の帰属」を論じてきたといえよう。

その意味で，「具体的故意」に覆われていない客体の侵害結果を，およそ故意犯の成立範囲から除外するという具体的符合説の主張は，犯人による客体の特定をそのまま構成要件的評価の基準とするものであって，錯誤論の実質を備えていない。もっとも，当該客体に生じた結果発生の危険から完全に切り離したうえで，「故意の抽象化」にもとづいて「法定的な符合」を論じるのであれば，客体の個数に関する行為者の認識さえ捨象した「抽象的故意」の無限定な拡大にいたるであろう。このことは，すでに数故意犯説の論理的帰結に示されていたとおりである（なお，佐久間・刑法における事実の錯誤111〜112頁参照）。

(2) 実行の着手と事実の錯誤

また，AがBを殺す目的で時限爆弾を製造中に暴発したため，Aの傍らにいた仲間のCを死亡させた場合にも，通説によれば故意既遂犯が成立するという指摘は，実行行為の存否と事実の錯誤論を混同している。すなわち，およそ錯誤論が，故意の実行にもとづく結果惹起を前提とする以上，すでに実行故意を認定する段階で，当該結果にいたる社会的に相当な因果経過の認識が必要である。したがって，客観的にはもちろん，主観的にも，行為者が実行に着手する意思をもたない状況で，予想外にも既遂結果が生じたならば，そもそも，事実的な故意さえ認め難いからである（➡早すぎた構成要件実現）。むしろ，現に実行行為が開始されていないにもかかわらず，故意既遂罪にあたるという誤解が，それ自体，故意論と錯誤論の違いを弁えない具体的符合説の欠陥を示唆しているのではなかろうか。

そのほか，殺人行為にともなう着衣の損傷のように，行為者が器物損壊について予見・認識を有している場合が多いとして，同時的認識ないし付随的表象による侵害故意を認定しようとする主張がある。これも，すでに未必的故意を擬制する見解でみられたように，およそ事実の錯誤論が，予想外の結

---

2) 具体的符合説の立場から，こうした批判をするのは，中山研一・大塚刑法学の検討（昭60）254〜255頁，西田典之・刑法26巻2号174頁などである。

果発生につき，未必の（実行）故意さえない事態を想定しており，故意それ自体の問題でないことを看過している。結局，故意概念を操作して処理する一部の学説は，当該行為者が侵害客体を当初から付随的に認識したという擬制を用いるものにほかならない。

2 相当因果関係と因果関係の錯誤

(1) 因果関係の錯誤否定説

　因果関係の錯誤を，故意それ自体の問題として処理する見解もみられる。それによれば，犯人による因果関係の認識（実行故意）と因果関係の錯誤における結果帰属が，構成要件的評価という同一次元で論じられるため，あえて両者を区別する必要はないとされる。また，主観的相当因果関係説や折衷的相当因果関係説では，行為者の具体的認識も考慮した相当性判断がおこなわれるため，結局のところ，両判断が同一の構成要件的評価に帰着するという指摘も，おそらく同じ趣旨を含むものであろう。そこでは，因果関係の存否から独立して，因果関係の錯誤を論じるだけの実質的理由がないとされる。

　しかし，客観的な相当性判断の前提となる基礎事情を選別する基準として，犯人が特に認識した事情を含むかどうかの問題と，因果関係の錯誤にあって，実際に発生した結果を当該故意行為に帰属させるかの事後的な結果帰属の判断は，明確に区別されねばならない。元来，構成要件的故意は，客観的な構成要件該当事実の認識・認容である以上，行為と結果およびそれにいたる因果関係の認識を含んでいる[3]。ところが，行為者の特異な因果的表象だけでは「実行故意」を肯定することはできないし，たとえ侵害結果を実現する危険な因果経過の認識・予見（実行故意）があったとしても，実際の因果経過と行為者の主観を比較して，なお両者の隔たりが大きい場合，主観的相当性の枠を超える場合がありうる。

　その際，刑法上の客観的因果関係は存在しているが，構成要件的な「符合」が否定されることも，十分に考えられるのではなかろうか（佐久間・福田＝大塚古稀(上)169頁参照）。

---

[3] 最近では，故意にとって因果関係の認識を不要とする見解さえみられることは，すでに述べた（→本章第1節）。

しかも，条件説を支持する場合は当然として，客観的相当因果関係説を採用するならば，因果関係それ自体の存否と因果関係の錯誤における相当性判断とは，実際上も異なった基準が用いられるのである。

(2) 早すぎた結果発生

また，因果関係の錯誤として，早すぎた結果発生と早すぎた構成要件実現がある。少なくとも，犯人による実行の着手が存在した「早すぎた結果発生」では，重要な事実の錯誤がないとされることは，すでに実行行為の解説で述べた（→第2章第1節）。なるほど，実行行為の開始時期を犯人の主観（具体的な犯行計画など）に依拠させるならば，まだ準備的行為をしただけでは，犯罪を完成する意思をともなった「実行」とは認められない場合もある。しかし，犯人の第1行為が，主観的には「準備」行為にとどまるとしても，客観的には，第2行為と密接に結びついた結果実現の現実的危険性を内包するものならば，犯人の主観と実際の因果経過のくい違いは，単なる因果関係の錯誤にすぎない。したがって，早すぎた結果発生を予備罪と過失犯の観念的競合や，故意の未遂犯にとどめる見解こそ，1個の犯罪を恣意的に分断するものにほかならない[4]。

また，学説の中には，新たに「故意と実行の同時存在」という原則を設けるものがある。しかし，実行行為を支える故意の存在時期は，もっぱら行為者の犯行計画に依存するわけでない。そもそも，犯人の犯罪意思が，最初から現実的危険性のある行為を支配していた場合，これらの一連の行為を切り離して故意を論じることは，伝統的な故意の概念と実行行為の関係を捉え直すことになろう。むしろ，最高裁は，上述したクロロホルム殺人事件において，もっぱら客観的な見地から，第1行為と第2行為の時間的・場所的近接性を考慮しつつ，主観的にも1個の殺人行為であると認定した（最決平成16・3・22刑集58巻3号187頁）。かりに被害者が予想外に早く死亡したとしても，「それはすでに実行行為が開始された後の結果発生に至る因果の流れに関する錯誤の問題にすぎ」ず，因果関係の錯誤として故意既遂犯が成立するのである。

---

[4] これに対して，「早すぎた構成要件実現」では，まだ実行行為がないため，せいぜい予備罪と過失犯の成否が問題となるだけである。なお，佐久間・曹時57巻12号4頁参照。

従来,「故意と実行の同時存在」をめぐっては,「実行行為に故意性を付与する」ことの意味が明らかでなかったが,(実行)故意と実行(行為)の関係は,故意が実行を先導するところに求められる。その意味で,個別的に分断された行為に応じて,同時並行的に故意が存在する必要はないのである。換言すれば,行為者の犯罪意思は,実行行為に先行することで,犯行全体を導いたと認められれば足りるであろう。[5]

3　規範的構成要件要素の錯誤

(1) 意味の認識と法律的事実の錯誤

　客体の錯誤・方法の錯誤・因果関係の錯誤にあっては,行為者が何らかの犯罪事実を認識・認容した限度で,故意の未遂犯または既遂犯の構成要件が充足されていた。これに対して,**規範的構成要件要素の錯誤** (Irrtum über normative Tatbestandsmerkmale) では,法律的事実の錯誤と同様,そもそも,実行故意が欠けることがある。すでに故意論でも述べたように,規範的構成要件要素の認識は,いわゆる意味の認識に属するため,いわゆる「素人領域における並行的評価」があれば足りる。しかし,事実の錯誤により意味の認識さえなかった場合には,構成要件的故意が阻却されることになる。

　たとえば,公務執行妨害罪 (95条1項) の「職務の適法性」をめぐる事実の錯誤は,構成要件的故意を阻却する。すなわち,暴行・脅迫に及んだ犯人が,妨害の対象となった職務執行の社会的意味を誤解していた場合,公務執行妨害罪に必要な事実認識が欠けるからである。また,わいせつ物頒布等罪 (175条) でも,販売・頒布者が客体の「わいせつ性」を認識していなければ,同罪の構成要件的故意が否定される。そのほか,不真正不作為犯における作為義務の存在につき,犯人が客観的な作為義務を負うべき行為事情を認識しなかったため,作為義務を履行しようとしなかったときは,やはり,故意犯の成立が否定されるのである[6] (大塚200〜201頁)。

---

5) なお,実際に生じた既遂結果を故意に帰属させるためには,いわゆる「手放しの故意」が必要であり,早すぎた結果発生では「手放しの故意」が欠けるという主張も,具体的な犯行計画の中で結果発生の時期が「ズレ」ていた点を過大視するものである。この意味では,早すぎた結果発生を予備罪または未遂犯とみる見解の多くは,行為者の個別的な認識内容にもとづく具体的故意の理論を出発点としている。

(2) 実質的故意と違法性の錯誤

　旧来の伝統的理論によれば，構成要件の中の客観的・記述的要素を認識・認容することが，構成要件的故意の内容とされてきた。しかし，麻薬事犯または覚せい剤事犯では，犯人が客体の物質名・化学組成を知っていただけでは，故意があったというには不十分である。むしろ，当該物質がもつ刑法的意味の認識が必要となるため，事実の錯誤と法律の錯誤の限界が不明確になってくる。なるほど，故意犯では，社会的意味の認識に加えて，当該事実の法的意味を自覚する必要があるとしても，個々の構成要件事実に関する意味の認識と，行為全体に対する法的評価から生じる違法性の意識とは区別しなければならない[7]。前者は事実の錯誤であるが，後者は法律の錯誤に結びつくからである。

　近年，上述した薬物犯罪における客体の取り違えをめぐって，「一般人ならば当該犯罪類型の違法内容を意識し得る事実の認識」を故意の要素としつつ，認識対象となる事実自体が「実質的違法」であることを求める見解がある (前田・現代社会と実質的犯罪論201頁)。そこでは，すでに実行故意を論じる段階で，一定の規範的要素を持ち込むため，「事実の錯誤」論の全体で「故意非難の問題とは異なる政策的側面が強」くなってくる。また，恣意的かつ不明確な「故意への帰属」が認められやすい。他方，法律的事実の錯誤や規範的構成要件要素の錯誤は，故意犯それ自体の成否にかかわるため，もっぱら侵害結果の故意帰属を問う構成要件的錯誤の問題と混同されるべきでない。実質的故意論のように，行為者意思に直結する実行故意の問題と，事実の錯誤論における結果の故意帰属論をまとめて，故意論の中で議論する見解もあるが，そこでは，上述したように，犯罪事実の認識・認容に違法評価が入り込むため，後述する「違法性の錯誤」との違いが軽視されることになろう。さらに，これを推し進めれば，特別刑法で必要となる法律的事実の認識では，およそ事実の錯誤と法律の錯誤の区別を否定することになりかねない (なお，第4部第3章を参照されたい)。

---

6) ここでは，刑法的意味の認識が故意の要素になっているが，従来，法律的事実の錯誤では，民法などの非刑罰法規に関する錯誤が問題となっていた。

7) 反対説のように，意味の認識の中に「法益の侵害または危険の認識」または「禁止違反の認識」を包含することは，故意の認定に評価の問題を取り込むものであり，不当であるといえよう。

第6章　構成要件的過失──構成要件要素（その4）

第1節　過失の意義および要件

1　過失の体系的地位

(1)　社会生活上の過失犯

　刑法典上，主観的構成要件要素である過失は，故意犯の成立が否定された場合にのみ問題となる点で，故意犯が原則であることはいうまでもない。また，過失犯は，「法律に特別の規定がある場合」にかぎって処罰される（38条1項）。しかし，高速度交通手段の発達や科学技術の普及・利用にともなって，交通事故や企業災害が日常化したように，自動車運転過失致死傷罪（211条2項）や業務上過失致死傷罪（211条1項前段）の件数が増大かつ多様化した現在，過失犯が社会生活で占める地位は，飛躍的に高まっている（→付録の犯罪 統計470頁参照）。

　そこで，各種の行政刑罰法規が取締目的を達成するためには，明文の過失犯処罰規定がなくてもよいとする見解がみられるようになった。すなわち，法律の趣旨からみて犯意がない場合も含むことで足りるとする見解が，その後有力になった（小野146～147頁，美濃部達吉・行政刑法概論〔昭24〕111頁など）。裁判所も，たとえば，旧外国人登録令13条における「登録証明書を携帯しない」罪は，過失により携帯しなかった者を包含するとした（最決昭和28・3・5刑集7巻3号506頁。そのほか，最判昭和37・5・4刑集16巻5号510頁，最決昭和57・4・2刑集36巻4号503頁参照）。しかし，こうした態度を無制限に拡張することは，故意のない違反行為を広く処罰する結果となるため，罪刑法定主義に反するおそれもあろう。むしろ，業務主処罰規定や両罰規定などのように，少なくとも明文の罰則が設けられた場合に限定して，管理・監督責任（後述）を含む過失犯処罰が可能になるというべきである（なお，大判大正5・6・8刑録22輯919頁参照）。

(2)　旧過失論と新過失論

　かつての学説によれば，過失の体系的地位は，もっぱら責任の要素にとどまっていた。しかし，いわゆる**新過失論**は，過失犯の本質を，法が命じた注

意を払わなかった客観的態度に求めることにより，過失を違法性の要素と位置づけた[1](井上正治・過失犯の構造〔昭33〕55頁以下，藤木英雄・過失犯の理論〔昭44〕30頁以下，同・過失犯―新旧過失論争〔昭50〕22頁以下など)。すなわち，不注意な犯人に対する責任非難に先立って，法が要求する客観的な注意義務に違反する態度が，行為自体の違法性を基礎づけると考えるのである。

しかも，刑法上の過失は，今日では，主観的違法要素である過失を類型化することにより，主観的な構成要件要素にもなったといえよう[2](大塚201〜203頁，川端187〜188頁など)。したがって，行為者がこれらの注意義務を尽くしても，犯罪的結果の発生を回避できないのであれば，そもそも，過失犯の実行行為は存在しないことになる。こうした過失論は，上述した社会生活の変遷を反映するとともに，構成要件論の深化も反映している。これに対して，過失の問題を責任段階で初めて取り挙げる**旧過失論**では(平野・概説84頁など)，違法な過失から生じた結果と自然現象などの不可抗力による結果を，構成要件の段階ではもちろん，違法論にあっても，およそ区別できないという不都合がある。[3]

(3) **責任過失と違法過失**

なるほど，過失の実体が，もっぱら，犯罪事実の認識・認容がないことの主観的不注意に求められた時代には，責任形式ないし責任非難の前提条件とみられたのもやむをえないであろう(**責任過失**)。しかし，客観的に命じられた注意を尽くすことで，構成要件的結果の発生が予見可能となるであろうし，主観的には慎重な態度を維持しても，それが外部的な回避行動に結びつかなければ，侵害結果の発生を防止できない。かような意味で，過失は，不注意な主観的態度と客観的にみて軽率な行動からなり立っている。

その際，当該結果に結びついた不注意な行為は，責任非難から切り離した客観的違法に含められるべきであって，これを**違法過失**と呼ぶ。さらに，過

---

1) そこでは，「許された危険」の法理が重要な役割を果たしたといえよう。その理論的意義について，松宮孝明・刑事過失論の研究（平元）1頁以下など参照。
2) そのほか，異なった構成要件論に立脚する新過失論として，荘子93, 175頁以下，内田125頁以下，中124頁以下などがある。なお，過失犯の構造については，大塚・刑法論集(1)211頁以下，土本武司・過失犯の研究（昭61）3頁以下，花井哲也・過失犯の基本構造（平4）139頁以下など参照。
3) 一般に，後述する結果無価値論では，注意義務違反を違法要素としないため，責任過失が類型化された限度でのみ，過失犯の構成要件該当性を論じることになろう（たとえば，曽根168頁以下，前田271頁以下参照）。

失の本質が単なる結果惹起に尽きるものでない以上，各場面における注意義務違反の内容を類型化することで，不注意な態度から侵害結果の発生にいたる因果関係も含めて，過失犯の構成要件該当性は，故意犯の場合と同様に認定しうるであろう（**構成要件的過失**）。もちろん，過失犯の多くが**補充を必要とする構成要件**であって，注意義務の存否を判断する際には，裁判官による認定に負うべき部分が多い。したがって，ここでは，それぞれの過失行為に共通する「注意義務違反」の本質を論じることにしたい。[4]

2　過失の成立要件

(1)　認識のない過失と認識のある過失

　構成要件的故意と区別された構成要件的過失の内容は，まず，犯罪事実の認識・認容を欠如する点に求められる。およそ犯罪事実（の発生）を表象しなかった場合が，**認識のない過失**（unbewußte Fahrlässigkeit）であって，いくらかは犯罪事実を予見・認識していたが，その実現を認容していなかった場合を，**認識のある過失**（bewußte Fahrlässigkeit）と呼ぶ。[5] もっとも，違法性阻却事由の錯誤では，構成要件該当事実の認識・認容があったにもかかわらず，行為者が自分の違法行為を適法な行為であると誤信したことによって，「違法事実」の認識を欠いている。したがって，そこでは，責任段階の故意が欠けることで，過失犯の成否が問題となってくる（→第4部第4章第1節）。

　なお，過失犯は，注意義務を負った者が必要な危険回避措置をとらないまま，酒を飲んで眠り込んでしまった場合のように，注意義務の「不履行」という点では，一種の不作為犯にあたることもある。しかし，自動車を運転する者が，所定の制限速度に違反して暴走する一方，前方注視義務を怠った過失により，通行人を轢き殺した場合のように，積極的な作為にもとづく過失

---

4) なお，客観的な注意義務違反が「主観的」構成要件要素であるという表現には，外見上，形容矛盾が含まれている。しかし，法によって定型化された点で「客観的」な注意義務違反であることと，不注意という行為者の内心的態度を問題にする見解は，理論上も両立しうるのであって，その観念自体に論理的破綻が含まれるわけではない。
5) ただし，同一の発生結果に対する過失として，「認識のある過失」が「認識のない過失」よりも当然に重大な違反とはみられず，およそ犯罪事実さえ予見しなかった場合の方が，注意義務違反の程度が著しいということもできよう。

犯も少なくない。むしろ，過失犯の処罰規定は，犯罪的結果に結びつく危険な行動をコントロールするために設けられた以上，その実行行為は，現実的危険を内包する客観的に不注意な行為に求められるのである（大塚169頁。→第2部第2章「実行行為」）。

(2) 開かれた構成要件

まず，過失犯には，犯罪の結果の惹起に対する客観的不注意がなければならない。不注意とは，法律上必要とされる**注意義務**（Sorgfaltspflicht）に違反したことである。たとえ犯人が構成要件的結果を生じさせても，注意義務に適合した行為をしていれば，過失は認められない。ところが，刑法上は，「失火により」客体を焼損するとか（116条），「過失により」人を死亡・傷害させた（209条以下）という表現が用いられるにすぎない[6]。すなわち，法文には，具体的な過失の内容が明記されないため，「開かれた構成要件」ないし「補充を必要とする構成要件」の一種として，個々の刑罰法規から，条文の解釈によって，具体的な注意義務の内容が導き出されることになる。たとえば，道路交通法規上の命令・禁止に違反する行為であれば，刑法典上の自動車運転過失致死傷罪（211条2項）や危険運転致死傷罪（208条の2）でいう過失を認めうる場合が多いであろう。

しかし，行政取締りの目的で設けられた特別法上の注意義務違反が，ただちに刑法典上の過失を基礎づけるわけではない。判例にあっても，これらの取締法規を遵守しただけでは，刑法でいう注意義務を尽くしていないとされる（大判大正3・4・24刑録20輯619頁，大判昭和11・5・12刑集15巻617頁）。さらに，外見上は，これらの下位法令に違反しても，刑法上の注意義務に合致する場合があり，たとえば，緊急状況にあっては，対向車両との正面衝突を避けるため，自動車の走行を禁止した歩道などに進入する行為も許されるのである[7]（なお，大判昭和8・12・6評論23巻刑法77頁，大阪高判昭和45・2・26判時608号173頁など）。

---

6) いずれも，結果犯の形式で規定されているが，過失の挙動犯もないわけではない（たとえば，関税法116条）。
7) また，道路交通法や道路運送法などの各種交通法規に規定された注意義務は，一種の例示でしかなく，たとえ取締法規に定めがないからといって，ただちに注意義務違反がないと即断するべきでない（大判昭和14・11・27刑集18巻544頁）。

3 過失の種類

(1) 通常の過失と重大な過失

上述した認識のある過失については、未必的故意と境界を接しているため、学説上、いわゆる認容説と蓋然性説が対立してきた。そのほか、構成要件的過失には、その程度に応じて、通常の過失（単純過失）以外に、重大な過失（重過失）と業務上の過失の類型が設けられている。さらに、最近の法改正では、自動車運転過失致死傷の罪（211条2項）が新たに追加された。すでに悪質な交通事犯については、危険運転致死傷罪（208条の2）の規定がみられるが、危険運転にはあたらない場合であって、同じく自動車運転により人を死傷させたとき、過失致死傷罪の加重類型として、本罪の類型がつくられたのである。この法改正によって、自動車運転による過失犯で、かつては業務上過失致死傷で処理された事案は、常に自動車運転過失致死傷罪の適用を受けることになる。

さて、(a)**通常の過失**とは、一般的な過失犯規定に含まれるものであって、構成要件に何ら限定がない場合をいう。つぎに、(b)**重大な過失**（grobe Fahrlässigkeit）とは、重過失とも呼ばれる。これは、行為者における注意義務違反の程度が著しい場合を意味する（117条の2後段、221条1項後段）。すなわち、行為者が些細な注意を払っていれば、重大な結果の発生を避けることができたにもかかわらず、これを怠って注意義務に違反した場合であり、通常の過失よりも違法性および責任の度合が高い点に着目して、加重類型として構成要件中に規定されたものである（大塚218頁）。客観的にみれば、結果の発生する危険性が大きい状況下で、客観的事態の認識を見誤った行為者の軽率な行動が、重い可罰的評価を受けるものといえよう（平野・概説89頁）。不注意の程度が著しいという意味では、つぎの業務上の過失も、広義における重大な過失に分類されることになる。[8]

---

8) 重過失に対置される観念として、軽微な過失（軽過失）も考えられるが、わが国の刑法上は、軽過失を類型化した構成要件はみられない。また、たとえ軽微な過失であっても、業務上の過失にあたる場合には、類型的な加重要件を充足することになる（福岡高判昭和31・1・28高刑集9巻1号35頁）。

(2) 業務上の過失と自動車運転過失

　従来、業務上過失の大半を占めていた自動車運転にともなう過失事例は、平成19年の刑法一部改正によって、自動車運転過失致死傷罪の適用を受けることになった。しかし、**(c)業務上の過失**（Berufsfahrlässigkeit）は、依然として、行為者が業務上必要な注意を怠ったことにより、犯罪事実を発生させた場合であって、通常の過失と比べて重く処罰される(117条の2前段、129条2項、211条1項前段)。ここでいう「業務」とは、社会生活上反復・継続して行われる作業をいう。業務者が、報酬や利益を得て遂行する場合であるかを問わず(大判大正8・11・13刑録25輯1081頁)、その者にとって主たる任務であることも必要でない。かようにして、業務上の過失には、社会生活上の反復継続性が要求されるため、運転免許の有無を問わず、完全な「ペーパードライバー」が1回限りの運転時に人身事故を起こした場合には、業務上の過失にはあたらない。ただし、自動車運転過失致死傷の規定が適用されるであろう。

　なお、各犯罪で問題とされる業務の性格が異なるため、たとえば、業務上失火罪における業務は、職務として火気の安全性に配慮すべき社会生活上の地位を指す(最判昭和33・7・25刑集12巻12号2746頁)。これに対して、業務上過失致死傷罪では、人の生命・身体に危険を及ぼすようなものでなければならない(最判昭和33・4・18刑集12巻6号1090頁)。

(3) 加重処罰の根拠

　業務上の過失が重く処罰される根拠については、(i)業務者には通常人と異なった高度な注意義務が課せられるため、その違反が加重処罰されるという見解が有力である(大谷206頁、川端213頁、西田261頁、大判大正3・4・24刑録20輯619頁、最判昭和26・6・7刑集5巻7号1236頁)。また、(ii)業務者に対する一般予防的見地から、刑が加重されるという見解、さらに、(iii)社会的相当性の理論に依拠しつつ(→第3部第1章第1節)、業務者が主体の場合には、注意義務から逸脱する程度が著しいとする見解がある(福田136頁)。そのほかにも、(iv)業務者には、通常人よりも広範囲にわたって結果の発生を認識・予見しうる能力があるため、そうした認識にもとづいて軽率な行動を抑制すべきであるにもかかわらず、これを怠って犯罪を実現した以上、行為者の違法性または責任が重いとする見解もある。さらに、(v)業務上の過失が問題となる場面は、被害法益が重大であったり、被害者が多数であることも多く、その違法性の

程度が高いとする見解もみられる。

　しかし，同一の行為・結果に対して要求される注意義務の内容・程度は，行為の主体によって異なるべきでない。また，構成要件上の加重処罰類型を，もっぱら刑事政策的な要請だけで説明することはできないであろう。さらに，業務者による過失行為の法益侵害性が，常に通常人よりも高いとは断定できない。そうである以上，業務者については，その社会的地位からして，高度の注意能力をもつにもかかわらず，これを十分に発揮することなく注意義務に違反した点で，通常人よりも違反の度合いが高いことに着目した加重処罰類型とみる見解が，最も妥当である（(iv)説。大塚217～218頁）。そして，このような注意義務違反は，行為の態様という違法性の側面ではもちろん，行為者の地位に応じた重い責任非難を加えうる点で，通常人の注意義務違反から区別されるのである。

第2節　過失の構成要素

1　結果予見義務と結果回避義務

(1)　各要素の位置づけ

　過失犯の実行行為となる注意義務違反は，法令上に根拠規定がある場合だけでなく，現代社会の複雑な危険環境に応じて，慣習や条理も考慮して認定されねばならない（大判大正7・4・10刑録24輯317頁参照）。その際，注意義務の存否を判断する基準としては，**社会生活上必要な注意**（im Verkehr erforderliche Sorgfalt）の観念がみられる。この考え方では，通常の思慮分別を有する一般人が，犯罪事実を予見できたこと，また，行為者が置かれた具体的状況のもとで，結果を回避する措置をとりえたことが前提となる。[1] すなわち，構成要件的過失の内容となる客観的な不注意とは，結果予見義務の違反と結果回避義務の違反に区分される。

---

1) しかし，構成要件的過失が認められても，最終的には，それぞれの行為状況や，結果発生の危険度に応じた注意義務の範囲を決定する必要があるため，過失犯の本籍は，むしろ，違法論に求められるのである。

そして，これらの２つの要素を犯罪論体系上のどこに位置づけるかをめぐっては，(a)結果回避義務を違法性の要素とみる一方，結果予見義務を責任の要素とみる見解のほか，(b)いずれの要素も違法要素とみる見解，さらに，(c)これらの要素が構成要件，違法および責任の要素になるとする見解に分かれている（団藤342～343頁，大塚202～203頁）。本書の基本的立場は，違法・責任過失を類型化したものが構成要件的過失であると捉えるため，結果予見義務と結果回避義務のいずれもが，構成要件該当性の段階から始まり，違法性および責任の段階に移行するのに応じて，順次，考慮されることになる（(c)説）。

(2) 結果回避義務から結果予見義務へ

なるほど，実際上の順序としては，行為者が内心の意識を緊張させることで，初めて当該結果の発生を予見・認識することが可能であり，その後に結果発生を防止するための作為・不作為が可能になるという意味では，結果予見義務が先行するであろう。しかし，体系論上は，「違法の客観性」と「責任の主観性」に対応させるとき（➡第3部第1章「違法性の理論」），それぞれの段階で重視されるべき注意義務の内容は，結果回避義務から結果予見義務の順序になる[2]。

また，過失犯における不注意の判断基準については，抽象的な一般人を標準とする**客観説**が妥当である（大塚212頁，大谷201頁，川端201頁，最判昭和27・6・24裁判集刑65号321頁）。たとえば，およそ通常人の注意能力さえ具備しない者には，そもそも，侵害結果を発生させる社会的危険のある行為を回避するべきであり，自己の低い能力を顧みず，あえて危険な行動を選択したならば，そうしたずさんな意思態度にもとづく刑事責任を免れないのである。その意味でも，第１段階の過失としては，一般的な注意義務違反である定型的な構成要件的過失の有無が論じられねばならない[3]（曽根175頁）。

---

[2] なお，どの程度まで具体的な予見可能性が求められるかによって，当該行為の一般的危険性さえ認識したならば，何らかの予防措置をとるべき義務が生じるという見解もあった（後述する危惧感説を参照されたい）。

[3] これに対して，道義的非難を中核とした責任過失では，具体的な行為者自身の注意能力が標準となる主観説に到達することになる（大塚211頁）。もっとも，当該犯人の注意能力が通常人より高い場合，最終的には，客観説によって注意義務の上限が決まるため，過失概念としては折衷説が最も妥当である。なお，過失の標準について，松宮・刑事過失論の研究121頁以下参照。

2　結果予見義務の違反

(1)　侵害結果の予見と回避行動の動機づけ

　行為者の内心の態度を問題にする結果予見義務は，結果回避行動の前提となる要素であるが，やはり，構成要件の主観的要素である。ただ，犯罪的結果の発生を予見できたかどうかは，事実の認識にかかわる問題であって，客観的結果の発生を回避するうえでは，そこからすすんで，一定の作為・不作為に出るための主観的意思の側面が必要となる。故意における認容に相当する部分がそれであって，**結果回避行動を動機づける義務**と呼ばれる。そもそも，認識のない過失は，有害な結果をもたらす危険性を予見しなかった場合であるため，当然，そこから導かれるであろう「動機づけを与える義務」や「客観的な結果回避行動に出る義務」も，遵守されなかったことになる。また，結果の発生を予見したが，それを回避するために必要な作為・不作為の動機づけを与えなかった場合には，認識のある過失に含まれる（大塚210～211頁）。

　なるほど，過失犯の注意義務は，不注意という過失の主観的属性からして，結果予見義務を中心として説明されてきた。しかし，構成要件的過失が責任非難から切り離された類型的判断である以上，もっぱら行為者の内心の緊張を問題にするべきでない。その意味では，結果予見義務は，少なくとも構成要件段階では，客観的過失の中心的要素とはなりえないのである。これに対して，いわゆる**危惧感説**は，過失犯の予見可能性につき，何らかの有害な結果が発生するかもしれないという「危惧感（不安感）」があったことで足りるとする[4]（藤木240～241頁）。こうした危惧感説は，**新・新過失論**と呼ばれたが，かつて新しい公害事例や大規模な企業災害が頻発した時代の産物であって，現在では支持者が少なくなった。

(2)　危惧感説の問題点

　本書のように，定型的な構成要件的過失を認める立場にあって，上述した

---

4) なお，藤木・過失犯の理論181頁，板倉宏・企業犯罪の理論と現実（昭45）44頁以下，同・現代社会と新しい刑法理論（昭55）69頁以下など参照。しかし，こうした見解に対しては，過失犯の成立範囲を不当に拡大するだけでなく，個人責任の原則に反するとの批判が加えられている（大塚209頁，前田270～271頁など）。

危惧感説は，客観的な犯罪結果に直結する不注意な回避行動を重視する範囲で，軌を一にするところがある。また，具体的な因果経過に対する予見可能性（結果予見義務違反）を要求する旧過失論を批判した点では，理論的にも妥当な部分があったといえよう。もっとも，こうした危惧感説は，客観的な結果回避手段の重要性を強調するあまり，過失全般にわたって結果予見義務の意義を軽視するきらいがあった。その意味では，過失犯における不注意の本質を見誤っているといわざるをえない。すなわち，構成要件該当性および違法性の段階では，犯人による一定の水準から逸脱した行動が判断対象となるため，いわば外部的注意義務としての結果回避措置の当否が検討される。しかし，責任の段階では，定型的な因果経過と侵害結果に対する結果予見義務違反に加えて，それにもとづく回避行動のための意思決定をおこなうべき義務に違反した点が，責任過失として，法的非難の対象となるのである（→第4部第4章「過失責任」）。

3 結果回避義務の違反

(1) 外部的な注意義務

構成要件的過失でいう結果回避義務の違反は，(a)そもそも「危険な行為に出るな」という禁止規範（不作為義務）に対する違反であって，(b)つぎに，そのような危険な行為に出るのであれば，結果発生を防止しうる十分な回避措置を講じるべきであったという作為義務の違反に区分される。いずれも，外部的な注意義務に対する違反であり，過失犯の実行行為性を客観面で基礎づける要素にほかならない。そして，一般人を基準とした不注意の判断では，結果発生の危険がある場合にも，法的に要求された一定程度の慎重さをもって行動すれば足りるという意味で，いわば社会生活上許容される行為水準が充たされたかどうかが，最も重要な問題となる。これを「社会生活上必要な注意」と呼ぶことにしたい。

たとえば，多数の客を宿泊させる旅館経営者は，十分な防火設備を用意し

---

5) なお，かつては，注意義務の実質的内容を，もっぱら結果回避義務に求めようとする見解も有力であった（藤木 238 頁以下）。

たうえで営業するべきであって，さもなければ，そもそも営業を控えるべきである。かりに緊急事態にあたる特殊事情があって（改装工事中など），そうした危険な営業を継続せざるをえないのであれば，厳重な監視をおこなうなどの高度な注意義務を負担することになる。また，患者の生命・身体に危険を及ぼす診療行為をおこなう医療関係者は，それぞれの地位・資格に応じた**医療水準**（lege artis）に合致した行動をとらねばならず，これを遵守していないかぎり，過失犯としての罪責を問われるのである。

(2) 内部的な注意義務

なお，上述した結果予見義務の内実にあたる内心の注意義務は，結果回避義務の中で回避行動を動機づける義務と同じく，外部的な注意義務と内部的な注意義務を媒介する過失の要素となるであろう。したがって，当該結果が発生するおそれを認識したにもかかわらず，実際の客観的事態に随伴する危険性を軽視したため，行為者が十分な動機づけを欠いた結果，適切な防止措置をとらなかった場合には，構成要件的過失が肯定されることになる。そこでは，選択可能な防止手段の中で適切な行動を選ぶという最低限の水準が充たされていないからである。そのほか，自己の行為が注意義務に違反する旨の認識可能性を必要とするかについても検討しなければならないが，この点は，後述する「過失責任」のところで説明したい（→第4部第4章第2節）。

第3節　伝統的過失概念の縮小・拡大

1　信頼の原則と注意義務

(1) 社会生活上の危険

客観的には侵害結果を発生させる危険がある行為でも，現代の社会生活を営むうえで必要不可欠な行為がみられる。もちろん，こうした危険な社会活動は，有害な結果を回避するために法が定めたルールに従って遂行されねばならない。反対に，社会生活上相互に必要な注意を尽くしたのであれば，たとえ構成要件的結果が生じたとしても，これに対する刑事責任は否定される。今日，過失犯における注意義務の範囲を制限する根拠として，信頼の原則や

危険の分配という法理が唱えられる。**信頼の原則** (Vertrauensgrundsatz) とは，自動車のドライバーが一般の交通規則を遵守していた以上，他の交通関与者の規則違反によって生じた結果については，刑法上の責任を負わないという形で主張される。換言すれば，被害者も同様なルールを守って行動するであろうと信頼したことが，刑法上も，加害者にとって有利な方向で考慮されるという原則である[1]。

わが国では，昭和40年代になって，幾つかの裁判例が，自動車事故について信頼の原則を適用したこともあり（最判昭41・12・20刑集20巻10号1212頁，最判昭和43・6・13判時520号82頁，最判昭和45・11・17刑集24巻12号1622頁など），実務上も急速に普及するにいたった。また，その適用範囲は，次第に拡張されており，現在では，医療事故や企業災害などの領域でも認められている[2]。その意味で，信頼の原則は，過失犯の成立範囲を決定するうえで，また，注意義務の範囲を画する際の重要な基準の1つである。

しかし，これを適用するためには，関与者の行動準則が一般に確立していること，しかも，これを遵守するために必要な物的設備が整っていなければならない。他方，地震・火事などの緊急事態においては，他者の合法的で適切な行動を期待できないため，たとえば，対向車が異常な蛇行運転をしたことで，それが原因となって人身事故が発生しても，たまたま正常な運転をしていた加害者の刑事責任が，ただちに軽減されるわけではない。むしろ，相手方のパニックにおちいった異常運転を予見できる状況下では，速やかに自車を減速させて正面衝突を避ける義務が生じる点で，加害者は，緊急時における交通ルールに違反していたからである[3]。

(2) 注意義務の限定法理

信頼の原則の法的意義をめぐっては，結果予見義務（予見可能性）または結果回避義務のいずれを限定するかが問題となる。また，同原則を適用する限

---

1) そもそも，信頼の原則は，ドイツの判例で展開された考え方であり，第2次大戦後になって，わが国の実務に取り入れられた（ただし，大判大正3・3・11刑録20輯278頁参照）。なお，西原春夫・交通事故と信頼の原則（昭44）39頁以下，松宮・刑事過失論の研究47頁以下参照。
2) そのほか，私鉄の乗客係につき，酔客のホームからの転落死に対する過失犯の成立を否定したものがある（最判昭和41・6・14刑集20巻5号449頁）。また，看護師の過失につき，執刀医の監督責任を認めなかった北大電気メス事件（札幌高判昭和51・3・18高刑集29巻1号78頁）などもみられる。

界をめぐっても，学説上，諸見解が対立してきた。前者については，過失犯における注意義務の内容を，どのように理解するかによって左右される。すなわち，結果予見義務を重視する立場では，信頼の原則が結果予見義務を限定することとなり，その中でも，刑法的な予見可能性の程度を決定するための基準とみるか（曽根176頁），それとも，結果予見義務を限定・排除するための論拠とみるか（大塚207頁。また，西田256頁参照）によって意見が分かれる。他方，結果回避義務に過失の本質を求める立場では，予見可能性が危惧感の程度で足りる以上，信頼の原則も，結果回避義務を制限する法理として説明されることになる（藤木249頁，大谷205頁，川端211頁）。

おもうに，信頼の原則は，社会生活上必要な活動に対する注意義務の範囲を限定することによって，国民の自由な行動を保障する意図で主張されたものである。そうである以上，予見可能性だけの問題にとどまらない（山口238頁）。たとえば，当該行為者が具体的危険を予見できた場合にも，通常の行為状況であれば，むしろ，信頼の原則に沿って，侵害結果の回避（およびその動機づけ）義務さえ解除されることがある。また，信頼の原則は，最終的に加害者である者と被害者となった者の間で負担すべき注意義務の程度如何を決定するという側面もある。したがって，交通関与者における危険の分配の法理と表裏一体をなす関係にあるといえよう。その意味で，信頼の原則は，**許された危険**（erlaubtes Risiko）や**適度の危険**（massvolles Risiko）の思考を具体化した法理として，過失行為の違法性も左右するのである（→第3部第2章第2節参照）。

2 管理・監督過失

(1) 過失犯の拡張法理

信頼の原則が，過失犯の成立範囲を絞り込むのとは反対に，直接に侵害結果を引き起こした現場の担当者だけでなく，その背後にいた管理者または監

---

3) なお，自動車事故における人的な適用の限界として，老人や子供，飲酒酩酊者あるいは身体障害者など，交通関与者として適切な行動をとることを期待できない人々に対しては，信頼の原則を適用すべきでない（東京高判昭和42・9・21高刑集20巻4号553頁）。他方，行為者が何らかの交通規則に違反した場合にも，それだけで当然に信頼の原則の適用が排除されるわけではない（最判昭和42・10・13刑集21巻8号1097頁など参照）。したがって，もっぱら「クリーン・ハンドの原則」に依拠するという指摘は（松宮・刑事過失論の研究48頁），的を得たものでない。

督者にも，過失責任を及ぼそうとする考え方がある。たとえば，化学工場の従業員が作業中にバルブ操作を誤って，有毒ガスを空気中に流出・拡散させたため，これを吸い込んだ多数の近隣住民に重症の呼吸器障害を生じさせたとき，操作ミスをした従業員に過失があるのは当然である。しかし，これを指導監督する立場にあった工場長には，末端の作業員の軽微な不注意から，こうした重大な結果が生じないように配慮する注意義務があった。具体的には，人為的ミスを完全には防止できないのを予測しつつ，事前に最低限の予防措置を講じておく必要があったといえよう。これが**管理・監督過失**と呼ばれる考え方である。

社会生活上，人の生命・身体の安全にかかわる危険な業務をおこなう際には，事業活動の全体を統括する者は，より高度の注意義務を負担している。すなわち，人間の行動が過誤（失敗など）をともないやすい以上，管理体制の不備が死傷事故を引き起こす原因となった場合，上位者（管理・監督者）の過失が認められる。まさしく管理・監督者こそが，十分な予防措置を講じる責任と権限を負っていたからである。また，管理・監督過失は，従来の過失犯が，主観的な結果予見義務に直結する個人の不注意を前提にしたのと異なり，しばしば，企業組織体などの過失責任を認める根拠にも用いられた。そのため，伝統的な過失概念を修正する理論と位置づけられる。[4]

(2) **安全体制確立義務**

理論上，監督過失における注意義務は，自己のずさんな態度が従業員（被監督者）の過失犯を引き起こす点にかかる結果予見義務と，当該結果に結びつく危険な状況を是正するための安全体制確立義務という，いわば間接的な結果回避義務から構成される。しかし，悪質な公害企業が，近隣住民の生命・健康などをそこなう操業を続けている場合はともかく，一般の集客施設であるデパートやホテルのように，通常は人身の危険をともなわない場所であっても，その経営者が防火責任を無視したため，通常の出火を契機とした大規模火災により多数の顧客や宿泊客の死亡結果を招来したならば，施設管理者の管

---

[4] また，両罰規定における刑事責任の根拠も，監督過失に求められることが多い。なお，法人犯罪の項目を参照されたい（→第1部第2章第4節および第4部第4章第3節）。

理・監督過失が認められてきた（最決平成2・11・16刑集44巻8号744頁，最決平成2・11・29刑集44巻8号871頁，最決平成5・11・25刑集47巻9号242頁）。

もちろん，こうした管理・監督過失を認めるにあたっては，慎重な解釈態度が要求される[5]（最判平成3・11・14刑集45巻8号221頁参照）。しかも，管理・監督過失では，同一の事業活動に携わった複数人の刑事責任が問題となるため，上位者と下位者の間で信頼の原則を適用しうるかも争われてきた。しかし，管理・監督者の刑事責任は，下位者である従業員の（不注意な）行動も考慮に入れて，不測の事故に拡大させないための安全管理体制を整備するべき点に求められる。その意味で，上位者である管理・監督者が，末端の従業員による無過失の行動を信じたからといって，それだけで注意義務を免れるわけではない。したがって，信頼の原則が，ただちに管理・監督過失を否定する根拠にはならないであろう。

3　管理・監督過失論に対する批判

(1) 予見可能性の程度

管理・監督過失に対しては，被害者救済思想から出た処罰権の不当な拡張であって，その限界が不明確であると批判されてきた。また，危惧感説を支持する新・新過失論を採用する場合はともかく，管理・監督責任者には，具体的な予見可能性が存在しないという指摘もみられる。しかし，過失概念は，補充を必要とする「開かれた構成要件」である以上，過失犯の成立する限界が一義的に明確でないことは，管理・監督過失にとって固有の問題でない。むしろ，実際の判断では，法益侵害の程度（被害の重大性）や当該結果の予見・回避義務の認定のほか，組織内の上下関係や行為者の職務権限などを考慮しつつ，どの範囲で管理・監督過失という（間接的な）注意義務違反があったかを決定することになろう（福田＝大塚・対談刑法総論(上)249頁以下）。

たとえば，末端の従業員による作業が重大な危険を含むものであれば，かりに事故が生じた場合の被害の甚大さも容易に予測できたであろう。したがって，こうした結果を回避する手段の緊急性や必要性も高いと考えられる

---

[5] なお，監督過失を不作為犯と構成することで，行為主体の範囲を限定しようとする見解もみられる（前田 275～276 頁）。

ため，安全管理義務を怠った会社上層部の過失責任が，それに応じて広がるのは当然である。反対説のように，産業革命以前の過失概念や刑法理論を前提にした議論は，ある種の時代錯誤または旧時代の遺物にほかならないであろう。また，常に過失責任が拡大するかのような指摘も，管理・監督過失の理論が，むしろ，現場にいる末端従業員の注意義務を軽減する側面があることを看過している。

(2) 間接的な予見可能性

そのほか，管理・監督過失では，直接的実行者を介した間接的な過失が問題となっている。すなわち，上位者は下位者を通じて，結果発生に結びつく危険を減少させる物的設備や防災体制を整えておくという，安全体制確立義務を負っている。このような意味で，管理・監督過失における予見可能性は，現場の従業員を媒介にした間接的・抽象的なものに緩和される。しかし，すでに客観面で著しい予防措置の懈怠があったときには，そこから派生する悲惨な結果を予見させるだけの重要事実（危険構成事実）の認識があったと考えられる。場合によっては，危険の予兆にもとづく直接的な結果予見義務にも違反していたといえよう[6]。ただし，火災の原因が常軌を逸したものであったり，被監督者である部下が異常な行動をとったがゆえに結果が拡大したときには，管理・監督過失にあっても，「信頼の原則」を適用して刑事責任の範囲が制限されるのは当然である[7]（大塚221頁，川端216頁）。

4 過失の競合

(1) 過失の同時犯

上述した管理・監督過失の中で，監督過失は，直接に構成要件的結果を惹起した末端の従業員のみならず，その上司である監督者の指導上の不注意が問題になっていた。ここでも，監督者（上位者）と被監督者（下位者）という複数人の過失が競合していた[8]。しかし，監督過失では各人に上下関係があるた

---

6) 構成要件的過失では，故意犯における結果帰属の理論と同じく，個別的な被害者が誰であるか，火災の直接原因が何であったかについて，当該行為者の具体的な認識可能性を必要としていない。
7) 札幌高判昭和56・1・22刑月13巻1＝2号12頁。
8) ただし，管理・監督過失では，共同の実行行為（注意義務違反）が前提となる場合もあるため，単純な同時犯における過失の競合とは異なるであろう。

め，過失の共同正犯のように，単純過失を犯した複数人が対等の関係にある刑事責任の競合とは異なる。たとえば，深夜，Ａの運転する自動車が誤って歩行者のＢを轢いた後，中央線を越えて走行してきたＣの自動車が，再度，被害者のＢを轢いたため，Ｂが即死するにいたった場合のように，ある犯罪的結果の発生につき，無関係のＡとＣが競合して過失行為をおこなった場合は，およそ監督過失とは異なった処理が必要となる。

こうした過失の競合事例では，過失の同時犯として，各人の行為と当該結果の間に相当因果関係が存在しなければならない。また，ＡとＣの過失責任の範囲は，それぞれの違反の程度に応じて決定されることになる。なお，刑法上は，通行人が突然車道に飛び出した場合のように，被害者側の過失があったとしても（事実上の過失競合），民法にいう過失相殺は許されない（大塚219頁，大判大正11・5・11刑集1巻274頁）。したがって，加害者と被害者の間で信頼の原則が働くことにより，注意義務が軽減される場合はともかく，自動車運転者は被害者の死亡結果に対する刑事責任を免れない。

(2) **段階的過失論と過失併存論**

侵害結果を引き起こした過失行為者に複数の注意義務違反があった場合をめぐって，いわゆる段階的過失論（直近過失論）が，有力に唱えられている（大谷207〜208頁，川端214〜215頁）。また，単一過失にまとめようとする学説もみられる（前田274頁）。これらによれば，最も結果と近接する時点の過失を捉えたうえで，もしその時点では，不可抗力などにより過失責任を問いえないのであれば，順次それ以前の段階まで遡って予見可能性と回避可能性を検討することになる（札幌高判昭和40・3・20高刑集18巻2号117頁，東京高判昭和46・10・25東高刑時報22巻10号277頁など）。

これに対して，伝統的な過失併存論は，かりに飲酒による無謀運転が交通事故の原因となった場合にも，そもそも飲酒を抑制すべき義務を含めて，広い意味で危険な運転を避止する注意義務に違反したと考える（東京高判昭和44・8・4判タ242号313頁，東京高判昭和47・7・25東高刑時報23巻7号148頁など）。なぜならば，たとえ過失犯でも，その実行行為は当該結果の発生につながる現実的危険に求められる以上，必ずしも，時間的に直近の過失だけに拘束される必然性はないからである。また，開かれた構成要件である過失犯では，注意義務の発生時期についても，当該事案の性質に応じた裁判官の認定に委ねられるという意味で，過失併存論が妥当である。

第3部　違法性──第2の犯罪成立要件

第1章　違法性の理論

第1節　違法性の概念

1　違法性の意義

(1)　違法性と不法

　第2の犯罪成立要件となるのは，**違法性**（Rechtswidrigkeit）である。違法性とは，当該行為が法に違反することであって，刑法典上，「正当な理由がないのに」（130条），「不法に」（220条）などという表現に示されている[1]。元来，違法な行為を定型化した犯罪構成要件にあっては，これに該当するならば，通常，何らかの違法性が認められる（構成要件の違法性推定機能）。その意味で，構成要件に該当する行為について，あらためて違法性の有無を検討すべき場合は決して多くない。しかし，違法性の判断は，具体的な行為事情を踏まえた実質的な評価（不法の存否）であるため，抽象的な犯罪類型への「あてはめ」にすぎない構成要件該当性の判断とは，大きく異なるものである。

　つぎに，違法論では，侵害結果の大小や犯行の形態によって，違法の程度や範囲が異なってくる。こうした違法性の質と量は，刑の量定を含む当該犯罪の個別的評価を左右する要素である（→可罰的違法性の理論）。他方，後述する違法性阻却事由（正当化事由）が存在するときには，いったん推認された（形

---

1)　たとえ，条文上はこの種の表現がなくても，違法性の存否が，犯罪の一般的な成立要件であることは，すでに「犯罪論の体系」で述べたとおりである（→第1部第2章第2節）。

式的な）違法性が否定されることになる（35条以下）。さらに，違法評価は，具体的かつ実質的な判断であるが，法規範の見地からなされる行為自体の否定的評価（ないし消極的判断）にとどまる。したがって，責任評価が，犯人の主観的態度を基礎とした個別的な非難可能性であるのに対して，違法性の判断は，主に客観的事実を対象とした無価値（反価値）評価の産物である。かような意味で，違法性の概念は，犯罪論体系上のみならず，実質的な意味においても，責任の概念から区別されねばならない。[2]

(2) **違法評価の仕組み**

刑法上の「違法」とは，一定の法規範を基準としながら，評価の対象となった具体的な行為事情を踏まえて，それが法的に無価値であるという消極的評価（**無価値判断**；Unwerturteil）である。そのプロセスにおいて，(a)判断の対象と，(b)判断の基準，さらには，(c)判断それ自体に分けられる点は，構成要件該当性の判断と同じである（大塚353，375～376頁）。また，すべての行為は，刑法上の適法・違法のいずれかに分類されるため，両者の中間として，法的評価の対象とならない**放任行為**を認める見解は，正しくない。たとえ積極的な権利とみられない場合であっても，第三者の不法な侵害から保護されるならば（正当防衛などが可能となる），刑法上は適法な行為にほかならず，「放任されている」とはいえないからである（大塚353～354頁，大谷235～236頁，川端363頁など）。

本書では，違法性判断の基準となるものを，違法性の本質論で論じている（第2節）。また，判断の対象となるべき違法事実の範囲は，違法性の要素として説明する（第3節）。さらに，違法性の程度をめぐっては，可罰的違法性の理論を素材として，刑法的違法性と全法秩序の関係を明らかにしておきたい（第4節）。[3]

---

2) その意味で，違法性判断は「客観的なもの」であって，「主観的なもの」である責任判断から区別される。なお，行為者の人格的態度と密接に関連する主観的要素を，違法判断の対象に含めるならば，両者の限界が曖昧になるという批判が加えられてきた。詳細については，主観的違法要素のところを参照されたい（→本章第2節2および第3節）。
3) また，違法性を基礎づける具体的な行為事情が，量刑論でも考慮されるべきことは，後述するとおりである（→第6部第2章第1節および第3節）。

2 違法性の理論と正当化事由

(1) 構成要件該当性と違法性

各構成要件に該当する行為は，第1段階の犯罪成立要件を充たすため，通常，違法性があるものと推定される。したがって，実際上も違法評価が必要となるのは，何らかの理由で違法性が欠如する結果として，およそ犯罪たりえない場合である。違法性の本質をめぐる諸学説の対立も，主として，**違法性阻却事由**（Rechtswidrigkeitsausschließungsgründe）ないし**正当化事由**（Rechtfertigungsgründe）の存否を決定するうえで，重要な意味をもってくる[4]。なるほど，学説上は，構成要件該当性を違法性の認識根拠とみる見解が多数説であるが（大塚122頁，大谷111頁），一部では，価値中立的な指導形象としての構成要件概念も提唱されている。しかし，後者の見解によれば，すでに構成要件に該当した行為について，正当化事由の不存在を確認するだけでなく，新たに積極的な違法性を根拠づけることまで要求される。

そもそも，最初に問題となる違法性は，定型的な構成要件該当性から推定された**形式的違法性**にほかならない。かりに違法性の判断が具体的行為事情も含めた実質的評価にあたるとしても，まずは，上述した形式的違法性の有無を検討したうえで，違法性の質・量にかかわる具体的な正当化判断をおこなうことになろう。ところが，反対説のように，価値中立的な構成要件判断の後で，あらためて積極的な違法性を基礎づけるとともに，別個に正当化事由を検討するのであれば，本来，統一的に把握されるべき違法の本質を，積極的要素と消極的要素に分離して考えることになりかねない[5]。また，各論における犯罪成立要件は，ほとんどが構成要件要素に属している。そのため，実務上も，違法性の判断は，可罰的違法性の阻却を含む「正当化」の可否が中心となる。かようにして，違法性の本質にかかる諸見解の対立は，通常，正当化の基本原理をめぐって論じられたきたのである[6]。

---

4) なお，本書では，原則として正当化事由の表現を用いるが，違法性阻却事由と異なる内容を意味する趣旨ではない。
5) こうした分裂的思考は，一般の構成要件要素と消極的構成要件要素を区別する「消極的構成要件要素の理論」と軌を一にするところがある。正当化事由を構成要件要素に含める見解が失当であることは，すでに述べたとおりである（→第2部第1章第2節2）。

(2) 正当化の基準

　正当化事由の判断基準については，従来，(a)国家的に承認された共同生活の目的を達成する相当な手段であるとき，違法性が阻却されるという**目的説**(Zwecktheorie) が唱えられてきた (→主観主義)。これに対して，(b)価値の低い利益を犠牲にして高い価値の利益を保護する点に，正当化の根拠を求める**優越的利益説**(Prinzip des überwiegenden Interesses)が有力説となった[7](→客観主義)。近年では，(c)歴史的に成立した社会倫理秩序によって許容されることが，正当化の一般原理であるとする**社会的相当性説**(Theorie der sozialer Adäquanz)も，広く支持されている (→目的的行為論)。学説上は，複数の基準を併用する見解が少なくない($\begin{smallmatrix}大塚377頁,\\川端293頁\end{smallmatrix}$)。

　なお，いずれの基準を採用するかによって，具体的な結論が分かれる場合としては，行為者が犯罪意思を有したにもかかわらず，客観的には正当化事由にあたる事実を惹起した場合がある[8]。そこでは，違法の「客観性」とは何か，主観的な違法要素は必要かという議論だけでなく，第2次大戦後に盛んとなった結果無価値論と行為無価値論の対立が，色濃く反映されている。他方，成文法上の根拠規定がない超法規的正当化事由については，どこまで承認されるべきかをめぐって，さらに，可罰的違法性の阻却（不存在）を正当化事由に含めることで，他の法領域では違法な事実が適法な行為と評価されるため，その限度で，「違法の相対性」を許容するべきか否かの問題も検討されねばならない。

---

6) さらに，実務との結びつきが強いドイツ刑法学にあって，構成要件を違法性の存在根拠にする「不法」の観念が有力となった背景には，通常，正当化事由の存否を通じて違法性が確定されることを反映しているのではないか。
7) **法益衡量説**（Güterabwägungsprinzip）とも呼ばれており，現在，学説の多数を占める考え方である。**利益欠如の原則**（Prinzip des mangelnden Interesses）を考慮する見解も，ここに含めることができる。なお，曽根威彦・刑法における正当化の理論（昭55）151頁以下参照。
8) たとえば，後述する偶然防衛のように，犯人には防衛の意思がないにもかかわらず，客観的にみて正当防衛の状況が生じたとき，違法性を阻却できるかどうかの問題である。かりに，通説・判例の見解に従うならば，行為者の主観的意思も重視されるため（主観的正当化要素），偶然防衛の正当化は否定されることになる。

第2節　違法性の本質

1　形式的違法性と実質的違法性

(1)　形式的違法性と実質的違法性の関係

　構成要件該当行為の違法性を判断するに先立って，違法性の本質を明らかにしておく必要があろう。元来，刑法上の違法性は，ある行為が法秩序または法規範に違反するという評価である。しかし，罪刑法定主義を原則とする刑法学にあっては，成文法である刑法典や特別法上の禁止・命令に反することが，実質的な違法評価の出発点となる。ところが，「刑罰法規（その前提となる法規範）に対する違反」という**形式的違法性**（formelle Rechtswidrigkeit）だけでは，何ら違法性の内容は明らかにならない。構成要件該当性が形式的違法性に直結するとはいえ，形式的違法論だけでは，一種の循環論（類語反復；Tautologie）におちいってしまうからである。たとえ「刑罰法規（法規範）」が単なる条文解釈を超えた全法秩序を意味するとしても，違法性の本質は，構成要件に定型化された禁止規範の背後にあって，「客観的な法秩序それ自体（A・メルケル）」を基礎づける**実質的違法性**（materielle Rechtswidrigkeit）に求めざるをえない。

　かような見地から，従来の学説は，形式的違法性だけでなく，実質的違法性の観念を必要としてきた。[1] すなわち，実質的違法性とは，「法益の侵害または脅威（リスト）」，または，「国家が承認した社会・文化規範と相容れない態度」である（規範違反説。M・E・マイヤー，大塚356～357頁）。これに対して，主観主義刑法学からは，違法行為の規範違反性を重視して，「公の秩序および善良の風俗に反する」ところに違法性の実質を求めることになる。

(2)　規範違反説と法益侵害説

　そもそも，国家的規範である刑罰法規は，社会生活上の行為規範（Verhal-

---

1) なお，形式的違法性と実質的違法性が異なる観念である以上，両者を併用することは重複にあたらない。また，構成要件該当性が定型的な違法性を導くという意味では，構成要件が徴表するのは，形式的違法性であるといえよう。

tensnorm) である。本書の冒頭でも述べたように，広い意味の刑法が秩序維持機能をもつならば，単なる社会侵害的結果（法益の侵害・危険）だけで，違法性の本質を説明することはできない。なるほど，国家・社会的な倫理規範を重視する**規範違反説**に対しては，具体的な評価基準が不明確であるため，裁判官の恣意的な判断が混入すると批判されている[2]。そこで，近年では，客観的な法益侵害（または危険）をもって違法性の本質とみる**法益侵害説**が，再び有力となったわけである[3]。

しかし，規範違反説と法益侵害説の対立は，見かけ上のものである。すなわち，規範違反説が，個々の刑罰法規の背後にある社会倫理規範という，抽象的な規範論で実質的違法性を説明したのに対して，法益侵害説は，当該行為の事実的側面に着目しつつ，客観的利益の剝奪・毀滅（社会侵害性）を基準としたにすぎない。両者は，相互に補いあって，違法性の実質をなすというべきである。換言すれば，国家的規範である刑法規範において，違法論の基礎となる「規範」は，国家により承認されねばならず，しかも，これらの国家・社会的規範の内容を明らかにする際には，結局，法益の侵害（または危険）が生じたかどうかが，第1の判断基準とされるからである[4]（大谷236～237頁）。

2　主観的違法性と客観的違法性

(1) 客観的違法論の沿革

「違法性は客観的に，責任は主観的に」のテーゼに象徴されるように，違法性の実質は，客観的な評価規範である「法」に違反することである（通説）。こうした**客観的違法論**（Lehre von der objektiven Rechtswidrigkeit）にあっては，犯人が「規範受命能力」を有するかどうかを問わないため（後述参照），動物による侵害や自然の災害も，違法と評価されることになりかねない（「違法に振る舞う自然の怪物」）。もっとも，初期の客観的違法論は，ドイツ刑法学でも，いわ

---

2) また，規範違反説では，違法性の程度という概念がないため，可罰的違法性の理論を採用できないという指摘もある。しかし，実質的な意味で法規範を捉えるならば，規範違反の程度も勘案できるため，こうした指摘はあたらない。
3) なお，法益侵害説の支持者は，後述する結果無価値論を採用する論者と重なることが多い。
4) 学説上，刑法総論で抽象的な法益概念を論じることに対して，疑問を提起する向きもある（前田48～50頁）。

ば無自覚的に唱えられたにすぎなかった。むしろ，19世紀後半になってから，A・メルケルらが主観的違法論を提唱した後，これに対抗する形で，客観的違法論が明確に主張されるにいたったのである。

主観的違法論（Lehre von der subjektiven Rechtswidrigkeit）とは，およそ法規範を行為者に対する命令規範と捉えるものである。そのうえで，規範違反は，こうした命令の内容を理解し，規範に従って意思決定ができる者（受命能力のある者）だけに認められるとした（**命令説**：Imperativtheorie）。しかし，この命令説によれば，犯罪論の体系上，客観的な評価規範に違反する違法性の観念と，犯人の命令違反にともなう非難可能性である責任の観念が混同されることになる。また，法規範の妥当する領域が，行為者の能力次第で左右されるため，責任能力者だけが規範の**名宛人**（Adressat）となりかねない。その結果として，違法と評価される客観的行為の範囲がごく限られるであろう。たとえば，責任無能力者から攻撃を受けた相手方は，攻撃者の行為が違法な侵害とならないため，正当防衛の可能性さえ排斥されるのであろうか。

(2) **評価規範と命令規範**

およそ法規範には，**評価規範**（Bewertungsnorm）と**命令規範**（Bestimmungsnorm）の両面がある。しかし，論理的順序として，国民一般に命令を発するのに先立ち，一定の価値判断がなされているはずである（メッガー）。その際，先行する評価規範が違法要素となるのに対して，具体的な個人を名宛人とする命令規範は，当該行為者に対する責任判断の要素とされてきた。すなわち，行為それ自体の違法性は，犯人の能力とは無関係に評価・決定されるため，責任無能力者の行為も，刑法上は違法といわねばならない（大塚358~359頁など）。ところが，およそ法規範が単なる評価規範にとどまるならば，論理的には，違法判断の対象が人間の行為だけに限定されないため，自然力による侵害も違法とみなされてしまう。

そこで，現在の通説である客観的違法論は，立法過程では一定の評価規範が先行するものの，すでに法規範として定立された後は，そうした評価規範

---

5) わが国の主観的違法論は，かつて宮本博士らによって主張された（宮本69頁以下）。そのほか，竹田直平・法規範とその違反（昭36）242頁以下，西台満・主観的違法性の理論（平5）16頁以下など参照。

と並んで，法の命令・禁止に対する違反が，違法性の本質をなすと説明している(大塚359頁, 大谷239~240頁)[6]。もちろん，そこで問題となる規範は，国民一般に向けられており，特定の個人が命令の内容を理解したことまで要求するわけではない。このような意味で，当該行為者に対する責任非難から切り離した客観的違法論が主張されたのである。したがって，違法判断の対象となる諸事情は，当該行為の客観的（外部的）要素だけに限定する論理的必然性はない。また，違法論にあっても，評価の基準と評価の対象は区別されるべきである。これに対して，およそ行為者の主観を排した「純客観的違法論」を主張する立場は，違法判断の客観性と「評価対象の客観性」を混同している[7]。

【図示】客観的違法論と主観的違法論の対立

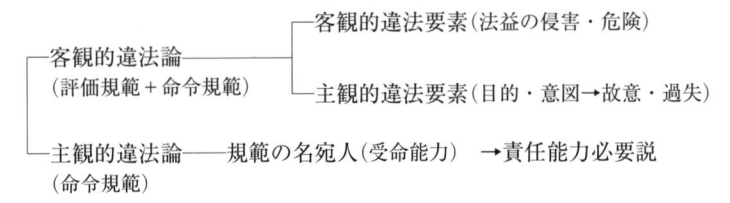

```
          ┌─客観的違法要素（法益の侵害・危険）
┌─客観的違法論─┤
│ （評価規範＋命令規範） └─主観的違法要素（目的・意図→故意・過失）
│
└─主観的違法論──規範の名宛人（受命能力）→責任能力必要説
  （命令規範）
```

第3節　違法性の要素

1　客観的違法性と主観的違法要素

(1)　特殊な主観的違法要素

かつての客観的違法論は，行為の外形的・物理的側面に属する客観的要素

[6) また，規範の名宛人という観念は，評価規範という側面からは出てこない。しかも，広義の自然現象である人間の反射的動作を除外するためには，少なくとも，受命者が行為能力を備えたことが刑法的評価の前提条件となる。さらに，違法論でいう命令規範性が，これを定型化した構成要件的評価にあって，その意図的な違反（故意）と不注意による違反（過失）を区別する契機ともなっている。

7) なお，本文中で述べた「違法の客観性」とは異なり，正当防衛でいう「不正な侵害」については，自然現象も含めた客観的な法益侵害（危険）にまで拡張する見解がみられる。なるほど，純然たる対物防衛を肯定する立場では，「不正」に特別な意味を付与する必要もあろうが，外見上，動物の行動や自然現象が防衛行為の対象になる場合もあるとはいえ，それらは，たとえ間接的な方法で人間に支配されるなど，少なくとも，人間の行為「による」ものでなければ，違法判断の対象たりえないであろう（→第3部第3章第2節3）。]

だけを考慮していた。そのため，行為者の内部的・心理的側面は，もっぱら責任の問題とされてきた。ところが，真正目的犯の目的や傾向犯の主観的内心傾向などのように，一定の主観的要素が，違法性の判断にとって重要な意味をもつことが，次第に明らかとなった[1]。かようにして，特定の犯罪については，**主観的違法要素**（subjektive Rechtswidrigkeitselemente）の観念を認める見解が，学説上も支配的となったのである（大塚362〜364頁，大谷241〜242頁など。大判昭和14・12・22刑集18巻565頁，最判昭和45・1・29刑集24巻1号1頁）。

たとえば，文書偽造罪（154条以下）では，保護法益である文書の社会的信用を害する行為だけが違法と評価されるため，客観的な偽造行為を超過する「行使の目的」が，そうした目的を欠いた（適法な）偽造行為と区別するうえで必要不可欠な要素である。これらは，**超過的内心傾向**（überschießende Innententendenz）と呼ばれるが，主観的違法要素は，行使の目的だけにとどまらない。強制わいせつ罪（176条）においても，犯人の「わいせつな意図」が，外形上「身体に触れる」行為に特定の**意味を付与する目的**（sinngebende Absicht）として，主観的違法要素とみなされるのである（➡第2部第4章第3節）。

(2) 主観的違法要素全面否定説

しかし，強制わいせつ罪の保護法益が被害者の性的自由であるならば，実質的違法性としては，犯人の主観的意思にかかわりなく，行為の客観的態様が問題とされるべきであろう[2]（佐久間・刑法各論108頁など参照）。反対説の中には，通貨偽造罪（148条）についても，自ら作成した偽造通貨が悪用される危険を認識・予見しただけで足りるとして，目的犯における目的さえ，通常の「故意」概念に包摂されるという見解がある。その意味で，純客観的違法論を採用する論者は，主観的違法要素の観念を全面的に否定しようとする（全面否定説）。

だが，こうした全面否定説は，目的という概念の日常用語的意味を誤解し

---

1) そのほか，表現犯にあたる偽証罪（169条）では，証人の記憶に反する陳述が問題となるため（大判明治42・6・8刑録15輯735頁），そうした行為者の内心的態度も，主観的違法要素の一種である。なお，佐伯千仭・刑法における違法性の理論（昭49）209頁以下，中山研一・刑法の論争問題（平3）24頁以下参照。
2) また，偽証罪における証言の内容が客観的真実に合致する以上，国家の審判作用を侵害しないとする立場では，内心の意図も，その違法性とは無関係とされる（客観説）。ただし，通説・判例は，主観説を採用している。

ている。すなわち，上述した「行使の目的」は，その内容が客観的な偽造事実の認識・認容を超えており，将来の事実（行使）に向けた純然たる行為者の主観である点を忘れているからである。また，行為者の主観も客観的資料から判断されるとして，主観的要素を排斥する論者は，違法要素の存否という解釈論上の問題（証明の対象）と，これを立証・認定する際の資料の問題を混同している[3]（大塚362頁(2)）。さらに，反対説の中でも，意味を付与する目的を主観的違法要素とみる見解によれば，客観的な行為に対応する主観的な故意・過失についても，それが客観的行為のもつ違法性を左右するかぎり，違法判断の対象とみることを拒絶できない[4]。

(3) **一般的な主観的違法要素**

つぎに，故意・過失を一般的主観的違法要素とみる見解に対しては，行為者関係的な違法（不法）を認めることで，違法と責任を合体した主観的違法論におちいると批判されている。しかし，主観的違法要素を包含した客観的違法それ自体は，具体的行為者の責任非難とは区別して論じられるため，なお「客観」的な性格を失なっていない。少なくとも，上述した客観的違法論と主観的違法論の対立が，判断の対象となる事実の中に主観的内心の事情を含めるか否かの対立でなかったことは，明白であろう。

2 主観的正当化要素の観念

(1) **主観的正当化要素の具体例**

ある犯罪構成要件に該当する行為について，実質的な違法判断をおこなう際には，より具体的な行為事情が考慮される。その意味で，違法行為を類型化した構成要件の主観的要素も，それが違法性の程度・範囲を左右する場面においては，主観的違法要素となりうる。これに対して，**主観的正当化要素**（subjektive Rechtfertigungselemente）は，正当化事由に属する事実の認識・認容

---

3) 他方，略取誘拐罪でいう営利目的等（225条）のように，もっぱら刑の加重事由とされる場合には（不真正目的犯），それが被拐取者の安全・自由に対する危険を増大させないかぎり，たとえ超過的内心傾向であっても，責任類型である構成要件の主観的要素にとどまる。
4) すなわち，故意犯は，過失犯よりも法規範に違反する程度が大きいという意味では，故意・過失も，違法性の程度を決定する主観的違法要素である。理論上は，違法故意・違法過失と呼ぶことができよう（大塚363頁）。

である以上，同じく，構成要件該当事実を超過するものといえよう[5]。行為者の主観面が正当化を左右する例として，正当防衛における防衛の意思や，緊急避難における避難の意思があげられる。

　また，正当行為一般についても，主観的要素が問題となる。たとえば，担任教師が生徒の父兄に対する復讐の意図で懲戒行為をする場合のように，客観的には許された範囲内であっても，犯人の不法な目的に着目して違法と判断されるならば，これらの目的を，主観的違法（正当化）要素と呼ぶことができよう。そのほか，被害者の同意（嘱託・承諾）でも，当該行為者が被害者のために行為する意図であったかどうかが問われる。また，治療行為については，治療目的があったかどうか，安楽死の場合には，もっぱら患者の苦痛を緩和する目的があったかどうかなど，同じく主観的正当化要素が必要とされるのである。

(2)　主観的正当化要素否定説

　主観的正当化要素の内容・程度は，客観的な正当化事情を認識・認容しただけでは足りない。犯人の主な目的・意図が，適法状態の実現に向けられることが必要である（通説・判例）。これに対して，正当化事由にあたる外形的事実が生じたならば，それだけで違法性を阻却しようとする**主観的正当化要素否定説**は，一種の（消極的）結果責任主義を採用している。しかし，そこでは，違法論における刑法の行為規範性をまったく考慮していない。

　他方，正当化事由の主観面という位置づけからして，個別具体的な行為事情が違法判断の対象になるとはいえ，およそ適法な事実を実現する治療行為や権利行為などでは，行為者の内心の動機・意図を仔細に観察する必要はない。少なくとも，客観的正当化要素（正当化事情）があることを認識して当該行為に出たことで足りるであろう。その限度で，行為者の意図・目的を正当化判断の中核に据える**人的不法論**は，客観的違法論からは斥けられるべきである。ただし，主観的正当化要素の内容を，純然たる事実の認識にとどめるべきかについては，それぞれの正当化事由の性格に左右されるので，その詳

---

[5] 正当化事情の認識は，それ自体，構成要件的事実に対応する認識・認容を超える点で，一種の超過的内心傾向となる。しかし，その内容は，客観的事実の認識・認容にとどまるため，本文中の「行使の目的」とは異なる点に注意しなければならない。

細は，後述するところを参照されたい（→第2章以下）。

3 行為無価値論と結果無価値論

(1) 人的違法観と行為無価値論

　違法性の本質は，行為者から切り離された結果の惹起（法益侵害）だけに尽きるものでない。むしろ，犯人がどのような動機・意図から当該行為に出たか，その際，いかなる義務が行為者に課せられていたかも含めて，行為者関係的な人的違法を認める立場が，いわゆる**人的不法論**（人的違法観；personales Handlungsunrecht）である（ヴェルツェル，アルミン・カウフマン）。人的違法観は，当初，目的的行為論者から提唱されたが，行為者の地位・身分という非定型的な事情に応じて違法性が異なる点は，現在，それ以外の行為論の支持者によっても支持されている（大塚365〜366頁）。実際，不真正身分犯における義務違反の程度は，違法性の判断に影響を及ぼすことがあり，常習犯にあっても，行為者の属性が構成要件上類型化されている限度では，違法評価を左右することになる（**広義の行為無価値論**）。

　伝統的な学説では，違法性の実質を，客観的・外部的な法益侵害（または危険）に求める見解が一般的であったが，上述した人的不法論では，法益の侵害（または危険）を違法性の部分的要素と位置づける論者もみられる（**狭義の行為無価値論**）。これに対して，わが国では，侵害行為の態様などの行為無価値的要素を，法益の危殆化という結果無価値に還元することで，それ以外の行為者関係的要素を責任の領域に放逐する**結果無価値論**（因果的不法論）が有力である。後者の見解によれば，人的不法論は，違法性と責任の区別を曖昧にするだけでなく，各行為者の個人的事情を考慮することによって，結局，主観的違法論におちいると非難されるのである[6]（西田120頁，山口101〜102頁など）。

(2) 結果無価値論と法益概念の精神化

　第2次大戦後，ドイツから人的違法観が紹介されて以降，わが国の犯罪論は，行為無価値論と結果無価値論の対立を軸として展開されてきたといって

---

6) なお，罪刑法定主義と結びついた法益侵害説を出発点とする以上，もっぱら犯人の主観面を処罰する人的違法観を採用することはできない。前田51頁(21)は，これを「主観主義的犯罪論」と呼ばれる。

も，過言ではない。通説的見解は，法益の侵害（または危険）という結果無価値だけでは，故意を含めた主観的要素が，違法性の判断に必要不可欠である点を説明できないとして，行為無価値を補充的な違法要素として採用する態度を示している（大塚368頁など）。かりに行為無価値的要素を極力排除して，違法性の本質を結果無価値的要素（法益侵害性）だけに求めるならば，「人の死亡」という客観的事象について，故意の殺人罪と過失致死罪が同一の違法評価を受けることになってしまう。

そこで，こうした問題を解消するべく，具体的行為の侵害結果だけでなく，それにいたる行為態様も含めた「法益侵害性」を主張するものがある。しかし，こうした法益侵害性を容認するならば，違法論の客観的・事実的基礎とされた法益概念を，かえって歪めることになるであろう[7]。そこでは，法益の侵害・脅威という概念が，いわば違法評価の結論を示すためのレッテルに転化するだけでなく（**目的論的法益概念**），こうした法益概念の拡張により主観的要素を取り込む傾向は，いわゆる**法益概念の精神化**をもたらすからである[8]。法益概念の精神化は，最初に法益侵害説が意図した犯罪論上の意義（処罰範囲の明確化）を没却するものにほかならない。以上，違法と評価される行為は，生命・身体・財産などの「法益」を侵害または危殆化すると同時に，国家が

【図示】行為無価値論と結果無価値論の対立

	違法評価の対象	違法評価の基準	→	刑法規範の本質
行為無価値論	客観面＋主観面	事前評価 （行為時を基準とする）	→	行為規範
結果無価値論	客観面（侵害結果）	事後評価 （結果発生時を基準とする）	→	裁判規範

7) また，法益概念だけが，犯罪の成立範囲を限定する機能をもつわけでない。あたかも法益侵害説によってのみ，刑法の謙抑性が達成されるように説明する論者は，法益概念の多義性を隠ぺいするものである。
8) なお，こうした法益概念の価値論的構成は，かえって法益侵害説が目標とした違法論を混乱させるだけである。また，伊東研祐・法益概念史研究（昭59）15頁以下，特に，109頁以下参照。そのほか，山口厚・法教179号73頁は，規範の「保護目的との合理的関連性」で，法益侵害を一定の行為態様によるものに限定しようとされるが，実質的には，法益侵害説を修正するものであろう。

承認した行為規範に違反するだけの行為無価値性を具備することが求められるのである[9)10)]。

4 行為無価値論と正当化事由

(1) 行為無価値と結果無価値の関係

法益侵害説のいう結果無価値を惹起する行為のすべてが処罰されないのと同様，客観的な正当化要件を具備しただけでは，構成要件該当行為の違法性を阻却するのは困難である。なるほど，行為無価値論が，もっぱら結果無価値にもとづく客観的違法性を絞り込む場合があるとはいえ，正当化の場面にあっては，結果無価値のみならず，行為無価値が除去されなければならない。その結果として，行為無価値論は，違法と評価される行為の範囲を拡張する機能を果たす。

しかし，そこでは，「結果無価値が存在しない」まま，行為無価値だけで違法と評価されるわけではない。違法性の本質論でも述べたように，当該行為の結果無価値的要素は，客観的な構成要件該当結果の存在によって基礎づけられる以上，これを正当化するためには，結果無価値を乗り越える積極的な行為「有価値」が存在しなければならない。その意味で，両者はともに具備されるべき要素となるのである（**総合的判断説**）。

(2) 主観的正当化要素の位置づけ

これに対して，一部の結果無価値論者は，客観的正当化要素と主観的正当化要素を分離して捉えようとする。そのことから，偶然防衛などの場合，実際に発生した構成要件該当結果（侵害者の受傷結果など）を考慮しないことにより，客観的にも既遂犯にあたらず，むしろ，未遂犯として処罰するほか，およそ不可罰とみる結論にもいたるのである。そこでは，構成要件該当性と違法評価ないし正当化判断の論理的構造が錯綜している[11)]。しかし，客観的には，

---

9) 前者を，行為の「社会侵害性 (Sozialschädigkeit)」，後者を，各人の生活領域における「禁止規範違反 (Verstoß gegen Verbotsnorm)」と言い換えることもできよう。
10) 本文中に述べたとおり，行為無価値論と結果無価値論の違いは，故意・過失を一般的違法要素とみるかどうかの点に集約されるが，この違いだけを捉えて，通説的見解を人的不法論に分類するべきではない。また，行為無価値論の中には，結果無価値を単なる客観的処罰条件と位置づける一元的人的違法観と，法益侵害性も考慮した二元的行為無価値論に分かれているからである。

事実上の結果無価値がすでに生じているのである。

同様にして，被害者の承諾が客観的に存在した場合にも，侵害行為の時点で外部に表明されておらず，犯人も被害者の承諾を知らなかったときは，刑法の行為規範性からして，当該の侵害行為を違法と評価せざるをえない[12]。もちろん，正当化判断の要素となる行為無価値に何を付与するかによって，構成要件該当行為に対する正当化の範囲が左右されるため，行為者の目的・動機などの倫理的側面を重視するならば，不当な処罰権の拡大につながるおそれもあろう。

(3) 刑法の倫理化

他方，主観的正当化要素を含めた行為態様を違法評価で考慮することが，ただちに**刑法の倫理化**を招来するという指摘は，違法性判断の対象と判断基準の違いを無視したものである[13]。そうした倫理化のおそれは，むしろ，単なる指導理念と化した「法益侵害」を基準とする見解にも内包されるのであって，たとえば，「侵害的結果」を社会倫理的な見地から基礎づけることもありうる。その意味では，刑法の倫理化と行為無価値論は，別次元の問題であって，結果無価値論においても，違法性の限界を明確にする論拠を提供しないかぎり，通説的見解と比べて，違法評価の客観性を維持できる保障はないのである。最近では，犯罪概念の「実質化」を契機とした，刑罰権の拡張さえ顕著になっているといえよう。

---

11) なお，反対説は，そもそも「結果無価値の十分な止揚がある」と主張するが，こうした「止揚の有無」という理由づけが，それ自体，一元的な結果無価値を前提とした「結論の先取り」でしかない。
12) これに対して，行為無価値論を支持しながら，客観的にみて同意があれば，すでに「法益侵害性が欠ける」として正当化を認めるものがある（大谷260頁）。しかし，こうした見解は，偶然防衛で防衛意思必要説を採用するのと対比して論理的には一貫しないであろう。
13) また，反対説の主張が，「法は最低限の道徳である」という前提さえ否定しようとするならば，論外である。

第4節　違法性の程度

1　可罰的違法性の理論

(1) 刑法上の違法性

犯罪が成立するためには，その行為が犯罪構成要件に該当した後，違法であると評価されねばならず，違法性の存否は，実質的な見地からなされることは，すでに述べたとおりである。しかし，刑法上の違法性は，刑罰に値する程度の違法性を意味するため，それにふさわしい量的かつ質的な内容を備えていなければならない。たとえば，近親姦・姦通などのように，反社会的行為であっても，当然に違法とはならないのである。かりに民法上は違法であって，行政法上も禁じられた行為であり，全法秩序に違反するとしても，それだけでは，刑法上も当然に違法であるとはいえない。従来，**可罰的違法性**（strafbare Rechtswidrigkeit）の観念は，一般的違法性と区別して論じられてきたのである。

(2) 実質的違法性の質量

いわゆる可罰的違法性の理論とは，構成要件に該当した行為であるにもかかわらず，被害法益の軽微性などを理由として，犯罪の成立を否定するための理論である。すなわち，量的または質的な見地から，実質的違法性の範囲を限定しようとする考え方である。同様にして，犯罪構成要件が何らかの定型的違法を予定したものである以上，その程度に達していない違法行為では，そもそも，構成要件該当性を欠けるという主張も散見される。[1] かようにして，可罰的違法性の理論は，各刑罰法規の縮小解釈をおこなう際，その理論的根拠となることも少なくない。

(3) 法秩序の統一性

こうした見解に対しては，そもそも，違法性という観念が国家的法秩序の

---

1) そこでは，可罰的違法性の有無を決定する基準として，法益侵害の軽微性と，行為自体が社会的相当性から逸脱する度合いがあげられている。なお，藤木英雄・可罰的違法性の理論（昭42）20頁以下参照。

見地から共通に捉えられるべきこと，単に刑罰法規の枠内でのみ違法と考えるのは，全法秩序の統一性に反するという批判が展開された。また，可罰的違法性の理論は，違法評価に「当罰性」の要素を取り込む点で，立法論と解釈論を混同しているという指摘もみられる。しかし，一般的違法性を備えた構成要件該当行為の中で，量的かつ質的にも刑事罰を相当とする場合だけが「刑法的違法性」をもつのであれば，可罰的違法性の理論は，必ずしも，法秩序の一体性を妨げるものではない。したがって，法文の予定した程度に達しない軽微な反法行為は，実質的違法性を欠くという理由で処罰対象から除外することも，当然許されるであろう。わが国では，現在，可罰的違法性の理論を是認する見解が支配的である(大塚369頁以下，川端298頁以下など)。

2 犯罪論上の意義と判断基準

(1) 処罰阻却事由説

可罰的違法性の理論にあっても，違法性が質・量ともに法の予定する程度に達していないため，可罰的違法性の欠如を理由として，単に犯罪不成立におわるという見解がある。また，刑罰にふさわしい違法性という考え方それ自体が，法律効果と結びついた議論であるため，せいぜい，違法性の程度を低減させる「違法減軽事由」にすぎないとも考えられる。そこで，学説の一部には，通常の違法性阻却事由と異なり，もっぱら可罰性の阻却であるかのように説明するものがある。しかし，犯罪の成立を肯定したうえで，もっぱら政策的見地から可罰性の欠如を認めるのであれば（超法規的処罰阻却事由説)，特に違法論の問題として取り扱うべき必然性はない。

(2) 構成要件該当性阻却説

これに対して，可罰的違法性の問題を，構成要件該当性の次元で捉える見解がみられる。なるほど，立法化する時点では，典型的な事態を想定した違

---

2) そのほか，同理論が，被害法益の軽微性だけを基準とするならば，複数の利益が衝突する争議行為などの事例では，権利行使の適法性を説明できないという批判もみられた（井上祐司・争議禁止と可罰違法論〔昭48〕32頁以下）。しかし，本文中の可罰的違法性の理論であれば，これらの複数法益の比較衡量も可能となるであろう。
3) ただし，荘子215頁，前田91頁(1)，299頁は，消極的な態度を示している（実質的な違法性阻却事由で足りるという）。

法性の質と量が求められたとしても，すでに構成要件に定型化された後は，構成要件に該当するかどうかの決定は，形式的なあてはめの判断によるべきである。その意味で，構成要件該当性阻却説は，実質的な違法評価を構成要件該当性判断の中に持ち込むものであって，構成要件と違法性の段階的差異を軽視することになりかねない[4]（大塚371頁，大谷246頁）。むしろ，学説の多数は，可罰的違法性のないことが，超法規的に違法性を阻却するべき場合と位置づけたうえで，そのための要件や効果を論じてきたのである[5]（違法性阻却事由説。大塚371〜372頁など）。

(3) 超法規的違法性阻却事由説

当該行為の可罰的違法性を検討する際には，どのような行為事情を基礎として，いかなる基準によって判断されるべきであろうか。ここでは，各論者が前提とする違法観によって大きく左右される。上述した違法性の本質論からすれば，可罰的違法性についても，まず，結果無価値的な側面で法益侵害の程度が軽微であること（法益衡量説），つぎに，そうした軽微な侵害を惹起する行為それ自体の社会的相当性が考慮される。すなわち，適法な行為態様から逸脱した程度がわずかであって（行為無価値的要素。社会的相当性説），両者を総合するならば，当該罰則の予定した違法性の最低水準を充たさないことが必要である[6]。

そこでは，行為者の主観面も評価の対象になるという意味で（主観的違法要素），違法性阻却事由の一般原理が，そのまま妥当するのである。判例の中にも，「動機目的，所為の具体的態様，周囲の客観的状況，その他諸般の事情に照（ら）して」，可罰的違法性を判断すべきであるとしたものが多い（最判昭和50・11・25刑集29巻10号928頁，最判昭和50・8・27刑集29巻7号442頁など）。

4）もっとも，構成要件の解釈として定型的違法性の有無を判断することは，かりに構成要件段階であっても許されるであろう。具体的には，財産犯の客体である財物は，一定の財産的価値を有していなければならず，そうでない場合は犯罪とならない（大塚371頁）。これに対して，構成要件該当性阻却説が，構成要件の定型性を偏重するならば，可罰的違法論の適用範囲を不当に限定するおそれがある。
5）ただし，刑法上，正当防衛の成立要件となる「不正」には，必ずしも，可罰的な違法性まで要求されない。したがって，単に全法秩序からみて違法と判断できるものであれば足りる。
6）前者は，主として量的な側面にかかる評価であるのに対して，後者は，違法性の質を問うものといえよう。なお，藤木英雄・可罰的違法性（昭50）91頁以下参照。

3 判例における可罰的違法性

(1) 零細な反法行為と絶対的軽微型

当初，可罰的違法性の否定例は，当該行為の利益侵害性が軽微な場合に限られてきた。しかし，その後は，複数の異なる法益が衝突する状況下で，客観的に発生した法益侵害の程度が，罪刑の均衡上も処罰するにあたらないとき，可罰的違法性の理論が適用されるようになった。学説上，前者を，(a)結果軽微型・絶対的軽微型，後者を，(b)法益衡量型・相対的軽微型と呼んで，2つに区別する見解が有力である[7]。具体的には，政府の委託を受けて葉煙草を栽培していた被告人が，当時の価格で一厘に相当する葉煙草1枚を納入しなかったという事案につき，特殊の場合を除いて，「零細なる反法行為」は，刑罰をもって臨む必要はないとされた[8]（一厘事件。大判明治43・10・11刑録16輯1620頁）。また，旅館経営者が，煙草販売店が閉まった後で，宿泊客の求めに応じるため，少量の買い置きを用意して客に交付した場合にも，社会生活上許容された行為であって，専売法違反にあたらないとした最高裁判決がみられる（最判昭和32・3・28刑集11巻3号1275頁）。

(2) 公安・労働事件と相対的軽微型

法益侵害の絶対的軽微性を重視した戦前の判例に対して，戦後の判例は，いわゆる公安・労働事件を契機として，相対的軽微型の可罰的違法論が展開された。たとえば，**三友炭坑事件**では，ストライキ中の労働組合員が「スト破り」に対抗して線路上に横たわった行為につき，当該行為は，いまだ違法に他人の業務を妨害したといえないとしたものがあり（最判昭和31・12・11刑集10巻12号1605頁），組合役員らが勤務中の郵便局員を外部の職場大会に参加させた事案につき，労働法上の違法性はともかく，暴力の行使などがない以上，刑事罰の対象から除かれるとした**全逓東京中郵事件判決**がみられる（最大判昭和41・10・26刑集20巻8号901頁。そのほか，最大判昭和44・4・2刑集23巻5号305頁参照）。

これらの判決では，憲法上保障された争議権と国家経済政策が衝突する場

---

7) そのほか，可罰的違法性が否定される例でも，刑法35条の正当行為に準じるものと正当防衛などの緊急行為に近いものに区分することが可能である。
8) ちなみに，一厘事件判決では，客体である葉煙草の財産的価値が軽微であっただけでなく，犯人が自家用に費消する目的であったため，(旧)煙草専売法の趣旨からして，反法行為の態様が軽微であることも考慮された点に注意すべきである。

合，あるいは，労働者の争議権と営業の自由が対立する場面にあって，正当防衛や緊急避難にはあたらないが，相互に衝突する法益を比較衡量した結果，当該行為の違法性の程度が減殺されることを前提としている。その結果として，刑法上の可罰的違法性に達しないため，犯罪が成立しないと考えたのである。これらは，いわゆる利益衡量説的な正当化原理に従ったものであろう。

(3) **可罰的違法性論の消長**

しかし，その後の最高裁は，可罰的違法性の理論について消極的な態度を示すようになった。その転回点となったのが，**全農林警職法事件**である（最大判昭和48・4・25刑集27巻4号547頁）。また，昭和50年代にも，可罰的違法性の欠如に依拠した被告人側の主張を排斥する判決が相次いだ。ただし，争議行為の関与者であっても，単純な争議参加者については，超法規的な処罰阻却事由によって不可罰とした**名古屋中郵事件判決**もみられる（最大判昭和52・5・4刑集31巻3号182頁）。その意味では，「可罰的違法」という考え方自体が否定されたわけでない。むしろ，労使間の深刻な利害対立が弱まるという社会状況の変化にともなって，具体的事案に対する適用が厳格になったとみるべきであろう。

第2章　正当行為一般（刑法35条）

第1節　法令行為（労働争議行為を含む）

1　正当行為の種類

(1)　**一般的正当化事由**

　法秩序全体の見地から「適法」とみられる行為を総称して，**正当行為**（広義）と呼ぶ。刑法典は，「法令又は正当な業務による行為は，罰しない」と定めているが（35条），正当化事由は，明文で規定されたものだけでなく，およそ違法性が消失する場合全般を意味する（一般的正当化事由）。広義の正当行為には，本節で解説する正当行為（狭義）だけでなく，正当防衛，緊急避難なども含まれるが，ここでは，狭義の正当行為の中で，刑法35条に規定された法令行為と正当業務行為を取り上げることにしたい。

(2)　**法令行為**

　まず，法令行為には，被疑者・被告人に対する逮捕・勾引・勾留などの職務執行はもちろん（刑訴58条以下，199条以下），憲法上の基本的人権として，労働組合法などに定められた争議行為も含まれる（労組1条2項）。これに対して，義務の衝突や自救行為は，一種の緊急行為にあたるため，正当防衛・緊急避難のところで論じることにしたい。なるほど，いわゆる**超法規的正当化事由**（übergesetzliche Rechtfertigungsgründe）の存在を否定するならば，これらも一般的正当行為（35条）の中に含めることで，条文上の根拠を与えるべきであろう（大塚379頁，大谷252頁）。しかし，緊急行為を除く正当化事由のすべてを刑法35条で規律するならば，同条の法的意義が不当に拡大されるだけでなく，そう

---

1)　正当化事由の分類としては，利益欠如の原則による場合と優越的利益の原則による場合に分ける見解（メッガー）のほか，緊急事態からの防衛・救助という緊急行為と，懲戒権の行使や被害者の承諾などの定型的な権利・権限にもとづく場合，さらに，公共の利益にかかる福祉・救助や健康の増進に資する場合に分ける見解もみられる（ザウアー）。ただし，わが国では，一般的正当行為と緊急行為に区分する見解が支配的である。

した抽象化や一般化は，かえって，各正当化事由における基本的差異を曖昧にすることになりかねない。

(3) 正当業務行為（広義）

つぎに，正当業務行為は，構成要件に該当する危険な行為であるにもかかわらず，現代の社会生活上是認された限度で，当該行為の違法性が阻却されるものである。その点では，社会侵害的結果に対する「許された危険」の法理と共通する部分がある。したがって，本書では，医療行為を含む，広義の正当業務行為を取り扱うが（第2節），終末期医療における安楽死・尊厳死については，治療行為の限界線上に位置する問題として，別途，その正当化要件を論じることにしたい（第3節）。最後に，被害者の承諾は，同意殺人罪（202条後段）や，略取誘拐罪（224条以下）における嘱託・承諾など，体系論上も，多岐にわたる機能を有している。したがって，正当化の基本原理に立ち返って，その刑法上の意義を検討しなければならない[3]（第4節）。

2 法令行為

(1) 法令行為の要件

法令行為とは，明文の法律や行政命令などにもとづいて，国民の権利行使や義務の履行と認められたものをいう。たとえば，適正な手続に従った死刑の執行は，殺人罪（199条）の違法性が阻却される[4]。また，懲役・禁錮刑の執行および令状による逮捕・勾留や押収・差押も，それぞれ，逮捕監禁罪（220条），強要罪（223条），住居侵入罪（130条）などの違法性が阻却される。さらに，母体保護法による人工妊娠中絶や公営・公設賭博など，特別立法にもと

---

[2] 最高裁は，東大ポポロ事件や舞鶴事件で超法規的違法性阻却事由を認めた下級審判例に対して，条文上の根拠がないという理由で，否定的な態度を採っている（最大判昭和38・5・22刑集17巻4号370頁，最決昭和39・12・3刑集18巻10号698頁）。なお，超法規的違法性阻却事由については，曽根威彦・刑法における正当化の理論（昭55）289頁以下など参照。
[3] ただし，刑法上は，所有者・占有者の同意を得て持ち去る場合のように，およそ窃盗罪（235条）の構成要件に該当しない場合も考えられる。
[4] 死刑執行では，殺人罪の構成要件該当性がないという見解もみられる（大塚409頁）。しかし，占有者の同意を得て財物を持ち去る行為が，すでに「窃取」の観念に該当しないのと異なり，殺人行為は被害者の意思に反することを要件としないため，構成要件的には「人を殺した」場合にあたるというべきである。

づく違法性阻却事由まで含めるならば，さまざまな法令行為が認められている。

しかし，個別的な法令が一般的な合法性を明記した場合にも，実際に正当化要件を充たすかどうかは，具体的な行為事情も考慮して判断しなければならない。すなわち，形式上は，法律の規定に合致するにもかかわらず，権利の濫用にあたる場合には，立法の趣旨に反するため，違法性が阻却されない（最大判昭和28・6・17刑集7巻6号1289頁）。たとえば，権利行使を口実にした脅迫行為は，恐喝罪などにあたるであろうし（大決大正13・3・5刑集3巻178頁），法廷における防御権の行使を超えた虚偽の供述は，名誉毀損罪（230条）などを成立させるのである[5]（最判昭和27・3・7刑集6巻3号441頁。また，最決昭和51・3・23刑集30巻2号229頁参照）。

(2) 正当化の根拠

法令行為は，次の3つの種類に区分することができよう。

まず，(a)**職務**（職権）**行為**であり，そこでは，明文の法律や命令によって，特定の構成要件的行為が当該公務員の職務内容となっている場合である。たとえば，逮捕・勾引・勾留・捜索など，司法警察職員のもつ強制捜査権限にもとづく行為や，執行官による死刑執行は，職務行為として違法性が阻却される。つぎに，(b)**権利行為**として，法令が私人の権利（義務）行使と認めたものがある。現行犯逮捕（刑訴213条）や，未成年の子に対する親権者の懲戒行為などが挙げられる（民822条）。これらの場合には，逮捕監禁罪や暴行罪などの違法性が阻却される。もっとも，犯行当時の社会通念からみて必要な範囲内に限られるため，正当化の限界については，その行為態様や手段の相当性を吟味しなければならない[6][7]。

第3に，(c)**政策的理由**ないし**社会経済的理由**から，各種の法令が反社会的行為を許容した場合がある。競馬法，自転車競技法，当せん金付証票法では，

---

5) そのほか，過去の判例については，宮野彬・大コメ(2)211頁以下，須之内克彦＝斎藤豊治＝佐久間修・新判コメ(1)323頁以下など参照。

6) 懲戒行為につき，5歳の幼児を突き倒し，その顔面などを殴打したうえ，浴槽内に押し込めるなどして，死亡させたときには，傷害致死罪の成立が認められた（東京高判昭和35・2・1東高刑時報11巻2号9頁）。

7) なお，教員などが生徒・児童に対して「体罰」を加えた場合，これを適法な懲戒に加えるべきかについては，学説上も争いがある（学教11条，少年院法8条参照）。たとえば，大阪高判昭和30・5・16高刑集8巻4号545頁，東京高判昭和56・4・1刑月13巻4＝5号341頁など参照。

賭博罪（185条以下）の違法性を阻却する。母体保護法も，政策的な理由で，一定の要件を備えた不妊手術や人工妊娠中絶を許容している（同法3条，14条）。また，死体解剖保存法では，行政的な見地から死体損壊罪（190条）の違法性が阻却される。なお，適法行為の限界は，具体的な法令に明記されることも多いが，たとえ法令の前提条件から逸脱したときにも，当然に「違法である」ことにはならない。むしろ，構成要件該当行為の実質的違法性は，国家・社会的倫理規範にもとづく無価値判断（否定的評価）を基準として決定されるべきである。

3 労働争議行為

(1) 労働基本権の保護

憲法上保障された労働基本権の中には，労働者の権利行使である争議権も含まれている。したがって，争議行為は，たとえ脅迫罪（222条）や強要罪，業務妨害罪（233・234条），器物損壊罪（261条），住居侵入罪，名誉毀損罪（230条）などの犯罪構成要件に該当する場合であっても，労働者の地位向上や団結・団体交渉権を実現する目的で行われた場合には，刑法35条によって違法性が阻却される[8]（労組1条2項）。かりに上記の目的がない場合にも，憲法28条の精神から，労働者の団体行動が適法となる場合がありうる。したがって，労働法で違法とされた争議行為が，刑法上も，ただちに違法となるわけではない（→可罰的違法性の理論）。具体的な判断基準としては，行為の目的と手段・態様のほか，法秩序全体の見地から許容されるべきか否かが吟味される。もっとも，労働者の争議権を偏重して，使用者側の自由権や財産権を無視することがあってはならない（最大判昭和25・11・15刑集4巻11号2257頁）。

(2) 争議権の限界

適法な争議権の行使は，労働者の経済的地位の向上を主な目的とする場合でなければならない。したがって，もっぱら政治目的や社会運動のために行われた場合には，正当行為の範疇から除外される（大塚414頁。なお，労組2条4号参照）。また，争

---

[8] 正当な争議行為が，刑法上も適法とされるのは当然であるため，労組法1条2項は一種の注意規定とみられる（通説。大塚413頁，大谷254頁）。なお，荘子邦雄・労働刑法（新版・昭50）68頁以下など参照。

議行為の手段・方法としては，サボタージュ（怠業）や同盟罷業のほか，工場占拠などのピケッティング，ロックアウトなどの態様が考えられる。他方，生産管理や納金ストについては，違法行為と評価した判例が多い（前出最大判昭和25・11・15頁，最大判昭和26・7・18刑集5巻8号1491頁，最大判昭和33・9・19刑集12巻13号3127頁）。なお，暴力の行使が，およそ正当な争議行為にあたらず（労組1条2項ただし書。しかし，強度な暴行に限る。），暴行・傷害罪が成立するほか，監禁罪，脅迫罪や恐喝罪などに問われることもある（最判昭和26・8・9刑集5巻9号1750頁，最大判昭和28・6・17刑集7巻6号1289頁，最大判昭和29・4・7刑集8巻4号415頁など）。

(3) 判例の動向

現行法上，国家公務員または地方公務員（国公98条2項，地公37条1項），公共企業体等の職員のように（地公等労11条，独行等労17条），労働者の争議権が否定されるほか，特別法上も，人命や船舶などに危険を及ぼす争議行為を禁止した規定がある（船員法30条）。また，工場または事業場の安全保持のため，争議権が制限されることもある（労調36条）。しかし，労働法では違法な争議行為となっても，ただちに刑法上の違法性を具備するわけではない（→可罰的違法性の理論）。

したがって，これらの争議行為を共謀・そそのかし・あおる・企てるなどの行為は可罰的行為になるとしても（国公110条1項17号，地公61条4号），通常の争議行為に随伴するものは犯罪にならないとした判例が，散見される（最大判昭和44・4・2刑集23巻5号305頁，最大判昭和44・4・2刑集23巻5号685頁）。もっとも，その後の最高裁判例は，旧国営企業の職員による場合も含めて，広く争議行為の違法性を認めてきた（最大判昭和48・4・25刑集27巻4号547頁，最大判昭和52・5・4刑集31巻3号182頁）。これに対して，学説上は，同盟罷業・怠業のような，受動的または不作為の争議行為について，およそ可罰的違法性がないとするものがある[9]（なお，最大判昭和41・10・26刑集20巻8号901頁〔全逓東京中郵事件判決〕参照）。

---

9) たとえば，団藤219頁，福田172頁，大谷256頁など。また，可罰的違法性の理論を参照されたい（→第1章第4節）。なお，過去の判例については，吉村徳則＝松本裕・大コメ(2)263頁以下参照。

第2節　正当業務行為

1　正当業務行為と許された危険

(1)　危険な社会活動

　医師や看護師の担当患者に対する手術・投薬のほか，人体に有害な化学薬品を取り扱う危険な事業，空手やボクシングなどの格闘技などでは，かりに社会侵害的な結果が発生した場合にも，一定の**医療水準**（lege artis）やルールを守っておこなわれた以上，暴行罪（208条）や傷害罪（204条）などにあたらない。これらは，法令の明文規定にもとづく正当化事由ではないが，社会生活上必要不可欠な行為であり，一般に違法性が阻却されることになる（正当業務行為）。上記の業務は，行為者が収入を得る目的であるかどうかを問わず，社会的に称賛される行為である必要もない。したがって，アマチュア・スポーツなどのように，もっぱら趣味のために行う私的な活動・動作も，刑法上の業務行為として，社会的に相当な範囲にとどまるかぎり，構成要件に該当した行為の違法性が阻却される。

(2)　正当業務行為の限界

　また，訴訟上の弁護権や宗教上の庇護権にもとづく証言拒絶権の行使も，当該行為者の業務活動の一環といえる場合には，正当業務行為の中に含められるであろう。さらに，一定の取引分野では，事業者が顧客に対して誇張・粉飾した事実を告げることもあるが，その欺く程度によっては，刑法上も許された「駆け引き」にとどまる。[1]　同様にして，他人の名誉を毀損しうる記事を掲載することは，新聞発行者の正当な業務にあたらないが（大判昭和6・2・16 評論20巻刑法41頁），報道機関の取材目的からして，公共の利害にかかる国民の知る権利を実現する場合には，それにともなう国民の利益と手段・方法の適否を比較衡量しつつ，正当な事業活動の範囲内といえるかどうかを判断すべきである[2]（なお，230

---

1) これに対して，仲間を「さくら」に使い，ほとんど経済的価値のない商品を高額で売りつける場合には，刑法上の詐欺罪にあたる（大判昭和6・11・26刑集10巻627頁）。

条の2参照）。

(3) 許された危険

許された危険（erlaubtes Risiko）とは，人身に対する危険をともなう事業活動であっても，社会生活上必要不可欠なものであれば，一般的に違法性を阻却するための法理である。当初，許された危険の法理は，高速度交通機関の利用による人身事故について，処罰範囲が無制限に拡大するのを抑制するために提唱された。すなわち，自動車の運転が他人を傷つける危険を含むとしても，これを一切禁止するならば，社会生活が停滞してしまう。そこで，一定の条件を備えた限度で，適法な行為として法的に許容することになる。[3]

すなわち，運転者が法律上必要な注意を尽くした場合，第三者や被害者の無謀な行動によって侵害結果が生じたとしても，刑事責任を問わないとする**信頼の原則**（後述）が導かれるのである。その意味で，許された危険の法理は，信頼の原則を裏づけるための論拠にほかならない。かようにして，刑法上の注意義務を遵守したならば，実際に生じた犯罪事実に対する違法評価が否定される。本来，具体的な違法（正当化）要素であった行動準則を類型化したものが，構成要件的過失を構成する注意義務であり，信頼の原則は，構成要件の段階で認められた注意義務違反を，さらに限定するための論拠となるのである（→第2部第6章第3節）。

2　治療行為と正当化事由

(1) 非傷害説と傷害説

人間の生命や健康を回復・維持・促進する**治療行為**（Heilbehandlung）については，およそ「傷害」の概念から除外しようとする見解もみられる[4]（治療行為非傷害

---

2) ただし，たとえ報道目的とはいえ，第三者の私生活を脅かす取材は，違法行為となる。なお，外務省沖縄秘密協定事件では，秘密文書を入手する手段の違法性から，公務員に対する秘密漏示の「そそのかし」が，違法な取材活動とされた（最決昭和53・5・31刑集32巻3号457頁）。
3) この点でも，結果無価値的な要素だけでは，客観的な法益の侵害・危険が，その行為態様や社会相当性からして正当化される理由を説明できないであろう。
4) ただし，患者の有効な承諾があり，医療水準を遵守した治療行為であれば，およそ構成要件的過失もないことが多いであろう。しかし，治療が成功したことで構成要件不該当とみる立場は，「傷害」の概念を過度に規範化している。また，定型的な構成要件該当性の判断では，複雑多岐にわたる治療行為の是非を具体的に評価することはできない。

説。大谷266頁,前田108, 308頁)。しかし，たとえ一時的であっても，人の身体に物理的侵襲を加えるならば，定型的には，傷害罪の構成要件該当性に該当するといわざるをえない。なぜならば，生命・身体それ自体が客観的な法益となる以上，手術時のメスによる切開や患部の切除，その前後の注射や投薬にともなう物理的侵襲は，刑法204条の構成要件該当性としては，傷害罪における「生理的機能の障害」にあたるからである。むしろ，治療行為に際しては，「患者の自己決定権」や「被害者の承諾（後述）」にもとづく違法性阻却を認める見解が，今日では有力になった[5]（治療行為傷害説。大塚423頁，井田328頁など）。

これに対して，たとえ患者本人の了解を得た場合であっても，人命に対して高度な危険性をともなう実験的治療は，刑法上許容されない（大塚424頁, 川端315頁）。同様にして，宗教上の理由から患者が輸血を拒否したにもかかわらず，緊急手術時に生命救助の目的で輸血をした場合など，患者の同意・承諾によらない**専断的治療行為**(eigenmächtige Heilbehandlung) も，治療行為の性質からして，正当化される余地がある。

(2) **治療行為の特殊性**

本来，治療行為は，傷病者自身やその保護者の有効な同意（嘱託・承諾）にもとづくべきである。しかし，客観的にみて患者の健康回復に資するにもかかわらず，もっぱら被害者の嘱託・承諾（後述）だけを正当化の根拠とするならば，疾病や傷害の治療という業務行為を，やくざの指詰め行為と同列に取り扱うことになりかねない。かりに推定的承諾さえ認め難いときでも，実質的な違法評価という見地からは，最終的な医学的処置の妥当性が確保されるかぎり，むしろ，治療行為を正当業務行為の一種とみるべきである。他方，実際の医療現場では，専門家の裁量的判断が重視されるため，専断的治療行為の範囲が不当に拡大するおそれがないわけではない。そこで，患者本人の意思を尊重しつつも，適法な治療行為の限界を確定する必要があろう。本書では，患者の嘱託・承諾は，第2次的または補充的な正当化要素として，犯行

---

5) もっとも，結果無価値論では，医的侵襲が疾病の回復に役立たず，かえって病状を悪化させたとき，もはや，客観面だけでは正当化が困難となる。そのため，患者（被害者）の承諾を正当化の根拠に加えたのであろう。たとえば，町野朔・患者の自己決定権と法（昭61）163頁以下など参照。

当時の医療水準など，他の客観的要素と併せて検討されるにすぎない。

(3) 説明のある同意

近年，患者の**インフォームド・コンセント**（informed consent）を重視する見解が広く普及した。それにもかかわらず，本人の同意さえあれば，すべての医療行為（医的侵襲）が許容されるわけではない[6]。刑法上，患者の承諾を得た生命の剝奪・短縮であっても，同意殺人罪（202条後段）や傷害罪の規定が適用されることに注意しなければならない（➡安楽死と尊厳死）。また，およそ治療行為にあたらない人体実験については，嘱託・承諾を与えた動機・理由にかかわらず，侵害行為の態様が公序良俗に反するかぎり，刑法上は違法と判断されることになる。

他方，**医療水準**（lege artis）に合致する行為であれば，通常，治療目的（主観的正当化要素）が認められる。また，たとえば緊急状況にあったことから，患者の有効な同意が得られなかったとしても，行為全体を総合的に評価するとき，健康の回復に資するものであれば，客観的見地から違法性が阻却されることになる（客観的正当化要素）。なお，専門家の間でも承認されていない実験的な治療方法は，それにともなう危険性と治療効果を比較衡量したにもかかわらず，適法・違法のいずれにも決しがたいとき，第2次的な判断基準である患者の意思（治療の選択）にもとづくことになろう[7]。

3 脳死体からの臓器摘出

(1) 生命の価値

患者本人の同意を条件とした脳死体からの臓器摘出は，提供者（ドナー）の残余生命と受容者（レシピエント）の救命を比較したとき，後者の利益が優越するような場合にも，ただちに正当化されることはない。移植のための臓器摘出は，別個の法益主体である「受容者」のためになされるため，臓器の有

---

6) そのほか，患者の自己決定権を強調するだけでは，患者が特定の医師や治療法に限って同意したとき，刑法上も有効といえるかという問題が生じる。

7) 正当な治療行為の主体は，国家資格を取得した業務者だけに限られないが，通常，相当程度の医学的知識・経験が必要とされるため，無免許者による「治療行為」が正当化される可能性は乏しいであろう。なお，無免許医業罪（医師法17条）につき，大谷實・医療行為と法（新版補正第2版・平9）19頁以下など参照。

効利用を希望した提供者本人の意思に従うとしても，被害者（提供者）にとって，残余生命の放棄を埋め合わせるだけの積極的利益は存在しないからである。[8] この点で，患者自身の苦痛を除去する安楽死（後述参照）とは，刑法上まったく異なる。臓器移植の医学的意義はともかく，被害者の個人的法益を超えたところで「他殺（殺人）」を容認することは，「特定の臨死状態における生命が他者の生命より劣る」という判断を前提とするものにほかならない。だが，提供者と受容者がともに「生存する人間」であるならば，その間で生命の価値に差異を設けるべきであろうか[9]。

(2) 脳死説と自己決定権

学説の中には，脳死が「限りなく死に近い状態」であって，被害者本人が残余生命を放棄した以上，他人の生命を救助するという対抗利益も考慮して，主要臓器の摘出も例外的に許容されるという主張もみられる（大谷274頁）。しかし，同意殺人罪（202条後段）の成否は，被殺者が同意を与えた動機により左右されるわけでない。また，心臓などの摘出を正当化するためには，提供者と受容者の利益を比較衡量して，明らかに後者が優越していた場合（緊急避難。37条）を除いて，むしろ，脳死を「人の死」と定義するほかはあるまい。

また，患者の自己決定権を強調する立場では，個人の自律性にもとづく生命だけが刑法的保護の対象になるという（いわば主観的法益論である）。そこでは，客観的な利益衡量を経ることなしに，本人の同意さえあれば，行為の適法性が認められることになる。したがって，脳死体からの臓器摘出だけでなく，およそ自律的な意思決定能力のない意識喪失者や重度の精神障害者について，その生命が法的保護を受けえないという危険性さえ生じるのである。

---

8) しかも，臓器摘出の時点では，脳死者の意思表示がないため，文書による事前の意思表示や推定的承諾の法理により，提供者自身の自己決定権を考慮することになる。
9) ただし，現在では，臓器移植法が制定されたため，所定の条件を具備した臓器摘出は，法令行為の中に分類されるであろう（ただし，大谷274頁は，部分的脳死説を採られる）。

第3節　安楽死と尊厳死

1　安楽死の正当化要件

(1)　安楽死の種類

　刑法上，**安楽死**（安死術；Euthanasie）とは，死期が目前に迫った終末期の重症患者が，耐え難い肉体的苦痛に呻吟しているとき，これを緩和ないし除去する処置・施術が生命の短縮をともなう場合である（広義の安楽死）。自然の死期に先立って人を死亡させる点では，普通殺人罪（199条）の成否が問題となる。また，患者本人の嘱託・承諾があったとしても，同意殺人罪（202条後段）の構成要件に該当する。しかし，広義における安楽死は，(a)単に苦痛を緩和するだけの**純粋安楽死**（本来的安楽死）と，(b)最低限必要な延命措置の停止という純然たる不作為にあたる**消極的安楽死**を含む。さらに，(c)強力な麻酔剤（モルヒネなど）を投与して残余生命を短縮するおそれがあり，間接的には患者の死期を早める行為が，**間接的安楽死**と呼ばれており，(d)もっぱら患者の生命を短縮するだけの**積極的安楽死**（狭義の安楽死）から区別されている。[1]

(2)　正当化と免責

　上記の分類の中でも，(a)純粋安楽死は，治療行為の一種にほかならない。また，(c)間接的安楽死についても，副作用をともなう医学的処置と考えるならば，治療行為の一種として正当化できるであろう。したがって，刑法上問題となるのは，(b)消極的安楽死と(d)積極的安楽死であるが，学説上は，これらの安楽死を正当化事由に含める見解（大塚425頁，大谷269～270頁，川端322頁）と，せいぜい，適法行為の期待可能性が欠けるにすぎないとして，責任阻却事由とみる見解が対立してきた（曽根127頁）。前者が，通説・判例である（名古屋高判昭37・12・22高刑集15巻9号674頁，鹿児島地判昭50・10・1判時808号112頁，大阪地判昭和52・11・30判時879号158頁など）。

---

[1] そのほか，安楽死の分類としては，被殺者の意思による任意的安楽死と，本人の意思表明がない非任意的安楽死（または強制的安楽死）に分けることもある。しかし，本書では，安楽死の正当化要件として，被殺者の嘱託・承諾が必須であるため，任意的安楽死だけが問題となってくる。

(3) 客観的正当化要素

安楽死を正当化する要件としては，(i)現代医学上不治の傷病に侵され，しかも，その死が目前に迫っていること，(ii)肉体的に耐え難い苦痛があり，何人もこれを見るに忍びない程度であること（東京地判昭和25・4・14裁時58号4頁参照），(iii)患者の意識がなお明瞭であって，本人が意思を表明できる場合には，真摯な嘱託・承諾があること，(iv)その方法が倫理的にも妥当なものであることが要求される。さらに，(v)医師の手によることを原則とし，それが不可能な場合には，特別な事情のあることが求められる。なお，実務上は，(vi)もっぱら患者の苦痛を緩和する目的であったことも必要となる（前出名古屋高判昭和37・12・22参照）。

しかし，(iv)については，およそ人を殺す行為である以上，倫理的に妥当な方法はありえず，(v)についても，医師が犯罪者となる危険を冒して，安楽死を実施するとは考えにくいため，現実には家族による場合がほとんどであって，いずれも違法行為になりやすいという指摘がある。もっとも，方法の相当性は，第三者に残酷な感じを与えないような，できるだけ穏やかな手段を選択することを求めたにすぎない。また，原則として医師を行為主体とした点は，一般人が(i)や(ii)の要件を判定できないこと，相続人などの利害関係者による殺人を防ぐためにも，通常は医師がおこなうという程度の趣旨であろう[2]（大塚427頁，大谷271頁）。

(4) 主観的正当化要素

かつて先例とされた名古屋高裁判決が，行為者の主観面として，もっぱら患者の苦痛を緩和する目的を要件とした点については，違法性の本質をめぐる対立とも関連して，主観的正当化要素を認めるかどうかが争いとなる。そのほか，(iii)の要件に関して，患者本人の同意がなくても安楽死を許容できるかどうかは，すでに意識が喪失ないし混濁した患者の場合，正常時に表明した意思（リビングウィル：living will）で代替しうるかの問題である。もちろん，傷病者本人は安楽死を希望しないにもかかわらず，家族らの嘱託・承諾による安楽死が許されないのは，いうまでもない（代諾の禁止[3]）。いずれにせよ，

---

2) なお，不作為による安楽死であれば，作為義務者である医師の治療停止などが考えられる。その際，先行する診療契約や治療の引受けなどがあった場合には，保護責任者遺棄罪（218条）が成立しうるであろう。

患者自身の苦痛除去という利益が，残された生命の保護と比べて客観的に優越することが絶対の条件であって，本人の真摯な嘱託・承諾さえあれば，当然に，生命を断絶する行為の違法性が阻却されるわけではない[4]。

図示　安楽死の概念

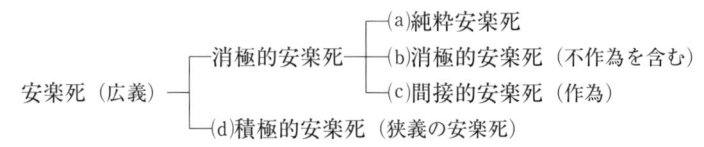

```
                    ┌─ 消極的安楽死 ─┬─ (a)純粋安楽死
安楽死（広義）──┤                   ├─ (b)消極的安楽死（不作為を含む）
                    │                   └─ (c)間接的安楽死（作為）
                    └─ (d)積極的安楽死（狭義の安楽死）
```

2　尊厳死の正当化要件

(1)　尊厳死の概念

現代医学の進歩は，死に瀕した重篤な傷病者についても，高度な延命措置を施すことにより，一定期間はその生命を保持できるようにした。しかし，およそ治癒・回復の見込みがないまま，いたずらに死期を引き延ばすことは，患者本人および家族にとって，精神的な苦痛をもたらす場合も少なくない。そこで，死期の迫った傷病者自身が，無駄な延命治療を拒絶して，人間らしく「尊厳のある死」を迎える権利が提唱されるにいたった。刑法上も，**尊厳死**（death with dignity）を，正当化事由の一種とみる見解が多数説である（大塚428頁，大谷272頁など）。

(2)　尊厳死の法的諸問題

尊厳死では，上述した安楽死と異なり，激しい肉体的苦痛があるわけではない。しかも，植物状態の患者については，自分で延命措置の拒絶を表示できないため，周囲の者が自分の都合で末期患者の生命を左右する危険性もある。さらに，患者本人が事前に尊厳死を希望した場合であっても，延命措置

---

3) また，横浜地判平成7・3・28判時1530号28頁（東海大学安楽死事件）参照。なお，学説上は，推定的承諾にもとづく安楽死も，当該事件の具体的状況によって，行為者の責任を阻却しうるとされる（大塚427頁）。
4) たとえば，わずかに残された生命（生存利益）と延命措置にともなう肉体的・精神的苦痛の除去（期間を享受する利益）を比較するなど，客観的な要件で絞り込むことが必要である。

を放棄することは，伝統的な医師の治療義務と相反する一方，治療引受けにもとづく作為義務違反の問題も生じる（不作為犯）。

これに対して，生命維持装置の装着や延命措置の継続が，広義における治療行為にあたる以上，患者が治療拒否の意思を表示したならば，これを無視して「治療」することはできない。したがって，刑法上，安楽死に準じた条件を備えた場合，尊厳死による正当化を認めることになろう。すなわち，尊厳死の場合には，安楽死の要件とされた肉体的苦痛がないものの，死苦（精神的なものを含む）の緩和や除去を目的とした生命の短縮という意味では，両者に共通する要素がみられるからである。

(3) その正当化要件

尊厳死では，死期が目前に迫ってはいないが，(i)現代医学上不治の傷病であって，回復の見込みが全然存在しないこと，(ii)医師が積極的な延命措置をとらなければ，ただちに死にいたるような容体であること，(iii)傷病者自らが，事前に真摯な尊厳死の希望を表明したか，本人の日常の言動からそれを推認しうることが，絶対的な正当化要件となる。

そもそも，尊厳死を実施して生命を短縮するのは，通常の治療行為と異なるため，本人の自己決定権に最終的な正当化根拠を求めるほかはない。その際，現在は意識喪失状態にある患者はもちろん，死期に直面した患者の願望が，どこまで真摯かつ有効な同意といえるかの慎重な吟味が必要となるであろう。[5] ただ，第三者による嘱託・承諾では患者の生命を処分できない以上，患者本人に正常な判断力が欠ける場合には，推定的承諾による正当化を検討するべきである。その意味で，家族の意向も，患者の意思を推認する資料として考慮されるであろう。[6]

そのほか，(iv)尊厳死の方法が，社会生活上も相当であって，(v)行為者の主

---

[5] 他方，患者本人の意思表明がないとき，「治療義務がなくなった」ので延命措置を停止できるという構成は，治療義務をブラックボックスとした循環論であって，何らの解決策も示していない。
[6] 自己決定権を強調する見解では，自由意思と一体化した生命だけが保護されるため，患者本人が「生か死か」を自由に選択しうる。もちろん，激しい肉体的苦痛に襲われている状態で，国家が個人の「（苦痛に満ちた）生存」を強制できないとしても，刑事法の介入を排除して，個人による生命処分を容認するだけでは，生命の尊厳を守ることにはならないであろう。なお，福田雅章・劼立明＝中井美雄編・医療過誤法（平6）286頁以下，宮野彬・安楽死から尊厳死へ（昭59）234頁以下など参照。

観面においても，傷病者本人の希望を容れて患者のためにおこなうという意思がなければならない。さらに，(vi)尊厳死では，高度な延命措置が施された状態が前提となっており，通常，担当医が治癒・回復の不能を判定するため，医師の手による尊厳死に限定する必要があろう。なるほど，医師がこれを拒否した場合には，近親者などによる尊厳死も考えられるが，その際には，行為者の動機などを考慮して，せいぜい，期待不可能にもとづく責任阻却にとどめるべきである。[7]

第4節 被害者の承諾による行為

1 被害者の承諾と保護法益

(1) 構成要件不該当と正当化

被害者の承諾（Einwilligung des Verletzten）による侵害は，原則として違法性が阻却される。古い時代には，「承諾者には不法はなされない」という法格言も存在した。もっとも，(a)窃盗罪（235条）や住居侵入罪（130条）では，構成要件上，被害者の意思に反した財物の奪取や建造物への侵入が前提となっている。したがって，権利者の同意（嘱託・承諾）があれば，およそ犯罪構成要件に該当しない（最判昭和25・11・24 刑集4巻11号2393頁）。これに対して，(b)強制わいせつ罪（176条）や強姦罪（177条）では，刑法上，13歳未満の者による同意は無効とされている。また，(c)同意殺人罪（202条後段）や同意堕胎罪（213条）の構成要件でも，最初から被害者の同意により刑が減軽されるため，実際に被害者の嘱託・承諾があっても，新たに違法性を阻却するべき事情が認められる場合にかぎって，当該行為の正当化が可能となるであろう。

(2) 保護法益による限界

国家的法益または社会的法益に対する犯罪にあっては，副次的に個人的法益を保護している場合にも，被害者の同意は，せいぜい，当該行為の違法性

---

7) なお，被害者が自殺しようとした場合にも，刑法上「生き続けること」を強制できないが，それだけで自殺を阻止する行為が違法となるわけでない。むしろ，他殺禁止の原則に違反しない以上，国家は自殺者と妨害者のいずれに対しても，刑罰をもって介入すべきでない。

を軽減するにすぎない。たとえば，虚偽告訴等の罪（172条）では，不当な処罰・懲戒を受けないという被告訴者の個人的法益も包含されるが，主たる保護法益は国家の審判作用である。そうである以上，たとえ被害者の同意があっても，虚偽告訴等罪が成立することになる（通説）。なぜならば，虚偽告訴によって，被虚告者がただちに具体的な刑事処分（刑罰など）や行政処分（捜査など）を受けるわけでなく，もっぱら国家の適正な捜査（調査）権を害するにとどまることも少なくないからである[1]。

また，居住者の同意を得て現住建造物に放火したときは，通常，非現住建造物等放火罪（109条）になるとはいえ，当該建物の中に人がいると知っていたならば，むしろ，現住建造物等放火罪（108条）が成立する。その意味では，被害者の同意がもつ犯罪論上の意義は，各犯罪の保護法益や罪質に応じて左右されることに注意するべきである（大塚418頁(4)。また，佐久間・刑法各論255頁参照）。

2 被害者の合意と承諾

(1) 意思傾向説と意思表明説

ドイツの学説では，侵害行為の構成要件該当性を阻却する承諾を，**合意**（Einverständnis）と呼び，違法性を阻却する承諾を，**承諾**（Einwilligung）と呼んで，理論上も区別することがある（ゲールズ，レンクナー，ツィプフ）。すなわち，合意では，犯人である侵害者が承諾の存在を認識する必要がないのに対して（**意思傾向説**；Willensrichtungstheorie），承諾では，被害者の意思が事前に表明されており，犯人が侵害を開始する時点で認識していなければならない（**意思表明説**；Willenserklärungstheorie）。

犯罪論上，構成要件該当性を阻却する合意は，法益侵害に向けた被害者の形式的認識で足りるため，その意思能力（承諾能力）いかんは問われない。たとえ未成年者や精神障害者による意思表示であっても，国家による後見的介入が排除されることになる。他方，正当化事由にあたる承諾では，承諾能力のある被害者の真意にもとづく承諾であることが必要とされるのである。

---

1) したがって，虚偽告訴を受けた者の法的安定性（法益）は，抽象的な危険の程度で補充的に考慮される。

(2) 自損行為と自傷行為

　しかし，こうした区別は，各犯罪の保護法益に応じて異なってくる。1の(1)で述べたように，当初から，(a)の構成要件該当性阻却事由と(c)の違法性阻却事由では異なる意味をもつからである。したがって，以下の記述では，合意と承諾を形式的に区別せず，両者を含む概念として「同意」の語を用いることにしたい[2]。なお，自殺・自死または自傷行為のように，行為者が自らの法益を侵害する場合は，**自損行為**（Selbstverletzung）と呼ばれる。自損行為では，何ら他人の法益を侵害していないので，加害者であり被害者でもある犯人を処罰するだけの実益がない。しかし，自殺関与罪（202条前段）のように，第三者が自損行為である自殺に加功した場合には，もはや適法な行為とみられず，違法行為として処罰される可能性がある。

3　保護法益と正当化の根拠

(1)　法益欠如の原則とパターナリズム

　正当化事由となる被害者の承諾では，法益主体の自由な処分権（自律権）を保護法益と考えることにより，保護法益の欠如による正当化が考えられる（法益欠如の原則。大谷260頁，山口150〜152頁）。そこでは，被害者の意思に反する侵害だけが違法な行為と評価されるからである。しかし，刑法上の法益は，本来，保有主体の主観的意思から独立した客観的存在である。たとえ個人的法益であっても，当該客体が法的に保護された状態は，国家権力によって維持されている。したがって，法益の保有主体が放棄したことで，ただちに侵害客体としての性質（保護法益性）までなくなるわけではない[3]。

　そもそも，被害者の意思にもとづく行為の正当化は，客観的な法益の優越がある正当業務行為とは異なり，国家の刑罰制度の中に残された例外的存在にすぎない。その意味で，国家的刑法の中の「私的な処分権の承認」は，「正当化事由における異物」と呼ばれる。なるほど，もっぱら個人の自律性に法

---

2) そのほか，秘密漏示罪（134条）についても，一定の職業人に対する信頼違背という側面があり，この点に着目するならば，被害者の同意だけで違法性が阻却されるわけでない。なお，佐久間修・最先端法領域の刑事規制（平15）38頁以下など参照。

3) かりに論者のいう「自律性」の内容が，個人による処分可能性を意味するとしても，法制度としての自由の保護は，個々の具体的な同意の有無とは区別されるべきである。

益の本質を求める見解もみられるが（山中203〜205頁，林160〜161頁など），これらの見解にあっても，個人の自己決定や自由な処分権は，私的利益のすべてについて貫徹されているわけでない。たとえば，生命の売買や奴隷契約の締結は，人間の自律的処分の前提条件である存在基盤を突き崩すとか，およそ「人間の尊厳」に反するなどとして，国家による後見的保護が要請されるからである（一種のパターナリズム）。

(2) **自律的処分と行為無価値**

つぎに，被害者の自律的処分が「保護法益」の存否を左右するならば，たとえ被害者の同意が侵害行為の後で生じたとしても，反対説のいう「結果無価値」が欠落するはずである。しかし，事後の同意や偶然の同意を含めて正当化事由とみることは，後述する偶然防衛の場合と同様，行為無価値論からは，到底，容認できないであろう（➡第3章2節参照）。また，被害者の自律的処分を保護法益とみる立場は，実際に有効な同意があったにもかかわらず，刑法上，同意殺人罪で処罰されることを十分に説明できない。かりに個人の生命に対する「国家社会的な利害」から，同意殺人罪の処罰根拠を基礎づけるならば，侵害の客体である法益の概念と，国家法により保護されるという状態を混同している。むしろ，刑法上は，第三者の行動を規律するべき「他人の生命の尊重」という原理が，たとえ本人の同意があっても，他者を侵害する行為に対して，犯罪性を付与しているのである。

かようにして，本書の立場は，そもそも他殺（他者の侵害）という客観的な結果無価値が認められる以上，被害者の同意だけでは，当該行為の違法性を阻却できないと考えるものである。その意味で，被害者の同意は，客観的な法益侵害の違法性を間接的に低減させるにとどまり，それだけで独立した正当化事由たりえないのである。ここでも，目的の正当性を含めた社会相当性の見地から，当該行為の違法性を検討する立場が，通説・判例となっている（大塚417〜418頁，最決昭和55・11・13刑集34巻6号396頁など）。

4　有効な同意の条件

(1) **被害法益の性質**

刑法上問題となる保護法益が純然たる個人的法益であり，かつ，被害者本

人の自由な処分権が行使された場合には，被害者の同意により，当該行為の違法性が阻却されることがある。しかし，有効な同意があったというためには，以下の要件が充たされねばならない。まず，(i)同意する法益主体は，侵害行為の意味・内容を理解して，これに同意を与える判断力のあることが前提となる。したがって，幼児による嘱託や高度な精神障害者の承諾は，十分な意思能力がないこともあり，一般に有効な同意とみられない（大判昭和9・8・27刑集13巻1086頁）。また，(ii)同意の主体は，当該法益の処分権者でなければならず，かりに妊婦自身が胎児の中絶を望んだとしても，妊婦には胎児の生命を処分する権限がない以上，中絶した医師には，業務上堕胎罪（214条）の規定が適用される[4]。

(2) 同意の真摯性

つぎに，(iii)被害者の同意は，真意にもとづくものでなければならない（大判明治43・4・28刑録16輯760頁）。被害者を欺いて得られた同意は無効であって，通説・判例によれば，追死を装った無理心中は，殺人罪にあたる[5]（最判昭和33・11・21刑集12巻15号3519頁）。なるほど，保護法益の欠如を重視する結果無価値論では，およそ形式的同意さえあれば違法性が阻却されるため，偽装心中における「動機の錯誤」は，何ら考慮されないであろう。また，犯人の欺く行為によって，危険な投機取引に誘引された場合でも，それが動機の錯誤にとどまるかぎり，およそ詐欺罪の成立が否定されることになる。そこで，反対説は，**法益関係的錯誤**にもとづく同意があった場合，有効な同意がなかったと説明する[6]。しかし，担当医が末期状態の悪性腫瘍であると偽って，絶望した患者に安楽死を選ばせる場合，自死（生命の放棄）にかかわる法益関係的錯誤は生じていない。だが，一般には，通常人が法益を放棄するだけの客観的状況を偽装した以上，これにもと

---

[4] なお，自己堕胎罪（212条）が，同意堕胎罪に対する減軽構成要件であるため，不同意堕胎罪（215条）は，同意堕胎罪（213条）の加重構成要件と理解されるべきである。そのほか，109条2項，110条2項も，それぞれ109条および110条の減軽構成要件とみられる。

[5] また，多数の勢力に威圧された結果，被害者がやむなく同意した場合も，刑法上無効である（最大判昭和25・10・11刑集4巻10号2012頁）。

[6] しかし，法益関係的錯誤にも例外を認める論者があり，必ずしも一貫していない。むしろ，そこでは，行為者の動機を含めた行為全体を総合的に評価して，行為無価値論の見地から承諾の有効性が決定される場合とそれほど変わらない。また，ドイツの理論状況につき，斉藤誠二・吉川古稀159頁以下，林美月子・内藤古稀23頁以下参照。

づく被害者の意思表示は無効であり，普通殺人罪（199条）が成立するといわねばならない。[7]

(3) **同意の認識**

さらに，被害者が同意を与える形態をめぐって，諸見解の対立がある。反対説は，行為者が同意の存在を認識している必要はなく，客観的に存在しただけで足りるという（**意思傾向説**。大谷263頁，曽根126頁）。また，侵害行為の後で同意を与えた場合にも，結果無価値が欠けることになる（山口156頁は，結果発生時でよいとする）。そこでは，すでに保護すべき法益がないため，常に違法性が阻却されるのである。これに対して，通説・判例は，被害者の同意が外部に表明されたことを必要とする（**意思表明説**）。しかも，犯人の側がこれを認識していた場合に限定しようとする（**主観的正当化要素**。大塚420頁）。さらに，同意の存在を認識した時点は，侵害行為に着手する以前でなければならない（大塚420頁，川端313〜314頁，大判昭和11・1・31刑集15巻63頁など）。ただし，黙示的な承諾であってもよいとされる。

なお，犯人が客観的に存在した被害者の同意を知らないまま，相手方を侵害したとき，後述する偶然防衛の場合と同様，未遂犯の限度で処罰する見解も予想される。しかし，こうした見解が，結果無価値論として論理的一貫性を欠くものであることは，すでに別の機会に指摘した[8]（佐久間・刑法における事実の錯誤〔昭62〕415頁以下）。

(4) **社会的相当性**

そのほか，同意それ自体の内容が公序良俗に反する場合にも，正当化が否定される。たとえば，犯罪目的で同意を与えた被害者と共謀していた場合である。刑法上は，侵害結果にいたる態様も含めた諸事情を勘案しつつ，総合的な見地から違法性の阻却を検討しなければならない。本書では，被害者の処分意思が，客観的な利益衡量を補充する原理にとどまると考えている。また，判例によれば，保険金詐欺の目的で人身事故をおこした事案について，被害者が同意した動機・目的のほか，行為の手段・方法などの事情を斟酌し

---

7) なお，故意に相手方を欺いた犯人には，被害者本人の錯誤にもとづく行為を媒介にした間接正犯が成立する余地もあろう。
8) たとえ，法益侵害の客観的危険性を理由として未遂犯の成立を認める場合にも，危険性の内容について首尾一貫しないという指摘がある。

たうえで，傷害行為の違法性を肯定すべきであるとされた[9]（最決昭和55・11・13刑集34巻6号396頁）。

第5節　推定的承諾と危険の引受け

1　推定的承諾による正当化

(1) 推定された同意

推定的承諾（mutmaßliche Einwilligung）とは，実際に被害者本人の承諾はなかったが，もし被害者が客観的状況を知ったとき，おそらく承諾したであろうと考えられる場合である。具体的には，隣家の火災を発見した知人が，たまたま留守中の隣人のため，玄関を蹴破って侵入し（住居侵入・器物損壊など），火を消そうとしたり，家財や貴重品を搬出する例が考えられる（財物の占有侵害）。また，交通事故で意識不明状態の重症患者のために，救急医が緊急手術を施す場合のように（傷害），客観的には存在しない被害者の承諾を推定することで，当該行為の違法性を阻却するための法理である。通説は，被害者の同意の延長線上に位置づけているが（大塚422頁など），事後的な同意を前提にした正当化事由ではなく，行為時を基準とする違法評価である以上，別個の正当化事由として構成すべきである（前田310頁）。

(2)事務管理型

正当化の根拠としては，客観的に価値の高い法益が保護されるため，優越的利益の原則にもとづくことになる。すなわち，被害者の生活領域内で複数の法益が対立するとき，第三者が保有主体の替わりに法益を保全する意味で，一種の緊急避難に近い側面が認められる。たとえば，手紙の名宛人と親しい知人が，留守中に届いた速達を開封して必要な処置をとる場合や，意識不明の自殺者を助けるために，被害者の真意（自殺の意思）に反しても，着衣の損傷

---

9) そのほか，積極的依頼である嘱託と消極的受容である承諾を区別するべきか，また，正常時に表明した事前の意思決定が，終末期における承諾としても有効といえるか，さらに，本人が希望したにもかかわらず，移植を目的とした臓器の売買が禁止される理由など，客観的な利益衡量と法秩序の見地から，社会的相当性の判断を行うべき場合が少なくない。

や傷害（医的侵襲）にあたる救助活動をする場合は，刑法上も許容されるべきである。

他方，推定的承諾を「被害者の同意」の延長とみる立場では，被害者の現実的意思が尊重されるため，死を希望した自殺（未遂）者を救助することも，違法行為となりかねない（大谷265頁，曽根127頁，山口168頁）。もちろん，被害者の意思表示が明らかな場合には，推定的承諾の法理を適用できない点で，補充的な正当化事由にとどまる（大谷266頁）。しかし，実際の処分意思を補完するだけであれば，双方の正当化事由が競合したとき，善意にもとづく救助活動が，およそ正当化を拒絶されるという不当な帰結になりかねない。

(3) **包括的同意型**

これに対して，家人の留守中に，親しい友人が勝手に上がり込む場合のように，当事者間の慣習で許容される行為は，個別的な同意がなくても正当化されることがある。ここでは，行為者自身のためにする侵襲の適法性が問題となってくる。したがって，もはや優越的利益の原則にもとづく正当化は困難である。結果無価値論によれば，こうした包括的同意型では，上述した事務管理型と異なり，せいぜい，可罰的違法性が欠けるにすぎない（西田181頁）。換言すれば，居住者から事前に包括的同意を与えられたにすぎず，こうした場合には，推定的承諾による正当化を否定する見解もみられる。しかし，社会的相当行為としては，正当化される余地を残しておくべきであろう（大谷265頁）。

(4) **事前判断と事後判断**

そこで，被害者の利益となる場合も含めて，推定的承諾の法理を「許された危険」の一種とみる見解が現れた（ロクシン）。しかし，犯人の行為が被害者の意思に沿った結果を実現する蓋然性を含むとしても，事前判断だけで違法評価をおこなうならば，その他の正当化事由にあっても，保有主体の意思に反した第三者の処分を，広く許容することにもなりかねない。その意味で，違法評価の事後的性質を無視するものと批判されてきた（山口169頁）。

おもうに，個人の自律的処分を保護法益とみたうえで，もっぱら結果無価

---

1) それどころか，西田180～181頁は，事務管理型の場合，違法性を阻却しないと明言されるが，疑問である。
2) 吉田宣之・違法性の本質と行為無価値（平4）277頁など参照。

値論に立脚するとき，事後になって保有主体の特異な考え方が判明したとき，およそ善意で介入した行為者のすべてを違法と評価することになる。そこでは，もっぱら被害者の主観的恣意によって刑事責任が左右されるおそれがあり，そのリスクを行為者の側に負担させるため，善意の事務管理者にとっては苛酷な結論にならざるをえない。むしろ，行為無価値論からは，行為時の客観的事情を基準とした正当化判断に反することになる。したがって，事務管理型はもちろん，権利侵害型においても，従来の慣行から被害者の同意が推測される場合には，たまたま保有主体から拒絶されたとしても，ただちに正当化を否定するべきではなかろう。

2　危険の引受けによる正当化

(1)　行為の同意と結果の同意

被害者が，社会生活上の高度な危険を認識しながら，あえて危険な行動を選択したとき，侵害結果の発生が「危険の引受け」により正当化されることがある。たとえば，ドライバーが飲酒して運転することを知っていた場合，その同乗者が死傷事故に遭ったとしても，ドライバーには，その限度で過失犯としての違法性が否定される。そもそも，「危険の引受け」では，被害者の承諾があった場合と同じく，個人の自己決定権にもとづく侵害結果であるため，法益侵害性が乏しいとされる。しかし，一定の危険を予見した場合であっても，実際の侵害結果までは認識・認容していないことがある（**行為の同意**）。その意味で，「危険の引受け」は，当該結果も認容していた「被害者の承諾」や「自傷行為」の場合から区別されてきた（**結果の同意**）。

(2)　ダートトライアル事件

危険の引受けが，将来の危険を引き受けたにすぎず，加害者と被害者のいずれも，侵害結果を認識・認容していないとすれば，もっぱら過失犯の成立する可能性が残るだけである。すでに下級審では，自動車競技にともなう同

---

3) むしろ，大塚 422 頁，大谷 265〜266 頁は，正当化を認めておられる。もっとも，被害者が特殊な価値観をもつ人物であって，行為者がそうした事情を知りながら，あえて保有主体の意思に反する行動に出たならば，たまたま客観的・合理的な基準に合致していても，刑法上は違法と評価されるべきである。

乗者の死亡事故をめぐって，業務上過失致死罪（211条1項前段）の成立を否定した判例がある（ダートトライアル事件）。すなわち，ダートトライアル競技は，未舗装道路を自動車で疾走するスポーツであり，転倒・衝突による人身事故の発生を避けることができない。たとえ所定のルールを守っていたとしても，運転者の生命・身体に重大な危険が生じうる。したがって，ベテランの同乗者が，初心者のドライバーに指示して，高速度で急カーブに突入させた場合，転倒事故によって同乗者が死亡したときにも，社会的相当性や危険の引受けを理由として，業務上過失致死傷罪が成立しないとされた（千葉地判平成7・12・13判時1565号144頁）。

(3) 自己危殆化と他者危殆化

　学説上は，危険の引受けを「自己危殆化」と「他者危殆化」に区分する見解がある。すなわち，被害者の引受けにもとづく危険な活動が，他者の行為に委ねられた場合と，被害者自らが因果経過を支配した場合では，犯人の可罰的評価に差異が生じるというのである。しかし，ダートトライアル事件のように，運転者と被害者が同一車両に乗ることで，一種の「危険共同体」を形成するとき，「自己危殆化」と「他者危殆化」の分類は，実際上も決定的な差異をもたらさない。

　むしろ，社会的に許容された危険性の程度に応じて，被害者による危険の引受けも評価されるべきである。その際，生命・身体の安全を脅かす「他者危殆化」では，個人の自己決定権に依拠した正当化が困難となる。したがって，同意殺人罪（202条後段）や同意傷害をめぐる議論からも，例外的な緊急状況の場合を除いて，原則として違法と評価せざるをえない。そもそも，被害者の同意や危険の引受けがあっても，侵害の動機・目的や行為の手段・方法などを考慮しつつ，社会相当性の理論によって当該行為の違法性が左右されるからである（最決昭和55・11・13刑集34巻6号396頁）。

(4) ふぐ肝中毒死事件

　もっとも，上述したダートトライアル事件では，ドライバーに重大な落ち

---

4) これに対して，被害者の同意論では，侵害結果の発生も含めて，故意犯の成否が問われることになる。なお，本章第4節「被害者の承諾による行為」を参照されたい。

度がある場合を除いて，同乗者は転倒・衝突にともなう具体的危険を了解していた。そのため，実際の因果経過が当初想定した範囲内にとどまるかぎり，行為全体の違法性が阻却されたのである。これに対して，馴染み客から懇願された料理人がふぐの肝などを提供する事案は，若干事情が異なる（**板東三津五郎ふぐ中毒死事件**）。すなわち，毒性の強い部位の提供が，専門家の遵守するべきルールに違反している以上，それが「他者（顧客）危殆化」である点も考慮して，過失致死罪の成立を免れないとされる（最決昭和55・4・18刑集34巻3号149頁）。そのほか，尊厳死や臓器移植でいう「説明のある同意」だけでなく，実験的治療によって生命・身体の危険にさらされる患者の刑法的保護をめぐっては，説明の仕方や専門的知識に与えられる理論上の意義を再検討しなければならない。

第3章　正当防衛（刑法36条）

第1節　正当防衛の意義

1　正当防衛の沿革とその本質

(1) 自衛権としての正当防衛

正当防衛（Notwehr）とは、「急迫不正の侵害に対して、自己又は他人の権利を防衛するため、やむを得ずにした行為」をいう（36条1項）。違法に加えられた攻撃から自分（家族）の身体を守るため、侵害者に対して防衛・反撃に出ることは、人間の自己保存本能にもとづく自然な行動である。その意味で、正当防衛は、「書かれた法でなく、生まれた法（キケロ）」であるといわれる[1]。正当防衛は、正当化事由の中で、最も古い歴史を有するが、18世紀中葉までは、もっぱら生命・身体を防衛する場合に限られており、正当防衛が、一般的な犯罪不成立の原因として、刑法総則中に規定されるにいたったのは、18世紀末から19世紀にかけてのことである。

(2) 法確証の利益

正当防衛の規定は、およそ違法な攻撃一般に対して適用可能であり、刑法上の保護法益であれば、すべてが急迫不正の侵害の対象となりうる。しかし、同じく法益に対する切迫した危険がある場合にも、緊急避難（後述）とは取り扱いが異なる。すなわち、正当防衛は、「不正の侵害」に対する法の自己保全であり、不法を斥ける反撃行為として、法秩序を維持・回復させることで、法全体を確証するという意味では、「**法確証**（Rechtsverwährung）**の利益**」を有している[2]。そうした性質は、法秩序の見地からいえば、「正は不正に譲歩する必要はな」く、「法は人に怯懦（きょうだ）を強いるものでない」という表現に

---

1) 同様な意味で、「正当防衛は歴史をもたない（ガイブ）」とされる。正当防衛の沿革については、曽根威彦・刑法における正当化の理論（昭55）4頁以下、津田重憲・正当防衛の研究（昭60）2頁以下参照。

示される。

(3) 逃避の義務と相当性

したがって，正当防衛では，急迫不正の侵害を受けた者が，反撃を回避して逃走する義務を負わない。また，緊急避難のように，当該手段のほかに侵害を回避する方法がないという「補充性の原理」を充たす必要もない（→緊急避難の正当化要件）。さらに，避けようとした害と惹起した害が釣り合うこと（法益権衡の原理）も，防衛行為の正当化要件となっていない。もちろん，社会的相当性の見地からは，急迫不正の侵害に対して過大な反撃をしてはならないが，それは，「防衛行為の相当性」で足りる。すなわち，最終的に生じた損害と保護しようとした利益が釣り合っている必要はなく，不正な侵害と反撃行為の間で，一定の均衡・調和が求められるだけである（→過剰防衛の意義）。

2 正当化の根拠とその限界

(1) 法益衡量説

現在，正当防衛による違法性阻却は，「自己保全の利益」と「法確証の利益」の両者を根拠とする見解が，有力となりつつある（**実質的法益衡量説**）。したがって，同じく自衛本能にもとづく行為であっても，何ら法確証の利益がない緊急避難との違いが生じる。しかし，違法論で比較・衡量の対象となる法益概念の中に，「不正」に対する保全の利益を取り込む法益衡量説は，法益概念を規範化するものにほかならない。なぜならば，法確証の利益という思考は，違法な侵害に向けた反撃行為によって，法自体の実効性が「確証（確認）」される点で，もっぱら刑法の行為規範性に着目した理由づけだからである。その意味で，もっぱら法益侵害説に依拠する結果無価値論から「法確証の利益」を十分に説明できるかは，はなはだ疑問であろう（なお，大塚377頁参照）。

(2) 保護法益の「優越」

かりに優越的利益の原則にもとづいて，不正の侵害者の保護法益が，これ

---

2) ドイツでは，レンクナーが提唱した。わが国でも，この見解が通説であり，大塚380頁，大谷280頁，川端335, 337頁，斉藤誠二・正当防衛権の根拠と展開（平3）25頁以下などがみられる。もっとも，一元的な行為無価値論からは，法益侵害説的な「法確証の利益」という表現に代えて，「法秩序の防衛」または「法の自己保全」の名称がふさわしいであろう。

に対抗する被侵害利益より劣ると考える場合にも，これを単なる量的差異とみるかぎり，後述する緊急避難との質的な違いを説明できない。なぜならば，緊急避難の中でも，明らかに避難行為者の保護法益が優越する場合，正当化の根拠について，正当防衛と同一になってしまうからである。また，法益衡量説は，防衛行為者の「正当な」利益が，不正な侵害者の利益よりも「優越する」として，防衛者には退避義務がないというが（西田146頁, 前田323～324頁），そこでは，すでに「正当な利益が優越する」ことを前提にしている。換言すれば，不正の侵害に関する消極的評価が先行した結果，当該侵害が違法であるから，それに対する反撃が正当化されるというのでは，一種の循環論でしかない。同様な批判は，急迫不正の侵害者にあっては，保護法益が欠如するという主張にも，そのままあてはまるであろう。

(3) 正当な利益と法秩序の防衛

法益侵害説の中には，防衛者の「正当な」利益と侵害者の「不法な」利益の衝突状態が生じているとして，被侵害者の利益を優越させる考え方もある[3]（山口113～114頁）。しかし，対抗する一方の利益が違法であるから，緊急避難における法益権衡の原則は必要でなく，正当防衛では，行き過ぎた反撃も許されるという主張は，すでに防衛者の法益が侵害者のそれより優越することを暗黙の前提にしている。その意味では，依然として，正当防衛と緊急避難の違いを十分に説明できていない。

むしろ，正当防衛では，防衛の意思による行為自体の法的意味に着目して，「法秩序の防衛」という側面が強調されるべきである。したがって，被侵害者（防衛者）による挑発行為が先行したり，防衛者が積極的に危険源に接近したときには，正当防衛の成立範囲が制限されることになる。また，純然たる法益衡量説によれば，犯行後に被侵害利益が優先される客観的状況が判明したとしても，本書の立場では，法秩序全体の見地からみて，行為それ自体が相当と判断される場合にのみ，違法性が阻却されるのである[4]（通説・判例）。

---

3) そのほか，急迫不正の侵害にもとづく複数法益の衝突する状況が，違法な侵害者の犠牲において解消されるという理由づけも考えられる。これも，単なる結論を示したにとどまる点では，同様である。

3 正当防衛の制裁的機能

(1) 不正の侵害者の地位

正当防衛をもっぱら緊急権の行使として把握するならば，緊急避難との差異は小さくなる。しかし，いわば人間の自然権に属するものであっても，刑法上の正当防衛は，純然たる個人の自衛行動とは区別されねばならない。たとえば，**第三者のためにする正当防衛**（緊急救助）も認められるし，自衛権の行使とは別に，法秩序の保全という要素もある以上，防衛行為者には退避義務が生じないからである。さらに，正当防衛では，緊急避難よりも広範な反撃行為が許されている。なお，本書のような二元的行為無価値論では，結果無価値の側面も考慮するため，急迫不正の侵害者の法益保護機能が低下する側面も否定できない。すなわち，最初に違法な攻撃を加えた者は，自らが否定した法秩序による法益保護を要求できないからである。このことは，自招侵害や挑発防衛の場合において，後述する「原因において違法な行為の理論」が議論されるのと似ている。

(2) 危険な防衛行為の引受け

かようにして，急迫不正の侵害を加えた者には，いわば**正当防衛の制裁的機能**として，相手方の防衛（反撃）を甘受するべき地位に置かれる。また，急迫不正の侵害者は，自らの違法行為により法益保護を放棄した点で，他人（防衛者）による攻撃の危険を引き受けたといえなくもない。したがって，客観的にみて相当な防衛行為から，たまたま過剰な侵害結果が生じても，刑法上は適法と評価されるのである。他方，こうした制裁的機能が及ばない自然界の動物に対しては，正当防衛権が否定されてきた（→対物防衛）。もちろん，飼い主の侵害と同視できる場合は別として，正当防衛における侵害者と防衛者を対置することで，正当防衛と緊急避難の差異も明らかになるのである。

---

4) なお，学説上は，正当防衛の自己保存行動という側面を重視して，行為者の責任性が減少・消滅するという主張もみられる。また，盗犯1条2項では，「恐怖，驚愕，興奮又ハ狼狽ニ因リ」防衛行為が過剰になった場合には，防衛行為の相当性が欠けるため，違法性が残存するところ，とっさの反撃行為である点に鑑みて，行為者の責任を軽減すべき場合があることを明文化した。

4 緊急行為としての自救行為

(1) 超法規的正当化事由

刑法上の**自救行為** (Selbsthilfe) は，正当防衛と同じく，一種の緊急行為であると同時に，「不正対正」の関係が認められる。しかし，正当防衛では，侵害の急迫性が前提となるのに反して，自救行為では，過去の侵害にともなう違法状態の是正・除去が問題となる。すなわち，保護法益を侵害された者が，法律上の正式な救済手続を待っていたら，被害の回復が不可能または著しく困難となるため，自力でその回復・救済を行うことをいう（**自力救済**とも呼ばれる）。

なるほど，公的な救済機関による権利回復が完全なものでない以上，正当防衛以外にも，被害者自身による救済活動を認めざるをえない。たとえば，債権者が債務者を威圧して弁済させる場合など，法益（権利）に対する攻撃が切迫していない状況でも，正当防衛や緊急避難に準じて，超法規的に違法性が阻却される[5]。しかし，自救行為は，単に法益侵害が予想される状態または過ぎ去った時点の権利行使であり，その限度で，正当化の範囲は，正当防衛に比べて厳格なものになってくる。かりに一般国民の実力行使を広く許容するならば，法治国家の秩序を混乱させるおそれがあること，しかも，現行刑法上は，自救行為を明文化した規定がみられないからである。

(2) 正当化要件

したがって，自救行為による正当化は，違法な侵害が間近かであるか，その直後であるなど，一定の時間的制約が課せられることが多い。しかも，正規の法的救済手段では被害の回復が著しく困難であるほか，自己の法益を保全・確保するため，その方法および程度において，社会生活上相当かつ必要な範囲に限られるべきである。具体的には，緊急避難より厳格な**補充性**と**法益の均衡**が要請される（大塚430頁）。実際上も，自救行為により違法性が阻却されるのは，ごく限られた例外的場合にとどまるであろう。

---

[5] 判例上は，わずかに，被害物品の正当な所有者が，現場で盗品を取り戻す場合につき，自救行為の適法性を肯定しただけである（最大判昭和24・5・18体系30巻(3)799頁）。なお，最決昭和46・7・30刑集25巻5号756頁は，自救行為を正当化事由の中に位置づけている。

過去の判例も，ほとんど自救行為による正当化を認めていない。たとえば，家屋を不法に占拠して営業する賃借権者に対して，家屋の明け渡しを求める目的で，実力によりその営業を妨害したとき，威力業務妨害罪（234条）の成立を肯定している[6]（最決昭和27・3・4刑集6巻3号345頁）。また，恐喝を手段とする債権の実行では，手段それ自体の違法性から脅迫罪（222条）が成立するし（大判昭和5・5・26刑集9巻342頁），むしろ，詐欺罪や恐喝罪の成立を認めた判例が多いことにも注意すべきである[7]（大判昭和9・8・2刑集13巻1011頁，最決昭和29・4・27刑集8巻4号546頁，最判昭和30・10・14刑集9巻11号2173頁など）。

第2節　急迫不正の侵害——正当化要件（その1）

1　侵害の急迫性

(1) 過去の侵害と現在の侵害

正当防衛は，急迫不正の侵害に向けられた反撃行為でなければならない。まず，「急迫」とは，法益侵害の危険が切迫していることをいう。実際に被害が生じていることは必要でない[1]（最判昭和24・8・18刑集3巻9号1465頁，最判昭和46・11・16刑集25巻8号996頁）。しかし，すでに過去の事実となった侵害や，まだ将来の予想される侵害にとどまり，およそ切迫した状況にない場合には，正当防衛が認められない。たとえ金品を盗まれた直後で，犯行現場に近いところであっても，窃盗の被害者がその犯人から被害物品を取り戻す行為は，単なる自救行為であって，正当防衛にはならない（大塚382頁・大谷281頁）。これに対して，犯行現場で窃盗犯人が引き続いて暴行・脅迫を加えようとする状況であれば，完全に奪われるのを防ぐため，被害者

---

[6] そのほか，家屋の改築中，施工主の敷地内に突き出ていた庇（ひさし）の除去に応じない隣人に対して，工事の続行を迫られた業者が，必要な範囲で庇を切り取った行為について，およそ自救行為を認めず，建造物損壊罪（260条）に問擬した判例もある（最判昭和30・11・11刑集9巻12号2438頁）。なお，過去の判例については，土本武司・大コメ(2)284頁以下，佐久間・新判コメ(1)392頁以下など参照。

[7] なお，「公的救済手段を優先すべき不正」という当該侵害の質的差異に着目して，自救行為と正当防衛の違いを説明しようとする向きもあるが，客観的には，不法侵害の急迫性がより重要な要素であるといえよう。

[1] 実質的には，緊急避難における「現在」性と同じ意味である。なお，正当防衛をめぐる最近の理論状況について，橋爪隆・正当防衛論の基礎（平19）8頁以下参照。

が実力をもって取り返そうとした場合には，正当防衛の成立する余地がある。したがって，正当防衛と自救行為の限界は，不正の侵害がなお継続していたかどうかの評価に依存する部分が大きい[2]（なお，最判平成9・6・16刑集51巻5号435頁参照）。

(2) 侵害の予期と口実防衛

また，防衛行為者が事前に攻撃を予期したからといって，ただちに侵害の急迫性がなくなるわけではない[3]（前出最判昭和46・11・16）。しかし，相手方から売られた喧嘩を買うつもりで，すすんで侵害を招来した場合や（最判昭和24・11・17刑集3巻11号1801頁），自己に加えられた急迫不正の侵害を利用して，積極的な攻撃に及んだ場合には，正当防衛にとって必要な急迫性が欠けるであろう（最決昭和52・7・21刑集31巻4号747頁参照）。防衛行為者が反撃の準備を整えたうえで，相手方の侵害を待っていたような場合にも，同様な問題が生じる（**口実防衛**と呼ばれる。最判昭和30・10・25刑集9巻11号2295頁）。そこで，一部の見解は，防衛行為者の積極的加害意思が，外形上は防衛行為にあたるものを「違法な攻撃」に転化させるとして，正当防衛の成立を否定しようとする。他方，法益侵害説の立場からは，喧嘩闘争をする目的で現場に出かける場合や，上述した口実防衛のような場合など，単なる自衛行動を超えた反撃と評価されるとき，およそ保護すべき法益が存在しないことになる[4]（山口120〜121頁）。

(3) 客観的な侵害の急迫性

客観的正当化要素である侵害の急迫性は，防衛者の主観的態度によって左右されない。同様にして，不正の侵害を予期したとき，ただちに退避する義務が生じるわけでもない。その意味で，急迫性の要件は，もっぱら客観的な

---

2) 理論的には，財産犯の既遂時期に応じて，侵害の急迫性を決定することになるが（大塚382頁(1)），個々の客体ごとに占有取得の時期が異なるとすれば，全体的な違法評価と合致しない事態も生じるであろう。

3) あらかじめ自動銃を設置しておくなど，将来の侵害に向けた防衛手段についても，不正の侵害が現実化したときに反撃を加えるという意味では，銃が発砲した時点に限定するならば，急迫性を認めて差し支えあるまい（大塚382頁参照）。そのほか，判例につき，堀籠幸男＝中山隆夫・大コメ(2)321頁以下参照。

4) さらに，行為者に課せられた退避義務に違反したことが，正当防衛規定の適用を排除する理由とされるが（西田125〜126頁，山口120頁），退避義務や保護法益という規範的見地から「急迫性」の内容を決定することは，客観的な急迫性の判断とはそぐわない。そのほか，山口教授は，これらの要素を「防衛するため」の要件に含める一方，公的な救済手段をとりうるかどうかも考慮される。しかし，いずれも急迫性とは異なる次元の問題であり，むしろ，防衛行為の相当性を左右する事情ではなかろうか。

見地から，侵害の危険が切迫するかどうかで決定されるべきである（大塚382頁，大谷282頁）。なるほど，侵害を予期したことで，これを回避する選択肢も広がるであろうが，法秩序を防衛する側面のある正当防衛では，本来，侵害から退避する義務がないため，これらの事情は，防衛行為の必要性や相当性の中で考慮されるにすぎない。また，防衛者の認識・予見だけを理由として，急迫性を否定することは，正当防衛における客観的要件と主観的要件の混同を招くおそれがあるといえよう。

2　不正な侵害

(1) 適法な侵害と正当防衛

「不正」とは，違法であることを意味する。したがって，刑法上，適法な侵害に対する正当防衛はありえない。たとえば，適法な令状にもとづく逮捕に抵抗するため，警察官に暴行を加えた場合，違法性は阻却されず，公務執行妨害罪が成立する（95条1項。最決昭和29・7・15刑集8巻7号1137頁）。また，（適法な）**正当防衛に対する正当防衛**も考えられない。さらに，緊急避難を正当化事由とみる立場では，相手方の避難行為に対する反撃は，やはり正当防衛となりえない。しかし，「不正の侵害」は客観的に違法な行為であれば足りる。すなわち，他人の権利・法益に実害（の危険）を与えるかぎり，それが現行法上も犯罪行為になっていることを要しない。したがって，責任無能力者の侵害に対しても，正当防衛は可能である。

つぎに，故意による侵害または過失による侵害であるかを問わないし，作為による侵害だけでなく，不作為による侵害も考えられる。ただ，自分の住居から退去しない侵入者を実力で戸外に突き出す場合のように（大阪高判昭和29・4・20高刑集7巻3号422頁），不作為の侵害に向けられた正当防衛の成否は，侵害の急迫性や防衛行為の必要性も含めて，慎重に判断されるべきであろう。したがって，経営

---

5) なお，侵害者の側からみて実行の着手があることは，急迫性を肯定する必要条件ではない。たとえ予備の段階であっても，急迫性を認めうる点に注意するべきである。

6) なお，緊急避難に対する正当防衛の成立可能性に言及するものもある（松宮155〜156頁）。しかし，刑法上同じ適法行為であるにもかかわらず，正当防衛との関係でのみ，緊急避難を違法な侵害と捉える態度は，たとえ「社会連帯」や防衛権の「買い上げ」などをもち出しても，違法論の内部で評価矛盾があるといわざるをえない。

者側が労働者による団体交渉の申し入れに応じないという程度の不作為では，いまだ急迫不正の侵害があったとはいえない（最決昭57・5・26／刑集36巻5号609頁）。

(2) **自招侵害と口実防衛**

防衛者が自ら招いた侵害に対しても（**自招侵害**），当然に正当防衛規定の適用が排除されるわけでない（大判大正3・9・25／刑録20輯1648頁）。たとえば，行為者が口頭で侮辱したところ，相手方から凶器で斬りつけられた場合のように，予想外に強度な攻撃を受けたときには，これに対する正当防衛が可能である[7]。しかし，正当防衛に名を借りて，相手方を侵害する目的で故意に挑発したうえ，実際にも相手方の攻撃に乗じて反撃したような場合には（**挑発防衛**），正当防衛権の濫用であって，違法性を阻却するべきでない（**口実防衛**）。また，違法な挑発行為が，それ自体として，相手方には急迫不正の侵害にあたるならば，挑発された者の防衛行為に対抗できないのは，当然である。最近の判例でも，自招侵害に近接する相手方の攻撃については，正当防衛が許されないと述べたものがある（最決平成20・5・20／刑集62巻6号1786頁）。これに関連して，**原因において違法な行為**（actio illicita in causa）**の理論**は，正当防衛状況でなされた反撃行為自体の適法性を肯定しつつも，先行行為を利用した客観的防衛状況の惹起に着目して，自己の挑発行為と事後の侵害結果を結びつけようとするものである（E・シュミット，バウマン，山口121頁）。

(3) **一連の相互侵害と喧嘩闘争**

上述した「原因において違法な行為の理論」は，正当防衛の前後で一連の行為を分断する点で問題がある。少なくとも，口頭による挑発の場合には，そのままでは妥当しない論理であろう。また，物理的な挑発行為があったとしても，ただちに中間段階の防衛行為を捨象したうえで，最終結果に対する故意犯に問擬することが許されるであろうか。たとえば，喧嘩闘争にあっても，一時点だけを捉えて行為者相互の侵害行為を観察するならば，一方が他方に対する急迫不正の侵害にみえる局面もある。しかし，全体としては，お互いに攻撃・防御を加える一連の因果経過にすぎない以上，**喧嘩両成敗**の考

---

7) もちろん，自招侵害でない場合と比べたとき，防衛行為の必要性・相当性を判断するうえで，退避義務や法益の均衡など，厳格な認定がおこなわれることになる（大塚385頁，川端347頁）。

え方によって，およそ正当防衛の可能性が排除されるのである(大判昭和7・1・25刑集11巻1頁)。もちろん，素手による喧嘩の途中で，突然に一方がナイフを取り出して襲いかかったとき，それまでの攻撃手段とは質的に異なる新たな侵害が認められるため，これに対する正当防衛が可能となる(大塚387頁，川端347頁，前田334頁，最大判昭和23・7・7刑集2巻8号793頁，最判昭和32・1・22刑集11巻1号31頁など)。

3 対物防衛

(1) 不正な侵害とは何か

およそ法秩序の見地から是認されないものは，動物やその他の物品による侵害であっても，これを「不正な侵害」として正当防衛が認められるであろうか。この点は，人間以外の者に対する**対物防衛**（Sachwehr）の問題である。まず，(a)肯定説によれば，正当防衛にいう「不正」性は，行為者の犯罪性を意味するわけでなく，防衛行為の対象となるべき侵害の属性を示す観念にすぎない。したがって，人間による行為に限定される必要はないことになる。物品から生じた侵害についても，民法上違法と判断される場合があり，刑法上も緊急避難しか認めないのでは，被侵害者の保護にとって不十分だからである(大塚384頁，川端344〜345頁，前田336頁)。

これに反して，(b)否定説は，刑法における違法評価の対象を，人間の行為に限定する。また，動物や物品の管理者に故意・過失があり，背後者である人間の道具になったとみるならば，対物防衛にも正当防衛規定の適用が可能となるため，実際上の不都合は生じないと主張してきた。しかし，動物による攻撃が所有者（管理者）の故意・過失などに帰属できないとき，単なる緊急避難とするだけでは不十分ではないかと批判される。また，対物防衛が民法上の損害賠償責任さえ免れるのに対して，刑法上は違法行為と評価されるならば，法秩序の一体性という見地からも不合理ではないかとされる。

---

8) なお，近年では，自招侵害の取り扱いをめぐって，権利濫用の一種とみるほか，挑発した防衛者の危険引受けで説明するものがある。しかし，ドイツのように，社会倫理的制限だけで正当化を否定するのは，明文の正当防衛規定を不当に制限することになりかねない。他方，正当化事由に罪刑法定主義を援用することで，法文にない条件の付加に反対する見解は，構成要件段階における刑罰法規の明確性と構成要件該当行為の正当化を混同している。

(2) 対物防衛と正当化根拠

　従来，自然現象に対する正当防衛は否定されてきた。しかし，客観的違法性の前提となった評価規範においては，自然現象や動物の加害行動も含めて，およそ法益に対する侵害・脅威のすべてを違法と評価しうる。また，対物防衛では，もっぱら保護法益の違いや法益主体の落ち度に着目して正当化を認めようとする論者もみられる（山口116頁）。すなわち，正当防衛の成否という観点から侵害の「不正」性を論じるかぎり，違法評価の対象として，動物の侵害を含めることも可能になる。しかし，法確証の利益を重視するならば，もっぱら自然現象を撃退するだけの行為に正当防衛を認めるべきでない。

　本書では，管理者である人間の故意・過失に帰属できない場合には，一般に対物防衛を否定するが，たとえ対物防衛を否定しても，防衛行為の対象が無主物であれば何ら犯罪にはならないし，当該防衛行為により第三者の法益（国家・社会的法益を含む）が侵害された場合には，いずれにせよ，正当防衛規定の適用がないため，侵害者以外の者に対しては，緊急避難による正当化にとどめるものである。

　なお，野性動物が襲ってきた場合，これを殺傷する行為が狩猟法などの規定に違反することを根拠として，対物防衛を肯定しようとする見解がある（大谷283〜284頁）。これは，公共的法益における正当防衛の意義を過大視するものにほかならない。なぜならば，単なる特別法違反の違法性は，緊急避難によっても十分阻却できるであろうし，侵害における「不正」の内容を変更してまで，あえて正当防衛の効果を及ぼす必要はないとおもう[11]。かようにして，今日，対物防衛の概念を是認するかどうかは，その中に何を盛り込むかによっても異なってくるのである[12]。

---

9) ただし，もっぱら最終結果だけに着目する見解は，飼育動物の攻撃にもとづく財産的損害の処理にかかる民法の規定に拘泥するあまり，刑法上の違法性を見誤るものであろう。
10) また，第三者の所有物も侵害行為の一部であるとして，正当防衛を肯定する見解もある（大谷286頁）。そのほか，文言上「不法」でなく，「不正」という表現が用いられた点を重視する見解もある（大塚360頁(10)，384頁）。
11) また，個人の飼育動物に対する反撃が，狩猟法違反にあたる可能性は乏しいであろう。

第3節　防衛行為の必要性・相当性——正当化要件（その2）

1　防衛行為の前提条件

(1)　主観的・客観的正当化要素

　急迫不正の侵害は，正当防衛の事実的前提として，違法性を阻却する客観的要素である。しかし，正当防衛が成立するためには，そのほかにも，防衛の意思および防衛行為の必要性・相当性が求められる。特に，防衛の意思がない場合は，およそ防衛行為といえず，過剰防衛にもならない点で，主観的正当化要素となる（通説・判例）。これに対して，防衛行為の相当性は，正当防衛と過剰防衛を区別する要素であって，刑法典上の過剰防衛が，せいぜい，刑の任意的減免にとどまる以上（36条2項），相当性の存否は，もっぱら行為者の責任判断にかかわるものとされてきた。しかし，過剰防衛の性質は，行為者の責任減少に尽きるわけでなく，急迫不正の侵害に向けられた反撃であることから，法確証の利益によって，すでに当該行為の違法性が低減している（**違法・責任減少説**）。その限度では，正当防衛と共通する部分がある。したがって，本節では，まず，正当防衛と過剰防衛に共通する正当化要素について解説したうえで，つぎに，正当防衛が過剰防衛になる際の「防衛行為の相当性」を説明することにしたい。

(2)　国家的・社会的法益の防衛

　まず，防衛行為は，「自己又は他人の権利を防衛する」ものでなければならない。ここでいう「権利」は，広く保護法益一般を意味しており，法令上「何々権」という名称がなくてもよい。他人の権利や利益に対しても，正当防衛が認められるため，これらの場合を**緊急救助**（Nothilfe；Notwehrhilfe）と呼ぶ[1]。また，正当防衛によって救助される他人の利益には，法人その他の団体の利益

---

12) ちなみに，正当防衛における法確証の利益を重視する立場でも，法の侵害は，人間による場合だけに限定されるわけではない。ただ，法益性の欠如（または優越的利益の存在）を根拠とする立場では，動物または自然現象には対抗法益が存在しないため，通常は，対物防衛を論じる必要がなくなる。その意味では，対物防衛否定説も十分に考えられる。

も含まれるが、個人的法益だけでなく、国家的法益または社会的法益を含めるか否かについては、学説上の争いがある。

その際、一部の学説は、いわゆる**国家正当防衛**（Staatsnotwehr）または**国家緊急救助**（Staatsnothilfe）を認めるべきでないとして、これらの正当防衛を否定する。なるほど、国家的法益や社会的法益の防衛は、本来、国家組織や公的機関の任務であって、私人がこれを安易におこなうならば、かえって、社会秩序を混乱させるだけでなく、相手方の権利や利益を危険にさらすことも少なくない。しかし、通説・判例は、国家・公共機関による救済を期待できない緊急事態において、正当防衛の成立する可能性を認めている（大塚387頁, 大谷285頁, 川端348頁, 最判昭和24・8・18刑集3巻9号1465頁）。本書でも、刑法が是認した国家的・社会的法益の中で、その侵害が間接的に国民個人の利益を損なう場合に限定しつつ、正当防衛を肯定したいとおもう。

2　防衛意思とその内容

(1)　防衛の意思必要説

第1部第2章の行為論でも示したように、およそ行為には、主観面と客観面がある。したがって、防衛行為では、犯人が客観的な防衛状況を認識し、外部的行動に及んだことが必要である。すなわち、殺人罪の故意が主観的構成要件要素になるのと同じく、客観的な防衛行為を支える主観面として、**防衛の意思**（Verteidigungswille）が主観的正当化要素とされている（通説・判例。大塚390頁, 大谷288～289頁, 川端349頁）。しかし、反対説も有力であって、防衛意思不要説からは、すでに侵害者には保護すべき法益が欠ける以上、客観的な防衛者には、処罰に値するだけの結果無価値を認めがたい。それにもかかわらず、犯人の主観面だけに着目して違法とみることは、心情刑法にあたると批判する（→結果無価値論と行為無価値論）。また、故意一般を違法要素としない立場から、「正当防衛の故意」にあたる主観的要素は、(超過的内心傾向としての)正当化要素でないと主張される（山口124頁）。

---

1) 正当防衛の自衛行動という側面に着目すれば、まったく無関係の他人を救助する場合を含める必要はないが、法秩序の防衛という見地からは、第三者のための正当防衛も認められる。なお、津田重憲・緊急救助の研究（平6）4頁以下参照。

しかし，心情刑法であるという批判は，当該行為の正当化が客観的要件と主観的要件の充足をもって初めて可能となる点を看過している。すでに構成要件に該当した（形式的な）違法行為を正当化する以上，主観・客観の両面が充たされねばならず，一方が欠如した状態では，およそ違法性が阻却されない点で，反対説の主張は，構成要件と違法性の関係を誤解するものである。また，防衛行為という正当化（違法）事実の認識・認容は，構成要件該当事実の認識・認容である構成要件的故意と同列に論じるべきではない。さらに，結果無価値論にあっても，防衛意思のない者の利益は法的保護に値しないとして，正当防衛を否定する見解がみられる（曽根104頁）。かようにして，客観的な防衛状況は存在したものの，もっぱら犯罪意思で侵害行為に出た偶然防衛の場合まで違法性を阻却する反対説が，一般人の健全な常識に反することはいうまでもない。

　(2)　**防衛意思の内容**

　大審院の時代には，憤激して過剰な反撃を加えた場合に，防衛の意思がないとして，傷害罪に問擬した判例がある（大判昭和11・12・・7刑集15巻1561頁）。しかし，最高裁の時代には，相手方の手拳による攻撃に対し，防衛者が逆上して小刀で刺し殺した事案につき，「憤激または逆上して反撃を加えたからといって，ただちに防衛の意思を欠く」わけではないとされ（最判昭和46・11・16刑集25巻8号996頁），また，防衛の意思と「同時に侵害者に対する攻撃的な意思に出たものであっても，正当防衛のためにした行為にあたる」と判示している[2]（最判昭和50・11・28刑集29巻10号983頁）。

　学説上も，憤激・逆上したことで正当防衛を否定する見解は稀であり，防衛の意思は，「急迫不正の侵害を意識しつつ，これを避けようとする単純な心理状態」で足りるとか（大塚390頁，大谷290頁），急迫不正の侵害のあることを認識して，これに対応した反撃を加える旨の意識でよいとする見解が，現在の多数説である。すなわち，防衛意思と攻撃意思が併存することは許されるが，少なくとも，主たる目的・動機が「自己又は他人の権利を防衛するため」でなけれ

---

[2]　また，最近の判例によれば，反撃を決意する以前の段階では，攻撃的な意思内容が侵害の「急迫性」を左右する一方，防衛行為を開始した時点の意思内容は，「防衛の意思」の問題と位置づけるようである。ちなみに，ドイツにおける防衛意思論の沿革につき，振津隆行・刑事不法論の研究（平8）191頁以下参照。

ばならない（36条1項）。その意味で，相手方の攻撃に乗じた復讐など，正当防衛に名を借りた積極的な加害行為については，防衛の意思が欠けることになる。また，犯人がどのような目的・動機であったかも吟味する以上，防衛の意思は，単なる防衛状況の認識に尽きるものでない。

(3) 防衛意思と相当性判断

　もっとも，口実防衛など，行為者がもっぱら攻撃の意思で反撃行為に出たことが，ただちに相手方による急迫不正の侵害を受忍する義務まで，防衛者に負わせることにはならない[3]。たとえ挑発行為があった場合にも，挑発の程度に応じて防衛行為の範囲が限定されるにすぎないからである。すなわち，正当防衛では，行為時に反撃と退避のいずれかを選択できる以上，あえて積極的な反撃に出た際にも，攻撃の意思と防衛の意思の併存を認めたうえで，侵害の回避可能性も含めた比較衡量（相当性判断）が必要となる[4]。他方，外見上は正当防衛にみえても，単なる犯罪意思から攻撃を始めた場合には（偶然防衛），上述した喧嘩闘争と同じく，当事者双方が相互に違法な行為をおこなうため，一方の侵害が他方の侵害をはるかに上回る闘争手段を用いた場合を除いて，正当防衛が否定されるのは当然であろう。反対説によれば，一瞬でも先行して侵害を始めた者に対しては，たまたま遅れて攻撃を開始した犯罪者に対して，広汎な正当防衛権が与えられるという不合理な結論になる[5]。

---

3) これに対して，山口124〜125頁は，防衛意思の要否を意図的過剰の処理と結びつけておられる。しかし，積極的な加害意思と過剰性の意識は，別個の問題であって，意識的な過剰防衛でも，急迫不正の侵害を契機とした反撃であるかぎり，違法性の減少と責任性の程度に応じた刑の減軽がなされるところ，口実防衛では，違法性の減少さえ否定されるのである。
4) もっとも，防衛の目的や動機まで考慮するかどうかは，意図的な挑発があった場合も含めて，実際の侵害の急迫性や反撃行為にともなう付随結果の予測などの問題があり，単なる防衛意思の問題として解決することはできない。学説上は，もっぱら攻撃の目的で行為した場合を正当防衛の範疇から除外するために，行為者の意図・動機を問題にする見解も考えられる。
5) そのほか，偶然防衛では，行為者の攻撃意思と客観的な防衛状況が一致しない点で，正当防衛に関する錯誤があったともいえよう（一種の誤想防衛にあたる）。しかし，これを未遂犯とみるのは（西田159頁），構成要件該当結果の不発生と違法性阻却事由を混同することになる。詳細については，責任論における故意を参照されたい（→第4部第3章第3節）

3 やむを得ずにした行為

(1) 防衛行為の必要性と相当性

防衛行為の**必要性**（Erforderlichkeit）とは，緊急避難でいう補充性ほど強いものでなく，何らかの意味で，防衛行動に出る必要があった程度でよい。具体的状況によれば，他に選択できる手段があってもよいが，容易に侵害を避けえたにもかかわらず，積極的に反撃行為に出たときには，正当防衛が否定されることもありうる。いわば，防衛行為の要否にかかる要件であり，刑法36条1項の「やむを得ずにした」という部分に対応する。これに対して，防衛行為の**相当性**（Angemessenheit）とは，すでに開始された反撃の程度が「行き過ぎ」てはならないという趣旨である。過去の判例も，防衛行為の必要性と並んで，防衛行為の相当性（適当性）を要求しており（大判昭和2・12・20評論17巻刑法18頁など），豆腐数丁の財産的利益を守るために人命を奪うことは，防衛の程度を超えるものとする（大判昭和3・6・19新聞2891号14頁）。しかし，防衛行為の「相当性」を，自己または他人の権利を防衛しうる必要最小限の行為であるとして，緊急避難のような法益の権衡まで要求するならば，正当防衛の成立範囲を不当に制限することになる。

(2) 行為自体とその結果

また，行為自体と発生結果のいずれを重視するかについても，防衛者がねじ上げられた左手を振り解くため，反対の右手で相手方の胸部を一回突いたところ，たまたま，転倒した被害者が近くの自動車に頭部を打ちつけて重傷を負った事案につき，正当防衛の成立を認めた判例がある（最判昭和44・12・4刑集23巻12号1573頁）。ここでは，当該行為が防衛手段として相当であった以上（行為無価値の欠如），その行為により発生した結果が被害法益との均衡を欠くとしても（結果無価値の残存），正当防衛は否定されないからである。さらに，急迫不正の侵害者が年齢・体格ともに優っていたとき，素手による攻撃に対して包丁で応戦

---

6) これに対して，相当性の基準が不明瞭であるという主張もみられる（山口128頁）。しかし，その替わりに示された「著しい害の均衡の逸脱」という基準で，およそ正当防衛を否定するならば（山口131頁），新たな規範的概念を導入することにより，かえって，実際の正当化判断を混乱させるだけである。

した場合にも，行為者が「危害を避けるための防御的な行動に終始していた」点も考慮しつつ，なお相当性の範囲内にあるとした判例がみられる[7]（最判平成元・11・13刑集43巻10号823頁）。

(3) 防衛効果の有無

これに対して，純粋な結果無価値論では，もっぱら侵害の排除効果に着目するため，かりに防衛行為の効果がなかったときには，およそ行為の正当化が否定されることにもなりかねない[8]。たとえば，第三者Aを救助するつもりで急迫不正の侵害者Bに攻撃を加えたところ，かえって被侵害者のAを傷つけてしまったとき，その救助行動は違法と評価される。反対に，一元的な行為無価値論から，行為時の事前判断だけで正当防衛の成否を決定するならば（川端352頁），事後的な結果をみて比較衡量する部分（相当性判断）が脱落するおそれがある。たとえば，りんご1個を奪って逃走する子供に対して，威嚇の目的で投石したところ，ねらいを誤って重傷を負わせた場合，防衛行為それ自体は必要であったとして（正当防衛が成立），もはや過剰防衛を論じる余地はないのであろうか。同様にして，行為の結果面だけを重視する弊害を回避するため，「防衛効果の可能性」があれば正当防衛を認めようとする見解も，行為と結果の両面が違法（正当化）評価に必要である点を忘れた議論といわざるをえない[9]。

---

7) しかし，これらの判例が，犯人の選択した手段だけを評価対象とする趣旨であれば，失当である（東京地八王子支判昭和62・9・18判時1256号120頁）。なお，結果無価値論においても，こうした基準は「武器対等の原則」として説明されるが（大越義久・刑法解釈の展開〔平4〕46頁以下），結果主義的な違法観から，こうした行為無価値的要素を考慮できるかは，大いに疑問である。
8) かりに防衛者（救助者）は，違法事実の認識がないので（防衛の意思），責任故意が阻却されるとしても，およそ誤想防衛につき厳格責任説をとる論者にあっては，右の錯誤を避けえなかった場合にのみ，故意犯としての罪責が否定されることになろう（→違法性の錯誤）。
9) そのほか，正当防衛の社会倫理的制限につき，山中敬一・正当防衛の限界（昭60）1頁以下，齊藤誠二・正当防衛権の根拠と展開（平3）143頁以下など参照。もっとも，社会倫理的制限の議論は，相当性の要件を前提にしないドイツ刑法学を援用するため，わが国には妥当しないという指摘もある。

第4節　誤想防衛と過剰防衛

1　広義の誤想防衛

(1)　誤想防衛の種類

急迫不正の侵害がないにもかかわらず，犯人が実在すると思い込んで，防衛の意思で反撃することがありうる。典型的な**誤想防衛**（Putativnotwehr）とは，(a)急迫不正の侵害を誤認したうえで，これに対して相当な防衛行為をした場合を意味する（**狭義の誤想防衛**）。しかし，(b)急迫不正の侵害は実在したが，過剰な反撃を相当な防衛行為であると信じた場合も（**相当性に関する錯誤**），やはり客観的事実と主観的認識が一致しない点では，誤想防衛の一種である[1]。また，(c)急迫不正の侵害を誤想したことに加えて，行為の相当性も誤認していた場合（**二重の誤想防衛**）も，広義の誤想防衛に含まれる。

いずれの場合にあっても，客観的に違法な防衛行為を，犯人が適法な行為であると誤信しており，違法性に関する事実の錯誤として処理されることになる。すなわち，正当防衛の客観的要件を具備しない以上，構成要件該当行為の違法性は阻却されないが，誤想防衛者の責任評価では，その主観面（防衛の意思）に着目しつつ，故意犯としての責任が阻却される（詳細は，第4部第3章「故意責任」の項目を参照されたい）。なるほど，(b)および(c)の類型は，従来から，誤想過剰防衛（広義）の一種とみられるが，後述するように，狭義の誤想過剰防衛は，犯人が過剰性を意識していた場合に限られる。

(2)　法的効果

学説上，誤想防衛については，故意犯の成立を否定する見解が一般である。しかし，その根拠をめぐっては，(i)およそ事実の錯誤であることを理由にす

---

1) たとえば，老父が棒で打ちかかったきた際，斧を棒状のものと誤認して応戦したため，老父を殴り殺した場合（最判昭和24・4・5刑集3巻4号421頁），防衛手段をめぐる事実の錯誤であり，広義の誤想防衛として責任故意を阻却することになる。また，防衛行為に伴う第三者侵害も，誤想防衛の一種として処理される（佐久間・刑法における事実の錯誤332頁以下，前田337～338，390頁）。そのほか，盗犯1条1項〔過剰防衛の特則〕および同2項〔誤想過剰防衛の特則〕も参照されたい。

るもの（**事実の錯誤説**。団藤308頁など），(ii)消極的構成要件要素の理論を用いるもの（少数説），(iii)構成要件的錯誤にはあたらないが，違法性に関する事実の錯誤により責任故意が阻却されるという見解に分かれる（**独自の錯誤説**または**第三の錯誤説**。ドレーナー，大塚395，465～466頁など）。また，(iv)一元的行為無価値論から，不正の侵害を誤想したことが避けえなかったならば，正当防衛それ自体と同視して，違法性を阻却する見解もある（**準正当防衛説**。川端384～385頁）。反対に，(v)構成要件該当事実の認識・認容があった以上，誤想防衛は単なる違法性の錯誤（禁止の錯誤）であって，当該錯誤の回避可能性に言及しつつ，責任の量で評価しようとする見解も有力である（**厳格責任説**。大谷297頁）。

(3) 正当化と免責

　まず，準正当防衛説については，構成要件該当行為の正当化が客観的要件と主観的要件の両方を必要とするため，いずれか一方だけでは足りないとおもう。たとえ事前判断であることを強調する立場でも，客観的には急迫不正の侵害がないにもかかわらず，単なる思い違いで第三者を攻撃した犯人に対して，正当防衛を認めるのは，行き過ぎである。さもなければ，いわれなき侵害を受けた誤想防衛の相手方は，せいぜい，緊急避難で対抗するほかはなく，防衛者が一方的に保護されるという不均衡が生じる。かりに侵害の誤想が不回避であっても，誤想防衛それ自体は，違法行為と評価せざるをえない。

　かようにして，誤想防衛は，もはや正当化の成否にかかわる問題でない。その限度では，もっぱら責任評価の次元で処理する厳格責任説にも，理論的には正しいものがある。しかし，違法性の錯誤（禁止の錯誤）が，犯罪事実の社会的意味を正しく認識しながら，単に法的評価を誤って適法であると信じた場合であるのに対して，誤想防衛は，行為者が客観的な違法事実を認識しておらず，むしろ，正当防衛であると誤信している（正当化事情の認識）。したがって，故意犯に相当する反規範的人格態度があるとはいえず，こうした主観的態度の違いを無視するべきでない（➡正当化事情の錯誤）。

2　過剰防衛の意義

(1) 行為の過剰性

　過剰防衛（Notwehrexzeß）とは，急迫不正の侵害に対して「防衛の程度を超えた行為」である。正当防衛の客観的要件を充たしておらず，「やむを得ずに

した」ものといえない場合をいう。ただし，裁判官は，情状により，その刑を減軽または免除することができる（36条2項）。当該行為の過剰性は，もっぱら客観的見地から判断される（通説・判例。大判大正9・6・26刑録26輯405頁）。たとえば，相手方が素手で殴りかかってきたところ，金属バットや日本刀などの凶器を用いて応戦した結果，被害者を殺傷した場合が，過剰防衛にあたる（**質的過剰防衛**。大判昭和7・12・8刑集11巻1804頁など）。誤想防衛のように，急迫不正の侵害が欠如するわけではないが，相当な防衛行為にあたらない以上，もはや正当防衛による違法性の阻却は認められない。ただし，緊急状況下の行為であることに鑑みて，任意的な刑の減免事由とするのである。

(2) **任意的減免の根拠**

刑を減免する根拠をめぐっては，学説上，複数の見解が対立している。現在の通説は，急迫不正の侵害が実在したことで，すでに反撃行為の違法性が減少しており，それに加えて，行為者の主観面も考慮するならば，責任が減少したことによる刑の減免である[2]という（**違法・責任減少説**。大塚395頁，大谷296頁，川端356頁，前田355頁）。これに対して，有力説は，恐怖・驚愕・狼狽などから過剰な反撃をおこなった場合，その主観的態度に応じた責任量の減少に応じて，犯人の可罰性が低下・消滅するという（**責任減少説**）。しかし，誤想防衛と過剰防衛の本質的差異が，急迫不正の侵害が実在したか否かにもとづく以上，客観的に不正の侵害が認められる過剰防衛では，その限度で違法性が減少した点を無視することはできない。通説的見解が妥当である。

(3) **過剰性の意識**

つぎに，過剰防衛では，犯人が過剰性を認識しなかった場合にのみ，刑の減免を認めるという少数説がある。**意識的過剰**（故意の過剰防衛）では，犯人が違法な過剰結果を認識しており，もはや刑を減免するに足る主観的態度がないとされる[3]。なるほど，行為者の主観面に着目するかぎり，**無意識的過剰**（過失の過剰防衛）と意識的過剰を，同列に取り扱うことは許されない。しかし，無意識的過剰の場合には，犯人が適法な防衛行為にあたると信じており，当

---

2) なお，学説上は，もっぱら違法性の減少を根拠とする一部少数説もみられる。
3) ドイツ刑法学では，恐怖，興奮，驚愕といった緊急状況下の異常行動に限定しつつ，過剰防衛を不可罰とするため，意識的な過剰防衛も含みうるかが争われてきた（ドイツ刑法典33条参照）。

該結果の故意責任を問うことはできない。むしろ，上述した相当性の錯誤として，誤想防衛により故意を阻却したうえで，せいぜい，過失犯として処罰するべきである。他方，日本の刑法は，ドイツ刑法典と異なり，過剰防衛を任意的減免にとどめており，その動機も問題にしていない。そうである以上，たとえ犯人が怜悧な計算にもとづいて行為したときにも，過剰防衛の範疇から除外する必要はないとおもう。したがって，意識的過剰についても，過剰防衛が認められる。

  (4) **過失による過剰防衛**

意識的過剰と無意識的過剰の両方を認める立場は，客観的に急迫不正の侵害に対する反撃があり，行為者に防衛の意思があった以上，個々の事案における実質的な責任非難の度合いに応じて，裁判官が減免の可否を判断すれば足りるという。これに対して，学説の一部は，過剰性の意識を過剰防衛の要件とするため，**過失による過剰防衛**を否定しようとする。しかし，故意の過剰防衛が刑の減免を受けうる以上，罪刑の均衡論からは，過失の過剰防衛にも刑の減免を認めなければならない。私見によれば，相当性の錯誤にあたる場合はともかく，客観的にみて違法事実（過剰な反撃）を認識しながら，単に過剰性を意識しなかった場合を，過剰防衛から除外する必要はない。そもそも，過剰防衛は，客観的見地から判断されるにもかかわらず，過剰性の意識という主観面を要求するのは失当である。しかも，過失による過剰防衛の観念を排除しつつ，罪刑の均衡上，刑法36条2項の準用を認めざるをえないとすれば，無用な混乱を引き起こすだけである。[4]

  (5) **質的過剰と量的過剰**

そのほか，過剰防衛の場合を，質的過剰と量的過剰に区分する見解がある。**質的過剰**とは，防衛行為の強度を見誤った場合であって，**量的過剰**とは，正当防衛の時間的限界を越えたとき，すなわち，急迫不正の侵害が過ぎ去ったにもかかわらず，犯人が追撃行為に出た場合である。[5] 過剰防衛の本質を，もっ

---

4) わが国の通説が，過剰性の意識を減免の要件にしているかは疑問であり，私見では，過剰性の意識を欠いた場合にも，36条2項を適用してきたとおもう。

5) それぞれ，ドイツ刑法学における内包的過剰（intensiver Exzeß）と外延的過剰（extensiver Exzeß）に対応する。ドイツでも，時間的な過剰については，過剰防衛として処罰するのが，通説・判例である。

ぱら責任減少・消滅に求める立場では，緊急状況下における行為者の主観に着目するかぎり，量的過剰でも刑の減免を認めうることになる（最判昭和34・2・5刑集13巻1号1頁）。

しかし，時間的な「過剰」を無制限に拡張するならば，事後的な追撃の場合だけでなく，現実の侵害が発生する以前に機先を制して攻撃した場合にも，行為者の心理状態によっては「過剰防衛」となりうる。こうした予防的防衛はもちろん，すでに不正の侵害が去った後の追撃行為を，緊急状況下の反撃として正当化するためには，格段の慎重さが必要である。最近の判例によれば，Xは，突然に殴り掛かってきたAに対し，防衛の意思で顔面を殴打したが，Aが転倒により気絶した後も，憤激のあまり，Aの腹部を足蹴りにして肋骨骨折や脾臓損傷などを招いた事案で，前半の防衛と後半の暴行の間に断絶がある以上，量的過剰にあたらないとされた（最決平成20・6・25刑集62巻6号1859頁）。もっとも，急迫不正の侵害が消失したにもかかわらず，なお追撃による防御を必要と考えていたならば，むしろ，防衛状況に関する錯誤として処理するべきであろう（なお，最判平成6・12・6刑集48巻8号509頁参照）。

3　誤想過剰防衛の取り扱い

(1)　広義の誤想過剰防衛

誤想過剰防衛（Putativnotwehrexzeß）とは，狭義の誤想防衛と過剰防衛が競合する事例である。すなわち，急迫不正の侵害が存在しないにもかかわらず，これがあると誤信して防衛行為に出たところ，誤想上の侵害に対しても，過剰な反撃にいたった場合をいう。たとえば，周囲から乱暴者とみられる者が自宅に押しかけた際，この者と相対峙する息子に急迫不正の侵害が加えられていると誤信した父親が，包丁を構えた相手を猟銃で撃つことで，重傷を負わせた事案につき，「誤想防衛であるがその防衛の程度を超えたものであるとし，刑法36条2項により処断」するとした判例がある[6]（最決昭和41・7・7刑集20巻6号554頁）。広義の誤想過剰防衛の中には，上述した**相当性に関する錯誤**（過失の過剰防衛）

---

[6]　また，いわゆる勘違い騎士道事件では，女性が襲われていると誤信して，空手の有段者である外国人が回し蹴りを放った事案につき，最決昭和62・3・26刑集41巻2号182頁で，同様の判断が示されている。

や，不正の侵害があるという誤信と相当性に関する錯誤が競合した**二重の誤想防衛**(誤想＝誤想防衛) も含まれるが，行為者の主観面と客観的事実のくい違いに着目する以上，後二者の事例の本質は，まさしく誤想防衛（広義）にほかならない。

(2) **狭義の誤想過剰防衛**

これに対して，犯人が実在しない侵害を誤認したものの，反撃の過剰性を自覚していた場合には，違法な（過剰）事実を認識しており，典型的な誤想防衛（急迫不正の侵害を誤認した場合）と典型的な過剰防衛（故意の過剰防衛）が結合した，文字通りの**誤想過剰防衛**(狭義) にあたる。すなわち，この類型の犯人は，違法行為にあたると知りつつ過剰な反撃行為に出ており，現に発生した結果について故意犯の責任を免れない。なるほど，急迫不正の侵害が実在しない点では，典型的な過剰防衛と同視できないが，行為者の主観的態度を基礎とするかぎり，狭義の過剰防衛に準じた違法・責任面の処理が必要となる。そこで，かりに誤想したことが不可避であっても，違法な過剰事実（結果）を認識・認容していた以上，故意犯の成立を肯定しつつ，責任面の減少に鑑みて刑法36条2項により刑が減免されるのである(大塚397頁。ただし，準用とされる)。

(3) **二重の誤想防衛と過失の過剰防衛**

こうした解決方法に対しては，以下のような批判がみられる。まず，二重の誤想防衛では，急迫不正の侵害は存在しないが，典型的な過剰防衛でも刑が免除されうるため，その主観面をみるかぎり，常に過失犯として処罰するのは不均衡ではないか (責任減少説)。これとは逆に，違法論からは，侵害が実在した狭義の過剰防衛と比べて，過失犯による処罰では足りないという指摘がありうる。なるほど，二重の誤想防衛では，客観面で違法性が減少しないものの，防衛意思に伴って行為無価値が減少するため，それが違法・責任評価に反映されるならば，狭義の過剰防衛に準じて，刑の免除により処罰を否定するべきである (36条2項の準用)。他方，過失犯による処罰では不十分な場合もあるため，個別的な責任事情に応じた科刑の可能性も残しておかねばならない (故意犯の成立)。その意味で，一律に処理するのでなく，過剰結果の発生が法律の錯誤にもとづく場合には，故意犯としたうえで個別的に刑を減免すれば足りるであろう。この点は，相当性に関する錯誤でも，同様に妥当す

ると考える。

　なお，広義における過剰防衛では，客観的な違法結果を基準とするかぎり，急迫不正の侵害が実在した以上，故意の過剰防衛と過失の過剰防衛を区別する必要はない。これとは逆に，狭義の誤想過剰防衛についても，侵害を誤想した点に着目することで，通常の誤想防衛と同様に取り扱う見解もみられる（大谷298頁）。しかし，およそ誤想防衛（狭義）で故意犯の成立を肯定する（厳格）責任説であればともかく，故意を阻却する多数説では，罪刑の均衡上採用しがたい。すなわち，過剰部分は量刑で考慮できるとしても，著しく軽率な誤想にもとづく誤想過剰防衛（狭義）が，過失犯になったうえで刑の減免まで受けるのでは，責任面においても，他の誤想防衛との間で不均衡が生じるからである。[7]

【誤想防衛と過剰防衛の組合せ】

	急迫不正の侵害	過剰性の意識	過失犯の成否	刑の減免（36条2項）
正当防衛	○	×	犯罪不成立	不要
誤想防衛	×	×	△	
過剰防衛	○	○	故意犯	任意的減免
相当性の錯誤	○	×	過失犯/故意犯	
誤想＝誤想防衛	×	×	過失犯/故意犯	（準用・減免）
誤想過剰防衛	×	○	故意犯	（準用・減免）

---

[7] ただし，一部の学説は，客観的にみて違法性の減少がないとして，36条2項の準用を否定する（曽根108頁）。また，厳格責任説の中でも，過剰事実を認識しない場合だけが誤想防衛にあたるとして，それ以外の場合を過剰防衛とみる見解もある（福田214頁(5)）。しかし，この見解を支持する論者は，厳格責任説を採用するため，典型的な誤想防衛の中で，故意犯が成立する場合と成立しない場合の不均衡が生じるであろう。

第4章　緊急避難（刑法37条）

第1節　緊急避難の意義

1　緊急避難の沿革とその本質

(1)　危難の転嫁

　緊急避難（Notstand）とは，「現在の危難」に遭った者が，そこから逃れるため，第三者に当該危難を転嫁する行為である。たとえば，(a)フェリー船が難破したため，その破片につかまっていた乗客Aが，他の遭難者Bも破片に手をかけたことで沈みそうになったため，Bを押し退けた結果として，Aは助かったが，海中に沈んだBが溺死したという場合である。この設例は，**カルネアデスの板**と呼ばれてきた。つぎに，(b)雪山で遭難した登山者Cが，野営中に衰弱死した仲間Dの死体を食べて，救出時まで生き延びた場合が考えられる。前者の例では，Aの生命とBの生命が衝突しているが，後者の例では，Cの生命保持に対して，死体損壊罪（190条）の保護法益である遺体の尊厳（社会的法益）が侵害されている。そのほか，(c)火災時に，自宅の延焼を防ぐ目的で，他人所有の家屋を破壊した場合など，個人の財産権を犠牲にして危難を逃れる場合もある。

(2)　緊急行為

　緊急避難の淵源は，カノン法における「緊急は法律をもたない」という格言にさかのぼることができる。しかし，1810年のフランス刑法典や1871年のプロイセン刑法典では，飢餓状態になった際に食料を盗む行為のほか，脅迫による心理的強制下の侵害行為につき，緊急避難の成立が認められたにすぎない。正当防衛とは別個の正当化事由として認知されたのは，比較的近年になってからである。また，現行刑法典は，「自己又は他人の生命，身体，自由又は財産に対する現在の危難を避けるため，やむを得ずにした行為は，これによって生じた害が避けようとした害の程度を超えなかった場合に限り，

罰しない」と規定しており（37条1項），すべての緊急行為を明記しているわけではない。そのため，学説の多数は，成文法上に明文の根拠がない**超法規的緊急避難**（übergesetzlicher Notstand）による正当化も認めている（大塚399頁など）。

(3) 正対正の関係

緊急避難は，正当行為一般と異なり，緊急行為としての正当化事由に分類される。しかし，正当防衛が，「急迫不正の侵害」という違法な攻撃に向けられた「反撃」であるのと異なり，緊急避難では，「現在の危難」と無関係の第三者が犠牲になる点で，大きな違いがある。すなわち，正当防衛における当事者の関係は，「**不正対正**（Recht gegen Unrecht）」であるところ，緊急避難は，「**正対正**（Recht gegen Recht）」の関係になっている。こうした基本的性格の差異にもとづき，緊急避難による正当化は，正当防衛の場合と比べたとき，かなり限定されることになる（後述する補充性や法益権衡の原則など）。もっとも，刑法典の正当化要件を充たしていないが，他の手段・方法では危難を回避できないとき，適法行為の期待可能性がないと考えられる。こうした避難者の責任を阻却する**免責的緊急避難**も，広い意味では，超法規的な緊急避難の中に含みうるであろう。2)

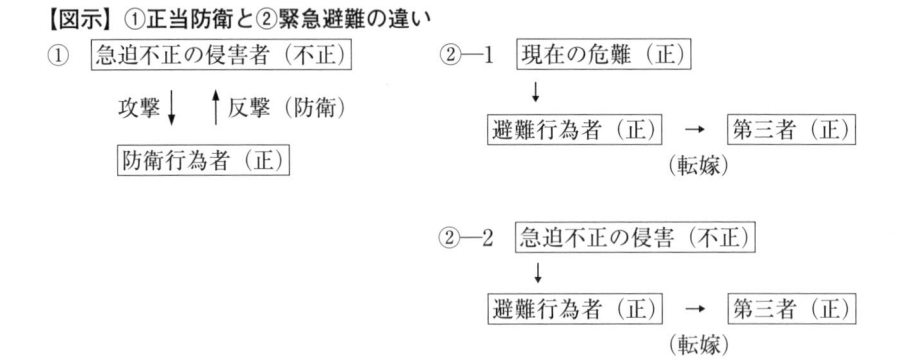

【図示】①正当防衛と②緊急避難の違い

① 急迫不正の侵害者（不正）
　　攻撃↓　↑反撃（防衛）
　　防衛行為者（正）

②—1　現在の危難（正）
　　　　↓
　　　避難行為者（正）　→　第三者（正）
　　　　　　　　　　　　　（転嫁）

②—2　急迫不正の侵害（不正）
　　　　↓
　　　避難行為者（正）　→　第三者（正）
　　　　　　　　　　　　　（転嫁）

---

1) その沿革については，森下忠・緊急避難の研究（昭35）1頁以下，井上宜裕・緊急行為論（平19）71頁以下参照。
2) なお，ドイツ刑法典のように，法律上，正当化緊急避難（同法34条）と免責的緊急避難（同法35条）を明文で規定した立法例もある。

第4章 緊急避難（刑法37条）　第1節 緊急避難の意義　229

2　不可罰の根拠（正当化と免責）

(1)　緊急避難の本質

　緊急避難にあっては，正当防衛でいう「法確証の利益」がない。そこで，上述した設例では，他人を犠牲にして危難を逃れる者が，不可罰となる理由を示す必要がある。緊急避難の本質をめぐっては，(a)処罰阻却事由説，(b)責任阻却事由説，(c)違法性阻却事由説，および，(d)二分説という4種類の見解が対立してきた。まず，(a)**処罰阻却事由説**は，緊急避難が，自分自身（またはその家族）だけは助かりたいという自己保存本能から出たものであるため，そうした人間の弱さに着目して，単に処罰を免除したにすぎないと説明する($\substack{ビルクマ \\ イヤー}$)。しかし，刑法は，通常の人間を評価の対象とするため，平均人の自然的感情にもとづく行動まで否定していない。また，現行刑法典が，緊急避難を正当防衛と並ぶ「犯罪の不成立」事由とした以上，単なる処罰阻却事由にとどまらず，犯罪が成立しないというべきである。

(2)　緊急避難に対する「正当防衛」

　つぎに，(b)**責任阻却事由説**は，避難行為が他人の適法な利益を侵害した点で違法行為になるとしても，緊急時に他の手段・方法がなかったならば，責任が阻却されると説明する($\substack{M\cdot E \cdot \\ マイヤー}$)。しかし，刑法37条1項は，他人の法益を救助する緊急避難も規定しており，単に自衛本能に根ざした免責事由にとどまるものでない。また，自衛本能にもとづく場合であっても，期待不可能になるほどの緊急状況が想定されていない。しかも，現在の危難に直面した保護法益と実際に侵害された保護法益の権衡が要求されることからして，もっぱら非難可能性に着目するだけでは，緊急避難の正当化要件を十分に説明できない($\substack{大塚 \\ 400頁}$)。さらに，緊急避難を違法と評価するならば，避難行為の相手方には，これを斥けるための正当防衛が成立することになる。その際，正当防衛では法益権衡が不要とされるため，当事者双方が緊急状況下にあるにもかかわらず，一方だけが正当防衛になるという不平等が生じる($\substack{団藤 \\ 245\sim246 \\ 頁}$)。

(3)　可罰的違法性阻却

　そこで，今日の通説的見解は，(c)**違法性阻却事由説**を採用している($\substack{リス \\ ト,}$

(ヒッペル,大塚401頁,大谷301〜302頁など))。すなわち，緊急避難では，大きな利益を保全するために，小さな利益を犠牲にすることが許されており，いわゆる**優越的利益の原則**が，正当化の根拠となる。また，同価値の法益が対立した場合には，一方が他方より優越しないため，刑罰を用いて禁止するだけの可罰的違法性がないと説明される[3]（大塚401頁(2)）。そのほか，積極的な法益侵害がない以上，刑法上の禁止規範に違反しておらず，違法性が欠けるという主張もみられる（川端362頁）。これに対して，他人のための緊急避難（緊急救助）も含め，犯人が精神的に追い詰められた場合には正当化を認めつつ，それ以外の場合には，責任阻却事由としての緊急避難を論じる少数説もある。

(4) 正当化と免責

最後に，刑法上の緊急避難を，違法性阻却事由と責任阻却事由に分けて考える立場がある。(d)いわゆる**二分説**（Differenzierungstheorie）によれば，「生じた害が避けようとした害の程度を超えなかった場合に限り」の要件は，緊急状況下の行為について，著しい法益の不均衡がないという条件を付加したにとどまる。その意味で，違法性阻却事由説だけが，法益権衡の原則を説明できるわけではない。むしろ，自分に振りかかった危難を第三者に転嫁するとき，相手方はその被害を甘受する理由がないので，単なる責任阻却事由にとどまるという。そのうえで，大きな法益を救うために小さな法益を犠牲にする場合にのみ，違法性が阻却されることになる[4]（フランク，E・シュミットなど）。

上述した二分説は，相対立する法益の価値が拮抗する場合，他人に危難を転嫁することが適法となる根拠を見出せない以上，せいぜい，**適法行為の期待不可能**による犯罪不成立にとどめようとする。しかし，結果無価値の欠如だけに着目する立場はともかく[5]，同一価値の法益が衝突する場合にも，避難

---

3) そのほか，対立する両法益が均衡する限度で「法的に放任される」という理解もある。しかし，放任行為の概念を否定する本書の立場では採りえない。

4) また，生命対生命，身体対身体という関係では，責任阻却事由となるが，それ以外の場合には違法性阻却事由になるという見解もみられる（木村269〜270頁）。

5) かりに優越的利益の原則だけを根拠とするならば（結果無価値論），同一の法益の場合，緊急状況下であるとはいえ，第三者に受忍を強いる「法益の優越」や「法確証の利益」がないため，責任阻却事由にとどまることになろう。なお，行為無価値論を支持しながら，社会的相当性で緊急避難の正当化を説明する見解（大谷302頁），結果無価値論の見地から「要保護性」または「社会連帯性」などの要素を考慮する見解もみられる。

(救助)の意思にともなう行為無価値の減少も考慮するならば($\frac{川端}{365頁}$)，むしろ，可罰的違法性がないというべきである。さらに，二分説がより所とする期待可能性の理論は，むしろ，相対立する保護法益の間で不均衡が生じた場合にも，行為者の責任を阻却する考え方であって，法益の権衡を要件とした刑法37条を説明することはできない($\frac{川端364～}{365頁}$)。そのほか，特別義務者の緊急避難が一律に制限される点も考慮するならば($\frac{→後述第2節}{(1)および(2)}$)，緊急避難の成否は，行為の違法性を左右するものと考えられる。

3　正当防衛と緊急避難

(1)　第三者侵害の取り扱い

正当防衛では，防衛行為が急迫不正の侵害者に向けられねばならない。したがって，急迫不正の侵害に対する反撃行為が，第三者の法益を侵害した場合には，緊急避難の成否が問題となる。たとえば，暴漢から突然に殴られたため，それ以上の暴行を免れる目的で，持っていた傘を夢中で振り回したところ，近くの通行人に当たって傷害を負わせた場合，または，暴漢の攻撃から逃れるために，他人の住居のドアを破壊して，その内部に侵入した場合などが考えられる。学説上，こうした緊急状況下の第三者侵害については，(a)すべてを正当防衛で解決しようとする見解（**正当防衛説**），(b)各場合の違いに着目して，誤想防衛（前者の設例）や緊急避難（後者の設例）で処理する見解（**区別説**），(c)すべてを緊急避難で解決する見解（**緊急避難説**。$\frac{大塚}{388～389頁など}$）に分かれる。

---

6) たとえ，刑法上も圧倒的に優越する利益を保護するためとはいえ，瀕死の重傷者に輸血する目的で，通行人から強制的に血液を採取する行為は許されない。そうである以上，行為・手段の相当性（Angemessenheit）にもとづく法益衡量の原則によって修正することが必要であろう（後述第2節2参照）。そこでは，自己決定権（自律性）の尊重や人間の尊厳，法秩序としての一貫性，危険受忍義務などを基準とする見解も含めて，「包括的な利益衡量論」を超える正当化原理が求められる。
7) ただ，避難行為の中には，純然たる自己保存本能にもとづく場合だけでなく，もっぱら優越的利益の正当化原理が働くべき場合まで，さまざまな性質の事例が含まれている。したがって，具体的な判断においては，攻撃的緊急避難と防御的緊急避難の違いを踏まえつつ，免責的な緊急避難も認めるべきことは上述した。
8) もっとも，防衛のために投げつけた石塊が，急迫不正の侵害者だけでなく，傍らにいた第三者にも命中して傷害結果を生じたとき（結果併発の場合），侵害者に対する暴行・傷害の限度では，正当防衛が成立しうるのはもちろんである。

(2) 意図的侵害と緊急避難

　厳密にいうならば，(i)防衛行為者が意図的に第三者を攻撃した場合と，(ii)防衛行為の際に誤って侵害した場合で区別する必要があろう。たとえば，**正当防衛説**では，不正の攻撃と関係のない第三者に対して，正当防衛の成立を肯定するため，危難を転嫁された第三者は，「正当防衛に対する正当防衛」が認められない以上，いわれなき攻撃（緊急避難）についても，緊急避難でしか対抗できないという不均衡が生じる。他方，典型的な誤想防衛とは異なり，犯人が第三者の法益侵害を予見した場合には，防衛行為者と第三者の関係は「正対正」である以上，むしろ，正面から緊急避難の成否を論じるべきである（**区別説**）。ただし，違法性を阻却するためには，第三者侵害が「危難の回避」に役立ったという客観的状況はもちろん，主観的正当化要素である避難の意思も，存在しなければならない。

(3) 避難の意思と防衛の意思

　これに対して，**緊急避難説**では，防衛行為時に方法の錯誤があった場合や過失による緊急避難の場合，主観的正当化要素が具備されないため，およそ正当化を認めることはできない。その際，客観的にみて反撃行為が危難の回避に役立った以上，主観面でも，防衛の意思と同時に避難の意思があったとみる見解がある（大塚389頁，大谷286，290頁）。しかし，そこでいう避難の意思の内容は，きわめて曖昧なものといわざるをえない。少なくとも，避難の意思を防衛の意思と区別して論じる以上，防衛の意思で緊急避難の結果を招来したり，避難の意思で正当防衛の状況になった場合には，正当防衛と緊急避難のいずれも否定されるはずである（主観的正当化要素の欠如）。むしろ，犯人が第三者侵害を予見しなかったことは，防衛の意思で違法結果を惹起する誤想防衛の場合と共通するのではなかろうか。たとえ客観的には「現在の危難」を免れたとしても，防衛の意思で緊急避難の結果になった点では，やはり，意思と事実の不一致が生じている。

(4) 違法性阻却事由の錯誤

　違法性に関する事実の錯誤が責任故意を阻却するという本書の立場では，正当防衛と緊急避難の間の意思と事実の不一致については，行為者の心理状態を勘案しつつ，両者の重なり合いを論じることになる[9]（→違法性阻却事由の錯

誤)。そのほか，急迫不正の侵害者が第三者の所有物を攻撃の道具に用いたため，反撃行為により当該物品を破壊した場合，あるいは，防衛者が第三者の所有物を利用して反撃することで，第三者の財産的利益を侵害した場合も考えられる。前者の設例では，対物防衛に準じて正当防衛を肯定する一方，後者の設例では，緊急避難の問題とみる見解が一般である（大塚389頁(18)，大谷286頁など）。これらの設例で問題となる他人の所有物は，前者では，違法な攻撃の一部を構成するのに対して，後者では，防衛の手段となっており，防衛者の側でも，他人の法益侵害を認識していることが多いからである（大塚389頁(18)）。

第2節　緊急避難の正当化要件

1　現在の危難

(1) 客観的正当化状況

緊急避難の正当化は，優越的利益の原則（結果無価値）と避難行為の社会的相当性（行為無価値）にもとづく。刑法37条1項に示された緊急避難の正当化要件を列挙するならば，以下のとおりである。すなわち，(a)「自己又は他人の生命，身体，自由又は財産に対する現在の危難」があること，(b)行為者がその危難を避けるために「やむを得ずにした行為」であって，(c)避難行為から生じた害が，避けようとした害の程度を超えない場合である。したがって，客観的正当化要素としては，保護法益に対する侵害や脅威が，現実に存在しなければならない。かりに現在の危難が実在しない場合には，せいぜい，誤想避難（後述）として，責任が阻却されるにとどまる。

ただし，「自己又は他人の生命，身体，自由又は財産に対する現在の危難」でいう「他人」とは，行為者と一定の人的関係がある場合に限られない。また，法文上列挙された保護法益に制限されない点では，正当防衛と同様であっ

---

9)　詳細については，佐久間修・刑法における事実の錯誤（昭62）379頁以下，香川達夫・刑法解釈学の諸問題（昭56）113頁以下など参照。

1)　もっぱら，行為者の心情を重視する責任阻却事由説によれば，まったく無関係の他人を救助するべく，冷静沈着に危難を第三者へ危難を転嫁したのであれば，緊急避難の要件を充たさない場合も考えられるであろう。

て，名誉や貞操を守るための緊急避難も認められる（通説）。さらに，危難の種類にも制限はなく，自然現象や動物による侵害も現在の危難となりうるし，急迫不正の侵害にあっても，これを他人に転嫁する場合には，実際に犠牲者になった者と避難行為者の間では，現在の危難として取り扱うべきである。

(2) 危難の現在性

危難の「現在」性とは，法益に対する侵害が切迫しているほか，現に侵害が加えられている状態を意味する。正当防衛の「急迫」性と同じく，行為者が法益に対する危険を予期したからといって，ただちに「現在」性が否定されるわけではない（ただし，大判大正13・12・12刑集3巻867頁）。むしろ，事前に危難の到来を察知したため，他に回避する方法がありえたという意味では，避難行為の補充性などを制限する事情となるであろう。これに対して，避難行為者が故意に危難を招来したり，避難行為者の軽率な態度が危難を引き起こした場合（**自招危難**），自己の有責行為にもとづく危難を他人に転嫁することは，およそ許されないのであろうか。

なるほど，犯人が緊急状況に乗じて第三者を侵害しようとしたのであれば，緊急避難を利用した間接正犯さえ成立しうるであろう。その意味では，自招危難に対する正当化を認めるべきでない。しかし，客観的には自招危難に見えるとしても，相手方を口頭で侮辱したところ，突然殴りかかられたため，手近にあった他人所有の財物で反撃して当該物品を損壊した場合のように，予想外の強度な攻撃に対する緊急避難まで否定するのは失当である（大塚402〜403頁）。したがって，自招侵害の内容と回避行動の態様を考慮したうえで，避難行為で保護された法益が，現実に侵害された法益よりも優越している場合に

---

2) なお，社会的法益や国家的法益に対する緊急避難が許されるべきか否かについては，これを肯定する見解（大塚401頁，大谷303頁）と，これを否定する見解（山口121, 141頁）が対立している。しかし，個人的法益が直接に侵害される場合と違って，緊急性に乏しいことが多いため，実際上は，超法規的緊急避難となる余地を残しておけば足りるであろう（なお，最大判昭和25・9・27刑集4巻9号1783頁参照）。

3) 学説の中には，自招危難についても「原因において違法な行為の理論」を用いる見解もあるが，同理論の問題点は，すでに正当防衛のところで述べたとおりである。

4) 過去の判例では，自招危難に対する緊急避難を否定していたが（大判大正13・12・12刑集3巻867頁），多数説は，およそ緊急避難の成立可能性を排除する趣旨ではないと説明している（大塚403頁(7)）。

は，なお，緊急避難による正当化が可能になると考えられる。

2 避難行為

(1) 避難の意思

避難行為とは，現在の危難を避けるために「やむを得ずにした行為」である。現在の危難があることを認識しつつ，自己または他人の法益を守るために行為した場合に限られる。正当防衛におけると同様な意味で，**避難の意思**（Rettungswille）が必要となる（通説。大塚404頁，大谷305頁）。これに対して，結果無価値論では，およそ主観的正当化要素が不要とされる（前田362頁，山口142頁）。なお，通説である避難意思必要説に対しては，防衛意思と異なる内容の避難意思を正当化要素とするとき，防衛行為にともなう第三者侵害の場合には，緊急避難による正当化が困難になるという指摘がある。しかし，通説によれば，緊急状況下になされたとっさの退避行動が人間の防御本能にもとづく場合，防衛の意思と避難の意思は，いずれも危難を避けようとする単純な心理状態であるため，両方とも認められることが多いとされる（大塚389頁）。もっとも，このような重なり合いは，当然にあるとはいいがたい。

(2) やむを得ずにした行為

つぎに，「やむを得ずにした」とは，その危難を避けるために唯一の方法であって，他に選択しうる回避手段がなかったことを意味する。たとえば，破傷風の感染による死亡結果を防止するため，患者の承諾なしに患部を切除する場合，トンネル内の列車運行にともなって生じる乗員の生命・身体の危険を予防するべく，機関車乗務員が連結列車数を3割程度減少させることは，有毒ガスの発生や熱気による火傷を避けるうえで，やむをえない措置であっ

---

5) かりに責任非難の減少を不可罰の根拠とするならば，自招危難では，緊急時における行為者の主観的態度によって，正当化される範囲は著しく狭まるであろう。なお，行為無価値論の立場から，自招危難の取り扱いを論じたものとして，吉田宣之・違法性の本質と行為無価値（平4）128頁以下がある。

6) また，不注意にも中央線を越えて進行した運転者が，対向車両と衝突する危険を生じた際，とっさにハンドルを切ったところ，並行していたバイクに接触して転倒させ，傷害を負わせた場合のように，すでに構成要件的過失があるとしても，それが正面衝突を避けるためにやむをえない行為であれば，過失犯における緊急避難も成立しうる（大阪高判昭和45・5・1高刑集23巻2号367頁参照）。

たとされる（最判昭和28・12・25）。こうした**補充性の原則**（Prinzip der Subsidiarität）は，不正対正の関係を前提した正当防衛と異なり，正対正の関係を予定した緊急避難において，正当化の範囲を適切に限定するための要素である。したがって，補充性を具備しないときには，およそ現在の危難を転嫁することが許されず，過剰避難（後述）にもならないという意味で，補充性の要件は，緊急避難の前提要件であるといえよう。[7]

(3) 法益権衡の原則

避難行為により「生じた害が避けようとした害の程度を超えなかった」という要件は，**法益権衡の原則**（Güterabwägungsprinzip）と呼ばれる。すなわち，緊急避難では，高い価値の法益を救うために低い価値の法益を犠牲にするとき，あるいは，同価値の法益の一方を守るために他方を犠牲にする場合が，刑法上も正当化される。これに対して，より高い価値の法益を犠牲にして，低い価値の法益を救う行為は，違法な過剰避難となる。[8] その際，保護法益の価値を比較衡量する場面では，刑法典の各則に規定された法定刑の軽重が参考になるであろう。もっとも，個人の生命が他の保護法益よりも優越するとはいえ，正当化の可否を決定する際には，侵害される法益の種類・量だけでなく，侵害行為の態様も考慮しなければならない。

具体的には，瀕死の重病人を助けるためでも，近くの通行人に強要して献血させることは許されず，法益権衡の原則も，侵害利益の軽重だけで決まらないことは，すでに述べたとおりである。また，身体の安全が財産的利益よりも優越するとはいえ，軽微な暴行を避けるために第三者の高価な骨董品を損壊する行為は，過剰避難となりうる。反対に，定員過剰で運行していた船舶が沈没しそうになったため，乗客や荷物の一部を海中に投棄するなど，生

---

7) 最近の判例では，暴力団事務所に監禁された犯人が，そこから脱出する目的で放火した事案をめぐって，補充性の要件を充たさない以上，過剰避難の成立する余地もないとしたものがある（大阪高判平成10・6・24高刑集51巻2号116頁）。他方，いったん脱走した信者が，再度教団内に拘束された際，救命・解放の条件として他の信者の殺害を強要されて実行した事案につき，行為の補充性はあったが，相当性が欠けると認定して，過剰避難を認めた例がある（オウム真理教事件。東京地判平成8・6・26判時1578号39頁）。
8) 判例では，行為当時の価格で600円相当の猟犬を救助するために，携えていた猟銃で，襲ってきた価格150円相当の番犬を傷害した行為は，緊急避難にあたるとされている（大判昭和12・11・6体系30巻(4)957頁）。

命・財産を犠牲にしてより高度な法益(多数の乗客)を救うことは，刑法上も可能である。

(4) 法益権衡と行為の相当性

かようにして，緊急避難における正当化判断では，具体的な生活利益の比較衡量のみならず，これを救助するために許される避難行為の態様など，行為それ自体の補充性や社会的相当性が問題となる。その意味では，避難行為における行為無価値的要素が重視されねばならない。[9] 他方，結果無価値論においても，法益の権衡が認められるにもかかわらず，個人の自律性(自己決定権)を理由に法益衡量論を修正したり，具体的な行為事情で問題となる「要保護性」の程度を論じて，結論的に行為の正当化を否定する論者がみられる。しかし，こうした修正原理は，本来，客観的結果の違法評価だけを基調とする立場とは相容れないであろう。

3 過剰避難と誤想避難

(1) 過剰避難による刑の減免

刑法典は，避難行為によって生じた侵害の程度が，守ろうとした法益の質・量よりも重大であったとき，「情状により，その刑を減軽し，又は免除することができる」と規定する(37条1項ただし書)。刑法上許された範囲を超える避難行為は，**過剰避難**(Notstandsexzeß)として，違法性は阻却されないが，責任の減少・消滅に応じて，任意的な刑の減免を受けることができるのである。減免の根拠としては，そもそも，客観的に現在の危難が存在した以上（最判昭和35・2・4刑集14巻1号61頁），これを免れる行為については，すでに違法性が減少している(緊急法をもたない)。また，過剰な避難行為であっても，緊急状況下における行為者の心理状態を勘案して，責任の程度が著しく低減するため，行為者の当罰性が低下するからである。そのほか，およそ補充性の原則に反する回避方法であっても（前出最判昭和28・12・25参照），適法な避難行為を期待できないのであれば，期待可能性の理論によって，「刑の免除(不可罰)」という判断も可能となるであろ

---

9) したがって，避けようとした害の程度を超えたかどうかは，一般人の基準からみた避難行為の全体的評価にほかならない(大塚405頁，大谷306頁)。

う。[10]

(2) 広義の誤想避難

つぎに，現在の危難を誤信した場合には，責任故意が阻却されるかどうかが問題となる。こうした**誤想避難**（Putativnotstand）には，実在しない現在の危難があると信じて避難行為に出た場合のほか，現在の危難は実在したものの，相当な避難行為をするつもりで，客観的には過剰な行為をした場合が含まれる（過剰性に関する事実の錯誤）。緊急避難の客観的正当化要素が欠けるため，いずれも違法な侵害行為と評価されるが，主観的には適法な行為であると誤信した点で，責任要素である故意が阻却される点は，上述した誤想防衛と同じである（→第3部第3章第4節）。さらに，誤想避難と過剰避難が競合する場合は，**誤想過剰避難**と呼ばれるが，その取り扱いについては，すでに誤想過剰防衛で述べたところを参照されたい（→第3章第4節3）。

第3節　緊急避難と義務の衝突

1　特別義務者の緊急避難

(1) 特別義務者の範囲

刑法37条2項によれば，「業務上特別の義務がある者」には，緊急避難の規定が適用されない。たとえば，自衛官，警察官，消防職員，船長，海員，医師，看護師などは，業務の性質上，一定の危険の中で職務を遂行すべき特別の義務が生じることがある。その際には，非常時の災害・危難から市民を救助したり，犯罪防止や犯人検挙のほか，事故や感染の危険のある場所で治療にあたるなど，法令・契約・慣習上の特別義務との関係で，自分自身のために緊急避難をおこなう権利が制限される。もちろん，これらの特別義務者も，他人の法益を救うための緊急避難をすることは可能であるが，自分や同僚に対する危険が発生したときには，緊急避難により一般人に対して危難を

---

10) 法文上は，刑の免除となっているが，単なる処罰阻却事由にとどまらない点は，すでに過剰防衛のところでも説明したとおりである。

転嫁することが許されない。ただし，消火作業中，突如落下してきた構造材から逃れるため，ガラスを割って隣家に侵入するなど，もっぱら特別義務者の生命・身体を守る行為も，緊急避難となりうる場合があるのは当然である（大塚406頁，大谷307頁など）。

(2) 応招義務と緊急避難

特別義務者には，刑法37条の適用が制限されるとはいえ，超法規的緊急避難による正当化は，具体的な行為状況に応じて許容されるべきである。たとえば，医師や看護師には，いわゆる**応招義務**（治療義務）が設けられているが（医師法19条1項など），自分の家族が緊急治療を要する事態であれば，患者の要請を拒絶することも可能である。その意味で，刑法37条2項の規定は，特別義務者の緊急避難について類型的な制限を設けたにすぎない。そもそも，具体的な緊急度（現在の危難）の強弱によって実質的違法性の有無が決まるとすれば，応招義務と緊急避難という複数の行為規範が対立する意味では，後述する「義務の衝突」と共通する部分がみられる。

2　義務の衝突

(1) 複数の作為義務

義務の衝突（Pflichtenkollision）とは，行為者にとって相互に対立する複数の刑法上の義務が存在しており，いずれか一方の義務を履行するならば，それ以外の義務に違反する結果となる場合である。これらの義務は，法律上のものであるかぎり，法令中に直接の定めがあることを必要としない。慣習上または条理上の義務であってもよい。ただし，単なる倫理的・道義的な義務は含まれない。義務の衝突が問題となる例として，医師が一刻を争う重病人のところに駆けつけるため，たまたま来院した軽傷者の治療を拒絶した場合，弁護士が依頼者の無実を証明するために，業務上知りえた第三者の秘密を法廷で陳述することで，秘密漏示罪の構成要件にあたる行為をした場合などが考えられる（なお，大判昭和5・2・7刑集9巻51頁参照）。

---

1) 学説・判例については，吉田宣之・違法性の本質と行為無価値（平4）185頁以下，土本武司・大コメ(2)302頁以下など参照。

上述した設例では，当該医師には複数の患者を治療する義務が併存しており，当該弁護士にあっても，依頼人の利益を擁護する刑事訴訟法上の義務（刑訴293条など）と，業務上知りえた秘密に関する守秘義務（134条1項）が対立することになる。したがって，上記の行為者は，これら複数の義務のいずれかを選択しなければならず，別の機会に他の義務を果たすことでは間に合わないという意味では，一種の緊急事態にほかならない。もっとも，義務の衝突では，何らかの義務を履行しないことが犯罪となるのに対して，緊急避難では，現在の危難を行為者が受忍すれば，刑法上の問題は生じない点で異なる[2]（大塚431頁(1)，大谷277〜278頁など）。

(2) 法益の比較衡量

義務の衝突では，その義務者が，より重要な義務を果たすため，重要でない義務の履行を怠った場合，または，同等の義務の一方を選択したときには，たとえ他方の義務に違反しても，行為の違法性は阻却される（通説）。上述した設例でいえば，緊急状態の患者を救うため，応招義務に違反した医師の行為は適法である。しかし，職業上の秘密を漏示した弁護士については，守秘義務の内容と危機に瀕した依頼人の利益を比較衡量しつつ，具体的に正当化の可否を決定しなければならない[3]。かりに依頼人の軽微な不利益を理由として，職務上の守秘義務を破ったならば，当該行為の違法性を肯定したうえで，別途，期待可能性などの責任阻却事由を考えるべきである[4]。なお，義務の衝突は，末期患者の延命治療の拒絶と医師の治療義務が対立するなど，安楽死・尊厳死にともなう違法性阻却と正当行為による違法性阻却が競合する点では，正当化事由の競合にもあたりうる。

---

2) なお，義務の衝突でいう義務違反が常に不作為となるかは，作為と不作為の概念をどのように理解するかで異なってくる。また，衝突する義務の種類によって，異なった取り扱いをする場合もある。
3) これに対して，疾病の感染防止のため，医師に行政上の届出義務が課せられた場合，すでに特別法によって秘密保持義務が解除されており，最初から義務の衝突は生じない（佐久間修・最先端法領域の刑事規制―医療・経済・IT社会と刑法（平15）42〜43頁以下参照）。
4) 違法論から義務違反の観念を排除する見解にあっては（→第1章第3節），義務の衝突という観念自体がおよそ否定されるのであろうか。そもそも，結果無価値論では，もっぱら客観的な法益侵害の程度で判断すべきことになるが，緊急事態におけるとっさの行動を，最終的な侵害結果の当否だけでは評価できないとおもう。

3　正当化事由の競合

(1) 一般的な正当化事由と緊急行為による正当化

正当化事由の競合（Konkurrenz von Rechtfertigungsgründen）とは，同一の構成要件該当行為をめぐって複数の正当化事由が認められる場合である。たとえば，緊急避難として傷病者を救助する行為が，担当医の正当な業務活動にもあたるように，両正当化事由が合同して作用する場合には（**正当化事由の併存**），条文を適用するうえで優劣の問題が生じるにとどまる[5]。しかし，刑法上の緊急避難にあたらない緊急手術が，刑法上の医療水準には適合していたが，患者の表明した意思に反していた場合（専断的治療行為），正当業務行為である治療行為と被害者の承諾という正当化事由が対立することになる（**正当化事由の対立**）。

したがって，そのいずれを重視するかを決定しなければならない。もちろん，複数の対立する法的義務が，いずれも刑法上の作為義務にあたる場合には，義務の衝突の一場合として処理されるであろう。しかし，行為者が積極的な作為義務を負担しない事例では，各種の正当化事由の位置づけを整序したうえで，実質的違法性の見地からその優劣を明らかにしなければならない。その際，一般的な正当行為と緊急行為としての正当化事由が対立するときには，一般的正当行為は，通常の生活状況を前提とした原則的な正当化事由にあたるため，緊急状況下で問題となる正当防衛や緊急避難の規定が，優先的に適用されるべきである。

(2) 自己決定権と社会的相当性

もっとも，1個の構成要件該当行為を対象とした違法性の判断は，緊急事態における推定的承諾のように，複数の要素を考慮した総合的評価の産物という側面がある。その意味で，正当化事由の競合でも，最終的には一義的に決定されねばならないという批判が予想される。しかし，違法評価の対象は

---

5) 正当化事由の併存については，曽根威彦・刑法における正当化の理論（昭55）261頁以下参照。なお，第三者の財物を利用して急迫不正の侵害を撃退する行為は，正当防衛であると同時に緊急避難にもあたるところ，実際に侵害された各法益に応じて別個の違法性判断がなされるため，ここでいう正当化事由の競合にあたらない。

1つであっても，種々の異なった見地から違法性の有無を検討することは，たとえ正当化事由の存否に直結しなくても，違法性の質量を明らかにするうえで，有益かつ必要な作業である。また，複数の正当化事由が併存する状況は，実際の事件においても発生することが少なくない[6]。

そのほか，両親（監護権者）の意思に反して，子供の手術時に緊急輸血をした場合のように（エホバの証人事件），一方で正当化事由の要件を具備したにもかかわらず，別の正当化事由から違法と評価される場合には，法益保護の緊急性と選択された治療行為の態様を考慮しつつ，違法性の阻却を論じる必要がある。同様にして，他人が自殺者を救助する場合など，たとえ自殺者本人の意思に反しても，行為の適法性を承認すべき場合がある[7]。他方，受容者（レシピエント）にとって緊急避難にあたるならば，たとえ生前の本人による意思表示に違反しても，勝手に移植用臓器を摘出しうるという見解は，死後の臓器をめぐる被害者の処分権よりも，緊急避難にもとづく正当化を優先させるものであって，避難行為の補充性を無視している[8]。

---

6) なお，犯罪阻却事由の競合は，たとえば，日常的な生活場面を前提とした信頼の原則が，地震などの異常事態では適用を制限されるなど，法益の衡量ないし社会的相当性の次元でも検討されてきた。
7) これに対して，他人のための緊急避難では，民法上の事務管理の法理に従い，本人の意思に合致したことを前提条件とする見解もあった。
8) ここでは，臓器提供者の自己決定権を優先させる見解はもちろん，それ以外の見解にあっても，臓器摘出という医師の積極的侵襲がある点に着目するかぎり，手段・方法の反社会性からみて，違法行為と評価される場合が多いであろう。

第4部　責　任——第3の犯罪成立要件

第1章　責任の理論

第1節　責任の概念

1　責任の意義

(1) 責任主義

　第3の犯罪成立要件は、当該行為者の**責任** (Schuld) である。責任の内容は、具体的な違法行為について、当該行為者を非難できることである[1] (**非難可能性**；Vorwerfbarkeit)。たとえ構成要件に該当する違法な行為があっても、「責任がなければ刑罰はない (Ohne Schuld keine Strafe)」のであり、こうした**責任主義** (Schuldprinzip) は、近代刑法の基本原理とされた (→刑法の基礎理論)。責任の概念をめぐっては、刑法学上、各種の見解が対立してきたが、少なくとも、犯人の責任能力と故意・過失が認められることで、責任非難が可能となる (**主観的責任**)。しかも、刑罰は、各人の有責行為に対して科せられるため、その質と量も、個人が負う責任の範囲を超えてはならない (**個人責任の原則**)。その意味で、責任の概念は、犯罪の成否と刑罰権の行使を限界づける機能を果たしている[2] (**消極的責任主義**)。

---

1) もっとも、最近では、「責任（非難）なき刑罰」も論じられる（ハッセマー）。この関係で、犯罪予防の見地も取り込んだ「答責性」の理論が提唱されたが、学説上、こうした不明確な概念では、責任主義を説明できないといわれている（ドレーアー、アルトゥール・カウフマン）。なお、「刑事責任」という用語は、通常、刑事制裁一般を意味するが（いわゆる罪責の観念 Tatverantwortung）、本文中の可罰的責任を意味することもある。
2) これに対して、行為者の責任を処罰根拠として、およそ「責任があれば処罰も可能」とする考え方は、**積極的責任主義**と呼ばれる。

(2) 消極的責任主義と触法精神障害者

上述した責任概念を第3の成立要件とする犯罪論体系は，かつての団体責任（いわゆる縁座制や連座制）や結果的責任主義に対するアンチテーゼとして提唱された。なるほど，違法性の質と量も，刑罰権の限界を左右するが，責任の質と量は，まさしく具体的な刑罰権の行使に反映される（**量刑における責任主義**）。さらに，常習犯における加重処罰の根拠や，不定期刑および保安処分を認めるかという議論も，刑罰論における責任主義の位置づけと無関係ではありえない。しかし，責任主義を徹底するためには，刑罰の対象とならない犯罪者の社会的な「受け皿」を整備することが，前提条件となる。

したがって，触法精神障害者の保安処分制度がない状況で，責任無能力者の処罰を否定することは，他者に危害を及ぼす危険な精神障害者が，そのまま放置されることになりかねない。その意味では，刑事政策的な配慮も責任判断に影響を与えることがある（川端386頁。後述する「可罰的責任論」参照）。実際，平成15年に「心神喪失等の状態で重大な他害行為を行った者の医療及び観察等に関する法律」が制定される以前は，犯罪・非行の前歴がある触法精神障害者が，措置入院として治療施設に収容されるだけで，再発を防ぐ法制度が十分に整備されていなかった。こうした状況では，実際に被害者となる善良な市民を保護できない。その意味で，加害者の権利保護のみに目を奪われた結果，刑法の任務が適切に果たされてこなかったとおもう。

(3) 結果的加重犯と責任主義

また，結果的加重犯における基本犯と加重結果の間には，条件関係さえあればよいとする判例の態度は，学説から批判されてきた。現在の通説は，少なくとも，加重結果の発生について過失を必要としている。もっとも，犯人が加重結果の発生に直結する危険な基本犯を実行した事実を重視するならば（**危険性説**），過去の判例も，特に結果的加重犯の成立範囲を広げてきたわけではない。その意味で，実質的には責任主義が維持されている（→第2部第4章第3節2）。そのほか，故意犯の成否をめぐって，確立した判例は，違法性の意識を不要としており（**違法性の意識不要説**），法人処罰でも無過失責任を容認した時期がある。換言すれば，法律に明文の定めがある以上，広く違法行為を処罰する傾向がみられた。今後は，単なるスローガンとしての責任主義でなく，具体的

2 構成要件と責任

(1) 有責行為の定型化

　刑法上の構成要件が第1の犯罪成立要件であり，違法・有責行為の定型であることは，すでに説明したとおりである（→第2部第1章第1節）。しかし，構成要件と責任の関係は，構成要件と違法性の関係ほど密接なものではない。したがって，構成要件該当性が当該行為者の有責性を推測させるとはいえ，その結びつきはかなり希薄なものにとどまる。したがって，行為者の責任を認めるうえでは，単なる**責任阻却事由**（Schuldausschließungsgründe）の不存在だけでなく，犯人の責任能力や責任形式である故意・過失を，積極的に認定する必要がある。

　たとえば，構成要件段階における故意と過失（事実的な故意・過失）は，責任段階における故意・過失の存在を一応推定させるが，故意犯と過失犯の区別は，終極的には，責任段階で初めて明らかとなるであろう。なぜならば，責任における故意・過失は，構成要件該当の違法行為について，当該行為者の非難可能性に直結するものであるから，平均人を基準とする構成要件的故意・過失とは，およそ質的に異なるからである。すなわち，責任故意では，違法性に関する事実の表象や違法性の意識が問題となる一方，個別的な行為状況に応じた期待可能性の存否が，別途，責任非難の基礎事情に含められる[4]（→期待可能性の理論）。また，責任過失では，当該行為者の注意能力を基準とした義務違反の有無が，細かく検討されねばならない。

(2) 主観的要素と客観的要素

　かようにして，責任の存否と程度が，当該行為者の反社会的態度によって左右される以上，責任主義を前提とする非難可能性では，主観的要素が故意責任および過失責任の本質をなす。これに対して，故意・過失の概念を，もっ

---

3) 当初，責任論の根底には，意思の自由をめぐる見解の対立があったものの，今日，責任概念を機能的に考察する中で，伝統的な対立も異なった様相を呈している（後述参照）。なお，大谷實・刑事責任論の展望（昭58）1頁以下など参照。
4) ただ，適法行為の期待可能性を，違法性で議論する論者がないわけではない。また，違法性の錯誤と期待可能性論の問題を混同する向きもあるが，むしろ，責任論における期待可能性の観念を純化する必要があろう（→後述第4節参照）。

ぱら構成要件要素や違法要素として位置づける見解（責任説）は，個別的責任（個人責任）の中に本籍を置く故意・過失の意義を十分に説明していない[5]。また，上述した責任論では，具体的な意思決定における規範違反性が問題となるため，主に命令規範の側面が重視されるべきである。もっとも，主観的態度だけが評価の対象となるわけでなく，客観的な行為事情をめぐる責任判断としての期待可能性の存否も問題となる。

そこで，本章では，責任評価の基準となるべき道義的責任論と社会的責任論の対立をみたうえで，以下，責任評価の対象を論じてきた行為責任論，性格責任論および人格的責任論の違いなどを概観しよう。特に，第2節では，責任要素をめぐる心理的責任論と規範的責任論にも言及するが，第3節では，責任要素の中で，非難可能性の前提となる責任能力の意義を論じる。なお，最後の第4節では，規範的責任の本質にかかわる期待可能性の理論を取り挙げたい。

3 違法性と責任

(1) 「主観的」な責任

最初に，違法性と責任の違いを説明しておこう。定型的な構成要件該当性（あてはめ）の判断と異なり，違法評価と責任評価は，いずれも，個別具体的な行為事情に向けられている。しかし，両者の違いは，かつてのような客観と主観の区別に依拠するものではない。すなわち，違法性論で述べたように，「違法は客観的に，責任は主観的に」というテーゼは，そのままの形では維持できないからである。現在，違法評価の対象には，主観的違法要素も含まれている[6]。したがって，違法性と責任の区別は，外形的事実と主観的内心という評価対象の違いでなく，評価それ自体の差異に求めざるをえない。すなわち，違法性が，刑法規範からみた当該行為の否定的評価（無価値判断）であるのに対して，責任は，当該行為者に向けた人格的非難を中核とする否定的評価であるといえよう。

---

5) なお，学説の一部は，こうした「本籍」という表現を取り上げて，通説を「不明確」と批判するが，単に言葉じりを捉えたものにすぎない。
6) 違法性の本質は，一般人を対象とした無価値判断であって，違法の「客観性」が，単に評価対象の「外部的事実」性を意味するものでないことは，すでに述べたとおりである（→違法性の本質）。

(2) 「客観的」な責任

したがって，責任の要素には，主観的なものだけでなく，客観的責任要素も含まれる。また，構成要件に該当したことで，形式上は，犯人の個人責任を推定できるが，当該行為者を非難できるかどうかは，犯人の責任能力や故意・過失を踏まえて評価しなければならない。たとえば，犯罪事実の認識・認容 (事実的故意) があった場合にも，一般人を想定した違法評価と異なり，責任評価では，違法事実の認識や違法性の意識 (可能性) が，故意犯として非難できるか否かを左右するのである。同様にして，過失犯では，通常人を想定した客観的な注意義務違反でなく，犯人自身の注意能力を前提としつつ，その不注意な行動を非難できることが責任評価の中心となる。なお，客観的な責任事情として，犯行当時に適法行為の期待可能性が存在していなければならない。まさしく期待可能性を基礎づける行為事情は，責任評価を左右する客観的事情であり，**客観的責任要素** (objektive Schuldelemente) と呼ばれる。

第2節 責任の本質

1 道義的責任論と社会的責任論

(1) 刑法上の非難可能性

責任の本質をめぐっては，従来，**道義的責任論** (moralische Schuldlehre) と**社会的責任論** (soziale Verantwortlichkeit) が対立してきた。まず，(a)道義的責任論とは，非決定論の見地から，自由な意思決定をおこないうる者が，自らの意思で犯罪行為や侵害結果を実現したならば，道義的に非難できるという主張である。これに対して，(b)社会的責任論は，近代学派による決定論を前提としつつ，社会全体にとって危険な犯罪者であれば，社会防衛手段としての刑罰を受けるべき地位にあるとして (刑罰適応性)，その責任を説明しようとする[1]。しかし，社会的責任論に対しては，そもそも刑事責任が，危険な犯人に

---

1) そのため，近代学派では，社会防衛処分としての終身刑や不定期刑などの保安刑を科すことも可能となるのである (→第1部第1章第2節参照)。

対する社会の反作用にとどまらないという批判がある。また，近代刑法学が基礎とした責任主義の原則によれば，行為者個人を法的に非難しうる点に責任の実体が求められるべきである（いわゆる非難可能性である）。

(2) **現実の人間像と責任**

たとえば，当該犯行が行為者の生来的危険性にもとづく必然的所産であるとき，刑法上の行為規範からみて，およそ犯人を非難できないことになる（責任無能力制度）。この意味でも，社会的責任論と責任主義の原則とは，基本的に相容れないであろう。他方，現実の人間が，素質と環境によって支配された限度でのみ，自分の選択に従って行動できるものである以上，完全な自由意思を前提とした道義的責任論も，その限度で修正されるべきである（**修正された道義的責任論**）。また，「道義的」という表現が，もっぱら道徳や倫理を意味するのであれば，刑法上の非難可能性である責任概念を正しく捉えていない（大塚439頁）。なお，学説の一部には，**社会規範的責任**という概念を採用するものがある。

(3) **可罰的責任論**

そもそも，責任の概念は，違法な行為を処罰する際の終極的根拠となるため，およそ「刑罰という社会的非難を加えるに値するかどうか」の問題に結びつく。その意味で，法敵対性の評価を責任の本質とみる見解も有力である[2]（**法的責任論**。川端390〜391頁）。他方，刑罰を限界づける機能をもつ責任論に対して，将来の犯罪予防の観点を導入することで，刑事政策的な「**答責性**（Verantwortlichkeit）」を責任の本質とみる見解も主張された[3]（ロクシン）。そこでは，犯罪予防の見地から，「実質的責任」ないし「可罰的責任」の概念が採用される（**可罰的責任論**。前田199〜200頁）。しかし，可罰的責任それ自体は，処罰権の範囲を限界づける機能をもっておらず，「国民一般からみて非難できるか」という抽象的な基準だけでは（前田199頁），国家刑罰権の拡大を抑制できないであろう[4]。

---

2) 学説では，犯行時の主観的態度をめぐって「処罰に値するだけの非難を加える」ことが可能であるかを問う見解もみられる。
3) わが国でも，「他行為可能性」という基準を排除した罪刑均衡の原理を主張する見解が，次第に有力となってきた。
4) たとえば，反対説のいう責任の観念が，応報・改善の思想に根ざした積極的一般予防論と結びついたとき，可罰的行為の範囲は著しく広がるであろう。

(4) 命令・禁止規範と責任

　さらに，上述した可罰的責任論は，刑法上の責任概念が法的評価の産物であることを言い換えたにすぎない。そのため，責任概念の実質を何ら示していないと批判される($\substack{\text{大塚439} \\ \text{頁(2)}}$)。むしろ，責任の本質は，社会一般の規範意識を前提としつつ，法の命令・禁止に違反した主観的態度を，前刑法的な見地から非難しうることに求められるべきである。後述する規範的責任論でいう「規範」の概念も，単なる刑法規範ではなく，法秩序を含む社会全体の命令・禁止に違反するという意味である。かような見解によれば，刑法上の責任は，命令規範の違反を中核とする社会的責任にほかならない（**義務違反性**）。このことは，原因において自由な行為の理論や，自然人の意思活動と区別された法人の刑事責任を論じる際にも，規範的責任論と非難可能性を根拠づけるための前提となるのである[5]。

2　行為（意思）責任論，性格責任論，人格的責任論

(1) 行為責任論

　つぎに，責任非難の対象が明らかにされねばならない（評価の対象）。何が責任評価の基礎事情となるかについては，従来，古典学派による(a)**行為責任論**（Tatschuld）と，近代学派による(b)**性格責任論**（Charakterschuld）が対立してきた。(a)行為責任論とは，個々の犯罪行為で示された行為者の意思内容に責任論の基礎を求める立場であり，**意思責任論**（Willensschuld）とも呼ばれる[6]。他方，(b)性格責任論は，行為者の危険な性格に着目して責任の有無を決定するため，社会防衛処分である刑罰を科するべきかを重視する社会的責任論と深く結びついている。

　意思責任論は，犯行時に限定した行為者の主観をみるだけで，反社会的な行動に及んだ経緯を考慮していない。また，責任主体である当該行為者に対する法的非難である点も軽視している。実際，常習犯人の場合には，違法行

---

5) なお，期待可能性の判断基準をめぐって，道義的責任論からは，当該行為者にとって適法行為が期待可能といえるかが問われるが（行為者標準説），社会的責任論からは，処罰する国家の側からみた期待可能性が問題となるであろう（平均人標準説または国家標準説）。詳しくは，後述第4節を参照されたい。

6) 学説上は，**個別行為責任論**（Einzeltatschuld）と呼ばれることもある。

為を反覆・累行することで，徐々に犯人の規範意識が鈍麻するため，次第に行為（意思）責任が低減するところ，現行法上は，むしろ加重処罰される点を説明できない。他方，性格責任論では，危険な常習犯人を重く処罰することはできても，およそ犯罪が行為者の主体的な選択の結果である面を軽視しており，冒頭に述べた責任主義の見地から採りえない。

(2) **人格的責任論**

そこで，戦後のわが国で有力に主張されたのが，(c)**人格的責任論**または**行状責任論**（Lebensführungsschuld）である。すなわち，個別的な犯罪行為の背後には，素質や環境に制約されつつ，行為者本人の主体的努力によって形成されてきた人格が認められる。常習犯人のように，違法行為の誘惑に抵抗できない人格を作り上げたのであれば，その「人格形成」上の問題を捉えて，刑法上も，行為者を強く非難できるであろう。[7]また，行為者人格の主体的現実化である行為責任が，責任非難の第１次的な基礎になるとはいえ，第２次的には，人格形成責任が当該行為と密接不可分に結びついており，これに対する社会的な非難可能性が責任の本質と説明されるのである。したがって，直接に違法事実に向けられた意思がない過失犯や，忘却犯のような不作為による過失犯も，これらの不注意な行為から違法結果を招来した人格的態度それ自体が，責任非難の対象となる。[8]

(3) **実質的行為責任論**

なるほど，実際の犯行に現われた行為者の主観的態度を理解するためには，過去の人格形成過程も考慮しなければならない。まさしく量刑に反映されるべき責任評価は，背後にある行為者人格も踏まえた量的判断であるといえよう。[9]しかし，客観主義的立場を基調とするかぎり，犯人の実行行為を責任論の出発点とすべきである。たとえ第２次的要素であっても，各人の人格形成

---

7) 判例も，常習性を行為者属性とみたうえで，そうした行為者の性癖が発現したならば，たとえ１回かぎりの行為であっても，常習賭博罪の成立を認めている（大判大正10・1・22刑録27輯29頁，最大判昭和26・8・1刑集5巻9号1709頁）。

8) ドイツでも，行為者の生活決定責任ないし行状責任として提唱された（メツガー，ボッケルマン）。わが国では，団藤博士と大塚博士が，こうした主張を展開されている（団藤258頁以下，大塚441〜442頁）。

9) なお，量刑基準としては，被告人の素質や生育歴だけでなく，更生の意欲や社会的環境などの人格的要素が考慮されてきた（→第６部第２章「刑罰論」参照）。

責任を責任論の中核にすえることは，過去に遡って行為者の生活態度を問題にするおそれが生じる[10]。

本書では，個別的行為が犯罪者人格を徴表するとしても，人格形成過程は，直接的な責任非難の対象でないと考える。むしろ，これらの人格形成責任は，間接的な刑の加重・減軽事情として考慮するにとどめたい[11]（大塚442, 482頁）。また，近年有力になった「実質的行為責任論」は，個別的行為の背後にある人格や環境を斟酌するという意味では，犯行時に限定した人格責任論の一種といえよう。しかし，やわらかな決定論にもとづく実質的行為責任論は，いわゆる性格責任の観念を前提とするため（**性格論的責任論**とも呼ばれる），およそ道義的責任論とは相容れないであろう（大谷314, 316頁）。

3 心理的責任論と規範的責任論

(1) 責任の標準

責任判断の標準については，従来，(a)**心理的責任論**（psychologische Schuldlehre）と，(b)**規範的責任論**（normative Schuldlehre）が対立してきた。(a)心理的責任論は，責任の内容を行為者心理に求める見地から，犯罪事実の認識・認容があった故意犯の場合と，犯罪事実の認識可能性があったにすぎない過失犯の場合を，まったく異なる責任形式とみている。そのうえで，犯人の主観的態度が責任の量を左右すると考えるが，そこでは，故意と過失を統合する上位概念としての責任は予定されていない。

これに対して，(b)規範的責任論は，過失犯でも「不注意という心理状態」それ自体が，責任を構成すると考えるわけでない。むしろ，過失犯では，「犯罪事実を認識すべきであるにもかかわらず，これを認識しなかった」という義務違反的側面を問題にしている。同様にして，故意犯でも，「犯罪事実の認識から反対動機を形成して，違法行為を思い止まるべきであった」ことが，行為者の有責性を形成することになる。今日では，規範的責任論が支配的見

---

10) また，人格責任論に対しては，行為者人格の変遷を厳密に分析・評価することは困難であるとの批判が加えられている（大谷314頁，川端393頁）。
11) なお，こうした人格的責任論が，犯罪論の基礎である行為論に反映されるとき，いわゆる人格的行為論と結びつく点を想起する必要があろう。

解である。

(2) 規範的責任論の確立

規範的責任論は，当初，責任能力や故意・過失と並ぶ，第3の責任要素として**付随事情の正常性**を掲げたことが出発点となった（フランク）。その後，行為者の内心の「義務違反」性を介して（ゴルトシュミット），故意・過失に共通する規範的要素としての期待可能性を認めるようになったのである。すなわち，意思決定規範（命令規範）が責任評価の前提となるため，行為時の具体的状況において，行為者に適法な行為を期待できたにもかかわらず（**他行為可能性**），そうした法の期待に反する犯罪的意思を形成した点を捉えて，犯人に対する責任非難が可能となるのである。

本書でも，行為者の責任能力はもちろん，構成要件該当事実の認識に加えて，その社会侵害性を意識できたこと（心理的要素），さらに，こうした意識に従った適法な行為を期待しうるという責任条件（規範的要素）が充たされねばならない。たとえば，過失犯の責任は，必要な事実認識を欠如したことに対する法的な非難可能性であるが，犯罪事実の現実的な認識・認容にもとづく故意責任も，他の適法行為を期待できたという規範的評価が前提とされる。かようにして，まさしく規範的責任論では，並列する責任形式である故意・過失の統合が可能となったのである[12]（E・シュミット）。

(3) 責任論の現在

上述したように，規範的責任論は，個別的行為者の主観的意思を責任そのものと同視する心理的責任論に対して，その弊害を除去する目的で唱えられた。今日では，責任論における非難可能性を重視する見地から，規範的責任論が幅広い支持を得ている（通説。大塚445頁，大谷315〜316頁，川端394〜395頁など）。もっとも，期待可能性の理論をめぐっては，責任要素である故意・過失の中に包含しうるかどうかをめぐって，なお理論上の疑問が残されている（後述参照）。ただ，責任の本質を，社会規範的な見地からみた非難可能性に求める本書の立場からは，規範的責任論が採用されるのは当然である。

---

12) また，行為者の心情を含む人格全体を責任評価の対象とする点で，犯人の反社会的性格を責任概念の中核とする社会的責任論にも近づくであろう。

【図示】 責任論における諸見解の対立

		古典学派（自由意思論）	近代学派（宿命論）
(1)	責任の本質	道義的責任論	社会的責任論
(2)	評価の対象	行為（意思）責任論	性格責任論

⇒ 人格的責任論

↓

(3)	評価の方法	心理的責任論（故意・過失だけに着目する）
		規範的責任論（客観的責任要素も含む）

⇒ 法的責任論

第3節　責任の要素

1　主観的責任要素と客観的責任要素

(1) 責任故意と責任過失

　責任論では，構成要件に該当する違法行為について，当該行為者を非難できるかという規範的評価がおこなわれる。したがって，責任の要素も，一般人を基準とする違法要素と異なり，具体的な行為者に向けられたものでなければならない。すなわち，行為者個人の責任能力が第1の責任要素となるように，主観的な故意・過失にあっても，当該行為者の反規範的態度を示すものが，第2の責任要素となるのである。

　なるほど，構成要件で論じた事実的故意・過失も，犯罪を構成する主観的要素であるが，定型的な犯罪事実の認識・認容にとどまる。これに対して，(a)故意責任では，構成要件該当事実の予見・認識から派生した，違法性に関する事実の表象と違法性の意識（可能性）が必要である。また，(b)過失責任では，犯罪事実の認識・認容がないことの注意義務違反が，具体的な行為者の注意能力を基準としつつ，非難可能性の見地から吟味されるのである。学説上，これらを責任故意・責任過失と呼ぶことができよう（大塚448頁）。

(2) 期待可能性と責任能力

　さらに，客観的責任要素として，犯行当時，当該行為者が違法行為を選択

することなく，それ以外の適法行為を期待できたという状況が存在しなければならない（期待可能性）。こうした行為事情は，責任の存否・強弱を左右する客観的事実であり，**客観的責任要素**（objektive Schuldelemente）にあたる[1]。かようにして，責任論では，具体的行為者に向けた意思決定規範をもとにして，責任能力者に対する非難可能性の有無・程度を，上述した主観的および客観的責任要素から判断するものにほかならない。

その際，期待可能性と責任能力は，責任故意・責任過失に対して，どのような関係に立つであろうか。すでに構成要件段階の故意・過失があるとしても，違法事実を認識しつつ犯行に及んだ主観的態度を評価するとき，故意・過失および期待可能性と，その出発点になる責任能力は，別個に検討されるべきである（大塚448，477頁）。すなわち，責任能力の有無は，故意・過失の前提条件として，他の責任要素に先行して確定されるのであり，もし責任能力がなければ，改めて責任故意・責任過失を論じるまでもないといえよう[2]。

(3) **期待可能性と故意・過失**

期待可能性の位置づけをめぐっては，規範的責任論の立場から，非難可能性を故意犯と過失犯に対する責任評価の終着点とみるとき，期待可能性を故意・過失の中で説明することもできなくはない。しかし，期待可能性の実質が，両者に共通する「行為者の動機づけ過程」に着目した社会規範的評価である以上，責任故意・責任過失とは区別されるべきである[3]（フランク，ゴルトシュミット。大塚477～478頁，大谷358頁）。すなわち，適法行為の期待可能性は，原則的な責任要素である責任能力や故意・過失と異なり，その不存在が責任阻却事由にあたること（**消極的責任要素**），構成要件該当性と責任の希薄な関係からして，期待可能性の程度が責任の量を決定する場面では，むしろ，独立した責任要素として機能する

---

1) そのほか，責任の程度を左右する事情として，犯行前の動機づけ，犯行後の態度いかん，それまでの人格形成にかかわる諸事情が含まれるであろう。
2) 判例上も，責任能力の存否とは別に，客観的事実の認識可能性（故意・過失）が検討されている（東京地判昭和59・4・24刑月16巻3＝4号313頁）。これに対して，責任能力を一般的な人格適性とみる立場でも，別途，責任段階の故意・過失を検討することになるが，刑法上は法規範の受命能力が問題となるため，犯罪の成否から完全に切り離すべきではない。
3) もっとも，故意・過失を単なる心理的事実として，規範的評価から切り離す趣旨ではなく（なお，東京高判昭和28・10・29高刑集6巻11号1536頁参照），むしろ，期待可能性が客観的責任要素であることに留意しつつ，それ以外の主観的責任要素から区別する趣旨である。

【図示】　構成要件要素（違法故意・過失）と責任要素

構成要件	違　法	責　任	
構成要件的故意──→	同　左	責任能力 ──→責任故意	期待可能性
構成要件的過失──→	同　左	──→責任過失	

からである（大谷358頁，前田372頁など）。

2　責任能力の存否

(1)　刑法上の責任能力

責任能力（Schuldfähigkeit）とは，当該行為者の責任非難の前提となるべき自由な意思決定能力である（主観的責任）。しかし，古典学派が出発点とした個人の（完全な）自由意思は，実際の人間社会では非現実的なものであった。また，心理的事実である故意・過失それ自体が，ただちに責任を基礎づけるものでないことも，すでに述べたとおりである（規範的責任論）。他方，犯人の刑罰適応性を重視して，社会防衛の手段である刑罰を科するにふさわしい能力（受刑能力）を，責任能力とみる近代学派の主張は（リスト），責任における「非難」の要素を無視して，もっぱら刑罰目的の見地から責任能力を論じている点で失当である。

そもそも，責任能力は，当該行為者に規範的非難を加える前提条件として，有責に行為する能力があったどうかの問題である（通説）。したがって，その内容は，犯人が違法行為の意味を認識したうえで（**是非弁別能力**），それに従って自己の行動を制御しうる能力にほかならない（**行為制御能力**）。一部では，特定の刺激に反応して異常行動に出る精神障害者のように，ある種の犯罪に限って責任能力が否定される場合もあるが（部分的責任能力），通常は，すべての犯罪に共通する責任能力の存否が検討されてきた。しかし，個々の犯罪に

---

4) かりに受刑能力と捉えるならば，犯行時に責任能力が存在する必要はなく，刑の宣告ないし執行時にあれば足りることにもなりかねない。
5) それぞれ，主観面の認識的要素と意思的要素に対応しており，両者を合わせて，規範適合能力と名づけることができよう。

応じた責任能力が問題になること自体，各人の責任能力が，具体的な違法事実と無関係でないことを示している。その意味で，責任能力の判断も，刑法的評価から切り離された生物学的または心理学的な診断だけに依存するものではない。[7]

(2) **責任無能力者の取り扱い**

刑法上の責任無能力者については，責任故意・責任過失の有無を論じるまでもなく，およそ非難可能性が欠けるため，刑事責任が否定される。責任能力の欠如事由には，(a)異常な精神状態にもとづく**心神喪失**（39条1項）の場合と，(b)年齢上の未成熟を理由とする**刑事未成年**（41条）の場合がある。[8] 前者では，狭義の精神病などのように，長期の継続的状態であるか，飲酒・薬物による酩酊・錯乱などのように，一時的な無能力状態であるかは問われない。また，後者では，「14歳に満たない者の行為」が一律に責任無能力とされるが，14歳未満の未成年者であっても，実質的な責任能力を備える者が少なくない。この意味で，刑事未成年の制度は，少年・少女の未成熟さと将来の可塑性に鑑みて，刑事政策的な見地から，包括的に刑罰を阻却した側面も認められる。[9]

(3) **限定責任能力者の取り扱い**

刑法39条でいう責任能力を左右する精神状態は，多種多様な原因と段階的差異をともなう。そうである以上，たとえ完全な責任無能力でなくても，著しく責任能力が低下した状態が予想される。刑法39条2項は，**心神耗弱**

---

6) 学説上は，一部責任能力（partielle Zurechnungsfähigkeit）として，異常性欲に支配された性犯罪や，暴力的傾向の強い突発性精神障害，好訴狂などが考えられてきた（大塚451頁など）。こうした見解に反対するのは，大谷327頁，川端401頁である。
7) ただし，責任能力が存在する時期は，まさに実行行為のときでなければならず（行為・責任同時存在の原則），実行の着手以前や実行の終了後に，責任無能力状態が生じたとしても，犯罪の成否に影響を与えない（→原因において自由な行為）。なお，刑訴法314条1項，479条，480条など参照。
8) 旧規定の40条は，聴覚・言語機能障害に起因する責任減少・消滅事由を規定していたが，障害者に対する差別的取り扱いを助長するという理由で削除された（平成7年の法改正による）。
9) したがって，青少年に対する特別の処遇を定めた少年法の制度と共通の基盤を有している。ただ，責任能力の実質が受刑能力でない以上，本来，個別的に検討すべきであって，近年，社会・家庭の教育機能が低下することで，少年犯罪の凶悪化が進む中では，単なる人格の可塑性が，刑事責任を否定する方便になってはならないとおもう。

者の類型を設けて，**限定責任能力**（verminderte Zurechnungsfähigkeit）の場合，責任能力者と異なる取り扱いを定めている。しかし，刑法 39 条が「心神喪失者」や「心神耗弱者」という責任阻却事由ないし責任減少事由を規定したとはいえ，責任能力の本質・内容については，何ら明らかにされていない。したがって，各種の原因や態様を考慮した責任能力の判定は，もっぱら具体的事案における裁判官の個別評価に委ねられることになる（最決昭和59・7・3刑集38巻8号2783頁参照）。

3　責任能力の判断

(1) 混合的方法

刑法は，異常な精神状態により，行為者が是非弁別能力や行為制御能力を欠如したとき，「心神喪失者の行為は，罰しない」と定めている（39条1項）。また，これらの能力が著しく低下したならば，心神耗弱者として，「その刑を減軽する」とした（39条2項）。解釈論上は，それぞれ，責任阻却事由または責任減少事由とみられる。心神喪失・心神耗弱の概念は，いずれも法律上のものであって，その判断基準をめぐっては，(a)**生物学的方法**（biologische Methode），(b)**心理学的方法**（psychologische Methode），(c)両者を併用する**混合的方法**（gemischte Methode）が唱えられている。(a)生物学的方法とは，もっぱら精神状態の異常性に着目するため，是非善悪を認識する能力があったかどうかを重視することになる（是非弁別能力）。他方，(b)心理学的方法は，行為者が具体的事実の意味を理解して，それに応じた行動をとりうるかを重視することになる（行為制御能力）。

これらの中で，責任能力でいう心理学的要素は，いわゆる意思の自由を中核とするものである。しかし，責任能力がなくても，何らかの意思決定が可能である以上，両者は別個の要素であることは，すでに述べたとおりである

---

10) なお，大谷・刑事責任の基礎（訂正版・昭52）158頁以下は，限定責任能力について消極的な見解が示される。なお，責任能力をめぐる詳細な研究として，浅田和茂・刑事責任能力の研究上巻（昭58）37頁以下，同・前掲書下巻（平11）3頁以下，安田拓人・刑事責任能力の本質とその判断（平18）19頁以下がある。

11) もっとも，犯人の精神状態を科学的に認識するためには，専門家である精神医学者などの鑑定意見を参考にしなければならない（最判平成20・4・25刑集62巻5号1559頁。なお，刑訴法165条以下，同法223条以下など参照）。しかし，統合失調症（精神分裂病）に罹患したことが，ただちに心神喪失という結論を導くわけではない（最決昭和59・7・3刑集38巻8号2783頁）。

(→第2節2,第3節2)。また、犯行時の精神状態だけを考慮する心理学的方法では、激情犯などで責任無能力の範囲が不当に拡大するおそれもある。他方、異常な精神状態により事物の認識能力や判断力を欠如した場合はもちろん、当該行為の社会的意味を認識しながら、抵抗しがたい衝動により犯罪行動に出た場合にも、当該行為者を非難することはできない。その意味で、学説上は、(c)混合的方法を採用する立場が支配的である[12](大塚453頁、大谷323頁、川端403頁など)。

(2) 精神障害と異常酩酊

実際には、重度の精神病者や著しい精神薄弱者が心神喪失者となるのに対して、軽度の精神病者や単なる精神病質者については、当然に責任能力が減少するわけではない。とりわけ、飲酒による酩酊は、単純酩酊の程度では完全な責任能力が認められるため、病的酩酊におちいった場合に初めて、心神耗弱と判定される。なるほど、病的酩酊や異常酩酊は、心神喪失となる場合もあるが、一時的な記憶障害や情動障害だけでは、犯行当時の責任能力が否定されることはない。しかも、混合的方法によれば、当初の犯意に沿って違法な結果を実現したかぎり、むしろ、行為制御能力を有していたとみられる[13]。

これに対して、行為制御能力の基礎となる正常な判断力を欠いた場合には、たまたま犯意が継続したときにも、故意・過失の前提となる是非弁別能力さえないため、少なくとも当該結果に向けた故意犯の成立は、否定されるべきであろう。なお、心神喪失者の行為は、刑法上の罪とならないため、刑罰を科すことはできないが、被害者となりうる一般国民を保護するために、刑事政策的な見地からは、保安処分や治療処分などが必要となる[14](→第6部第2章「刑罰論」)。

---

12) 大審院時代の判例も、「精神の障礙に因り事物の理非善悪を弁識するの能力なく、又は此の弁識に従て行動する能力なき状態を指称」すると述べていた(大判昭和6・12・3刑集10巻682頁)。なお、判例の詳細については、島田仁郎=島田聡一郎・大コメ(3)367頁以下、浅田和茂・新判コメ(2)227頁以下参照。また、英米法では、知的要素だけを問題とするマックノートン・ルールが、行為制御能力を重視する方向で修正されたにもかかわらず(アメリカ合衆国模範刑法典4・01条参照)、異常に拡大した責任無能力者の範囲を制限するため、近年では弁識能力だけで十分とされる傾向にある。この点につき、墨谷葵・責任能力基準の研究(昭55)7頁以下、林美月子・情動行為と責任能力(平3)233頁以下など参照。
13) なお、多重人格者については、主人格による犯行でないとはいえ、別人格も行為者人格の一部にあたるため、それだけで責任能力を否定する理由とならないであろう。

第4節　期待可能性の理論

1　期待可能性論の意義

(1) 暴れ馬事件と第五柏島丸事件

　責任能力と故意・過失があっても，犯行当時の具体的状況から，その違法行為に出ることなく，適法行為を選択するように期待できない場合がある。すなわち，適法行為の期待可能性が欠ける客観的事情があったならば，犯人の責任が否定される。これをめぐって，規範的責任論が提唱された当時のドイツでは，しばしば，**暴れ馬事件**（Leinenfänger Fall）が引用された。この事件では，尻尾に手綱をからめ取る癖のある馬（ライネンフェンガー）を馬車に使わないように懇願していた御者が，雇い主の意向に反することもできず，また，家族を抱えて失職する危険を冒してまで，雇い主の命令を拒否できない以上，この馬を使うことで馬車を暴走させて生じた死傷結果について，刑事責任を問いえないとされた。

　わが国では，敗戦後のインフレーションにより，会社の経理状況が極度に悪化したため，本店から失業保険料が送付されない状態で，自分だけでは必要な資金も調達できない工場長が，保険料の納付義務を怠ったとしても，失業保険法違反の罪は成立しないとされた（**失業保険料不納付事件**。最判昭和33・7・10刑集12巻11号2471頁）。その際，最高裁は，構成要件上，納付期日に保険料を納付しうることが前提条件となる以上，工場長には，不納付罪の犯罪構成事実がなかったと判示している。しかし，実質的には，適法行為の期待可能性が欠ける事案であったといえよう。

---

14) かつては，精神保健福祉法による措置入院制度が用いられたが（同法29条），従来，その不備が問題視されてきたため，現在では，「心神喪失等の状態で重大な他害行為を行った者の医療及び観察等に関する法律」が制定されたことは，すでに述べたとおりである。
1) 1897年のドイツ帝国裁判所は，その暴れ馬を使ったことで，馬車が通行人を負傷させたとしても，期待不可能であると述べて，御者の刑事責任を否定している（RGSt. Bd. 30, S. 25ff.）。なお，期待可能性論の沿革につき，佐伯千仭・刑法に於ける期待可能性の思想（昭22）1頁以下など参照。

また，行為者の責任を減軽した例としては，いわゆる**第五柏島丸事件**がみられる。そこでは，原審の禁錮刑が罰金刑に変更された（大判昭和8・11・21刑集12巻2072頁）。具体的には，連絡船の船長が，定員超過状態の航行を避けるように，再三，船主に申し入れたものの，船主が採算上の理由でこれを聞き入れず，終戦直後の混乱状態で転職することも困難であったため，やむなく船主の命令に従ったところ，定員の5倍余の乗客を積載した連絡船が横波を受けて転覆・沈没した際，多数の死傷者を出したというものである。裁判所は，期待可能性の低減にもとづく責任の減少を認めて，上記の船長に罰金刑を宣告した。[3]

(2) **超法規的責任阻却事由**

規範的責任論の中核になった適法行為の**期待不可能性**（Unzumutbarkeit）は，**超法規的責任阻却事由**に位置づけられる（通説・判例。大塚475頁，大谷358頁，最判昭和31・12・11刑集10巻12号1605頁）。しかし，一部の学説や判例は，犯罪の成立範囲が不当に軟化するのを避けるため，刑法典が定めた過剰防衛（36条2項）や，過剰避難（37条1項ただし書）のように，現行法上の責任阻却事由に限定しようとする。なるほど，解釈論上は，安易に期待不可能を認定すべきでない。たとえば，社会生活上何らかの強制にもとづいて違法行為をするなど，特段の事情がある場合に限って期待不可能とみるべきである。[4]

他方，責任減少事由としては，比較的に柔軟に期待可能性の低減を認めてきたといえよう。上述した第五柏島丸事件はもちろん，当該行為者に違法性の意識がない場合（38条3項ただし書）のほか，刑法典各則では，親族間の犯人蔵匿・証拠隠滅（105条），盗品等に関する罪（257条）などにおいて，期待可能性の程度を反映した刑の減軽・免除事由が見出される。また，親族相盗例（244

---

2) そのほか，ストライキ中の組合員による業務妨害が，刑法234条の違法行為にあたらないとした三友炭坑事件判決も，構成要件該当性が欠けるという理由で無罪とされた（最判昭和31・12・11刑集10巻12号1605頁）。これに対して，学説では，超法規的責任阻却事由と位置づけられている。

3) そのほか，下級審の段階では，期待可能性の不存在を理由とした無罪判決も散見される（福岡高宮崎支判昭和26・10・31判特19号164頁，東京高判昭和28・10・29高刑集6巻11号1536頁など）。

4) 過去の判例は，期待可能性の理論に対して消極的な態度を示しており（最判昭和33・7・10刑集12巻11号2471頁など），原審の無罪判決を覆したものも少なくない（最判昭和33・11・4刑集12巻15号3439頁など）。なお，その詳細については，虫明満＝佐久間修・大コメ(3)42頁以下など参照。

条）についても，期待可能性の低下による刑の免除と解する立場が有力である。さらに，盗犯等防止法1条2項では，防衛者が不法の侵害を誤想した場合，恐怖，驚愕などにより冷静な対応が期待できない状態であったならば，およそ不可罰とした条文もみられる。

2 期待可能性の判断基準

(1) 平均人標準説

客観的責任要素である期待可能性を判断する基準としては，(a)平均人標準説，(b)行為者標準説，(c)国家標準説（法規範標準説）が対立してきた。現在，わが国の通説・判例は，平均人標準説を採用している（東京高判昭和23・10・16高刑集1巻追録18頁，広島高判昭和27・12・8判特20号114頁など）。(a)**平均人標準説**とは，規範的責任論を出発点としつつ，犯行当時に行為者自身が置かれていた具体的状況を前提として，一般国民（平均人）ならば適法行為を期待できるかどうかで，期待可能性の有無を決するものである（ゴルトシュミット，メッガー，川端447頁）。これに対して，(b)**行為者標準説**は，当該行為者に対する非難可能性が基準となる以上，平均人ならば期待可能であったとしても，一般人より弱い性格の犯人には期待できない場合には，期待不可能として責任を問うべきでないと主張する（フロイデンタール，大塚478～479頁。また，大谷360～361頁は，折衷説を主張する）。

なるほど，個人責任の原則を徹底するならば，犯人の人間的な弱さに配慮した責任評価でなければならず，犯人の資質が平均人に及ばないときには，その者に合わせた非難可能性を検討しなければならない。しかし，犯罪行為に対する抵抗力が乏しい者を標準にすることで，犯罪者人格をそのまま容認する趣旨であるならば，法的見地からなされる規範的評価とそぐわないであろう。行為者標準説では，安易に犯行の動機づけにいたった責任を，不問に付すことにもなりかねないからである。また，刑事責任の空洞化を避けるためにも，超法規的責任阻却事由は，行為者の個別的事情を踏まえつつも，社会規範的な評価にもとづいて慎重に判断されるべきである（平均人標準説）。

---

5) ただし，通説は，親族たる身分に着目した一身的な刑の免除事由と解している（大塚・刑法概説各論〔第3版増補版〕209頁，大谷・刑法講義各論〔新版第3版〕215～216頁など）。
6) なお，行為者標準説は，犯人が責任能力者であれば，適法行為を期待できない事態は稀であると反論している（大塚479頁，大谷361頁）。しかし，各人の能力の限界まで発揮するように求めるならば，実質的には「行為者標準説の放棄」であって，平均人標準説と異ならないであろう。

(2) 期待可能性の認識・錯誤

なお，(c)**国家標準説**は，一般国民に適法行為を期待する国家の利害や法秩序の見地から，具体的に期待可能性の存否を決定しようとする[7]。実際，犯人に適法行為を期待するのは国家それ自体であり，期待可能性が規範的評価であることは否めないが，(c)国家標準説では，責任論における（命令）規範違反の要素が十分に考慮されていない[8]。そもそも，期待可能性の存否は，故意犯と過失犯のいずれであるかを問わず，犯罪をおこなう際の動機づけに対する規範的評価の産物である。しかも，期待不可能になる特殊事情は，犯人の主観に反映されねばならないという意味で，責任の減少・消滅は，行為者の主観的態度と深く結びついている。

もちろん，期待可能性を左右する事実それ自体は，客観的責任要素に分類されるが，たとえ期待不可能にする状況が存在した場合にも，当該行為者がその事実を知らなかったならば，こうした「消極的な期待可能性の錯誤」を責任阻却事由とみる必要はない。反対に，期待不可能にする事情があると誤信したときにも（期待可能性の錯誤），当該行為者の精神状態に着目するかぎり，およそ期待不可能と認定できる場合もありうる（大塚480頁，大谷361頁）。平均人標準説では，このような行為者の心理状態を一般人にあてはめて，期待不可能とみられる場合には，責任の阻却・減軽を可能と評価するからである[9]。

3 期待可能性論の具体的展開

(1) 強制下の違法行為

そのほか，解釈論上の責任阻却事由としては，**抵抗不能な強制状態**（Nötigungsstand）と**違法拘束命令**（rechtswidriger bindender Befehl）が挙げられる。たとえば，背中に銃を突きつけて犯行を強制した場合のように，緊急避難の成立要件を充たさなくても，適法行為の期待可能性が欠けることがある（大塚476

---

7) 学説の中には，これを類型的行為事情説と呼ぶものがある。
8) 換言すれば，純客観的な要素を重視する国家標準説は，犯人の主観的な動機づけに対する責任評価を超えている。
9) ただし，親族間の犯罪に関する特例（親族相盗例。244 条）や，親族等の間の犯罪に関する特例（257 条）では，一定の親族関係が存在すれば足りるので，通常，客観的処罰条件とみられる。ただし，反証を許さない責任阻却事由という捉え方もありうる（大塚 476 頁）。

頁)。すなわち，それが被強要者に対する心理的圧迫にとどまるならば，特に切迫した状況があった場合，違法行為に対する抵抗を期待できないからである。なお，反射的動作を利用するなどの物理的な強制があった場合には，刑法上の「行為」性が欠けることはいうまでもない(→行為論)。

また，軍隊内で上官の命令に従属する場合のように，組織内の上下関係から違法行為を義務づけられたときには，その命令を遵守した部下の行為には期待可能性がないとされる。したがって，部下の刑事責任が否定されることもある。さらに，正当化要件を充足しない安楽死では，末期患者の求めに応じた殺害行為が，当該具体的状況に鑑みて，人間の情としてやむをえないとき，行為者の責任が欠けることもある。この点は，義務の衝突において，優越的利益の原則を充足しなかった場合も同様である。

(2) 超法規的責任減少事由

しかし，適法行為の期待不可能性が不当に広がるのを避けるためには，超法規的責任阻却の有無を慎重に判断すべきである。したがって，周囲の状況が異常であった場合にも，ただちに被告人側の弁明を認めることにはならない(最判昭和33・11・4刑集12巻15号3439頁参照)。たとえば，犯人が所属する集団内の窮迫状況は，そもそも，行為者が集団から離脱することで適法行為を期待できる。したがって，平均的な国民を基準とするかぎり，集団から離脱して違法行為を回避できた場合には，適法行為の期待可能性が認められるのである。もちろん，恐怖・驚愕・狼狽などの主観的な困窮状況があった場合には，異なった評価もありうる。また，期待可能性の判断は，過失犯における結果の回避可能性や，違法性の錯誤が避けえたか否かの判断から区別されるべきである。したがって，期待可能性の欠如が犯人の不可罰につながることもありうるが，通常は，期待可能性の低減が，超法規的な責任減少事由にとどまる場合が多いであろう。[10]

---

[10] そのほか，他人の刑事事件に関する証拠隠滅行為だけが処罰されるのは (104条)，本人の刑事事件については，適法行為の期待可能性がないことに配慮したものとされる。

第2章　原因において自由な行為

第1節　責任主義と責任無能力

1　行為と責任の同時存在

(1) **同時存在の意味**

　刑法の基本原理である責任主義によれば，犯人の責任能力が要求されるのは，まさしく犯罪行為があった時点である。したがって，犯行時に是非弁別能力または行為制御能力がなかったとき，行為者の責任は阻却される（**行為・責任同時存在の原則**）。しかし，犯罪行為の全過程にわたって，責任能力が存在するべきかをめぐっては，学説上の争いがある。たとえば，監禁罪（220条後段）のような継続犯では，監禁行為の開始時に責任能力があれば足りる[1]。したがって，最高裁判例も，犯人が実行行為の途中で心神耗弱におちいったときには，刑法39条2項による必要的減軽はないと述べている（最決昭和43・2・27刑集22巻2号67頁，大阪高判昭和56・9・30高刑集34巻3号385頁）。

　こうした判例の態度が，継続犯だけに限られないとすれば，暴行の途中から酒の酔いが深まり，最終的には錯乱状態で被害者を殴り殺した場合にも，暴行の開始時に責任能力があり，その後は犯行の継続にとどまるならば，およそ刑法39条の規定を適用しないことも考えられる（大阪地判昭和58・3・18判時1086号158頁）。また，鋭利な洋バサミで刺すという殺人の実行に着手した後，情動性精神障害におちいって同行為を反復・継続した場合，刑法39条2項を適用しないとした判例がある（東京高判昭和54・5・15判時937号123頁）。その際，実行の着手から犯罪の終了までのいずれかの時点で責任能力があればよいのか，あるいは，原因において自由

---

1) かような事例を，**承継的責任無能力**と呼ぶこともあるが，共犯でいう「承継的」共同正犯とは異なる概念である以上，無用な誤解を避けるために，本書ではこの名称を用いない。なお，実行行為を開始した後の責任能力の減少・消滅については，林美月子・情動行為と責任能力（平3）196頁以下など参照。

な行為の理論（後述）を適用した結果であるかについては，必ずしも明らかでない（そのほか，長崎地判平成4・1・14判時1415号142頁参照）。

(2) **行為と結果**

他方，酩酊下の忘却犯のように，法益に対する直接的危険が，作為義務者の無意識状態で生じたとき，責任能力が低下する以前に違法な意思決定があったならば，犯行全体の刑事責任が認められるべきである。具体的には，ビルの夜警員が，厨房などの見回りを怠ったまま，泥酔して意識喪失状態におちいり，大規模火災を放置したという場合，飲酒を始める際に責任能力があればよい。また，激情犯にあっても，最終の侵害行為時には異常な精神状態になったといえるが，それだけで責任能力が否定されるわけでない。かようにして，当該行為者の責任能力を基礎づける諸事情は，侵害行為のプロセス全般を通じて存在する必要はないのである。

同様にして，侵害結果が発生した時点で，すでに責任能力がなかったとしても，実行行為の開始から終了時まで責任能力があった以上，何ら行為者の責任評価を妨げない[2]。他方，高度の酩酊状態におちいってから，ようやく酒酔い運転の意思を生じた場合のように（高松高判昭和44・11・27高刑集22巻6号901頁），そもそも，犯意の形成が心神喪失（耗弱）状態でなされたならば，行為者の責任能力の低減に応じて，責任非難も減少・消滅せざるをえない（39条1項・2項）。

(3) **責任主義の深化**

行為者が心神喪失状態を利用して犯罪を遂行したときには，責任能力時の自由な意思決定にもとづいて，当初から予定した構成要件的結果を惹起している。それにもかかわらず，行為・責任同時存在の原則を形式的に適用するならば，責任無能力者の行為として犯罪不成立となってしまう。むしろ，原因設定行為の時点で完全責任能力があった点に着目して，当該行為者の刑事責任を肯定することは，上述した責任主義を徹底・深化するものにほかならない[3]。この意味で，**原因において自由な行為**（actio libera in causa）の理論は，直接の侵害行為時には責任無能力であったが，先行した原因行為の現実的危

---

[2] ただし，実行の着手以前に責任無能力状態となった場合には，後述する原因において自由な行為の問題となる。なお，刑事手続上は，刑訴法314条1項（公判手続の停止），同法479条（死刑執行の停止），同法480条（自由刑の執行停止）などの規定がある。

険性に着目して、当該犯人を犯罪者として処罰するための法理である[4]。

たとえば、麻薬使用の常習者が、過去、妄想に駆られて他人に危害を加えた経験があり、薬物の影響下で暴力をふるうことを予見しつつ、あえて自分に麻薬を注射したため、心神喪失におちいって周囲の者を殺傷した場合には、傷害致死罪（205条）が成立するとされた（名古屋高判昭和31・4・19高刑集9巻5号411頁）。また、病的酩酊におちいりやすい者が、自らの性癖を知りつつ、進んで飲酒したあげく心神喪失状態となり、他人を殺傷したときにも、飲酒を開始する時点では正常な判断力があった以上、直接的な侵害行為のとき責任能力がなかったとしても、犯罪の成立を妨げないのである（最大判昭和26・1・17刑集5巻1号20頁）。

2 その処罰根拠（実行と責任の所在）

(1) 間接正犯類似説と責任原則緩和説

原因において自由な行為の処罰根拠については、(a)間接正犯の法理を援用する見解（**間接正犯類似説**）と、(b)行為・責任同時存在の原則を緩和する見解（**責任原則緩和説**）が対立してきた。まず、(a)**間接正犯類似説**は、犯人が自らの責任無能力状態を利用して犯罪を実現する点で、いわば自分の身体を道具に使った場合とみる。したがって、間接正犯と並行的に説明できるのであって、犯人の実行行為も、責任能力があった時点の原因行為に求められる（大塚165～166頁、大阪地判昭和51・3・4判時822号109頁）。すなわち、責任能力のある状態で麻薬またはアルコールを摂取した行為（原因行為）が、すでに犯罪実現の現実的危険性をともなう以上、この段階で構成要件に該当するからである。

これに対して、(b)**責任原則緩和説**は、責任無能力状態の身体活動（結果行為）に実行行為性を認めようとする。すなわち、犯行全体を支配する最終的な意思決定の時点で責任能力があったならば、その後の遂行過程で責任能力が消失してもよいとされる[5]（大谷331～332、373頁、川端411、413頁、前田382～384頁、山口257～258頁など）。この見解は、原因行為から犯罪完成にいたる一連の因果経過をまとめて捕捉するとともに、上述

---

3) ここでは、積極的責任主義を採用することで、原因において自由な行為の可罰性が根拠づけられる。これに対して、消極的責任主義を徹底する見地から、同理論が責任主義と矛盾するという指摘もある。

4) なお、責任能力をもっぱら意思決定能力として捉えるならば、原因において自由な行為の問題も、それぞれ、責任故意・責任過失を検討する中で論じられることになろう。

した同時存在原則における「行為」概念を，犯罪構成要件でいう「実行」の概念と区別するのである。

また，後者の見解に近いものとして，(c)**未遂結果説**がある。そこでは，実行行為に必要な（現実的）危険性と，未遂犯の成立に必要な結果実現の危険性が区別されている。そして，責任能力をともなう原因行為が犯罪行為にあたるとはいえ，未遂処罰の時期については，未遂「結果」の発生にあたる結果行為まで遅らせるのである($^{6)}_{平野\atop 301頁}$)。(b)説および(c)説によれば，同時存在の原則を緩和することが出発点となるため，後述する限定責任能力の場合にも，比較的容易に「原因において自由な行為の理論」を適用できる。

(2) **実行の着手時期**

本来，原因において自由な行為の理論は，責任能力の低下に先立つ原因行為の現実的危険性に着目した責任原則の徹底であった。そうである以上，心神喪失下になされた身体の動静は，構成要件的評価にあっても，犯行後の因果経過にすぎない。また，行為・責任同時存在の原則を維持するかぎり，責任能力のある原因行為（飲酒・注射など）を，実行行為と判断せざるをえない。しかし，(a)間接正犯類似説によれば，原因行為を開始したとき，その後の因果経過がどうなったかを問わず，少なくとも故意未遂犯が成立することになる。たとえば，異常酩酊の性癖のある者が，他人を傷つける目的で飲酒を始めたものの，泥酔したあげく眠り込んだ場合，すでに傷害未遂罪（暴行罪）で処罰されるため，不都合であると批判されてきた。

(3) **行為制御能力の同時存在**

そこで，行為・責任同時存在の原則を緩和して，実行の着手と未遂犯の成立を区別する見解が有力になったわけである。ところが，最初の意思決定時に責任能力があればよいという責任原則緩和説は，およそ責任能力が行為制御能力でもあることを看過している($^{7)}$➡$^{第4部第}_{1章第3節}$)。そもそも，この見解が同時存在の対象とする「行為」とは，実行行為と異なる「裸の行為」を意味して

---

5) そのほか，原因行為時の責任能力により，その後の無能力状態の行動を支配可能であるとして，責任非難を根拠づける見解もあった。

6) これらの概念区分は，それぞれ，因果関係でいう広義の相当性と狭義の相当性にあたるといえよう。そのほか，先行する原因行為にもとづく作為義務違反(不作為犯構成)を，処罰根拠とみる見解も考えられる。これは，**原因において自由な不作為**（omissio libera in causa）と呼ばれる。

おり，かりに意思決定時まで責任能力の存在時期を遡及させるならば，原因行為に要求される現実的危険性という客観的要素が軽視されるため，論者の可罰性評価によっては，原因において自由な行為の範囲が不当に拡大するおそれがある。

さらに，最初の意思決定時の責任能力で足りるならば，病的酩酊の性癖のある者が，あえて飲酒することで他人を殺傷しようしたが，実際に酒を飲もうとする以前に，お茶のつもりで誤って酒を飲んでしまったため，予想外にも早く侵害結果を惹起した場合，すでに殺人の意思決定があった以上，殺人既遂罪が成立するのであろうか。そこでは，是非弁別能力と行為制御能力を備えた犯行それ自体の現実的危険性が軽視される可能性がある。また，未遂犯の「結果」を分離する見解は，本来，行為の危険（実行の着手）にあたるものを未遂犯の結果とみることで，通常の既遂犯でいう侵害結果とは異なる意義を付与するため，2通りの「結果」または「危険」概念を設けるものと批判されている。

3　適用の限界

(1) 心神耗弱の場合

原因において自由な行為では，明文の根拠規定がないにもかかわらず，犯罪阻却原因である刑法39条の適用を排除することになる。したがって，責任主義を形骸化させないためにも，可罰的な原因行為となる場合を無制限に緩めるべきではない。もちろん，行為・責任同時存在の原則も，当該行為者の非難可能性を裏付ける責任要素であるが，犯行の全過程を通じた責任能力の「同時（存在）性」まで要求していない[8]。しかし，原因において自由な行為の理論が，解釈論上は，実行行為の概念を拡張することになる以上[9]，その成

---

7) なるほど，責任無能力状態の侵害行為を単なる因果経過とみるならば，同時的コントロールは必要でないが，それは，間接正犯類似説から導かれる帰結である。そもそも，責任能力の中で意思決定の要素だけを重視する立場は，責任能力の「意思主義」的な理解でしかなく，行為制御能力を含む責任能力の概念を分裂させたという批判が可能である。
8) わが国では，行為・責任同時存在の原則を明記した条文がないため（なお，ドイツ刑法典20条，323条a参照），原因行為と結果行為の連続性に着目して，同時存在の原則を緩和する見解がみられることは，すでに述べたとおりである。

立要件は厳格に定められねばならない。

　その際，原因において自由な行為の理論は，心神喪失状態を利用した場合に限定すべきであろうか。今日の通説・判例は，結果行為の時点で心神耗弱にとどまった場合にも，原因において自由な行為の理論を適用してきた（大塚167〜168頁，大谷336〜337頁，最決昭和43・2・27刑集22巻2号67頁）。なぜならば，犯人が責任無能力状態を利用したとき，完全な刑事責任を認めうるのに対し，せいぜい限定責任能力にとどまったとき，刑法39条2項により刑を減軽するならば，罪刑の不均衡が生じるからである。すなわち，まだ部分的な責任能力が残っており，当初意図した犯罪を実現する危険性が高いにもかかわらず，反対説（適用否定説）では，心神喪失の場合よりも，かえって有利な取り扱いを受けることになるからである。[10]

(2) 心神耗弱状態の道具性と酒酔い運転罪

　そもそも，他人の身体を道具とする間接正犯と異なり，自己の身体活動を利用する原因において自由な行為では，行為者本人の事実的支配が及びやすい。[11] その意味で，限定責任能力にとどまるときには，完全な道具性が欠けるといわざるをえない。[12] したがって，道具理論を前提とする間接正犯類似説では，心神耗弱状態を利用した場合，原因において自由な行為の理論を適用する際，理論上の困難が生じる。他方，責任原則緩和説では，心神喪失の場合と比べて，原因において自由な行為の理論を適用するうえで，理論上の障害はない。しかし，心神耗弱の場合にも，常に原因において自由な行為の理論を適用する見解は，責任主義の要請よりも当罰性評価を優先させているのではなかろうか。

---

9) ただし，一部の学説は，原因において自由な行為の理論を，「実行の着手法理」でなく，「責任補塡原理」として説明しようとする。
10) そのほか，心神喪失状態で犯罪を実現するつもりであったところ，実際には心神耗弱状態で目的を達成したとき，反対説によれば，原因行為と結果行為のいずれを実行行為とみるかという疑問が生じる。
11) なお，間接正犯では，不作為や過失にもとづく犯行を認めにくいが，原因において自由な行為では，これらの犯行形態も容易に認められる。
12) また，行為時に責任能力がないことは（個別的）責任の問題であるため，後述する制限従属性説では，「道具」性を認めがたいという指摘もある（前田382頁）。しかし，外見上は責任無能力状態を唆したようにみえても，自らを教唆するという構成それ自体が非論理的であって，共犯の成否にかかる問題を，正犯の成否にかかる「原因において自由な行為の理論」よりも先行させている点では，理論的にも誤っている。

そもそも、犯人には一部で責任能力が残っている以上、途中で引き返すことも可能であった。その意味では、心神喪失状態におちいった場合と比べて、当然に客観的危険性が高いわけではなかろう。また、間接正犯類似説によれば、自ら心神喪失状態にしたうえで当初の犯罪を遂行する場合には、すでに原因行為のときから、その後の因果経過を支配する高度の危険性が存在したとされる。しかし、心神耗弱状態で自らの身体を利用して犯罪を実現する場合、これを「故意のある道具」と同視できるような事態は、ごく限られるのではなかろうか。さらに、酒酔い運転罪のように、心神耗弱状態になるのが当初から予定された処罰規定では（道交法117条の2第1号、65条1項など）、その性質上、酩酊にともなう責任能力の低下が、最初から犯罪構成要件中に織り込まれているのである$_{(東京高判昭和30・11・9裁特2巻22号1160頁、秋田地判昭和40・7・15下刑集7巻7号1450頁)}^{13)}$。したがって、悪質な酩酊運転が増加したことをもって、ただちに原因において自由な行為の適用範囲を拡張する理由には、なりえないであろう$(ただし、大塚168頁参照)$。

第2節　故意犯の場合

1　主観面における限定

(1)　二重の故意

　責任能力の存否は、故意・過失とは別個の責任要素であり、責任故意・責任過失よりも先行して決定される。しかし、原因において自由な行為の中でも、(a)故意犯の場合には、侵害事実を惹起する故意とともに、心神喪失状態で犯罪をおこなうことについての認識・認容が必要となる$^{1)}$（二重の故意）。これに対して、(b)過失犯の場合には、責任無能力状態になることの予見・認識があったとしても、不注意で違法結果を惹起した場合と、侵害結果の予見・認識が欠けたことに加えて、およそ心神喪失におちいることさえ認識してお

---

13) すなわち、酒酔い運転の意思で飲酒した者が、たまたま運転開始時に心神耗弱状態になったとしても、ただちに原因において自由な行為の理論を適用する必要はない。そのほか、最決昭和28・12・24刑集7巻13号2646頁など参照。
1) こうした二重の故意を認めるものとして、イェシェック、レンクナー、プッペなどがあるが、学説上は、これに対して批判的な論者も少なくない。

らず，ともに過失が認められるにとどまる場合がある[2]。

　たとえば，麻薬中毒のため，自制心を失って麻薬を使用したあげく，周囲の人を傷つけた場合，一時的な中毒症状におちいることの認識・認容があったというだけで，故意犯の成立が認められるわけではない。なるほど，麻薬を摂取した原因行為を実行行為とみる立場では，犯人には，実行の着手時において，危険な心神喪失状態を引き起こす旨の故意があったといえよう。しかし，麻薬による幻覚症状から他人に危害を加える旨の未必の故意（認識・認容）がなければ，傷害（致死）罪の成立を肯定できないのである（なお，名古屋高判昭31・4・19高刑集9巻5号411頁参照）。

(2) 主観的連続性

　また，間接正犯類似説によれば，自己の責任無能力状態を利用することの認識・認容も，故意犯である原因において自由な行為の主観的要件に加えるべきであろう。そもそも，原因において自由な行為の場合，行為者の意思決定と犯罪実現にいたる結果行為の主観的連続性が，故意犯としての原因において自由な行為を絞り込む要素となる。たとえば，犯人自身が，泥酔して暴れる性癖を知っていただけでは，自らの責任無能力状態を利用する意思がないため，暴行の未必的故意は否定される。その意味で，**二重の故意の理論**は，原因において自由な行為の成立範囲を限定する機能を果たしている。

　これに対して，反対説では，当該行為者が責任無能力下で犯罪を実現することを，明確かつ詳細に認識・認容していたならば，積極的に無能力状態を利用する意思がなかったとしても，故意犯の成立を否定するべき理由はないとされる[3]（大谷334頁，山口261頁）。責任原則緩和説では，少なくとも原因行為時の自由な意思決定に導かれた以上，未必的な利用意思もあったと考えるからである。なるほど，原因行為から結果行為を招来して他人に危害を加える旨の意識は，こうした未必的故意における因果経過の認識に吸収されることもあろう[4]。しかし，自己の性癖を知りながら，あえて飲酒・酩酊する意思は，その後の責

---

2) 学説の中には，これを連続型・非連続型という行為態様の違いに還元するものがある（後述(3)参照）。

3) こうした事例を過失犯とみる判例の中には，むしろ，犯罪事実にかかる十分な予見がなかったとしたものがある（最大判昭26・1・17刑集5巻1号20頁など）。

4) なお，因果関係の認識を不要とする見解では，別個の主観的要件を設けざるをえないであろう。

任無能力状態で法益侵害に向かう実現意思と結びついて初めて，刑法上の意義をもちうるのである。両者は，原因において自由な行為における故意の構成要素として，不可分一体の関係にあるといえよう。

2 客観的要件（実行の着手時期）

(1) 実行行為と因果関係

　原因において自由な行為の理論は，責任能力の欠如を補うため，いったん，その原因を設定した時点まで遡ったうえで，ふたたび，原因行為から結果行為にいたる犯行全体について，順次，違法性や責任の存否を検討することになる。したがって，この理論は，単なる「責任（能力）の補塡」に尽きるものでなく，原因設定時の実行行為に加えて，その後の因果関係の存否も左右することになろう。すなわち，客観的要件としては，まず，刑法上の行為にあたる意思活動が必要であり，すでに原因行為の時点で，心神喪失中の結果行為にあたる因果経過も含めて，法益侵害の現実的危険性が存在しなければならない。

　上述したように，**間接正犯類似説**では，原因行為が終了した後の身体の動静は，侵害結果の発生にいたる因果経過にすぎない。不作為犯に分類される原因において自由な行為の場合にも，その開始時期は，まさしく原因・結果の関係を設定した最初の時点である。たとえば，母親が病気の子供を衰弱死させる目的で，第三者が立ち入らないように鍵を掛けたうえで，多量の睡眠薬を飲んで人事不省におちいったとき，最初から飢餓状態にある子供に向けた殺人行為は，すでに開始されたといって差し支えない。なるほど，間接正犯類似説では，酩酊状態で殺人を目論んだ犯人が多量に飲酒したため，そのまま眠り込んだ場合にも，殺人未遂罪が成立するという不都合が指摘されてきた。しかし，作為犯の場合には，上述した不作為犯の事例と対比するならば，そもそも殺人罪としての定型性が欠けるというべきである。

---

5) たとえば，行為者が他人を侵害したとき，およそ無意識の状態にあって，自分の意思に従った行動の制御が不可能というのであれば，そもそも，刑法上の行為にあたらないからである。

(2) 中止未遂と行為状況

他方,**責任原則緩和説**では,当初の意思決定を重視するため,上述した設例のように,すでに犯人が引き返せない状態になったとしても,まだ侵害結果に直結する行為がないとき,実行の着手を認めるのが不当に遅くなってしまう。また,限定責任能力者に対して,一律に,原因において自由な行為の理論を適用するため,すでに一部で責任能力が低下したならば,たとえ犯人が途中で引き返しても,その後の行動に着目して任意性(中止未遂)を論じる余地はないであろう。そもそも,精神病の発作から急に心神喪失となる場合はともかく,飲酒・酩酊にともなう責任無能力では,徐々に責任能力が低下してゆくことがあり,どの時点で実行行為を認めるかが難しい。かりに心神喪失となる直前まで着手時期を遅らせるとすれば,その前に存在した心神耗弱状態を考慮せざるをえず,結局,犯人の責任が減少するという問題が生じる。

なるほど,泥酔状態を利用して他人を殺傷する目的で酒を飲み始めたとき,元来,異常酩酊におちいる性癖の持ち主とはいえ,最初に飲酒を始めただけで,ただちに他人の生命・身体に対する現実的危険性が生じるとはいい難い。具体的状況によっては,故意犯としての実行行為性が欠ける場合もあろう。[6] しかし,犯人の日頃の酒量からして,途中で眠り込む可能性が皆無であって,殺害を目論んだ被害者を逃げられないように拘束していた状況があれば,客観的にも実行の着手を認めうる(大塚176頁)。こうした場合にも,原因行為だけでは,およそ実行の着手にあたらないとして,常に未遂犯の成立を否定する見解は,失当である。学説の多数も,原因行為と結果行為の時間的・場所的近接性を問題にしている。

3 連続型と非連続型

(1) 原因行為と結果行為

近年,原因行為と結果行為の関係を重視して,「非連続型」と「連続型」に

---

[6] なお,心神喪失状態で当初の犯罪を実現することが困難な場合には,むしろ,不能犯として実行行為性を否定すべきである(➡第5部第1章第2節)。

分ける見解がみられる（大谷334頁，前田385頁）。たとえば，覚醒剤中毒の行為者が，薬物の影響下で他人に危害を加えるのを認識・認容しつつ，一時的な薬物中毒（心神喪失）におちいって被害者を殺害した場合にも，原因行為と結果行為が連続しておらず，原因行為時に実行の着手を認めうるのは例外的であるという（**非連続型**）。ところが，犯人が他人を殺傷するため，勢いづける目的で覚醒剤を注射した場合のように，原因行為（注射）と侵害行為（殺傷）の関連性が極めて強い場合には，原因において自由な行為の理論が，そのまま適用されるというのである（**連続型**）。

しかし，こうした分類は，およそ原因において自由な行為といえない場合を除外する趣旨ならばともかく，未必の故意と確定的故意の違いを言い換えたにすぎない。なるほど，過去の裁判例では，非連続型にあたるものを過失犯に問擬した例があり（最大判昭和26・1・17刑集5巻1号20頁），そこでは，原因行為時の意思内容が故意犯と過失犯を分ける基準となっていた（二重の故意の理論）。しかし，犯罪の本質を客観的危険性だけに求める立場では，こうした主観的事情の違いを考慮できないため，原因行為と結果行為の関係に着目した連続型・非連続型という区別が提唱されたのであろう[7]。

(2) **原因の故意と結果の故意**

おもうに，(a)原因行為時に侵害結果に対する故意があったものの，心神喪失状態におちいった後，単なる過失で当該結果を惹起したとき，あるいは，(b)病的酩酊の性癖をもつ行為者が，軽率にも多量に飲酒した結果として，責任無能力状態におちいった後，新たな犯意を生じて当該犯罪を実現した場合にも，もっぱら原因行為時の主観的態度によってのみ，行為全体の罪責が左右されるのは不都合である[8]。したがって，学説の多数が，原因行為時の意思内容だけを処罰根拠とするならば，行為・責任同時存在の原則は，形式上維

---

7) なお，病的酩酊にともなう心神喪失状態でおこなった強盗未遂につき，原因において自由な行為を否定した判例は（大阪地判昭和51・3・4判時822号109頁），利欲犯である強盗について原因行為時の意思決定が及ばないとしたものであり，連続型・非連続型の区別に依拠したわけではない。実際，暴力行為等処罰法1条における示凶器暴行・脅迫罪の限度では，同理論を適用している。
8) 同じく，原因行為の設定時に結果行為の故意があったことを要求されるのは，大谷334頁である。また，原因行為と結果行為を区分して，それぞれ故意犯と過失犯が成立したうえで，両者の観念的競合になるという学説もみられる。

持されたとしても，その後の因果経過の差異を考慮していないという批判があてはまる。

なるほど，間接正犯類似説によれば，結果行為時に生じた主観と客観のくい違いは，行為終了後の因果関係の錯誤として処理される[9]。しかし，原因において自由な行為の理論を限定責任能力者にも適用することは，心神耗弱状態における故意・過失の存否をまったく無視することになりかねない。すなわち，原因行為時の主観的態度を基準とする責任原則緩和説では，その後の因果経過が相当性の範囲を超えないかぎり，故意犯または過失犯という行為全体の性質はまったく変わらないからである。そこでは，責任能力のある時点の意思支配がすべてを決定するという，ある種の「絶対的主観主義」になってしまう。

むしろ，本書では，責任能力を備えた原因行為の時点から最終的な結果行為にいたるまでの因果的連鎖の中で，まさしく原因行為が犯罪実現の現実的危険性を含むかどうかを，個別的に判断する立場を妥当であると考える（個別化説）。これは，間接正犯の場合にも主張したところであった。したがって，主観面と客観面における原因行為と結果行為の強固な結びつきが欠けるときには，そもそも，原因において自由な行為を否定すべきである。

第3節　過失犯の場合

1　過失犯の構成要件と注意義務違反の時期

(1)　開かれた構成要件

過失犯の構成要件は，注意義務違反という規範的要素が中心となる。したがって，責任能力がある時点の不注意な態度を過失行為とみることで，刑法39条を適用しないことも可能である[1]（前出最判昭和26・1・17参照）。たとえば，酒酔い運転に

---

[9] もちろん，責任無能力時の侵害行為において，客体の錯誤や方法の錯誤が生じたならば，法定的符合説で処理すればよいであろう（大谷334頁）。
[1] したがって，過失犯では，原因において自由な行為の理論を不要とみる見解もある（前田382頁など）。

よる自動車運転過失致死傷罪（211条2項）では，運転能力を低下させる飲酒行為の過失を追及することで足りるからである（大谷335～336頁）。また，刑法典上の過失犯は，いずれも結果犯であって未遂犯が処罰されていないので，実行の着手時期と未遂の成立範囲をめぐる困難な問題も生じない。他方，酒酔い運転の危険性を強調することで，すべての自動車運転者に飲酒抑制義務を課すことは，飲酒それ自体を過失とみることにつながる。その意味で，直接に酩酊行為を禁止する**酩酊構成要件**を設けるものにほかならないという指摘もある。[2]

しかし，たとえ運転者が飲酒した後であっても，自ら運転するのを回避して代行運転を依頼するなど，他の方法でも結果発生を防止することはできる。こうした事情を前提とするならば，過失責任を認定するべき対象は，やはり，飲酒した後で実際に運転を始めた時点の行為である。学説上も，先行行為（飲酒それ自体）の時点では責任能力を備えていたが，その後に酩酊運転（心神喪失または耗弱）を開始したため，ずさんな運転態度から重大な死傷事故を引き起こしたとき，原因において自由な行為の理論を適用して，刑法39条の法的効果を否定するのが，今日の一般的見解であるといえよう。[3]

(2) 過失行為の存在時期

過失犯の場合，まさしく事故発生時には，病的酩酊により心神喪失状態や心神耗弱状態におちいっていたとはいえ，当初は，自動車を運転できる程度の責任能力があった以上，その時点で飲酒後の運転避止義務違反を捉えて，過失犯により処罰することも可能である（たとえば，名古屋高金沢支判昭和31・9・4裁特3巻19号905頁）。しかし，一部の**段階的過失論**（直近過失論）では，最も法益侵害に近接した時点で刑事過失を認定しようとするため，飲酒酩酊による心神耗弱状態で，前方注視義

---

2) なお，ドイツ刑法典323条aを参照されたい。こうした特別構成要件は，すでに飲酒することを，ある種の抽象的危険犯とみるものであろう。なお，飲酒時には運転する意思がなく，その後に心神耗弱状態で運転する決意をした場合には，39条2項の適用を認めざるをえない（大塚168頁(39)，高松高判昭和44・11・27高刑集22巻6号901頁など）。
3) また，判例上も，原因において自由な行為の理論を援用したものが多い。たとえば，札幌高判昭和26・11・15高刑集4巻11号1482頁，東京高判昭和44・10・6東高刑時報20巻9号184頁，盛岡地遠野支判昭和36・10・20下刑集3巻9＝10号962頁，横浜地横須賀支判昭和40・1・22下刑集7巻1号72頁などである。なお，判例については，島田仁郎＝島田聡一郎・大コメ(3)415頁以下，浅田和茂・新判コメ(2)258頁以下など参照。

務の履行が困難となったとき，行為者の限定責任能力をもって刑を減軽することになりかねない。

しかし，実務で支配的な**過失併存論**によれば，酩酊運転の開始を含む，およそ危険な運転を回避する義務に違反したことをもって，運転者の過失行為と認定できるので，このような不都合は生じない[4]。また，過失犯の成否を構成要件段階から考えてゆくとき（新過失論），過失責任の前提となるべき責任能力は，通常，各構成要件から分離された一般的な是非弁別能力および行為制御能力として把握されることになる。したがって，事故直前の瞬間には責任能力が低下していたとしても，当然に，注意義務違反の程度が低く見積もられることにならない。

2 注意能力と責任能力

(1) 責任能力と過失

すでに「第1章 責任の理論」でも述べたように，責任能力は，刑事未成年者も含めて，名宛人の一般的な規範受命能力を問うものである。他方，責任要素としての過失は，個別的な行為者の注意能力を標準とする非難可能性である（→第4章第1節）。その意味で，およそ是非弁別能力や行為制御能力を欠いた責任無能力者については，犯人の注意能力を前提とした個別的な過失の有無を検討するまでもない。また，結果発生をめぐる予見可能性などの主観的事情は，本来，責任能力の評価とは別個のものである。さらに，客観的な違法事実の認識（可能性）は，責任無能力者であっても認められる。したがって，かりに犯人の行為制御能力だけが低下したときには，構成要件的過失はもちろん，違法性の意識可能性を含む責任過失についても，通常人と同程度にあったと認定できる場合もあろう。

これに対して，責任要素としての故意・過失を，犯人の責任能力に依存させる見解では，完全な責任能力を具備しない行為は，およそ責任評価の対象たりえないとして，侵害行為時の主観的態度も除外される。したがって，責

---

[4] たとえば，東京高判昭和44・8・4判タ242号313頁，東京高判昭和47・7・25東高刑時報23巻7号148頁。なお，直近過失論を採用したとみられるのは，札幌高判昭和40・3・20高刑集18巻2号117頁，東京高判昭和46・10・25東高刑時報22巻10号277頁である。

任無能力者には故意・過失が観念できない以上，原因において自由な行為の場合，故意犯と過失犯を区別する際にも，原因行為時の故意・過失に依拠するほかはない。こうした見解は，当初の主観的態度に支配されるため，犯人の故意（構成要件的故意）が結果行為の前に消失して，結果行為時には過失行為になっていた場合にも，その事情変更が考慮されないという不都合があることは，すでに述べたとおりである（→第2節3）。

(2) 構成要件的過失と責任過失

これとは逆に，原因行為時には殺意がなかったが，犯人の責任能力がなくなった（低下した）後で，新たに殺害する意思を生じて，実際にも他人を殺した場合が考えられる。なるほど，通常であれば，過去の性癖を自覚していたことで，第1故意（責任能力をなくする旨の認識・認容）が，第2故意（無能力状態下で殺傷する旨の認識・認容）も包含するといえるであろう。しかし，心神喪失（または心神耗弱）について十分な自覚があるとしても，飲酒・酩酊する意思だけでは，常に故意犯の原因において自由な行為が成立するわけでない[5]。同様にして，当初は，侵害結果に対する未必の故意さえあったにもかかわらず，その後，責任能力を消失した状態では，もはや構成要件的故意が消失して，単なる不注意から当該結果を惹起する場合も予想される。

これに関連して，いわゆる連続・非連続型を唱える立場は（前田385頁など），いずれも行為全体の連続性が欠けるとして，犯人が原因行為を始めただけでは未遂犯の成立を認めない。また，侵害結果に直結する過失行為では，原因において自由な行為の理論を適用できないため，結局，責任無能力にもとづく責任阻却を認めざるをえない。しかし，原因行為時に犯罪の主観的要件と客観的要件を充足したならば，その後の無能力状態でなされた侵害行為も含めて，原因において自由な行為の理論により，犯行全体の責任非難が可能になるというべきである。ただ，侵害行為時の故意だけでは故意犯とならない以上（二重の故意の理論），その後は過失行為に変化したのであれば，せいぜい，過失犯が成立するにとどまるのである[6)7)]。

---

5) この意味で，二重の故意の理論は，責任能力が低下した状態の侵害行為に必要な認識・認容の程度を明らかにすることによって，原因において自由な行為の成立範囲を限定しようとしている。

6) かようにして，故意犯と過失犯を区別するためには，構成要件的要素としての故意・過失と責任故意・責任過失の双方が問われるという意味で，これらが故意犯と過失犯の本質をなすといえよう。
7) なお，結果的加重犯の場合には，基本犯を実行する時点で責任能力が具備されていれば，もっぱら責任無能力時の行為が加重結果を惹起したのでないかぎり，犯罪全体の帰責を否定する理由は存しないとされる（大阪地判昭和58・3・18判時1086号158頁，長崎地判平成4・1・14判時1415号142頁など）。

第3章　故意責任——違法性の意識と違法性の錯誤

第1節　故意責任の本質

1　故意の体系的地位

(1)　**責任故意の内容**

　故意犯が成立するためには，犯人が客観的な違法事実を認識しただけでなく，当該行為がもつ社会的意味を認識していなければならない[1]。すでに，構成要件の段階では，定型的な犯罪事実の認識・認容が，故意犯と過失犯を区別する要素とされたが（構成要件的故意または事実的故意），責任段階では，さらに責任要素としての故意・過失が要求される（**責任故意・責任過失**）。その中でも，最終的に故意犯が成立するためには，個別的行為者の内心に，故意責任を問うにふさわしい反規範的態度が存在しなければならない。なるほど，犯罪論体系上，故意行為と過失行為は，すでに主観的な責任評価に先立って区別される。また，犯人が違法類型にあたる構成要件該当事実を認識・認容したのであれば，通常，行為の違法性も意識していたと推測できるであろう（**構成要件的故意の故意責任推定機能**）。

　しかし，たとえ構成要件的故意が認められても，違法性阻却事由の錯誤によって責任故意が欠ける場合には，せいぜい，過失犯が成立するにすぎない[2]。すなわち，誤想防衛のように，急迫不正の侵害が実在しないにもかかわらず，それが存在すると誤信して防衛行為に出たとき，そうした犯人の主観的態度を故意犯と評価することはできないからである[3]（→違法性阻却事由の錯誤）。そ

---

[1]　刑法上は，故意犯が原則であって，過失犯は例外的に処罰されるにすぎない（38条1項）。したがって，たとえ構成要件的故意がある場合にも，責任段階の故意が欠ける以上，過失犯を処罰する規定がない領域では，およそ犯罪が成立しないという意味で，責任故意は，刑事罰の限界を画する要素の一つである。

[2]　かような意味で，構成要件的故意・過失は，責任段階の故意・過失を一応推定させるにとどまり，故意の本籍は，終極的には，責任論にあるといわねばならない（大塚448頁）。

の意味で,当該行為の違法性を基礎づける客観的事実の認識は,いわば消極的な形で責任故意の要件となってくる。ここでも,事実的故意の内容が,もっぱら構成要件的事実の表象・認容であるのと異なる。現在の学説では,上述した2種類の故意を認める見解が,多数説となっている（ガラス,イェシェック,大塚448頁など）。

(2) **反規範的態度と故意・過失**

特別刑法の領域では,客観的事実の認識・認容があっても,ただちに違法性の意識に結びつく場合は多くない。また,行政法規に違反すると知りながら,あえて違法な行為に及んだとしても,何らかの理由で適法であると誤信していたとき,故意犯に相当する直接的な反規範的態度が欠けることもありうる。そもそも,故意責任の本質は,犯罪事実の認識・認容という心理的事実だけに尽ないからである。むしろ,「犯罪事実の認識から反対動機を形成して,違法行為を思い止まるべきであった」が,これを思い止まらなかった場合（故意犯）,あるいは,「犯罪事実を認識すべきであるにもかかわらず,これを認識しなかった」場合（過失犯）,本章でいう責任が認められるからである（➡第1章第2節）。

犯人は,犯行時の具体的状況からして,適法行為を選択できたにもかかわらず（**他行為可能性**）,そうした期待に反して犯罪を実行している点で,責任非難の対象となる（規範的責任論）。すなわち,故意責任の実質は,構成要件に該当する違法な行為に向けられた反規範的人格態度と,当該行為者に対する否定的な評価にほかならない[4]。そこで,本章では,まず,第1節で,行政犯における故意責任の所在を素材として,違法事実の認識と違法性の意識の関係を明らかにする。また,第2節では,違法性の意識一般を論じたうえで,故意説と責任説の違いに言及しよう。さらに,第3節では,違法性阻却事由の錯誤および違法性の錯誤を論じることにしたい。

---

3) もちろん,客観的にも,違法性阻却事由にあたる事実が存在したならば,適法行為と評価されるため,それ以上,責任故意の存否を論じる必要はない。
4) 故意責任では,命令規範（Bestimmungsnorm）の違反が問題となるため,「刑法的な違法性」を認識したことが要求されるが,制裁規範（Sanktionsnorm）の違反という側面は,可罰的責任論の考え方につながるであろう。

2 故意責任における事実の認識

(1) 法令の不知

故意責任として，どこまでが犯罪事実の認識に含まれるかを明らかにしておこう。古くローマ法の時代には，「**法の不知は許されない**」（Ignorantia legis neminem excusat）という法格言が存在した。その内容は，実際に違法行為をした者が，法令による禁止を知らなかった場合にも，それをもって刑事責任を免れないという趣旨である。これとは反対に，犯罪事実の認識を欠如した場合には，原則として故意が阻却されるべきである。しかし，事実の認識と違法性の意識の中間に位置する，法律的事実の認識や規範的構成要件要素の錯誤は，いわゆる**意味の認識**にかかわるため，その取り扱いをめぐって学説上の議論が続いてきた（→第2部第5章第1節2, 第4節3）。

各種の行政刑罰法規では，法令上の禁止が一定の関連事実と密接に結びついている。そのため，行為者が，これらの法令の内容を知らないまま行動したとき，およそ構成要件的故意にとって必要な事実認識を欠くことが多い。たとえば，道路交通法による追越禁止違反の罪（道交法119条1項2号，30条）は，道路標識等による禁止区域であることを認識したとき，初めて違法性の意識が喚起されるといえよう。これに対して，急勾配の坂道や見通しの悪い交差点のように，道路の形状から追越しが禁止された場所では，その事実を知りながら，あえて追い越したのであれば，犯罪事実の認識に欠けるところはないとされる（大塚188頁(2)）。

(2) メタノール事件

最高裁は，法令で「メタノール」の所持・譲渡が禁じられたにもかかわらず，犯人が「メチルアルコール」であると知りながら，これを飲用に供する目的で所持・譲渡した場合，化学的には「メチルアルコール」と「メタノール」が同一物であると認識しなかったとしても，**法令の不知**にすぎないとした。すなわち，被告人には事実の認識があったとして，故意犯の成立を肯定している（最大判昭和23・7・14刑集2巻8号889頁）。

上述したように，規範的事実の認識が，刑法違反の意識を呼び起こす事実認識にあたらないとき，単なる違法性の意識の問題となる。わが国の判例実

務上は，故意犯の成否とは無関係とされるのである[5]。こうした取り扱いは，いわゆる**事実の錯誤**（Tatirrtum）と**法律の錯誤**（Rechtsirrtum）の分類に対応している。しかし，大審院の時代には，いずれの錯誤に属するかをめぐって，一見すれば，矛盾する判断が示されたこともある。いわゆる「むささび・もま事件」と「たぬき・むじな事件」である。

(3) 「むささび」と「たぬき」の意味

まず，**むささび・もま事件**では，犯人が，禁猟獣である「むささび」を，その地方では「もま」と俗称される別種の動物であると信じて捕獲している。これに対して，裁判所は，単に違法性を意識しなかったにすぎないと述べて，故意犯の成立を肯定した（大判大正13・4・25刑集3巻364頁）。ところが，同じく狩猟法違反について，**たぬき・むじな事件**では，禁猟期間中に「たぬき」を捕獲したにもかかわらず，犯人は，「十文字むじな」と呼ばれる別種の動物だと誤信していた以上，禁猟獣である「たぬき」の事実認識が欠けるため，故意が阻却されると判示した（大判大正14・6・9刑集4巻378頁）。

いずれの事件でも，犯人は，客体である動物自体を正しく認識していたが，一方は，犯罪事実の認識・認容が欠けており，他方は，せいぜい法律の錯誤であって，違法性の意識の問題でしかないというのである[6]（大谷179～180頁）。しかし，学説の多数は，いずれの場合も法律の錯誤にあたるとしたうえで[7]，たぬき・むじな事件では，むささび・もま事件と異なり，古来から「たぬき」と「むじな」が別物とみられてきた事情にも配慮しつつ，違法性の意識が欠けたことに相当な理由があるため，故意が阻却されたと理解している[8]（福田212頁(1)，西田233頁，山口191頁など）。

---

5) なお，具体的な犯罪事実がどの構成要件にあてはまるかという認識は（あてはめの認識），もっぱら違法性の意識にかかわる。したがって，適用される条文を見誤ったとしても，故意を阻却しない（後述参照）。

6) この点をとらえて，裁判所が「事実の錯誤は故意を阻却するが，法律の錯誤は故意を阻却しない」という命題を維持しつつ，いずれのカテゴリーに分類するかを便宜的に使い分けてきたという指摘もある（福田213頁）。

7) これに対して，いずれも，構成要件的事実の錯誤であったというのは，浅田329頁，川端博・正当化事情の錯誤（昭63）49頁などである。

8) 確立した判例は，違法性の意識不要説を採用するため，客観的には禁猟獣たる「たぬき」という動物を捕獲した本件にあって，故意犯の成立を否定するべき理由はないはずである。なお，佐久間修・大コメ(3)213頁以下参照。

3 故意概念の実質化

(1) 「麻薬」または「覚せい剤」の認識

　現在，法律が専門・分化したため，法律知識の乏しい一般人には，犯罪事実の認識があったかどうかをめぐって，疑問が生じる場合も増えている。たとえば，麻薬及び向精神薬取締法違反において，これを密輸・所持した者が，人体に有害な薬物であると認識したものの，法文が規定する禁制品であることを知らなかったとき，それは犯罪事実の認識を欠いた場合にあたるのか，それとも，違法性の意識の欠如にすぎないのであろうか。

　これに関連して，「一般人ならば当該犯罪類型の違法内容を意識し得る事実の認識」があるとき，違法性の意識（可能性）を論じるまでもないとする見解がある。具体的には，旧麻薬取締法上の「麻薬」を覚せい剤と誤認して輸入した事案について，一般的な「薬物輸入罪」の故意を認めるのである。最高裁判例の中には，目的物の形状・毒性などが類似する以上，当該薬物の化学式や正式名称を取り違えたとしても，覚せい剤取締法違反または麻薬取締法違反（当時）の故意犯が成立すると述べたものがある（最決昭和54・3・27刑集33巻2号140頁，最決昭和61・6・9刑集40巻4号269頁）。

　こうした見解は，故意犯における事実認識の意義を問い直すことにより，せいぜい，違法性の意識を喚起しうる程度の事実の認識で足りるとして，いわゆる**故意概念の実質化**を目指すものである。すなわち，従来の学説のように，故意を形式的な構成要件的事実の認識・認容と定義したうえで，「違法性の意識の可能性」を論じるよりは，「当該犯罪の故意非難を可能とする事実（意味）の認識があったか否か」を具体的に検討する方が，故意責任の有無を容易に判断できるとされる（前田225〜227，237〜239頁）。

(2) 事実的故意と違法性の意識

　通常は，犯罪事実の認識があれば，違法性の意識も喚起されるであろう。また，故意概念の実質化が，「故意非難を向け得るだけの主観的事情」の有無という包括的評価を可能にしたことで，実務上も，故意犯の成否を便宜的に決定できる利点があるといえよう。すなわち，**実質的故意**を認めることで，事実的故意の存否とは別に，違法性の意識の有無を吟味する必要がなくなる

ため，伝統的な判例が採用した**違法性の意識不要説**（後述）をそのまま維持できるからである（前田219～220頁）。

しかし，「一般人が違法性を意識し得るだけの事実の認識」には，犯行全体に対する規範的評価を含む「違法性の意識」も含まれる。また，事実の認識と違法性の意識の違いを無視して，もっぱら裁判官の認定に委ねるのでは，故意犯の成立範囲が曖昧になるであろう[9]。そもそも，反対説のいう「実質的故意」は，客観的な事実認識の中に違法評価も取り込むことで，法文の枠を超えた新たな犯罪類型を創設しようとする。その意味で，狭い意味の解釈論を超えている。さらに，従来の学説は，各要素を分割して整理することで，できるかぎり，裁判官の恣意的判断を排除しようとしてきたが，その流れにも逆行している。さらに，こうした判例実務に依存する傾向が，犯罪論自体の意義を没却することにもなると批判される[10]。

第2節　違法性の意識

1　責任論上の意義

(1) 違法性の意識必要説

故意責任を認めるためには，違法性に関する事実の認識・認容だけでなく，当該行為者に違法性の意識が必要であろうか。従来から，**違法性の意識**（Bewußtsein der Rechtswidrigkeit；Unrechtsbewußtsein）は，責任故意の存否を左右するものとみられてきた（故意説）。しかし，近年では，責任故意から独立した別個の責任要素とみる見解も少なくない（責任説）。そこで，両極に位置する違法性の意識必要説と違法性の意識不要説の対立を軸として，その中間にある諸見解を，順次みてゆくことにしよう。

---

9) さらに，こうした見解を徹底するならば，事実の錯誤と法律の錯誤の区別も否定される。また，最決平成2・2・9判タ722号234頁参照。その詳細については，上述した「異なる構成要件間の錯誤」の項目を参照されたい（→第2部第5章第3節）。
10) こうした実質的故意論は，犯罪事実に関する意味の認識を拡張するものといえなくもないが，刑法上の違法評価と結びつく点で，規範的構成要件要素の認識とは異質の主張である（→第2部第5章第4節3）。

まず，(a)**違法性の意識必要説**は，道義的責任論を徹底する見地から，犯人が当該行為の違法性を意識して遂行した場合と，これを意識する可能性はあったものの，現実には違法性の意識がないまま遂行した場合では，責任非難として明らかな差異があるという。その意味で，まさに「違法の意識こそは，故意と過失とを分つ分水嶺（小野清一郎）」であって，違法性の意識を責任故意の必要条件とみるため，**厳格故意説**（strenge Vorsatztheorie）とも呼ばれる[1]（ベーリング，ビンディング，大塚461～462頁など）。しかし，確信犯や激情犯のように，自分の行動の正当性を誤信した結果，しばしば，違法性の意識が欠けること，また，客観的事実と法律要件が密接に結びついた法定犯や行政犯にあっては，常に違法性の意識を必要としたとき，故意犯の成立範囲が不当に制限されてしまい，立法目的を達成できないという批判がある（大谷342頁）。

(2) **違法性の意識不要説**

これに対して，わが国の判例は，違法性の意識を故意犯の要件としていない。すなわち，客観的な犯罪事実を認識・認容して犯行に及んだ以上，当該行為者には故意責任を追及できるという。およそ国民は，刑法上の犯罪事実を認識したならば，それが法に違反することを知っているべきであって，やむをえない理由で違法性を意識しなかった場合にも，故意犯の成立を妨げないからである。こうした(b)**違法性の意識不要説**は，学説上は少数説にとどまったが（リスト，前田220頁），その後も，数多くの判例によって維持されてきた（最判昭和25・11・28刑集4巻12号2463頁，最判昭和26・11・15刑集5巻12号2354頁など）。

なるほど，一般国民であっても，客観的な犯罪事実を認識したならば，法令によって禁止される行為の範囲を調査すべきであったといえよう。しかし，実際には，およそ禁止法令の存在を知りえない状況に置かれることもある。したがって，違法性の意識を欠いたことが不可抗力による場合には（大判大正13・8・5刑集3巻611頁，最判昭和26・1・30刑集5巻2号374頁），客観的な事実の認識・認容だけをもって故意責任を問うことは，責任主義の原則に反した権威主義的な考え方であるといわざ

---

1) なお，下級審では，違法性の意識を欠如したとき故意犯の成立を否定するとした判決も散見される（東京高判昭和26・12・25特判25号119頁，同昭和27・12・26高刑集5巻13号2645頁，仙台高判昭和27・9・20特判22号172頁）。過去の学説・判例については，福田平・違法性の錯誤（昭35）1頁以下，篠田公穂・大コメ(3)135頁以下，松原久利・違法性の意識の可能性（平4）1頁以下など参照。

るをえない($^{大塚460\sim}_{461頁}$)。理論上も，法的に許されないと知りつつ，あえて犯罪事実を実現した場合と，そうした意識を欠く場合では，その反規範的態度に大きな差異が認められるのである。[2]

(3) 確信犯・常習犯と反社会性の自覚

また，確信犯であっても，通常は，自分の行為が現行法秩序からみて許されないのを自覚しているであろうし，かりに法定犯・行政犯にあって，当該法令を知らずに違法行為に及んだとき，その行為者も故意犯として処罰することは，一般予防の機能が働かないだけでなく，罪刑法定主義に反する($^{大塚}_{462頁}$)。もっとも，後述するように，違法性の意識の内容を「反社会性の自覚」にまで拡張するならばともかく，客観的事実を超えた「規範違反」の意識を要求する以上，きわめて軽率に「違法でない」と誤信した犯人が，不当に処罰を免れるという問題が生じるであろう。他方，常習犯人のように，同種の犯行を繰り返す間に規範意識が鈍麻した者については，反覆累行によって違法性の意識がまったく消滅するわけでなく，犯人自身の人格形成責任を認めることで，加重処罰することも可能である。

2　中間的見解

(1) 自然犯・法定犯区別説

違法性の意識をめぐる中間的見解として，(c)自然犯と法定犯で異なった取り扱いをする**自然犯・法定犯区別説**が，かつて有力に唱えられた。この見解では，厳格な意味で刑法的「違法性」の意識を要求するとき，故意犯の成立範囲が不当に狭くなるため，法定犯では，違法性の意識を必要とするが，自然犯では，客観的な犯罪事実の認識があった以上，その違法性を意識するべきであって，かりに意識しなかったとしても，そこには行為者の反社会的性格（ないし反規範的態度）が示されたというのである。

しかし，自然犯と法定犯は，明確に区分できるのであろうか。また，自然犯（刑事犯）の領域でも，やむをえない事情で違法性の意識を欠くような事案

---

[2] かりに違法性の意識不要説を徹底して，客観的事実の認識だけを要求するならば，いわゆる意味の認識さえも不要とすることになりかねない（たとえば，チャタレー事件判決．最大判昭和32・3・13刑集11巻3号997頁）。

が予想される。したがって，こうした事情をまったく無視するのは妥当でない。さらに，法定犯（行政犯）では，法令上の禁止を知らなかった犯人は，結局，違法性の意識必要説に従って故意犯の成立が否定されるため，依然として，行政取締の目的を達成できないという指摘があてはまる。

(2) **違法性の意識可能性説**

つぎに，(d)**違法性の意識可能性説**は，人格的責任論の見地から，違法性の意識がなかった場合にも，これを意識する可能性があったならば，そこに直接的な反規範的な人格態度を見出しうるとする。その限度では，犯人に故意責任を認めてよいとするのである（メッツガー，団藤316頁以下）。学説上は，**制限故意説**（eingeschränkte Vorsatztheorie）と呼ばれる[3]（なお，東京高判昭和44・9・17高刑集22巻4号595頁，同昭和51・6・1高刑集29巻2号301頁参照）。

なるほど，規範的責任論が中核とする反対動機の形成可能性を重視するならば，実際に当該行為の違法性を意識したかどうかという心理的事実は，責任非難にとって本質的な要素ではない。たとえば，当該犯人が違法性を認識しうる判断力を有しており，しかも，その違法性を推測させる客観的状況が存在していた以上，表面上は違法性の意識がみられないとしても，違法性を意識したに等しい反規範的態度を認めうるからである[4]。その意味で，常習犯や確信犯を含めて，犯罪事実を正しく認識・認容していれば，通常，反対動機の形成可能性もあったと考えられる。

(3) **故意説と責任説**

上述した諸見解は，いずれも，違法性の意識（またはその可能性）を故意の要素としてきた。しかし，違法性の意識は，構成要件的事実をめぐる故意（事実的故意）とは別個の，独立した責任要素とみるのが，(e)**責任説**（Schuldtheorie）である。この見解によれば，実際に違法性を意識した場合には，重い責任非難が加えられるが，せいぜい違法性を意識できたにすぎない場合には，軽い程度の責任非難が加えられる。また，およそ違法性を意識する可能性さえな

---

3) なお，違法性の意識を欠いた不注意（違法性の過失）を，故意犯の場合と同様に取り扱う見解もある（法律過失準故意説。大判昭和15・1・26新聞4531号9頁）。しかし，違法性の過失を故意と同列視する根拠が明らかでないと批判されてきた。
4) 反対説は，法に対する無関心を非難するのであれば，事実の認識を欠如した場合にも，同様な取り扱いをすべきであるというが，客観的な評価規範を問題にする違法論ではなく，もっぱら命令規範を問題とする責任論では，適切な批判になっていない。

かった場合には，責任それ自体が阻却されるというのである（ヴェルツェル，マウラッハ，大谷344頁，川端430〜431頁など）。

なるほど，このように構成することによって，制限故意説に向けられた「過失的要素を故意犯に持ち込む」という批判を回避できるであろう。ただ，上述した**事実的故意**（Tatvorsatz）だけで故意犯の本質を説明できるであろうか。また，責任説に対しては，故意の構成要素である犯罪事実の認識・認容と違法性の意識を分断したうえで，異なった位置づけを与える根拠が不明であると批判される（大塚463〜464頁）。他方，責任説からは，すでに犯罪事実を認識・認容した範囲で，犯人の反規範的態度が認められる以上，現に違法性を意識したことは重要な要素でないとされる。

もっとも，責任説の中には，反対説の批判を受け入れて，違法性の意識とは別個に責任故意を掲げる見解がみられる（福田198〜199頁）。また，違法性を意識する可能性がない場合，責任それ自体が否定されるならば，もはや過失犯さえ成立する余地はないが，こうした理解は，犯罪論上，故意犯と過失犯を峻別した目的的行為論の趣旨に反するであろう。そのほか，刑事政策上の予防的見地から，違法性の意識がない場合にまで，故意責任の範囲を広げることが妥当かという根本的疑問が投げかけられている。

3　違法性の意識の内容

(1) 反社会性の認識

これらの見解の対立は，違法性の意識の内容が何であるかによって左右される。たとえば，厳格故意説でも，違法性の意識を「反社会性の認識」に置き換えるならば，実際上の不都合は生じない。それとは逆に，具体的な刑罰法規に抵触する旨の認識まで要求するならば，違法性の意識可能性説であっても，故意犯の成立範囲は，著しく制限されることになる。従来の学説では，違法性の意識の内容をめぐって，(a)「前法的規範違反の認識」とみる見解，

---

5) この点から，後述する正当化事情の錯誤をめぐって，責任故意が阻却された後，過失犯の成立を認める多数説を「ブーメラン現象」になると批判する向きもある（川端380〜381頁。→第3節2(2)）。

6) しかし，学説には，後述する可罰的刑法違反の認識を前提としつつ，厳格故意説を主張するという極端な見解もみられる。

(b)「一般的違法性の認識」と定義する見解，さらに，(c)「可罰的違法性の認識」を要求する見解に分かれる[7]。

まず，(a)説によれば，違法性の意識は，「条理違反の認識」，「国民的道義違反の意識」，「法規範の基礎におかれている国家・社会的倫理規範上許されないことの漠然とした意識」などと表現される（小野154頁，瀧川127頁，大塚462〜463頁）。これらはいずれも，何らかの規範的評価を含むものの，もっぱら現実の法秩序を破壊する「反社会性の認識」が問題となっている点で，違法性の意識の内容を最も広く捉えている[8]。しかし，規範的構成要件要素に象徴されるように，通常の構成要件的故意でも，単なる外形的事実の認識にとどまらず，社会的意味の認識が問題となっており，これらの要素と明確に区別する必要がある（→第2部第4章および第5章）。

(2) 一般的違法性の認識

そもそも，犯罪論で認識の対象となる「違法性」の概念は，共通でなければならない。したがって，生活利益を侵害・危殆化すること（法益侵害性）に加えて，社会的相当性を逸脱した行為態様であることが，当該犯人に認識されねばならない。なるほど，前者は，前法律的事実にあたるが，後者は，法的な価値判断と無縁ではない。そうである以上，違法性の意識としては，単純な反社会性の認識にとどまらず，(b)説がいう「一般的違法性の認識」ないし「法律上許されないことの認識」が含まれるべきである[9]。

学説の多数も，「法秩序に反することの意識」や「法的に許されないことの意識」が必要であるとして，(b)説を採用してきた（大谷341頁，川端424頁）。法令の不知や法律の錯誤があったとき，刑法的違法性の認識は存在しなかったが，多数説が故意犯の成立を認めるとき，このような意味で違法性の意識を捉えてきたのである。ところが，学説の一部は，違法性の意識でいう「違法性」の概念は，犯罪成立要件としての違法性にとどまらないと主張する。

---

7) 詳細については，長井長信・故意概念と錯誤論（平10）29頁以下，齋野彦弥・故意概念の再構成（平7）頁以下，髙山佳奈子・故意と違法性の意識（平11）286頁以下など参照。
8) かような「反社会性の認識」を違法性の意識とみるとき，むしろ，違法性の意識の必要性を肯定したかのようにみえる判例もある（たとえば，最判昭和24・4・9刑集3巻4号501頁参照）。
9) ただし，形式的な法規に違反する旨の認識は必要でない。理論上も，両者を明確に区別するものとして，松原・違法性の意識の可能性39頁がある。

(3) 可罰的刑法違反の認識

　責任論における非難可能性を重視しつつ，刑法上の違法行為を回避する反対動機の形成にとって十分であるかという見地から，(c)およそ刑罰効果も含めた「可罰的刑法違反の認識」を必要とする見解がある。しかし，可罰性の認識を要求するならば，あてはめの錯誤だけでなく，可罰的違法性の有無や法定刑の重さに関する錯誤も，違法性の意識に影響を与えることになりかねない。さらに，反対動機の形成は，刑罰によってのみ期待可能というわけでなく，一般的法秩序に違反する旨を認識することでも，十分に期待できるであろう[10]（ルドルフィー）。

　実際上も，違法性を意識することで，法規範に従った行動をするための動機づけ(の可能性)があれば足りるのである。たとえば，老朽化して不要となった橋を爆破する際，それが刑法上の犯罪にあたるか，または，行政法規違反にとどまるかの事実認識が，違法性の意識を妨げないことは当然である（関根橋爆破事件，最判昭和32・10・18刑集11巻10号2663頁参照）。また，羽田空港デモ事件でも，集団示威行動が法律上許されないという犯人らの認識は，判例上，可罰的違法性の認識まで要求したものでないとされた[11]（前出東京高判昭和51・6・1）。

第3節　違法性に関する錯誤

1　構成要件的錯誤と違法性に関する錯誤

(1)　法令の不知と反規範的態度

　違法性に関する錯誤（Irrtum über Rechtswidrigkeit）とは，構成要件該当事実の認識・認容はあったが，当該行為の違法性をめぐって，犯人の主観的認識と客観的事実の間でくい違いが生じた場合である。上述した構成要件的錯誤では，故意犯の未遂・既遂が左右されたのに対し，違法性に関する錯誤では，

---

10) また，責任故意が可罰的責任の要素であることから，違法性の意識の中に可罰性を取り込むのは，心理的な故意概念と責任の評価を混同するという問題がある。なお，一般的違法性から区別された「構成要件関係的利益侵害性の認識」を要求する見解も，この列に加えることができよう。

11) 本文中の(c)説は，故意責任の基礎として可罰性の認識を要求するため，故意犯の成立範囲が不当に制限されるのを回避するべく，責任説を支持したのではなかろうか。

およそ故意責任が否定されるか否かが争いとなる。通常は，構成要件該当事実の認識さえあれば，当該行為者は規範の問題に直面したといえよう。それにもかかわらず，あえて客観的な違法結果を惹起したならば，反規範的な意思決定にもとづく行為があったと考えられる。なぜならば，具体的な刑罰法規の内容を知らなくても，犯行時には反対動機を形成する機会があったからである。したがって，法秩序に対する無関心な態度を捉えて，故意犯としての責任非難を加えることができる。

今日の情報化社会では，法定犯・行政犯についても，法規制の対象となる名宛人の間では，刑法的禁止の内容が，かなりの程度まで周知徹底されているであろう（大塚462頁）。たとえば，上述した「たぬき・むじな事件」でも，犯人が職業的なハンターである以上，過去の経験などから，当該規制のもつ社会的意味はもちろん，近年の法改正にも通じていることが多いであろう。したがって，例外的に正当化事情を誤信した場合を除いて，通常は違法性の意識があったとみて差し支えない。[1]同様にして，木製品の製造販売業者が，自己の製造する物品が遊戯具であると認識した以上，副業として幼児用ブランコを製造したものの，課税物品として申告するべきことを知らなかったのは，物品税法に関する法令の不知にすぎないとされた[2]（最判昭和34・2・27刑集13巻2号250頁）。

(2) 事実の認識と故意の否定

これに対して，一般人が自己の債務を弁済したことで，差押え処分が無効になったと誤信した場合，封印破棄罪（96条）に関する事実の錯誤があったとされる（大決大正15・2・22刑集5巻97頁）。また，窃盗罪（235条）の成否をめぐって，他人の犬であると知っていたが，警察規則を誤解して，鑑札のない犬は「無主犬」になると誤信した場合，他人の所有物である旨の事実認識がなかったとされる（最判昭和26・8・17刑集5巻9号1789頁）。従来，当該行為の法的意味を知ることは，純然たる客観的事実の認識から区別されてきたが，刑法上の故意にあっては，それが価値中

---

1) 学説上は，意味の認識が欠けたという捉え方もある。なお，追越し禁止区域ないし銃猟禁止区域であるという認識がなければ，事実の錯誤として故意が阻却されるべきことは上述した（大判大正3・12・24刑録20輯2615頁，東京高判昭和35・5・24高刑集13巻4号335頁，大阪高判昭和38・7・19高刑集16巻6号455頁）。

2) これに対して，事実の錯誤に分類する有力説もある。そこでは，犯人に利益侵害性の認識が欠けるため，故意責任がないといわれる。

立的な事実の錯誤であるか，規範的事実に関する錯誤であるかを問わず，**犯罪構成要件の重要事実**を誤解したときには，故意犯の成立が否定されることになる。

そもそも，事実の錯誤における「事実」の意味は，犯罪論上，固有のものである。また，法律の錯誤という分類も，広い意味では，およそ法的評価にかかわる錯誤全般を指すとはいえ，刑法上は，法律的事実の錯誤を除外したものである。したがって，法律の錯誤は，純然たる法的評価の誤りや法令の不知に限られるため，従来から，**違法性の錯誤**や**禁止の錯誤**と同義とされてきた。また，刑法 38 条 3 項は，「法律を知らなかったとしても，そのことによって，罪を犯す意思がなかったとすることはできない」と明言しており，刑罰法規の誤解にあたる法律の錯誤（狭義）や具体的な条文の不知については，故意犯の成立と無関係である。さらに，**あてはめの錯誤**や**包摂の錯誤**（Subsumtionsirrtum）も，狭義における法律の錯誤に含まれる。すなわち，禁止法令や罰条に関する正確な知識は，故意犯の成立要件とならないので，たとえ適用すべき条文を誤解した結果，違法性の意識がなくなったとしても，およそ故意を阻却しない。

2　違法性阻却事由の錯誤

(1)　誤想防衛・誤想避難

違法性阻却事由があると誤信することで，可罰的違法性の認識が欠けるのはもちろん，一般的法秩序に違反する意識も消失する場合がある。たとえば，急迫不正の侵害があると信じて，客観的には違法な反撃を加えた場合（誤想防衛），あるいは，緊急状況で誤想上の危難から逃れるため，第三者の法益を侵害した場合（誤想避難）である。これらの違法構成（正当化）事実をめぐって，客観的な事実と行為者の主観で不一致があったときには，事実の錯誤として故意が阻却される。従来，**違法性阻却事由の錯誤**（Irrtum über Rechtfertigungsgründe）は，少なくとも構成要件的錯誤の中に含まれないため，違法性に関する錯誤に分類されるが，実際上は，事実の錯誤の一種として取り扱われてきた（通説）。

ところが，法律上存在しない違法性阻却事由があると誤信したり，過剰な

正当防衛も許されると妄信するなど，現行法上の正当化要件について誤解があった場合には，違法性阻却事由における法律の錯誤として，故意犯の成立を妨げないとされる（大塚465頁）。その意味で，違法性阻却事由の錯誤の中には，正当化事由の事実的前提に関する錯誤と，違法性の判断それ自体にかかわる法律の錯誤が含まれるため，ここでは，前者を，**正当化事情の錯誤**[3] (Irrtum über Rechtfertigungstatumstände)，後者を，**正当化評価の錯誤**と呼ぶことにしたい。後者が，法律の錯誤ないし違法性の錯誤に分類されることはいうまでもない。

(2) **正当化事情の錯誤**

客観的正当化要素である違法構成事実の誤認については，上述した(a)**事実の錯誤説**が，事実の錯誤と法律の錯誤の分類を前提としつつ，正当化事情の錯誤では，事実の錯誤として責任故意を阻却するものと説明してきた。すなわち，犯人には，違法性に関する事実の表象が欠けるため，故意犯としての非難可能性が欠けるからである（団藤308頁，曽根199～200頁，前田242，389頁）。過去の判例の中にも，傍論としてではあるが，こうした見解を採ったものがみられる（大判昭和8・6・29刑集12巻1001頁，東京高判昭和59・11・22高刑集37巻3号414頁）。これに対して，(b)**法律の錯誤説**は，構成要件的錯誤とは異なり，行為の違法性にかかわる錯誤である以上，法律の錯誤に準じて取り扱うべきだという。

また，構成要件的錯誤と違法性の錯誤（禁止の錯誤）を区分する立場から，(c)**厳格責任説** (strenge Schuldtheorie) が，正当化事情の錯誤も禁止の錯誤に分類することで，その錯誤を避けえなかった場合にのみ，責任それ自体が阻却されるとしている（ヴェルツェル，マウラッハ，福田211頁，大谷344頁）。ところが，(d)**制限責任説** (eingeschränkte Schuldtheorie) は，正当化事由の事実的前提を見誤った場合，むしろ，構成要件的錯誤とみるべきであって，常に故意が阻却されるという（シュミットホイザー，シュトラーテンヴェルト）。そこでは，正当化事由を構成する事実を一種の消極的構成要件要素と位置づけたうえで，事実的故意を阻却しようとするのである[4]（消極的構成

---

3) ドイツでは，許容構成要件の錯誤 (Erlaubnistatbestandsirrtum) と呼ぶことも少なくない。その表現には，構成要件的錯誤との類似性が示唆されているといえよう。学説の詳細につき，佐久間修・刑法における事実の錯誤（昭62）169頁以下，川端博・正当化事情の錯誤（昭63）75頁以下参照。

要件要素の理論)。

(3) 独自の錯誤説と真実性の錯誤

構成要件的事実と違法構成事実が別種のものである以上，正当化事情の錯誤を構成要件的錯誤に位置づけるのは，構成要件と違法性の違いを無視することになる。その意味で，正当化事情の認識は，構成要件該当性を左右するものでなく，犯人が誤認した内容に応じて，違法性と責任を決定する際に考慮すれば足りる。しかし，誤想防衛や誤想避難の場合，行為者の認識したとおりの事実があったならば，適法行為になるのに対して，違法性の錯誤では，犯人の認識内容を取り出しても，適法な事実とみられないので，事実の錯誤と法律の錯誤に相当する決定的差異がみられる。したがって，前者では，故意犯でいう反規範的態度があったとは評価できないのであり，法律の錯誤ないし禁止の錯誤と同視しようとする見解は，その本質を見誤っている。

そこで，構成要件的錯誤または禁止の錯誤のいずれにも属しない，(e)**独自の錯誤**とみる見解が台頭した[5]（ドレーアー・大塚465頁・）。この見解によれば，正当化事情の錯誤は第3の範疇に属するものであり，違法な事実の認識を欠如した以上，犯人が当該行為の違法性を意識する契機がないため，結局，責任故意が否定されるのである[6]。本書の立場は，理論的な位置づけも含めて，(e)独自の錯誤説に従うものである[7]。これに対して，名誉毀損罪の「公共の利害に関する場合の特例」において（230条の2），真実性をめぐる（正当化の）錯誤があった場合，犯人が相当な資料にもとづいて真実であると誤信したならば，名誉毀損罪の故意を阻却するとされる。ここでは，相当な根拠によることが前提となっており，典型的な事実の錯誤の処理と異なっているが，個人の名誉の保

---

4) もっとも，故意を責任要素に位置づけながら，構成要件的故意（事実的故意）の「提訴機能」を前提とした制限責任説を支持する見解もみられるなど，学説上の議論は錯綜している。
5) なお，曽根威彦・刑法における実行・危険・錯誤（平3）123頁は，制限責任説に立脚しつつ，責任故意が欠けるとされる。ドイツでも，近年，(f)**法律効果制限的責任説**（rechtsfolgeneinschränkende Schuldtheorie）と呼ばれる見解が有力になった（ルドルフィー，クラマーなど）。
6) これに対して，構成要件該当性と違法性の段階で故意犯とされた行為が，責任論にいたって過失犯に転化するのは，不合理であるという批判がある（川端381頁など）。これについては，後述する「過失責任」の説明を参照されたい（→第4章第1節）。
7) そのほか，誤信したことにつき相当な理由がある場合，故意犯の違法性を阻却したり，人的不法論の立場から，故意不法の阻却と責任説を組み合わせた(g)**二元的厳格責任説**が唱えられている（川端384～385頁）。

護と情報公開による公共の利益を調整するための特例とみるべきである。

【図示】 故意説と責任説（違法性の意識と違法性の錯誤）

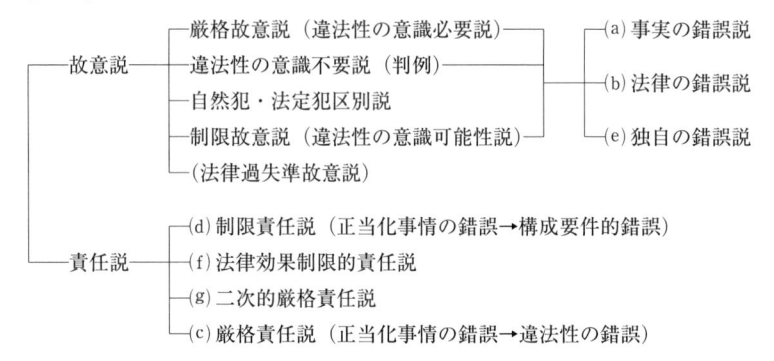

```
           ┌─ 厳格故意説（違法性の意識必要説）──┬─(a) 事実の錯誤説
    ┌─故意説─┤ 違法性の意識不要説（判例）         ├─(b) 法律の錯誤説
    │      ├─ 自然犯・法定犯区別説              │
    │      ├─ 制限故意説（違法性の意識可能性説）─┴─(e) 独自の錯誤説
    │      └─(法律過失準故意説)
    │
    │      ┌─(d) 制限責任説（正当化事情の錯誤→構成要件的錯誤）
    └─責任説─┤─(f) 法律効果制限的責任説
           ├─(g) 二次的厳格責任説
           └─(c) 厳格責任説（正当化事情の錯誤→違法性の錯誤）
```

3 違法性の錯誤（禁止の錯誤）

(1) 違法性の意識と違法性の錯誤

　違法性の錯誤とは，その行為が法律上許されないことを，犯人が知らなかった場合である。およそ法令の存在を知らなかった場合と，例外的に許されるものと誤信した場合に分けられる。いずれも，最終的には違法性の意識が欠けた状態であるため，上述した違法性の意識をめぐる対立が，そのままの形で反映される（→本章第2節）。すなわち，(a)違法性の意識必要説（厳格故意説）では，違法性の錯誤により直接的な反規範的態度が欠けた以上，故意責任が否定されるのに対して，(b)違法性の意識不要説にあっては，およそ違法性の錯誤や禁止の錯誤が，あてはめの錯誤を含む法律の錯誤と同じく，故意犯の成否とは無関係とされる[8]（最判昭和25・12・26刑集4巻12号2627頁など）。

　しかし，(c)違法性の意識可能性説（制限故意説）では，その違法性を意識でき

---

[8] ただし，違法性の意識不要説を採用する判例の中にも，法律の錯誤につき「相当の理由」がある場合，犯意がなくなると判示したものがあり（大判昭和7・8・4刑集11巻1153頁），また，戦後の下級審では，「違法性の意識の可能性」がなかったとき，故意の阻却を認めた判例も少なくない（東京高判昭和44・9・17高刑集22巻4号595頁，東京高判昭和51・6・1高刑集29巻2号301頁など）。なお，詳細については，佐久間修・大コメ(3)242頁以下参照。

たという意味で，直接的な反規範的人格態度が見出される場合には，故意責任を肯定して差し支えない。また，(d)責任説では，その錯誤がやむをえないものであるかによって，責任それ自体が左右されることになる。そのほか，自然犯・法定犯区別説や，非刑罰法規の錯誤と刑罰法規の錯誤に分けたうえで，前者は，事実の錯誤と同じく故意を阻却するが，後者は，およそ故意を阻却しないという見解もみられた（ドイツ旧判例。最判昭和25・12・26刑集4巻13号2885頁，最決昭和28・5・7刑集7巻5号937頁参照）。さらに，近年では，いわゆる**答責性**（Verantwortlichkeit）の見地から，犯罪事実の認識があった場合，刑罰の実効性からみて，故意犯として処罰するべきか否かを論じるものがある（ロクシン）。さらに，禁止の錯誤における回避可能性の判断基準として，刑事政策的（予防的）観点を取り入れる見解もみられる（**可罰的責任阻却説**）。

(2) **厳格責任説と可罰的責任阻却説**

　刑法38条3項が「法律を知らなかったとしても，そのことによって，罪を犯す意思がなかったとすることはできない」と規定したのは，条文を素直に理解するかぎり，刑罰法規自体を知らなかったとき，故意犯の成立を妨げないとする趣旨である。したがって，解釈論上は，(a)違法性の意識必要説が一貫している。また，違法性の意識を広く捉えることで，確信犯や常習犯においても，原則として違法性の意識を認めうるであろう。それにもかかわらず，行為者が軽率にも適法であると思い込んで違法行為をしたとき，そのすべてが故意犯でなくなるのは，国家社会規範を基準とする規範的責任論からみて，不当な結論を導くものといわざるをえない。

　ところが，違法性の錯誤の回避可能性で故意責任を決定する(d)責任説は，一種の嫌疑刑をもたらすと批判されてきた（シュミットホイザー，ランガー）。また，すでに構成要件該当事実の認識・認容があるにもかかわらず，違法性の意識がなかったとき，責任それ自体が阻却されるという構成は，目的的行為論のように，事実的故意の観念を前提とするものである。したがって，構成要件該当性や違法性の段階で「客観主義」を貫く結果無価値論では，本来，採用できないものであるし，違法性の意識の問題が規範的評価であることを強調するだけでは，責任説を採る論拠としては不十分であろう。また，可罰的責任阻却説も，処罰の必要性という基準が不明確であることに加えて，もっぱら刑事制裁の

要否を責任阻却事由とみるとき，一般予防や特別予防の捉え方いかんで，国家刑罰権の行使が恣意的になる可能性を排除できない。

4 刑法38条3項の解釈と違法性の意識可能性

(1) 刑罰法規の錯誤と制限故意説

違法性に関する事実の錯誤があった場合には，常に責任故意が阻却されるのに対して，当該行為の法的評価を誤って違法性の意識を欠いた場合には，そのすべてが故意阻却事由となるわけではない（**制限故意説**）。そこで，違法性の錯誤が責任故意を阻却しない場合を，個別具体的に検討しておく必要があろう。まず，刑法38条3項が，「法律を知らなかったとしても，そのことによって，罪を犯す意思がなかったとすることはできない」という場合の「法律」は，文字どおり，刑罰法規を指すのであって，一般的な法秩序それ自体ではない。したがって，あてはめの錯誤はもちろん，法定刑の重さや可罰的違法性の程度をめぐる錯誤も，「情状により，その刑を減軽する」にとどまる（38条3項ただし書）。

他方，およそ刑罰法令の存在を知らずに，自分の行為が法秩序に反するという認識がないまま，違法行為をおこなったのであれば，故意責任が否定されるのは当然である。上述した「故意の実質化」では，各犯罪類型の予定する違法性の量的差異に応じて，異なる構成要件にわたる故意犯の成立を認めようとしたが，もっぱら裁判官の裁量問題に還元しようとした点で，理論上も支持しがたいことは説明した。しかし，上述した(c)制限故意説に対しては，意識可能性という過失的要素から故意犯の成立を認めることについて批判がある（川端429頁）。そのため，学説の一部には，故意・過失を責任要素としながら，違法性の意識可能性を「消極的責任要素」と位置づける見解もみられる（修正責任説．大谷345頁）。そこで，本書では，違法性の意識が欠けた原因を，以下の3つの

---

9) また，責任の観念を一般予防の必要性に置き換えることは，責任の中に含まれている刑法の基本的な価値構造を崩壊させるものと批判されている（シューネマン）。
10) これに対して，責任説は，構成要件該当事実の認識があった以上，故意犯が成立するというが，違法性の錯誤を避けえないとき，およそ責任が阻却されるとしても，38条3項ただし書が情状による刑の減軽を規定したにすぎないため，法文との関係では，超法規的な責任阻却事由を認めざるをえない。

(2) 法令の不知

　第1の場合は、法定犯における法令の不知である。当該行為者が客観的な事実それ自体を正しく認識したものの、その行為を禁止した法令の存在を知らない場合がありうる。具体的には、関東大震災によって交通機関が途絶したため、法令の発布を知りえなかった場合（大判大正13・8・,5刑集3巻611頁）、あるいは、刑罰法令が公布と同時に施行されたため、その法令に規定された禁止規定を知る暇がなかった場合には、故意責任を認めるべきでない（なお，大判昭和14・2・,28刑集18巻63頁参照）。

　なるほど、裁判所は、これらの場合にも故意犯が成立すると述べたが、かりに過去におよそ犯罪でなかった行為が、新法によって罰条を適用される場合、他の手段によって禁止の事実を知りえない以上、故意犯として処罰するのは、明らかに責任主義に反するであろう。他方、すでに違法行為ないし反社会的行為と認知されたものについて、もっぱら処罰法令の所在が変更されたにとどまるならば、一般国民にも、違法性を意識する可能性があったといわねばならない（最判昭和26・1・30,刑集5巻2号374頁）。

(3) 専門家の意見

　第2の場合は、犯罪の取締りにあたる警察官の助言や、全国紙に掲載された新聞記事を信用したため、自己の行為を違法でないと誤信した場合である。ここでは、犯人が軽率に許されたと誤信しており、「法律の錯誤は故意を阻却しない」ことになる。判例上は、弁護士の意見を信じて他人の住居に侵入した場合（大判昭和9・9・28,刑集13巻1230頁）、一流の衣料品問屋の常務取締役の言葉から、経済統制外だと考えて取引した場合など（最判昭和25・12・26,刑集4巻12号2627頁）、いずれも故意犯が成立するとされた。そこでは、犯人が法に抵触するかもしれないと認識しつつ、専門家に相談している以上、反社会性（および違法性）の意識があったといって差し支えない。[11]

---

11) なお、最決昭和62・7・16刑集41巻5号237頁は、当事者が積極的に関係機関に照会したか、それとも、単に警察の摘発がないだけで安心したかに応じて区分している。ただし、具体的事案では、違法性の錯誤につき相当な理由がないとして、通貨及証券模造取締法違反の故意を認定した。これに対して、最判平成元・7・18刑集43巻7号752頁は、例外的に公衆浴場法の営業許可の更新があったと誤信した場合、無許可営業罪における規範的事実の錯誤を認めて、故意犯の成立を否定した。

これに対して，当該刑罰法規の適用につき権限を有する機関（監督官庁や裁判所など）の見解を信頼して行動した場合には（大判昭和14・3・29刑集18巻158頁〔商工省〕，名古屋高判昭和24・9・27判特3号42頁〔検察庁〕），当該行為は許されると信じたことについて，相当な理由があったといえるため，責任主義の原則からして，故意犯の罪責を問えないことになる[12]（大谷352頁，川端434頁，札幌高判昭和60・3・12判タ554号304頁）。

(4) **故意責任と過失責任**

なるほど，上述した制限故意説に対しては，実際に違法性の意識がなかったにもかかわらず，故意責任を問う理論的根拠が明らかでないとか，過失責任と故意責任を混同するものと批判されてきた。しかし，当該行為者が違法性を認識して当該行為を回避すべきであったという規範的評価は，故意犯と過失犯で共通するものである。したがって，違法性の錯誤では，構成要件該当事実を認識していたが，最終的に違法性の意識を欠如した故意責任が否定された後，改めて，当該事実を正しく認識しないまま犯行に及んだ構成要件的過失を問うことは可能であろう（→第4章第1節2, 3）。また，過失犯における回避可能性の判断と違法性の錯誤でいう相当性の判断は異なるし，制限故意説の理論的根拠は，上述した人格的責任論から導かれたことも想起するべきである。さらに，構成要件的要素である過失と責任段階の過失は，実際に別個の内容となる以上，犯罪事実を誤認した**事実の過失**を**違法性の過失**と混同するという批判はあたらない。

---

[12] ただ，違法性の意識を欠如した状況が，犯人にとって期待不可能とみられる場合には，別途，責任非難が否定される。その点では，違法性の錯誤における相当性の判断と区別されねばならない。なお，松原・違法性の意識の可能性62頁以下など参照。

第4章　過失責任——過失犯と予見可能性

第1節　過失責任の本質

1　責任要素としての過失

(1)　構成要件的過失と責任過失

　過失責任では，具体的な行為者の資質などを考慮したうえで，刑法上の注意義務に違反したという反規範的態度が問題になる（責任要素としての過失）。すでに構成要件的過失があったことは，責任過失の存在を推測させるが，客観的な結果回避義務違反を中心とする構成要件的過失と，主観的な結果予見義務（予見可能性）を中心とする責任過失では，当然に前者が後者の存在を根拠づけるわけではない。すなわち，構成要件的過失では，主として，客観的・外部的な注意義務として結果回避行動の適否が検討されるが，責任過失では，むしろ，結果予見義務とこれにともなう回避行動の動機づけ義務の違反が問題となる（主観的注意義務と呼ばれる）。

　また，責任論では，個別的な犯人の注意能力を標準としつつ，当該行為者を非難できるかどうかを吟味することになる(大塚473頁など)[1]。その際，危険な過失行為に対する認識可能性の問題は，すでに客観的な行動準則から逸脱した行為であれば，結果予見義務違反の中で検討すれば足りるであろう。他方，構成要件該当性および違法評価の段階では故意犯であったが，違法性阻却事由の錯誤により故意が阻却されたとき，責任段階になってようやく，過失犯として処罰する選択肢が出てくる場合がある。たとえば誤想防衛のように，違法な事実を認識しなかったため，故意責任は認め難いが，当初は構成要件的

---

[1] これに対して，判例は，一般通常人を基準とした客観説を採用する。たとえば，大判昭和4・9・3大審院裁判例(3)刑27頁，最判昭和27・6・24裁判集刑65号321頁など。他方，大谷198，200〜201頁は，構成要件的過失における客観的注意義務を，一般人を標準とした予見可能性に限定しているが，主観的注意義務違反としては，行為者の能力を標準とされている（大谷202頁）。

故意があったにもかかわらず，改めて正当化事情の錯誤をめぐる不注意な態度に着目して，過失犯の成否を論じることになる（→違法性阻却事由の錯誤）。

(2) 「特別の規定」の意味

過失犯の処罰は，刑法38条1項ただし書によれば，「法律に特別の規定がある場合」に限られる。しかし，確立した判例は，明文の規定がある場合だけでなく，法令の趣旨から過失犯も含むものとみられる場合，同じく過失行為を処罰できるとする（最決昭和28・3・5刑集7巻3号506頁，最判昭和37・5・4刑集16巻5号510頁，最決昭和57・4・2刑集36巻4号503頁）。学説の中にも，こうした判例の見解に従うものが少なくない。これに対して，行政取締法規の実効性を確保するためであっても，上述した「ただし書」の趣旨を没却するべきでなく，罪刑法定主義の原則を徹底する見解も有力である。そこでは，明文の罰則がある場合に限って処罰されることになる。もっとも，業務主に対する両罰規定では，厳密には明文の規定でないが，法人の過失責任を予定したものが大半であり，後述する管理・監督過失と同じく，38条1項ただし書にいう「特別の規定」とみることができよう。[2]

2　構成要件的過失と責任過失

(1) **違法事実をめぐる故意・過失**

責任論では，構成要件に該当する違法行為について，行為者個人を非難できるかどうかの観点から，最終的な過失の存否が決定される。その意味で，故意犯の場合と同じく，過失の本籍も責任にあるといわねばならない。[3] 他方，違法性阻却事由の錯誤（正当化事情の錯誤）では，構成要件および違法性にあって故意犯と評価された違法行為が，責任の段階にいたって，突如過失犯に転化するのは不合理であると批判されてきた。特に責任説からは，何らかの理由で責任故意が阻却されたとき，責任過失の有無に応じて過失犯処罰を決定

---

[2] その背後には，当初，過失責任が故意責任よりも軽い犯罪形態であるため，特に罰則を設けた場合にのみ処罰できるという思考が存在したかもしれない。しかし，今日では，そうした前提的な認識が通用しないうえ，後述する「法人の過失」では，過失犯の意義そのものが問い直されている。

[3] 過失の体系的地位については，現代社会における過失犯の重要性に応じて，行為者の主観的な不注意に対する非難から切り離され，今日では，構成要件的過失の観念が一般に認められている（→第2部第6章「構成要件的過失」）。

するのは，従来の過失概念に対する重大な変更であり，過失を擬制するものにほかならないといわれる(ヴェルツェル)。換言すれば，責任故意が阻却されたことにより，すでに存在した構成要件的故意と違法故意が遡及的に否定されるのは（ブーメラン現象と呼ばれる），理論上も許されないというのである[4]。

しかし，犯人が違法な事実を認識しなかった点では，構成要件該当事実と違法事実の間で実質的な違いはない。いずれの錯誤にあっても，故意犯に相当する反規範的態度が欠けているため，通説・判例によれば，責任故意が阻却されるわけである。また，学説の多数は，犯罪事実の認識から生じた心理的抵抗を押し破って犯罪行為に及んだ故意犯の場合には，こうした認識・認容のない注意義務違反（過失犯）の場合と比べたとき，違法性・責任の程度が格段に高いとしつつ，両者の区分は，もっぱら量的差異にもとづくので，前者は後者を包含すると説明してきた[5]（大塚472頁など）。

(2) **故意犯と過失犯**

おもうに，構成要件的過失と違法過失が，構成要件的故意と違法故意の中に包含されるという説明は，きわめて技巧的なものである。また，故意と過失の違いを量的差異に置き換えることは，構成要件的故意・過失を重視する本書の立場からして，到底許されない。なるほど，反規範的な人格態度としては，故意責任と過失責任で共通する部分があるといえよう。しかし，故意犯と過失犯の違いは，義務違反的要素だけに尽きるものでない。その意味で，両者は，構成要件段階から別種の構造になるというべきである。また，構成要件的故意（あるいは違法故意）と責任過失を便宜的に結合した過失犯の類型を認めることは，構成要件の段階から故意犯と過失犯を峻別した多数説の前提にも反するであろう。

むしろ，構成要件的故意では，積極的な犯罪事実の認識・認容が法的評価

---

4) このブーメラン現象では，構成要件的故意の類別機能が否定されるという（川端380～381頁）。そのほか，中義勝・誤想防衛論（昭46）290頁，中山研一・大塚刑法学の検討（昭60）273頁なども参照されたい。また，厳格故意説に対しても，同様な批判が展開されている。
5) ドイツでは，イェシェックやエーザーなど，いわゆる法律効果制限的責任説の論者が，こうした解決を提唱している。また，独自の錯誤説を主張するドレーアーは，正当化事情の錯誤の場合，明文の罰則が存在しないときにもこれを処罰しうるというが，罪刑法定主義の原則に反することは明らかであろう。なお，佐久間・刑法における事実の錯誤（昭62）197頁以下参照。

の対象となるのに対して，構成要件的過失では，定型的な犯罪事実の認識・認容を欠いたことの不注意という消極的な側面が重視される。しかも，責任の判断では，これらの心理的事実に対する規範的評価が中心となるため，責任段階で故意が阻却されたならば，犯罪論上は，再度，構成要件該当性の段階に立ち戻って，順次，過失犯の成否を検討してゆくことになる。そして，違法・責任も含めてすべての犯罪成立要件を充足したとき，初めて過失犯が成立するのであれば，特に理論上の問題はないと考える。

(3) 厳格責任説と消極的構成要件要素の理論

たとえば，誤想防衛の場合，急迫不正の侵害を誤認したことが，他人に向けた攻撃（反撃）という（構成要件に該当する）違法な事実の認識・認容と密接に結びついており，後者だけを分離して，故意犯の成立を認めうるという厳格責任説の理解は失当である。また，こうした正当化事情の認識を，定型的な構成要件要素に含める消極的構成要件要素の理論を採りえないことも，すでに説明したとおりである（→第3章第3節）。こうした見解の背後には，構成要件と違法の関係をどのように把握するべきかの根本的な対立が存在している。

さらに，厳格責任説と制限責任説のいずれであるかを問わず，およそ反対説が責任説を前提とするかぎり，定型的な構成要件該当事実の認識・認容に対して，過剰な類別機能を与えているといわざるをえない[6]。かようにして，過失犯の成否を論じるうえでは，構成要件的故意と結びついた事実の誤認（正当化事情の錯誤）も含めて，当該行為者の不注意にともなう過失犯の成否を検討することが可能となる。こうした理論構成こそ，まさしく，犯罪論における故意犯と過失犯の体系的差異を徹底するものではなかろうか[7]。

---

6) そこでは，定型的な構成要件該当事実の認識があったとしても，違法事実の認識が欠けるため，もはや，犯罪論上の意味を喪失するのである（責任推定機能の消失）。さらに，過失犯の定型性が弱いことも指摘されている。なお，曽根威彦・刑法における実行・危険・錯誤（平3）109頁参照。
7) また，構成要件上も故意行為にあたる危険な「医的侵襲」が，いったんは，治療行為として正当化された後，再度，医療水準を基準として，過失犯の成否を問う構造になっている。この場合にも，正当化事情の錯誤と同様な判断プロセスをたどることになろう。

3 事実の過失と法律の過失

(1) 法律の過失の意味

かようにして，刑法上の過失には，構成要件的過失と正当化事情に関する過失が含まれる。たとえば，正当化事情の錯誤において，行為者の主観的意思が正当防衛の実現に向けられた以上，犯人には違法性を認識する可能性がなかった。したがって，故意責任を否定したうえで，過失責任の有無を検討するほかはない。また，責任過失が問題となるのは，構成要件該当性と違法評価で過失行為が問われたにもかかわらず，個別的行為者が注意義務に違反しているかどうかが不明の場合，あるいは，法の不知や違法性の錯誤により故意責任が否定された場合である。しかし，前者では，**事実の過失**（Tatfahrlässigkeit）が問題となるのに対し，後者では，**法律の過失**（Rechtsfahrlässigkeit）をめぐって諸見解が対立してきたことは，すでに違法性の錯誤のところで説明した[8]（→第3章 第3節3）。

すなわち，法律の過失では，違法性に関する事実を正しく認識したにもかかわらず，犯人がその違法性を自覚しなかったため，故意責任が認められるかという争いであって，厳格故意説や制限故意説，さらに責任説などが対立してきた。その際，事実の過失・法律の過失の分類は，違法性の認識可能性を基準とする制限故意説において，法律の過失を故意責任に取り込むための表現であった。反対に，違法性の意識も故意の要素とする厳格故意説では，法律の過失を事実の過失と区別する実際的必要性に乏しい。また，責任説では，違法性の意識の欠如が相当な理由にもとづくか否かにより，責任それ自体が左右されるため，もはや過失「責任」を問う余地はなく，こうした分類概念は否定されるであろう。

(2) 法律の過失と期待可能性

おもうに，(a)違法性を意識していない犯人に加えられる責任非難（法律の過失）と，(b)犯罪事実の認識を欠いたことの注意義務違反（事実の過失）は，およ

---

[8] 後者は，違法性の過失（Rechtswidrigkeitsfahrlässigkeit）ないし禁止の過失（Verbotsfahrlässigkeit）と呼ばれることもある。また，法律の錯誤の場合も含めて，井上正治・過失犯の構造（昭33）243頁以下参照。

そ内容・性質を異にしている。すなわち，法律の過失では，犯人が主観的認識を欠いたかどうかでなく，客観的な犯罪事実を認識しつつ，違法行為に出た行為者の主観的態度を規範的に非難しうるかどうかが検討される。これに対して，事実の過失では，実際に結果回避義務を履行しなかった点が重視されるからである。ちなみに，違法性の意識を不要とする判例の立場にあっては，法律の過失は，およそ故意犯の成立を妨げる事情でなく，せいぜい情状面で考慮されるにすぎない。

　他方，責任説によれば，法律の過失（違法性の錯誤）を避けえなかった場合，相当性を理由として責任の阻却・減少を認めることになるが，こうした責任評価は，期待可能性の判断と区別できないと批判される。なるほど，規範的責任論を起点とする以上，違法性の錯誤をめぐって犯人を非難できるかどうかは，その根底においては，期待可能性のそれと共通の基盤に立つはずである。しかし，客観的状況を基礎とする適法行為の期待可能性は，行為者の主観的態度に向けた故意・過失の判断とは完全には重ならない。むしろ，当該行為者の生活領域に属する一般人ならば，違法性の意識をもちえたかどうかの判断は，具体的行為者の特殊な心理状態（犯行の動機など）も考慮した，社会規範的な期待可能性とは異なるからである。[9]

第2節　責任過失の要素

1　結果回避義務と結果予見義務

(1) 現代社会と新過失論

　今日，過失犯の本質をめぐっては，もっぱら行為者の主観的態度に着目する旧過失論（心理的責任論）からすすんで，一定の注意義務（行動準則）を遵守したとき（行為無価値の欠如），たとえ違法な侵害結果を惹起しても（結果無価値の存在），刑事責任を問わないとする新過失論が支配的見解となった。侵害結果

---

9) もっとも，適法行為の期待可能性を故意・過失の中に包摂する見解によれば，違法性の意識可能性の判断の中に，期待可能性の要素も取り込まれるであろう。

の発生が予見可能であったかどうかだけを問題視する古い過失理論では，現在の**危険社会**（Risikogesellschaft）に適合しないからである。むしろ，何らかの有害な結果があったにもかかわらず，事前に適切な結果回避措置を選択していたならば，およそ行為無価値が否定されるのである。

しかし，行政取締罰則に規定された各種の義務規定が，刑法上の行動準則として，ただちに注意義務の根拠となるわけでない[1]。いわゆる**危惧感説**は，客観的な注意義務の懈怠を過失概念の中核としたうえで，結果予見義務を危惧感の程度まで希薄化した（最決昭和42・5・25刑集21巻4号584頁〔弥彦神社事件〕，高松高判昭和41・3・31高刑集19巻2号136頁〔森永砒素ミルク事件〕。詳細は，第2部第6章第2節参照）。そこでは，実際の侵害結果にいたる具体的予見可能性が軽視されるため，過失犯における構成要件的結果の発生は，単なる客観的処罰条件になってしまう。

(2) **旧過失論と具体的予見可能性**

上述した危惧感説を批判して，旧過失論における「具体的予見可能性」，すなわち，当該結果の発生にいたる詳細な因果経過の認識可能性を，過失責任の要素とみることも許されない。そこでは，新たな科学技術が予想外の結果を引き起こしたとき，犯行時にその因果経過を確実に予測できない以上，ほとんどの場合に過失責任が否定されてしまうからである。実際上も，旧過失論では，ずさんな危険管理者が引き起こした大規模災害が放任される結果に終わっている。

危惧感説と旧過失論がいずれも，上述した問題点を含むとすれば，さしあたって，過失犯の構造は，以下のように捉えることができよう。すなわち，構成要件的過失では，個別的行為者の落度と結果発生にいたる因果関係とは別に，客観的な注意義務違反が必要とされるのに対して[2]，責任過失では，当該犯人の反規範的態度を徴表する主観的不注意の内容として，当該結果の予

---

1) もっとも，一部には，刑法典上の過失犯が「行政取締法規違反の結果的加重犯」に転化したという批判もみられる。
2) なお，過失行為がもつ結果発生の危険と，実際の侵害結果に対する因果関係とは区別されるべきであって，極めて危険な過失行為をおこなった場合にも，予想外の事情の介入によって侵害結果に対する因果関係が断絶されることもありうる。その際には，過失結果犯としては不可罰となり，せいぜい，挙動犯としての行政法規違反が残るにすぎない。ただし，客観的危険性を重視する立場の中には，しばしば，両者を混同した主張がみられる。

見可能性とこれに応じた適切な結果回避手段を選択する動機づけの義務を怠った点に，過失犯の本質が求められるのである。

(3) 責任過失の内容

責任過失の要素としては，(a)当該行為者が，違法事実も含めた犯罪事実の表象を欠いたことが出発点となる。すなわち，過失犯では，およそ故意のないことが前提であるため（故意の不存在），構成要件該当事実または違法性に関する事実の表象を欠如したことが求められるからである。[3] (b)つぎに，客観的な違法事実を認識・認容しなかった点について，当該行為者に不注意がなければならない。[4] しかも，行為者自らの注意能力に照らして，具体的状況下で注意義務を遵守できたにもかかわらず，これを怠ったという個別具体的な注意義務違反が求められる（行為者標準説または主観説）。

ここで問題になるのは，行為者個人の注意能力が，犯行時の疲労困ぱいなどから，一般人に比べて著しく低くなっていたとき，ただちに注意義務違反が否定されるかである。構成要件的過失では，一般人の注意能力が基準とされたが，[5] ここでは，個別的行為者の注意能力いかんによって，実際に注意義務を遵守できなかったのであれば，主観的な注意義務違反は否定されることになる（通説。大塚473頁など）。ただし，注意能力が低下した状態で，あえて高度に危険な行動を選択したとき，自己の注意能力を顧みずに軽率に行動した点を捉えて，刑法上の過失を認めうる場合が少なくない。したがって，最終的な侵害行為の時点で十分な注意能力が欠けるからといって，ただちに，過失犯の成立が否定されるわけではない。しかも，責任能力者である以上，一般人としての注意能力を具備しない事態は稀であるから，実際に責任過失が否定される場合は，ごくわずかであるといえよう。[6]

---

3) 違法性の過失については，上述した制限故意説に従うとはいえ，違法性を認識する可能性が否定されたとき，別途，責任過失を認める余地は少ないとおもう。しかし，判断の基準が異なるため，両者は完全に重なり合うわけではない。
4) なるほど，過失犯についても，違法性を意識する可能性が問題となりうるが，すでに犯罪事実を認識しなかった不注意がある以上，通常，違法性を意識する可能性もあったとみて差し支えないであろう。
5) ただし，犯人が具体的状況に置かれた場合どうなるかという限度で，個別的な事情を考慮していると説明するものがある。

2 過失における予見可能性

(1) 結果予見義務と結果回避義務

行為者が結果予見義務を尽くした場合に得られる（であろう）危険性の認識は，結果回避措置を選択するための契機となる。その意味では，結果予見義務と回避行動の動機付け義務は，結果回避義務に先行するものである。これに対して，犯人が侵害結果まで予見すれば「故意犯」になるという理由で，結果予見義務に独立した刑法上の意義を与えない立場がある。しかし，そこでは，結果予見義務を遵守した場合に生じる危険性の認識が，ただちに構成要件的結果の認識・認容になるものと誤解されている（➡認識主義と意思主義）。この種の誤解は，故意と過失の違いを，もっぱら結果発生の客観的危険に求める反対説から派生したとはいえ，故意犯における意思的要素を重視する本書の立場からは，到底，支持しがたいものである（➡第2部第5章および第6章）。

また，反対説によれば，一般的な「予見可能性」を具体的な責任過失に結びつける要素は，行為者の主観的不注意であるため，冒頭に述べた可罰的責任の拡大を阻止するためには，新たな限定論理が必要となる。そこで，**ある程度高度な予見可能性**の概念を用いて，自動車事故などにおける予見可能性の広がりを防ごうとするのである。[7] しかし，上述した「信頼の原則」は，必ずしも個別的な限定法理に結びつかず，[8] また，同種の人災を防止する刑法の行為規範性を軽視する反対説では，事前の結果防止措置を懈怠した建物管理者の責任はもちろん，営業利益を優先して有害な添加物を混入した事業者や，重大な副作用を知悉しながら危険な医薬品を販売した薬品会社のほとんどが，単なる民事制裁に委ねられることになろう。

---

[6] ちなみに，個人責任を原則とする以上，注意義務違反は，各行為者ごとに独立して判断されるべきであり，たとえ第三者や被害者の過失が競合した結果，その被害が拡大したときにも，犯人の刑事責任に影響を与えるわけではない（最決昭和63・5・11刑集42巻5号807頁など）。

[7] また，「可罰的違法性のある危険」の認識可能性を求める見解もみられる。

[8] そもそも，信頼の原則は，個々の行為者が付与した「信頼」を問うものでなく，相手方が社会的に相当な行動に出ると信頼できる客観的事情にもとづいて，注意義務の範囲を限定してきたことは，すでに述べたとおりである（➡構成要件的過失）。

(2) 建物管理者の注意義務

さらに，十分な防火設備のないホテルやデパートで，突然の火災により多数の死傷者が出たとき，業務上過失致死傷罪における予見可能性は，出火原因が自然現象または放火のいずれであるかにより，決定的に左右されるわけではない（最決平成2・11・16刑集44巻8号744頁〔川治プリンスホテル事件〕）。むしろ，集客施設の管理者は，自己の管理する建物が不特定多数人の出入りする場所であって，自然的な発火も含めた出火原因が無数に考えられる以上，およそ火災の防止が困難であるとすれば，いったん火災が発生したとき，建物内にいる利用客に危害が及ばないように，十分な安全措置を講じておくべきだからである（建物管理者の安全配慮義務）。

したがって，不十分な防災体制のままで営業を続けること自体が，多数の人々を危険な場所に招じ入れる点で，作為による過失の実行行為とみることもできる。なるほど，従業員がわざと避難誘導をしなかった場合のように，第三者の故意・過失行為が介入して被害が拡大することもありうるが，こうした特殊事情は，個々の侵害結果に対する因果関係とその認識可能性の問題に帰着するであろう。すなわち，責任過失としては，大規模災害の契機となった出火原因が，全体的な因果経過の中で，どれほどの重要性をもつかを検討すれば足りるのである。

3 因果関係の認識可能性

(1) 客体をめぐる認識可能性

近年の判例では，自動車事故の際，後部荷台に隠れていた同乗者を衝突のショックで死亡させたとき，無謀運転にもとづく侵害結果として業務上過失致死罪の成立を認めたものがある（最決平成元・3・14刑集43巻3号262頁）。そのため，具体的予見可能性を重視する見地から，こうした判例を批判する見解もみられる（なお，福岡高宮崎支判昭和33・9・9裁特5巻9号393頁参照）。また，個別的な客体ごとに侵害結果の予見可能性に言及しつつ，法定的符合説の延長線上で捉える見解もないわけではない。しかし，

---

9) もちろん，私人の営利活動がそれだけで違法行為にならないとしても，危険な施設運営により危殆化される保護法益は，個人（顧客）の生命・身体であるため，財産的利益よりも優位に置かれるのは当然である。

法定的符合説や具体的符合説を引き合いに出すことは，過失犯における予見可能性の存否と，故意に既遂結果を帰属できるかを問う事実の錯誤論を混同している。

他方，過失犯の因果関係をめぐる議論は，具体的な侵害結果の客観的帰属を問うのに対して，注意義務違反の一部をなす因果経過の予見可能性は，過失行為それ自体の主観的要件にすぎない。したがって，実行故意に対置される実行過失の判断で，故意論とは異なる事実の錯誤論を取り込もうとする立場は，過失の体系的地位を正しく理解しておらず（→第2部第5章第4節），因果関係論や客観的帰属論の中で論じる立場も，理論上誤っていることは明らかである。さらに，個別的な被害者ごとに具体的予見可能性を要求するならば，通常は有害な結果さえ予見できた重大な過失であっても，たまたま，犯人が被害者の存在を認識しなかったとき，およそ過失犯の成立が不可能になりかねない。

(2) **過失致死傷罪と失火罪**

なるほど，大規模災害において管理・監督過失を肯定した判例は，一見すると「抽象的危険の認識」を問題にしたかのようにみえる。しかし，千日デパートビル火災事件などでは，直接の出火原因はともかく，いったん火災が発生した以上，その後は，建物内にいる人間が焼死することも含め，具体的因果経過の予見が可能であったと判示している（最決平成2・11・29刑集44巻8号871頁，最判平成3・11・14刑集45巻8号221頁）。これに対して，個別的な予見可能性を求める立場は，実際の出火原因から，火災の発生時間や被害者の特定まで要求しているが，それらは，業務上過失致死傷罪の認定で無用な立証を強いるものである。むしろ，直接の出火原因に対する認識可能性は，火災それ自体の防止に向けた失火罪の過失を構成する要素だからである。

かような意味で，上述した反対説は，失火罪における過失と，業務上過失

---

10) ここでは，まさに具体的危険性や具体的符合説に拘泥するあまり，過失犯の理解が歪められている。なお，故意論でも因果関係の認識（可能性）を問わない立場では，最終的な結果発生の予見可能性だけで十分とされる（前田 229, 285 頁）。ただ，予想外の事情が介入したとき，客観的な因果関係が否定されるのは別論である。

11) なお，こうした一般の危険の予見・認識は，個々の侵害結果に対する予見義務や回避義務とは異なるため，予見可能性の内容を不当に希薄化するという批判がみられる（米田泰邦・医療行為と刑法〔昭60〕204 頁）。そのほか，中山＝米田編・火災と刑事責任（平5）1 頁以下参照。

致死傷罪の過失を混同している。むしろ,火災にともなう過失致死傷の場合には,「万一の出火」を契機として,その後の被害発生にいたる因果経過の概略についての認識可能性が問われるのである。したがって,当該行為者が,防火体制の不備から多数人の死傷結果を予見できたならば,責任過失を認めるのに十分であろう[12]（なお,東京地判昭58・6・1判時1095号27頁,大阪高判平成3・3・22判夕824号83頁参照）。

第3節　法人の過失責任

1　両罰規定と選任・監督過失

(1) 過失推定説

責任主義によれば,行為者人格に対する責任非難は,もっぱら自然人を対象としたものであった。しかし,行政刑法では,法人に対する多数の両罰規定が設けられている。したがって,今日では,これを単なる例外規定とみるだけでなく,自然人である法人の機関による活動が,法人自体の意思にもとづく犯罪行為となる限度で,法人の犯罪能力を認める態度が,今日の通説・判例である（→第2部第1章第3節）。しかも,両罰規定の性質をめぐっては,法人の機関に対する選任・監督上の過失と説明されている。また,当初の転嫁罰（代罰）規定を前提とした**過失擬制説**からすすんで,現在では,業務主の過失を推定するものとみる**過失推定説**が一般である。

なるほど,法文上は故意犯とされた処罰規定で,法人に対して両罰規定を適用する際,直接実行者の故意行為を介して過失犯に転化する理論構成は,いまだ明らかになったとはいいがたい。ただ,法人そのものには,自然人と同じ意味で意思形成過程が存在しないため,犯罪事実の認識・認容を基礎とした故意責任を追及するのは困難である。そうである以上,法人に対する責任非難も,執行機関である自然人に対する選任・監督過失に求めざるをえない。この場合には,法人業務主の従業員に対する事実上の支配関係にもとづ

---

[12] この意味で,今日の判例が,いわゆる危惧感説を採用したとみる見解は,判例の捉え方を間違っている。

く，過失による共犯を認めたものと考えることもできる。[1]

(2) **経営主体の責任**

こうした選任・監督上の過失は，どのように認定されるべきか。まず，業務主の過失責任としては，意思決定機関が直接に個別的指示を与えた事実がなくてもよい。むしろ，下位の従業員にとっては，企業組織体の経営方針に従って活動せざるをえない実情があり，こうした状況下では，取締役会の構成員を含む経営主体が誤った方針を決定した場合，末端の従業員による違法行為にかかる監督責任のみならず，組織体そのものを適切に運営する注意義務を怠ったものとして，直接的な刑事責任が生じるであろう。

また，多数の人間に危害が及ぶことを予見しつつ，有毒食品や危険な医薬品を製造・販売した場合のように，むしろ，法人全体に対して社会的責任を問うべき場合もある。他方，直接には末端の人間による逸脱が被害発生の直接的契機になったとはいえ，これを可能にした客観的諸条件にあたる法人の刑事責任は，まず，法人の機関である自然人が負担しなければならない。[2]

(3) **管理・監督過失と共犯**

学説上，法人（法人格）は，適法な事業活動の範囲内でのみ存在しうるという反論が予想される。また，実際の刑事事件では，執行機関である自然人の犯罪行為を隠ぺいするため，法人の業務執行を偽装する場合さえ少なくない。しかし，こうした違法行為を促進する条件となった法人自体に対しては，管理体制の落ち度を中心とする注意義務違反が問われるべきである。選任・監督過失は，法人の機関や従業員の犯行を助長した限度で，その共犯として，刑事責任を問いうるのではなかろうか。

また，客観的な結果回避義務を履行する際に前提となる要素として，行為者が主観的な結果予見義務を尽くしたかどうかの判断は，もっぱら規範的な

---

1) なお，構成要件的過失で検討した「管理・監督過失」は，業務上過失致死傷罪の成否に関連して，組織体上層部の個人責任（自然人）を追及する法理であったのに対し，ここでは，自然人と異なる法人自体の過失責任が問題となっている点に注意されたい。また，大規模火災における経営者の刑事責任については，最決平成2・11・16刑集44巻8号744頁，最決平成2・11・29刑集44巻8号871頁，最決平成5・11・25刑集47巻9号242頁など参照。
2) 一般に，自然人のような統一的意思をもたない法人には，犯罪事実の現実的認識を前提とした故意責任を認定できないからである。

見地から，各人の義務違反性に着目しておこなわれる。したがって，法人の過失責任でも，格別の不都合は生じない。上述した管理・監督過失の理論が，主に事業者の刑事責任を追及する根拠として主張されてきた理由も，こうした事情から読み取れるのである。

2 両罰規定による従業員の処罰

(1) 名宛人非限定型

両罰規定では，法人の業務について違反行為があったとき，直接の「行為者（従業員）を処罰するほか，その法人（または業務主）に対しても，各本条の罰金刑を科する」と明記するものが一般である。

ただし，これらの両罰規定も，罰則の前提となった禁止規定の形式から，幾つかの形態に分けられる。まず，(a)**名宛人非限定型**では，両罰規定の前提となる法律上の義務が，法人の従業員を含む一般人に向けられている。たとえば，銃砲刀剣類所持等取締法3条1項は，「何人も，次の各号のいずれかに該当する場合を除いては，銃砲又は刀剣類を所持してはならない」と規定しており，ここでは，法人自体の処罰はもちろん，各本条を用いるだけで，同法の義務に違反した法人代表者を捕捉できる。

(2) 名宛人限定型

他方，(b)**名宛人限定型**にあっては，直接に命令・禁止の対象となる客体は，法人事業者だけである。たとえば，独占禁止法3条は，「事業者は，私的独占又は不当な取引制限をしてはならない」と定めている。したがって，この類型では，法人代表者を処罰する場合はともかく，実際に違反行為に携わった従業員を処罰するためには，各本条の禁止規定に加えて，「行為者を罰するほか，その法人又は人に対しても，当該各号に定める罰金刑を科する」と定めた両罰規定の適用が必要と解されてきた[5]（最判昭和33・7・10刑集12巻11号2471頁，最決昭和55・10・31刑集34巻5号367頁，最決昭和55・11・7刑集34巻6号381頁）。

---

3) なお，その罰則は，同法31条の3であり，法人処罰については，同法37条に規定されている。そのほか，出資法1条，8条3項1号，特許法188条，198条など参照。

4) なお，その罰則は，同法89条1項1号であり，法人処罰については，同法95条1項に規定されている。そのほか，水質汚濁防止法12条1項，31条1項1号，34条，古物営業法3条，31条1号，38条，商品取引所法91条1項，367条1号など参照。

もっとも，一部の見解では，末端の従業員と法人代表者を区別しつつ，代表者については，義務規定の実質的な名宛人として，両罰規定を適用するまでもないとされる。また，法人自体の刑事責任を追及するうえでは，法人の業務を遂行する過程で生じた違法行為でなければならないが，こうした要件を充たすかぎり，法人代表者と一般従業員の行為を区別して取り扱う合理的な理由は存在しないという。また，名宛人限定型にあっても，両罰規定の中に「行為者を罰するほか」と定めただけで，法人の代表者のみならず，自然人である従業員全体が，当然に処罰可能となるのであろうか。そもそも，刑法上の罰則（禁止規定）がもっぱら法人に向けられる場合，もはや，一般の従業員は犯罪の実行者たりえない。そこで，両罰規定の創設的効果を認めて，直接実行者にも罰則を適用する見解が一般化したのであろう。

(3) **最近の企業犯罪**

しかし，両罰規定のこうした位置づけは，最近の企業犯罪の実態には，必ずしも対応していない。かつて法人の構成員であれば，常に忠実な業務執行者（道具である手足）として行動すると考えられた時代はともかく，現在では，執行機関である代表者の行為を，法人それ自体の犯罪行為と捉えたうえで，いわゆる**三罰規定**により代表者個人を処罰するのは，もはや時代遅れではなかろうか。わが国における法人の多くが，株式会社を模した個人会社であって，たとえ大規模な企業形態を採用していても，経営者個人が自己の利益を追求する行動をとることも多いからである（たとえば，経営者による倒産犯罪など）。

したがって，こうした経営者の犯行にあっては，法人の機関ないし個人営業主が，刑法規範の直接的な名宛人であるというべきである。また，法人代表者と一般従業員の違いが，法人内部の規程に依拠した量的差異にすぎないとすれば，実際に違法行為に加担した従業員は，自らの刑事責任を法人と共同して負うものと理解しなければならない。すなわち，この限度において，

---

5) 学説上も，こうした二分説が多数を占めており，名宛人限定型の場合には，両罰規定中の「行為者を罰するほか」という文言が，直接の名宛人である業務主以外の者にまで処罰を拡張する創設的効果があるとされる（福田平・行政刑法〔新版・昭53〕83頁，土本武司・過失犯の研究〔昭61〕158～159頁など参照）。

個々の従業員による故意犯と法人による過失犯は，一種の共犯関係に立つことになろう。

第5部　修正された構成要件——未遂犯と共犯

第1章　未遂犯と中止犯——修正された構成要件(その1)

第1節　未遂犯(広義)

1　未遂犯の意義

(1) 未遂の種類

未遂犯（Versuch）は，「犯罪の実行に着手してこれを遂げなかった」場合である（43条）。通常，刑法典の各構成要件は，犯罪が完成した場合を想定しているが（**既遂犯**；Vollendung），実際の事件では侵害結果がないなど，未完成に終わることもある。そこで，既遂にいたる以前でも，各犯罪類型ごとに明文の規定を設けて処罰したものが，**広義の未遂犯**である[1]（44条）。その意味で，未遂犯の規定は，処罰範囲を拡張しており（刑罰拡張事由），基本形式である既遂犯の構成要件と区別して，**修正された構成要件**と呼ぶこともある（大塚250～251頁，大谷363頁）。

つぎに，広義の未遂犯には，**障害未遂**（43条本文）と**中止未遂**がある（43条ただし書➡本章第3節）。狭い意味では，もっぱら外部的な要因から犯罪を実現できなかった障害未遂の場合を指す（**狭義の未遂**）。障害未遂では「その刑を減軽することができる」のに対して（任意的減軽事由），中止未遂では，必要的な刑の減免事由とされる。中止未遂では，「自己の意思により犯罪を中止した」点で，犯罪性が低いと考えられるからである。

---

1) 未遂犯一般を処罰するようになったのは，近代刑法典が成立した後のことである。なお，未遂犯の歴史的沿革につき，野村稔・未遂犯の研究（昭59）3頁以下参照。

(2) 予備と陰謀

　未遂犯は，実行の着手により初めて成立するため，着手以前の段階である予備・陰謀から区別される。また，一定の重大犯罪はともかく，通常の犯罪にあっては，予備・陰謀はもちろん，およそ未遂犯を処罰する規定は，刑罰拡張事由になる。そのため，刑法44条が「未遂を罰する場合は，各本条で定める」ことを明らかにした。

　予備（Vorbereitung）とは，特定の犯罪を実現するためにおこなう準備的行為をいい，**陰謀**（Komplott）とは，複数の者が犯罪の実行を相談・謀議する行為である。広い意味では，陰謀も予備の中に含まれるが，現行刑法典の予備（狭義）は，陰謀の場合を除外した概念である。[2] 予備・陰謀については，刑法総則の中に一般的な処罰規定がみられない。そこで，特に重大な犯罪について，個別的に処罰規定を設けている。具体的には，内乱予備・陰謀罪（78条），外患誘致予備・陰謀罪（88条），私戦予備・陰謀罪（93条），放火予備罪（113条），殺人予備罪（201条），身の代金目的拐取予備罪（228条の3），強盗予備罪（237条）である。[3]

(3) 未遂犯の処罰根拠

　通常の犯罪行為は，最初に犯行の決意をすることから始まり，その共謀や準備行為を経て，実行の着手にいたるであろう。とくに結果犯では，実行行為が終了した後，相当因果関係のある構成要件的結果が発生することで，犯罪が完成することになる（既遂犯）。また，こうした因果の流れに応じて，徐々に犯罪実現（完成）の危険性が高まるため，未遂犯の処罰根拠は，構成要件的結果を惹起する現実的危険性に求められるべきである（**客観的未遂論**。通説である）。すなわち，犯罪の完成にはいたらなかったが，犯人が犯罪目的で当該行為を始めたこと，客観的にみて，犯罪実現の切迫した危険性が生じた場合に

---

2) 実際上，陰謀行為は予備行為に先行するであろうが（斉藤誠二・予備罪の研究〔昭46〕549頁など参照），一部の仲間が予備を始めた後で謀議をおこなう場合もありうる。また，単独犯でも予備が考えられる以上，必要的共犯にあたる陰謀を予備の一種とみる見解は正しくない（大塚253頁(2)，大谷365頁など）。

3) なお，予備については，他人の犯罪を援助するための準備的行為（他人予備）の可罰性や，予備の中止を認めるかという問題があるが，他人予備は，刑法各論における犯罪類型の違いに負うところが大きい。また，予備の中止については，後述するところに譲りたい（➡本章第3節）。

のみ，未遂犯の処罰根拠が与えられる。したがって，およそ現実的危険性を欠いた不能犯（不能未遂）の場合は，未遂犯の範疇から除外されねばならない[4]（→本章第2節）。

(4) **主観的未遂論と客観的未遂論**

もっぱら犯人の主観的態度を処罰根拠とするならば，客観的な犯罪の完成・未完成を問わないため，刑法上も，既遂犯の場合と障害未遂（不能未遂）を区別する必然性はなくなる。実際，犯人の危険性を重視する近代学派にあっては，不能犯とはいえ，犯罪意思が外部に表明されたものである以上，未遂犯の中に含められた（**主観的未遂論**）。同様にして，予備や陰謀も，広く処罰されることになりかねない。

しかし，犯人の内心を偏重する立場では，未遂犯の処罰根拠を，犯人がもっていた「法敵対的意思」に求めざるをえない。その結果として，未遂犯の成立範囲は著しく拡張されるため，いわゆる**危険刑法**（Gefährdungsstrafrecht）におちいるという批判を免れない[5]。かようにして，古典学派の客観主義を基調とする本書の立場では，犯罪意思の実現にあたる客観的行為の刑法的意味を考慮しつつ，まだ実行行為でない予備・陰謀の段階と，犯罪実現の現実的危険性が欠ける不能犯の場合を，未遂犯から区別することになる[6]。

2 未遂犯と実行行為

(1) **実行の着手**

狭義の未遂である障害未遂は，(a)「犯罪の実行に着手し」たが，(b)「これ

---

4) もっとも，特別刑法には，犯行の「企て」それ自体を処罰する規定がある（国公110条1項17号，111条，地公61条4号，62条など）。これらの規定は，未遂犯だけでなく，予備・陰謀以前の行為も含んだ広い概念とされる。なお，最近では，組織犯罪対策として，英米法における**共謀罪**（conspiracy）の導入が検討されている。
5) ただ，こうした主観説であっても，犯人の心情が外部に表明された限度で処罰するため（犯罪徴表説），「思想の処罰」となるわけではない。また，不能犯における主観的危険説を，犯行計画の危険性だけに着目したと批判する向きもあるが（前田148頁），およそ主観的要素を無視して，行為の危険性を決定するのも無理である。
6) なお，刑法典は，未遂犯について「刑を減軽することができる」としており（43条本文），未遂犯も既遂犯と同様に処罰しうる点では，主観説を採用したかのようにみえる。しかし，未遂犯の処罰が明文の規定を必要とすること，実務上も刑を減軽する場合が多いことからすれば（大谷376頁は，必要的減軽を原則とする），わが刑法典も，未遂犯と既遂犯を明確に区別したといえよう。

を遂げなかった」場合に認められる。すなわち，実行行為を開始したことが，未遂犯の出発点となる[7]。また，実行の着手時期は，犯罪の予備・陰謀と未遂犯を区別する重要な指標であって，予備・陰謀の処罰規定がない場合にあっては，「実行の着手」が可罰性の限界を画することになる。

過去，実行行為の意義をめぐっては，①形式的客観説，②客観的危険説，③具体的危険説，および，④主観的危険説が対立してきた。本書では，法益侵害の現実的危険性に加えて，行為自体の危険性も考慮する具体的危険説に従うことは，すでに述べたとおりである（→第2部第2章第2節）。これに対して，**実行の着手**（Anfang der Ausführung）を，客観的な結果発生の危険に求める客観的危険説では，未遂犯の成立範囲が不当に制約される一方，行為者の主観面（意図・目的など）を無視するため，場合によっては，処罰範囲が拡大するおそれさえ生じるのである（前述71頁以下，特に73頁参照）。また，事後に判明した特殊な事実も加えて，すべての客観的事情を取り込んだ科学的判断に徹するとき，未遂犯の多くは，当初から結果不発生に終わる要因を含んでいるため，ほとんどの未遂犯を処罰できなくなる。

(2) 未遂犯の処罰と現実的危険

おもうに，未遂犯の成否は，「不能犯論の裏返し」であって，実行の着手に関する判断基準も，その背後にある未遂犯の処罰根拠と無関係ではない。すなわち，未遂犯の処罰根拠は，構成要件的結果を惹起する現実的危険性に求められるが，実際には侵害結果が生じないにもかかわらず，既遂犯と同様に処罰できるのは，法秩序の安定性（法益の安全）に対する公衆の信頼を確保するためである。すなわち，第三者である国民一般からみて，現実的危険のある行為を処罰することになる。その際，法秩序を脅かす実行行為の限界を明らかにする限度で，犯人の主観面も踏まえた事前の判断がなされねばならない[8]。かようにして，修正された構成要件でいう未遂犯の実質的違法が見出されるのである（結果無価値＝行為無価値二元論）。かりに反対説が，客観的危険性

---

[7] なお，実行に着手しない段階で犯罪事実が生じた場合については，「早すぎた構成要件実現」の問題として，因果関係の錯誤のところで説明した（→第2部第5章第1節）。
[8] 今日，未遂犯の故意が，主観的違法（構成要件）要素であることは，学説の多数によって認められている。

だけを判断基準とするならば，実際の具体的行為事情を一定程度まで抽象化しないかぎり，常に「危険性はなかった」という帰結になってしまうであろう[9]（ラードブルッフ，M・E・マイヤー）。

(3) **結果の「不発生」**

つぎに，「これを遂げなかった」とは，結果犯でいえば，実行行為を開始したものの，刑法上は構成要件的結果が発生しなかった場合である。その際，客観的にみて侵害結果が生じたものの，実行行為と当該結果の因果関係がない場合も含まれる。すでに犯罪を実現する現実的危険がある以上，不真正不作為犯であっても，未遂犯が認められるのは当然である[10]（大塚255頁）。これに対して，挙動犯では，一定の身体的活動がなされれば，ただちに既遂犯が成立するため，未遂犯は想定しがたいとされる（通説。大塚254頁，川端467頁）。しかし，実質犯にあたる挙動犯の中で，実行行為の開始から結果発生まで一定の時間的経過が見込まれる場合には（たとえば，継続犯など），その未遂も十分に考えられる（大谷374頁）。

また，真正不作為犯にあっても，通常は，作為義務の懈怠と同時に犯罪が既遂になるとはいえ，事案によっては，未遂犯を考える余地もある。たとえば，押し売りが家人の退去要求にもかかわらず（作為義務の発生），自ら退去しようとしなかったので（義務違反行為の開始），家人の手で戸外へ突き出された場合，まだ住居の平穏を害するだけの時間的経過がなかったとき，不退去罪（130条後段）の未遂犯が成立しうる（大塚255頁，川端464頁）。そこで，加重結果を惹起するに足る危険な基本行為があったとき，たとえ結果が生じなくても，結果的加重犯の未遂を認める有力説もある（大谷375頁）。しかし，結果の発生を前提とする過失（の結果）犯では，現行刑法典が「過失犯の未遂」を処罰していない以上，未遂犯の成否を議論する実益がない。また，故意の基本犯と過失の結果犯が

---

9) その意味で，行為者自身の犯行計画（目的的意思）を重視しつつ，行為無価値も含めた未遂犯の違法性を処罰根拠とする主観的危険説が，近時，ドイツで有力に主張されるにいたったのも，当然である（なお，ドイツ刑法典22条参照）。むしろ，反対説は，客観的な行為事情の中で，いずれを捉えて危険性判断の基礎とするかを明確にしなければならない（M・E・マイヤー）。なお，ドイツの学説につき，中義勝・刑法上の諸問題（平3）256頁以下参照。
10) 不真正不作為犯の着手時期は，保障者的地位にある者が，自らの作為義務を認識しつつ，それが履行可能であったにもかかわらず，意図的に因果の流れを放置したときに認められる。

結合した結果的加重犯にあっても，過失部分に関する未遂は，現行法上は処罰されないため，基本犯（既遂）が成立するだけである[11]（大塚254～255頁）。

3　未遂犯における違法と責任

(1)　着手未遂と実行未遂

広義の未遂犯は，犯行の態様や未完成に終わった原因に応じて，幾つかの類型に区分される。まず，**着手未遂**（unbeendigter oder unbeendeter Versuch）と**実行未遂**（beendigter oder beendeter Versuch）の違いがある。前者は，実行行為を開始したものの，その全部を遂行できなかった場合であり（**未終了未遂**ともいう），後者は，実行行為を終了した後，何らかの理由で侵害結果が発生しなかった場合である（**終了未遂**ともいう）。もちろん，実行行為の終了時期については，(a)犯人による目標達成の度合いを重視するか（主観説），(b)客観的な侵害行為の完了によるべきか（客観説）の対立がある。しかし，この点は，特に中止犯の成否に関連して論じられるため，後述する中止犯のところで詳しく説明したい（→本章第3節）。

現行法上は，いずれの態様も「これ（犯罪）を遂げなかった」場合にあたるため，未遂犯の成否に関して特別の意味をもたない。しかし，犯行がいずれの段階であったかは，結果発生の危険性も含めて，当該行為のもつ客観的違法性の程度を左右する。また，犯人の主観的態度が，犯罪を完成させるのに十分でなかったという意味では，責任評価に影響を与える場合もある。さらに，着手未遂にあたる中止犯（**着手中止**）では，その後の犯罪を「続行しない（不作為）」だけで足りるのに対して，実行未遂にあたる中止犯（**実行中止**）では，犯罪の完成を阻止するための「積極的な作為（結果発生の阻止）」が要求される。これらの違法・責任面における違いは，刑の任意的減軽（障害未遂）や必要的減免（中止未遂）をめぐって，犯人の科刑にも反映される。詳細については，

---

11) むしろ，学説上は，およそ結果的加重犯の未遂を認めない見解が少なくない（丸山雅夫・結果的加重犯論〔平2〕316, 335頁）。しかし，多数説は，過失犯にも未遂犯を認めてきたので，結果的加重犯でも認める見解が有力である（大谷375頁）。なお，事後強盗罪（238条）などの結合犯では，後半の暴行・脅迫があったにもかかわらず，基本犯（窃盗）の未遂により犯行全体も未遂犯とみなされる。しかし，こうした現象は，強盗罪の危険性に着目して設けられた特別類型に固有のことであり，結果的加重犯の未遂問題をただちに左右するわけではない。

後述するところを参照して頂きたい（→本章第3節）。

(2) 二種類の「危険結果」

学説上は，すでに未遂犯が，「(未遂) 結果」である法益侵害の危険を発生させた以上，未遂犯と既遂犯の違いは，もっぱら行為の客観的評価に尽きるという見解がみられる（結果犯説と呼ばれる。山口270頁）。なるほど，外部的な事実だけを違法評価の対象とする結果無価値論によれば，もっぱら客観的危険が犯罪の成否を決定する基準となるため（客観的危険説），未遂犯にあっても，行為それ自体の危険性から区別された「危険結果」の発生を重視したのであろう。しかし，通常の構成要件的結果（法益侵害）とは異なり，事実上の危険状態を「結果」とみることは，無用の混乱を招来するだけである[12]。たとえば，当初から刑法典各則で危険犯とされる場合，その未遂犯で問題となる「結果」は，二重の意味で現実の侵害から遠ざかる。すなわち，危険犯でいう本来の「危険」概念に加えて，未遂犯における「危険（結果）」を認めるならば，2種類の危険概念を便宜上使い分けることになりかねない。

また，こうした反対説は，未遂犯の法益侵害性が低いだけでなく，責任評価においても，既遂犯のそれと異なるからこそ，これらを類型化した（修正）構成要件を設けている現行刑法の態度と合致しない。さらに，一部の学説は，実行の着手でいう結果発生の危険（事後的判断）と，不能犯における具体的危険（事前的判断）を併用する。すなわち，未遂犯では，客観的危険説に従って実行の着手を認める一方，不能犯では，実行行為の存否をめぐって具体的危険説を採用する見解さえみられるのである（平野314, 325頁）。さらに，行為の属性から実行の着手時期を決定しつつ（具体的危険説），未遂犯の成否を「可罰的違法性」の問題として，客観的危険説から説明する論者もみられた。いずれの見解も，分裂した危険概念に依拠した実行行為論の破綻であり，構成要件論を維持する本書の立場とは相容れない。

---

[12] また，未遂犯は「既遂と同様に処罰できる」ことから，既遂犯に類似する「ある種の犯罪結果」が必要であるという見解もみられる。しかし，そこでは，「実行の着手」が「構成要件該当行為による未遂結果の発生」と定義されるため，一定の行為が結果それ自体でもあるという奇妙な論理構成とならざるをえない。

第2節　不能犯——実行行為の存否

1　不能犯の意義

(1) 不能未遂の種類

　不能犯とは，およそ犯罪実現の可能性がないにもかかわらず，犯人が犯行目的を達成できると誤信していた場合をいう。たとえば，呪術により人を殺害できると信じて，丑の刻（うしのとき）参りをするほか，おもちゃの銀行券で金品をだまし取ろうとする場合が考えられる。本来は，処罰する必要のない行為が大部分であるが，可罰的な未遂との限界線上に位置する場合もあり，**不能未遂**（untauglicher Versuch）と呼ばれる。

　不能犯は，(a)主体の不能，(b)客体の不能，(c)方法の不能に分けられる。まず，(a)**主体の不能**とは，公務員でない者が自分を公務員であると誤解して賄賂を受け取った場合や，すでに前婚が解消されたことを知らないまま，重婚の意思で後婚を届け出た場合のように，犯行の主体として必要な地位・資格がないため，犯罪を実現できない場合である。つぎに，(b)**客体の不能**とは，死体を生きていると思い込んで短刀で突き刺したり，空のポケットに財布があると信じてスリ取ろうとする場合である。さらに，(c)**方法の不能**として，不発弾の入った銃で撃ったり，砂糖を毒薬と信じて飲ませようとする場合が考えられる（**手段の不能**とも呼ばれる）。

　もっとも，(b)客体の不能と(c)方法の不能は，犯人が目的を達成できない行為を選択したうえ（方法の不能），実際に攻撃が開始された時点では，侵害の客体が現場にいなかった場合のように（客体の不能），いずれにあたるかが判別できないこともありうる[1]。さらに，「火災の際」であると信じて，消火用の物を隠匿・損壊したが（114条），実際には火災がなかった場合のように，行為の状況をめぐる不能犯も考えられる[2]。

---

1) なお，客体の錯誤と方法の錯誤を峻別する具体的符合説の支持者も，ここでは，客体の不能と方法の不能を区別するのが難しいといわれる（中義勝・刑法上の諸問題265頁(6)）。

(2) 具体的危険説と客観的危険説

そもそも，不能犯は，およそ犯罪実現の現実的危険性が存在しない点で，構成要件上の実行行為が欠ける場合である。したがって，不能犯または未遂犯のいずれにあたるかについては，実行行為の意義をめぐる学説の対立が，そのまま反映される（第2部第2章を参照されたい）。通常，実行行為の存否をめぐっては，間接正犯などの離隔犯における行為と結果の隔たりが問題とされるが，ここでは，因果経過の認識を含む犯罪実現の可能性が問題となっている。

つぎに，危険性の判断基準としては，(i)「行為それ自体の危険性」に着目しつつ，犯罪実現の一般的可能性を論じる**具体的危険説**と，(ii)「客観的結果に対する切迫した危険」を重視する**客観的危険説**が対立してきた。その際，未遂犯の処罰根拠が，法益侵害に向けられた行為自体の現実的危険に求められる以上，一般人が認識しえた諸事情および特に行為者が認識した行為事情を基礎として，まさに行為規範の見地から，犯罪結果にいたる可能性が吟味されねばならない[3]（具体的危険説）。

なお，こうした判断方法は，相当因果関係を判断する枠組みと似ているが，実際に発生した侵害結果を帰属できるかどうかの因果関係論では，もっぱら事後的な見地から客観的結果の帰属が議論されるのに対して，不能犯の理論では，犯行当時の実行行為性を問う意味で，もっぱら事前的な判断である点に注意すべきである。以下，不能犯をめぐる学説・判例の状況を概観しよう。

2 不能犯と未遂犯の区別

(1) 主観説と客観説

不能犯と可罰的未遂を区別する基準については，(a)主観説と，(b)客観説に大別される。まず，(a)**主観説** (subjektive Theorie) は，ドイツの学説で多数を占

---

[2] かつては，客体の不能と方法の不能だけを不能犯とした時期もあった（フォイエルバッハ）。しかし，主観的未遂論が台頭するに従い，次第に可罰的未遂の範囲が拡大された。なお，中・刑法上の諸問題 256 頁以下，中山研一・刑法の論争問題（平 3）128 頁以下など参照。

[3] そのほか，侵害結果にいたる高度な客観的危険がある行為であっても，過失犯の未遂が処罰されないのは，故意の不存在という主観面の違いに依拠しており，この点でも，およそ主観的要素を排除した未遂論は，非現実的であるといえよう。

める見解であり（ブーリなど。後述する行為計画説を含むこともある），丑の刻参りのような**迷信犯**（abergläubiger Versuch）を除いて，およそ犯罪的意思をもって犯行を開始した以上，可罰的な未遂を肯定するものである。そこでは，もっぱら犯人の危険性に着目する点で，犯罪構成要件における客観的行為の意義が軽視されている。

なるほど，純客観的かつ事後的な評価に依存するだけでは，最終的に犯罪が完成しない未遂犯の場合，当初から結果実現の危険性がなかったことになる。そのため，主観説は，行為者の犯罪的意思に着目して，行為の危険性を判断するほかはないと考えたのであろう。しかし，主観説を徹底するとき，上述した迷信犯さえ処罰されてしまう。さらに，犯人の異常な確信・妄執にもとづく幻覚犯の場合も犯罪とすることは，犯人の性格に着目して危険性を判断する主観主義になりかねない。したがって，実行行為の客観的評価を出発点とする本書の立場では，社会的に放任できない「危険な行為」だけを選別すれば足りる。わが国の学説では，上述した(b)**客観説**（objektive Theorie）を基礎として，(c)絶対的不能・相対的不能説，(d)抽象的危険説，(e)具体的危険説，(f)客観的危険説が主張されてきた。[4]

(2) 絶対的不能と相対的不能

まず，(c)**絶対的不能・相対的不能説**は，一般的にみて，結果発生が「絶対に不可能」な場合と（不能犯），当該の具体的状況からして，たまたま犯罪が実現しなかったという「相対的に不可能」な場合（未遂犯）に分けようとする。これは，**古い客観説**とも呼ばれる（ミッテルマイヤー，大判大正6・9・10刑録23輯999頁，最判昭和25・8・31刑集4巻9号1593頁）。たとえば，死者を生きていると信じて斬り付けた場合や（客体の絶対的不能），毒薬を飲ませるつもりで，ただの砂糖水を飲ませた場合には（手段の絶対的不能），不能犯となるため，犯罪は成立しない。これに対して，銃の引き金を引いたところ，たまたま弾丸が不発であったため，殺害の目的を遂げることができず（手段の相対的不能），被害者がその場にいなかったため，投げ込んだ爆弾で死亡しなかった場合には（客体の相対的不能），可罰的な未遂にあたるという。

しかし，客観的かつ事後的な不能を判断基準とするとき，上述した相対的

---

[4] 未遂犯の（修正された）構成要件における一般的危険性で区別する形式的客観説は，当然のことを述べたにすぎず，実質的な基準として，後述する具体的危険説が援用されることが多い。

不能の場合であっても，当初から不良品の弾丸が入っていた場合，およそ被害者を射殺するのは絶対的に不可能であった。また，致死量に満たない毒薬を与える場合にも，健康人に極めて毒性の低い微量の異物を飲ませただけでは，まず死亡することはありえず，この点では，絶対的不能ともみられる。そうである以上，絶対的・相対的という観念は，それ自体が曖昧であると批判される（大塚269頁など）。

(3) **犯行計画と抽象的危険**

他方，(d)**抽象的危険説**は，一般人の立場からみて，行為者の認識に沿って予期したとおりに犯行計画が進んだ場合，結果発生の危険性があったどうかを問題にする見解である（コーラー・木村356頁）。単なる主観説と区別して，**主観的危険説**と呼ばれることもある。この見解は，砂糖で人を殺せると犯人が信じたときは，一般人の見地からおよそ危険が認められない以上，殺人罪の不能犯とみることになる。

しかし，一般人であれば，青酸カリと砂糖を取り違えるはずのない状況下でも，もっぱら行為者の認識した事情にもとづいて，それが青酸カリであると確信していたとき，法秩序に対する危険が認められることもある。その限度で，未遂犯の成立を肯定するため（フランク），なお主観面を偏重するきらいがある。また，主観的な危険によって法的安定性が動揺するという社会心理的な危険意識を持ち出して，そのまま未遂の処罰根拠とする思考方法にも疑問がある。[5]

3 具体的危険説と客観的危険説

(1) **新しい客観説**

そもそも，未遂犯の構成要件該当性は，犯行時を基準とした事前の危険性判断に依拠するため，犯人の主観的認識も含めた行為自体の属性が重視されねばならない。すなわち，(e)**具体的危険説**では，当該行為の時点で，一般人

---

[5] そのほか，これらの行為を観察する第三者の主観的認識に着目しつつ，可罰的行為を始めたという一般人の印象を問題にする**印象説**（Eindruckstheorie）もみられる（バール，メッツガー）。しかし，一般人がもつ法秩序侵害の印象は漠然としたものである以上，未遂の判断基準として採りえない。

が認識しえたであろう諸事情に加えて，特に犯人が認識していた事情を基礎としつつ，一般社会の通常人からみて犯罪実現のおそれがあるかどうかにより，現実的危険性の有無を決定するのである（リスト，大塚270～271頁，大谷380～381頁，川端489～490頁）。**新しい客観説**とも呼ばれる。

たとえば，すでに心臓発作で死亡した被害者を，まだ生きていると誤信した犯人が，被害者を殺すつもりでナイフで心臓を突き刺したとき，犯行当時の状況からして，一般人も死体とは気づかなかった場合であれば，純客観的な事後判断では絶対的不能になるにもかかわらず，具体的危険説では，殺人未遂罪が成立するのである（広島高判昭和36・7・10 高刑集14巻5号310頁）。これに対して，一般人からみて死体であることが明白であった場合には，原則として不能犯になるが，特に被害者の生存を裏づける特殊事情があると誤信して殺害行動に及んだ犯人については，一般人の見地からも，具体的行為の危険性に応じた殺人未遂罪の成立を認める余地がある。

つぎに，方法の不能にあっても，犯人が蒸溜水で人を殺せると誤信したとき，行為の状況や手段の如何を問わず，およそ結果を惹起しえない不能犯とされる。しかし，かりに少量の糖分を摂取させることで，重症の糖尿病患者に生命の危険が生じるならば，単に砂糖水を飲ませる行為であっても，殺人未遂となりうる。その意味で，未遂犯と不能犯の区別は，どこまで具体的事情を危険性判断の中に組み入れるかによって左右される。[6]また，冒頭に述べた不能犯の分類を偏重して，主体の不能だけを一律に絶対的不能とみることもできない。複数の行為者が身分犯に関与する共犯の場合など，主体の不能であっても，各犯罪類型の保護法益に配慮しつつ，実行行為性の有無を決定するべきだからである。

---

6) なお，具体的危険説に依拠した過去の判例として，朝鮮高等法院判昭和8・7・17評論22巻刑法346頁（毒物を混入した魚汁が苦味を呈していた事例），最判昭和24・1・20刑集3巻1号47頁（青酸カリを混入した米飯が，黄色となり臭気を放っていた事例），最判昭和37・3・23刑集16巻3号305頁（30 cc～40 ccの空気を被害者の静脈に注射した事例），広島高判昭和36・7・10高刑集14巻5号310頁（拳銃で射殺された直後の被害者を日本刀で刺し殺した事例）などがある。詳細については，三好幹夫・大コメ(4)48頁以下，野村・未遂犯の研究378頁以下，宗岡嗣郎・新判コメ(3)44頁以下など参照。

(2) 修正された客観的危険説

　これに対して，(f)**客観的危険説**は，犯行当時には予見不能であった事実も含めて，裁判時までに存在した全行為事情を基礎とする事後的な危険性判断をおこなう（曽根225頁，西田288～289頁。ただし，前田152～153頁は，事前判断であるとされる）。それによれば，結果発生の客観的危険性が不能犯と未遂犯を区別する唯一の基準となるため，およそ未遂犯では，最終的に結果が不発生に終わった以上，当初から客観的危険性が否定されることもある。これとは反対に，犯人がごく軽微な暴行を加えたにもかかわらず，たまたま被害者が重い心臓病を患っていたため，死亡結果の発生する高度な危険性があった場合，客観的な事後観察によれば，構成要件該当性および違法性の段階では，殺人未遂にあたることにもなりかねない。

　しかし，客観的危険説の支持者も，当初から銃身が歪んでいたので弾丸が逸れた場合や，窃盗の目的で指を差し入れたポケットに財布がなかった場合には，未遂犯の成立を認めてきた（西田289～290頁，山口275～276頁）。したがって，その限度では，行為後に判明した全行為事情の中から，一定範囲の事実（たとえば，銃器による殺傷や占有領域の侵害）を抽出して，危険性の有無を判断してきたのである（**修正された客観的危険説**）。

　また，第三者が殺人の計画を察知したため，事前に毒薬入りのカプセルの内容物を入れ替えておいたが，その事実を知らなかった犯人が，カプセルの中身を青酸カリであると信じて，標的の人間に飲ませた場合，およそ結果発生の客観的危険性がなかったといえる。それにもかかわらず，犯人の行為とは無関係な理由で侵害結果が不発生に終わった点に着目しつつ，未遂犯の成立を肯定するのであれば，そこでは，犯行当時に通常人が認識しえた事情を判断の基礎とするのに等しい。ここでは，反対説のいう「科学的」な事後判断は貫徹されていないのである。

---

7) しかし，通常は，飲ませた毒薬が致死量に満たない場合にも，未遂犯の成立を認めてきた。もっとも，宗岡嗣郎・客観的未遂論の基本構造（平2）24，325頁は，およそ致死量以下であれば，常に不能犯にあたるというが，こうした主張は，客観的危険説の中でも稀である。
8) 客観的危険説を支持する論者の多くは，故意・過失などを責任段階で考慮するため，本文中の設例についても，客観的側面だけをみるかぎり，殺人罪の構成要件に該当する違法な行為といわざるをえない。

4 不能犯と事実の欠如

(1) 構成要件（的事実）の欠如

事実の欠如とは，客観的にみて，構成要件要素にあたる重要事実が欠けており，およそ未遂犯とならない場合をいう。ただし，ここでいう事実の中には，構成要件的結果と因果関係をめぐる事実は含まれない。なぜならば，これらの事実が欠如したときでも，少なくとも未遂犯は成立するからである。事実の欠如は，**構成要件の欠缺**（Mangel am Tatbestand）とも呼ばれるが，正確には，犯罪構成要件それ自体は現に存在するため，むしろ，構成要件に該当する構成事実が欠けていた場合である。こうした事実の欠如では，不能犯と同様，未遂犯の成否が問題となる。

事実の欠如として，たとえば，(a)非公務員が自分を公務員であると信じて第三者から賄賂を収受したり（主体における事実の欠如，197条以下），(b)自分の財産を他人の所有物と取り違えて窃取する（客体における事実の欠如，235条）など，犯罪の主体・客体が欠けることがある。また，犯行の手段や前提となる行為状況がないにもかかわらず，それがあると誤信して犯行に及んだ場合も含まれる。不能犯の場合と同じく，各構成要件要素に応じた事実の欠如が考えられるのである。

(2) 定型的な犯罪事実

事実の欠如では，形式的かつ事後的な見地から，構成要件要素の存否が論じられるため，一見すれば，不能犯でいう実行行為性と異なる論点のようにみえる。すなわち，犯罪の主体や行為の状況が限定される犯罪類型では，それらが欠如したまま犯行がおこなわれたとき，行為者の主観的意思はともかく，客観的には構成要件該当性を論じる余地がないからである。しかし，どの事実が本質的な構成要件要素にあたるか，また，当該事実の欠如が，定型的な構成要件該当性を排除するかは，各構成要件における実質的な選別作業を経て明らかになるであろう（大塚266～267頁）。そもそも，行為者の予定した基本

---

9) そのほか，犯行当時は毒性が不明であった薬物を投与した場合にも，その後，専門家によって危険性が証明されたならば，客観的危険説からは，殺人未遂罪が成立することになる。他方，専門知識を有する犯人が特殊な実験を重ねて効能を確信したうえ，殺人の目的で投与したにもかかわらず，たまたま事後の鑑定で危険性が認められなかったとき，客観的危険説によれば，未遂犯の成立が否定されるのであろうか。

的構成要件が実現されなかったという意味では，およそ未遂犯は，常に事実の欠如にあたるといっても過言でない（大塚267頁，大谷377頁，川端498頁）。

(3) 行為主体と行為状況

いわゆる定型説によれば，主体の欠如と行為状況の欠如では，およそ構成要件要素が欠けるため，未遂犯に該当しないとされる（大塚267頁，川端497〜498頁）。しかし，背任罪（247条）における事務処理者の地位は，行為主体の判断が難しいため，非身分者であっても，背任罪の「任務違背（構成要件的行為）」に着手することがありうる。むしろ，犯行時の危険性判断によれば，行為の主体がない場合も含めて，その法益侵害性に鑑みて未遂犯の成立を肯定すべき場合と，身分者による義務違反がないため，およそ未遂犯も成立しない場合に分かれる。

なるほど，行為の状況については，これを構成要件要素とした犯罪類型が，いずれも国家・社会的法益を脅かす公共危険罪である以上[10]，客観的な行為状況が欠けるときには，未遂犯を肯定する必要性が乏しい。しかし，具体的事案において，特定の構成要件要素が欠けるとき，当然に犯罪不成立となるわけではない。たとえば，客体をめぐる事実の欠如では，財布の中に現金が入っていると誤信して，たまたま空っぽの財布をスリ取った場合のように，たとえ侵害の客体が存在しない場合にも，犯行当時の行為状況を前提とした一般人の見地からは，犯罪実現への具体的危険性を認めうるのである（大判大正3・7・24刑録20輯1546頁）。

したがって，現在，事実の欠如をもって独立した構成要件不該当事由とみる見解は，ほとんど存在しない。事実の欠如は，せいぜい，不能犯の理論を補充する限度で，付随的に考慮されるにとどまる（大塚267頁，川端498頁）。そもそも，未遂犯の成否が，修正された構成要件該当性のみならず，違法性および責任の違いにも左右されるならば，単なる構成要件事実の欠如が，不能犯論の一部にすぎないといわれるのは，当然のことであろう[11]。

---

10) 刑法典各則では，外患援助罪（82条），中立命令違反罪（94条），消火妨害罪（114条），水防妨害罪（121条），凶器準備集合・結集罪（208条の3）がみられる。
11) なお，事実の欠如という観念は，事後的な客観的危険性を論じる立場と親近性があるといえよう。

第3節　中止犯

1　中止犯の意義と減免の根拠

(1)　中止犯と政策説

中止犯とは，行為者が「自己の意思により」，犯罪の実現を「中止した」場合である（43条ただし書）。広義における未遂犯から，障害未遂（狭義の未遂）を除外したものをいう。したがって，**中止未遂**（Rücktritt vom Versuch）とも呼ばれる。従来，中止未遂と障害未遂を区別する立法例は少なくないが，およそ可罰性を否定する諸外国の刑法典と比べて（たとえば，ドイツ刑法典24条など），わが国の刑法典は，**刑の必要的な減免事由**としたにすぎない。

中止犯で刑を減免する根拠については，諸見解の対立がみられる。まず，近代学派の見地からは，(a)中止犯の規定が，犯人に「引き返すための黄金の橋（goldene Brücke zum Rückzuge）」を架けるものと説明される（リストなど）。いわゆる**刑事政策説**（政策説）である。また，こうした一般予防的機能とは別に，自発的な中止によって犯人の危険性が消滅・低下するとして，特別予防的な配慮を理由とする場合もある（リスト）。

しかし，中止犯の規定が犯罪の完成を妨げるという予防的機能は，当該犯人が刑の必要的減免を知っていたことが前提となる。実際上は，ほとんどの犯罪者が刑罰法規の詳細を知らないため，上述した政策的効果は，ごく例外的なものにとどまるといわざるをえない。なるほど，将来は，中止犯を寛大に取り扱う法制度が周知徹底されることで，一般予防的ないし特別予防的な効果が得られるかもしれないが，中止犯のもつ意義はそれだけであろうか。

(2)　中止犯と法律説

中止犯も未遂犯（広義）の一種である以上，いまだ侵害結果が発生しておらず，行為者が自発的に犯罪の完成を阻止した点で，違法性と責任の減少がみ

---

1) そのほか，刑事政策上の理由を掲げるものとして，小野清一郎・刑罰の本質について・その他（昭30）280頁などがある。いったんは未遂犯の可罰性を具備した行為が，着手後の中止努力によって刑の免除になる理由としては，政策説が重要な意味をもつといえよう。

られる。このような理解は、(b)**法律説**と呼ばれる[2]。換言すれば、中止犯の規定は、行為自体の客観的危険性や犯人の主観的態度からみて、実質的な違法性の低下と責任量の減少にもとづく「修正された構成要件」にあたる。

さて、法律説の中でも、さらに幾つかの見解に分かれる。まず、(c)**責任減少説**によれば、行為者が従前の犯意を放棄して、法規範に合致する人格態度を形成した点に、責任非難の減少を求めようとする。しかし、犯罪行為の主観面だけに依存するならば、すでに犯意を撤回した以上、既遂結果が発生した場合にも、常に中止犯として刑の減免を受けることになってしまう。こうした結論は、中止犯の「これ（犯罪）を遂げなかった」という客観的要件と合致しない（大谷388頁）。むしろ、実行に着手したにもかかわらず、犯意を放棄したことで、せいぜい、犯行の行為無価値が低下するというべきである[3]（川端476頁）。

そこで、(d)**違法性減少説**は、結果発生の現実的危険性が消失しており、違法性が低下するため、中止犯による必要的減免が許されると主張してきた（ビンディング、ヘーグラー）。しかし、中止犯では、犯人の中止行為にもとづく結果不発生という客観的要素だけでなく、「任意性」という主観的要素が必要である。したがって、犯人の態度とは無関係の事情から未完成に終わったならば、およそ中止未遂による刑の減免は認められないであろう[4]（大谷395頁、前田167頁）。反対に、中止者の規範回帰的な態度を重視するならば、その中止努力が当該結果の発生を阻止したかどうかを問わず、責任面では、刑の減免を認めるべき

---

2) なお、学説の中には、違法性および責任が減少するにとどまり、その消滅までは考えにくいとする指摘もある（大塚258頁）。しかし、必要的免除の場合には、違法性や責任が消滅する場合も含まれるとおもう。もっとも、違法性の減少に加えて責任も著しく減少したとき、全体として可罰性がなくなるとして、刑が免除される場合もありうる。これに対して、いずれか一方の減少があればよいとする見解は、違法性や責任の評価が、質・量や程度の観念を含むものであることを看過している。
3) また、改悛や悔悟などの心情要素を要求しない立場（後述する主観説である）は、実行に着手した後の犯意の放棄だけで責任の減少・消滅を認めるが、これだけでは、刑の免除にいたらないであろう。他方、違法性減少説では、中止の任意性がない共犯者にも減免の効果が及ぶことになる点で、その一身専属性に反すると批判される。もっとも、中止しなかった共犯者であれば、結果不発生については連帯するとしても、行為無価値や責任評価の面で個別的に評価される一方、刑事政策上の理由も考慮するかぎり、当然に中止未遂の効果が及ぶことにはならない。
4) ただし、違法性の減少を行為者の主観だけに求める見解では、両者を同様に取り扱うことができよう。これに対して、いわゆる結果無価値論にもとづく違法性減少説では、中止行為によって結果発生の客観的危険が減少したことが前提となる。

(3) 違法・責任総合説

　そもそも，中止未遂では，すでに惹起された（未遂犯の）違法事実を補てんする限度で，一般予防および特別予防の側面が重要になってくる（刑事政策説）。他方，犯罪論上は法律説に従いつつも，犯意の放棄と中止努力の真摯性にもとづく違法性および責任の減少を考慮して，刑の減免を決定するべきである（大塚257～258頁, 川端476～477頁）。すなわち，刑事政策説も取り入れた違法・責任総合説が，本書の立場である。

　なお，学説上は，(f)刑事政策説と違法性減少説を組み合わせる見解のほか（大谷389頁），(g)刑事政策説と責任減少説を結びつけた見解もみられる（前田159頁）。しかし，前者にあっては，純粋な違法性減少説に対する「任意性の要件を十分に説明できない」という批判が考えられる。また，後者においても，刑事政策的な見地から，広義の後悔・悔悟まで犯人に要求するとき（前田162頁），任意性でよいとした明文の規定に反するであろう。

2　中止の任意性（「自己の意思により」）

(1) 客観説と主観説

　中止犯の主観的要件として，自発的に犯罪の完成を阻止しなければならない（中止の任意性）。その際，刑法43条ただし書の「自己の意思により」の意味をめぐっては，(a)社会一般の経験的な基準によれば，未遂犯となった原因が，通常，犯罪の完成を妨げる性質のものでないとする**客観説**が主張された（川端479頁, 前田161頁）。これに対して，(b)改悛・慚愧・同情・憐れみなどの，広義の後悔にもとづくことを要求する**限定主観説**もみられる（大判昭和12・3・6刑集16巻272頁）。

　なるほど，純客観的にみるならば，犯行時に何かの物音を聞いたことで，パトロール中の警察官の足音と誤信して，犯罪の実行継続を延期した場合にも，客観的な障害がなかった以上，中止未遂を肯定することになる。しかし，このような場合は，一時的に犯罪実現の危険性が減少したにとどまり，責任を軽減するような事情もない。それにもかかわらず，刑の必要的減免を肯定するのは，違法性・責任減少説のみならず，刑事政策説からも，容認できないであろう。

(2) 主観説と限定主観説

また，広義の後悔を前提とする(b)**限定主観説**は，中止の任意性にとどめた刑法典の規定と合致しない。しかも，わが国では，刑の必要的減免事由にとどまるため，広義の後悔を要求するのは，中止犯の成立要件として厳格にすぎる。かようにして，(c)通説・判例は，行為者が欲するならば犯罪を実現できたという点で，外部的障害がなかったにもかかわらず，自由な意思決定によって中止したならば，中止による必要的減免を認める**主観説**を支持している[5]（大塚259〜260頁，大判大正2・11・18刑録19輯1212頁，最決昭和32・9・10刑集11巻9号2202頁）。

したがって，客観的には犯罪続行を妨害する事情がなくても，犯人が続行不能と誤信して止めたならば，任意性が欠けるのに対して[6]，実在する外部的障害に気づかないまま，自発的に犯行を中止したときは，「自己の意思により」止めたとみなされる（大塚260頁）。近年では，犯人が殺意をもってマキリ包丁で被害者の左胸部を突き刺したが，被害者から助命を懇願されるなどしたため，最終的には，最寄りの病院に搬送した事案について，被害者の言葉に心を動かされて，なお迷いつつも被害者を救命しようとした以上，中止の任意性を認めうるとした判例がある（札幌高判平成13・5・10判タ1089号298頁）。ここでは，主観面における責任の減少に着目した刑の減免が，中止犯の出発点となっている[7]。

(3) 評価的判断方法

学説上，任意性の判断方法をめぐって，実際に中止した動機が刑の減免にふさわしいかを重視する立場（評価的考察方法）と，その動機が行為者に及ぼした心理的圧迫の程度を重視する立場（心理学的考察方法）に区分することができる。前者によれば，行為者が犯罪の発覚を恐れた場合や，恐怖・驚愕・嫌

[5) これは，**主観的客観説**とも呼ばれる。「たとえできたとしても，なしとげることを欲しない（中止未遂）」，または，「たとえ欲しても，なしとげることができない（障害未遂）」とする**フランクの公式**を採用する論者もあるが（大谷390〜391頁），こうした折衷的理解は，通常人または当該行為者のいずれを基準とするかの点も含めて，「できた」「できない」の意味が不明確であると批判されている（香川達夫・中止未遂の法的性格〔昭36〕103頁）。

6) たとえば，窃盗犯人が目的物を発見できなかったため，窃盗の継続を断念した場合（大判昭和21・11・27刑集25巻55頁），強姦の目的で暴行を加えた犯人が被害者の生理中という嘘を信じて，それ以上の犯行を思いとどまったときにも，中止犯にはならない（札幌高判昭和36・2・9下刑集3巻1＝2号34頁）。そのほかの判例につき，野村稔・大コメ(4)129頁以下，黒木忍・新判コメ(3)24頁以下など参照。

7) もっとも，こうした基準を，違法性減少で説明する見解もないではない（大谷390頁）。

悪という感情が契機となって犯行を中止したときは，中止犯に含まれない（前出大判昭和12・3・6，最判昭和24・7・9刑集3巻8号1174頁）。その意味で，評価的考察方法は，広義の後悔によることを要求した限定主観説に近づくことがある（なお，大判昭和12・9・21刑集16巻1303頁参照）。

なるほど，犯人の功利的な打算にもとづく「理性的な中止」は，犯罪目的を実現するうえで単なる方針転換にとどまる。そこには，合法性へと回帰する犯人の態度が認められない。そうである以上，中止未遂の恩典を与えるのにふさわしくないとされる（ロクシン）。しかし，法敵対的な態度の放棄をもって中止未遂の恩典を与える見解は，犯行の動機を細かく吟味することになる点で，やはり，道義的責任の減少と直結した限定主観説に近づく。ドイツ刑法典24条のように，およそ中止犯を不可罰とする法制度ではともかく，わが国では，自発的に犯行計画を変更した場合にも必要的減免を認めるべきである。

したがって，当該行為者が犯罪を実現できると考えたが，自ら犯罪完成の意思を放棄したならば，ここでいう中止犯に含められる[8]。結局，評価的考察方法ではなく，心理学的考察方法によって，中止の任意性が決定されることになる。たとえば，いったんは実行に着手した犯人が，後日，別の機会に実行する方が得策だと考えて中止する場合や，窃取しようとした客体が少額の物品であったため，これに失望して窃盗を止めた場合にも，中止犯となりうる（大塚260頁，大谷391頁）。

3 犯罪の中止（結果の不発生）

(1) 実行の終了時期

つぎに，中止犯では，犯罪の完成を阻止するための行為が必要となる。その際，実行行為の途中で，その後の犯行を断念した場合には（着手中止または未終了中止），単純に「止める」という不作為で足りる。ところが，実行行為の終了後に中止する場合には（実行中止または終了中止），侵害結果の発生を積極的に阻止するための行為（作為）がなければならない（**結果防止行為**と呼ばれる）。

---

[8] この点でも，犯人に対する責任非難は，単なる倫理的・道義的評価と区別されねばならない。ただ，ドイツのように，およそ中止犯を不可罰とする法制度の下では，中止犯の要件が厳格になるのはやむをえないであろう。

こうした類型的差異にもとづいて，**着手中止と実行中止の区別**が問題となる。学説上，実行行為の終了時期をめぐって，客観説と主観説が対立してきた。

まず，(a)**客観説**によれば，行為者が数回の発砲で被害者を殺す意図であったとしても，すでに第1弾を発射して侵害結果を惹起する危険が生じた以上，実行行為は終了しており，もはや，着手中止を認める余地はないとされる。これに対して，(b)**主観説**は，中止行為の時点で，犯人が結果発生にとって十分な行為であると考えたかどうかで区別する（ドイツの多数説）。主観説は，侵害結果が発生する現実的危険の大小にかかわらず，行為者の主観を偏重して着手中止の範囲を広く認めるきらいがある。また，未遂犯における具体的危険説（客観説）の考え方とも符合しないであろう。

そこで，(c)折衷説では，犯人が複数の弾丸で殺す意思であったどうかにかかわらず，実際に弾丸が命中するおそれが乏しい状況で，第1発目が命中しなかった際，自発的に第2発目以降の発砲を中止したのであれば，着手中止を認めうると考える（大塚261頁(3)，大谷393頁）。その意味では，中止犯の任意性要件と同じく，自発的に犯行の継続を回避したとみられるかぎり，着手中止に含める折衷説が妥当であろう。もっとも，着手中止と実行中止の違いは，その後の中止行為の内容とも関連するため，「犯罪を中止した」という文言の解釈の中で議論されてきた。

(2) **真摯な中止努力**

実行中止では，犯罪の完成を阻止するため，行為者本人による真剣な中止努力が必要となる（通説・判例。大塚261頁，大判昭和13・4・19刑集17巻336頁など）。なぜならば，いったん実行行為を完了した犯人（未遂犯）が，違法・責任の減少に加えて刑事政策的な見地から刑の減免を受けるためには，それにふさわしい真摯な中止態度が要求されるからである。したがって，他人による結果阻止行為を補助するだけでは

---

9) 判例の中にも，犯人の主観を基準としたものがみられる（東京高判昭和51・7・14判時834号106頁，福岡高判昭和61・3・6高刑集39巻1号1頁，名古屋高判平成2・1・25判タ739号243頁など参照）。
10) わが国では，当該行為の客観的危険性だけでなく，行為者の主観的認識も考慮する見解が多数説であるが（大塚261頁(3)など），犯行計画を基準とするドイツでは，周到な計画を練った犯人が中止犯の恩典を受けやすいという批判を招くことになった。
11) これに対して，真摯性を不要とする少数説もみられる。

足らず$\binom{大判昭和6\cdot12\cdot}{5刑集10巻688頁}$、被害者宅に毒物を郵送した後、翻意して取り戻しに行ったものの、すでに被害者が服用したと告げたため、そのまま帰宅しただけでは、中止犯の成立は否定される$\binom{前出大判昭}{和13\cdot4\cdot19}$。また、他人の助力を頼んでもよいが、放火後に「後は頼む」と叫んで逃げただけでは、犯人自身が消火活動に参加しておらず、自らが結果発生を防止した場合にあたらない$\binom{大判昭}{和12\cdot}$$\binom{6\cdot25刑集}{16巻998頁}$。

(3) 中止の因果関係

さらに、中止犯が成立するためには、実際に結果が発生しなかった場合でなければならない。犯人が真剣に中止行為をしても、すでに犯罪が完成したときには、もはや中止「未遂」を認めることはできない[12]$\binom{大塚262頁、大谷394～}{395頁、前田167頁}$。それでは、侵害結果は発生しなかったが、中止努力と結果不発生の間に相当因果関係がなかった場合はどうであろうか。たとえば、第三者の努力によって結果の発生が阻止されたり、当初から当該結果に到達しない客観的状況が存在した場合である。

通説・判例によれば、中止行為と結果不発生の因果関係が欠けるため、中止犯にはあたらないとされる$\binom{大谷395頁、山口283頁、大判}{昭和4\cdot9\cdot17刑集8巻446頁}$。しかし、客観的結果が生じなかった点で、すでに違法性は減少している。しかも、犯意の放棄によって行為無価値も低下している以上、行為者本人の真剣な中止努力があったならば、責任面における犯罪性の低下も考慮して、中止犯の成立を認めるべきであろう$\binom{大塚263頁、西田298頁、川}{端480頁、前田166～167頁}$。

4 中止犯の効果（必要的減免）

(1) 減免の及ぶ範囲

およそ中止犯では、A罪の中止犯と認められる場合、たとえ中止以前の犯行がB罪の構成要件に該当するときにも、A罪の中止犯として、「その刑を減軽し、又は免除する」ことになる（43条ただし書）。たとえば、殺人罪（199条）の中止犯にあっては、現に傷害の結果が生じている場合にも、傷害罪（204条）

---

[12] もっとも、刑事政策説や責任減少説では、たとえ既遂結果が発生しても中止犯を認める余地がある。

が成立するわけではない。また，強盗罪（236条）の中止にあっては，構成要件的結果にあたる強取の未完成は，強盗罪という結合犯それ自体の中止犯として，先行する暴行・脅迫を切り離して評価することはできない(大塚263頁，大谷397頁，川端484頁)[13]。

これに対して，中止犯の効果は，中止犯となった犯罪だけに及ぶ。他罪と併合罪（45条以下）の関係にある場合はもちろん，科刑上一罪（54条）の関係にある場合にも，それ以外の犯罪に及ばない。したがって，住居侵入窃盗の場合，犯人が窃盗行為を中止しても，住居侵入罪（130条）は成立する。また，放火に着手した犯人が，翻意して消火するべく，他人の建物の一部に損傷を与えた場合には，放火罪（108条以下）は中止犯となるが，中止行為それ自体が，別途，建造物損壊罪（260条）を構成することがありうる(大塚263頁)[14]。

(2) 予備・陰謀の中止

最後に，中止犯の規定は，予備・陰謀罪にも適用されるであろうか。予備・陰謀の中止とは，ある犯罪の予備・陰謀をおこなった後，そこから進んで，実行行為に出るのを止めた場合をいう。判例および一部学説によれば，予備・陰謀には実行の着手がないため，その中止犯は成文法上の根拠を欠いており，刑の必要的減免は認められないとされる(**適用否定説**。大判大正5・5・4刑録22輯685頁，最大判昭和29・1・20刑集8巻1号41頁)。しかし，通説は，中止犯の規定を予備・陰謀の中止にも準用している(**適用肯定説**。大塚264頁，大谷396頁など)。たとえば，強盗予備罪（237条）の法定刑は，2年以下の懲役であるところ，適用否定説では，実行行為を開始した後で中止した場合の方が，刑法43条ただし書により，刑の免除も受けうるという点で，刑の不均衡が生じるとされる。

なるほど，強盗予備罪では，刑を軽減する方向で刑法43条ただし書の準用を認めるべきであろう。しかし，予備罪の中でも，当初から刑の免除が予定されたものについては（113条，201条），その準用を論じるまでもない。また，

---

13) これに対して，不能犯では，殺人罪の未遂が否定された場合にも，別途，傷害罪が成立しうる（大判大正6・9・10刑録23輯999頁）。ただし，行為者の認識と発生した事実のくい違いがあるため，異なる構成要件間の錯誤として処理する必要がある（→第2部第5章第3節）。
14) なお，中止犯が否定される場合には，建造物損壊の事実は，放火罪の中に吸収されるであろう。ただし，上述したことは，単独犯における中止犯の効果にとどまり，中止犯が共犯者間で問題になった場合には，共犯と未遂の項目を参照して頂きたい（→第5部第5章第2節）。

独立予備罪にあたる通貨偽造準備罪（153条）では，当該行為の性質上，中止犯の効果を及ぼすだけの理由がない。その意味で，予備・陰謀の中止について，刑の必要的な減免規定を全面的に適用する必要性は乏しいであろう（一部準用説）。なお，通説は，中止犯で刑を減軽・免除する際，予備・陰謀自体はあったため，予備・陰謀の刑をさらに減軽するものでないとして，既遂犯の法定刑を基準として減軽しようとする（大塚264頁，福田238頁(1)）。ただし，予備・陰謀の途中で中止した場合を含め，既遂犯の法定刑を減軽したが，依然として，予備・陰謀それ自体の法定刑よりも重いときには，軽い方の刑にしたがうべきであるという[15]（大塚264頁）。

---

15) これに対して，大谷397頁，川端482頁は，もっぱら刑の免除を認めようとする。

第2章　広義の共犯 ―― 修正された構成要件（その2）

第1節　共犯の理論

1　共犯の意義

(1)　任意的共犯

広義の共犯とは，複数の行為者が，ある犯罪を共同しておこなう場合のすべてを指す。最も広い意味では，(a)刑法典総則中の任意的共犯と，(b)刑法典各則が規定する必要的共犯の2つに分類できる。(a)**任意的共犯**（zufällige Teilnahme）とは，殺人罪や窃盗罪など，本来は単独でなされるものを，2人以上の者が共同して実現した場合であり，共同正犯（60条），教唆犯（61条），従犯（幇助犯，62，63条）という3つの形態に分かれる。もっとも，共同正犯は，その名称が示すとおり，正犯の一種でもある。したがって，共同正犯を含む**広義の共犯**と区別して，教唆犯および従犯だけを，**狭義の共犯**（従属的共犯または加担犯）と呼ぶ。狭義の共犯については，後述するように，正犯者以外にも処罰範囲を拡張する規定であるため，その犯行態様や可罰性の程度に応じて，「正犯の刑を科する（教唆犯）」場合と「正犯の刑を減軽する（従犯）」場合がある。

(2)　必要的共犯

他方，(b)**必要的共犯**（notwendige Teilnahme）には，内乱罪（77条），騒乱罪（106条）のように，当初から多数人が同一の目標に向けて，一定の関与形態で犯罪を共同におこなう**多衆犯**（集合犯；Konvergenzdelikte）の形態が考えられる。また，重婚罪（184条），賄賂罪（197条以下），わいせつ物頒布等罪（175条）などのように，2人以上の者が相互に向い合う形で，婚姻の成立，賄賂の授受，売買取引にいたる場合を想定した**対向犯**（Begegnungsdelikte）が挙げられる。なお，対向犯の中には，収賄罪（197条）と贈賄罪（198条）のように，対向者の間で異なる法定刑を設ける場合のほか，わいせつ物頒布等罪のように，対向者の

一方だけを処罰する規定もあることに注意しなければならない[1]。

(3) 両者の関係

さて，刑法典総則中の任意的共犯（60条以下）の規定は，各則上の必要的共犯にも適用されるであろうか。多数説は，必要的共犯では，およそ任意的共犯が成立しないとする。たとえば，わいせつ物頒布等罪で，ポルノ雑誌の購入希望者が相手方に売却を働きかけた場合にも，わいせつ物頒布等罪の教唆犯とみることはできない。また，集団外で内乱を奨励・援助した者が，多衆犯である内乱罪の首謀者・謀議参与者などにあたらない場合，内乱罪の教唆犯・従犯としては処罰するべきでないとされる[2]（大塚276頁。なお，最判昭和43・12・24刑集22巻13号1625頁，最判昭和51・3・18刑集30巻3号212頁参照）。

しかし，たとえ対向犯の形式であっても，ポルノ販売業者に営業資金を提供したり，わいせつ物の具体的な入手方法を指示するなどして，犯罪の実現を積極的に推進した場合には，教唆犯や従犯を認める余地がある[3]（大塚276頁(2)，大谷400頁）。また，第三者であるAが，公務員のBに対する贈賄を出入り業者のCに教唆する場合のように，対向犯にあたる当事者以外の第三者が犯行に加担したり，集団の外部から内乱を援助するなどの場合には，むしろ，罪刑の均衡上も，教唆犯や従犯を認めなければならない（大谷399頁）。ただし，その詳細については，刑法各論の記述にゆずることとしたい。

【図示】共犯の種類

```
共犯（最広義）┬任意的共犯（広義の共犯）┬共同正犯
              │                        └狭義の共犯（加担犯）┬教唆犯
              │                                              └従犯（幇助犯）
              └必要的共犯┬多衆犯（内乱罪，騒乱罪など）
                        ├対向犯（わいせつ物頒布等罪，贈収賄罪など）
                        └会合犯（談合罪など）
```

---

1) さらに，会合犯の観念を認めるものがある（大塚275頁）。これは，多衆犯および対向犯のいずれでもなく，その人数や規模は群衆というほどでないが，相互に並列して参加する場合であり，たとえば，談合罪（96条の3第2項）や凶器準備集合罪（208条の3第1項）などが挙げられる。

2) もっとも，最近では，内乱罪，騒乱罪が明示した役割分担に該当しない場合にも，刑法典総則の共犯規定を適用して教唆犯・従犯の成立を認める見解が多くなった。そのため，こうした点に着目しつつ，共犯論の政策的性格を指摘する論者もみられる（前田405頁）。

3) 他方，学説の中には，買受人を「被害者」とみて，教唆犯の成立を否定するものがある。

2 正犯と共犯の区別

(1) 正犯の類型

　上述した「共犯」に対立する概念は、「正犯」である。正犯と共犯は、どのようにして区別されるべきか。まず、**広義の正犯**（Täterschaft）の中でも、犯人の単複や当事者の意思内容によって、単独正犯、同時正犯（同時犯）、共同正犯の3つの形態に分かれる。(a)**単独正犯**（Alleintäterschaft）とは、正犯の中でも、最も基本的な類型である。本書の第2編から第4編までの犯罪構成要件は、単独正犯の場合を想定して論じられてきた。これに対して、(b)**同時犯**（Nebentäterschaft）とは、2人以上の行為者が、相互の意思連絡がないまま、時間的に並行する形で、同一客体に対して犯罪を実行した場合である。たとえば、東京のXが大阪に住むAに脅迫状を郵送すると同時に、京都にいるYが、直接に電話をかけてAを脅迫する場合が考えられる。ほぼ同時におこなわれたならば、犯行の場所が異なっていてもよい。また、XとYの各実行行為が、因果経過の全部にわたって重なる必要はなく、一部で重なっていたときでも、なお同時犯というべき場合がある（大塚278頁, 大谷400頁）。

　同時犯では、単独正犯が偶然に併存したにすぎない。そのため、各行為者は、自らが独立しておこなった実行行為にもとづく結果についてのみ、刑事責任を負うことになる。上述した脅迫の事例では、XとYは、脅迫罪（222条）の同時犯となる。また、複数の行為者が同時に1人を殺そうとしたが（殺人罪の同時犯）、いずれの行為から被害者の死亡にいたったかが不明である場合、すべての行為者に対して、殺人既遂の罪責を問うことができない。その結果として、全員が殺人未遂となってしまう。最後に、(c)**共同正犯**（Mittä-

---

4) なお、単独正犯は、犯人が直接に犯罪を実現する場合（直接正犯）と、他人を道具とする場合（間接正犯）、または、自らの責任無能力状態を利用して犯罪をおこなう場合（原因において自由な行為）に区分される。間接正犯と原因において自由な行為の意義については、すでに述べたとおりである（➡第2部第2章第4節および第4部第2章第1節）。
5) さらに、本文中の設例では、Xは脅迫の意思であるところ、Yには恐喝する意思があった場合のように、異なる犯罪構成要件間でも同時犯が考えられるであろう。なお、過失の同時犯については、共同正犯のところで説明したい（➡第3章第2節）。
6) ただし、傷害（致死）罪については、刑法典各則に特別規定があることに注意されたい（同時傷害の特例、207条）。

terschaft）とは，複数の者が，犯罪の客観面だけでなく，主観面でも共同して実行に及んだ場合，初めて成立するものである。共同正犯は，正犯の一種であると同時に，広義の共犯でもある。その要件と効果については，後述するとおりである（→第3章第1節）。

(2) **広義の正犯と狭義の共犯**

正犯と共犯を区別する場合，単独正犯と狭義の共犯（教唆犯・従犯）を対比するならば，それほど困難な問題は生じない。とくに問題となるのは，共同正犯も含む広義の正犯と，狭義の共犯との違いである。具体的には，共同正犯と従犯の区別をめぐって，犯行現場における**見張り行為**の性格が議論される。すなわち，共謀共同正犯の理論（後述）によれば，共謀という事実があったとき，単なる見張り行為も共同正犯となるが（大判明治44・12・21刑録17輯2273頁），正犯概念を限定する見解では，単なる見張りは，厳格な意味で実行行為を分担しておらず，共同正犯の成立を否定しなければならない。その際，「実行」を分担することなく，正犯に「加功」しただけでも，共謀の事実さえあれば共同正犯になるという大審院以来の判例は（大判明治42・6・8刑録15輯728頁，最判昭和25・2・16刑集4巻2号184頁など），反対説から，共同正犯と従犯の差異をあいまいにすると批判されてきた（→第3章第1節および第4章第1節）。

つぎに，実行者の背後にいる首謀者が，完全な責任能力を備えた「故意のある幇助的道具」を利用した場合が問題となる。そこでは，間接正犯と教唆犯の区別が争いとなる。すなわち，責任能力者が構成要件に該当する違法行為をしたにもかかわらず，主観面では，**正犯者の意思**を欠いており，もっぱら他人のために行為したとき，それだけで単なる道具になるかは疑問だからである（ただし，最判昭和25・7・6刑集4巻7号1178頁参照）。そもそも，主観主義を採らない以上，正犯と共犯の区別で**主観説**（後述）を支持することはできない。また，教唆犯が成立しないことから，あえて間接正犯を成立させる態度は，基本形式である正犯と修正形式である共犯の関係を逆転させるものである。私見によれば，間接正犯は，まず正犯の一種として，その可罰性を明らかにすべきであろう[7]。

---

7) そのほか，不作為犯における正犯と共犯の区別については，中義勝・刑法上の諸問題（平3）330頁以下，神山敏雄・不作為をめぐる共犯論（平6）11頁以下など参照。

3 正犯と共犯を分ける基準

(1) 主観説と客観説

正犯と共犯を区別する基準については，まず，(a)**正犯者の意思**（animus auctoris）で行為した者が正犯であり，**加担者の意思**（animus socii）で行為した者を共犯とする**主観説**が有力に主張された（ブーリ，ライヒ裁判所）。共犯現象を因果論的に把握する以上，客観的な影響力としては，正犯と共犯で差異がないからである（古い因果的共犯論）。これに対して，同じく因果論的な見地から，(b)犯罪的結果に原因を与えた者を正犯とみる一方，単なる条件を与えた者を共犯とみる**古い客観説**が唱えられた（ビルクマイヤー）。(a)主観説は，共犯という現象を因果論的に捉えたうえで（条件説），もっぱら行為者の主観面で区別しようとしたが，何が「正犯者の意思」にあたるかは明らかでない。また，こうした主観説では，当該犯人が単独で構成要件的結果を実現した場合であっても，正犯者意思を欠くかぎり，共犯にとどまるという不合理な結論にいたる。

他方，(b)古い客観説は，因果関係でいう原因説にもとづいて両者を区別しようとする。しかし，原因と条件は厳格に区別できないだけでなく（→第2部第3章第1節），およそ共犯論が，構成要件論全体から違法論にも及ぶ点を，まったく無視した皮相的な見方といわざるをえない。そこで，(c)基本的構成要件に該当する行為（実行）をした者が，正犯であるのに対して，共犯は，それ以外の教唆・幇助行為により，犯罪の実行に加担する者であるという**形式的客観説**が支配的になった（団藤373頁，川端579～580頁，前出大判明治44・12・21）。もっとも，こうした定型説的思考による区分は，なお実質的な判断基準を示したものとはいい難い。また，後述する制限的正犯概念とも相まって，他人を道具として犯罪を実現する間接正犯の形態が，共犯ではなく正犯にあたることを，十分に説明できないであろう。

(2) 行為支配説と危険性説

つぎに，(d)行為支配説は，犯行全体を支配・統制した者が正犯であると説明する（ドイツの通説）。この見解は，当初，目的的行為論を支持する論者によって，正犯とは目的的行為支配をもつ者であり，これをもたない加担者が共犯

にあたるとされた。しかし，行為支配説の中でも，主観的な目的的実現意思を重視する見解や（ヴェルツェル），主観面と客観面をともに考慮したうえで，構成要件に該当する事態の目的的統制を行為支配とみる見解（マウラッハ＝ゲッセル＝ツィプフ），あるいは，共同正犯や間接正犯の場合で異なった「行為支配」概念を用いる見解（ロクシン）に分かれており，一義的な基準でないと批判されている[8]。同じく，共犯行為の実質的把握を目指すものとして，(e)構成要件の実現に向けた危険性を基準とする**危険性説**がみられる。しかし，この見解でも，間接正犯の場合，背後者の行為が教唆犯以上の危険性をもつことを説明しなければならず，結局，新たに規範的な基準を模索することになる。

おもうに，犯罪が主観・客観の両要素で構成される以上，その一方だけに依拠した判断基準は，採用することができない。すなわち，修正された構成要件である共犯を正犯から区別するためには，まず，主観的な犯意と客観的な実行の両面で，当該行為者が基本的構成要件に該当するかどうかを吟味するべきである（大塚281頁，大谷402頁）。具体的には，(c)形式的客観説を基本的な枠組みとしつつ，実質的な基準として，(e)危険性説を考慮して判断することになろうか。ただ，正犯と共犯の区別は，共犯の本質は何かという議論と深くかかわっており（→本章第2節），その立場に応じて，両者の境界線が異なってくるのは当然である。また，正犯と共犯の差異が，単に違法結果を直接的または間接的に惹起したか否かに尽きないとすれば，自ら犯罪を実現する意思であったか，あるいは，他人を介して犯罪を実現する意思であったかをめぐる行為無価値的側面も考慮したうえで，主観的要件と客観的要件の双方を充足する必要があるといえよう。

---

8) また，教唆・幇助それ自体の意義が，目的的な実現意思によって左右されるとすれば，実質的な基準たりえないという批判もある。なお，行為支配説の中で，とくに第2の見解を指して，実質的客観説と呼ぶ場合もある。

第2節　共犯の本質

1　刑罰拡張事由としての共犯

(1)　拡張的正犯概念と制限的正犯概念

　わが国の刑法典は，正犯と共犯を区別しているが，当該犯行に加担した全員を，正犯とみる考え方もあった（単一的正犯概念ないし包括的正犯者概念）。しかし，単一的正犯概念は，因果関係論の条件説と同じ意味で，共犯現象の質的差異を無視するものであって，社会生活上も定着した共犯の概念と一致しない。なるほど，形式的には正犯と共犯を区別しつつも，(a)犯罪の成立に何らかの条件を与えた以上，構成要件該当の実行行為をした「正犯」に含める**拡張的正犯概念**(extensiver Täterschaftsbegriff)が，有力に唱えられたこともあった（E・シュミット，メツガーなど）。この見解によれば，刑法典の共犯規定は，本来，正犯となるべき関与者の処罰範囲を限定するための**刑罰制限事由**（Strafeinschränkungsgründe）と位置づけられる。だが，狭義の共犯（教唆犯，従犯）は，基本的構成要件に該当する実行行為をおこなっておらず，およそ正犯と異なる犯罪類型であり，これを「(本来的な) 正犯」に加えることはできない。[1]

　これに対して，(b)自らの手で直接に犯罪構成要件を実現した者だけが，「正犯」であると考える立場は，**制限的正犯概念**（縮減的正犯概念；restriktiver Täterschaftsbegriff）と呼ばれる。ここでは，共犯規定が，正犯者以外の関与者も広く処罰するための**刑罰拡張事由**（Strafausdehnungsgründe）とみられる（M・E・マイヤー，ベーリンク，ヘーグラーなど）。しかし，この見解にあっても，間接正犯の事案を「正犯」に含みえないし，実行行為性の有無が規範的な評価の産物であって，間接正犯や不作為犯も正犯となることを十分に説明できない（大塚280頁）。他方，制限的正犯概念は，実行行為を中心とした構成要件論から共犯概念を捉えようとした点では，正しい核心を含んでいる。したがって，刑

---

1) これらの見解は，間接正犯の理論的位置づけを目指して主張されたものであり，拡張的正犯概念によれば，教唆・幇助行為に加えて，故意のない道具や責任無能力者を利用した場合も，すべて正犯として処罰されることになる。

罰拡張事由である任意的共犯の規定にあっては，その範囲と限界を慎重に決定しなければならない。

(2) 犯罪共同説と行為共同説

つぎに，これらの共犯概念の前提となるべき「共同（行為）」の実質は，何に求められるであろうか。通常，共犯は，複数人が共同して犯罪を実現する場合とみられるが，何を共同にするかをめぐって，犯罪共同説と行為共同説が対立してきた。(a)**犯罪共同説**とは，主観面および客観面で，数人が協力して特定の「犯罪」をおこなう場合を共犯とみる。たとえば，当初から強盗（236条）という犯罪の実現に向けて，共同の意思により構成要件的行為を遂行する場合に限られることになる（大塚282頁，大谷406頁）。犯罪共同説は，古典学派の見地から，構成要件論を前提として展開されたものだからである。

これに対して，(b)**行為共同説**は，複数人が自然的「行為」さえ共同すればよいという。したがって，主観的には，各人が別個の犯罪を予定した場合であっても，お互いの共犯関係が成立することになる。これは，犯人の社会的危険性を重視する近代学派（主観主義）にあって，**徴表的構成要件**とは異なる自然的行為の共同さえあればよいという考え方と結びついていた（牧野上677〜678頁，木村404頁など）。しかし，近年では，主観主義以外の立場でも，行為共同説を支持する向きがある（西田373〜374頁，山口302頁）。たとえば，客観主義から行為共同説を唱える場合，**やわらかい行為共同説**などと呼ばれるが，そこでは，構成要件論（定型説）が軽視される一方，共犯論でいう実行概念は不明確であると批判する。もっとも，これらの論者も，共犯の錯誤にあっては，（部分的）犯罪共同にとどめるなど，行為共同と犯罪共同を便宜的に使い分けるモザイク的な共犯論におちいっており（西田374頁），上述した刑法学説上の論理的関連を無視している。

(3) 共同意思の意義

構成要件論を中核とする本書の立場では，当然，(a)犯罪共同説を採用することになる。その際，(b)行為共同説との違いは，具体的にどのような場面で生じるであろうか。まず，犯罪意思の共同を求める犯罪共同説では，原則として，過失の共同正犯が否定される。これに対して，自然的行為の共同で足りるとする行為共同説では，過失の共同正犯はもとより，片面的共同正犯のように，犯罪的結果に向けた共同の意思が欠ける場合にも，広く共同正犯が

認められることになる[2]($\substack{\to 第3章 \\ 第2節}$)。さらに，共犯の錯誤でも，異なる構成要件で共犯者間の不一致が生じたとき，犯罪共同説では，問題となった複数の構成要件相互の重なり合いが議論の焦点となる。これに対して，行為共同説では，故意犯の成立（客観的事実と主観的意思の符合）を認めるうえで，いわゆる定型説が直面するような困難な問題は，まったく生じないのである[3]($\substack{\to 第5章 \\ 第1節}$)。

2　共犯の処罰根拠

(1) 責任共犯論と不法共犯論

共同正犯のように，実行行為の一部を分担する場合はともかく，正犯者の実行を媒介とする狭義の共犯（教唆犯，従犯）では，その処罰根拠をめぐって，学説上も激しい議論があった。当初は，責任共犯論と不法共犯論（いわゆる惹起説を含む）の違いが指摘された[4]。まず，(a)**責任共犯論**（Schuldteilnahmetheorie）は，共犯者が正犯者を犯罪に誘い込んだ点に共犯の処罰根拠を求めようとする。すなわち，他人を刑事責任および刑罰へと導いたことにより，共犯者も処罰されるというのである（H・マイヤー）。しかし，教唆犯の場合，被教唆者に犯行の決意をさせるだけでなく，実際に正犯者が実行を開始したことが必要となる。また，従犯の場合にも，正犯者の実行を支援・促進したという客観的事実が必要である。その意味で，共犯行為のもつ不法が，共犯の処罰根拠を考えるうえで重要になってくる。

そもそも，正犯と共犯の客観的違いを重視する古典学派から出発するかぎり（制限的正犯概念），上述した責任共犯論では，共犯者の処罰根拠を十分に説明できないであろう。また，共犯行為と正犯の実行の間には，条件関係が必

---

2) もっとも，現在の犯罪共同説は，「意思の共同」を広く認めることで，過失の共同正犯を肯定する傾向が支配的となった。そのほか，**共同意思主体説**（後述）から，共犯の本質を説明する論者もみられる。
3) なお，犯罪共同説と行為共同説の対立は，当初，共同正犯の本質をめぐる争いであったが，共犯の錯誤にあっても，教唆犯・従犯でいう「共同」の対象が議論される場面も少なくない（→部分的犯罪共同説）。
4) なお，学説上，共同正犯の処罰根拠と共犯（狭義）の処罰根拠を区別しなかったことが，共犯論の混乱を招いたという指摘がある（前田 409～410 頁）。しかし，共同正犯も，直接に実行しなかった部分まで罪責を問われる点では，広義の「共犯」にあたるため，従属的共犯と共通する要素も否定できないであろう。

要なことはもちろん，正犯者の結果惹起に対する促進的な作用が，共犯成立の前提となる。しかも，後述するように，正犯者が刑法上の責任を具備しなくても，共犯の成立が可能となる以上（→制限従属形式），もっぱら正犯者の責任面に着目した処罰根拠論は，今日では採用できないとおもう。

かような意味で，(b)**不法共犯論**（Unrechtsteilnahmetheorie）は，正犯者に実行の決意を生じさせて違法行為をさせること（教唆犯），または，幇助行為により正犯の遂行を容易にした事実（従犯）に着目して，共犯の処罰根拠を捉える立場である（通説.大塚290頁，大谷404頁など）。すなわち，教唆犯や従犯は，それぞれの修正された構成要件に該当するだけでなく，共犯行為それ自体が実質的違法性を備えることが求められており（大谷404～405頁，井田481，483頁），そのうえで，各人の関与の度合いに応じて，刑事責任の程度が決せられるのである（修正された不法共犯論）[5]。こうした見解は，(b)不法共犯論の中でも，(i)**混合惹起説**と呼ばれる。

(2) **純粋惹起説と修正惹起説**

近年，不法共犯論では，(ii)**純粋惹起説**（Verursachungstheorie）や，**促進説**（Förderungstheorie）と呼ばれる見解が有力になった。その際，もっぱら正犯者を媒介にした違法結果の実現（惹起）という因果的側面が強調されるため，**因果的共犯論**または**客観的惹起説**と呼ばれることもある（新しい因果的共犯論）[6]。因果的共犯論は，最終的な結果惹起の契機となった点に共犯の処罰根拠を求めるため，客観的な結果発生から遡って共犯の成立範囲を確定することになる（西田315～316頁，山口296頁など）。しかし，侵害結果との因果連関だけを偏重する態度は，むしろ，主観面における正犯と共犯の結びつきを軽視することになりかねない。しかも，純客観的な要素だけを抽出する結果として，共犯の処罰範囲を不当に拡大・縮小するおそれがある[7]。この点は，古い因果的共犯論と同様で

---

[5] たとえば，共同正犯の処罰根拠としては，2人以上の者が相互に利用・協力しつつ，共同して違法な結果を惹起したことに加え，各行為者が，主観的にも当該結果の発生を認識・認容していたことが求められる。

[6] わが国とドイツにおける惹起説の系譜については，大越義久・共犯の処罰根拠（昭56）67頁以下など参照。通常は，純粋惹起説と修正惹起説（後述）に区分されるが，従属的惹起説や混合惹起説，行為無価値惹起説などの名称が，それぞれ異なった意味で用いられており，たとえば，山口300頁は，自らの立場を混合惹起説と呼び，西田317頁は，構成要件的惹起説と称している。こうした混乱状況を招いた点を批判されるのは，高橋則夫・共犯体系と共犯理論（昭63）93頁以下，香川達夫・共犯処罰の根拠（昭63）3頁以下などである。

ある。

　なるほど，上述した責任共犯論では，もっぱら「正犯を誘惑し堕落させた」点を重視するため，共犯者の誘致行為だけを考慮する点で，共犯独立性説（後述）に近づくおそれさえある。しかし，犯罪共同説を採用する通説的見解は，一元的な人的不法論を別にすれば，法益侵害説にもとづく不法共犯論と結びつく（→第3部第1章第3節）。その意味で，不法共犯論は，何ら行為無価値論と対立する概念ではない。なぜならば，法益侵害という結果無価値に加えて，行為無価値も考慮する二元的人的違法論を前提とするかぎり，不法共犯論における「惹起」の意味も，単なる因果的な結果惹起に尽きるわけでなく，主観面の促進作用も考慮できる点で，まさしく，修正された構成要件にもとづく共犯の処罰根拠を導きうるからである。これを，(iii)**修正惹起説**と呼ぶ。

　これに対して，純粋惹起説は，正犯と共犯の違いを，もっぱら法益侵害の直接的または間接的な因果惹起に求めようとする。しかし，そこでは，正犯者の実行と類型的に異なる教唆行為と幇助行為の意義を，正確に捉えていない。すなわち，共同正犯の主観的要件に対応する教唆の故意や幇助の故意を軽視するならば，純粋惹起説は，因果的理解にもとづく拡張的正犯論におちいる可能性も否定できないからである。また，因果的共犯論の論者は，外見上は間接的侵害にとどまる共謀共同正犯や間接正犯と狭義の共犯を区別するため，新たに因果的寄与の程度などを持ち出す必要があった。さらに，純粋惹起説では，共犯自体の（間接的な）法益侵害が重視されるため，正犯の存在が必要条件とはならない。このことは，上述した行為共同説に接近する点にも現れており，最終的には「正犯なき共犯」を認めることになろう。かよう

---

7) 純粋惹起説によれば，正犯と共犯の区別は否定される（コーラー）。また，結果発生に与えた影響力を基準とするならば，たとえ正犯者が構成要件に該当しなくても，これに重要な因果力を与えた共犯者だけが処罰されることもありうる（「正犯なき共犯」）。たとえば，一部の純粋惹起説では，道具の適法行為を利用した間接正犯について，客観的にみて違法結果を惹起しない以上，犯罪の成立が否定されたが，他の純粋惹起説は，これに反対している。
8) なお，高橋則夫・共犯体系と共犯理論（昭63）164頁以下参照。これに対して，不法共犯論の意味を限定して，行為無価値論では不法共犯論を採りえないという指摘もある（大越義久・共犯の処罰根拠207頁など）。かつては，アジャン・プロヴォカトゥール（陥穽教唆）や共犯の従属性と関連させて，通説である定型説は，責任共犯論におちいるという意見さえあった（大越・前掲書202頁以下）。

352　第5部　修正された構成要件——未遂犯と共犯

にして，因果的共犯論では，すべてが因果力の違いに還元されてしまうが，共犯現象は単なる因果経過にとどまらないのである[9]。

【図示】　共犯の処罰根拠

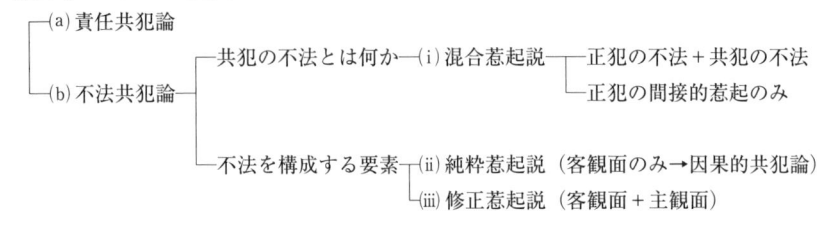

```
┌(a)責任共犯論
│                  ┌共犯の不法とは何か─(i)混合惹起説─┬正犯の不法＋共犯の不法
└(b)不法共犯論─────┤                                  └正犯の間接的惹起のみ
                   │                  ┌(ii)純粋惹起説（客観面のみ→因果的共犯論）
                   └不法を構成する要素─┤
                                      └(iii)修正惹起説（客観面＋主観面）
```

第3節　共犯の従属性と独立性

1　共犯従属性説と共犯独立性説

(1)　共犯従属性説と共犯独立性説

特に狭義の共犯をめぐって，共犯従属性説と共犯独立性説が対立してきた[1]。
(a) **共犯従属性説**（Theorie der akzessorische Natur der Teilnahme）とは，共犯を処罰する前提として，正犯者による犯罪の実行を要求する見解であり，古典学派の見地から主張される。すなわち，犯罪に対して直接的な（強い）結びつきをもつ者（正犯）だけが，独立して罪責を問われるのに対して，間接的な（弱い）結びつきしかもたず，自ら基本的構成要件に該当しない者（教唆犯・従犯）

---

9) 本書のように構成要件論を出発点とする立場では，共同の実行（共同正犯）や共犯行為（教唆犯，従犯）が重視されるため，とくに侵害結果との因果連関だけが処罰根拠となるわけでない。また，修正された構成要件と間接的な不法惹起を取り込んだ犯罪共同説にもとづいて，主観と客観の両面を考慮しようとする不法共犯論は，**混合惹起説**と呼ばれる（本文参照）。この点は，共犯の従属性について，構成要件該当の違法行為（正犯行為）に従属するのを求める制限従属形式（後述）とも合致するであろう。
1) なお，共謀共同正犯における単純共謀者の可罰性に関連して，共同正犯の「従属性」を掲げる見解もあるが，正犯の一種である共同正犯では，それぞれが正犯者として「共同」責任を負うのであって，教唆犯や従犯と同じ意味における「従属性」は必要でない（大塚283頁 (15)）。なお，大判大正2・11・7刑録19輯1140頁参照。

については，もっぱら正犯に従属して罪責を負うことになる(大塚285頁，大谷407～408頁，川端528～529頁，前田414頁)。従来の判例も，共犯の従属性を前提としている(大判大正6・7・5刑録23輯787頁，大判大正12・7・12刑集2巻718頁など)。

これとは逆に，(b)**共犯独立性説**（Theorie der Verselbständigung der Teilnahme）では，行為者の危険性を重視する近代学派の見地から，正犯者の実行がなくても，共犯行為自体に可罰性を認めることになる。すなわち，教唆・幇助行為も，行為者の反社会的性格の徴表であるため，犯罪実現の（間接的な）危険性を内包するかぎり，共犯として処罰できるのである。しかし，従属的共犯は，修正された構成要件にあたる教唆・幇助をおこなうにとどまり，直接実行者（正犯）を通じて，間接的に基本的構成要件の実現に寄与するだけである（不法共犯論）。したがって，共犯従属性説が採用されるべきであり，狭義の共犯は，正犯行為の構成要件的結果を促進する範囲でのみ，正犯者に従属して可罰性が生じるといえよう。刑法典上も，「人を教唆して犯罪を実行させた」または「正犯を幇助した」と表現されており，いずれの規定も，正犯の存在を前提としたうえで，共犯者を処罰している。

(2) **共犯の未遂の可罰性**

両説の差異は，どのような違いをもたらすであろうか。たとえば，教唆・幇助の未遂をめぐって，(a)共犯従属性説では，被教唆者・被幇助者である正犯が犯罪の実行に着手しないかぎり，狭義の共犯は成立しない。したがって，その未遂とは，教唆・幇助をした後，犯行を始めた正犯が未遂に終わった場合を意味するのであり，教唆・幇助だけで終わったならば，およそ共犯者も不可罰となる(大谷407頁など。→第4章第2・3節)。他方，(b)共犯独立性説では，教唆・幇助がおこなわれた以上，正犯にあたる者が実行行為に出なかったときにも，従属的共犯の未遂として処罰される。

---

2) そのほか，独立教唆罪の規定が明文化されたことは（破防38～41条，爆発4条など），正犯の実行に対する教唆犯の従属性を裏面から示したものであろう。とくに共犯独立性説に対しては，(殺人)未遂の（独立）教唆を処罰する際の法定刑と比較して，加重類型であるはずの破防法上の罰則が軽くなるという不均衡も指摘されている。
3) なお，共犯独立性説によれば，自らの殺害を教唆した本人も，同意殺人罪（202条後段）の教唆犯となるため，不当な帰結をもたらすと批判される。しかし，同様の結論は，過剰な共犯従属性を認める場合にも採用されることがある（前田415頁）。

現行刑法典は,「犯罪の実行(行為)に着手し」たことを未遂犯の成立条件としており(43条),およそ実行行為がないにもかかわらず,上述した共犯の未遂を処罰することは,法文の規定とそぐわないであろう(大塚285,316頁)。また,予備の教唆・幇助を認めるかについても,共犯従属性説では,消極的に解することになる(後述第4章第2節および第3節参照)。

他方,共犯の従属性を前提とする場合にも,教唆・幇助の可罰性は,各共犯者の違法性と責任の程度に応じて異なる。したがって,その可罰性判断なども含めて,すべてを正犯から借用する**共犯借用犯説**(entlehnte Strafbarkeit)は,正しくない[4]。また,共犯従属性説にあっても,未遂犯に対する教唆(未遂の教唆)は処罰される(→第4章第2節)。この点は,純粋惹起説の論者から,通説が「実行従属性(後述)」を弱めることで共犯独立性説に近づいたと批判されるが,共犯の未遂をめぐる議論は,共犯の処罰根拠と修正された構成要件の内容によって定まる。むしろ,反対説は,近代学派と古典学派の基本的対立である共犯従属性説と共犯独立性説の対立を,共犯の未遂問題に「矮小化」しているといわざるをえない[5]。

2 従属性の程度をめぐる諸見解

(1) 共犯の違法と責任

通説・判例は,共犯従属性説を出発点とするため,狭義の共犯の成否は,正犯者の実行行為に左右されることになる。しかし,「正犯に従属する」ことの意味については,その程度や範囲をめぐって各種の理解がありうる。従属性の程度をめぐっては,従来,M・E・マイヤーの分類により,(a)最小従属形式,(b)制限従属形式,(c)極端従属形式,および,(d)誇張従属形式の4つに分けられてきた。

まず,(a)**最小従属形式**(minimal akzessorische Form)とは,正犯者の行為が単に構成要件に該当すればよいという見解である(前田424頁)。つぎに,(b)**制限従属**

---

[4] また,共犯の従属性は,正犯の実行を客観的な処罰条件とする趣旨でなく,共犯の処罰根拠からして,実行行為という修正された構成要件の因果的側面と共犯行為のもつ可罰的不法を結合する要素にほかならない。

[5] これらの論者は「実行」行為の概念を拡張して,予備に対する教唆・幇助さえ認めており(大谷442頁,前田457頁など),この意味でも,共犯独立性説に接近する面がある。

形式(limitiert-akzessorische Form)とは，正犯者が構成要件に該当することに加えて，違法性がなければならないという（通説。大塚287頁，川端531〜532頁。なお，大谷412頁参照）。さらに，(c)**極端従属形式**(extrem-akzessorische Form)とは，正犯者の行為に構成要件該当性と違法性だけでなく，責任まで具備されることを要求する立場であり（ドイツの有力説），(d)**誇張従属形式**(hyper-akzessorische Form)にいたっては，正犯者がすべての犯罪成立要件を充足したうえで，一定の処罰条件さえなければならないとする。[6]

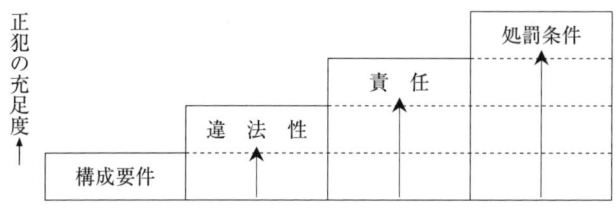

【図示】 正犯に対する従属性の程度（各種の従属形式）

正犯の充足度 ↑

| 構成要件 | 違法性 | 責任 | 処罰条件 |
| 最小従属形式 | 制限従属形式 | 極端従属形式 | 誇張従属形式 |

(2) 最小従属形式と誇張従属形式

これらの見解の中で，(a)最小従属形式は，構成要件には該当しても，違法性がない正犯に対する共犯の成立を認める点で，共犯の処罰根拠論で前提になった「（共犯による）違法結果の惹起」という要素を無視するものである。また，直接行為者（または正犯者）の適法行為を利用する場合には，むしろ，背後の利用者が間接正犯となる場合を除いて，教唆犯または従犯として処罰するだけの不法が認められない。たとえば，第三者を緊急状況に追い込んで，その者による防衛行為や避難行為を通じて被害者を攻撃したとき，他人を道具に用いた間接正犯となりうるが，単に正当防衛を示唆ないし支援したならば，それが刑法上の共犯にならないのは当然であろう。その意味で，違法な正犯

---

[6] 本文中に掲げた4つの形式は，正犯がどの段階に達したとき共犯の可罰性が生じるかを，順次，最も広く成立させる立場から，より狭い範囲で成立させる立場になっている。

行為が共犯の成立する前提条件となるのである。他方，(d)誇張従属形式は，共犯の可罰性が，正犯者の処罰条件や人的処罰阻却事由に影響されないとした刑法典の諸規定（244条2項，257条2項など）と，文言上も合致しないであろう。

(3) 極端従属形式と制限従属形式

そこで，(b)制限従属形式と，(c)極端従属形式のいずれを選択するべきかが問題となる。現行刑法は，「犯罪を実行させた」または「正犯を幇助した」と明言しており（61条1項，62条1項），正犯者がすべての犯罪成立要件を充足することで，従属的共犯の前提要件となるかのようにみえる。この意味では，極端従属形式に従う一部の判例にも，理由がないわけではない（大判大正8・6・20刑録25輯786頁，大判昭和9・11・26刑集13巻1598頁。なお，最決昭和58・9・21刑集37巻7号1070頁参照）。

しかし，責任の有無は，本来，行為者個人に加えられる法的非難にとどまる。したがって，正犯者の責任（量）に応じて共犯者の責任が左右されるというのは不合理である。むしろ，各関与者がそれぞれに個別的な責任評価を加えられるべきである。具体的な事例にあっても，刑事責任年齢に達しない13歳の少年を利用して窃盗をおこなった者は（41条参照），当然に間接正犯とはならず，共同正犯や教唆犯にあたる場合も存在する（なお，最決平成13・10・25刑集55巻6号519頁参照）。もちろん，刑事未成年の行為は犯罪とならないが，被教唆者が通常の規範意識と行動能力を備えていたならば，この者を犯罪に誘致することは，せいぜい，教唆犯の構成要件を充足するにとどまるからである。

(4) 時間・場所・罪数の従属性

過去の判例は，共犯（狭義）の従属性を強調するあまり，その成立時期も正犯のそれに従うとして（大判明治44・6・15刑録17輯1180頁，大判大正6・7・5刑録23輯787頁），教唆・幇助の行為時（大判明治44・6・23刑録17輯1252頁）や，犯罪成立の場所（大判大正4・10・29刑録21輯1751頁，大判大正11・3・15刑集1巻144頁），さらには，罪数（大判明治44・11・10刑録17輯1865頁，大判昭和2・10・28刑集6巻403頁）についても，正犯のそれに準拠すると述べたものがみられる[7]。たとえば，正犯者が日本国内で実行行為に及んだ場合，日本国外で幇助行為がなされたとしても，従犯者は日本国内で罪を犯した者に

---

7) しかし，一部には，教唆行為を基準としたものがあり（東京高判昭和28・6・26東高刑時報4巻3号69頁），後述するように，幇助行為の数を基準とした最高裁判例もある（最決昭和57・2・17刑集36巻2号206頁）。

あたるとされた（最決平成6・12・9 刑集48巻8号576頁）。

しかし，従属的共犯は，それ自体が「修正された構成要件」に該当する違法・有責な行為である。したがって，犯行の時間や場所については，それぞれの共犯者ごとに判断すべきである（大塚288頁，大谷412頁）。なお，共犯が成立する個数は正犯のそれに従属するが，科刑上一罪の取り扱いについては，幇助行為それ自体により決定されるとした最高裁判例がある（最決昭和57・2・17 刑集36巻2号206頁）。すなわち，共同正犯者が併合罪にあたる2個の覚せい剤密輸入の罪を実行したが，その資金援助を1個の幇助行為でおこなったとき，共犯者には2個の覚せい剤密輸入罪の幇助が成立するとはいえ，自然的にみて「1個の行為による（54条1項前段）」かどうかは，幇助行為を基準として観念的競合になるというのである。[8]

3 実行従属性・要素従属性・罪名従属性

(1) 従属性の有無とその限界

近年，共犯の従属性をめぐって，(a)実行従属性，(b)要素従属性，(c)罪名従属性の概念を用いるものがある[9]（西田363頁以下，山口309頁以下，前田406頁以下）。まず，(a)**実行従属性**とは，共犯の成立要件として，正犯者の実行開始を求めるものであって，共犯従属性説と独立性説の対立を言い換えたものである。共犯の「成立従属性」と表現することもできよう。つぎに，(b)**要素従属性**とは，共犯の前提となるべき正犯行為には，どのような犯罪要素が必要となるかの問題であり，共犯者が，正犯者の構成要件・違法・責任のいずれの段階まで従属するかを論じる点で，上述した従属性の程度と同一の内容である。さらに，(c)**罪名従属性**は，裁判手続上，共犯と正犯は同じ罪名でなければならないかを論じるものであり，共犯の錯誤にあって，かつての全部犯罪共同説が放棄された後，現

---

8) また，共同正犯の各行為が独立した複数の構成要件にあたる場合にも，全体が1個の共同正犯である以上，観念的競合になると判示した大審院判例がある（大判大正5・11・8刑録22輯1693頁）。しかし，最高裁の時代には，複数の被害者に対する暴行・傷害が別罪となった事案について，被害者の数に応じた併合罪にあたると判示していた（最決昭和53・2・16刑集32巻1号47頁）。

9) 学説上は，ビルクマイヤーのいう実行従属性・犯罪従属性・可罰従属性に分けて，それぞれ，共犯独立性説と共犯従属性説，行為共同説と犯罪共同説，固有犯罪性説・借用犯説を論じたものがある（植田重正・共犯論上の諸問題（昭60）2頁以下）。なお，ドイツでも，量的従属性と質的従属性に区別する見解がみられた（マウラッハ）。

在では，共犯者間で罪名の違いを容認した部分的犯罪共同説が採用されたことに関連する[10]（→第5章第1節）。

しかし，こうした整理の仕方は，犯罪共同説と行為共同説の対立から導かれる「共同」性をめぐる議論を，従属性の程度の問題と同視すること（実行従属性と要素従属性の等置），また，共犯の本質をめぐる近代学派と古典学派の基本的対立を，単なる罪名の問題に矮小化しようとする点で，異なる次元の対立を平準化するものでしかない。むしろ，通説によれば，共犯の従属性を肯定したうえで（実行従属性），その程度いかん（要素従属性）を検討するという段階的な構造になっている。反対説は，罪名従属性を含めたこれらの構造的差異を見誤っているといわざるをえない（大塚283頁[14]，川端527頁など）。

(2) **体系的思考と機能的思考**

おもうに，共犯独立性説と共犯従属性説の対立を「実行従属性」の問題に置き換えて，教唆の未遂をめぐる議論に収束させたのは，間接的な結果惹起を重視する純粋惹起説の主張を反映したものであろう。また，次元の異なる見解の対立を，具体的結論の違いに注目して「機能的」に整理する態度は，いわゆる**機能的犯罪論**の特徴でもある。しかし，こうした見解が，共犯論における古典学派と近代学派の基本的相違を軽視するだけでなく，要素従属性の概念にあっても，通説が従属性を段階的に検討するのとは対照的に，並列的な要素のいずれかに従属すればよいという誤解を与える点でも，失当である。

なお，共犯の錯誤については，犯罪共同説の中でも，全部犯罪共同説や部分的犯罪共同説が併存している（→第5章第1節）。こうした理論状況からすれば，罪名従属性は，共犯の従属性をめぐる基本的対立を反映するものではない。もとより，犯罪論の体系的整合性を重視する定型説を批判して，問題解決の思考を強調した反対説にあっては，それぞれの場面における結論をモザイク的に組み合わせることで足りるのかもしれない。しかし，そうした考察方法は，ある種の形式論理を便宜的に利用する点では，むしろ，反対説が斥けたはず

---

[10] なお，一部の学説によれば，部分的犯罪共同説は，言葉本来の意味で犯罪共同説といえず，共犯の独立性を前提としない行為共同説にあたるという指摘さえある。そこでは，学説の系譜を無視した概念の混乱がみられる。

の「悪しきドグマティーク」ではなかろうか。

---

11) 学説の中には，共犯論の政策的性格を強調して，「合理的」な帰結を「容易に導きうるもの」が正しいとする向きもあるが，それによって，従来の体系論的思考が目指した国家刑罰権の制約という機能を十分に果たすことができるのであろうか。

第3章 共同正犯

第1節 共同正犯の意義

1 共同正犯の成立要件

(1) 一部実行・全部責任

共同正犯 (Mittäterschaft) とは，「二人以上共同して犯罪を実行した」場合である（60条)。共同正犯の種類としては，(i)**実行共同正犯**，(ii)**共謀共同正犯**，(iii)**承継的共同正犯**という3つの形式がある。いずれも，複数の人間が協力して犯罪を実現する点では，広義の共犯の一種である。他方，共同正犯は，客観的要件としても，各人が「実行」を分担するため，広義の正犯の一種でもある。また，共同正犯では，すべての者が正犯者とされるため，共同の行為によって生じた犯罪の全部について，全員が罪責を問われることになる（**一部実行・全部責任の原則**）。

たとえば，犯人らが共同の殺意をもって被害者に発砲したならば，たまたま，仲間の1人が発射した弾丸によって被害者が射殺されたとしても，すべての共同正犯者に殺人既遂罪が成立する（199条と60条を適用する)。また，毒殺を計画したAとBが，お互いの意思を通じたうえ，別々に被害者Cの飲み物に同種の毒物を混入したとき，いずれの毒物が作用してCを中毒死させたかが不明である場合にも，A・Bがともに，殺人既遂罪となる（なお，最判昭和24・7・12刑集3巻8号1237頁参照)[1]。

ただし，各人の責任については，個別的に決定されるため（➡共犯の従属性)，刑の加重・減軽事由なども，その必要条件を充たす者だけが刑を加重・減軽されることになる（なお，共犯と身分における個別的処理も参照されたい)。したがっ

---

[1] これに対して，同時犯の場合には，相互に利用・補充し合う関係にないため，裁判で立証できた限度でのみ，個別的な刑事責任を負うことになる。したがって，本文中の設例では，いずれも殺人未遂罪となるにすぎない（199条，203条)。

て，共同正犯者の間でも，行為者ごとに異なった刑罰が科せられる場合が少なくない。

(2) 共同意思と共同実行

共同正犯が成立するためには，(a)主観的な要件として，共同実行の意思にあたる共犯者相互の意思連絡が必要である。また，(b)客観的要件として，実行行為の分担ないし共同加功の事実という，共同実行の事実がなければならない。以下，それぞれの要件について説明しよう。

(a)**共同実行の意思**とは，2人以上の行為者が共同して特定の犯罪を実現する意思である（→犯罪共同説）。相互的な意思連絡でなければならず，片面的共同正犯の観念は否定される。ただし，常に明示的な共同意思である必要はない。暗黙のうちに共同意思を形成する場合もありうる（最判昭和23・11・30刑集31巻(3)970頁）。また，共同意思は，実行行為の時点で存在すればよく，かりに事前の共謀や打合せがなかったとしても，差し支えない[2]（最判昭和23・12・14刑集2巻13号1751頁）。そのほか，共同者の誰かを介して，順次，意思連絡がなされた場合など，間接的な方法による共同意思の形成もありうる[3]（大判昭和7・10・11刑集11巻1452頁）。

(b)**共同実行の事実**とは，2人以上の者が共同して犯罪を実行することをいう。たとえば，D・E・Fの3名が，強盗の意思で銀行に押し入った際，Dは拳銃を構えるとともに，Eは登山ナイフで窓口係員を脅す一方，Fはカウンターにある現金を奪って手持ちのバックに詰めた場合のように，各人がその役割を分担した場合にも，共犯者全員について強盗既遂罪（236条1項）の共同正犯が成立する。また，Xが屋内で家人を脅して金品を強奪する間，Yが倉庫にあった骨董品を持ち出す場合のように，それぞれ異なる場所で実行を分担したときにも，X・Yともに強盗既遂罪となる（大判昭和7・4・28刑集11巻504頁）。さらに，仲間が被害者を脅迫する際，その傍らに立っていただけでも，強盗罪にいう脅迫を共同しておこなったとされる（最判昭和23・6・22刑集2巻7号711頁）。

かようにして，共同正犯における実行行為は，各人の行為を分断して考え

---

[2] なお，実行行為を開始した時点で，その場に居合わせた犯人らが偶然に共同実行の意思を生じた場合は，偶然的共同正犯と呼ばれる（大塚292頁など）。

[3] 共同実行の意思があったかどうかをめぐって，過失犯の共同正犯，結果的加重犯の共同正犯，片面的共同正犯の成否が問題となる（→本章第2節および第3節）。

るのでなく，全体として，当該犯罪を実現するだけの現実的危険性を具備したことで足りる。また，主観的にも，仲間の犯行を相互に利用・補充し合う関係が存在したならば，全体をまとめて評価するための実質的根拠が与えられる[4)5)]。

2 共謀共同正犯の理論

(1) 理論的な沿革

共謀共同正犯の理論は，かつて大審院の時代から，わが国の判例で採用されてきた。すなわち，2人以上の者が一定の犯罪を共謀したうえ，その共謀に加わった仲間の一部が犯罪を実現したならば，共謀者全員に対して共同正犯が成立するという考え方である[6)]。ここでは，直接的な実行を分担しなかった共謀者について，刑法60条にいう共同「実行」を認めうるかが問題となる。当初，大審院は，詐欺罪や恐喝罪のように，共謀者の主観的寄与が重視される**知能犯**にあって，「その構成要件たる行為に対して身体的加功を必要とするのみならず，精神的加功を要求するため」，とくに共謀共同正犯を肯定すべきであるとした（大判大正3・3・27新聞936号27頁，大判大正11・4・18刑集1巻233頁）。

しかし，その後の判例は，次第に，共謀共同正犯の適用範囲を拡張してきた。たとえば，放火罪（大判昭和6・11・9刑集10巻568頁），業務上横領罪（大判昭和10・7・10刑集14巻799頁）のほか，暴行罪（大判昭和4・11・29刑集8巻575頁，大判昭和8・4・15刑集12巻427頁），および，殺人罪（大判昭和8・11・13刑集12巻1997頁）などの，いわゆる**粗暴犯**や**実力犯**にも適用されている（なお，大連判昭和11・5・28刑集15巻715頁など参照）。さらに，第2次世界大戦前の大審院判例を継承した最高裁は，**法定犯**についても，共謀共同正犯の成立を肯定しており（最判昭和23・7・22刑集2巻9号995頁），今日では，犯罪一般に共謀共同正犯の成立を認めるのが，確立した判例となった[7)]。

---

4) したがって，複数の行為者が，それぞれ，強盗と殺人という異なった犯罪をおこなうため，各構成要件に該当する実行行為に出た場合には，犯罪共同説にしたがうかぎり，共同正犯は成立しない。ただし，通説は，Aが殺意をもって突き刺し，Bは傷害の故意でCに斬りつけたときにも，両構成要件が同質的に重なり合う限度で，傷害致死罪の共同正犯が成立するという（大塚300頁，大谷416頁，最決昭和54・4・13刑集33巻3号179頁）。
5) 従来，共同実行の有無が争われた場合として，共謀共同正犯（後述），不作為の共同正犯，そして，予備罪の共同正犯がある（➡本章第3節）。
6) 同理論の沿革などについては，下村康正・共謀共同正犯と共犯理論（昭50）48頁以下など参照。

(2) 共同意思主体説

共謀共同正犯の本質をめぐっては，大審院の判例が，およそ共同正犯とは，複数の者が「一心同体の如く，互いに相寄り相助けて，各自の犯意を共同的に実現」するものであり，ともに手を下して犯罪を実現する場合に限られないと述べていた。むしろ，「謀議を凝したる上，その一部の者において，これが遂行の衝に当たること」もあり，この場合にも，「協心協力の作用たるにおいて，その価値が異なるところ（は）な」いとされる（前出大連判昭11・5・28）。学説上も，こうした共謀共同正犯の理論を根拠づけたのが，いわゆる**共同意思主体説**である。それによれば，「共同意思主体」とは，2人以上の者が一定の犯罪を実現する共同目的のもとに形成した集合体であり，その活動として，共謀者の一部が犯罪を実行したとき，共謀者全員について共同正犯が成立することになる。

しかし，伝統的な刑法理論は，行為の主体および処罰の対象を自然人に限定してきた。そのため，犯罪実現の目的で一時的に結成された共同意思主体に対して，刑法上の罪責を問うことはできない。また，共同意思主体という観念は，個人責任の原則に反する団体責任を認めることにもなりかねない。そこで，共同意思主体説の論者は，民法上の組合理論を援用して，上述した共同意思主体を構成する各行為者の刑事責任を認めようとした。しかし，共同意思主体と当該団体の構成員は，法律上，別個の法主体であって，組合類似の関係にあるというだけでは，犯罪論上の説明として不十分である。

3　間接正犯類似説と優越的行為支配説

(1) 間接正犯論の応用

最高裁の時代には，共謀者が仲間の行為を利用した点に着目して，共謀共同正犯の可罰性を根拠づけようとした。すなわち，共謀共同正犯とは，2人

---

7) そのほか，共謀共同正犯が認められた犯罪類型としては，強盗罪（最判昭和24・11・15刑集3巻11号1791頁），公文書偽造罪（大判昭和11・8・6刑集15巻1163頁），賭博罪（名古屋高判昭和29・8・30高刑集7巻8号1260頁），偽証罪（大判昭和9・11・20刑集13巻1514頁），脅迫罪（大判昭和17・9・9新聞4798号5頁），贈収賄罪（大判昭和10・12・10刑集14巻1259頁）などがある。なお，過去の判例については，村上光鵄・大コメ(5)261頁以下，高橋則夫・新判コメ(3)183頁以下など参照。

以上の共犯者が，特定の犯罪をおこなう共同意思を形成したうえで，仲間の犯行を期待して共同の謀議をおこない，その共謀内容にもとづいて，共謀者の一部が実行行為に及んだことが必要となる。最高裁判例によれば，「右のような関係において共謀に参加した事実が認められる以上，直接実行行為に関与しない者でも，他人の行為をいわば自己の手段として犯罪を行ったという意味において，その間刑責の成立に差異を生ずると解すべき理由はな」いとされる。すなわち，当該行為者が直接に実行を担当したかどうかは重要でなく，また，いかなる役割を分担したかの違いは，各人の罪責を左右しないというのである（最大判昭和33・5・28 刑集12巻8号1718頁）。

こうした考え方によれば，共謀共同正犯の主観的要件として，単なる意思連絡や共同実行の認識だけでは足りない。むしろ，「特定の犯罪を志向する共同者の意思が指示，命令，提案等によって他の共同者に具体的に明らかにされ，他の共同者が右指示，命令，提案等を了承・賛同するなど」，「一個の共同意思と認められるまでに一体化する」ことが必要とされる（東京高判昭和52・6・30判時886号104頁）。学説の中には，上述した判示を捉えて，単なる共謀者であっても，実行担当者の行動を方向づけた者は，間接正犯と類似する側面があるとして，共謀共同正犯を基礎付けようとする見解がみられる（**間接正犯類似説**）。しかし，学説の中には，この説明で「共謀」の内容が明確になったといえるか，また，共同意思の内容を具体化するだけで，共謀共同正犯の正犯性が根拠づけられるかは，なお疑問とする向きがある（大塚 305頁）。

(2) **行為支配の理論**

つぎに，正犯と共犯の区別をめぐって登場した**行為支配説**は，実行担当者に対する（正犯者としての）行為支配があったとして，背後の共謀者にも共同実行の事実があるという。しかし，およそ共謀共同正犯の観念を否定する見地からは，共謀に参加しただけであれば，その態様に応じて，教唆犯または従犯となるにすぎないと批判される。まさしく，刑法61条が，教唆犯も正犯と同様に処罰できるとした点は，こうした首謀者の存在を予定していたという。また，共謀に関与するだけでは，「共同して犯罪を実行した者」にあたらず，実行行為を分担しない共謀共同正犯の理論は，刑法60条の文理に反することになる。そのほか，共同意思主体説は団体責任を認めるものでしかなく，

共謀者と実行担当者は，間接正犯でいう道具と利用者の関係と同視できない以上，間接正犯類似説も支持できないとされる（大谷433頁など）。

しかし，これらの批判にもかかわらず，実行担当者を背後で操った首謀者を，実質的な正犯として処罰しようとする裁判所の志向には，極めて根強いものがある。そこで，最近では，単に共謀に参加した者であっても，その者が「圧倒的な優越的地位」から，直接的な実行担当者に「強い心理的拘束を与え」たならば，それが「現場の実行行為の一部分担と評価し得る程度の実質を備える」範囲で，共謀共同正犯の成立を認めようとする見解が現れた（優越的行為支配説。大塚307頁）。これを上述した行為支配説に含みうるかは明らかでないが，より実質的に共同「実行」を把握しようとする点では，近年における構成要件論の進展と軌を一にするところがあろう。

4　共謀共同正犯における「実行」

(1) 支配的共謀の事実

かような学説・判例の流れを概観するとき，客観的には共謀に参加しただけの黒幕的存在を，正犯者として処罰しようとする実務の傾向は，正しい核心を含んでいる。その意味で，従属的ないし対等の関係にあった単純共謀者を除外しようとする学説の努力は，共謀共同正犯の成立範囲を限定する試みとして評価できるとおもう。他方，過去の判例により，共謀共同正犯の観念が拡張されたことは，広義の共犯にあって，圧倒的多数が共同正犯と認定される素地にもなっており，本来の共同正犯の理解を歪めてきた。[9] その裏面として，教唆犯の可罰性を不当に低く見積もるという派生的効果も招来したといえよう。

おもうに，共謀の場面で主導的な役割を果たした者は，各人の主観的認識

---

8) ただし，刑法60条の解釈をめぐっては，共謀共同正犯肯定説からも反論がみられる（大谷432頁など参照）。
9) 司法統計年報（最高裁判所事務総局）に掲載された最新のデータによれば，刑法犯通常第1審事件の有罪総人員中，各年度の共犯者総数に対して，教唆犯と幇助犯の占める割合は，平成8年の共犯者総数7,524名に対して，教唆犯23名（0.3％），幇助犯172名（2.3％），平成9年の共犯者総数7,943名に対して，教唆犯26名（0.3％），幇助犯184名（2.3％），平成10年の共犯者総数9,189名に対して，教唆犯18名（0.2％），幇助犯140名（1.5％）でしかない。

や客観的地位に応じた罪責を問われるべきである。また，間接正犯の場合と同様，（共同）実行行為の意味を規範的に捉えることも可能である。ただ，構成要件論を基調とする本書にあっては，そうした実質的な「共謀共同正犯」は，構成要件的行為の新たな限界を示すことなしには，安易に許容されるべきでない。一部の学説では，背後者に**優越的行為支配**を認めているが($\substack{大塚\\307\\頁}$)，そうした事実にもとづく共謀共同正犯は，ごく例外的な事案に限られるであろう。すなわち，そこでは，実行を分担しない共謀者の加担行為が，他の共同者の実行行為を介して，違法結果を惹起する危険性を著しく高めた場合に限定されるのである。[10]

(2) 共謀内容の実現

まず，共謀共同正犯は，道具である第三者を利用した場合（間接正犯）と異なる。したがって，実行担当者に対する定型的な支配まで要求できないが，通常の共謀を超えた「共同」性が前提条件となるであろう($\substack{大谷\\435頁}$)。すなわち，主観的には，共謀者自身が，積極的かつ主導的に犯罪を実現する意思を有しており，客観的にも，集団内の指導的地位や因果的影響力を通じて，犯行全体を支配した場合に限られる[11]。したがって，共謀の態様は，単に「数人相互の間に共同犯行の認識がある」だけでは不十分である。いわゆる**順次共謀**や**黙示の共謀**では，ただちに優越的支配があったとはいい難い($\substack{最大判昭33・5・\\28刑集12巻8号1718\\頁}$)[12]。さらに，犯罪の完成にいたる主要な因果経過は，共謀時の取決めに従って忠実に実現されたことを要する。

---

10) そこでは，未遂犯（不能犯）における実行の着手と同じく，犯罪実現の現実的危険性が判断基準となる。その意味で，構成要件的行為の実質的把握にもとづく肯定説を「準実行共同正犯論」と呼ぶこともある。
11) しかし，背後の黒幕という垂直構造の場合だけでなく，平等の関係で相互に利用し合う水平的構造の場合にも，犯罪の遂行・完成に重要な役割を果たした者は，現場の実行担当者と同様に，共同正犯として処罰されることがありうる。
12) 最近，暴力団組長が自分を警護するボディガード（スワット）に拳銃を所持させた事案にあって，当該幹部による直接的な指示がなかったとしても，スワットの性質上，黙示の共謀にもとづく共謀共同正犯が成立すると述べたものがある（スワット事件。最決平成15・5・1刑集57巻5号507頁）。そこでは，暴力団内部の指揮命令系統とスワットに警護される組長の地位を併せ考えれば，実質的には，組長がスワットに拳銃などを所持させたといえるとした（銃砲刀剣類所持等取締法違反）。そのほか，強盗の見張りについて，共謀の有無を論じた先行判例として，最判昭和24・2・8刑集3巻2号113頁など参照。

これらすべての要件が充足されたとき，背後の共謀者にも，実行担当者と同程度の「共同正犯」性を肯定できる。たとえば，自ら共謀を主催した者が，その後も携帯電話などを用いて，実行担当者に指示を与えていた場合が考えられる。他方，共謀者自身が犯行現場に出向いたかどうかは，共謀共同正犯における「共同性」にとって，決定的な要素となりえない。たとえ表面上は見張りにとどまったが，首謀者が現場の司令塔となっていた場合，共謀時における首謀者の指導的役割をうかがわせる補強証拠として，付随的に考慮されることになるであろう[13]。

【図示】 共同正犯の要件とその成立範囲

```
┌─共同実行の事実─┬─共謀共同正犯（共謀は「実行」行為にあたるか）
│                ├─承継的共同正犯（一部の「共同実行」で足りるか）
│                ├─予備罪の共同正犯（予備行為は「実行」にあたるか）
│                └─不作為犯の共同正犯（作為義務違反の共同はありうるか）
│
└─共同実行の意思─┬─過失の共同正犯（共同意思とは「故意の共同」であるか）
                 └─結果的加重犯の共同正犯（基本犯の「共同実行」で足りるか）
```

第2節　共同正犯の成立が限定される場合

1　承継的共同正犯

(1) 一部肯定説と全部肯定説

承継的共同正犯（sukzessive Mittäterschaft）とは，すでに先行者が実行に着手した後，その犯罪が完成される以前に，別の者（後行者）が共同の意思で加担した場合をいう。また，承継的共同正犯の客観的要件として，後行者が介入

---

13) 実行担当者が，共謀の内容を越える事実を惹起したり，共謀した内容を実現できなかった場合については，後述する「共犯の錯誤」が問題となる（→第5章第1節）。

した後は，先行者と後行者が共同して実行行為をしなければならない[1]。主観的要件としては，先行者と後行者の間に，相互的な意思の連絡があったことが必要である。たとえば，Ａが，強盗の目的でＢに暴行を加えて気絶させたが，途中で犯行を中止して立ち去った後，たまたま，犯行現場を通りかかった第三者のＣが，倒れているＢから金品を奪い取った場合には，共同実行の意思が欠けるため，Ａの強盗未遂罪（236条，243条）とＣの窃盗既遂罪（235条）が成立するだけである（大塚293頁(7)）。これに対して，承継的共同正犯の場合には，後行者が先行者の実行途中で共同意思をもって加担するため，すでに先行者が実現した部分についても，介入後の共同意思を理由として，強盗罪の共同正犯が成立するかが問題となる。

現在の多数説によれば，後行者は，介入後の共同実行についてのみ，共同正犯の罪責を負うことになる。しかし，先行行為が継続している場合に限って，例外的に共同正犯が成立するとされる（**一部肯定説**）。その理由としては，すでに終了した先行者の一部実行が，事後の共同行為によって遡及的に因果力をもつことはないからである（ローベ）。また，介入以前の行為については，後行者の行為支配が存在しない。すなわち，後行者には介入前の共同実行が欠ける点で，犯罪実現への寄与がないため，単に先行行為を利用する意思があっただけでは，共同責任を問いえないからである（大塚294頁，大谷423頁，川端549頁）。これに対して，有力説は，相互的な了解のもとに犯行に加担した以上，先行行為を含む全体について共同正犯が成立するという（**全部肯定説**）。全部肯定説によれば，後行者が先行行為を利用した点で，犯行全体に対する共同実行の意思があり，しかも，実行行為の一部を分担した以上，共同正犯としての罪責に欠けるところはないからである[2]（福田269頁）。

---

1) ただし，先行者が現場から去った後，後行者が単独で実行に及んだときにも，それが共同意思にもとづく犯行の分担であるならば，なお承継的共同正犯を肯定する余地がある（大谷423～424頁）。
2) なお，大審院時代の判例は，介入前の行為も含めて全部責任を認めていた（大判明治43・2・3刑録16輯113頁，大判明治44・11・20刑録17輯2014頁）。しかし，第2次世界大戦後の高裁判例では，こうした大審院判例を支持する判例（札幌高判昭和28・6・30高刑集6巻7号859頁，東京高判昭和34・12・7高刑集12巻10号980頁，大阪高判昭和62・7・10高刑集40巻3号720頁）と，介入後の行為に対してのみ共同正犯を認める判例に分かれた（広島高判昭和34・2・27高刑集12巻1号36頁）。なお，過去の判例については，松村格・新判コメ(3)175頁以下など参照。

(2) 利用意思と共同実行

おもうに，先行者による単独の実行行為が，後行者の積極的介入により遡及的に「共同する」ことはありえない点では，共同実行の事実を厳格に捉えて，介入後の部分だけを共同正犯とみるべきである[3]。しかし，犯行全体の共同実行を前提にしたうえで，後行者の介入後の事実だけを共同正犯とみるのであれば，実行共同正犯について当然のことを述べたにすぎない。これでは，あえて「承継的」共同正犯の概念を認めた実益が見出せないであろう。また，構成要件上複数の行為からなる詐欺罪（246条）や恐喝罪（249条）にあっては，後行者が財物の受取りに加担したときも，承継的共同正犯を認める見解が支配的である。そこで，先行行為の後で加担する後行者とはいえ，先行行為の意味を十分に認識・認容しつつ，相互的了解のもとに実行行為に加わったならば，介入前の行為についても共同正犯を認めるのが，承継的共同正犯を認めた本来の趣旨であろう[4]。

実際上，承継的共同正犯の成否が問われるのは，複数行為犯である結合犯や結果的加重犯の場合がほとんどである。たとえば，Aが強盗の目的でBに暴行（脅迫）を加えた後，犯行現場を通りかかったCが財物の奪取に協力したとき，Cの罪責を窃盗に限定することで，Aの強盗罪とCの窃盗罪の共同正犯とみる完全否定説は，犯罪論上も，一罪である強盗罪を無理に分割している。しかも，先行行為にもとづく被害者の畏怖状態を，後行者が積極的に利用した事実が看過されている。他方，強盗罪の結合犯性と後行者の利用意思をもって，常に強盗罪の共同正犯を認める見解も（大塚295頁／大谷424頁），先行者が単独で惹起した先行事実を，後行者に「押しつける」ことになりかねない。

(3) 先行行為にもとづく結果

一般には，後行者が先行者の犯行に加わったことで，被害者の畏怖状態が強化されるなど，共同の脅迫にもとづく財物の奪取となる場合が多いであろ

---

[3] そもそも，因果的共犯論によれば，介入前の先行者による発生事実を，後行者の罪責判断の基礎とすることは許されない。また，客観的見地からは，すでに存在した相手方の反抗抑圧状態を遡及的に利用することもありえない。

[4] これは，共謀共同正犯において，共同実行の意思と一部実行の分担さえあれば，形式的な意味で「共同の実行」がなくても，実質的な考慮をすることで，行為全体に対する刑事責任が認められたのと同様である。

う。その意味では、一定の条件を設けたうえで、強盗罪の共同正犯とする見解にも十分な理由がある。これに対して、もっぱら先行者の単独行為から、別個の犯罪類型にあたる重大な結果が発生したならば、その限度で、後行者の罪責は否定されるべきである。上述した設例では、AがBに暴行を加えた後、CがAの強盗に加担してBから財布を奪ったが、すでに先行者Aの暴行により被害者Bが負傷ないし死亡するにいたったとき、強盗致死傷罪（240条）の罪責は、先行者であるAだけが負うことになる。したがって、AとCの共同正犯は、強盗罪の限度で成立するにとどまる（大谷425頁。反対、札幌高判昭和28・6・30高刑集6巻7号859頁など）。

2　過失犯の共同正犯

(1)　意思の共同と故意の共同

過失犯の共同正犯では、共同実行の意思を故意の共同に限定すべきかが問題となる。従来、犯罪共同説によれば、共同実行の意思は、特定の犯罪を共同におこなう意思でなければならず、故意の共同と理解されてきた。その結果として、過失犯の共同正犯を否定する立場が一般的であった。他方、行為共同説によれば、客観的な共同実行は、危険性の徴表である自然的行為の共同とされるため、主観的な共同意思も「行為そのもの」を共同にする意思で足りる。そこで、過失犯の共同正犯はもちろん、故意犯と過失犯との共同正犯も認められる。学説上は、当初、過失犯の共同正犯を否定する見解が支配的であり、大審院の判例も、全面否定説に立脚していた（大判明治44・3・16刑録17輯380頁、大判大正3・12・24刑録20輯2618頁）。

しかし、第2次世界大戦後、過失犯の発生件数が飛躍的に増大したことにともない、最高裁判所が、過失犯の共同正犯を肯定してから、学説上も、次第に肯定説が有力になった（大塚296～297頁、大谷419頁など）。そのリーディングケースとなった最高裁判例は、終戦直後の混乱期にあって、飲食店の共同経営者が、有毒

---

5)　ただし、同じく人を殺害した場合であっても、先行者Xによる殺人の実行に途中で加担したYは、Xの先行行為から死亡結果が生じたときにも、これらの事実が1個の構成要件の枠内にとどまる以上（単純一罪である）、全体として殺人罪の承継的共同正犯になることはいうまでもない。

6)　いわゆる共同意思主体説にあっても、共謀という事実が前提条件となる以上、過失の共同正犯は否定されるであろう（下村康正・続犯罪論の基本的思想〔昭40〕125頁）。

物質(メタノール)を含有しているかを十分に検査することなく,出所の不確かなアルコールを客に販売して多数の死傷者を出した事案であった。その際,裁判所は,不注意にも共同して有毒物を提供した行為に着目して,有毒飲食物等取締令4条1項後段(過失犯)の共同正犯にあたると判示したのである[7]（最判昭和28・1・23刑集7巻1号30頁）。

(2) 過失犯の理論の進展

　過失犯の共同正犯を認めるにあたって,犯罪論上の障害となったのは,過失の本質である注意義務違反の「共同」を認めうるかどうかである。ところが,犯罪共同説にあっても,過失が,単なる責任要素にとどまらず,刑法上の客観的注意義務に違反したという違法要素が注目されるようになってから,大きく事情が変わった。すなわち犯人らが共同の注意義務を負っていた点に加えて,共犯者の全員がそれに違反したならば,過失構成要件を共同して実現する場合も考えうるからである。

　たとえば,爆発物を取り扱う危険な職場で働く作業員は,不慮の事故が発生しないように配慮すべき共同の注意義務を負担している。そこでは,自分が分担する作業を慎重におこなうだけでなく,同僚である仲間の行動にも注意しつつ,相互に安全を確認し合うなどして,重大な結果の発生を未然に防止しなければならない。共同者全員がこうした結果回避義務を負っている以上,もし1人が不注意な行動に出たために,違法な結果を招来したならば,安全確認を怠った他の共同行為者も,注意義務違反を理由として共同の刑事責任が生じるわけである[8]。

(3) 共同実行の意思

　かようにして,過失犯の共同正犯では,相互に利用・補充し合って不注意

---

7) そのほか,下級審判例でも,(業務上)失火罪(名古屋高判昭和31・10・22裁特3巻21号1007頁,名古屋高判昭和61・9・30高刑集39巻4号371頁,東京地判平成4・1・23判時1419号133頁),業務上過失致死罪(京都地判昭和40・5・10下刑集7巻5号855頁)などにつき,過失の共同正犯を認めたものがある。なお,村上光鵄・大コメ(5)163頁以下,松村・新判コメ(3)167頁以下参照。

8) もっとも,共同の危険行為が,ただちに相互の注意義務違反になるわけでない。たとえば,犯人らが銃猟の禁止区域へ一緒に出かけたとしても,それだけで,両名の発砲行為による死傷結果について共同過失を認めることはできない。過失の共同には,両名が意思を通じて人のいる方向に向けて発砲するなど,共同の意思と共同の実行が必要となる。

な行動を遂行しようとする意思が，まさしく共同実行の意思にあたる（大塚291, 297頁，大谷420頁）。ただし，共同の注意義務違反を認定するためには，共犯者が同等の法的地位にあることが前提となってくる。たとえば，電車の運転手と車掌，危険な手術の執刀医と看護師のように，異なる役割を分担する者同士の共同正犯は否定されることが多い（大塚297頁(14)，広島高岡山支昭和30・6・23裁特2巻12号623頁など）。また，危険な作業を分担する複数人の間で，信頼の原則が適用される場合にも（チーム医療など），共同過失が認められる範囲は限定されるであろう[9]。なお，最終的に過失犯の共同正犯が成立するためには，客観的注意義務に違反した共同行為者が，それぞれ，責任過失も必要とされることはいうまでもない（→第4部第4章第1節および第2節）。

3　結果的加重犯の共同正犯

(1) 全面肯定説

結果的加重犯の共同正犯では，基本犯に対する共同実行の意思（故意）はあったが，加重結果の発生を認識・認容していなかったとき，全体に対する共同正犯が成立しうるかが問題となる[10]。たとえば，XとYが，暴行の故意で共同してZを殴ったところ，直接にはXの暴行（傷害）が原因となってZが死亡したとき，共犯者のYは，傷害致死罪の共同正犯（205条，60条）になるかをめぐって，諸見解が対立してきた。

まず，確立した判例では，結果的加重犯の場合，基本犯と加重結果の間に条件関係さえあれば足りるので，すでに基本犯の共同正犯が成立している以上，当然，致死の結果についても，その共同正犯が認められることになる（大判昭和3・4・6刑集7巻291頁，最判昭和22・11・5刑集1巻1頁）。具体的には，傷害罪（最大判昭和23・10・6刑集2巻11号1267頁），傷害致死罪（最判昭和33・6・17刑集12巻10号2142頁），強盗致傷罪（最判昭和23・4・17刑集2巻4号384頁），強盗致死罪（最判昭和26・3・27刑集5巻4号686頁），強姦致死傷罪（大判明治41・4・14刑録14輯391頁）などの共同正犯が認められてきた。同じく

---

9) ただし，こうした共同の注意義務違反から当該結果に到達したとする要件は，横の関係における監督過失を認めるものであって，因果的共犯論では採用できないと批判する向きもある。なるほど，複数行為者が同一の結果防止義務を並行的に負担するとき，その中の1人が注意義務を果たすことで，当該結果の発生を防止できるため，過失犯の因果関係は否定されるであろう。しかし，このことをもって，ただちに過失の共同正犯を否定するべきかは疑問である。

10) 結果的加重犯の共犯については，香川達夫・結果的加重犯の本質（昭53）129頁以下，丸山雅夫・結果的加重犯論（平2）339頁以下など参照。

学説上も，結果的加重犯の共同正犯を肯定する見解が，多数説である（大塚299頁，大谷421頁など）。

(2) 限定肯定説

しかし，責任主義を徹底する見地から，重い結果の発生につき過失を要求する通説的見解を前提とするとき，その限度で，過失犯の共同正犯と同じ問題が発生する。したがって，各共犯者に加重結果を帰属させるためには，理論上，共同の注意義務違反と各人の責任過失が成立要件となるべきである。もっとも，結果的加重犯にあっては，すでに基本犯の共同実行により，重大な結果を引き起こす類型的危険性が生じている。その意味で，当該の重大な危険が現実化した場合にも，基本犯を共同実行した者であれば，通常，犯行全体に対する共同正犯の罪責が認められる。すなわち，基本犯の実行に関与した以上，重い結果の発生についても，十分に予見・認識できるのであって（大谷421頁），特別な結果防止措置を講じないかぎり，客観的な注意義務違反に加えて，主観的な過失責任を認めて差し支えないからである（大塚299頁）。

【図示】共同正犯の諸形態

共同正犯―┬―共同「実行」の事実
　　　　　└―共同実行の「意思」―┬―過失の共同正犯（「故意の共同」は必要か）
　　　　　　　　　　　　　　　　├―故意犯と過失犯の共同正犯（犯罪共同説では不可能）
　　　　　　　　　　　　　　　　├―結果的加重犯の共同正犯（加重結果の帰属いかん）
　　　　　　　　　　　　　　　　└―片面的共同正犯（犯罪共同説では不可能）

第3節　共同正犯の成立が疑問視される場合

1　片面的共同正犯

(1)　共同意思の欠如

片面的共同正犯（einseitige Mittäterschaft）とは，客観的にみて共同実行の事実はあったが，行為者間で相互的な意思連絡が全然なかった場合である。通

説・判例によれば，共同正犯の成立は否定されることになる。たとえば，AがBを強姦する際，以前からBに恨みをもつCがAの犯行を助ける意思で，暗闇の中で密かにBの手足を押さえていた場合，あるいは，夫であるDが知人のEを恐喝すると知った妻のFが，かつて自分を捨てたEに復讐するため，Dの脅迫内容を強める内容の文書を送りつけた場合を考えてみよう。共犯者であるCおよびFの行為は，それぞれ，Aの強姦罪（177条）またはEの恐喝罪（249条）に対する片面的共犯にあたるが，いずれも共同正犯にはあたらない[1]。

なるほど，自然的行為の共同でよいとする行為共同説では，一方的な共同意思の場合にも，事実上の共同「行為」が認められる以上，その限度で，共同正犯が成立することになる。しかし，通説・判例である犯罪共同説にあっては，特定の犯罪を実行する旨の意思連絡がなかった以上，共同正犯の成立を否定するほかはない（大塚292～293頁，大谷428頁，大判大正11・2・25刑集1巻79頁など）。共同正犯の本質を，共犯者間の相互利用・補充関係にもとづく共同（連帯）性に求めるならば，相互的な意思連絡で犯人らの犯意を強化することが，共同意思の本質的部分となるからである。

したがって，相互的な意思連絡を欠いた「片面的共同正犯」の観念は，理論上も排除されねばならない。もっとも，片面的共犯をただちに同時犯とみるのも早計である。たとえば，一方的な「共同」行為が正犯を促進したとき，片面的従犯を構成するほか[2]，刑法上，独立した犯罪構成要件にあたることも考えられる（79条，100条，227条など）。もちろん，単なる同時犯として処理されることもあろう。

(2) **因果的共同の存在**

さて，因果的共犯論は，もっぱら結果発生に向けた客観的危険から共犯の成否を決定するため，共同の意思という主観的要素は，少なくとも違法評価

---

1) 本文中の強姦事例では，およそ片面的共同正犯の観念を否定するとき，Cの行為が促進作用をもつため，後述する片面的従犯にあたりうるが，さもなければ，独立した犯罪類型に該当しないかぎり，何ら罪責を負わないことになる。
2) 通説は，片面的共同正犯の観念を否定しながらも，従犯については，片面的な関与も処罰する（→第4章第3節）。したがって，本文中のCとFについては，それぞれ強姦罪と恐喝罪の片面的従犯が成立する。

の段階では，共同正犯の成立要件とならない。したがって，強盗の意思でAに暴行を加えたXとは無関係に，Aに銃口を向けてその抵抗を抑圧したYについても，強盗罪の実現に寄与した以上，片面的共同正犯が成立しうることになる。かりに，責任評価の段階にいたってから，XとYの間で意思連絡がなかったことを理由として，共同正犯の成立を否定する場合にも，純粋惹起説では，客観的にはYの脅迫が強盗の手段となった以上，単なる幇助行為とはみられず，だからといって，道具であるXを利用した間接正犯ということもできない。

また，因果的共犯論は，共犯者間の意思連絡を前提とした犯罪共同説から離れて，行為共同説を前提とした共犯論へ接近する。そこでは，上述した設例も含めて，広く片面的共同正犯の成立を認めることにもなりかねない。その際，たとえ事前の片面的共同では不十分であって，直接的な侵害行為に併行する場合に限るとしても，なお共同正犯の成立範囲が不当に拡大することは避けられない。ここでも，共同意思の不存在を，客観面の寄与でまかなう純粋惹起説の問題点が，明らかとなるのである。[3]

2 不作為の共同正犯

(1) 共同の作為義務違反

不作為犯の共同正犯も，複数人による共同の作為義務違反がある以上，当然に肯定される。これに対して，目的的行為論を採用する立場は，作為と不作為の構造的差異を強調して，不作為の共同という事態はありえないと主張する（ヴェルツェル，アルミン・カウフマン）[4]。しかし，共同実行の事実は，「何かをしない」という不作為でも実現することが可能である。具体的には，犯罪結果を防止する共通の作為義務を負った複数人が，相互に意思を連絡して作為義務に違反したときには，不作為の共同正犯を認めうるのである（マウラッ

---

[3] かりに，反対説の論者が，行為全体に対する「機能的支配」を根拠とするのであれば，間接正犯が成立することもありうるが，この場合にも，正犯の成立範囲を不当に拡張することになるのはいうまでもない。

[4] ドイツの学説状況を含めた詳細な紹介として，神山敏雄・不作為をめぐる共犯論（平6）302頁以下参照。そこでは，関与者が共同して義務を履行しうる場合とそれ以外の場合に分けたうえで，後者については，不作為の同時犯にとどまるといわれる。

ハなど。わが国の通説)。たとえば，両親が相互に意思を通じて（共同実行の意思），自分の子を殺害するべく，生後間もない乳児に必要なミルクを与えず，最終的にその子を餓死させたときには（共同実行の事実），不真正不作為犯である殺人罪の共同正犯が成立する（大塚301頁，大谷427頁，川端559頁など）。

(2) 保障者的地位の欠如

もっとも，保障者説にあっては，一定の保障者地位にある人間だけが主体となりうるため（→第2部第2章第3節），作為義務のない者には，共同正犯が成立しないであろうか。たとえば，Aと親子関係にない愛人のXが，老母Aの保障者的地位にある娘のYと共謀して，疾病の手当もせずに放置して死なせたとき，非身分者による共同正犯を否定する立場では，Xは，Yの殺人罪に対する身分なき従犯にとどまる。しかし，本書は，「共犯と身分」のところで説明するように，身分のない共同正犯の成立も認めるため（→第5章第4節），かりに作為義務者でない第三者が介入した場合にも，保障者（作為義務者）と共同して不作為犯を実行できるものと考える。

3 予備罪の共同正犯

(1) 肯定説と否定説

予備罪の共同正犯をめぐっては，予備の共同を「共同実行」といえるかが問題となる。判例の中には，Xから，殺人に用いる毒薬の調達を依頼されたYが，Xの使途を知りながら毒薬を渡したところ，Xは，まったく別の方法で被害者を殺害した事案において，Yを殺人予備の幇助にとどまらず，殺人予備罪の共同正犯にあたるとしたものがある（最決昭和37・11・8刑集16巻11号1522頁）。学説上も，共同して予備をしたとき，予備罪の共同正犯を認めるのが多数説である（大谷427～428頁，川端560頁）。しかし，共同実行とは，基本的構成要件に該当する実行の共同を予定しており，それに先立つ予備行為まで含めることはできない。その限度では，共同正犯否定説が妥当である（大塚308～309頁）。

---

5) そもそも，作為義務をともなう保障者的地位が「身分」にあたるかどうかによって，その理論構成も異なってくるであろう。ただし，作為義務自体は，実行行為性を基礎づける要素であって，不真正不作為犯は単なる身分犯に尽きるものでない。
6) 過去の判例については，高橋則夫・新判コメ(3)213頁以下など参照。

そもそも，予備にあたる行為は広範かつ多岐にわたるところ，一律にその共同正犯を肯定することは，予備罪として処罰される範囲を不当に拡張するおそれがある。しかも，重大犯罪に限って可罰性を付与した予備罪の規定を，基本的構成要件と同等に取り扱うことは，罪刑法定主義の見地からも問題があろう。さらに，通常，予備罪の可罰性が未遂犯よりも低い点を考慮するならば，私戦予備（93条）のような特別規定はともかく，共同の予備行為は，それぞれが同時犯となるにすぎない。もっとも，内乱予備（78条）では，その幇助も処罰されるため（79条），明文上も独立した意義が認められる（**独立予備罪**）。こうした特別類型では，予備罪の共同正犯も認めうるであろう（二分説。なお，名古屋高判昭和36・11・27高刑集14巻9号635頁参照）。

(2) 他人予備と同時犯

なお，全面否定説によれば，上述した設例のXとYが予備罪の同時犯となるので，Yからみて他人（X）のための準備行為が，予備の範疇に含まれるかが問題となる。たとえば，第三者Aが正犯者Bの殺人を幇助しようとしたが，客観的には殺人予備の共同に終わったとき，Aには，自ら殺人をおこなう意思がないため，予備罪の主観的要件を欠くからである[7]。この点をめぐっては，予備罪の共同正犯を肯定する立場でも，殺人罪の他人予備が排斥されるため，むしろ，Aを身分のない（目的のない）共犯とみて，直接には他人を殺す意思がないAも，殺人罪の共同正犯に問擬する見解がある（大谷428頁）。しかし，一時的な心理状態である目的を身分に含めるのは妥当でない（後述参照）。したがって，本書では，他人予備の観念を認めつつ，共同正犯と同時犯を区別することになる。

かようにして，共犯規定を刑罰拡張事由とみたうえで，共犯従属性説を維持するならば，予備行為を基本的構成要件の「実行」に含めることはできない。また，定型性の乏しい予備罪の処罰範囲を限定するためにも，予備罪の共同正犯や予備罪の教唆・幇助を認めることは避けるべきである。ただし，内乱予備・陰謀（78条），私戦予備（93条），および，通貨偽造準備罪（153条）

---

7) もっとも，Bだけを殺人予備罪として処罰することも考えられる。なお，他人予備を否定する見解として，斉藤誠二・予備罪の研究（昭46）167頁以下，603頁以下などがある。また，他人予備の危険性が低いという理由で，不可罰とする見解もみられる。

などの独立予備罪については，理論的にも，予備・準備それ自体が基本的構成要件にあたるため，その「実行行為」が考えられる。したがって，予備罪における共犯の成否は，当該犯罪類型の性格に依存するところが大きい。

第4章　狭義の共犯 —— 教唆犯と従犯

第1節　教唆犯と従犯の意義

1　従属的共犯としての教唆・幇助

(1) 狭義の共犯と処罰根拠

　刑法典の総則には，共同正犯 (60条) と並んで，教唆犯 (61条) と従犯 (幇助犯。62条，63条) の規定がある。第3章で説明した共同正犯の概念が，複数の「正犯」者による犯行であったのに対し (広義の共犯)，教唆犯および従犯は，**狭義の共犯**である。狭義の共犯は，それ自体が独立して犯罪を構成するものではない (共犯従属性説)。言い換えれば，もっぱら正犯の実行に付着する形で処罰されるため，**従属的共犯**と呼ばれてきた。その中でも，**教唆犯** (Anstiftung) は，「人を教唆して犯罪を実行させた」場合である。したがって，他人に犯罪を「そそのかす」方法により (教唆行為)，被教唆者 (正犯者) に犯罪実行の決意を生じさせて，その正犯者が構成要件に該当する違法行為に及んだことが必要となる (制限従属形式)。また，従犯においても，正犯 (の実行行為) の存在が前提条件となっている (→従属性の程度)。

　つぎに，教唆犯および従犯の処罰根拠をめぐっては，かつて責任共犯論が，他人を犯罪に引き込んだ点に着目したとされる。しかし，今日では，不法共犯論の立場から，正犯者に犯行の決意を生じさせることで，その正犯者が違法な行為をおこなった点に着目する見解 (混合惹起説＋修正惹起説) が，広く支持されている (→共犯の処罰根拠)。これに対して，いわゆる因果的共犯論 (純粋惹起説) によれば，正犯者を通じて結果発生の客観的危険を惹起したことが処罰根拠となるであろう。

(2) 他の共犯形態との区別

　教唆犯の成立範囲については，特に共謀共同正犯と教唆犯の違いが問題とされた。すでに指摘したように，教唆犯は，他人に犯行の決意を生じさせる

場合であるのに対して，共謀共同正犯は，自らも犯罪を実現する意思から，共謀全体を支配して仲間に侵害行為をさせる点で，まったく性質が異なる類型である（→第3章第1節）。また，教唆犯に類似する外観であっても，特別法上の**独立教唆罪**である煽動（せん動）罪やあおり罪などは，刑法典総則上の共犯規定から区別されねばならない（たとえば，破防38条以下，爆発4条，公選234条など）。これらの規定では，正犯にあたる者が実行行為に出る必要がなく，単に「そそのかす」行為さえあれば足りる（たとえば，国公110条1項17号，地公61条4号など）[1]。したがって，その処罰範囲が極めて緩やかになる点で，罪刑法定主義の見地からは疑問があるといえよう[2]。

(3) **有形的従犯と無形的従犯**

　従犯（Beihilfe）とは，「正犯を幇助した」場合である。「幇助」という行為は，すでに犯行の実行を決意した正犯者の実行を容易にするものにほかならない。具体的には，(a)正犯にとって必要な凶器を貸与したり，準備のための資金を提供するなどの，有形的・物理的方法による場合と，(b)犯行に適した場所や時間を教えたり，正犯者を激励するなどの無形的・精神的方法による場合がある。前者を，(a)**有形的従犯**（physische oder technische Beihilfe）と呼び，後者を，(b)**無形的従犯**（psycholosische oder intellektuelle Beihilfe）と呼ぶことがある。

　無形的従犯は，教唆犯と同じく，正犯者の意思に心理的影響を及ぼすものであるが，幇助にあっては，すでに実行を決意した正犯者に対する働きかけにとどまる。したがって，まだ犯行を決意していない被教唆者に対して，犯意を生じさせる教唆犯の場合とはおよそ異なる。また，有形的従犯と共同正犯の違いは，共同実行の意思で犯行の一部を分担した者が，共同正犯にあたるところ，従犯は，もっぱら正犯の実現を促進するだけである[3]（大塚325〜326頁，大判大正6・

---

[1]　たとえば，地方公務員法61条4号の「そそのかし，若しくはあおり」の意味をめぐっては，相手方が犯行の決意を生じなくてもよいと明言される（最判昭和29・4・27刑集8巻4号555頁）。

[2]　さらに，「せん動」罪または「あおり」罪では，特定の犯罪を遂行させる目的で，不特定人または多数人に対して，犯行の決意を生じさせたり，すでに正犯のもっている犯意を強化・促進する刺激を与えれば足りる（破防4条2項。なお，大判昭和5・11・4新聞3210号13頁参照）。

[3]　たとえば，見張り行為については，現場で実行の一部を分担するため，騒乱罪（大判昭和2・12・8刑集6巻476頁），殺人罪（大判明治44・12・21刑録17輯2273頁），窃盗および強盗罪（大判大正11・10・27刑集1巻593頁，最判昭和23・3・16刑集2巻3号220頁）の共謀共同正犯とされたが，見張り行為を一律に共同正犯と捉えるのは，疑問である（大塚326頁など）。

5・25刑録23輯519頁，名古屋高判昭）
和29・9・29裁特1巻9号395頁参照）。

　なお，従犯にあっても，幇助行為の相手方である正犯者は，現に実行に着手しなければならないが，内乱幇助罪（79条），外患援助罪（82条），逃走援助罪（100条）などのように，刑法典各則に規定された必要的共犯の類型では，刑法典総則における（任意的）共犯規定の適用が制限されるのは，すでに述べたとおりである⁴⁾（→第2章第1節(1)）。

2　従属的共犯の取り扱い

(1) 教唆犯の処罰

　教唆の場合には，「正犯の刑を科する」ことになる（61条1項）。したがって，正犯者が実現した基本的構成構成要件の法定刑から，各共犯者のもつ違法・責任の量を考慮しつつ処断刑および宣告刑が決定される（最判昭和25・12・19刑集4巻12号2586頁）。また，これらの従属的共犯が正犯に従属する程度については，構成要件該当性と違法性の範囲にとどまるため（制限従属形式），正犯者が実際に処罰されることは必要でない（大判明治44・12・18刑録17輯2211頁）。刑の加重減軽事由についても，各行為者ごとに決定されるのは，いうまでもない。⁵⁾

　ただし，従属的共犯は，通常，正犯者よりも当罰性が低いため，正犯の法定刑が「拘留又は科料のみに処すべき罪の教唆者及び従犯は，特別の規定がなければ，罰しない」とされる（64条）。また，上述したように，必要的共犯に対する教唆・幇助の処罰が限定されることもあり，判例の中には，ある犯罪類型が当然に予想する関与形態であれば，特にこれを処罰する明文規定がないとき，教唆犯または従犯にあたらないとしたものがある（最判昭和43・12・24刑集22巻13号1625頁）。

(2) 従犯の処罰

　他方，「従犯の刑は，正犯の刑を減軽する」ことになる（**必要的減軽事由**。63条）。判例によれば，「減軽する」とは，正犯の法定刑を減軽する趣旨であっ

---

4) そのほか，あへん煙吸食のための場所提供罪（139条2項），傷害現場助勢罪（206条），さらに，本犯である財産犯に向けた「事後従犯」としての盗品等罪（256条）がみられる。

5) なお，教唆者に正犯者より重い宣告刑を科することも，理論上は差し支えないが（大判明治43・12・9刑録16輯2139頁参照），正犯者がおよそ処罰されなかったり，正犯者の刑が著しく減軽される場合には，従犯的共犯だけを重く処罰することは，事実上困難であろう。

て，宣告刑の段階では，正犯者の刑よりも重くなることがありうる（なお，大判昭和8・7・1刑集12巻1029頁参照）。なぜならば，共犯従属性説においても，共犯者の可罰性は各人ごとに独立して評価されるため，当然には，正犯の可罰性と連動しないからである。たとえば，正犯者だけに責任減少事由が認められることがある。なお，刑事手続において，正犯者が実際に起訴・処罰されたことも必要ではない（大判大正6・7・5刑録23輯787頁，大判昭和9・5・31刑集13巻694頁）。

第2節　教唆犯の成立要件

1　教唆の故意と未遂の教唆

(1) 主観的要件と客観的要件

教唆犯では，「(他)人を教唆」したことが必要である（61条1項）。すなわち，教唆者は，(a)主観的な教唆の意思だけでなく（**教唆の故意**），(b)客観的にも「そそのかす」行為をしなければならない（**教唆行為**）。まず，教唆犯の主観的要件をみておこう。教唆者は，自己の指示・依頼・嘱託・誘導・懇願などによって，相手方に特定の犯罪を決意させること，しかも，実際に被教唆者（正犯者）が実行するのを認識・認容したことが必要である。有力説は，基本的構成要件に該当する結果（既遂結果）の認識・認容も，教唆の故意に含まれるというが（福田281頁，前田459頁），少なくとも正犯の実行（の着手）を予定していれば，基本的構成要件の全内容を認識・認容する必要はない（**主観的な実行従属性**）[1]。もちろん，不法共犯論を前提とする以上，教唆者は，正犯者による違法事実の発生を間接的に促進しなければならない。しかし，構成要件に該当する現実的危険性のある正犯行為を認識していたならば，たとえ正犯が未遂に終わった場合にも，教唆犯として処罰可能である[2]（大塚284頁，大谷443頁）。

つぎに，**未遂の教唆**（Anstiftung zum Versuch）とは，未遂犯に対する教唆で

---

1) なお，教唆の故意でも，未必的な認識・認容で足りることは，いうまでもない（→第2部第4章第2節）。
2) ただし，正犯（たとえば，傷害罪）の未遂が別個の犯罪（暴行罪）を構成するときには，傷害（204条）未遂の教唆でなく，むしろ，暴行罪（208条）の教唆として処罰される。

あり，正犯が未遂になることを予定しつつ，背後者がこれを教唆した場合である。たとえば，テロリストのXが，防弾ガラス付きの自家用車に乗る政治家のAを脅迫するため，車中のAを狙撃しても殺害できないことを承知で，プロの暗殺者Yに上記の事情を伏せたまま，車で移動中のAを射殺するように依頼した場合が考えられる。すなわち，教唆者のXは，当初から，YによるAの殺害（殺人既遂）を予定しておらず，むしろ，殺人未遂にとどめるつもりであった。したがって，教唆の故意として，基本的構成要件（既遂）にあたる事実の認識・認容が欠けている。しかし，防弾ガラスのことを知らない狙撃犯Yには，殺人既遂の故意があるため，少なくとも殺人未遂罪が成立する。その場合，狙撃を依頼したXは不可罰となるのであろうか。

(2) **具体的危険の惹起**

なるほど，およそ構成要件の実現が不能な事例では（不能犯），正犯者のYはもちろん，これを教唆したXも不可罰となるであろう。しかし，正犯者の実行行為が具体的危険性を包含するかぎり（殺人未遂罪成立），これを教唆した背後者には，殺人未遂に対する教唆犯が成立する（不法共犯論）。通説も，共犯の従属性にもとづいて，未遂の教唆を認めてきた（大塚311頁，大谷438頁など）。

また，上述した設例において，たまたまAが別の自動車を利用したため，Yの狙撃で射殺された場合のように，教唆者の予想に反して既遂結果が生じたときにも，およそ未遂の教唆を否定する立場では，正犯のYだけが殺人既遂罪で処罰され，これを教唆したXは不可罰となってしまう。かりに，予想外の死亡結果に関するXの過失責任を論じるとしても，せいぜい，過失による教唆，または，Yの殺人行為を媒介とした過失致死罪が成立するだけである。しかし，過失による教唆は不可罰となるため（後述参照），結局のところ，背後の教唆者には，（重）過失致死罪の可能性が残るにすぎない。

(3) **未遂の教唆と教唆の未遂**

他方，法益侵害（危険）の間接的惹起を重視する因果的共犯論によれば，正

---

3) 反対説では，教唆犯の主観的要件が充たされないからである。もっとも，正犯者のYが標的のAを狙撃した結果，自動車の一部が損壊されたり，運転手がガラスの破片で怪我をするなど，器物損壊罪（261条）や傷害罪の教唆にあたる限度で，Xを処罰することも考えられる。
4) もちろん，Aの死亡を予見しなかったXは，「共犯の過剰」になるため，当然に殺人既遂の教唆とすることはできない（大谷439頁➡共犯の錯誤）。

犯者が実現する既遂結果の認識が，教唆の故意でも重要な要素となる。したがって，その認識がない未遂の教唆では，すべてが不可罰となってしまう（曽根261頁，前田459頁）。さらに，主観主義でも，教唆者には，基本的構成要件の実現に向けた故意が要求されるため，未遂の教唆は処罰されない（木村415頁）。ところが，主観主義（近代学派）が採用する共犯独立性説では，教唆犯の主観的要件として，正犯者（被教唆者）を犯罪に引き入れることの認識・認容で足りる。その意味では，およそ正犯の実行さえない**教唆の未遂**（教唆の失敗）も，それが犯人の危険性を徴表するものであるかぎり，教唆犯として処罰されることになる。その結果として，正犯が実行に着手した「未遂の教唆」では，教唆者が不可罰となるにもかかわらず，まったく正犯の実行さえない「教唆の未遂」が処罰されるという，罪刑の不均衡が生じるであろう。

2 過失による教唆と過失犯に対する教唆

(1) 過失による（故意がない）教唆

犯罪の実行を迷っている者に対して，不用意な発言をすることで，犯意を固めさせた場合のように，「そそのかす」ことの認識・認容がなく，不注意で教唆する場合も考えられる（**過失による教唆**）。自然的行為の共同を重視する行為共同説によれば，過失による教唆も考えられるが，犯罪共同説にしたがう以上，教唆犯には，正犯者に犯罪の実行を決意させる意思が必要である。したがって，過失による教唆の観念は，否定されるべきである（通説。大塚313頁，大谷440頁など）。また，狭義の共犯にあっても，故意犯が原則とされるため（→責任主義），（修正された）構成要件で過失犯の規定がないにもかかわらず，過失による教唆を処罰するならば，明文の規定がない過失処罰を許すことになってしまう（38条1項ただし書）。

---

5) なお，犯罪捜査のため，警察官が他人に一定の犯罪を教唆する場合がある。こうした現象は，アジャン・プロヴォカトゥール（agent provocateur），または，陥害教唆や陥穽教唆などと呼ばれる。いわゆる「おとり捜査」の中には，未遂の教唆が含まれることもあり（最決昭和28・3・5刑集7巻3号482頁），この場合，教唆犯の成立を肯定する見解（大塚312頁，大谷439頁）と，否定する見解（福田281頁）が対立してきた。しかし，法令行為として違法性が阻却される場合はともかく（たとえば，麻薬及び向精神薬取締法58条など参照），犯罪捜査のためであっても，未遂の教唆として処罰するべきである。

(2) **過失犯に対する（故意の）教唆**

過失犯に対する教唆とは，故意の教唆行為によって，被教唆者による過失の正犯を引き起こす場合をいう。ここでも，およそ教唆犯は，正犯の犯意を惹起するものであり，（故意のない）過失正犯に対する教唆犯は成立しない（大塚315頁，大谷441頁，東京高判昭和26・11・7判特25号31頁）。ただし，背後者の慫慂行為が，過失の正犯を利用した間接正犯にあたる場合には，別途，正犯として処罰可能である。これとは反対に，行為共同説では，複数の人間が共同して犯罪を実現するかぎり，共犯の成立が可能となるため，過失犯に対する教唆も肯定される。[6]

なお，上述した設例で，背後者には，被教唆者（過失犯）を道具として利用する意思がなかったとき，これを間接正犯に問擬することはできない。他方，過失正犯を利用した間接正犯にあたる場合にも，被教唆者の過失正犯（の既遂）とは別に，背後者の間接正犯を認めることで，同一の結果に対する故意の間接正犯と過失正犯の2つが成立する事態となる。かりに，この両者が同時犯として，いずれも過失既遂犯と故意既遂犯になる場合には，同一の違法結果を二重に評価したという問題が残るが，そのことがただちに，間接正犯の成立を排除するわけでない。

私見によれば，直接正犯が過失犯であっても，そこには不注意な意思決定にもとづく過失の実行行為があり，背後者の利用（教唆）行為によって，犯罪的意思にもとづく結果惹起があったと考えられる。すでに過失犯の共同正犯にあっても，意思の共同が認められたことからすれば（→第3章第2節参照），教唆行為にもとづく犯罪的意思の惹起は，故意の正犯だけに限定する必要はないであろう。第三者が正犯者の不注意な態度を故意に招来したならば，まさしく教唆による意思決定があったとして，犯罪共同説の立場でも，過失犯に対する教唆を認めうるのではなかろうか。[7]

---

6) なお，植田重正・共犯論上の諸問題（昭60）10頁以下，大越義久・共犯論再考（平元）13頁以下，高橋則夫・共犯体系と共犯理論（昭63）191頁以下など参照。また，共犯独立性説では，教唆行為自体のもつ可罰性に着目するかぎり，教唆犯が成立するであろう。
7) 同様にして，結果的加重犯に対する教唆も認められる（大塚341頁，大判大正13・4・29刑集3巻387頁など）。そのほか，偽証罪（169条）などの自手犯に対しても，教唆犯の成立は可能であり（大判明治43・6・23刑録16輯1280頁など），片面的教唆も認められる（後述参照）。

3 教唆行為とその態様

(1) 教唆の手段・方法

教唆行為は，客観的にみて，相手方（被教唆者）に一定の犯罪を決意させるものでなければならない。たとえば，ごく漠然とした形で「犯罪をしてはどうか」と勧めるだけでは，教唆犯にならない（大決大正13・3・31刑集3巻256頁）。しかし，一定の犯罪実行を決意させるものであれば，その手段・方法には制限がないため，明示的な教唆方法であるか，黙示的な教唆方法であるかを問わない（大判昭和9・9・29刑集13巻1245頁）。具体的には，威嚇，欺罔，指揮，命令，指示などの強い態様から，哀願，誘導，慫慂，利益供与，嘱託，忠告などの弱い態様のものまで含まれる[8]（大判明治43・6・23刑録16輯1280頁，最判昭和26・12・6刑集5巻13号2485頁など）。

また，正犯行為の内容について，その日時・場所・方法を，具体的に指示することは必要でない（大判大正5・9・13刑録22輯1335頁）。将来発生するであろう事実にもとづく犯罪を教唆する場合もありうる（大判明治44・6・15刑録17輯1180頁）。さらに，相手方が教唆されたことを自覚する必要もないため，**片面的教唆犯**も認められる（大塚315頁，大谷442頁など）。ただ，被教唆者は，まだ犯行を決意していないことが前提となるため，すでに実行を決意した者に対する「教唆」は，かりに正犯者の意思を強化した場合にも，無形的従犯として処罰されるにすぎない（大判大正6・5・25刑録23輯519頁）。

そのほか，教唆行為の対象となる者は，1人または複数であるかを問わないが，特別法上の「せん動」や「あおる」行為とは異なり，少なくとも，一定の範囲の者に特定されねばならない（大塚314頁，川端563頁など）。上述した共犯の従属性からして，たとえ責任無能力者であっても，規範的な判断能力および行為制御能力を備えているかぎり，教唆行為の相手方となりうる（制限従属形式）[9]。

---

8) なお，正犯と共犯の区別に関連して，XがYに対して，具体的な犯行方法を含めた証拠偽造を積極的に提案したところ，これを受けてYがXに証拠偽造を依頼した場合，なおYの依頼によってXが犯罪実行の決意を固めた以上，Yの犯行は，Xの証拠偽造に対する教唆にあたると認定された（最決平成18・11・21刑集60巻9号770頁）。

9) ただし，およそ判断能力のない「正犯行為」者を利用した場合には，間接正犯にあたる。また，威嚇・欺罔の程度によっても，間接正犯が成立しうるであろう。過去の判例が認めた教唆事例については，安廣文夫・大コメ(5)463頁以下，岡野光雄・新判コメ(3)256頁以下など参照。

(2) **共同教唆の取り扱い**

つぎに，数人が共同して教唆行為をおこなう**共同教唆**（gemeinsame Anstiftung；Mitanstiftung）は，教唆犯の共同正犯とみるべきであろうか。共犯従属性説によれば，教唆行為は，修正された構成要件が規定する行為でしかなく，基本的構成要件の「実行」とは異なるので，その共同正犯を認めることはできない。したがって，共同教唆者は，各人が独立して教唆犯にあたる限度で罪責を負うことになる（大塚314頁，川端568頁）。また，教唆の共謀が教唆自体と同視される場合にも，教唆の同時犯として処理されるべきであって，その他の単純共謀者については，教唆者を教唆した者となる（間接教唆。大塚314頁，川端568頁）。これに対して，過去の判例や一部学説では，数人が共謀して他人を教唆したならば，全員が「共謀共同教唆犯」になると説明してきた（大谷442頁，最判昭和23・10・23刑集2巻11号1386頁）。

(3) **不作為の教唆**

「不作為の教唆」の中には，「不作為による教唆」と「不作為犯に対する教唆」がある。まず，**不作為による教唆**とは，何もしないことで正犯に犯行の決意を生じさせる場合である。しかし，教唆行為は，相手方に働きかける方法で，正犯の決意を生じさせるものである以上，不作為による教唆を否定するのが多数説である（大塚314頁，大谷440，465頁など）。たとえば，夫のXがAの殺害をためらっていた際，妻のYが投げやりな態度でXの苦悩を放置したため，最終的にはXが犯行を決意するにいたったとき，それだけでYを教唆犯に問うことはできないであろう[10]。

これに対して，**不作為犯に対する教唆**としては，生活苦にあえぐ未婚の母親をそそのかして，生まれたばかりの乳児を餓死させる場合が考えられる。この場合には，教唆犯の成立を肯定するのが多数説である（大塚315頁，大谷441，464頁など）。真正不作為犯の場合も含めて，正犯者に犯行の決意を生じさせた以上，その行為が教唆犯にあたるのは当然であろう。もっとも，不真正不作為犯の観念を否定する立場では，これを間接的に惹起する「不作為犯に対する教唆」も

---

10) たとえ，教唆者に正犯者の実行を阻止する法律上の作為義務があるとしても，義務違反的態度それ自体が別罪を構成するのはともかく，安易に不作為による教唆犯の成立を認めるべきではない。ただし，先行行為の態様によっては，不作為による教唆を肯定する余地もある（→共犯関係からの離脱）。

不可罰となるが，今日では，ほとんど支持されていない。

4 「（正犯に）犯罪を実行させた」

(1) 予備・陰謀の教唆

　教唆犯という（修正された）構成要件の結果として，正犯者が犯罪の実行を決意するだけでなく，客観的にも実行に着手しなければならない[11]。また，予備・陰謀は，実行の着手前の状態であるため，予備・陰謀を教唆しただけでは，「犯罪を実行させた」場合にあたらない（大塚316頁）。通説は，**予備・陰謀に対する教唆**を全面的に肯定するが（大谷442頁・川端570頁），疑問といわざるをえない。もっとも，予備または準備行為が独立罪となっている場合には（93条，100条，153条など），その性質に応じて教唆犯も成立しうるであろう。これに対して，基本的構成要件を修正した内乱予備罪（78条），外患予備罪（88条），放火予備罪（113条），殺人予備罪（201条），強盗予備罪（237条）などでは，予備に対する教唆は不可罰というべきである。

(2) 間接教唆と再間接教唆

　正犯の「実行」には，修正された構成要件にあたる教唆それ自体が含まれない。しかし，刑法典上は，特に「教唆者を教唆した者」が，教唆犯と同様に取り扱われる（61条2項）。たとえば，(a) XがYに対して，Zを教唆して犯罪を実行させるように指示したとき，または，(b) AがBを教唆したところ，Bがみずから実行せず，さらにCを教唆して犯罪を実行させた場合が考えられる（大判大正3・11・7刑録20輯2046頁）。これらは，**間接教唆**（mittelbare Anstiftung）と呼ばれる。

　ところが，上述した設例の正犯であるZまたはCが，さらに別人のDを教唆した場合にも（再間接教唆），刑法61条2項の規定を適用しうるであろうか。なるほど，刑法典上の間接教唆が「前項と同様とする」と規定したので，文理解釈上は，間接教唆の客体となる「教唆者」の中に間接教唆者も包含しうる。そのため，このプロセスを繰り返すならば，すべての教唆者が連鎖的に処罰されることになろう。判例や有力説は，再間接教唆も処罰できるとい

---

11) なお，現に実行行為が開始された場合にも，教唆行為と正犯行為の因果関係が欠けるならば，教唆犯は成立しない（最判昭和25・7・11刑集4巻7号1261頁）。

うが（大谷444頁,前田456頁,大判大正11・3・1刑集1巻99頁），厳格解釈の原則を維持する以上，法文の「教唆者」とは，同条1項の（直接）教唆者に限るべきである（大塚317頁）。実際，再間接教唆のような場合には，因果的共犯論にあっても，正犯者の違法結果に対する原因力が低下するため，刑法上の処罰根拠が欠けることになるであろう[12][13]。

第3節 従犯の成立要件

1 幇助の故意と未遂の幇助

(1) 主観的要件と客観的要件

従犯では，正犯の実行を促進・助長する意思で，現に「正犯を幇助した」ことが必要となる（62条1項）。すなわち，(a)主観的な**幇助の故意**と，(b)客観的な**幇助行為**がなければならない。また，(c)正犯者が実行を開始したことが必要条件である（→第2章第3節）。まず，幇助の故意としては，正犯者の実行を予見したうえで，自らの行為がそれを助けることを認識・認容していればよい（大塚319頁,大谷445~446頁）。教唆犯の場合と同じく，正犯者による既遂結果の認識まで要求する見解もあるが，この見解では，正犯が未遂になると考えていた場合（**未遂の幇助**），およそ不可罰となってしまう。しかし，未遂の限度であるにせよ，正犯の実行を促進したにもかかわらず，可罰性を否定するのは失当である。そのほか，具体的な正犯者が誰であるか，犯行の日時・場所がどうなるかの認識は，幇助の故意の必要条件でない（大判昭和10・2・13刑集14巻83頁）。また，未必的な故意で足りる。

(2) 過失による幇助と過失犯に対する幇助

つぎに，**過失による幇助**は，犯罪共同説を前提とするかぎり，否定されるべきである（大塚319頁,大谷446頁,川端576頁）。幇助の故意は，正犯の実行を容易にする旨の認

---

[12] これに対して，実際には，定型性を否定する見地から，わずかな因果性さえあれば，再間接教唆を処罰する論者が少なくない（西田365~366頁，山口318頁）。
[13] そのほか，犯罪の実行をそそのかす手紙を，事情を知らない他人をして届けさせる場合のように，間接正犯による教唆の場合に限定して，間接教唆を成立させる見解もある。

識を含むため，過失により幇助することはありえないからである。これに対して，**過失犯に対する幇助**は，犯罪共同説にあっても成立しうる（大塚323頁，大谷448頁，川端578〜579頁）。従来，犯罪共同説では，意思の共同がないという理由で，過失の正犯と故意の従犯の組合せを否定する見解が有力であった。これに対して，行為共同説では，過失犯に対する従犯も肯定してきた。

しかし，助手席のＸが運転手Ｙのわき見運転を現認するとともに，前方を横断中の通行人Ａに衝突する危険性を予見しながら，あえてＹと世間話を始めることで，Ｙの不注意な運転態度を一層助長したならば，Ｙの自動車運転過失致死傷罪（211条2項）に対する従犯の成立を認めるべきである[1]。そもそも，従犯では，共同正犯の場合と異なり，幇助者と被幇助者（正犯者）の間で，相互的な意思の連絡は必要でない。その意味で，従犯においては，一方的な援助行為であっても，客観的に正犯の実行を容易にすれば足りる。後述するように，通説・判例は，片面的従犯を認めてきた[2]（大塚320頁，大谷449頁，大判昭和8・12・9刑集12巻2272頁など）。

2 幇助行為とその態様

(1) 幇助の手段・態様

幇助行為は，基本的構成要件に該当する正犯の実行を容易にするものである（最判昭和24・10・1刑集3巻10号1629頁）。正犯者の犯罪実現にとって不可欠の条件である必要はないが（大判大正2・7・9刑録19輯771頁，大判大正11・10・6刑集1巻530頁），少なくとも，特定の正犯者に向けられたものでなければならない。この点は，上述した教唆犯と同様である[3]。

幇助の手段・方法は，何ら限定されていない。判例上は，贈賄者に賄賂用の金銭を提供したり（大判大正10・5・7刑録27輯267頁），詐欺を計画した正犯者に被害者を紹介するほか（大判昭和8・8・10刑集12巻1420頁），傷害犯人に凶器を貸与するなど（大判昭和15・5・9刑集19巻297頁），有

---

1) ただし，同乗者のＡが，居眠り運転をしているＢの態度を放置しただけでは（不作為による幇助），Ａが運転助手として何らかの作為義務を負う場合はともかく，それだけで過失犯に対する従犯は成立しないと考える。
2) これに対して，学説上は，およそ片面的従犯の観念を否定する見解もある。なお，従犯者の送った助言・激励が正犯者に届かないなど，正犯者の犯行を促進しなかったときは，およそ客観的要件が欠けるため，「幇助」が否定されるのは，当然である（→幇助の因果関係）。
3) これに対して，傷害現場助勢罪（206条）は，特定の正犯者に向けられた応援・激励などであってはならない（なお，佐久間修・刑法各論〔平18〕38頁参照）。

形的・物質的方法による場合が多い。他方，無形的・精神的な方法としては，傷害犯人をけしかけて，その犯意を強固にしたり（大判昭和2・3・28刑集6巻118頁），殺人罪の実行正犯を激励するほか（大判昭和7・6・14刑集11巻797頁），殺害に対する謝礼の保証をすることで，その謀議を成立させた例などがみられる（最大判昭和25・7・19刑集4巻8号1463頁）。

(2) **不作為の従犯**

また，作為による幇助のほか，**不作為による幇助**も可能である（大塚321頁，大谷447，465頁，大阪高判昭和62・10・2判タ675号246頁）。たとえば，被害者を保護する責任のある者が，他人により被害者が暴行・傷害されるのを傍観するとき，不作為による傷害罪の従犯となる[4]（大塚321頁(8)，川端576～577頁，札幌高判平成12・3・16判時1711号170頁）。判例においても，選挙長が，関係者の投票干渉を黙認して制止しなかったとき（大判昭和3・3・9刑集7巻172頁），ストリップ劇場の責任者が，公然わいせつ罪にあたる演技に対して停止を命じないまま，その演技を続行させた場合（最判昭和29・3・2裁判集刑93号59頁），故意に正犯の実行を助けたものとして，従犯の成立を認めてきた。なお，**不作為犯に対する従犯**も，教唆犯の場合と同じく，肯定できるであろう（大塚323頁，大谷448頁，前橋地高崎支判昭和46・9・17判時646号105頁）。

(3) **共同従犯と予備・陰謀の幇助**

複数人が共同して従犯の行為をした場合（いわゆる共同従犯），幇助行為が犯罪の「実行」にあたらない以上，各人が独立して従犯となる限度で責任を負うにとどまる。なるほど，判例の中には，幇助を共謀したことによる「共謀共同従犯」を認めたものがあるが（大判昭和10・10・24刑集14巻1267頁），学説の多数は，上述した理由から，これに反対してきた（大塚323頁，川端577頁）。

また，予備・陰謀は，実行の着手以前の段階であるため，その従犯も否定されるべきである（大塚324頁）。しかし，現在の多数説は，予備・陰謀の従犯を全面的に肯定している（大谷449頁，川端579頁など）。予備・陰謀が「実行」にあたらない以上，その従犯は，「正犯を幇助した」とはいえない。ただし，予備・陰謀が独立罪とされた場合には，予備・陰謀自体が「実行」行為にあたるため，その幇助も共犯として可罰性を備えることがある。なお，判例上は，予備・陰謀の従

---

4) 学説の一部は，むしろ，作為義務者による不作為の正犯にあたるという（アルミン・カウフマン，堀内296頁）。しかし，不作為犯に対して統一的正犯概念を用いるならばともかく，親権者が子供の犯罪を阻止しなかった場合など，背後者の作為義務違反をもって，ただちに不作為の正犯とすることはできない。

犯を肯定したもの（大阪高判昭和38・1・22高刑集16巻2号177頁）と，これを否定したもの（名古屋高判昭和36・11・27高刑集14巻9号635頁）に分かれている。

(4) 予備的従犯と随伴的従犯

そのほか，幇助行為には，強盗に用いる凶器を貸し与えたり，被害者を襲うための日時・場所を助言するなど，正犯の実行に先行して予備的になされる場合と（**予備的従犯**。大判大正6・7・5刑録23輯787頁，大判昭和10・3・20刑集14巻315頁），見張り行為や現場で応援するなど，正犯の実行と並行してなされる場合がある（**随伴的従犯**。大判明治42・9・20刑録15輯1139頁参照）。

また，正犯者の実行途中で犯行に加担して，その後の犯行を助長した場合については（**承継的従犯**），共同正犯の場合と同じく，原則として介入後の犯行に対してのみ，従犯が成立することになる（大塚323頁，大谷449頁）。もっとも，過去の判例では，すでに夫が強盗殺人の目的で被害者を殺害した後，その犯行を知った妻が，やむなく灯りを照らして夫の強取を容易にしたとき，強盗殺人罪の従犯にあたると認定したものがある（大判昭和13・11・18刑集17巻839頁）。

3 「正犯を幇助した」

(1) 従犯の教唆と間接従犯

従犯の客観的要件として，正犯者による実行（の着手）が必要条件となる。幇助行為と正犯の実行が結びついて，従犯の処罰根拠となるからである（混合惹起説➡第2章第2節）。従犯者の幇助行為により正犯の実行が促進されたこととの間には，因果関係がなければならない[5]（大塚324頁，大谷450頁）。また，刑法典は，「従犯を教唆した者には，従犯の刑を科する」と明言するため（62条2項），**従犯に対する教唆犯**も処罰される。たとえば，すでに殺人の決意を固めた正犯者のXを励ますように，Xの友人であるYをそそのかすZの行為は，被教唆者のYがXの殺人を（精神的に）幇助したとき，殺人罪の無形的従犯に対する教唆として，従犯の刑で処罰される。

これに対して，従犯者を幇助する**間接従犯**（mittelbare Beihilfe）はどうなるで

---

[5] なお，従犯の主観的要件として，基本的構成要件の実現に向けた幇助の故意を要求する反対説が，幇助行為と幇助結果の間の因果関係を要求しないのは，首尾一貫しないであろう。他方，因果的共犯論では，正犯者が惹起した結果に対する因果関係が絶対的条件となる（大越義久・共犯の処罰根拠［昭56］172頁）。

あろうか。学説上は，間接教唆の場合と異なり，明文の処罰規定を欠く以上，否定説が支持されてきた（大塚327頁，川端581頁）。他方，一部の学説と判例は，この場合を従犯の一種とみているが（大谷452頁，前田461頁，西田365頁，大判大正14・2・20刑集4巻73頁，最決昭和44・7・17刑集23巻8号1061頁），再間接教唆の場合と同様，厳格解釈の原則に反するであろう。

(2) **間接従犯と直接従犯**

もちろん，情を知らない道具を利用して正犯者に凶器を届けさせたならば，背後者が間接正犯による殺人の従犯となる（大塚327頁）。また，わいせつ物公然陳列罪（175条）のように，客体であるポルノフィルムの提供が，社会の性風俗を侵害するうえで決定的意味をもつ場合には，たとえば，Xから客体を貸与されたYが，さらに第三者であるZに転貸して公然陳列をさせた場合にも，最初の提供者であるXを，単なる間接従犯とみるべきでない（前出最決昭和44・7・17）。むしろ，Xは，わいせつ物公然陳列罪の直接従犯として処罰することができよう[6]（大塚328頁，川端581～582頁）。したがって，ここでは，「幇助」の意義をめぐる見解の対立もみられる。

そのほか，教唆者の行為を幇助した場合についても，教唆犯の従犯として処罰する有力説があり（大谷452～453頁，前田462頁），また，間接教唆を幇助した場合についても，刑法61条2項と同62条を適用する判例がみられる（大判昭和12・3・10刑集16巻299頁）。しかし，これらの見解は，いずれも，罪刑法定主義の見地からは疑問といわねばならない[7]（大塚327頁，川端582頁）。

---

6) 厳密にいえば，予想外の第三者に客体が移転したならば，最初の譲渡者Xには，事実の錯誤が認められる。しかし，譲渡の相手方にかかる具体的事実の錯誤は，犯人の故意を阻却しないため，結局，本文中に述べた結論となる。

7) なお，正犯の実行行為が終わった後で，これを「幇助する」場合を，**事後従犯**（nachfolgte Teilnahme）と呼ぶことがある。しかし，本犯の完成後にその逃亡を助けたり，正犯者の得た利益を受け取る行為は，本来の意味における共犯ではない。わが国では，犯人蔵匿罪（103条），証拠隠滅罪（104条），盗品等に関する罪（256条）などが，独立して刑法典各則に規定されている。ただ，英米法上は，現在でも，事後従犯の観念が用いられる。

第5章　共犯に関する諸問題
——事実の錯誤・未遂と離脱・身分犯と共犯

第1節　共犯の錯誤

1　共犯における事実の錯誤

(1)　法定的符合説

　複数の人間が犯行に関与する共犯では，これらの当事者の間で，事前に予見した事実と実際の因果経過が一致しないことも多い。共犯の錯誤では，原則として，単独犯における錯誤理論がそのまま妥当する。したがって，行為者の認識と事実の不一致が，同一構成要件の枠内にとどまるかぎり，故意既遂犯が成立することになる（法定的符合説）。これとは反対に，異なる構成要件間にまたがる錯誤では，原則として，実際に生じた既遂結果に対する故意は認められない。ただし，構成要件該当性の判断として重なり合う範囲で，当該結果に対する故意既遂罪が認められることもある（→第2部第5章第3節）。

　また，狭い意味では共犯の場合にあたらないが，間接正犯の錯誤においても，共犯の錯誤と似た問題が生じる。たとえば，背後者が第三者（道具）を利用したとき，直接的な侵害行為をする道具が予想外の結果を惹起した場合である。その際，被利用者である道具の犯した「失敗」や「くい違い」は，背後の間接正犯者からみれば，因果経過の逸脱にあたる。したがって，具体的符合説では，道具による事実の錯誤が，間接正犯者からみて客体の錯誤または方法の錯誤のいずれであるかに応じて，既遂犯または未遂犯という差異が生じることになる。他方，法定的符合説にあっては，それが同一構成要件内の錯誤であるかぎり，およそ故意を阻却しない（→第2部第5章第2節）。

(2)　共犯の錯誤の特徴

　共犯の錯誤では，それぞれの共犯形式をまたぐ意思と事実の不一致があり，また，上述した事実の錯誤と競合する場合もある。そのため，単独犯におけ

る事実の錯誤と比べて，複雑な様相を呈することになる。たとえば，教唆者Xが，正犯であるYとZにAを攻撃するように指示した結果，被教唆者のYとZの一方が，もっぱら傷害の意思でAの隣りにいたBを傷つけ（客体の錯誤），もう一方が，殺人の意思で発砲したが，銃の狙いを誤り，通行人のCを死亡させたとき（方法の錯誤），各共犯者の罪責はどうなるであろうか。また，正犯者の実現した結果が，共犯者（狭義）の認識・認容した範囲を超えた場合（いわゆる**共犯の過剰**）のほか，背後者が教唆の意思で助言したところ，被教唆者はすでに犯行の決意を有していたので，幇助にとどまった場合のように，各共犯形式をまたぐ事実の錯誤など，共犯の錯誤に固有の事例も生じうる。

そこで，単独犯の場合には，具体的符合説を採用しながら，共犯の錯誤では，法定的符合説を主張する見解さえみられる（内田326, 330~331頁）。かようにして，共犯の錯誤に特有の問題があるとしたら，その点の検討も必要となるであろう。以下の記述では，単独正犯の錯誤と異なる部分を中心として，共犯の錯誤の問題を解説する。特に2および3では，同一共犯形式内の錯誤を取り扱い，4では，共犯と間接正犯の間で生じた事実の錯誤を含む，異なる共犯形式間の錯誤を取り挙げることにしよう。

2 同一共犯形式内における事実の錯誤

(1) 構成要件的錯誤

共同正犯，教唆犯および従犯の各共犯形式において，同一構成要件内の錯誤および異なる構成要件間の錯誤が考えられる。

(a)まず，**同一構成要件内の錯誤**からみておこう。共同正犯者の間で生じた意思と事実の不一致，または，正犯者と教唆・幇助者の間で生じた意思と事

---

1) 理論上も，基本的な構成要件と修正された構成要件の両方を考慮することになるため，より錯綜した錯誤論になるといわれる（大塚337頁）。
2) また，本文中の見解とは逆に，修正形式である共犯規定では，「故意の抽象化」を避けようとする向きもある（日高義博・刑法における錯誤論の新展開〔平3〕112頁）。
3) なお，共犯者の教唆・幇助行為とはまったく無関係に，正犯者が実行に及んだ場合には，共犯の因果関係が欠けるため，およそ錯誤論の問題は生じない。すなわち，教唆犯では，正犯者の犯意が当該「教唆」によって惹起されねばならず，従犯では，幇助行為によって，正犯の実行が容易になったことが前提条件となるのである。

実の不一致は，それらが軽微なくい違いであるかぎり，各共犯者における故意既遂犯の成立を妨げない（通説・判例）。たとえば，犯行の日時・場所・方法などをめぐって，共犯者間に意思と事実の不一致があったとしても，すでに既遂結果が生じている以上，共犯者全員について故意（既遂）犯を認めることになる。具体的な事案としては，①共同正犯の場合，他の共犯者が被害者を誤認して別人を殺害したとき（大判昭和6・7・8刑集10巻312頁参照），あるいは，強盗の共謀共同正犯にあって，一部の実行者が事前の打ち合せと異なる脅迫方法をとった場合にも（最判昭和24・3・22刑集3巻3号333頁），それぞれについて，殺人既遂罪（199条）または強盗既遂罪（236条）の共同正犯が成立する。

同様にして，②教唆犯の場合にも，背後者が宣誓証人に対して偽証を教唆したところ，被教唆者の陳述した内容が異なっていたとき（大判昭和7・2・26刑集11巻126頁），あるいは，共犯者がA方に侵入して金銭を窃取するよう教唆したにもかかわらず，被教唆者が間違ってB方に侵入したうえ，衣類を奪うにとどまった場合など（大判大正9・3・16刑録26輯185頁），裁判所は，偽証教唆（169, 61条）または窃盗教唆（235, 61条）の故意を阻却しないと述べている。また，③従犯の場合にも，幇助者の意思と正犯者の行動が同一構成要件内で「符合」するならば，実際に生じた犯罪結果に対する共犯としての罪責を負うべきことになる。[4]

(b) つぎに，**異なる構成要件間の錯誤**にあっては，原則として，実際に生じた正犯結果に対する共犯者の故意は否定される。たとえば，犯罪共同説にしたがう以上，Xが窃盗の目的で侵入したとき，他の共同行為者のYが，殺人の目的で住居に侵入したうえ家人を殺害したならば，X・Y間で窃盗罪と殺人罪の共同正犯は成立しえない。また，背後のZが正犯者に殺人を教唆したところ，正犯者が放火を実行したという場合，Zには，殺人罪（199条）および放火罪（108条以下）のいずれについても，教唆犯としての罪責が否定される[5]（大塚340頁，川端594頁）。しかし，当該犯人の予定した犯罪事実と仲間の実現した犯罪事実が，構成要件の評価として重なり合う範囲では，故意（既遂）の共犯を認め

---

[4] なお，直接正犯者による客体の錯誤が，背後の教唆者にとって方法の錯誤となる場合，具体的符合説では，常に，当該結果の故意帰属が否定されるため，教唆の未遂（不可罰）と過失犯の共犯が成立するにとどまるであろう。

[5] 行為共同説では，自然的な行為を共同に遂行すれば足りるため，まったく異質の構成要件をまたぐ共犯の成立も可能となる（→第2章第2節）。

ることが可能である。

　たとえば，①共同正犯では，暴行・傷害を共謀した仲間の１人が，殺意をもって被害者を刺殺したとき，故意の殺人既遂罪と結果的加重犯である傷害致死罪（205条）が重なり合う限度で，軽い方の傷害致死罪の共同正犯が成立する[6]（大塚338頁，大谷466頁，最大判昭和23・10・6刑集2巻11号1267頁）。また，②教唆犯では，教唆者がA方に対する侵入窃盗をそそのかしたところ，正犯者がB方に侵入して強盗を実行したとき，窃盗罪と強盗罪の構成要件が重なり合う範囲で，教唆者は住居侵入窃盗に対する教唆犯となる[7]（大塚340頁，大谷467頁，最判昭和25・7・11刑集4巻7号1261頁）。また，③従犯にあっても，窃盗の幇助をするつもりで見張りをしたところ，正犯者が屋内で強盗を実行したとき，住居侵入窃盗の従犯となる（大塚342頁，大谷469頁）。さらに，傷害に使うものと考えて刃物を貸与したところ，正犯者が殺人に使用した場合には，軽い傷害致死の限度で従犯が成立する[8]（最判昭和25・10・10刑集4巻10号1965頁）。

(2) 共犯の過剰

　つぎに，**結果的加重犯の共犯**では，いわゆる共犯の過剰が問題となる。たとえば，①強盗の共同正犯の場合，仲間が加えた暴行により被害者が負傷したときには，共犯者全員について強盗致死傷罪（240条）が成立する（最判昭和22・11・5刑集1巻1頁）。また，強姦の共謀者についても，仲間による致傷結果について，強姦致傷罪（181条）の共同正犯が肯定されている（最判昭和25・6・6刑集4巻6号950頁）。これに対して，②教唆・幇助では，基本犯の実行に加担したとき，たとえ正犯者が加重結果を発生させた場合にも，過失による教唆・幇助の観念が排斥される以上，重い結果に対する教唆・幇助を否定しなければならない。もっとも，有力説は，結果的加重犯の特殊性を強調しつつ，加重結果に対する過失があれば，その

---

6) ただし，基本犯を共同実行した者であっても，加重結果の発生にかかる過失がない場合には，もっぱら基本犯の限度で共同正犯が成立する（→結果的加重犯の共同正犯）。なお，過剰部分にあたる故意の殺人既遂罪は，（未必の）殺意があった者だけに成立する（最決昭和54・4・13刑集33巻3号179頁）。
7) しかし，具体的符合説では，A方に対する窃盗教唆の未遂が認められず，B方に対する過失の強盗教唆も不可罰となるであろう。
8) いずれの設例も，共犯の過剰（Exzeß bei Teilnahme）にあたるが，これとは反対に，共犯者が予定した犯罪よりも軽微な事実を実現したならば，重なり合う限度で共犯が成立するだけである（通説。大塚340頁，川端597頁，前田481頁など）。しかし，正犯者の行為態様によっては，予定した重い罪の共犯（未遂）が成立することもあろう。

共犯を肯定できるという($\substack{\text{大塚341頁, 大谷466}\\ \text{頁, 前田483～484頁}}$)。

　本書でも，過失犯に対する共犯を認めるため，教唆者や幇助者が，加重結果の発生を予見できたならば，正犯者を通じて基本犯が内包する類型的な危険性を実現させた範囲で，結果的加重犯に対する従属的共犯の成立を肯定できると考える[9]。たとえば，犯人らが出刃包丁を用いた強盗を共謀した後，実行担当者が被害者を強姦して殺傷するに及んだ場合（強盗強姦致死罪。241条後段），現場にいなかった共謀者についても，強盗致死の限度で罪責を問うことになる。

3　重なり合いの範囲

(1)　修正された構成要件

　異なる構成要件間の錯誤では，重なり合いを判定する基準が示されねばならない。しかし，共犯の錯誤では，修正された構成要件という性格もあって，単独犯の錯誤と異なる取り扱いが可能となる。たとえば，単独犯の場合には，作成名義の冒用を処罰する公文書偽造罪（155条）と，作成権限のある公務員による虚偽公文書作成罪（156条）は，構成要件上およそ重なり合わない。したがって，前者の罪をおこなう意思で後者の罪を実現したときも，故意の符合は否定される。

　ところが，従属的共犯は，正犯者を通じて間接的に公文書の社会的信用を損う場合であるため，被害法益の種類や関与形態で共通する部分があれば，修正された構成要件として符合することもありうる。すなわち，教唆・幇助などの間接的手段により贋（にせ）文書を用意する形態として，虚偽公文書作成罪の教唆を共謀した者の1人が，第三者に公文書の偽造を教唆してこれを実行させた事例がある。その際，裁判所は，最初の教唆者に対して，公文書偽造罪の教唆を肯定したのである($\substack{\text{最判昭和23・10・23}\\ \text{刑集2巻11号1386頁}}$)。法定的符合説の論者も，こうした判例の結論を是認している($\substack{\text{大塚340頁[21],}\\ \text{川端597頁}}$)。これに対して，窃盗（235条）を教唆したところ，正犯者が詐欺（246条）を実現した場合には，もは

---

[9]　通説・判例も，結論的には，結果的加重犯の共犯を認めている。たとえば，大塚341頁，大谷466頁，大判大正13・4・29刑集3巻387頁，最判昭和25・10・10刑集4巻10号1965頁など。

(2) 部分的犯罪共同説

　つぎに，共犯の錯誤で「故意の符合」を認める場合，共犯従属性説を徹底するならば，共犯全体の罪名も，統一的なものになるはずである（いわゆる**罪名従属性**）。共同正犯においても，犯罪共同説の見地からは，特定の「犯罪」を予定した罪名の共同が求められるであろう[10]。また，学説の中には，共同正犯および狭義の共犯で，客観的な結果にもとづく重い罪の共犯を認めつつも，故意の一部が欠ける共犯者だけが，科刑上，軽い罪の限度で処断されるという見解があった[11]（**全部犯罪共同説**）。過去の判例でも，住居侵入窃盗の教唆から住居侵入強盗の正犯が生じた事案において，住居侵入窃盗の範囲であるが，「強盗の所為について教唆犯としての責任を負う」と判示したものがある（最判昭和25・7・11刑集4巻7号1261頁）。そこでは，科刑だけが軽い罪の限度にとどまることになる。また，共同正犯でも，成立する罪名とは別に，科刑を軽い刑に準拠させる可能性があった。

　しかし，せいぜい傷害の故意で加担した者には，他の共犯者が殺人をおこなった場合にも，その旨の事実を認識・認容していない以上，責任主義の見地からして，殺人（既遂）罪の成立を認めがたい。そもそも，事実の錯誤論は，客観的な既遂結果を故意に帰属しうるかどうかという，行為者の主観的帰属を問うものであった（→第2部第5章第4節）。したがって，共通する構成要件該当性を上限にした共犯関係が成立するのであり，それが「重なり合う限度でのみ故意を認める」ことの趣旨であろう（**部分的犯罪共同説**。大塚338頁，大谷416〜417頁，川端594頁）。

(3) 判例の立場

　全部犯罪共同説では，実際に生じた重い犯罪事実の共犯が成立するにもかかわらず，刑法38条2項を適用して，刑罰だけ軽い罪のそれに変更されるため，成立する罪名と科刑が異なるという不都合が生じる。なるほど，後述する「共犯と身分」では，身分犯の罪名を出発点として，刑法65条の解釈・適

---

10) これに対して，共犯独立性説または行為共同説では，正犯の罪名に従属させる理由が何ら存在しない。

11) なお，抽象的符合説によれば，窃盗と殺人という異質な構成要件間でも「故意の符合」を認めるため，罪名の共同性を論じる余地は乏しいであろう。

用が問題となるにすぎず、罪名も身分者のそれに従うことになるが、事実の錯誤では、そのように解釈する必然性はない。最高裁も、暴行・傷害の共謀者の1人が、未必の故意にもとづく殺人を実行したとき、「殺人罪の共同正犯と傷害致死罪の共同正犯の構成要件が重なり合う限度で、軽い傷害致死罪の共同正犯が成立する」と明言するにいたった（最決昭和54・4・13 刑集33巻3号179頁）。

4 異なる共犯形式間における事実の錯誤

(1) 広義の共犯と錯誤

共犯形式をまたぐ事実の錯誤としては、①共同正犯の意思で共謀に参加したものの、他の共犯者から仲間とみなされず、単に正犯者を資金援助したにとどまった場合（共同正犯と従犯の錯誤）、あるいは、②すでに犯罪を決意したとは知らずに、教唆の故意で正犯者に働きかけたところ、せいぜい正犯者の決意を強化するにとどまった場合が考えられる（教唆犯と従犯の錯誤）。そこでは、特定の犯罪に向けられた共犯（広義）形式の間でくい違いが生じただけである。したがって、共同正犯の未遂や教唆犯の未遂が成立しない以上、共同正犯、教唆犯および従犯の順序で、より軽い形式の共犯を認めることになる（大塚342頁、大谷469頁、川端599頁）。上述した設例では、それぞれ、①有形的従犯あるいは②無形的従犯が成立するにすぎない。

反対に、③背後者が正犯者を激励（幇助）するつもりで、犯行を決意する以前の正犯者に犯意を生じさせた場合にも、従犯の限度でのみ共犯の罪責を負うことになる。また、④AがBに一定の犯罪を教唆したところ、Bが自分で実行することなく、さらにCを教唆して犯罪を実行させたときには、教唆の故意で間接教唆にあたる事実を惹起しており、両者が重なり合う限度で、間接教唆の罪責を問われる（大谷469頁、最判昭和28・6・12刑集7巻6号1278頁）。なるほど、構成要件の定型性を重視するならば、重なり合いの範囲は限定されるべきであるが、正犯者（ないし直接実行者）を通じた間接的な犯罪の実現という意味では、共犯形式相互間の実質的差異は乏しいといえよう。これに対して、⑤幇助の故意で間接従犯にあたる行為をした場合には、間接従犯が不可罰である以上、およそ犯罪とはならない[12]（大塚342頁㉕、→第4章第3節）。

(2) 間接正犯と共犯の間の錯誤

つぎに、背後者が間接正犯の道具に使おうとした少年が、予想外にも、自らの意思で財物を盗んだ場合や、患者を殺そうとした医師が、栄養剤に偽装した毒薬を看護師に渡したところ、途中で事情を察知した看護師が、そのまま患者に毒薬を注射した場合はどうであろうか（**間接正犯と狭義の共犯の錯誤**）。そこでは、すでに間接正犯の実行行為と、それにもとづく構成要件的結果が発生している。しかし、被利用者が道具として行動するかどうかは、間接正犯における重要な因果経過に属する。したがって、道具性をめぐる背後者の主観と客観の不一致は、背後者の故意既遂犯を否定する理由となるべきである（大塚344頁）。

その際、客観的には正犯者を教唆する結果になったとはいえ、すでに実行の着手があったならば、間接正犯の未遂が成立する[13]。他方、間接正犯でいう実行の着手が否定された場合には（→第2部第2章第4節）、教唆犯の成立にとどまることもある。すなわち、間接正犯の故意の中には「他人を介して犯罪を実現する」という要素を含んでおり、教唆犯の故意と共通する部分がある一方、教唆犯も正犯と同様に処罰できるため（61条1項）、理論上は、既遂犯（正犯）の教唆犯が成立しうるというべきであろう。もっとも、通説は、常に教唆犯の成立にとどめている（大塚343頁、大谷470頁、川端600頁、前田484～485頁）。

そのほか、暴力団員に報酬を約束して殺人を依頼したところ、その者が薬物中毒により正常な判断力を喪失していたため、まったくの道具として教唆者の指示どおりに行動した場合には、教唆の故意で間接正犯の結果になっている。しかし、背後者には、正犯としての故意がない以上、軽い殺人教唆の限度で処罰されるだけである[14]（大塚343～344頁、大谷470頁。なお、仙台高判昭和27・2・29判特22号106頁参照）。

---

12) ただ、そうした行為が、幇助それ自体または従犯の教唆（62条2項）に該当するならば、その罪を問うことも可能である（最決昭和44・7・17刑集23巻8号1061頁）。
13) なお、学説の中には、間接正犯の既遂とみる見解もある（団藤429頁、野村440頁）。
14) なるほど、直接実行者に責任能力がない以上、当該結果に対する直接正犯は成立しないが、制限従属性説によれば、背後者を教唆犯として処罰することは可能である。そのほか、従犯の意思で間接正犯となった場合や、間接正犯の意思で従犯にとどまる場合も考えられる。

第2節　共犯の未遂

1　共犯の障害未遂と中止未遂

(1)　結果の不発生

共犯の場合には，たとえ共犯者の一部が途中で犯意を放棄しても，他の共犯者が当該犯罪を完成させたならば，全員が既遂犯の罪責を負うことになる。共犯の未遂でも，「これを遂げなかった」こと（43条本文），すなわち，既遂犯でないことが前提となるからである。したがって，共犯の障害未遂は，正犯者が実行に着手した後，構成要件的結果が発生しない場合，または，実行行為と侵害結果の因果関係が欠ける場合にのみ認められる。(i)共同正犯では，少なくとも共同者の一部が実行行為を始めたが，最終的に既遂にいたらない場合であり（**未遂犯の共同正犯**），(ii)教唆犯および従犯では，正犯者が実行行為を開始したが，未遂に終わった場合に認められる（**未遂犯の教唆・幇助**）。

これに対して，**教唆の未遂**とは，①他人をそそのかしたが，被教唆者が犯行を決意するにいたらず，あるいは，②被教唆者がいったんは犯行を決意したが，結局，実行に着手しなかった場合である。いずれも，正犯（の実行）がない以上，教唆の未遂も処罰されない。なぜならば，共犯の実行従属性から，従属的共犯である教唆犯は，正犯（の実行）の存在を前提とするからである。従犯においても，およそ正犯の実行を促進せず（幇助の因果性が欠ける），あるいは，正犯者の犯意を強化したが，結局，正犯者が実行しなかったときは，従犯の成立が否定される[1]（大塚346頁，大谷471頁）。

(2)　共犯の中止

つぎに問題となるのは，**共犯の中止**である。中止未遂にあっても，共犯者の全員が任意に犯行を中止するほか（**着手中止**），実行終了後であれば，任意に犯罪の完成を阻止しなければならない（**実行中止**。最判昭和24・12・17刑集3巻12号2028頁）。したがって，

---

1) しかし，共犯独立性説によれば，教唆・幇助行為が開始された以上，それが正犯者の犯罪遂行に影響を及ぼしたどうかは問題とならず，共犯行為それ自体が独立して処罰される。なお，第2章第3節を参照されたい。

(a)共同正犯の場合には，自己の意思で犯行を放棄した共犯者であっても，他の共同実行者が犯罪を実現したならば，中止犯の規定（43条ただし書）は適用されない（大塚346頁，大谷471頁）。具体的には，強姦を共謀したうえ，仲間の数名が被害者を姦淫して傷害を与えた以上，途中で強姦を中止した共謀者に対しても，他の共犯者と同じく，強姦致傷罪（181条）の共同正犯が成立する（最判昭和24・7・12刑集3巻8号1237頁）。これに対して，最終的には未遂に終わった場合，一部の共犯者だけが犯罪の完成を阻止したならば，それ以外の共同行為者は，障害未遂として評価される（大塚346頁，大谷471頁，大判大正2・11・18刑録19輯1212頁）。

他方，(b)従属的共犯においては，教唆・幇助が「犯罪の実行」にあたらない以上，正犯者が実行に着手した後，共犯者自身が，正犯者の犯罪完成を阻止した場合にのみ，中止犯の成立が可能となる（通説。大塚347頁など）。その際，従属的共犯の働きかけにより，正犯者の側も犯意を放棄したのか，それとも，共犯者の中止が正犯者にとって障害未遂にあたるかは問わない。もっとも，教唆・幇助者の中止行為が効果を及ぼす以前に，正犯者自身が任意に犯行を中止したならば，たとえ共犯者が中止行為を始めたときにも，共犯者は単なる障害未遂（の教唆・幇助）となる。したがって，中止犯による刑の減免は受けられない[2]（大谷472頁）。

2　共犯関係からの離脱

(1)　実行開始後の離脱

共犯の中止に関連して，**共犯関係からの離脱**という問題がある。たとえば，正犯者が実行に着手した後，犯罪が完成する以前の段階で，一部の者が犯行仲間から抜けたにもかかわらず，残りの共犯者が犯行を継続して目的を実現した場合には，どうなるであろうか。この場合には，すでに犯罪が完成しており（既遂犯成立），もはや，法文が規定した中止「未遂」にはあたらない。しかし，学説の中には，離脱者が真剣に犯罪の完成を阻止しようとしたとき，他の共犯者が離脱後に実現した犯罪事実について，離脱者の罪責を否定する

[2) ただし，従属的共犯者が何らかの中止努力をした点に着目して，もっぱら責任減少説の立場から，中止犯の恩典を与える見解もみられる（➡第1章第3節1）。

見解がみられる[3]（大塚347～350頁，福田300頁(4)）。

　たとえば，共同正犯の場合，共犯関係から離脱するためには，実行行為の途中で（共同）犯意を放棄したうえ，相互的な利用・補充関係を解消するとともに，他の共同者の犯罪実現を阻止しようとしたことが，必要条件となる[4]。すなわち，離脱者の中止努力に着目して，**共犯関係が解消された**とみるならば，共正全体は既遂であるにもかかわらず，離脱後の犯罪事実について，**共同正犯の相当因果関係**が欠けるからである。したがって，共同正犯の障害未遂に準じた処理をすることになる[5]。現行法上，これを明文化した規定はみられないが，犯罪論上は，その後の実行を放棄したことにもとづく違法性の減少と，犯罪の完成を阻止する真摯な努力にともなう責任量の低下から，離脱後の犯罪事実に対する罪責を免れるのである。

(2) 実行終了後の離脱

　共犯関係からの離脱は，終了未遂（実行未遂）でも認められるか。すなわち，共同正犯における共同実行は終了したが，犯罪が未完成の間に，共犯者の一部が，結果の発生を阻止しようとした場合である。学説の中には，こうした実行中止の事例も，共犯関係からの離脱に含める見解がみられる（大塚348頁）。しかし，単独犯における実行中止と同じく，すでに共同実行が終了したならば，最終的に犯罪の完成を阻止することが必要である。また，実行行為の終了後にあっては，共犯関係の解消を認める余地もないので，客観的に既遂結果にいたれば，共犯者の全員がその刑責を負わねばならない。一部の離脱者による結果阻止の努力は，せいぜい，量刑事情として考慮されるべきである。

　ただし，共謀共同正犯の場合には，たとえ共謀自体が終った後でも，実行担当者が直接的な侵害行為を開始する以前に，単なる謀議参加者が，他の共同者全員に対して共謀関係からの離脱を表明した後，他の共謀者が離脱を了

---

3) なお，判例については，佐藤文哉・大コメ(5)409頁以下など参照。
4) もちろん，中止行為は，犯罪完成を阻止しうる状況でなされるべきであり，すでに阻止できない状態では，共犯関係からの離脱は認めがたい（大塚348頁）。一般に，実行着手後の離脱が難しいのに対して（最決平成元・6・26刑集43巻6号567頁），共謀段階での離脱は，比較的容易に肯定される（大谷475頁，東京高判昭和25・9・14高刑集3巻3号407頁など）。
5) 一般には，他の共犯者から了承を得ただけでは，不十分であるが，受動的・消極的役割しか果たさなかった共犯者については，離脱意思の表明と他の共同者の了承により，客観的にみて，相互的利用・補充関係が消滅する場合もある。

承したのであれば、その後の犯罪遂行とは因果的な結びつきが失われる。こうした**共謀関係からの離脱**では、離脱後の犯行仲間が実現した侵害結果に対する共同正犯の罪責を否定するべきである（大阪高判昭和41・6・24高刑集19巻4号375頁）。

(3) 共犯の従属性と解消の限界

　従属的共犯では、すでに正犯者が実行に着手した後、その実行行為が終了する以前に、教唆・幇助者が真剣に犯罪の完成を阻止しようとしたならば、共犯関係からの離脱が認められる。たとえば、犯行の準備資金を提供した者（有形的従犯）が、その後になって思い直し、正犯者から準備資金を回収したところ、正犯者が別人から準備資金を調達することで、最終的に犯罪を完成した場合である。この場合には、共犯者が正犯者に与えた物理的影響が払拭されており、まさしく**共犯関係の解消**があったとみることができる。

　しかし、無形的従犯（精神的幇助）では、いったん正犯者の犯意を助長した後、心理面の影響を完全に払拭するのは難しい。その意味で、共犯関係の解消が認められる場合はごく限られるであろう。そもそも、共同正犯の中止（離脱）と異なり、すでに教唆・幇助では、共犯の行為自体が終了しているからである。ただ、共犯の従属性からは、共犯者が真剣に犯罪完成を阻止しようとしたとき、その者が果たした役割にも着目しつつ（責任減少）、障害未遂に準じた処理をすることは、可能である（大塚350頁）。なお、従属的共犯の中止努力は、正犯の完成を阻止できる段階でおこなわれねばならず、たとえ共犯関係の解消が認められた場合にも、離脱以前の行為については、依然として共犯の罪責を負うことになる。さらに、従属的共犯という性質からして、すでに正犯の実行が終ったならば、もはや、共犯関係からの離脱も認められないであろう。

---

6) 学説上、離脱後の発生事実に対する因果関係の遮断に着目するのは、大谷475頁、前田487頁以下などである。しかし、もっぱら因果関係の欠如をもって単独犯の未遂と同視するならば、いったん共犯関係が生じたにもかかわらず、もっぱら中止未遂を認めるために「一部実行・全部責任の原則」を放棄することになってしまう。
7) さらに、共犯者が離脱した後、正犯者が新たな決意の下に同種の犯行を実現したのであれば、そもそも、教唆・幇助の因果関係が欠けることになる。

【図示】 共犯関係からの離脱と共犯関係の解消の違い
①共犯関係からの離脱
　　共謀の成立（着手前）　着手 → 実行着手後の離脱 → 実行終了後の離脱 → 既遂
　　侵害開始前の「中止」　着手 → 共犯の着手中止　 → 共犯の実行中止　 → 既遂

②共犯関係の解消（広義）
　　共謀関係の解消　　着手 ────→ 共謀関係の解消（狭義）
　（離脱の意思表明＋仲間の了承）　　（離脱の意思表明＋結果阻止努力 → 結果の阻止）

3　共犯の中止と離脱

(1)　最近の動向

　近年，共犯関係からの離脱を，共犯の中止とは別個に論じる傾向がある。そもそも，実行の着手前の離脱であれば，およそ中止「未遂」の問題でないため，他の共犯者が犯罪を完成した場合にも，中止「未遂」の規定（43条ただし書）は適用されないからである。また，他の共犯者が犯罪を完成したにもかかわらず，障害未遂の規定を準用する見解がある（大塚347頁）。その際，共犯関係からの離脱として，もはや共同意思が欠けるほか（共同意思欠如説），およそ共犯の因果関係がないとしたり（因果関係切断説），共犯関係の消滅を唱える見解（共犯関係解消説）がみられる。いずれも，真摯かつ十分な撤回の努力をした共犯者に対して，何らかの刑事政策的な恩典を付ける趣旨である（大谷476頁）。

(2)　障害未遂の準用

　しかし，着手前の離脱はともかく，着手後の離脱を認めるとき，なぜ離脱後には共犯の成立が否定されるかについて，十分な根拠が示されていない。たとえば，共謀共同正犯のように，もっぱら共犯者間の精神的支配が問題となる場合には，共謀関係から離脱することで，共犯関係が解消される余地もあるが，それ以外の場合には，主観的共犯論に従うのでないかぎり，すでに共同実行の意思と事実が存在した以上，その後の犯罪事実についても，共犯の罪責を免れないはずである。そもそも，共同意思は，犯罪遂行の原因力であるにすぎず，その後の共犯全体に及ぶ必要はない。その意味で，着手後か

ら完成前に離脱した者であれば，他の共犯者が離脱を了承した場合に限定しつつ，せいぜい，障害未遂の規定を準用することになる（大塚348～350頁）[8]。

(3) 因果的共犯論と不法共犯論

もちろん，共犯関係の解消が，およそ共犯の因果関係を切断する場合は，その後の共犯それ自体が不成立となるため，離脱者が犯罪結果を惹起したとはいえず，中止犯による必要的減免が認められる（大谷476頁）。しかし，そうした事情がみられない場合には，不法共犯論や因果的共犯論によれば，中止犯や既遂犯でなく，なぜ障害未遂という中間的解決になるかを説明しなければならない[9]。まず，(i)実行の着手前であれば，たとえ共犯者間で明確な犯意が形成された場合にも，刑法上は共謀関係にとどまるため，共謀関係からの離脱が容易に認められることは，上述したとおりである。これに対して，(ii)仲間が共同実行に着手した後であれば，中止犯の任意性に準じて，主観的に犯意を放棄しただけでなく，離脱者が自らの与えた因果的影響力を完全に払拭したことが必要となる。したがって，これらの要件を充足した場合にのみ，離脱者に対する違法評価が，障害未遂と同じ程度まで減少するといえよう（不法共犯論）。

4 共犯における正当防衛・過剰防衛

(1) 共犯における違法の連帯性

共犯者間において，正当防衛の成否が争われる場合がある。たとえば，①Xは，友人のYに誘われてA方に抗議に向かったが，A方の玄関で突然Aから殴られたため，正当防衛のためAを投げ飛ばして骨折させた。しかし，同行した仲間のYは，当初からAと喧嘩闘争をする意思であったうえ，XがAから殴られた際には，A方の裏口付近にいたため，Aの急迫不正の侵害とこれに対する反撃を知らなかった場合が考えられる。ここでは，共犯者であるYにも，Xと同じく正当防衛を認めうるかが問題となる。同様にして，

---

[8] なお，中止犯の規定を準用するためには，任意性を要求することになるが，単なる障害未遂にとどめるならば，中止犯と同程度の任意性は要求されないであろう。
[9] また，既遂結果が発生した状態では，言葉本来の意味からしても，もはや，犯行途中の「離脱」には含みえない。その意味では，少なくとも，犯罪が完成する以前の状態であって，実行に着手した後の離脱が問題となる。

②話し合いの目的でＢ方に向かった甲が，急に殴りかかったＢの攻撃から防衛する意思で，Ｂを素手で殴り倒したが，甲に同行してきた乙が，手持ちのナイフでＢの腹部を刺して瀕死の重傷を負わせたとき，正当防衛にとどまる甲と過剰防衛に及んだ乙は，どのような共犯関係に立つであろうか。

まず，(i)共犯者の一部にのみ，正当防衛の適用が許されるかをめぐって，共犯における違法（性阻却）の連帯性が，どこまで維持されるべきかが問題となる。[1] つぎに，(ii)共犯者が過剰防衛に及んだ場合，実際に生じた違法結果について，どこまで他の共犯者が責任を負うべきかである。さらに，(iii)過剰防衛による任意的減免の効果は，急迫不正の侵害を撃退した後，追撃行為に及んだ仲間にも認められるかなど，「違法の連帯性と責任の個別性」が，共犯者間における可罰性の軽減または加重のいずれに作用するかが争いとなるのである。

(2) 共犯の錯誤と共犯の未遂

喧嘩闘争の意思で現場に赴いた共同者の１人が，正当防衛をおこなった事例については，行為者が相手方の攻撃を予期したことで，およそ侵害の急迫性が欠けるとする余地もある。そこでは，過剰防衛の可能性も排除されるため，仲間に随行した防衛行為者にとっては，過酷な結論になりかねない（なお，最決昭和52・7・21刑集31巻4号747頁参照）。そこで，共同正犯の「正犯」性を強調する一方，正当防衛の違法阻却効果を相対的なものと考えて，実行（防衛）者による正当防衛や過剰防衛の法的効果は，他の共同正犯者に及ばず，各人は自らの違法・責任に応じて処罰されるという立場がある（最決平成4・6・5刑集46巻4号245頁）。

これに対して，共犯における違法の連帯性を重視する立場では，他の共同正犯者も防衛者の違法事情を共有するため，全員に対して正当防衛・過剰防衛が認められる。同じく，従属的共犯にあっても，正犯者に違法性阻却事由があるならば，これを教唆・幇助した者の罪責も否定されることになる。ところが，共犯者間の正当防衛・過剰防衛が，他の共犯者にとって予想外の事

---

1) 本文中では，正当防衛の効果が，他の共犯者に波及しないという意味で，違法の相対化を認めている。これに対して，共犯における具体的な「法益」侵害を処罰根拠とする因果的共犯論では，適法な防衛行為者とそれ以外の共同正犯者を，およそ共犯として処罰する根拠に欠けることになろう。

態である場合には，**共犯の錯誤**（広義）が生じており，正犯者が実行に着手した後であれば，犯行途中で違法・責任の減少があったとき，それが他の共犯者にも及ぶかどうかという点では，**共犯の未遂**も問題となってくる。したがって，犯行の態様によっては，既遂結果を帰属できない場合があるといえよう。

(3) 共犯の構成要件・違法・責任

およそ共犯（広義）は，修正された構成要件の一種である。そうである以上，共同正犯の成立範囲も，正当防衛・過剰防衛などの違法評価および責任評価よりも先に検討されるべきである。なるほど，共同正犯は，広義の共犯であるとともに，正犯の一種でもあるため，一部の者が犯行途中で，急迫不正の侵害に遭遇して防衛行為をした以上，その後の単独行動については，他の共犯者と区別して論じられねばならない。そもそも，上述した設例で，まだ喧嘩を始めていない時点では，およそ実行の着手がないため，共犯としての連帯性が否定されるのは当然である[2]。また，一部の者だけに急迫不正の侵害が発生したとき，まったく防衛行為に関与しない仲間にとっては，防衛の意思がないことも含めて，それ以降の因果経過が予想外の事情による適法結果の実現となる。

かようにして，共同正犯者間の正当防衛では，先行する共同行為の限度でのみ共犯関係が認められる。また，不法共犯論の立場にあっても，最終的に不法な結果が惹起されなかった点は，他の共犯者にとって単なる障害未遂を基礎づけるだけである。その意味で，共同正犯の「正犯」性と「共犯」性が，ともに考慮されねばならない。なお，一部の共犯者が過剰防衛になった場合にも，当初から予定していた侵害結果が生じたならば，他の共犯者にとって著しい因果経過の逸脱にあたらない以上，全体としては故意既遂犯が成立したうえで（➡共犯の錯誤），各人の責任に応じた処罰をおこなえば足りるであろう[3]。

---

[2] 反対に，すでに仲間の1人が暴行・傷害などを開始した後であれば，通常の喧嘩闘争と同様，およそ正当防衛による違法性阻却は認めがたい。

[3] そのほか，厳格責任説によれば，正当防衛に関する共犯者間の不一致は，単なる禁止の錯誤として，もっぱら個別的な責任評価の問題にとどまるため，他の共同者における共犯の違法性とは無関係という取り扱いになるであろう。

(4) 判例の態度

近年の判例では，共犯者の一部に過剰防衛を認めたものがある。すなわち，Xが喧嘩闘争の目的で，尻込みする友人Yに包丁を持たせて被害者Aの店舗に向かったが，その裏口あたりで様子を伺っていたYに対して，上記店舗から出てきたAが，突然，XとYを取り違えて激しい暴行を加え始めた。Yは，反対側にいたXの加勢も得られない状況で，自分の身を守るべく，とっさに包丁を取り出してAを殺害したというものである。この事案では，かりにXとYの間で暴行・傷害の共謀があったならば，Aの攻撃には侵害の急迫性が欠ける。しかし，現場に到着した時点で，およそ加害意思がない防衛者のYにとっては，Aによる急迫不正の侵害があったといえる。なるほど，犯人らは喧嘩闘争の意思で現場に向かったが，まだ違法な攻撃を開始しておらず，共犯における「違法の連帯性」を論じるまでもないからである。したがって，「共同正犯の1人について過剰防衛が成立したとしても，その結果当然に他の共同正犯者についても過剰防衛が成立することにな」らないとされた[4]（フィリピンパブ事件。前出最決平成4・6・5）。

【図示】　共犯の正当防衛・過剰防衛で問題となる要素

行為論	構成要件該当性	違法性	責任
行為の単複	→ 実行行為の個数 （共同実行の限界）	正当防衛 （正当化の根拠，相対性）	過剰防衛 （減免の根拠）
↓	↓	↓	↓
共犯関係の解消	共犯の未遂・共犯の錯誤	違法の連帯性？	責任の個別性？

---

[4] また，正当防衛を開始した共同行為者の一部が，急迫不正の侵害が消失した後も，追撃行為によって過剰な結果を発生させた場合，追撃行為に参加しなかった共同者の責任を論じたものとして，最判平成6・12・6刑集48巻8号509頁がある。同判決は，構成要件上，暴行・傷害罪の共同正犯を肯定したうえで，一部の者には，追撃行為からの離脱（共謀関係の解消）があったとして，正当防衛の成立を認めている。もっとも，それ以外の共同行為者が，仲間による追撃行為と過剰な反撃を予見しなかったならば，共犯の過剰とする余地もある（共犯の錯誤）。

第3節　共犯と身分

1　刑法でいう「身分」とは何か

(1) 身分のない共犯

　刑法65条1項は，「犯人の身分によって構成すべき犯罪行為に加功したときは，身分のない者であっても，共犯とする」と規定した。すなわち，この条文では，非身分者による身分犯の成立が明記されている（**共犯の連帯性**）。しかし，同条2項では，「身分によって特に刑の軽重があるときは，身分のない者には通常の刑を科する」と規定しており，身分犯でも刑の加重・減軽がある場合には，非身分者には，身分者と異なる取り扱いを定めている（**共犯の個別性**）。かようにして，同一法条の中で「共犯の連帯性」と「共犯の個別性」が共存するため，刑法65条の意味をめぐる学説上の対立が生じることになった。

　たとえば，賄賂罪（197条以下）において，身分者である公務員と非身分者である民間人が共同して賄賂を収受した場合，非身分者であっても，収賄罪の共同「実行」が認められるのであろうか，また，他人の物を業務上占有する身分者が占有物を横領したとき（252条），身分者に犯行をそそのかした非身分者（非占有者または非業務者）が，業務上横領罪の教唆犯になるとしても，業務上横領罪または単純横領罪のいずれで処罰されるのであろうか。以下，刑法65条にいう「身分」の意義から，順次，解説してゆくことにしよう。

　判例によれば，**身分**とは，「男女の性別，内外国人の別，親族の関係，公務員たるの資格のような関係のみに限らず，総て一定の犯罪行為に関する犯人の人的関係である特殊の地位又は状態を指称する」とされる（最判昭和27・9・19刑集6巻8号1083頁）。したがって，公務員という地位が典型的な身分であるのはもちろん，女性を客体とする強姦罪（177条）の犯人が，事実上男性に限られることや（最決昭和40・3・30刑集19巻2号125頁），遺失物等横領罪（254条）における目的物の占有者という地位も，刑法65条1項の身分にあたることになる（大判大正5・11・10刑録22輯1733頁）。また，業務上堕胎罪（214条）における施術者の地位や（大判大正9・6・3刑録26輯382頁），業務上横領罪（253条）

における業務上の占有者としての地位も，身分の概念に含められてきた(最判昭和25・9・19刑集4巻9号1664頁)。

(2) 目的犯と身分犯

ところが，最高裁になってから，(旧) 麻薬取締法64条2項の「営利の目的」も，刑法65条2項にいう身分にあたるとされた(最判昭和42・3・7刑集21巻2号417頁)。そこでは，各種偽造罪（148条以下）における「行使の目的」のほか，事後強盗罪（238条）における「窃盗（犯人）」や(前田468～469頁など)，強盗致死傷罪（240条）および強盗強姦・同致死罪（241条）における「強盗（犯人）」という地位，さらには，およそ結果的加重犯の基本犯を遂行した者についても，加重結果との関係で身分者ということになりかねない。

なるほど，およそ身分の概念は，一定の主体がもつ地位とこれを具備しない非身分者の対比で決まるものである。しかし，刑法上の身分は，その地位・資格が犯罪行為の違法性や有責性を左右するため，これを定型化して構成要件要素にまとめたものである。したがって，当該犯罪の保護法益に関連して身分性の有無が問題となる以上，身分犯の本質を義務違反の要素だけで説明することはできない。同様にして，身分の概念を，違法身分と責任身分に分別することも，刑法上の意義を正確に捉えていないとおもう(大塚330頁，大谷457頁，川端589頁)。むしろ，上述した不法共犯論の見地からは，各構成要件の違法内容に応じて，当該身分の一身専属的性格を慎重に吟味するべきである。

(3) 期待不可能と消極的身分

そもそも，行為の目的・意図のような一時的に生じた主観的心理状態は，行為者の属性である身分概念に含めるべきでない(大塚329頁(2)，前田468頁)。同様にして，証拠隠滅罪（104条）における被告人の地位も，せいぜい，適法行為の期待可能性を排除する行為事情である。また，財産犯を実行した本犯者自身に

---

1) ただし，常習賭博罪（186条1項）が，身分犯にあたるかどうかをめぐって，争いがある。通説・判例は，65条2項の身分に含めたが（大塚141，334頁，大連判大正3・5・18刑録20輯932頁），常習性は，行為者の属性であると同時に，同種の行為を反復累行する場合を定型化した点では，行為の属性でもあることに注意しなければならない。なお，特別法には，常習窃盗・強盗罪（盗犯2条～4条），常習暴行・傷害・脅迫・器物損壊罪（暴力1条の3）などの規定がある。
2) もっとも，営利拐取罪（225条）でいう「営利の目的」は，刑法上の身分にあたらないとされた（大判大正14・1・28刑集4巻14頁）。判例の詳細については，川端博・大コメ(5)617頁以下参照。

ついては，盗品等に関する罪（256条）の規定を適用できないが，その理由は，不可罰的事後行為として，すでに本犯の中で評価されているからである$^{4)}$（最判昭和24・10・1刑集3巻10号1629頁）。さらに，当該文書の作成権限者の地位が，虚偽公文書作成における真正身分にあたるとして，公文書偽造罪の主体は，作成権限のない非公務員に限られるであろうか。形式的には，非公務員であることが構成的身分（後述）になるとはいえ，作成権限のない非公務員が，身分者である作成権限者に虚偽公文書作成を教唆した場合，共犯者は公文書偽造罪の教唆犯となるわけではない。作成権限をもつ公務員でないことが，消極的な意味で身分犯と理解されるのは不合理だからである。かようにして，形式的な身分犯性に着目して共犯と身分の問題を論じることは，共犯の従属性を無視した身分概念の不当な拡張におちいりやすい。

2 刑法65条の解釈

(1) 真正身分犯と不真正身分犯

身分犯には，(a)行為者が一定の身分をもつことで，初めて犯罪が成立する真正身分犯と，(b)身分の有無によって法定刑が加重・減軽される不真正身分犯がある$^{5)}$（→第2部第1章第3節）。(a)**真正身分犯**（echte Sonderdelikte）の例として，秘密漏示罪（134条），虚偽公文書作成罪（156条。大判明治44・4・17刑録17輯605頁），虚偽診断書等作成罪（160条），偽証罪（169条。大判昭和9・11・20刑集13巻1514頁），虚偽鑑定罪（171条），公務員職権濫用罪（193条），賄賂罪（197条以下。大判大正3・6・24刑録20輯1329頁），背任罪（247条。大判大正13・12・5刑集3巻851頁），横領罪（252条。最判昭和27・9・19刑集6巻8号1083頁）などが挙げられる。

これに対して，(b)**不真正身分犯**（unechte Sonderdelikte）の例としては，看守

---

3) そのほか，重婚罪（184条）の「配偶者のある者」，自己堕胎罪（212条）の「妊娠中の女子」がある。なお，一定の身分がない状態を消極的身分として取り扱う見解もある（後述注(11)参照）。なるほど，無免許運転罪（道交法64条，117条の4第2号）や，無免許医業罪（医師法17条，31条1項1号）のように，免許をもたない者だけが犯罪の主体となりうる場合，これを一種の消極的身分犯とみることができる。しかし，一般には，特殊な地位や人的関係がある場合に限定するべきである。さらに，不真正不作為犯の保障者的地位をめぐる共犯と身分の問題について，神山敏雄・不作為をめぐる共犯論（平6）638頁以下参照。
4) 反対説の中には，責任能力の有無や行為者が自首したことも，「身分」に含めるものがある（西田・共犯と身分〔新版・平15〕175頁）。
5) それぞれ，**構成的身分犯**，**加減的身分犯**と呼ぶこともある。

者逃走援助罪（101条），税関職員あへん煙輸入罪（138条），特別公務員職権濫用罪（194条），特別公務員暴行陵虐罪（195条）がみられる。さらに，業務上横領罪（253条）と保護責任者遺棄罪（218条）にあっても，特別な（保管または作為）義務を負う者に対して，単純横領罪および単純遺棄罪の刑を加重している。反対に，自己堕胎罪（212条）は，妊婦自身による堕胎行為について，同意堕胎罪（213条）の刑を特別に軽減した不真正身分犯の類型にあたるといえよう。

(2) 共犯の連帯性と個別性

刑法65条1項は，非身分者も「共犯とする」と規定した。この点では，共犯の連帯性を明言しているが，同65条2項では，各関与者の身分・地位に応じた科刑という共犯の個別性を定めている。そこで，(a)通説・判例は，両者の関係を統一的に理解するため，同条1項は真正身分犯に関する規定であり，同条2項は不真正身分犯に規定であると説明する（大谷458頁，川端588～590頁，前田470頁など。最判昭和31・5・24刑集10巻5号734頁）。しかし，不真正身分犯も，行為主体の社会的地位が犯罪構成要素となる点では，「犯人の身分によって構成される犯罪行為」にほかならない。むしろ，刑法典が，「共犯とする（1項）」とか「通常の刑を科する（2項）」などと規定したのは，第1項が，犯罪の成否に関する規定であり，第2項が，犯罪の科刑に関する規定であるという理解につながる[6]。そこで，(b)有力説は，同条1項を，真正身分犯と不真正身分犯に共通する規定とみたうえで，同条2項は，もっぱら不真正身分犯の科刑について規定したものと説明する（団藤418頁，大塚331頁）。

(3) 共同正犯と教唆・幇助犯

つぎに，刑法65条1項の「共犯とする」という文言をめぐって，(a)古い判例は，「共犯」の中に従属的共犯（教唆・幇助）が含まれるのは当然であるため，むしろ，同条1項では，共同正犯の成否に関する特別規定と位置づけていた（大判明治44・10・9刑録17輯1652頁）。したがって，非身分者が身分者に加功する場合における共同正犯の成立も，無制限に認められるわけである。しかし，(b)現在の通説・判例によれば，共同正犯のほか，教唆犯および従犯も含まれることになる

---

[6] これに対して，犯罪の成否（65条1項）と科刑（同条2項）を分離するのは妥当でないと批判されるが（大谷459，463頁，川端589頁），共同の犯罪行為を肯定した後で各人の個別的科刑を検討することは，理論上も特に問題はないであろう。

(大塚332頁，大谷460頁，大判大正4・3・2刑録21
輯194頁，大判昭和9・11・20刑集13巻1514頁など)。ところが，(c)一部の学説は，非公務員と公務員が共同して不正の報酬を受け取る場合，非身分者の行為が「賄賂の収受」にあたらないとされる。すなわち，真正身分犯では，身分なき共同正犯の観念が否定されるため，同条1項における「共犯」とは，従属的共犯だけに限られることになる(中山489頁，浅田448頁)。

　厳密にいえば，刑法65条1項が不真正身分犯の場合も含んでいる以上，いわゆる加減的身分については，非身分者による共同実行もありうる。その意味では，非身分者による共同正犯も認めざるをえない。すなわち，真正身分犯では，構成的身分のない者が正犯たりえないとして，従属的共犯だけが「共犯」となるのに反して，不真正身分犯では，共同正犯・教唆犯・従犯のすべてを意味するという，近年の有力説に到達したわけである(大塚333頁)。

　なお，最近では，(d)違法身分・責任身分の概念を用いて，刑法65条1項が違法身分の連帯性を，同条2項が責任身分の個別性を明らかにしたとみる見解(西田379頁，山口328頁，西田典之・共犯と身分171頁以下)，(e)同条1項・2項がともに，違法身分に関する規定であると説く見解のほか，(f)同条1項・2項が，それぞれ，共犯従属性説と共犯独立性説を示したという見解もみられる。しかし，上述した身分概念および共犯の本質をめぐる本書の立場からして，いずれの見解も支持しがたい。

【図示】　共犯と身分をめぐる適条

	共犯（広義）の種類	身分犯の種類	罪名（従属性の程度）
65条1項	(a)共同正犯	真正身分犯	正犯の罪名に従属する
	(b)共同正犯＋教唆犯・従犯	真正身分犯＋不真正身分犯	
	(c)共同正犯＋教唆犯・従犯	真正身分犯では教唆・幇助のみ	
65条2項	共同正犯＋教唆犯・従犯	不真正身分犯	各人で罪名が決まる（部分的犯罪共同説）

---

7) なお，犯罪の成否と科刑が分離する点については，共犯者間でも各人に責任量に応じた処罰が可能である以上，当然の処理とされている。

3 真正身分犯と共犯

(1) 身分犯の処罰根拠

共犯の成否が，犯行に関与した複数人の不法内容に左右される以上，たとえば，職務権限のある公務員（身分者）と共謀して，賄賂の要求・収受などの場面で中心的役割を果たした非公務員（非身分者）は，単なる道具または幇助者とみるべきでない。その背後には，共同正犯の「正犯」性を重視する有力説（団藤・大塚）と，むしろ「共犯」性に着目する通説・判例の対立がある[8]。しかし，本書では，たとえ非公務員であっても，公務員の不可買収性や職務行為の公正さという保護法益を侵害する者として，身分者との共同正犯が成立しうると考える（大谷460頁，川端590頁など）。すなわち，真正身分犯に対する共同正犯の観念が一律に排斥されるわけでなく，横領罪や強姦罪など，非身分者が共同正犯の形式で保護法益の侵害・危殆化に加担しうる場合には，共犯としての処罰根拠が具備されるのである。

(2) 非身分者の共同正犯

もちろん，真正身分犯に加担した非身分者の行為は，もっぱら身分者の違法性と連帯して，その可罰性が付与されるにすぎない。その意味で，非身分者は，科刑上，身分者よりも刑罰が軽減されるべきである[9]（なお，改正草案31条1項ただし書参照）。かようにして，刑法65条1項の「共犯」には，教唆犯・従犯だけでなく，共同正犯も含みうるのであって，こうした解釈は，身分者の「犯罪行為（法益侵害・危険）」に加功することで足りるとした，同条1項の法文の趣旨にも合致する。なお，判例にあっても，非公務員による収賄罪の共謀共同正犯のほか（大判大正3・6・24刑録20輯1329頁），横領罪（大判明治44・5・16刑録17輯874頁，大判大正4・3・2刑録21輯194頁），背任罪（大判昭和8・9・29刑集12巻1683頁），偽証罪（大判昭和9・11・20刑集13巻1514頁）などについて，非身分者による共同正犯の成立を認めている[10]。

---

8) なお，いわゆる**自手犯**（eigenhändige Verbrechen）の概念を用いる論者もみられるが（大塚仁・間接正犯の研究〔昭33〕224頁以下参照），元来，間接正犯の成否をめぐって生じた考え方を，そのまま，共犯の一種である共同正犯の領域にも適用しうるかは，疑問である。
9) 反対説の中にも，女性が男性と共謀して被害者を姦淫した事例について，強姦罪（177条）が真正の身分犯でないため，非自手犯的性格を帯びるものとして（大塚333頁(8)），非身分者による強姦罪の共同正犯を認めるものがある。

(3) 間接正犯と教唆犯

つぎに，刑法 65 条 1 項には規定されていないが，身分者が非身分者の犯罪行為に加功した場合が問題となる。たとえば，公務員の A が教唆して非公務員 B に賄賂を収受させたとき，収賄罪を自手犯の一種とみる立場では，背後の A は，B という身分のない道具を利用した間接正犯と評価される（大塚334頁）。したがって，非身分者である B は，せいぜい，**故意のある幇助的道具**としてその従犯となるにすぎない。他方，非身分者の共同正犯を一律に否定するならば，背後者の利用行為が間接正犯にあたるほどのものでなかったとき，背後にいた A を正犯者 B に対する教唆で処罰するとして，それが実態に即した解決といえるであろうか。すなわち，上述した非公務員の B が主導的役割を演じて，実行行為の大部分を担当したのであれば，身分者たる公務員 A は，単独正犯とするだけの実質を欠くことが予想される。しかし，有力説が主張するように，非身分者である B の行為が「実行」行為にあたらず，非身分者が共同正犯たりえないとすれば，結局，A には収賄罪の従属的共犯も成立しないことになる。これでは，A と B のいずれも不可罰になってしまう。なぜならば，非身分者である B を単独正犯とみることもできない反面，身分者の A を**正犯者のいない教唆犯**として，背後者だけを処罰する見解も，共犯の従属性からして疑問が生じるからである。

4 不真正身分犯と共犯

(1) 非身分者の共犯

不真正身分犯では，身分によって刑の軽重が生じるにすぎないため，非身分者による共同正犯や，教唆犯・従犯も成立しうる。また，共犯が成立する際の罪名については，犯罪共同説および共犯従属性説を踏まえつつ，共犯の錯誤で述べた部分的犯罪共同説を採用するならば，以下のようになるであろう。すなわち，他人の所有物を（単純）占有する X と業務上の占有者である Y

---

10) また，無免許営業罪のように（弁護 72，77 条，医師法 17 条，31 条 1 項 1 号など），無資格者の行為だけを禁止した真正身分犯では，教唆犯・従犯はもちろん（川端 593 頁，大判大正 3・9・21 刑録 20 輯 1719 頁など参照），非身分者である医師が身分者（無免許医）の行為に加担するならば，無免許者と共同して犯罪を実行することも可能である（なお，大判昭和 12・2・17 刑集 16 巻 92 頁参照）。

が，共同して客体を横領した場合，Yには業務上横領罪が成立するが，Xには単純横領罪が成立して，単純横領罪の限度でのみ，XとYが共同正犯が成立することになる（通説。大谷461頁，川端590～591頁など）。

しかし，共犯者間で身分の有無が問題となる場合，事実の錯誤のように，主観と客観の重なり合いは認められない。むしろ，刑法65条2項が，科刑上の個別性を定めたにすぎず，同条1項が規定した共犯の連帯性（共同性ないし従属性）を前提とするならば，全体として業務上横領罪の構成要件にあたる場合，成立する罪名は加重類型のものとなるはずである。すなわち，上述した設例では，業務上横領罪の共同正犯が成立したうえで，Xだけが単純横領罪で処罰されることになる（大判昭和15・3・1刑集19巻63頁，最判昭和32・11・19刑集11巻12号3073頁）。従属的共犯にあっても，非身分者が身分者を教唆・幇助した場合には，主観的にも，身分者による加重（減軽）構成要件が実現された以上，成立する罪名は加重・減軽身分を備えた正犯のそれに従属するべきである[11]（大塚334,336頁）。また，法令の適条については，同条2項だけでなく，常に同条1項が適用されることになろう[12]。

(2) 身分者の共犯

反対に，身分者が非身分者の犯行に関与した場合には，不法共犯論を前提とするかぎり，従属的共犯では，直接正犯者の実現した犯罪結果に従属することになる。たとえば，保護責任者である母親が，何ら法的義務を負わない

[11) なお，常習性を身分の一種とみる立場では，非常習者が常習者（正犯）に対して賭博を教唆・幇助した場合，非常習者であっても，常習賭博罪（186条1項）の教唆犯・従属になるとされる（大塚334頁，大連判大正3・5・18刑録20輯932頁）。しかし，常習犯の行為者類型性を重視するならば，常習者以外は常習賭博罪の共犯たりえないので，単純賭博罪の教唆にとどめる見解もみられる（団藤422頁）。しかし，後者は，一種の消極的身分を認めるものではなかろうか。

12) そのほか，およそ客体を占有していないCが，単純占有者Dと業務上占有者Eによる横領（の共同正犯）を教唆・幇助した場合には，どうなるであろうか。ここでは，業務上横領罪が，非占有者からみれば真正身分罪，単純占有者からみれば不真正身分罪という二面性を有するため，より複雑な問題が生じる。本書の立場によれば，DとEは，業務上横領罪の共同正犯となり，Dは，単純横領の限度で処罰される一方，Cについては，業務上横領罪の教唆・幇助として，それぞれの身分に応じた刑が科せられることになる（大判明治44・8・25刑録17輯1510頁，最判昭和32・11・19刑集11巻12号3073頁）。これについて，反対説からは，非占有者と業務上占有者が共同した場合と，単純占有者と業務上占有者が共同した場合で，非占有者（業務上横領罪の共同正犯）と単純占有者（単純横領罪の共同正犯）の間の不均衡が生じると批判される。そこで，CとDのいずれも単純横領罪の限度で共同正犯とする見解もあるが，そもそも，本書の立場では，いずれも罪名が業務上横領罪となり，身分に応じて量刑することになるため，そうした不均衡は生じないであろう。

第三者に依頼して，自分の子供を危険な場所に遺棄（移置）させたとき，直接正犯者には単純遺棄罪（217条）が成立するため，母親は単純遺棄罪の教唆犯となるだけである（大塚334〜335頁）。なお，共同正犯の場合には，実行正犯である第三者には単純遺棄罪が成立するが，母親については，保護責任者遺棄罪（218条）が成立して，それらの間の共同正犯となるため，従属的共犯の場合とは異なる点に注意しなければならない。

しかし，通説・判例によれば，非身分者である第三者には，単純遺棄罪の罪責を肯定する一方，保護責任者の身分を備えた教唆者には，保護責任者遺棄罪の教唆犯が認められることになる（曽根270頁，川端592頁，前田475頁。なお，旧尊属殺人罪につき，大判大正12・3・23刑集2巻254頁など）。また，常習賭博罪（186条1項）にあっても，賭博常習者が非常習者の単純賭博罪（185条）を幇助したとき，加重身分をもつ常習者には，常習賭博罪の従犯を認めた判例がある（大連判大正3・5・18刑録20輯932頁，大判大正12・2・22刑集2巻107頁）。

本書では，教唆・幇助それ自体を実行行為とみる立場（共犯独立性説）ではなく，しかも，共犯の処罰根拠を違法な正犯行為の促進・惹起に求める不法共犯論に依拠するため，従属的共犯の可罰的評価は，正犯者の違法性に従属するものと考える。したがって，上記の設例では，それぞれ，単純遺棄罪の教唆と単純賭博罪の幇助にとどめるべきである[13]（大塚335，337頁，井田516〜517頁，大判大正3・3・10刑録20輯266頁）。むしろ，身分者であることにともなう重い情状は，量刑の段階で考慮すれば足りるであろう[14]。

(3) 通常の刑とは何か

非身分者が身分者の犯罪行為に加功したとき，刑法65条2項の「身分のない者には通常の刑を科する」は，非身分者が単独犯となった場合に科せられる刑罰を指す。しかし，真正身分犯では，非身分者が単独でおこなう場合の処罰規定が存在しないため，身分者と非身分者の違法・責任の量的差異に応じて，実際に酌量減軽をする必要が生じる（大塚336頁[13]，大谷460頁）。他方，不真正身分

---

13) 特に常習賭博罪は，自らが賭博行為をおこなう際の常習性に着目した刑の加重であって（一身専属性），教唆・幇助の際の常習性は問題とすべきでない（反対，大判大正12・2・22刑集2巻107頁）。
14) こうした見解によれば，減軽身分を備えた者が非身分者を教唆した場合，かえって重く処罰されることになるという批判がある。しかし，自己堕胎罪でいう妊婦の身分は，もっぱら責任減少の側面に着目した規定であるため，個別的な処理が可能となるであろう。

犯では，身分によって加重・減軽される以前の基本犯の法定刑をもとにして，具体的な量刑を決することになるであろう¹⁵⁾（大塚337頁，最判昭32・11・19刑集11巻12号3073頁）。

---

15) なお，共犯者中で一部の者に人的処罰阻却事由が存在しても，それが一身的事情にとどまるかぎり，他の共犯者には影響しないことはいうまでもない（大塚337頁，大判昭和4・8・26刑集8巻416頁，大決昭和5・2・4刑集9巻32頁）。

第6部 犯罪の個数と刑罰の理論

第1章 罪数論

第1節 罪数論の基礎

1 総説

(1) **罪数論の意義**

　ある犯人が数個の犯罪構成要件にあたる行為をしたとき，犯罪の個数はどのように決定されるのか。かりに数罪が成立する場合，各犯罪の法定刑から処断刑を算出する方法や順序を論じるのが，罪数論である。すなわち，一罪として包括的に評価される範囲を確定する一方，複数の犯罪に対して，刑罰の本質に即した合理的な科刑方法を明らかにするのが，罪数論の目的であるといえよう。また，犯罪の個数や相互の罪数関係は，犯罪の成否にかかわるとともに，刑罰の執行方法にも結びつく。その意味では，罪数論は，犯罪論の最終段階に位置するものである（大塚487頁）。また，罪数論上の取り扱い如何によっては，各犯罪の行為地や行為時のほか，時効などの判断方法が左右される限度で，刑事手続上も一定の意義を有する。

(2) **本来的一罪と本来的数罪**

　罪数論は，裁判実務上，重要な問題とされるが，技術的な性格が強いため，上述した犯罪論に匹敵するほどの激しい学説の対立はみられない。しかし，犯罪の単複にかかわる議論では，各構成要件の理解が反映されるため，もっぱら実務に委ねておくべき問題ではない。近年，罪数論をめぐる優れた研究業績が公刊されており[1]，学説上も，今後の進展が予想される。その際，外見上は複数の犯罪が成立しうるが，理論上1個の犯罪とされる場合もあれば（**本

来的一罪），実際に数個の犯罪が成立するにもかかわらず，刑罰の場面では包括して取り扱う場合がある（54条。**科刑上一罪**）。他方，複数の犯罪をまとめて処罰することで，犯人の改善・更生に役立てる規定もある（45条以下。**併合罪**）。以下，これらの出発点となる本来的一罪について，構成要件相互の関係を整理しつつ，幾つかの類型に区分しておこう。

【図示】　罪数論の構造
　(1)　本来的一罪───単純一罪
　　　　　　　　　├─包括的一罪（集合犯─常習犯，営業犯，職業犯／結合犯／接続犯）
　　　　　　　　　├─法条競合（特別関係／補充関係／吸収関係／択一関係）
　　　　　　　　　└─不可罰的（共罰的）事前行為と不可罰的（共罰的）事後行為
　(2)　科刑上一罪───観念的競合
　　　　　　　　　└─牽連犯
　(3)　本来的数罪───併合罪

2　罪数の判断基準

(1)　犯意標準説と行為標準説

　そもそも，犯罪の個数を決定する基準としては，(a)犯意標準説，(b)行為標準説，(c)法益標準説，および，(d)構成要件標準説が主張されてきた。まず，(a)**犯意標準説**は，行為者のもつ犯意の個数によって罪数を決定するものであり，犯人の危険性に着目している（主観主義。大判明治41・6・22刑録14輯688頁）。しかし，およそ古典学派を基調とした犯罪論では，過去の社会侵害行為が可罰的評価の出発点となるため，犯人の主観的認識だけに依拠することはできない。つぎに，(b)**行為標準説**は，自然的な行為の個数を，そのまま罪数判断の基準とする（大判明治42・9・23刑録15輯1151頁，大判明治44・11・16刑録17輯1984頁）。だが，刑法上は，結合犯のように，複数の行為を結びつけた犯罪類型があり，そもそも，犯罪の個数が，法的評価を経たうえで決定されるのを看過している。

---

1) 虫明満・包括一罪の研究（平4）5頁以下，只木誠・罪数論の研究（平16）17頁以下など参照。

(2) **法益標準説と構成要件標準説**

これらに対して，(c)**法益標準説**は，客観的に侵害された法益の個数を基準とする点で（大判明治41・3・5刑録14輯161頁），理論的には正しい主張を含んでいる。しかし，単に法益侵害の結果だけを基準とするならば（結果標準説），当該結果にいたる侵害行為の態様をまったく考慮しない点で，なお不十分であるといえよう。その意味で，(d)**構成要件標準説**は，当該事件が構成要件的評価を受けた回数によって，犯人の罪数を定めようとするのである（大塚488頁，大谷479頁，最大判昭和24・5・18刑集3巻6号796頁，最判昭和28・3・20刑集7巻3号606頁など）。

3 構成要件該当性と可罰的評価

(1) **構成要件該当性の個数**

本書で示した犯罪論のように，構成要件該当性を第1の犯罪成立要件とみる立場では，罪数の判断にあっても，まず，当該行為の構成要件的評価の回数が基準とされねばならない（構成要件標準説）。その際，直接的な侵害の対象となった法益の種類や個数のほか，侵害行為の形態・態様のほか，行為者の犯罪意思も勘案しつつ，犯罪行為の個数が決まるという意味では，(a)〜(d)の基準を合わせた見解が，最も妥当であるいえよう。すなわち，理論上は，構成要件標準説が維持されるが，その判断資料として，客体となった保護法益の個数や侵害行為の態様，さらには，犯行計画なども含む犯人の主観的認識も考慮されるのである。

(2) **刑事実体法と刑事手続法**

犯罪論上，罪数論に独自の意義を認めず，せいぜい，刑罰を適用する際の法的評価にとどまるという見解がある。そこでは，刑法実体法や刑事手続法の各効果に即して，個別的に犯罪の個数を算定すればよいであろう。だが，罪数判断において明確な基準を設けないまま，もっぱら法律効果の側面から犯罪の個数を論じるならば，各犯罪類型の予定した刑罰の範囲とは無関係に犯罪の個数が決まってしまう。なるほど，構成要件標準説にあっても，本来的一罪（後述）として評価される限界が，常に明瞭となるわけではないが，反対説では，法条競合などの犯罪の本質にかかわる問題も含めて，単なる刑罰執行や手続上の理由が優先されることになりかねない。その意味で，反対説

は，いわゆる実質的犯罪論と同様，犯罪論と刑罰論の違いを無視するものといわざるをえない[2]。

第2節　本来的一罪の諸形態

1　本来的一罪の意義

(1)　法益侵害と構成要件的評価

本来的一罪とは，1個の人格的態度として，包括的な刑法的評価が必要となる場合である。これらの類型は，構成要件該当性の判断にあっても，1個の犯罪とみるべき実体的内容を備えている[1]。換言すれば，1個の犯罪構成要件を充足した犯罪事実が，形式的には他の犯罪類型にあたるようにみえても，すでに上記の構成要件が付随的な犯罪事実を可罰性評価の中に取り込んでいるため，1回の構成要件的評価で足りる場合をいう。たとえば，殺人罪（199条）のように，個人の生命（一身専属的法益）に向けた犯罪行為では，被害者をナイフで数十回突き刺して失血死させた場合，同一機会に1個の生命を奪うための行為が繰り返された以上，1個の殺人既遂罪が成立するにすぎない（**包括的単純一罪**[2]）。

(2)　行為者の犯意と構成要件的評価

なるほど，同一の被害者を殺害するための行為であっても，各行為の間に相当程度の時間的および場所的な隔たりがある場合には，もはや1個の殺人

[2) なお，事実の錯誤における数故意説の論者は，複数結果の併発事例について，科刑上一罪である観念的競合（後述）の規定を援用しているが，罪数論は，故意の個数を含む犯罪論上の処理が済んだ後の問題であるため，構成要件的錯誤の中で，罪数論を自説の論拠とするのは正しくない（→第2部第5章第2節）。
1) 本来的一罪の「本来的」という用語は，実体法上の概念であって，訴訟法上の議論で「本来的一罪」性が決まるわけではない。すなわち，実体法上の本来的一罪は，犯罪の成否から罪数の確定に及ぶ各段階の観念的刑罰権に属するのに対して，訴訟法上の本来的一罪は，その後の刑罰の適用・執行の場面で問題となる具体的刑罰権に対応するからである（→第2章第1節）。
2) たとえば，殺意をもって複数の弾丸を発射したとき，それぞれが殺人未遂罪に該当するとともに，最終的に死の結果を招来した発砲行為だけが殺人既遂となるわけではない。また，ナイフで刺殺しようとした犯人が，被害者の死亡後にも，なお興奮状態により死体を突き刺し続けたとき，別途，死体損壊罪（191条）を構成するわけではない。

罪とみることはできない。むしろ，理論上は，それぞれの犯行が殺人未遂罪を構成することもある。しかし，判例の中には，東京および樺太（サハリン）で，半年間にわたり，異なる手段で何度も殺害を試みた後，最終的にはその目的を遂げた事案について，1個の殺人既遂罪により評価したものがある[3]（日大生殺し事件，大判昭和13・12・23刑集17巻980頁）。そこでは，同一の犯罪意思につき動かされた一連の犯行が包括的に一罪とみなされた点で，後述する接続犯の場合と相通じるところがあるといえよう。したがって，刑法上の一罪という性格を切断する時間的・場所的な限界が問題となってくる。

2　本来的一罪でないもの

(1) 個人的法益の個数

これに対して，1回の毒物投与という行為により数人を殺害した場合など，異なる法益主体の法益が数個侵害されたならば，本来的数罪とみられる。すなわち，被害者の生命という法益の性質に着目して，たとえ1個の自然的行為による場合にも，被害者の数に応じた殺人罪の成立を認めることになる（同種類の観念的競合。大判大正6・1・9刑録23輯1261頁）。同様にして，個人の行動の自由に対する罪（220条以下），名誉を毀損する罪（230条以下），財産に対する罪（235条以下）にあっても，被害者の数に応じた複数の犯罪が成立する。

(2) 国家・社会的法益の個数

また，自然的には1個の行為であっても，同時に複数の公務員を買収した場合には，公務員の数に応じた数個の贈賄罪（198条）が成立するとした判例がある（大判大正6・4・25刑録23輯422頁）。それぞれの行為客体ごとに存在する重大な保護法益（公務員の不可買収性ないし公務の公正さに対する信頼）については，別個に侵害されているからである。他方，放火罪（108条以下）にあっては，公共の安全という主たる保護法益が侵害された以上，異なる法条が規定する複数の客体を焼損させたとしても，1個の放火罪が成立するにすぎない（大判明治42・11・19刑録15輯1645頁）。その限度で，放火罪における副次的法益である個人の財産権は，少なくとも罪

---

3) これに対して，狩猟の際，同僚を誤射して重傷を負わせた後，故意に射殺したときには，業務上過失致傷罪（211条前段）と殺人罪（199条）の併合罪とされている（最決昭和53・3・22刑集32巻2号381頁）。

数論上は，重視されないのである。

3　集合犯・結合犯など（本来的一罪）

(1)　集合犯と結合犯

当初から，数個の構成要件的行為の反復・継続を予定した**集合犯**（Kollektivverbrechen）の類型では，その1部にあたる行為を繰り返したときにも，一罪として処理される。たとえば，賭博の常習者が，数十回も賭博行為をしたときにも，1個の常習賭博罪（186条1項）に問われるだけである（最判昭和26・4・10刑集5巻5号825頁）。また，無資格のもぐり医者が，複数のヤミ診療を繰り返した場合にも，1個の無免許医業罪（医師法17条，31条1項1号）を構成するにすぎない[4]（名古屋高判昭和26・1・29判特27号13頁）。さらに，強盗罪（236条）のような犯罪類型は，暴行・脅迫と財物の奪取を合わせた**結合犯**（広義）であるため，暴行・脅迫と財産侵害のそれぞれを独立して評価する余地はない。また，強盗犯人が，強盗行為に引き続いて被害者を強姦したときには，強盗強姦罪（241条）という結合犯（狭義）の類型もみられる。

(2)　狭義の包括的一罪

同様にして，逮捕監禁罪（220条）や，犯人蔵匿・隠避罪（103条）のように，最初から，数個の構成要件的行為が手段・目的または原因・結果の関係にあることを想定した犯罪類型がある。そこでは，行為者が1個の犯罪意思で同一の法益を侵害しているかぎり，まとめて一罪と評価される（**狭義の包括的一罪**）。たとえば，同一の被害者を逮捕した後，引き続いて監禁したならば，1個の逮捕監禁罪が成立する（最大判昭和28・6・17刑集7巻6号1289頁）。また，同一人に対して賄賂を要求・約束・収受したときは，その行為全体について1個の収賄罪（197条）が成立するにすぎない[5]（大判昭和10・10・23刑集14巻1052頁）。

---

[4] もっとも，学説の一部には，集合犯を包括的一罪に分類したり，本来的数罪の一種とみる見解もある（中山善房・大コメ(4)197頁）。

[5] 本文中に掲げた収賄の事例は，最終的に同一の法益侵害に向けた一連の行為であったが，たとえば，出入国管理及び難民認定法70条1項1・2号における「不法入国罪」と「不法上陸罪」のように，かりに保護法益が同一であっても，入国と上陸という行為態様が異なる場合，ただちに包括的一罪（法条競合）となるわけではない。

第3節　包括的一罪

1　包括的一罪と法条競合

(1)　包括的一罪（広義）

　本来的一罪の中には，(a)純粋な単純一罪と，(b)包括的な単純一罪（狭義の包括的一罪）のほか，(c)包括的一罪（広義）や，(d)法条競合を含める立場が，一般である。(a)と(b)については，すでに説明したところであり，以下には，(c)と(d)の概念について解説しておこう。まず，(c)**広義の包括的一罪**とは，同一の法益侵害に向けた数個の犯罪行為を，時間的かつ場所的に近接した状況下で繰り返したため，行為者の1個の人格的態度とみられる場合である。これらは，全体を包括して1個の犯罪と評価される（いわゆる接続犯である）。たとえば，同一の犯人が，一晩の間に，同一の倉庫から数回にわたって米俵を運び出したときには，1個の窃盗罪が成立する（最判昭和24・7・23 刑集3巻8号1373頁）。

(2)　法条競合

　つぎに，(d)**法条競合**（Gesetzeskonkurrenz）とは，犯罪構成要件相互の関係からして，一方の構成要件的評価が，他方の構成要件の適用を当然に排除する場合である。その中でも，(i)**特別関係**（Spezialität），(ii)**補充関係**（Subsidiarität），(iii)**吸収関係**（Konsumtion），(iv)**択一関係**（Alternativität）に区分される。たとえば，特別法である業務上横領罪（253条）が成立するならば，一般法である単純横領罪（252条）の適用は否定される（特別関係）。また，傷害罪（204条）が成立するときには，補充規定である暴行罪（208条）を適用する余地はない（補充関係）。他方，殺人罪を実行する過程で生じた着衣の損傷などは，器物損壊罪

---

1) これらを本来的数罪に分類したうえで，実質的な違法・責任評価の一回性に着目した「評価上一罪」と呼ぶ見解もある（前田497頁）。そのほか，集合犯などのように，同種の行為を反復・継続する場合については，構成要件的評価の同質的包括性，法条競合などの異種類の犯罪構成要件間の適用関係については，構成要件的評価の異質的包括性と呼ぶことができよう（大塚489頁以下）。
2) なお，吸収関係と択一関係については，法条競合でなく，包括的一罪に分類する見解もある（大谷481頁，川端617頁，前田498頁）。もっとも，主要な法益侵害を捉えて本来的一罪とみるなら，単に分類概念上の問題にすぎない。

(261条)として独立した評価を与えられることはない（吸収関係）。さらに，横領罪（252条以下）と背任罪（247条）の関係のように，一方が権限の「逸脱」であり，他方が権限の「濫用」という関係では，お互いの構成要件が両立しえない関係にある。したがって，前者の規定が適用されれば，後者の適用は必然的に排除されることになる[3]（択一関係）。

2　包括的一罪（広義）と本来的一罪

(1)　不可罰的事前行為

もっとも，(c)包括的一罪（広義）については，これを本来的一罪の中に含めるべきかをめぐって，学説の間で対立があった。また，自然的にみて1個の行為にもとづく包括的一罪では，後述する観念的競合（54条1項前段）との違いが問題となるほか，複数の行為により数個の構成要件を実現した場合には，牽連犯（54条1項後段）や併合罪（45条以下）との関係も争いとなる。たとえば，各犯行が時間的・場所的にも相当程度の間隔を有しており，むしろ，独立した行為と認められる場合には，上述した接続犯と異なり，本来的には数罪の一種にあたるといわざるをえない[4]。だが，同一の結果に向けられた1個の反社会的態度とみられるかぎり，包括して一罪とみるべき場合もある。具体的には，同一の客体に向けられた殺人予備（201条）と殺人未遂（203条）は，時間的・場所的な間隔にもかかわらず，最終的に殺人既遂罪（199条）が成立するならば，独立した犯罪を構成しない。こうした処理は，包括的一罪としての**不可罰的事前行為**（straflose Vortat）の観念を認める際にも，前提となるであろう。

(2)　科刑上一罪説

なるほど，こうした罪数関係は，(d)法条競合でいう吸収関係にも似ている。しかし，構成要件相互の関係から法条競合にあたる場合とは異なり，むしろ，

---

3) ただし，有力説は，択一関係の場合，法条自体が競合するわけでなく，事実認定の問題にすぎないという（大塚495頁）。しかし，横領罪と背任罪では，犯罪の内容として重なり合う部分があるため，罪数の問題にもなるであろう。また，未成年者拐取罪（224条）と営利目的等拐取罪（225条）の関係も問題となるが，詳細については，各論の記述に譲りたい。

4) これに対して，犯意標準説によれば，適用されるべき刑法規範の相互的な効力が争われるにすぎず，犯罪自体の単複とは無関係という理解になる。

具体的な事件ごとに時間的・場所的近接性や同一の犯意継続などに着目した包括的一罪の範疇にあたるというべきである。もっとも，学説の中には，一回的な可罰性評価で足りる場合として，ある種の科刑上一罪とみる見解もある（平野412～413頁）。科刑上一罪説によれば，一部の行為だけに処罰阻却事由があったり，法律の改廃がなされたような場合，各行為を分断して取り扱うことを容易に説明できる。しかし，この見解では，明文の規定がある観念的競合などとは異なり，包括的に評価するための根拠を明らかにする必要があろう。

(3) 混合的包括一罪と不可罰的事後行為

また，偽造有印私文書行使罪（161条）と詐欺罪（246条）などのように，異種類の法益侵害に対する**混合的包括一罪**を認める場合には（なお，東京地判平成4・4・21判時1424号141頁参照），およそ包括するという意味が不明確であると批判されてきた。しかし，最高裁は，当初から覚せい剤を窃取（または詐取）した後で被害者を射殺するべく，殺人未遂に及んだ事案について，いずれも同一の財産に向けられた密接関連性のある行為として，窃盗（または詐欺）罪と（2項）強盗殺人未遂罪の包括（的）一罪を認めている（最決昭61・11・18刑集40巻7号523頁）。なお，窃盗罪や横領罪などの状態犯では，すでに侵害行為によって発生した違法状態が法的に評価されている以上，窃取または横領した財物を損壊・投棄しても，新たな犯罪が成立しないという意味では，**不可罰的事後行為**（straflose Nachtat）が認められる。

【図示】複数の行為が同一構成要件に包含される場合
(1) 包括的一罪
　①法益の同一性による ── 単一の放火行為で2個の住宅を焼損する。
　②常習犯の類型 ── 賭博常習者が数回の賭博をおこなう。
　③営業犯の類型 ── 麻薬施用者である医師が，同一の麻薬中毒患者に対して，数日おきに何10回も麻薬を交付する。
　④広義の包括的一罪 ── 同一の被害者に対して，日時・場所を異にする数次の殺害行為により，最終的に殺害の目的を達成する。

---

5) 厳密には，当該行為を不可罰と評価するわけでなく，基本的犯罪に包括して処罰するため，**共罰的事前行為**（mitbestrafte Vortat）というべきであろう。
6) ただし，窃取した預金通帳を使用して，被害者の預金を引き出す行為は，別途，詐欺罪により処罰されるべきである（最判昭和25・2・24刑集4巻2号255頁）。

⑤狭義の包括的一罪 ── 公務員が同一人に対して賄賂を要求・約束・収受する。
⑥接続犯の類型 → 短時間で同一の倉庫から数回にわたる窃盗を繰り返す。
(2) **法条競合**
　(a)**特別関係**──単純遺棄罪と保護責任者遺棄罪では、特別法（保護責任者遺棄罪）が優先する。
　(b)**補充関係**──暴行から傷害になった場合には、基本法（傷害罪）が優先する。
　(c)**吸収関係**──着衣の器物損壊と殺人では、完全法（殺人罪）が優先する。
　(d)**択一関係**──横領と背任は、相互に両立し得ないため、一方のみを適用する。

第4節　科刑上一罪

1　観念的競合

(1)　観念的競合と牽連犯

　本来的には数罪であるが、科刑上の一罪として取り扱う場合がある。たとえば、同一の構成要件に複数回にわたって該当する場合や、各犯罪事実が異なる種類の構成要件にあたる場合には、もはや本来的一罪とはいえないであろう。たとえ自然的な意味では1個の行為によるものであっても、構成要件標準説によれば、数個の犯罪があったと評価されるからである（**観念的競合**）。また、主観的および客観的にみて、各犯罪が手段・目的または原因・結果の関係にある場合にも、犯罪事実としては複数の構成要件に該当する（**牽連犯**。大塚503頁、大谷495頁）。このことは、法益標準説にあっても、侵害される法益が数個にわたる以上、同様であろう[1]。しかし、刑法典では、これらの行為が一定の条件を充たしたとき、刑罰論の見地から科刑上一罪として取り扱うのである。現行法は、観念的競合と牽連犯を規定している[2]（54条）。

---

1) なお、行為標準説では、観念的競合も本来的一罪とされる。また、犯意標準説によれば、牽連犯についても、行為者の主観的意思が単一である場合、本来的一罪となる。
2) 刑法典上、観念的競合が牽連犯と同一法条で規定された点も、これらが個別の犯罪の競合であることを示唆している。ただし、一罪と数罪の中間に位置するとみる見解もある。

(2) **1個の自然的行為**（観念的競合）

まず、**観念的競合**（Idealkonkurrenz）とは、「1個の行為が2個以上の罪名に触れ」る場合である。数個の構成要件的評価があったにもかかわらず、客観的な因果の流れに着目して「1個の行為」とみられるとき、刑罰の適用と執行においては、一回的評価をおこなうものである（54条1項前段）。(a)「1個の行為」とは、判例上、「法的評価をはなれ構成要件的観点を捨象した自然的観察のもとで、行為者の動態が社会的見解上1個のものとの評価をうける場合をいう」とされる（最大判昭和49・5・29刑集28巻4号114頁）。

具体的には、コーヒーポットに毒物を入れておき、複数人を殺害した場合には、数個の生命が侵害された点で、被害者の数に応じた殺人既遂罪が成立して観念的競合となる。また、無免許で酒酔い運転をした場合には、酒気帯び運転罪（道交法65条1項、117条の2第1号）と無免許運転罪（道交法64条、117条の4第2号）の観念的競合となる。同様にして、救護義務違反罪（同法72条1項前段、117条1項）と報告義務違反罪（同法72条1項後段、119条1項10号）が、同一の行為による科刑上一罪と認められている（最大判昭和51・9・22刑集30巻8号1640頁）。

しかし、不作為犯であるひき逃げと救護義務違反罪であれば、これらを観念的競合にすることが可能であるとしても（前掲最大判昭和51・9・22）、作為犯である危険運転致死罪と不作為犯である救護義務違反罪は、当然に1個の行為による場合とはいえない。他方、覚せい剤輸入罪（覚せい剤取締法13条、41条）と関税法違反（関税法111条）は、1個の行為によるものとされている[3]（最判昭和58・9・29刑集37巻7号1110頁）。

(3) **同種類の観念的競合と異種類の観念的競合**

つぎに、(b)「2個以上の罪名に触れ」る場合とは、たとえば、不特定多数の群衆に向かって1個の爆弾を投げつけることにより、数個の殺人構成要件に

---

3) そこでは、時間的・場所的な同一性や自然的行為の連続性が重視されるが、理論的には一貫性に欠けるという批判がある。なお、道路交通法上の安全運転義務は、犯人が運転を継続しているかぎり、危険運転致死罪などと時間的・場所的にも重なり合うが、過去の最高裁判例では、道交法違反（酒酔い運転罪）と業務上過失致死罪を併合罪としたものがある（最大判昭和49・5・29刑集28巻4号114頁）。また、近接した地点の速度違反行為でさえも、当該場所の交通規制や犯行の態様が異なることから、それぞれ別罪を構成するとされた（最決平成5・10・29刑集47巻8号98頁）。

該当する場合である(**同種類の観念的競合**)。また，1個の発砲行為によって，他人の器物を損壊したうえ(261条)，近くにいた家人を殺傷した場合では(199条または204条)，複数の異なった構成要件に該当することになる(**異種類の観念的競合**)。

なお，判例による異種類の観念的競合として，職務中の公務員に暴行を加えて負傷させた場合，公務執行妨害罪(95条1項)と傷害罪の観念的競合とされた(大判昭和8・6・17刑集12巻817頁)。また，放火することにより死体を損壊した場合，放火罪(108条以下)と死体損壊罪(190条)の観念的競合(大判大正12・8・21刑集2巻681頁)，殺人の目的で他人の住居に侵入した場合，殺人予備罪(201条)と住居侵入罪(130条)の観念的競合(大判明治44・12・25刑録17輯2328頁)，殺意により女子を強姦して死亡させた場合，強姦致死罪(181条)と殺人罪(199条)の観念的競合が認められた(最判昭和31・10・25刑集10巻10号1455頁)。

(4) 罪数論上の処理

上述した観念的競合では，「その最も重い刑により処断する」ことになる。したがって，数個の罪名中で最も重い法定刑を定めた法条に従うだけでなく，法定刑の上限・下限のいずれについても，最も重い刑罰を選択することになる(大塚501〜502頁，大谷494頁，最判昭和28・4・14刑集7巻4号850頁など)。たとえば，公務執行妨害罪と傷害罪の観念的競合では，前者の法定刑が「3年以下の懲役若しくは禁錮又は50万円以下の罰金」であり，後者の法定刑が「15年以下の懲役又は50万円以下の罰金」であるため，その上限は傷害罪のそれに従い(15年以下の懲役)，その下限が同じであることから，処断刑の範囲は，15年以下の懲役または50万円以下の罰金となる。また，数罪である以上，軽い罪に付加刑の没収があるときは，これを併科してもよい(最判昭和23・5・29刑集2巻5号521頁)。2個以上の没収を併科することもできる(54条2項，49条2項)。

2 牽連犯

(1) 客観説と主観説

刑法54条1項では，「犯罪の手段若しくは結果である行為が他の罪名に触れるときは，その最も重い刑により処断する」と定めている(同項後段)。理論上，牽連犯と呼ばれる場合である。その法律要件をめぐっては，(a)**客観説**と

(b)主観説の対立があった。まず，(a)**客観説**によれば，犯罪の性質上，一方が他方の手段・方法とみられるほか，原因と結果の関係にあたる場合も含めて，双方の罪の間に「密接な因果関係」が存在しなければならない（通説・判例。大塚503頁，大谷495頁，最判昭和24・7・12刑集3巻8号1237頁，最大判昭和24・12・21刑集3巻12号2048頁）。したがって，実際の行為者が，たまたま複数の犯罪を「手段・目的」または「原因・結果」の関係にあると考えただけでは足りない。むしろ，罪質上の強固な客観的結びつきが必要である（大判昭和5・1・27刑集9巻16頁など）。

これに対して，(b)**主観説**は，近代学派の見地から，犯意標準説を採用するため，犯人の主観面（牽連意思）に牽連犯の成否を依存させることになる。そこでは，行為者の事実認識いかんによって，科刑上一罪の範囲が不当に左右されるおそれがある。また，当初は犯人に牽連（させる）意思がなかったものの，その後に新しい犯意を生じ，犯人にとっても目的・結果にあたる別罪を犯した場合，およそ牽連犯になるのであろうか。そのような事態は，犯罪自体の牽連性を求めた法文の趣旨に反するであろう[4]（大判大正6・2・26刑録23輯134頁，大判昭和5・1・27刑集9巻16頁）。

(2) 肯定例

各犯罪の性質や経験則に照らして，ある犯罪が手段・目的ないし原因・結果の関係になるとしても，実際には，過去の判例に従って牽連犯の成否を決定するべきであろう。具体的には，(i)住居侵入罪が，放火罪（大判明治43・2・28刑録16輯349頁），強姦罪（大判昭和7・5・12刑集11巻621頁），殺人罪（最決昭和29・5・27刑集8巻5号741頁），窃盗罪（大判明治45・5・23刑録18輯658頁），強盗罪（最決昭和23・12・24刑集2巻14号1916頁）などと牽連犯になるとされた。また，(ii)偽造私文書行使罪は，公正証書原本不実記載等罪（大判明治42・11・25刑録15輯1667頁），不実記載公正証書原本行使罪（大判明治43・1・20刑録16輯23頁），詐欺罪（大判大正4・3・2刑録21輯221頁，最決昭和42・8・28刑集21巻7号863頁）と牽連犯の関係にあるという。そのほかにも，(iii)偽証（教唆）罪と詐欺罪（大判大正5・5・29刑録22輯833頁），(iv)業務妨害罪と恐喝罪の間で（大判大正2・11・5刑録19輯1114頁），牽連犯が認められている。

---

4) 判例によれば，罪質上，一方の罪が他方の罪の手段・結果の関係となるだけでなく（抽象的牽連性），「具体的にも犯人がかかる関係においてその数罪を実行したこと（具体的牽連性）」が必要とされる（最大判昭和24・12・21刑集3巻12号2048頁，最大判昭和44・6・18刑集23巻7号950頁など）。いずれの要件も，数罪間の客観的牽連性を要求したものと解するべきであろう（中谷雄二郎・大コメ(4)341頁以下参照）。

(3) 否定例

　反対に，牽連犯を否定した判例として，放火と保険金の詐取（大判昭和5・12・12刑集9巻893頁），殺人と死体遺棄（大判明治43・11・1刑録16輯1812頁），監禁と強姦致傷（最判昭和24・7・12刑集3巻8号1237頁），監禁罪と恐喝罪（最判平成17・4・14刑集59巻3号283頁），窃盗教唆と盗品の有償処分のあっせん（大判明治42・3・16刑録15輯258頁），強盗と放火（大判明治42・10・8刑録15輯1293頁），強盗殺人と死体遺棄（大判昭和13・6・17刑集17巻475頁），強姦と殺人（大判昭和7・2・22刑集11巻107頁）などがある。なお，牽連犯の場合にも，観念的競合と同じく，各罪の中で最も重い刑に従って処断される。

3　科刑上一罪の「かすがい」現象

(1) 一括処理の根拠

　かようにして，自然的な意味で行為が1個である場合と，手段・結果の関係にある複数の犯罪間では，刑罰の適用に際して，一括処理をする合目的的要請が生じると説明される。また，実際上も，各犯罪により侵害された各法益が重なり合う場合が少なくない。さらに，1個の犯罪的態度にもとづく犯罪であることから，責任面での重なり合いも認められるであろう。したがって，それぞれが単独でなされた場合よりも，犯行全体の当罰性が減少するため，罪数論上も，まとめて刑罰を適用することが必要となるのである。その意味では，客観的行為の評価だけでなく，犯人の主観的態度も検討されねばならないが，観念的競合では，複数の犯意が1個の自然的行為で実現されたこと，牽連犯では，連続した数罪を貫く一連の社会的評価が，最も重い刑で処断する理論的根拠を提供する。

(2) かすがい効果

　つぎに，科刑上一罪の効果は，本来は併合罪（後述）となる数罪であっても，ある犯罪を媒介として観念的競合または牽連犯にあたる場合に及ぶであろうか。たとえば，他人の住居に侵入して3人を殺傷した場合，いわゆる**かすがい現象**（Klammerwirkung）によって，1個の住居侵入罪と3個の殺人既遂罪が牽連犯関係に立つと説明される[5]（最決昭和29・5・27刑集8巻5号741頁）。しかし，無条件に「かすが

---

[5] なお，確立した判例は，観念的競合の場合にも「かすがい」現象を認めている（大判大正14・5・26刑集4巻342頁，最判昭和33・5・6刑集12巻7号1297頁など）。

い作用」を認めるならば，通常，同一機会に複数人を殺害したとき，併合罪により刑が加重されるところ，たまたま住居に侵入して同じ犯行に及んだことで，住居侵入罪と牽連犯関係にある殺人既遂罪のすべてが科刑上一罪となってしまう。その結果として最も重い刑が適用されるため，むしろ，住居侵入行為が加わったことで，かえって刑の上限が軽くなるという不均衡が生じる。

(3) **かすがい作用の限界**

そこで，より重い犯罪を「かすがい」とみることで，その他の軽い犯罪が科刑上一罪となる場合に限定しようとする見解がある（大塚504頁(15)，中野233～234頁）。また，犯罪全体を科刑上一罪とみるのでなく，併合罪となる複数犯罪の罪数処理と，科刑上一罪となる犯罪の中で最も重い刑を組み合わせて，処断刑を決定する方法も主張された（井田537頁）。他方，犯行全体に及ぶ「かすがい作用」を否定し，常に併合罪とする見解もみられるが，そこでは，刑法典が明記した科刑上一罪を，被告人側に不利な方向で全面的に排除するだけの十分な根拠が必要となるであろう[6]（大谷500頁）。

第5節　併合罪

1　併合罪の意義

(1) **併合罪の要件**

併合罪は，同一人が犯した本来的数罪であって，まだ確定裁判を経ていないものをいう[1]（45条前段）。その中でも，ある罪に対して禁錮以上の刑に処する確定裁判があった場合には，当該裁判の対象となった犯罪と裁判の確定前になされた罪が併合罪となる（45条後段）。すなわち，禁錮以上の刑に処する

---

6) もっとも，観念的競合については，当該行為の全面的な重なり合いを要求するとき，部分的な重なり合いによる「かすがい」作用は否定される。しかし，通説的見解は，主要部分が重なり合うことでよいとしている。これに関連して，観念的競合における行為の単複については，実行の着手段階における一体性に着目する見解もあった（植松430～431頁）。
1) 学説上，観念的競合と対比して，実在的競合（Realkonkurrenz），または，数罪倶発（Zusammentreffen mehrerer Verbrechen）などと呼ばれる。

確定裁判によって，併合罪の関係は切断されることになる。本来，併合罪は，明らかに数罪であって，各犯罪を別個に処罰すべきところ，これらの罪が同時に審判される場合には，同一の行為者人格の発現として一括評価することが，刑の適用上ないし裁判手続上も便利というにすぎないからである（大塚507頁；大谷501頁）。したがって，被告人がすでに禁錮以上の有罪判決を受けた場合には，その判決により従前の行為者人格が改善された可能性もあるため（いわゆる**遮断効**である），こうした確定裁判前になされた別の犯罪を，一括して評価できない（大塚507頁(3)）。もっとも，実際の裁判では，たまたま同時に審理できなかった複数の犯罪も含めて，事後的にみて同時審判の可能性があったとき，現に同時審判がなされた場合と比較して，まとめて取り扱う趣旨を示したともいえよう。

(2) 確定裁判の遮断効

ここでいう「確定裁判」とは，通常の刑事手続では不服申し立てが不可能な状態を指しており(2)（刑訴373条，418条，465条など参照），有罪・無罪・免訴の判決はもちろん，略式命令や交通事件即決裁判などであっても，すでに一事不再理の効力が生じていればよい。なお，「経ていない」ことの意味は，実際に当該犯罪に関する審理が開始されたか否かを問わず，裁判の結果が不確定であれば足りる。また，「禁錮以上の刑に処する」ことの意味も，刑の執行が終了するのは必要でない(3)。しかし，併合罪でいう「裁判が確定する前に犯した罪」とは，確定日以前に完了した犯罪でなければならない。たとえば，継続犯や常習犯を犯している途中で，すでに開始された別罪に関する裁判が確定したとき，現在も継続中の犯罪について確定裁判以前の部分が併合罪となるわけではない（最決昭和39・7・9刑集18巻6号375頁）。上述したように，これらの犯罪は本来的一罪であるため，犯罪の終了時を基準として，刑法45条後段の適用が考えられるからである(4)（大塚508頁，大谷502頁）。

---

2) ただし，再審手続を除くとされる。
3) なお，執行猶予付きの確定裁判が，猶予期間の経過により，刑の言い渡しの効力を失ったとしても（27条），45条後段の併合罪の成否に影響しないとされる（最決昭和45・9・29刑集24巻10号1421頁）。
4) また，牽連犯の場合についても，確定裁判による遮断効は認められていない（最大判昭和44・6・18刑集23巻7号950頁）。

2 併合罪の処分

(1) 吸収主義と併科主義

現行法上，併合罪をめぐっては，(a)各罪の中で最も重い罪の法定刑によって処断する**吸収主義**（Absorptionsprinzip），(b)最も重い犯罪に対する法定刑に一定の加重をおこなうことで，その処断刑を決定する**加重刑単一主義**（Asperationsprinzip），さらに，(c)各犯罪の刑を定めた上で，これらをあわせて執行する**併科主義**（Kumulationsprinzip）がある。日本の刑法は，刑の種類に応じてこれらを併用している。まず，(a)併合罪中の一罪につき，死刑または無期懲役・無期禁錮に処するときは，他の自由刑は科せられない（吸収主義，46条1項・2項本文）。ただし，死刑に処する場合であっても，付加刑たる没収については併科が可能である。また，無期懲役・無期禁錮に処する場合にも，罰金・科料・没収を併科することができる（併科主義，同条ただし書）。財産刑は，その性格上，死刑・無期刑とも両立しうるからである。

(2) 加重（刑単一）主義と併科主義

つぎに，(b)併合罪の中に2個以上の有期懲役・有期禁錮に処する罪があるときは，その最も重い罪について定めた刑の長期を1.5倍したものが，併合罪の長期となる（加重主義，47条本文）。ただし，それぞれの罪で定められた刑の長期の合計を超えてはならず（同条ただし書），有期刑である以上，その上限は30年とされる[5]（14条2項）。これに対して，(c)死刑を除く他の刑罰であれば，罰金刑を併科することもできるが，複数の罰金刑を併科する場合には，それぞれの罰金の多額を合算した額以下にしなければならない（併科主義，48条）。また，2個以上の没収については，これらを併科することが可能であり，最も重い罪に没収を科さない場合にも，他の罪に対して没収を科するならば，これを付加することができる（併科主義，49条）。さらに，2個以上の拘留・科料も，死刑または無期懲役・無期禁錮に処せられる場合を除き，他の刑と併科

---

5) なお，短期についての規定がないものの，最も重い罪の短期が他の罪の短期よりも軽いときには，重い方の短期に従うことになる（大塚509頁，大谷503頁，川端651頁，前田509頁，名古屋高判昭和28・7・28高刑集6巻9号1217頁）。これとは反対に，最も重い罪の短期によるべきだという少数説もみられる。

することができる（併科主義，53条）。

(3) 2個以上の刑の執行

かようにして，併合罪では，一般に，(b)加重刑単一主義と，(c)併科主義が採用されている。他方，併合罪の中に確定裁判を経た罪と経ていない罪があるときは，後者の余罪についても処断されるが(50条)，この場合には，2個以上の裁判で刑を言い渡すことになる。しかし，実際に刑を執行するときは，これらの刑を併せて執行しなければならない（51条1項本文）。なお，併合罪を設けているのと同様な趣旨から，死刑の執行では没収以外の刑を執行せず，無期懲役・無期禁錮の執行では，罰金，科料および没収を除いた他の刑を執行しない（同条ただし書）。また，有期懲役・有期禁錮の執行では，その最も重い刑について定めた刑の長期を1.5倍した期間を超えることはできない（51条2項）。併合罪により同時に審判された場合と比較して，罪刑の均衡を維持するための規定である[6]。

3 累犯（再犯）

(1) 累犯と併合罪

累犯（Rückfall）とは，すでに確定裁判を経た犯罪（前犯）が，その後の犯罪（後犯）とあわせて処理されるものである。一定の要件を具備した場合，刑を加重することになる（56条以下）。犯人が複数の罪を犯したとき，刑の適用で調整・評価するという意味では，累犯（再犯）の規定も，併合罪と共通するところがある。すなわち，併合罪が，行為者人格の同一性に着目しつつ，複数の犯罪行為を可罰性評価の面から一括処理したのに対して，累犯は，刑の執行を受けたにもかかわらず，行為者の反規範的人格態度が改善されなかった点を重視して，より高度な可罰性を認めようとする制度である[7]。

刑法典が規定する累犯の要件は，(a)前犯として懲役に処せられた者またはこれに準ずる刑の免除などを得た者であって，(b)前犯の刑の執行を終わった

---

[6] そのほか，併合罪中の一部の罪について大赦があったときには，他の罪に対しても，改めて刑を定めるべき旨の規定がある（52条）。

[7] なお，常習犯が，同種の違法行為を反復した点に着目した，個別的な加重構成要件（**特別累犯**）であるのに対して，刑法典総則で定める累犯は，罪質を異にする罪の間でも成立する**一般累犯**である。

日または執行の免除があった日から，5年以内に後犯を実行したこと，(c)後犯についても，有期懲役に処する場合でなければならない (56条)。これらの要件を具備した後犯は再犯とされ，その刑は，後犯について定めた懲役の長期の2倍まで加重できる (57条)。3犯以上の者についても，再犯の例と同じに取り扱われる (59条)。ただし，短期はそのままであり，長期を加重した場合にも，最長30年を超えることはできない (14条2項)。

(2) **後犯の加重**

累犯に対する刑の加重は，処断刑の幅を広げる趣旨であって，実際に言い渡される宣告刑は，前犯の刑より軽くなっても差し支えない。具体的犯情によって宣告刑が決定される以上，累犯加重は，過去の犯罪の責任を再び追及するものでなく，あくまで処罰の対象となるのは後犯である。したがって，法の下の平等を規定した憲法14条や，二重処罰を禁止した憲法39条に違反しない（最大判昭和24・12・21刑集3巻12号2062頁，最判昭和25・1・24刑集4巻1号54頁）。

なお，常習犯人に対しても累犯加重をおこないうるかについては，これを肯定する見解が通説・判例である（大塚544頁，大谷525頁，最判昭和44・9・26刑集23巻9号1154頁など）。たとえば，暴力行為等処罰ニ関スル法律1条の3による常習傷害罪 (1年以上15年以下の懲役) については，これに対する累犯加重を否定するとき，情状の軽い単純傷害罪の累犯 (30年以下の有期懲役) が，かえって重く処罰されるという不均衡が生じる。そのため，一般累犯として加重することも肯定せざるをえない。[8]しかし，常習犯を単なる行為類型と解する立場はともかく，これを行為者の属性とみる以上，同種の行為を反復した犯人に対して，常習犯による加重と累犯加重を重ねておこなうのは，理論上の問題があるといえよう（大塚544頁）。

---

8) また，確立した判例は，常習賭博罪につき，累犯加重を認めている（大判大正7・7・15刑録24輯975頁）。さらに，常習累犯強窃盗 (盗3条) について，大判昭和14・7・14刑集18巻411頁，最決昭和44・6・5刑集23巻7号935頁があり，常習暴行・傷害 (暴力1条の3) について，最判昭和44・9・26刑集23巻9号1154頁などを参照されたい。

第2章 刑罰論

第1節 刑罰の本質

1 応報刑主義と目的刑主義

(1) **国家的応報としての刑罰**

刑罰（Strafe）とは、犯罪に対する法的効果であり、国家が犯罪者に加える侵害である。かつてヘーゲルは、刑罰の意義を、「法の侵害（否定）」である犯罪を否定して「止揚」するものと位置づけた。この時代の**応報刑論**（Theorie der Vergeltungsstrafe）によれば、刑罰は、他の目的を達成する手段であってはならず（**絶対主義的刑罰観➡**）（第1部第1章第2節参照）、他方、原始的刑法の同害報復でもないため、「侵害の価値に応じた相等性」が必要となる。また、ビンディングは、刑罰により規範違反である犯罪を否定することで、法律の権威が回復されると説明した（**法律的応報刑主義**）。これらの見解は、いずれも、古典学派の犯罪論にもとづく刑罰論であり、行為者の自由意思を基調とする道義的責任論から説明することができよう（➡古典学派と近代学派）。

そもそも、国家的な応報の観念は、単なる人間の原始的衝動や処罰感情だけに依存するものであってはならない[1]。近代刑法学が出発点とした人道主義からしても、合理的かつ必要な限度の刑罰にとどめるべきである。日本国憲法も、「公務員による拷問及び残虐な刑罰は、絶対にこれを禁ずる」と明言しており（憲36条）、実際の執行方法も含めた刑罰の内容は、国民の法感情を踏まえつつ、合理的な対応が優先されねばならない。

(2) **相対的応報刑**

現在の法治国家の刑罰制度は、一定の法益保護を目的として（**保護刑論**）、犯

---

1) たとえば、カントは、刑罰の絶対的性質を、同害報復的な**タリオの法**（ius talionis）から説明したが、ヘーゲルやビンディングは、刑罰権の行使が、犯罪の重さに比例するという等価的応報観に立脚していた。

罪を抑止するために設けられた。そこでは、反社会的行為の否定による一般予防的機能を前提としながら、近代学派が主張する刑罰の目的性や合理性にも配慮しなければならない（**目的刑主義**）。なるほど、「罰せられるべきものは、行為でなくて行為者である（リスト）」ため、刑法の特別予防的機能も軽視することはできないが、もっぱら反社会的結果（法益侵害）を実現した犯人の個別的刑罰権だけを考える態度は、国民全体に対する一般的刑罰権の側面を無視している。

つぎに、刑罰の意義を、将来の犯罪を予防する**相対主義**（relative Theorie）に求めるとき、一般人に向けた威嚇としての**一般予防主義**（Theorie der Generalprävention）と、犯人の改善（再犯抑止）に向けた**特別予防主義**（Theorie der Spezialprävention）のいずれを重視するかで、刑罰の機能も異なってくる。たとえば、学説の中には、刑の量定も含めて、犯人の改善に必要な程度の刑罰で足りるといい、およそ一般予防的機能や国家的応報の側面を無視した刑罰論を唱える向きもある。しかし、国民（犯罪被害者を含む）全体の刑法であることを忘れた刑罰論は、刑法の秩序維持機能を看過するだけでなく、刑事政策の面でも、「犯罪者の利益」だけを考慮する歪んだ結論になってしまう。[2]

(3) 目的刑主義

もっとも、今日の応報刑論は、かつて古典学派のビルクマイヤーが強調した「醇化された復讐（veredlte Rache）」ではない。むしろ、国家による合理的・目的的な反作用としての応報を意味する。したがって、上述した目的刑論による刑罰の個別化や、行為者中心主義、さらには、刑罰を受刑者の教育と位置づける見解とも結びつくのである（**併合主義**：Vereinigungstheorie）[3]。これに

---

2) 大塚博士によれば、「過去の犯行による社会的侵害の事実を不問に付して、ただ犯人の将来的な改善のみをはかれば足りるとすることは、われわれの法感情と相容れない」のである（大塚50頁）。また、一部の偏った刑罰観の背景には、刑罰権の行使を制限さえすれば、国民の権利が守られるという短絡的な刑法観が潜んでいる。

3) なお、M・E・マイヤーは、刑罰の発展段階に応じて、法定刑の場面では応報思想が、量刑段階では法の確証が、さらに、執行の場面では、目的刑の理念が妥当するとした（分配主義）。しかし、すべての段階に共通した刑罰の理念が否定されるのは不都合であって、たとえば、刑の量定段階でも、特別予防的見地から教育刑主義を採用する場合があり、刑の執行段階でも、一般予防的見地から、応報的原理が作用することも無視できないのである（大塚53頁）。そのほか、木村亀二・刑法の基本概念（昭23）31頁以下、小野清一郎・刑罰の本質について・その他（昭30）22頁以下など参照。

対して，近代学派の主張した目的刑論は，犯罪現象を行為者の仕業（しわざ）であるとして，その自覚的改善や特別予防に重点を置くため，当然には，一般予防論と結びつかない。

かつて近代学派が主張した目的刑論は，一般国民や潜在的犯罪者に対して，刑罰を予告することで，将来の犯罪を抑止しようとするものであった（**威嚇刑主義**）。また，近年では，刑罰が規範の存在を確証することで，国民の規範意識を覚醒させると説明している。こうした規範的予防論が抑止刑の思想につながり，それが積極的一般予防論に結実したといえよう。昨今，刑罰の任務が犯罪予防に傾きつつある中で，ヘーゲルのような絶対的応報刑の思想は，もはや維持できない。他方，社会共同体の崩壊と組織的犯罪の増加が著しい状況では，刑罰全体が犯罪抑止の機能を失いつつある。また，自己破壊衝動や異常性欲にもとづく残忍な犯行にあっては，むしろ，近代学派が主張した社会防衛処分がふさわしいであろう。[4]

2　刑罰論と犯罪論

(1)　歪んだ改善刑主義

本書は，刑罰の根拠を，社会的正義の実現と処遇の合理性に求める（併合主義）。また，刑罰における応報的原理は，現在でも，一般国民の中で確かな地位を占めているとおもう（大塚50頁）。かりに刑罰の目的を犯罪者の再社会化に限定するならば，身内を殺された犯人に復讐する目的で，犯罪被害者の遺族が犯人を殺傷した場合については，およそ再犯の可能性がないため，刑罰を科する根拠が見出せないであろう。しかし，すでに犯人の社会的危険性が欠ける場合でも，現に発生した法秩序の侵害に対して，何からの刑事責任が問われるべきである。すなわち，刑罰の応報的要素は否定できず，上述したような行き過ぎた改善刑主義は，一般予防や抑止刑を含む目的刑主義からみても，到底，採用しがたいのである。

また，相対主義の見地から，刑罰の特別予防的機能を過大視して，受刑者

---

[4]　ただし，国民の行動統制を前提とした積極的一般予防論が衰退したとはいえ，ただちに保安処分を含む，社会防衛処分を刑罰論の中心に置くことは性急にすぎるであろう。

の再社会化を強調する立場は，危険な人格の矯正を含む極端な改善刑主義におちいりかねない。国家的刑罰であっても，道徳の強制や人格改造にいたるのは許されないという意味で，「市民的ではあるが，必ずしも道義的であることを要しない改善(リスト)」にとどめるべきである。すなわち，刑罰とは，受刑者が過去の生き方を反省して，再び反社会的行動に出ない人格的態度を形成することで足りる。まさしく，こうした自発的な改悛をめざす刑罰こそ，古典学派のいう「教育刑」の内容であった（大塚51～52頁）。それに加えて，刑罰制度には，刑罰が確実に執行されることで，刑事司法に対する社会一般の信頼を担保する機能も，存在するであろう。

(2) **刑罰論における違法と責任**

犯罪論の見地からみた応報刑論と目的刑論の統合は，当該行為者に対する個人的な非難可能性である責任論と，犯罪者の改善・更生を軸とした目的刑論が結びつくことで実現される。これに対して，客観的な侵害結果を償うための応報の原理は，違法論における法益侵害思想または法秩序違反の見地から説明されるであろう。その意味で，もっぱら犯人の改善だけを強調する刑罰論は，犯罪論の支配的見解とも合致しない。また，刑罰の相対主義的契機を認める場合にも，合理的な応報の枠内にとどめるべきであり，犯罪行為の違法評価を反映した法定刑の範囲内で，改善刑主義や特別予防的配慮がなされるのは当然である（**罪刑の均衡**）。

かつて近代学派が主張した目的刑論では，社会的責任論に依拠しつつ，当該行為者の危険性に応じて社会防衛処分である刑罰の重さを決定していた。そのため，処罰権の範囲は，無制限に拡張されるおそれがあった。本書では，刑罰のもつ応報的要素を出発点として，犯罪に対する制裁(応報)予告により，一般国民の犯罪行為を予防するだけでなく(一般予防主義)，刑罰の適用・執行の場面では，犯人の自覚と改悛に根ざした再犯の抑止を，刑罰の最終目標と考えている(特別予防主義)。すなわち，近代学派の主張した**改善刑**(Besserungsstrafe)や**教育刑**(Erziehungsstrafe)の理念は，上述した客観主義的刑罰観に抵

---

5) 本文中に述べたような刑罰（法定刑）の意義からすれば，裁判における具体的な量刑が法定刑の下限近くに集中するという近時の実務傾向は，決して好ましいものではない。

触しない限度で認められることになる（制限された目的刑主義[6]）。

(3) 修復的司法と事後的な制裁

他方，違法な結果惹起だけを重視する犯罪論も，積極的一般予防や抑止刑の考え方と適合しないであろう。むしろ，刑罰制度は，犯罪の事後的処分として，犯人の再社会化が最終目標となる。これに対して，近年有力になった修復的司法の考え方では，犯罪被害者も含めた社会全般の「損害回復」が重視されるが，結果主義の見地からは，財産犯の場合，事後の民事賠償で金銭的損害が回復したり，その補てんが可能な状態であれば，およそ刑罰を不要とするなどの極論が唱えられる。

しかし，刑法には，裁判規範としての役割だけでなく，一般国民に向けた行為規範という役割もある。その意味で，刑罰それ自体は，単なる事後処理（損害回復）にとどまらず，将来の犯罪を威嚇して抑止するという一般予防的機能が重視されねばならない。とりわけ，財産犯の分野では，刑罰や利益剥奪処分により財産法秩序を回復することで，犯人の利欲的行動としての財産犯を抑止する効果が期待されている。このことは，刑法全体が公けの関心事を取り扱う「公法」に属することからも説明できるのであって，もっぱら当事者間の金銭賠償や和解により，実際の犯罪行為にともなう可罰性が消滅するわけではない。

3 刑事政策的刑罰観

(1) 実質的犯罪論と刑罰論

具体的な場面で刑罰権を行使するとき，刑事政策的な要請にどこまで応えるべきかという問題がある。矯正現場の意見を無視した刑罰論は空虚なものになるため，まさしく「刑罰論と政策論の有機的統合」が必要とされる。最近では，改善刑主義を念頭におきつつ，犯罪論上の可罰的違法性や可罰的責任を論拠にして，刑事政策的な視点から刑罰権を限定する見解がみられる。また，従来の「形式的犯罪論」を批判して「実証的研究」を唱える立場は，

---

6) したがって，犯罪者の社会的危険性だけに着目した社会防衛論や保護刑主義は採りえない。また，犯人の危険性から法定刑の範囲を拡張しつつ，不定期刑の制度を採用する刑罰・保安処分一元論も支持しがたい（後述参照）。

犯罪論それ自体が処罰対象を確定するための論理操作にすぎないとして，法律効果である刑罰論から，犯罪の予防と行為者の再社会化を達成する限度でのみ，反社会的行為を処罰しようとする。

しかし，刑事学による実証的研究が，個々の犯罪現象について有益な知見を含むとはいえ，犯罪一般の因果的機序や社会的意義を解明するには，まだ発展途上の段階である。近年の犯罪現象学の中には，恣意的に抽出した断片的事実をもとに難解な公式をふりかざしたり，旧時代のイデオロギーにもとづく狭量な見方を，「科学主義」の装いを凝らして再登場させたものが少なくない[7]。したがって，この種の刑事政策学に影響された犯罪論の「実質化」は，その基盤となった刑罰観が変更されるとき，もっぱら「法益侵害・危険」という操作的概念によって，処罰権の範囲が無限定になるおそれがある。

その意味では，論者のいう「形式的犯罪論」以上に危険な事態を招来するであろう[8]。しかも，実質的犯罪論を主張する論者は，形式的犯罪論と比較して，実務家の刑罰観に依拠した処罰権の限定や拡張を容認する傾向が強い。こうした犯罪論および刑罰論の過剰な実質化は，構成要件論を中核とした理論刑法学が，かつての恣意的な刑罰権行使を反省して構築されてきた経緯を無視するものである。

(2) **刑法における人間**

もちろん，いずれの刑罰論にあっても，その背後には，刑法における世界観や人間観が潜んでいる。上述した国家刑罰権の限界は，その根底にある私の刑法観を反映したものにほかならない。かつて，「刑法における人間」とは，およそ「人」が社会的存在であることを前提としつつ，それ自体は一個の完

---

[7] たとえば，犯罪学におけるニュー・クリミノロジーが，社会現象としての犯罪を階級間抗争と捉えたうえで，殺人や強盗などの反社会性を否定するとき，およそ伝統的な刑法理論とは相容れないであろう。ただ，ラベリング論は，既存の処罰規定がもつ「犯罪性」の内容を分析した点で，伝統的刑法学を再検討する契機を与えたといえよう（なお，吉岡一男・刑事学〔昭55〕5頁以下，大谷實・刑事政策講義〔新版・平21〕53〜56頁など参照）。
[8] たとえば，「刑罰自体重大な害悪であり，科さないですむのならばできる限り科すべきでないという要請」が（前田・実質的犯罪論10頁），近未来も含めて，必ず働くという保障は存在しない。もちろん，刑罰に対する国民の意識が変わるときには，形式的犯罪論といえども，実質的な処罰権の拡張を回避できないが，もっぱら法適用主体の可罰性判断に依拠した犯罪論に比べれば，処罰権行使の行き過ぎをより有効に抑制できるとおもう。

結した人格であって，独立した刑法上の意義を付与されていた。しかし，現代社会では，「人」というだけで，法的保護や刑事罰の軽重が決まるわけでなく，各人が所属する社会環境の中でのみ，法的主体になりうるといえよう。こうした考え方は，決定論と非決定論の優劣や犯人の行状責任を論じる際にも，すでに示唆されていた。

たとえば，人間の生命だけを絶対視して，およそ死刑制度を排斥する人道主義的な死刑廃止論や，死に瀕したドナーの生命を救助するためには，死者である「脳死体」から自由に臓器を摘出できるという移植推進論は，いずれも，独立した「人」の価値を社会から切り離して論じている点で失当である。本書では，人間が一個の社会的存在である以上，刑法上も，そうした人間像が，法的保護と刑事罰の対象になると考える。したがって，その限度で，近代刑法学の基本原則となった罪刑法定主義も，新たな意味づけが与えられるのは，すでに述べたとおりである（→第1部第1章第3節）。

(3) 「忘れられた」犯罪被害者

近年，各種の人権団体や一部マスコミが主張する死刑廃止論は，国民一般（犯罪被害者を含む）の厳しい処罰感情とは対照的である。実際，凶悪犯罪の増加を受けて，有罪判決中に占める死刑判決の割合が増えている[9]。しかし，国民の処罰感情の高まりを反映した重罰化傾向は，犯罪抑止策として有効であろうか。なるほど，法定刑の引き上げが，一般国民のモラルハザードを阻止して，潜在的犯罪者を抑止することも考えられる。しかし，最近の法改正には，犯罪被害者の慰謝という側面があることを否定できない。従来の刑事司法では，被告人（犯罪者）の権利保護が過度に強調された結果，犯罪被害者（の遺族）の利益が軽視されてきたからである[10]。

---

9) ただし，年間の死刑執行件数は，数件程度から10数件にすぎない。その背景には，なお誤判のおそれが残る以上，被告人の被害回復が不可能となってしまう死刑では，その執行が慎重に判断されるという事情がある。

10) 近年，犯罪被害者の権利が重視されるようになり，昭和55年には，「犯罪被害者等給付金の支給等による犯罪被害者等の支援に関する法律」にもとづく被害補償制度がつくられたが，平成16年には，「犯罪被害者等基本法」が制定される一方，刑事手続にあっても，平成12年の「犯罪被害者等の保護を図るための刑事手続に付随する措置に関する法律」が，平成19年には，「犯罪被害者等の権利利益の保護を図るための刑事手続に付随する措置に関する法律」に改正されて，犯罪被害者の訴訟参加制度が整備された。

従来，量刑の実態も含めて，加害者と被害者の双方に配慮した刑罰権の行使があったとはいいがたい。その意味では，適正な刑罰権の執行こそが，犯罪被害者を含む国民全体の信頼を回復して，刑罰制度のもつ本来の目的を達成することになる。裁判員制度や被害者参加を導入した司法制度改革では，市民の手に「あるべき刑事司法」を取り戻す役割が期待されている。しかし，刑罰の意義が，通常人の法感情を反映するとしても，単なる復讐にとどまらないことも明らかである。刑罰制度は，国民の情緒的安定を図る手段であってはならず，適正な刑罰権の行使は，主権者である国民の信頼を担保するものでなければならない。また，そこでは，個別的な刑罰権ごとに国民の満足を図るのでなく，法的制度として公平に運用されることが前提条件となるのである。

4　客観的処罰条件と処罰阻却事由

(1)　客観的処罰条件

国家の刑罰権は，犯罪が成立すれば，ただちに発生するのが原則である。しかし，一定の処罰条件を設けた条文があり，たとえば，事前収賄罪（197条2項）では，収賄者が公務員になった場合に初めて処罰される。また，破産犯罪でも，「破産手続開始の決定が確定した」ことが必要である（破265条以下）。これらは，**客観的処罰条件**（objektive Bedingungen der Strafbarkeit）と呼ばれる。通説によれば，一定の政策的理由から国家の刑罰権を制限したものであって，犯罪成立要件ではない（大塚515頁，大谷510頁など）。事前収賄罪でも，公務員になろうとする者が，賄賂を収受・要求・約束したならば，それだけで十分に犯罪性が認められる。その意味で，収賄罪における故意の内容として，犯人が実際に公務員になったことを認識している必要はない。

学説の中には，すべての客観的処罰条件を，違法性や責任の要素に還元しようとする向きもある。しかし，最終的な処罰根拠を法益侵害性だけに求める立場はともかく，客観的処罰条件を犯罪の成否に直結させる見解は，後述する人的処罰阻却事由と混同しているのではなかろうか。他方，**訴訟条件**（Prozeßvoraussetzungen）とは，親告罪（135条，180条など）で被害者の告訴が必要となる場合，刑事訴訟法規により，実体裁判を開始するための手続的前提

とされるものである[11]。したがって，刑罰権の存否にかかわる実体的処罰条件と手続法上の訴訟条件は，明確に区別されねばならない。

(2) 人的処罰阻却事由

すべての犯罪成立要件が充たされたにもかかわらず，一定の事実が存在することで，個別的な国家刑罰権を行使できない場合がある。具体的には，刑法244条1項や257条1項で親族関係を理由とした刑の免除規定が挙げられる。これらを，**一身的処罰阻却事由**ないし**人的処罰阻却事由**（persönliche Strafausschließungsgründe）と呼ぶ。人的処罰阻却事由では，一定の身分関係を条件として，特定の犯罪の可罰性を消滅させるため，可罰的違法性阻却事由ないし可罰的責任阻却事由とみる見解も，近時有力となりつつある。

なるほど，親族相盗例における刑の免除では，家庭内の財産侵害であるため，行為者の反規範的意識が低下することも考えられる。しかし，適法行為の期待可能性がないとはいえず，まして，可罰的違法性を阻却するのは行き過ぎである。かりに違法性または責任が一部減少するとはいえ，犯罪構成要件が完全に備わっている以上，犯罪は成立するといわねばならない。その意味で，犯人が親族関係を誤解した場合であっても，故意の存否に影響しないと考えるべきである（大塚516頁，川端656頁）。ただ，親族関係の誤信にともなう反規範的意識の低下が，当該犯人に対する責任非難を減少させることはありうる（なお，福岡高判昭和25・10・17高刑集3巻3号487頁参照）。

5 重大犯罪の法定刑の引き上げ

(1) 自由刑の上限を加重

平成16年には，刑法典の制定から，ほぼ100年にわたり維持されてきた法定刑の上限が引き上げられた。その背景には，最近の治安悪化や国民の処罰感情の変化がみられる。たとえば，他人に激しい暴行を加えて，その生命・身体などに重大な危害を及ぼす凶悪犯罪が増加しており，一般国民が安心して暮らせる社会の実現を目指す施策として，「治安回復のための基盤整備」に

---

[11] そのほか，秘密漏示罪（134条），強制わいせつ罪（176条），強姦罪（177条），準強制わいせつ罪・強姦罪（178条），過失傷害罪（209条），名誉毀損罪（230条）などに親告罪規定があるとはいえ，これらが親告罪とされた理由は同一でない。

向けた「凶悪犯罪等に関する罰則整備」が実現した。その内容は、重大犯罪に対する法定刑の引き上げであり、旧規定では最長15年の懲役・禁錮が上限20年になったほか（併合罪の場合は、20年から30年となった）、刑の下限が引き上げられた犯罪もある。

また、社会状況としては、犯人（受刑者）や被害者を含む一般国民の平均寿命が大幅に延びたこともあり、最長15年（または20年）を有期懲役・禁錮の上限とするのは、国民の刑罰に関する正義の観念に合致しなくなった。さらに、旧来の法定刑では、有期刑と無期刑の実質的差異が大きすぎること、近年の凶悪犯罪では、法定刑ないし処断刑の上限に近い有期刑が宣告されることも増えている。[12] これに対して、学説の一部からは、仮釈放を含む無期刑の実態が真の終身刑ではないという反論もあったが、大方の支持を得られなかった。

(2) 凶悪犯罪の加重処罰

個々の犯罪類型でも、法定刑の上限や下限が引き上げられている。まず、(i)殺人罪（199条）では、懲役刑の下限（旧規定は、3年以上の懲役）を加重して、「死刑又は無期若しくは5年以上の懲役」とした。つぎに、(ii)傷害罪（204条）では、被害者が死亡に近い重傷を負って植物人間状態になる場合など、悪質かつ重大な事案が多くなったこと、かつての殺人罪と比べても法定刑が軽すぎるため、10年以下の上限を15年以下の上限に引き上げ、罰金刑の上限も30万円以下から50万円以下に加重した。同様にして、(iii)傷害致死罪（205条）についても、2年以上の有期懲役から3年以上の有期懲役とした。[13]

同じく、懲役・禁錮の期間を延長したものとして、(iv)強制わいせつ罪（176条）および準強制わいせつ罪（178条1項）の法定刑が、6月以上10年以下の懲役に加重される一方、(v)強姦罪（177条）および準強姦罪（178条2項）の法定刑も、3年以上の有期懲役になった。従来、強制わいせつ罪や強姦罪にあっては、財産犯である強盗罪（5年以上の有期懲役）と比べて、改正前の法定刑（強姦

---

12) なお、上述した併合罪加重などによる上限を30年としたのは、有期自由刑では刑期の3分の1、無期自由刑では10年を経過した際に仮釈放資格が与えられる関係で（28条参照）、有期自由刑の場合に仮釈放資格を取得する服役期間（30年÷3＝10年）が、無期刑の場合の10年を超えないようにするためである。
13) なお、傷害の罪の章では、危険運転致傷罪（208条の2）の法定刑も、15年以下の懲役刑に引き上げられた。

罪：2年以上の有期懲役，強制わいせつ罪：6月以上7年以下の懲役）が，不当に軽いという批判があったからである（なお，佐久間・刑法各論106頁参照）。また，強姦致死傷罪（181条2項）の法定刑も，無期または5年以上の有期懲役に加重された。これと合わせて，2人以上による共同犯行に対しては，集団強姦等罪の規定（178条の2）を設けたうえ，集団強姦等致死傷（181条3項）では，最も重い無期または6年以上の有期懲役とした。[14][15]

第2節　刑罰の種類

1　生命刑・自由刑・財産刑

(1)　生命刑・自由刑・財産刑

現行法上の刑罰には，(a)受刑者の生命を奪う**生命刑**としての死刑，(b)その自由を剥奪・制限する**自由刑**としての懲役，禁錮および拘留，そして，(c)一定額の財産を剥奪する**財産刑**としての罰金，科料および没収がある（9条）。歴史的には，多種多様な死刑の執行方法があったほか，盗人の手首を切ったり，身体に入れ墨をするなど，受刑者の身体を傷つける**身体刑**が多用された時代もあった。[1]　その後，西欧の先進諸国では，死刑を廃止したり，身体刑を「残虐な刑罰」として禁止した事情もあり，今日では，身体の自由を剥奪する自由刑が，刑罰制度の中心になっている。上述した刑罰の中で，死刑，懲役，禁錮，罰金，拘留および科料は，各々が独立して科される**主刑**であり，主刑に付随する**付加刑**としての没収と区別される。[2]

---

14) ただし，強盗致傷罪（240条前段）については，その法定刑を無期または7年以上の懲役から，無期または6年以上の懲役に軽減した。なお，同年の改正では，公訴時効期間も延長されたが，詳細については，割愛する。

15) そのほか，悪質な連れ去りや身体加害目的の誘拐事犯が増えたことから，平成17年には，逮捕監禁罪（220条）や略取誘拐の罪（224条以下）の法定刑を引き上げて，人身取引をめぐる罰則も強化したが，詳細については，刑法各論の説明を参照して頂きたい（佐久間修・刑法各論85頁，90〜91頁参照）。

1) 身体刑としては，杖刑，笞刑（鞭打ち），黥刑（入れ墨）などがあり，そのほか，名誉刑としての公権剥奪など，受刑者から一定の能力を奪う刑罰がみられた。

2) なお，違警罪の刑，重罪の刑，軽罪の刑という分類がなされた時期もあった（刑法施行法31，33，35条）。しかし，現行法では，普通刑と名誉刑の分類と同じく，ほとんど用いられていない。

(2) 行政処分としての制裁

狭義の刑罰にはあたらないが，過料などの**秩序罰**や，公法上の規律維持のための**懲戒罰**も，法令違反に対する制裁として重要な役割を果たしてきた(国公82条以下，地公29条など)。これらは，法人の理事・監事・清算人に対する過料のように(一般法人法334条以下)，罰金に代わる効果をもつこともあるが，あくまで行政法上の処分であるため，刑罰と併科することができる。また，**二重処罰禁止の原則**にも反しない(なお，憲39条後段参照)。同様にして，道路交通法が定める**交通反則金制度**(道交法125条以下)も，罰金に代わる制裁手段であるが，それ自体は刑罰ではない(そのほか，国税犯則取締法14条，関税法138条など)。さらに，各種の法令によっては，公職やこれに準じる職務に就く資格を喪失したり(国公38条，地公16条，裁46条，検察20条，弁護7条など)，選挙権や被選挙権を失うなどの資格制限も導入されているが(公選11条，11条の2，252条)，いずれも行政上の処分にとどまる。

なお，独占禁止法における**課徴金制度**(独禁7条の2，8条の3など)も，違法なカルテル行為などで得た不法利得を保持させない点で，実質的には制裁として機能する。しかし，不法利得の剝奪にとどまるため，同一の違反行為に刑罰を科する場合にも，二重処罰にはあたらない。また，各種の業法に規定された業務停止命令が，実質的に抑止力をもつ場合もある。だが，およそ刑罰は，過去の所業に対する法的非難であるのに対して，行政処分である各種の停止命令は，将来にわたって違法行為を排除することを目標としている。[3]

(3) 両罰規定と三罰規定

現在の行政刑罰法規には，多数の**両罰規定**がみられる(→第2部第1章3節)。過去，伝統的な罰金刑の制度は，自然人の資力を予定していたため，たとえば，大企業による組織犯罪の場合，個々の従業員と同じ罰金額では，ほとんど犯罪抑止効果を期待できない。[4] しかも，刑事手続上，末端の従業員や中間管理職が処罰されるだけで，違法な行為を指示した経営者の責任が放置されることもあった。そこで，法人自体に罰金刑を加える両罰規定を設けたほか，近年で

---

3) その際，法人の受刑能力とも関連して，こうした行政法上の制裁手段は，人格的責任や道義的非難の要素を捨象した「刑事制裁」とみることもできよう。その意味でも，法人や業務主に対する行政処分を，責任主義を前提とした刑罰の範疇に含めることはできない(→法人の犯罪能力)。

は，従業員や法人自体の処罰に加えて，その経営者個人も処罰する**三罰主義**（三罰規定）が導入されている（独禁95条の2，労基121条，職業安定法67条など）。こうした刑罰制度は，法人自体の刑事責任を単なる転嫁罰とみた時代とは異なり，別個の行為主体である法人の刑事責任を認めるとともに，経営者個人の刑事責任を問うという意味で，時代の要請に即したものである。また，それぞれが異なる受刑主体に向けられており，同一犯人に対する二重処罰という問題は生じない。[5]

【図示】 刑罰と行政処分

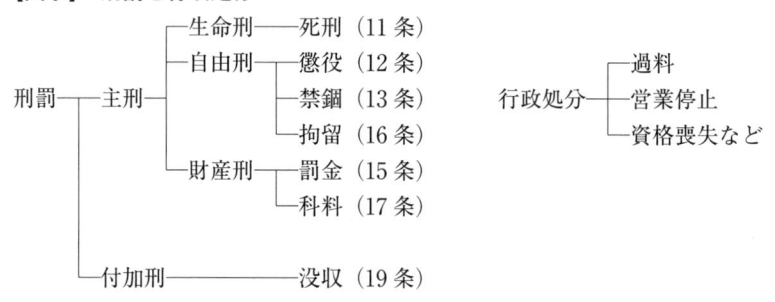

```
                ┌─ 生命刑 ── 死刑（11条）
                │         ┌ 懲役（12条）
        ┌─ 主刑 ─┼─ 自由刑 ┼ 禁錮（13条）              ┌ 過料
刑罰 ─┤        │         └ 拘留（16条）   行政処分 ─┼ 営業停止
        │        │         ┌ 罰金（15条）              └ 資格喪失など
        │        └─ 財産刑 ─┤
        │                  └ 科料（17条）
        └─ 付加刑 ──────── 没収（19条）
```

2　死刑（生命刑）

(1)　その執行方法

　生命刑である**死刑**（Todesstrafe）には，歴史上，斬首，磔（はりつけ），車裂き，火あぶりなど，さまざまな種類のものがみられた。近代以降の刑法では，人道的見地から，こうした残虐な執行方法が少なくなったこともあり，現在では，絞首殺，電気殺，ガス殺，毒殺，銃殺が一般的である。わが国では，絞

---

4) 近年，独占禁止法と旧証券取引法（現・金融商品取引法）では，法人処罰を強化するべく，法人に対する罰金額の引き上げと，法人と従業員の罰金額の連動切離しがおこなわれた。しかし，受刑主体ごとに犯罪の軽重を異にする制度に対しては，一部の学説から批判されている（神山敏雄・日本の経済犯罪〔平8〕293〜295頁など）。

5) なお，代表者や従業員が違反行為により実際に処罰されたことは，業務主（法人）を処罰する必要条件にならない。もっとも，直接実行者の行為は，構成要件に該当する違法なものでなければならない（➡共犯の従属性）。この意味で，法人・経営者・従業員は一種の共犯関係に立つものであり，共犯でいう「共同」性や「従属」性に似た論理構成がみられるのは，決して偶然ではない。

首の方法を用いているが (11条1項),正確には,縊首に相当するものである (明治6年太政官布告65号,刑事収容処遇法178条参照)。最高裁判所は,わが国の社会状況も勘案しつつ,現行刑法の死刑制度は,人道的見地からみて残虐性がないとしている($\begin{smallmatrix}最大判昭和23・3・12刑集2巻3号191頁,\\最決昭和60・7・19判時1158号28頁など\end{smallmatrix}$)。しかし,近年では,西欧的な人権思想に影響されて,死刑廃止論が強くなりつつある。もっとも,廃止論の根拠は,啓蒙期のベッカリーアが主張したように,国家が生命を奪うのは社会的な害悪であることなどにもとづく。その意味では,専制王政のもとで恣意的かつ残虐な刑罰を廃止するために唱えられた論理を,今日の法治国家にそのまま持ち込むのは,ある種のアナクロニズム(時代錯誤)である。

(2) **廃止論と存置論**

現在の死刑廃止論は,(a)殺人行為を重大犯罪とみる国家が,受刑者とはいえ,その生命を剥奪するのは論理的に矛盾すること,(b)およそ生命刑の残虐性を指摘する人道主義的批判のほか,(c)誤判にもとづく死刑執行が事後的に是正できない点を掲げている。また,(d)死刑の威嚇力が証明されておらず,(e)無期刑でも,社会にとって危険な受刑者を隔離できること,(f)被害者側の損害回復という見地から,死刑の執行により,受刑者による損害賠償の可能性がなくなるという批判もみられる。さらに,国際的な潮流として,すでに死刑を廃止した国家が多数であるとされる。

他方,死刑存置論からは,(a)残忍で凶悪な殺人事件には,死刑がふさわしいとするのが一般人の法確信であり(応報刑思想),(b)死刑の残虐性は,むし

---

6) 近代学派の目的刑論にあっても,死刑制度は,受刑者の改善可能性を否定する刑罰として,廃止論が主張されていた(八木國之・新派刑法学の現代的展開〔昭59〕180頁以下など)。
7) 最近の国際人権 NGO の調査によれば,死刑廃止国とされる135の国(または地域)の中で,完全に死刑制度を廃止したのは,EU 諸国などを中心とした91か国にとどまり,一部で死刑を存置したり(11か国),単に10年以上執行しない国家(33か国)が含まれている。したがって,通常の死刑存置国(地域)である日本,アメリカ合衆国,中国など(62か国)に,後二者の国家を加えるならば,純粋の死刑廃止国(91か国)と死刑存置国(106か国)という結果になり,その分布は逆転する。しかも,人口比でみれば,圧倒的な多数が死刑存置国に属している。アムネスティ・インターナショナルの調査でも,それぞれ,90か国(廃止),11か国(一部存置),32か国(執行停止),64か国(存置)であり,一部のマスコミによる報道方法には偏りがみられる。
8) 平成元年の政府世論調査によれば,死刑存置希望者は66・5%であり,廃止希望者は15・7%であった。しかし,その後,凶悪事件が相次いだことを反映して,死刑容認派が次第に増加し,平成11年には79%,平成16年には81%に増加した(内閣府世論調査)。

ろ，その執行方法に負うべき部分が多いこと，(c)誤判の発生する可能性は，他の刑罰でもある以上，死刑に固有の問題ではないとされる。また，(d)法秩序を維持するためには，死刑の威嚇力を無視できないし，具体的な事件で威嚇力があったかどうかは水掛け論にすぎない。むしろ，一般予防的見地から，死刑制度の存在が国民全般の法意識に作用するという間接的な威嚇力を考慮するべきである（大塚521頁，谷514頁など）。そのほか，(e)厳格な意味における無期自由刑（絶対的無期刑）は，廃止論者が主張する改善刑主義と矛盾すること，(f)無期受刑者によって損害賠償がなされる保証はなく，実際にも賠償した例は珍しいとされる。また，現在の法制度では，無資力の犯罪者に代わって，国家が被害者に補償するため，損害賠償の必要性については，ほとんど説得力がないとおもう。

(3) 本書の立場

上述したように，およそ個人の生命は，すべての保護法益（犯罪被害者の生命を含む）に対して絶対的に優越するわけではない。人道主義的な死刑廃止論も，実際の犯行態様や生身の犯人像をみるかぎり，ある種の理想主義であって，到底，耐えがたい苦痛を被った犯罪被害者やその遺族を納得させるものではない。むしろ，国民の応報感情に根ざした刑法の一般予防的機能を踏まえるならば，手続上の誤判は極力防止するとしても，一定の犯罪者には死刑の適用を認めるべきである[9]（最判昭和58・7・8 刑集37巻6号609頁）。いわゆる「人道主義的刑罰観」が，受刑者の生命だけを尊重して，犯罪被害者の生命や遺族の感情，さらには一般国民の素朴な刑罰観を軽視するのは，あまりに均衡を欠くといえよう。しかし，死刑が執行されるとき，他の刑罰と比べて，誤判にともなう被害回復が難しいことも事実である。したがって，単なる量刑不当を理由とするのではなく，受刑者が無実を訴えている状態では，その執行を停止するなどの代替的な措置を講じる必要があろう[10]。

---

[9] 現行刑法上は，内乱罪の首謀者（77条1項1号），外患誘致・援助罪（81条，82条），現住建造物等放火罪（108条），激発物破裂罪（117条1項），現住建造物等浸害罪（119条），列車等転覆破壊致死罪（126条3項，127条），水道毒物等混入致死罪（146条），殺人罪（199条），強盗致死罪（240条），強盗強姦致死罪（241条）で，死刑が規定されている。なお，死刑の適用基準については，最判昭和58・7・8刑集37巻6号609頁など参照。

3 懲役・禁錮・拘留（自由刑）

(1) 懲役と禁錮の違い

受刑者の身体的自由を拘束する**自由刑**（Freiheitsstrafe）には，懲役，禁錮，拘留がある。懲役と禁錮は，いずれも刑事施設に収容して執行されるが，懲役では「所定の作業」を義務づけるのに対して（**刑務作業**。12条2項），禁錮では，刑事施設内に拘置されるだけである（13条2項）。なお，禁錮は，内乱に関する罪（77条以下），公務執行妨害・職務強要罪（95条），騒乱の罪（106, 107条）などの政治犯のほか，礼拝所不敬・説教等妨害罪（188条），名誉毀損罪（230条）といった思想犯に加えて，各種の過失犯（117条の2, 129条2項, 211条），公務員職権濫用罪（193条以下），自殺関与・同意殺人罪（202条）のような非破廉恥的動機から犯行に出た者に対して，通常の受刑者（破廉恥犯）とは異なった処遇を与えるものである（**名誉拘禁制度**）。

本来，受刑者の特性に応じた個別的処遇が望ましいとはいえ，法定刑の内容として労働を強制することは，前近代的な奴隷労働や労働蔑視の思想に由来すると批判される。また，禁錮刑の執行において，刑務作業もなく独居房に拘禁される精神的苦痛を考えるならば[11]，懲役と禁錮の区別を廃止して**自由刑の単一化**（Einheitsstrafe）を求める立場が，今日では有力となった。なるほど，道義的責任に加えて社会的非難も考慮する本書の立場によれば，単に犯罪の種類だけで「その名誉を尊重される犯罪者」が決まるわけではない。しかも，今日の刑務作業は，受刑者の再社会化に資するものとされる。その意味では，各人の個別的処遇に必要な範囲で，懲役と禁錮を使い分ける余地を残しておけば足りるであろう。

---

10) なお，刑事訴訟法上，「99人の真犯人を逃しても，1人の無辜（無実）の犯人を出すな」といわれるが，「1人の無辜（無実）の殺人犯を出さないため，99人の殺人犯を逃しても構わない」とはされない。なるほど，刑法を単なる裁判規範とみるならば，すでに死亡した被害者の生命は無視されるであろうが，無辜の市民を残虐な方法で殺害した犯人の人権が，被害者の生命を含む他者の法益より優先されるという思想は，到底，一般市民の法感覚とは相容れない。また，刑法を行為規範とみるならば，反対説の主張は，すでに死亡した被害者の人権にとどまらず，これから殺される（可能性のある）国民の人権をも無視している。

11) 実際にも，禁錮受刑者の多くが，請願作業（刑事収容処遇法93条）により，懲役受刑者と同じく労働に従事している。

(2) 収容期間の違い

　懲役・禁錮の期間は，無期刑の場合と有期刑（1か月以上20年以下）の場合がある。これに対して，拘留は，1日以上30日未満の軽い刑であり，同じく刑事施設に拘置される（16条）。こうした短期自由刑については，十分な処遇を施すには，あまりに期間が短い反面，刑事施設内の**悪風感染**による弊害が指摘されてきた（通常は，6月未満を短期自由刑と呼ぶ）。そこで，開放処遇や財産刑に代替するなどの提案がみられる。しかし，犯罪の種類によっては，短期間の集禁処遇にともなう改善効果も期待できるため，刑種の選択にあっては，受刑者の更生に資するような弾力的な運用が求められる。その意味で，自由刑の完全単一化論には，ただちに賛成できない。なお，無期懲役については，長期自由刑の「残虐性」を憲法違反とみる見解もあったが，今日では，残虐な刑罰にあたるという意見は少数説である（なお，最大判昭和24・12・21刑集3巻12号2048頁参照）。

4　罰金・科料（財産刑）

(1) 金額の多寡

　犯罪者から一定の財産を奪う**財産刑**（Vermögensstrafe）には，罰金と科料がある。罰金刑の下限は「1万円以上」であるのに対して（15条），科料は「1000円以上1万円未満」とされる（17条）。なお，平成3年（1991年）の刑法一部改正により，財産刑の額が引き上げられた際，刑法典や暴力行為等処罰ニ関スル法律，さらに，経済関係罰則ノ整備ニ関スル法律を除いた処罰規定については，罰金刑の多額を2万円，寡額を1万円に修正する措置が，罰金等臨時措置法で定められた（罰金臨措2条）。しかし，この程度の罰金額で抑止効果を期待できるかは疑問であり，特に経済犯罪の領域では，刑罰による烙印付け（スティグマ化）を除けば，実効性のある制裁にならないことは，上述したとおりである（→本節1参照）。なお，学説上は，罰金刑を賦課する段階で生じる効果と，実際の徴収・執行の段階で生じる効果に分けて論じる見解がある。前者の段階では，罰金額によって犯罪の質量を示すという機能があり，他方，後者の段階では，没収の場合も含めて，犯罪収益を剥奪することで，これを用いた再犯を防止するという目的に資するであろう（→マネーロンダリング規制）。

(2) 労役場留置

罰金や科料を完納することができない受刑者は、換刑処分としての労役場留置が科せられる。その期間および方法については、刑法典に特別の規定があるものの（18条）、実際には、刑事施設に付設された労役場で懲役受刑者とともに作業に従事することになる。その意味で、資力の有無による刑罰上の不平等が生じる（最大判昭和25・6・7刑集4巻6号956頁など参照）。この不平等を解消するため、受刑者の資力を勘案しつつ、有罪判決で宣告された日数に応じた罰金額を納める**日数罰金制度**（Tagesbußensystem）を採用した国々もあるが（ドイツ、オーストリアなど）、その算定方法などをめぐって見解が対立しており、わが国には導入されていない。

5 没収・追徴（付加刑）

(1) 没収の対象

付加刑（Nebenstrafe）としての**没収**（Einziehung）は、一定の要件のもとで、特定の個別財産について、国家が犯罪者の所有権を剥奪する制度である。現行法上は、有罪判決で主刑が言い渡された場合にのみ、これを科することが可能になる。ただし、保安処分的性格の強い没収については、独立した規定を設ける立法例も少なくない。現行法で没収の対象となるのは、(a)偽造文書行使罪で使われたニセ文書のような**犯罪組成物件**（19条1項1号）、(b)住居侵入の道具に使用したバールやガラス切りなどの**犯罪供用物件**（同項2号）、(c)通貨偽造によって生じた偽貨のような**犯罪生成物件**、窃盗罪によって獲得した財物などの**犯罪取得物件**、さらに、犯罪行為の報酬とされた物品だけでなく（同項3号）、(d)盗品を売却して得た代金のように、犯罪取得（生成）物件の対価として得た物（同項4号）がある。

しかし、没収の及ぶ範囲は、原則として右に掲げた物自体であって、加工・混同などにより同一性を失ったときは没収できない。また、犯罪後に事情を知ってその物を取得した場合を除いて、その物が犯人以外の者に属するときにも、没収することはできない（19条2項）。なお、「刑事事件における第三者所有物の没収手続に関する応急措置法」があるため、一定の手続を経て、第三者の所有物となった物が没収される場合もある（同法1条以下）。また、拘留

または科料にあたる犯罪については，犯罪組成物件を除いて，特別の規定がある場合に限って没収できるだけである（20条）[12]。

(2) 追徴の範囲

これに対して，犯人が没収の対象物を紛失・費消したり，加工・混同により同一性が喪失するなどして，没収が不可能となった場合には，その物品に代えて一定の金額を国庫に納付させる処分が，**追徴制度**である（19条の2）。追徴の算定時期をめぐっては，(a)犯行の時点または客体を授受した時点の価格とみる見解（大谷520頁，最決昭和29・12・17裁判集刑101号535頁，最大判昭和43・9・25刑集22巻9号871頁），(b)没収不能となった時点の価格とみる見解（大判昭和19・9・29刑集23巻199頁参照），さらに，(c)追徴の裁判時における価格とみる見解（大塚534頁，川端673頁）が対立している。犯人に不正な利益を残さないという追徴制度の趣旨からして，(c)裁判時の価格とみるべきである。

(3) マネーロンダリング規制

近年では，没収・追徴制度と異なり，組織犯罪対策にもとづく犯罪収益等の剥奪制度が採用されている。まず，平成3（1991）年には，「国際的な協力の下に規制薬物に係る不正行為等を助長する行為等の防止を図るための麻薬及び向精神薬取締法等の特例に関する法律（麻薬特例法）」が制定され，薬物犯罪収益等隠匿罪（同法6条）や，薬物犯罪収益等収受罪（同法7条）などの罰則が導入された。こうした**マネーロンダリング**（Money Laundering）では，犯罪による収益を隠すため，麻薬密売人が偽名口座に麻薬代金を隠匿するほか，組織的詐欺で騙し取った金員を複数の銀行口座に分散させる場合などが考えられる。当初，薬物犯罪の場合，生産と消費の連環を断ち切るという観点から，犯罪収益の剥奪が重視されるようになったが，その後，マネーロンダリング罪の前提となる重大犯罪の範囲は，組織犯罪全般に広げられた。

かようにして，マネーロンダリング規制の前提となるべき犯罪は，次第に拡張されており，必ずしも，組織的な形態のものに限る必要はない。犯罪組織がおこなう場合にも，常に組織的な形態でなされるとは限らず，表面上は単独犯による犯行形態もありうるし，かりに組織的なものに限定するならば，

---

[12] いずれも，任意的没収・追徴を定めたものであるが，必要的没収・追徴の例としては，197条の5（賄賂罪）などがある。

組織犯罪対策としての実効性が乏しくなるからである。そもそも，暴力団に代表される犯罪組織の反社会的行為は，それが組織的犯行であるがゆえに，目的の実現可能性が高く，反復累行されることも多い。その意味で，社会全体にとって重大な影響があること，犯行後も証拠隠滅や犯人隠避などの工作が行われるなど，犯罪の発覚が困難であるため，その捜査や立証は難しいといわれてきた。他方，これらの犯罪組織を維持するためには，各種の財産的利益を必要とし，犯罪収益等が再投資されるなど，組織犯罪を抑止する面では，従来の没収・追徴制度と異なる犯罪収益剥奪制度が有効と考えられたわけである。

6　保安処分

(1)　一元主義と二元主義

保安処分（sichernde Maßnahmen）とは，行為者の危険性に着目して，社会秩序の維持または犯人の改善・治療を主な目的とする強制的処分である。刑罰では，過去の犯罪に対する応報を中心にしたのと異なり，保安処分は，犯罪の予防を中心とする点で，それぞれが，行為主義（古典学派）と行為者主義（近代学派）から導かれている。しかし，責任主義の原則を出発点とする以上，社会にとって有害な行動であっても，責任無能力者に対して刑罰を加えることはできない。他方，危険な他害行為に及ぶ累犯者を放置したままでは，犯罪の抑止と一般国民を守るという刑法の使命を達成することができない。

そこで，18世紀以降，刑罰に代わるべき保安処分の制度が導入されるようになった。今日では，ほとんどの先進諸国で採用されているが，道義的責任論を基調とする応報刑論からは，犯人の危険性を考慮した保安処分を，刑罰一般とは異質のものとみる**二元主義**（Dualismus）が支配的である（大塚596頁，大谷549頁）。これに対して，刑罰の社会防衛処分的性格を容認する近代学派からは，両者の質的差異を認めない**一元主義**（Monismus）が主張されてきた（フェリー）。上述したように，わが国の刑法典が責任主義を前提とした刑罰制度を採用す

---

13) 他方，学説の中には，犯罪集団に対する刑罰が個人責任の原則に反するとか，マネーロンダリング罪の規定も，犯罪収益等の利用という不可罰的事後行為を処罰しており，二重処罰の禁止の原則に反するとか，保安処分的なものではないかという指摘がみられる。

る以上，責任能力がない者に対する保安処分の本質は，刑罰とは異なるといわねばならない。二元主義が妥当である。

(2) 保安処分の種類

狭義の保安処分は，治療・監護施設への強制的収容をともなう処分が中心であって，たとえば，(a)危険な精神障害者を社会治療施設へ収容したり，(b)麻薬常用者などを治療・禁絶施設へ収容するほか，(c)労働嫌忌者を労働施設へ収容するなどの**対人的保安処分**がみられる。他方，広義の**対物的保安処分**としては，(f)一部の没収処分や，(g)営業所の閉鎖などを挙げることができよう。もっとも，自由の剥奪をともなう保安処分に対しては，被処分者の人権を不当に侵害することがないように，一定の重大犯罪に限るなどの法的制限を設けて，厳格に適用するべきである（**保安処分法定主義**）。なお，限定責任能力者に対しても，減軽された刑罰の執行だけでは，刑法の特別予防的機能を果たしえないとき，刑罰を補充ないし代替する手段として保安処分が必要となる場合もある。

かようにして，責任主義の例外である保安処分に対しても，法定手続の保障と客観的侵害が生じた場合に限定することで，一元主義と二元主義でみられる処遇上の違いは，それほど大きくならないであろう。また，罪刑の均衡原理を貫くならば，不当な長期処分を防ぐことも可能であり，行為者の危険性が消失した後は，本来の治療に切り替えることもできる。すでに少年法の保護処分（少24条以下），更生保護法にもとづく保護観察制度（更生保護法48条以下），また，売春婦に対する補導処分（売春17条）が，実質的には保安処分に近い制度になっている。さらに，かつての精神障害者および麻薬中毒者に対する措置入院の制度（精神保健福祉法29条）に加えて，平成15年には，「心神喪失等の状態で重大な他害行為を行った者の医療及び観察等に関する法律（心神喪失者医療観察法）」が制定・施行され，現在では，対象者の入退院についても，裁判所が決定できるようになった（なお，最決平成19・7・25刑集61巻5号563頁）。

---

15) なお，自由の剥奪をともなわない処分としては，(a)職業の禁止，(b)居住場所の制限・禁止，(c)保護観察，(d)行状監督，(e)運転免許の取り消しなどが考えられる。

第3節　刑罰の適用

1　法定刑・処断刑・宣告刑

(1) 法定刑から宣告刑へ

　現行刑法では，各犯罪の刑罰について，その種類と程度だけを定めており，これを**法定刑**と呼ぶ。しかし，実際の裁判で刑罰を適用する際には，法定刑の範囲内で加重減軽を施した後（**処断刑**），具体的な刑の量を決定することで（刑の量定），犯人ごとの刑罰（**宣告刑**）を言い渡す仕組みになっている。すなわち，刑罰法規の各本条は，一定の幅をもった刑罰の範囲を示したにすぎず，その点で，**相対的法定刑主義**（relativ bestimmte Strafdrohung）を採用した[1]。特に懲役・禁錮と罰金・科料では，その長期・短期または多額・寡額を規定しただけであり[2]，裁判官は，刑種の選択も含み，広汎な裁量的判断が可能となる[3]。

　まさしく刑罰の適用という場面では，近代学派の行為者主義から，刑罰法規の明確性よりも具体的妥当性を重視する立法態度が示されたといえよう。すなわち，具体的事件に対する**個別的刑罰権**（刑罰請求権）の実現は，まず，法定刑の中から刑種を選択することで始まり，何らかの加重・減軽事由が存在するならば，必要な範囲で刑罰の範囲を補正したうえで，情状面の評価も踏まえた裁判官の量刑判断がおこなわれる。こうした作業を通じて，個々の犯罪者に対する最終的な刑罰が決まるのである[4]。

---

1) そのほか，刑の適用をまったく裁判官の裁量にゆだねる絶対的専断刑主義と，個々の犯罪に対する刑罰を厳格に規定した絶対的法定刑主義がみられる。前者は，恣意的な刑罰権行使の危険があり，後者は，実際の事案で具体的妥当性を欠くおそれがある。
2) 刑の種類についても，裁判官による選択を認めているが，一部には，絶対的法定刑を定めた条文もみられる（81条）。また，各本条に明文の規定がないときは，刑法典総則の定めるところによる（12条以下）。
3) 客観主義では，応報刑主義の枠内で改善刑主義を導入するため，応報刑の上限と下限によってその適用が制限される。たとえば，受刑者の社会復帰に資する保護観察処分は，宣告刑の期間内に限られてしまう。しかし，本書のような二元主義では，刑罰の執行後に新たな保護観察処分を加えることも許される。
4) なお，およそ犯罪が発生したとき，国家が犯人に対して有する抽象的な処罰権を，**一般的刑罰権**と呼ぶ。

(2) 刑の軽重

つぎに，法定刑の軽重は，死刑，懲役，禁錮，罰金，拘留，科料の順序になっている（9条）。その中でも，有期の懲役刑と無期の禁錮刑を比べるならば，無期刑の方が重く，有期刑では，禁錮刑の長期が懲役刑の長期の2倍を超えたとき初めて，懲役刑よりも重いとされる（10条1項）。さらに，同種の刑罰であれば，その長期が長いものが重く（自由刑。同条2項），その多額が大きいものが重い刑とされる（財産刑。同条2項）。なお，2個以上の刑罰を科する場合，その期間や金額が同じであれば，犯された罪の犯情によって，その軽重を定めることになる（同条3項）。

これに対して，異種類の刑罰が選択可能ないし併科可能となっている場合には，全体を比較する基準がないため，最も重い刑罰を比較対照することになる（**重点的対照主義**。大判明治44・7・8刑録17輯1390頁，最判昭和23・4・8刑集2巻4号307頁。なお，刑法施行法3条3項参照）。さらに，重い刑が同一である場合には，軽い刑を比較することになろう（なお，10条2項参照）[5]。

【図示】 法定刑から宣告刑にいたるプロセス

法定刑 ⟶ （法律上の加重・減軽＋酌量減軽） ⟶ 処断刑 ⟶ （裁判官の量刑判断） ⟶ 宣告刑

2 加重・減軽の種類と順序

(1) 法律上の加重・減軽事由

処断刑を決定する刑の加重・減軽事由として，法律上のものと裁判上のものがある。まず，(a)**法律上の加重事由**として，併合罪（47条）と再犯・累犯（57条，59条）がある。併合罪加重と累犯加重については，すでに前章で詳しく説明した（→第6部第1章第5節参照）。他方，(b)**法律上の減免事由**には，(i)一般的な減軽（免除）事由として，心神耗弱（39条2項），中止未遂（43条ただし書），従犯減軽（63条）

---

[5] なお，重点的対象主義から最も重い罪が決定されるとき，一部の罪による減軽事由が考慮されない場合もありうる。たとえば，現住建造物等放火未遂罪と殺人未遂罪の観念的競合の事案で，放火罪は中止未遂にあたるが，殺人未遂には中止犯が認められないとき，科刑上一罪の処理により殺人未遂罪の刑で処断されるため，放火罪の中止未遂による刑の減軽はないとされた（横浜地判平成8・10・28判時1603号159頁）。

がある。これらは，いずれも必要的な減軽（免除）事由とされるが，任意的な減軽（免除）事由には，過剰防衛（36条2項），過剰避難（37条1項ただし書），法律の不知・錯誤（38条3項ただし書），自首・首服（42条），障害未遂（43条本文）がある。これらに対して，(ii)刑法典各則が規定する特別減軽（免除）事由には，偽証罪や虚偽鑑定通訳罪でいう自白（171条），虚偽告訴罪でいう自白（173条）が任意的な減免事由とされており，身の代金目的略取誘拐罪における解放（228条の2）は必要的減軽事由，同予備罪における自首（228条の3）が必要的な減免事由である。

(2) 裁判上の減軽事由

(c)**裁判上の減軽事由**としては，後述する酌量減軽がある（→本節4参照）。なお，上述した「自首」とは，捜査機関に犯罪事実が発覚しておらず，犯罪事実は発覚したが，犯人が誰であるかが判明しない状態で，自己の犯罪事実を自主的に捜査機関に申告した場合をいう（42条1項）。したがって，捜査機関の取調べに応じて，自己の犯罪事実を申告しても自首とはいえず（大判昭和10・5・13新聞3866号7頁），匿名文書で犯罪事実を知らせるなど，誰が犯人であるかを確認できないような方法では，やはり，自首とはいえない（大判昭和9・12・20刑集13巻1785頁）。他方，「首服」とは，被害者の告訴を必要とする親告罪において，告訴権者に自己の犯罪事実を告白して，その措置をゆだねた場合である。自首と同じく，刑の任意的減軽事由となる（42条2項）。

【図示】 刑法上の加重・減免事由

(a) **法律上の加重事由**（刑法典総則の一般的事由）
　　必要的なもの — 併合罪（47条），再犯・累犯（57条・59条）

(b) **法律上の減免事由**
(i) 一般的減免事由（刑法典総則の規定による）
　①必要的なもの — 心神耗弱（39条2項），従犯減軽（63条），中止未遂（43条ただし書）
　②任意的なもの — 法律の不知・錯誤（38条3項ただし書），自首・首服（42条），障害未遂（43条本文），過剰防衛（36条2項），過剰避難（37条1項ただし書）

(ii) 特別減免事由（刑法典各則の規定による）
　　①必要的なもの — 身の代金目的略取誘拐罪における解放減軽（228条の2），身の代金目的略取誘拐等予備罪における自首（228条の3）
　　②任意的なもの — 偽証・虚偽鑑定通訳罪における自白（171条），虚偽告訴罪における自白（173条）

(c) **裁判上の減軽事由**（刑法典総則の一般的事由）
　　任意的なもの — 酌量減量（66条）

(3) 加重・減軽の順序

　複数の加重・減軽事由が存在する場合には，①再犯加重，②法律上の減軽，③併合罪の加重，④酌量減軽の順序にしたがって処断される[6]（72条）。たとえば，再犯加重をおこなう場合，まず，定められた懲役刑の長期を2倍以下の範囲まで引き上げる（57条）。その後，犯罪行為の内容と密接に関連する法律上の減軽事由を考慮することになる[7]。他方，減軽の方法については，各犯罪で複数の選択刑が規定されている場合，まず適用すべき刑種を定めた後，法律上の減軽をおこなう（69条）。

　ただし，2個以上の主刑が併科されるときは（256条2項など），それらの刑罰を減軽して併科しなければならない。また，法文にいう「刑名」とは，本来，刑法9条が規定する主刑のことを指している（死刑，懲役，禁錮，罰金，拘留，科料）。もっとも，刑法68条各号では，無期の場合と有期の場合が別個に規定されており，無期懲役（禁錮）と有期懲役（禁錮）は，異なる刑名と理解すべきである[8]。

---

6) 刑を適用する場面で，加重減軽の順序が一定でないことから生じる不公平を，あらかじめ防止する目的で設けられた規定である。
7) なお，観念的競合および牽連犯（科刑上一罪）の処理は，併合罪加重に準じて，法律上の減軽の後におこなう見解もみられるが（大塚550頁），判例では，本条による加重減軽に先立って，最初の刑種を選択する前に決定すべきものとされる（大判明治42・3・25刑録15輯328頁，大判昭和5・11・22刑集9巻823頁）。
8) もっとも，情状による併科を規定した犯罪では（麻薬及び向精神薬取締法64条以下，覚せい剤取締法41条以下など），併科刑を選択したうえで，法律上の加重減軽をおこなうことになる（高橋省吾・大コメ(5)701頁，下津健司・裁判例コメ(1)634頁）。

なお，刑法68条は，複数の減軽事由がある場合と，1個の減軽事由がある場合を区別していない。したがって，法律上の減軽は1回だけ許されることになる（通説・判例。大判昭9・6・21刑集13巻852頁，最判昭24・3・29裁判集刑8号455頁など）。なぜならば，現行法上，任意の酌量減軽が可能である点に加えて，かりに数回の減軽を繰り返すならば，刑期が極端に短くなることにより，刑罰の実質的機能が失われるからである[9]（大塚548頁，下津健司・裁判例コメ(1)631〜632頁）。

3 加重・減軽の方法

(1) 死刑の減軽

具体的な減軽の方法として，死刑を減軽する場合には，無期の懲役・禁錮または10年以上の懲役・禁錮となる（68条1号）。しかし，法定刑の一つが死刑である場合には，あらかじめ処断刑を決定する場面で，必要的減軽事由を除外した量刑事情を斟酌しつつ，あえて死刑を選択したにもかかわらず，宣告刑の段階で無期懲役・禁錮を選択することも認められる（高橋省吾・大コメ(5)772頁）。ただし，懲役または禁錮のいずれを選択するかは，刑法典の各本条が定めた刑の種類に従うべきである（通説）。たとえば，内乱罪（77条1項1号）の場合，禁錮刑が選択されるべきであり，死刑を絶対的法定刑とする外患誘致罪（81条）では，これを減軽する場合にも，同じ章で定めた懲役刑で処断しなければならない。その意味で，裁判官の裁量により懲役刑を禁錮刑に変更することはできない。

(2) 無期自由刑の減軽

無期の懲役または禁錮を減軽する場合，7年以上の有期の懲役または禁錮となる（68条2号）。ただし，上述したように，刑種の変更が許されないため，もっぱら刑期についてのみ減軽できる。なお，平成16年の法改正に伴い，死刑または無期自由刑を減軽する際の有期刑の上限が，長期30年に延長された関係で（14条1項），無期自由刑を減軽する場合の下限が，従前どおりの「7年以上」でよいかは疑問も残るであろう。すなわち，現行刑法では，有期刑

---

9) ただし，18歳未満の少年に対する死刑および無期刑を減軽した少年法51条では，その立法趣旨からして，本条1号および2号による減軽がある場合にも，重ねて減軽事由を適用することができる。

の上限が20年以下になったため，これを減軽（半減）したとき，処断刑の上限が10年以下となる（68条3号）。その結果，かりに無期自由刑を減軽した場合，7年以上の自由刑になるならば，有期自由刑を減軽した場合の方が，かえって重い宣告刑となる事態も想定されるからである。

(3) 有期自由刑と罰金刑の減軽

つぎに，有期の懲役・禁錮を減軽する場合には，その長期および短期を半減させることになる（68条3号）。ただし，法定刑に長期または短期の定めがないときは，刑法12条1項および同13条1項により，長期を20年および短期を1か月と解釈したうえで，その2分の1に減じることになる（最判昭和25・11・9刑集4巻11号2244頁）。同様にして，罰金を減軽する場合にも，その多額および寡額を2分の1にする（68条4号）。ただし，各本条に罰金の寡額が定められることは少ないため，一般的な刑の下限をもって半分に減じることになる（なお，15条参照）。これに対して，拘留・科料を減軽する場合には，その長期または多額については2分の1とするが，短期または寡額については，そのままでよい（68条5・6号）。いずれも短期間または少額の刑であって，ことさら短期・寡額を減軽する必要性はないからである。[10]

4 酌量減軽と量刑事情

(1) その要件と効果

刑法典は，「犯罪の情状に酌量すべきものがあるときは，その刑を減軽することができる」と規定した（66条）。裁判官は，法定刑の中で最も軽い刑種を選択して，法律上の減軽をしたにもかかわらず，なお，当該犯人の具体的情状に照らして処断刑が重すぎる場合には，その裁量によって刑を軽減することが可能である[11]（大判昭和7・6・6刑集11巻756頁）。かようにして，すでに法律上の減軽を施した後でも，重ねて酌量減軽をすることができるが（67条），その場合の減軽の幅は，法律上の減軽と同様である（71条）。すなわち，法律上の減軽と酌量減軽

---

10) なお，懲役，禁錮または拘留を減軽することにより1日に満たない端数が生じたときは，これを切り捨てる（70条）。
11) 酌量減軽をする理由・証拠は，裁判で明らかにする必要はないとされる（最判昭和23・6・17裁判集刑2号493頁，最判昭和24・9・20裁判集刑13号519頁）。

を併用する場合には，処断刑の上限と下限が4分の1まで軽減される[12]。

(2) 適用の制限

酌量減軽は，あくまで任意的な刑の減軽事由にすぎない。したがって，法定刑の範囲内で同じ宣告刑が可能であるならば，あえて本条を適用するべきでない（最判昭和40・11・2 刑集19巻8号797頁）。また，法律上の裁量的減軽が可能であるにもかかわらず，ただちに酌量減軽をおこなうことは違法である（通説・判例）。これに対して，有力説は，具体的情状に即した刑を言い渡すためには，法律上の任意的減軽事由がない場合にも，酌量減軽を認めるべきであるという（大塚548頁）。具体的には，懲役刑と禁錮刑，懲役刑と罰金刑のように，選択すべき刑の性質が異なるとき，情状によっては，あえて禁錮刑や罰金刑を選択しない場合がありうる（高橋省吾・大コメ(5)685～686頁，下津・裁判例コメ(1)628頁）。その際，懲役刑という重い刑種を選択しながら，酌量減軽の規定を用いて刑期を短くすることも必要であろう[13]。

(3) 刑種の選択と酌量減軽

なお，平成16年の法改正では，強盗致傷罪（240条前段）では，法定刑の下限が7年以下の懲役から6年以下の懲役に変更された。そのため，まず，無期懲役刑を選択したうえで酌量減軽をおこなう場合（→7年以上30年以下の懲役。14条1項）には，最初から20年以下の有期懲役刑を選択するよりも（→6年以上20年以下の懲役），重い刑を科すことが可能になった。たとえば，悪質な強盗事件では，25年の懲役刑を宣告することもできるのである。現行法上，死刑から有期刑に減軽する場合（2回の減軽による）と，無期刑から有期刑に減軽する場合には，刑法14条1項の規定が「その長期を30年とする」と明記しているからである[14]。その意味では，あえてより重い無期刑を選択した後，酌量減軽を行うことにも意味があるとされる（下津・裁判例コメ(1)627～628頁）。

しかし，法律上の減軽をしないまま，酌量減軽をした場合であっても，そ

[12) なお，法律上の減軽をしないまま酌量減軽をおこなう場合，各本条に2個以上の刑名があるならば，69条の例に準じて，事前に刑種を選択するべきである（通説）。

13) また，条文上は刑を免除しうるにもかかわらず，刑の減軽にとどめたうえで，さらに酌量減軽を施すことも，当該犯罪の情状によっては許されるであろう（高橋・大コメ(5)690頁，下津・裁判例コメ(1)630頁）。

14) なお，再犯加重（長期を2倍以下にする。57条）や，併合罪加重（長期を1.5倍にする。47条）でも，有期刑の上限は，30年まで上げることができる（14条2項）。

の違法性は判決に影響しないとされた(東京高判平成4・2・18 判タ797号268頁など)。これに対して，被告人が少年である場合，法定刑に法律上の加重減軽をした段階で，長期3年以上の有期懲役・禁錮にあたるため，実刑として不定期刑を宣告するべきところ(少52条1項本文)，あえて酌量減軽をおこない，長期を3年未満とした上で定期刑を言い渡すのは，刑法66条の趣旨に反するとした判例がある。その場合には，改めて不定期刑を言い渡すことになる(札幌高判平成14・1・17判タ1106号280頁)。

(4) 量刑の判断基準

特に酌量減軽で問題となる**量刑**(Strafzumessung)の判断では，犯人の情状として，犯罪自体の性質や手段・方法，発生した結果および社会的影響が重視される。また，犯行の動機や，犯人の性格・年齢・境遇，さらには，前科および改悛の情，犯罪後の被害弁償なども考慮される(大判昭和8・11・6刑集12巻1471頁，最大判昭和23・2・6刑集2巻2号23頁。なお，刑訴248条参照)。犯罪行為の客観的・外部的事情だけでなく，行為時の主観的態度はもちろん，犯行前における行為者の生育歴や義務違反的要素も考慮される点で，量刑の判断は，人格形成責任が左右する一場面にほかならない(大塚553~554頁)。もっとも，この判断が裁判官の裁量に委ねられるとはいえ，恣意的判断におちいることは許されず，客観的・合理的見地からみて，刑罰の目的と国民の正義に適うものでなければならない。すなわち，量刑の場面でも，刑罰の本質に応じた応報的原理と，犯人の改善・教育目的に沿った「応報の中における予防」が基礎とされるべきである[15](マウラッハ・大塚552頁)。

(5) 定期刑と不定期刑

かようにして，裁判官による刑の量定の結果，処断刑の範囲内で言い渡されるものが**宣告刑**である。その際，わが国は，**定期刑**(bestimmte Verurteilung)主義を採用しているが，少年法では，**相対的不定期刑**(relativ unbestimmte Verurteilung)の制度も設けた(少52条)。なお，各種の刑罰の執行方法や，期間計算(22条以下)および執行猶予の制度(25条以下)については，個別的刑罰権の限界にかかわるとはいえ，仮釈放(28条以下)と同様，主として刑事政策的な観点から論じられる。また，刑の消滅の制度(34条の2)も，刑罰執行権

[15) 量刑基準については，川崎一夫・体系的量刑論(平3)35頁以下，城下裕二・量刑基準の研究(平7)9頁以下など参照。

の消滅や法律上の復権に関連するが，恩赦制度および執行免除も含めて，ここでは取り扱わないことにする。詳細は，刑事政策学（刑事学）または刑事訴訟法学における説明を参照されたい。

[資料-犯罪統計] 刑法犯の主要罪名別認知・検挙件数及び検挙人員・検挙率

(平成19年)

罪　名	認知件数	発生率	検挙件数	検挙人員	検挙率	前年差 認知件数	発生率	検挙件数	検挙人員	検挙率
総　数	2,690,883	2,106.0	1,387,405	1,184,336	51.6	△186,144 (△6.5)	△145.7	△79,429 (△5.4)	△57,022 (△4.6)	0.6
殺　人	1,199	0.9	1,157	1,161	96.5	△110 (△8.4)	△0.1	△110 (△8.7)	△80 (△6.4)	△0.3
強　盗	4,567	3.6	2,790	2,985	61.1	△541 (△10.6)	△0.4	△271 (△8.9)	△350 (△10.5)	1.2
傷　害	30,986	24.3	22,062	25,458	71.2	△3,001 (△8.8)	△2.3	△1,269 (△5.4)	△1,617 (△6.0)	2.6
暴　行	31,966	25.0	21,463	21,808	67.1	964 (3.1)	0.8	2,058 (10.6)	2,006 (10.1)	4.6
脅　迫	2,553	2.0	1,869	1,684	73.2	△105 (△4.0)	△0.1	57 (3.1)	△9 (△0.5)	5.0
恐　喝	7,384	5.8	4,242	5,054	57.4	△1,252 (△14.5)	△1.0	△599 (△12.4)	△726 (△12.6)	1.4
凶器準備集合	19	0.0	20	159	105.3	△1 (△5.0)	△0.0	0 (0.0)	4 (2.6)	5.3
窃　盗	1,429,956	1,119.2	395,243	180,446	27.6	△104,572 (△6.8)	△81.9	△21,038 (△5.1)	△7,208 (△3.8)	0.5
詐　欺	67,787	53.1	27,963	12,113	41.3	△6,845 (△9.2)	△5.4	△2,164 (△7.2)	△293 (△2.4)	0.9
横　領	85,606	67.0	81,249	81,296	94.9	△10,238 (△10.7)	△8.0	△9,308 (△10.3)	△9,400 (△10.4)	0.4
背　任	45	0.0	48	36	106.7	△16 (△26.2)	△0.0	11 (29.7)	△18 (△33.3)	46.0
盗品譲受け等	4,582	3.6	4,424	4,230	96.6	△552 (△10.8)	△0.4	△442 (△9.1)	△265 (△5.9)	1.8
強　姦	1,766	1.4	1,394	1,013	78.9	△182 (△9.3)	△0.1	△66 (△4.5)	△45 (△4.3)	4.0
強制わいせつ	7,664	6.0	3,542	2,240	46.2	△662 (△8.0)	△0.5	△237 (△6.3)	△14 (△0.6)	0.8
公然わいせつ	2,286	1.8	1,718	1,618	75.2	△316 (△12.1)	△0.0	△281 (△14.1)	△97 (△5.7)	△1.7
わいせつ物頒布等	810	0.6	787	892	97.2	15 (1.9)	0.0	17 (2.2)	△21 (△2.3)	0.3
放　火	1,519	1.2	1,120	764	73.7	△240 (△13.6)	△0.2	△217 (△16.2)	△61 (△7.4)	△2.3
失　火	217	0.2	86	76	39.6	△67 (△23.6)	△0.1	△18 (△17.3)	△16 (△17.4)	3.0
贈収賄	55	0.0	55	98	100.0	△88 (△61.5)	△0.1	△80 (△59.3)	△70 (△41.7)	5.6
略取誘拐・人身売買	207	0.2	178	152	86.0	8 (4.0)	0.0	△2 (△1.1)	△15 (△9.0)	△4.5
公務執行妨害	3,569	2.8	3,459	3,181	96.9	△7 (△0.2)	△0.0	57 (1.7)	63 (2.0)	1.8
住居侵入	27,383	21.4	9,041	5,901	33.0	△3,647 (△11.8)	△2.9	△170 (△1.8)	△308 (△5.0)	3.3
器物損壊	185,472	145.2	13,617	6,575	7.3	△9,352 (△4.8)	△7.3	△199 (△1.4)	24 (0.4)	0.3
偽　造	5,941	4.6	4,442	1,898	74.8	△1,069 (△15.2)	△0.8	△991 (△18.2)	51 (2.8)	△2.7
賭博・富くじ	424	0.3	415	1,529	97.9	214 (101.9)	0.2	210 (102.4)	149 (10.8)	0.3
暴力行為等処罰法(2条・3条)	112	0.1	100	137	89.3	△44 (△28.2)	△0.0	△47 (△32.0)	△87 (△38.8)	4.9
危険運転致死傷	434	0.3	434	425	100.0	55 (14.5)	0.0	55 (14.5)	45 (11.8)	0.0
自動車運転過失致死傷等	781,613	611.7	781,613	818,334	100.0	△44,185 (△5.4)	△34.6	△44,185 (△5.4)	△38,394 (△4.5)	0.0
その他	4,761	3.7	2,874	3,073	60.4	△308 (△6.1)	△0.2	△200 (△6.5)	△270 (△8.1)	△0.3

注　1　警察庁の統計及び総務省統計局の人口資料による。
　　2　「横領」は，遺失物等横領を含む。
　　3　( )内は，増減率である。

【参考文献】（各テーマごとに著者名で50音順とした）

〔第1部第1章〕学説史・基礎理論
　大野眞義・罪刑法定主義（昭55）
　大塚　仁・刑法における新・旧両派の理論（昭32）
　香川達夫・場所的適用範囲の法的性格（平11）
　木田純一・戦後日本の刑法学（昭47）
　吉川経夫ほか編・刑法理論史の総合的研究（平6）
　佐藤昌彦・牧野刑法学説の研究（昭56）
　芝原邦爾・刑事司法と国際準則（昭60）
　荘子邦雄・近代刑法思想史研究（平6）
　内藤　謙・刑法理論の史的展開（平19）
　萩原　滋・罪刑法定主義と刑法解釈（平10）
　森下　忠・国際刑法の新動向（昭54）
　　同　　・国際刑事司法共助の理論（昭58）
　　同　　・国際刑法の潮流（昭60）
　　同　　・刑事司法の国際化（平2）
　　同　　・犯罪人引渡法の研究（平16）
　　同　　・刑法適用法の理論（平17）
　　同　　・国際刑法学の課題（平19）
　八木國之・新派刑法学の現代的展開（昭59）
　山口邦夫・一九世紀ドイツ刑法学研究（昭54）
　山本草二・国際刑事法（平3）

〔第1部第2章〕犯罪論の基礎
　板倉　宏・企業犯罪の理論と現実（昭45）
　　同　　・現代社会と新しい刑法理論（昭55）
　井田　良・犯罪論の現在と目的的行為論（平7）
　川崎友巳・企業の刑事責任（平16）
　平場安治・刑法における行為概念の研究（昭41）
　福田　平・目的的行為論と犯罪理論（昭39）
　米田泰邦・行為論と刑法理論（昭61）

〔第2部第1章〕構成要件の理論
　上野達彦・犯罪構成要件と犯罪の確定（平1）
　内田　浩・結果的加重犯の構造（平17）

小野清一郎・犯罪構成要件の理論（昭 28）
　香川達夫・結果的加重犯の本質（昭 53）
　木村光江・主観的犯罪要素の研究（平 4）
　中　義勝・誤想防衛論（昭 46）
　松原芳博・犯罪概念と可罰性（平 9）
　丸山雅夫・結果的加重犯論（平 2）

〔第 2 部第 2 章〕実行行為
　大塚　仁・間接正犯の研究（昭 33）
　曽根威彦・刑法における実行・危険・錯誤（平 3）
　西原春夫・間接正犯の理論（昭 37）
　　同　　・犯罪実行行為論（平 11）
　野村　稔・未遂犯の研究（昭 59）
　日高義博・不真正不作為犯の理論（昭 54）
　平山幹子・不作為犯と正犯原理（平 17）
　振津隆行・抽象的危険犯の研究（平 19）
　堀内捷三・不作為犯論（昭 53）
　山口　厚・危険犯の研究（昭 57）

〔第 2 部第 3 章〕因果関係
　井上祐司・因果関係と刑事過失（昭 54）
　梅崎進哉・刑法における因果論と侵害原理（平 13）
　岡野光雄・刑法における因果関係の理論（昭 52）
　小林憲太郎・因果関係と客観的帰属（平 15）
　辰井聡子・因果関係論（平 18）
　林　陽一・刑法における因果関係理論（平 12）
　山中敬一・刑法における因果関係と帰属（昭 59）
　　同　　・刑法における客観的帰属の理論（平 9）
　吉岡一男・因果関係と刑事責任（平 18）

〔第 2 部第 4・5 章〕構成要件的故意・錯誤
　川端　博・事実の錯誤の理論（平 19）
　木村光江・主観的犯罪要素の研究（平 4）
　斎藤信宰・刑法における錯誤論の研究（平元）
　佐久間修・刑法における事実の錯誤（昭 62）
　日高義博・刑法における錯誤論の新展開（平 3）

〔第2部第6章〕構成要件的過失
　板倉　宏・企業犯罪の理論と現実（昭45）
　　同　　・現代社会と新しい刑法理論（昭55）
　井上正治・過失犯の構造（昭33）
　井上祐司・行為無価値と過失犯論（昭48）
　岡野光雄・交通事犯と刑事責任（平19）
　土本武司・過失犯の研究（昭61）
　長井　圓・交通刑法と過失正犯論（平7）
　中山研一＝米田泰邦編・火災と刑事責任（平5）
　西原春夫・交通事故と信頼の原則（昭44）
　花井哲也・過失犯の基本構造（平4）
　半田祐司・不法問題としての過失犯論（平21）
　藤木英雄・過失犯の理論（昭44）
　　同　　・過失犯―新旧過失論争（昭50）
　古川伸彦・刑事過失論序説（平19）
　松宮孝明・刑事過失論の研究（平元）
　　同　　・過失犯論の現代的課題（平16）
　米田泰邦・機能的刑法と過失（平6）
　　同　　・医療行為と刑法（昭60）

〔第3部第1章〕違法性の理論
　生田勝義・行為原理と刑事違法論（平14）
　伊東研祐・法益概念史研究（昭59）
　井上祐司・争議禁止と可罰違法論（昭48）
　川端　博・違法性の理論（平2）
　齊藤信宰・刑法における違法性の研究（平15）
　佐伯千仭・刑法における違法性の理論（昭49）
　曽根威彦・刑事違法論の研究（平10）
　高橋敏雄・違法性論の諸問題（昭58）
　竹田直平・法規範とその違反（昭36）
　西台　満・主観的違法性の理論（平5）
　日高義博・違法性の基礎理論（平17）
　藤木英雄・可罰的違法性の理論（昭42）
　　同　　・可罰的違法性（昭50）
　振津隆行・刑事不法論の研究（平8）
　　同　　・刑事不法論の展開（平16）

前田雅英・可罰的違法性の理論（昭42）
　同　　・可罰的違法性論の研究（昭57）
吉田宣之・違法性の本質と行為無価値（平4）

〔第3部第2章〕正当行為
大谷　實・医療行為と法（昭55）
大野眞義編・現代医療と医事法制（平7）
佐々木養二・医療と刑法（平6）
塩谷　毅・被害者の承諾と自己答責性（平16）
荘子邦雄・労働刑法（新版・昭50）
須之内克彦・刑法における被害者の同意（平16）
曽根威彦・刑法における正当化の理論（昭55）
中山研一・安楽死と尊厳死（平12）
町野　朔・患者の自己決定権と法（昭61）
米田泰邦・医療行為と刑法（昭60）

〔第3部第3・4章〕正当防衛・緊急避難
井上宜裕・緊急行為論（平19）
川端　博・正当防衛権の再生（平10）
斉藤誠二・正当防衛権の根拠と展開（平3）
津田重憲・正当防衛の研究（昭60）
　同　　・緊急救助の研究（平6）
　同　　・緊急救助の基本構造（平10）
橋爪　隆・正当防衛論の基礎（平19）
山中敬一・正当防衛の限界（昭60）

〔第4部第1章〕責任の理論
大谷　實・人格責任論の研究（昭47）
　同　　・刑事責任の基礎（訂正版・昭52）
　同　　・刑事責任論の展望（昭58）
佐伯千仭・刑法に於ける期待可能性の思想（昭22）
墨谷　葵・責任能力基準の研究（昭55）
米田泰邦・犯罪と可罰的評価（昭58）

〔第4部第2章〕原因において自由な行為
浅田和茂・刑事責任能力の研究上巻（昭58）

同　　　・刑事責任能力の研究下巻（平11）
　　林美月子・情動行為と責任能力（平3）
　　安田拓人・刑事責任能力の本質とその判断（平18）

〔第4部第3章〕故意責任
　　川端　博・正当化事情の錯誤（昭63）
　　齋野彦弥・故意概念の再構成（平7）
　　髙山佳奈子・故意と違法性の意識（平11）
　　長井長信・故意概念と錯誤論（平10）
　　中山研一・違法性の錯誤の実体（平20）
　　福田　平・違法性の錯誤（昭35）
　　松原久利・違法性の錯誤と違法性の意識の可能性（平18）

〔第4部第4章〕過失責任
　　井上正治・過失犯の構造（昭33）
　　小野清一郎・刑罰の本質について・その他（昭30）
　　甲斐克則・責任原理と過失犯論（平17）
　　福田　平・行政刑法（新版・昭53）
　　米田泰邦・医療行為と刑法（昭60）

〔第5部第1章〕未遂犯・中止犯
　　香川達夫・中止未遂の法的性格（昭36）
　　金澤真理・中止未遂の本質（平18）
　　齊籐誠二・予備罪の研究（昭46）
　　野村　稔・未遂犯の研究（昭59）
　　宗岡嗣郎・客観的未遂論の基本構造（平2）
　　山中敬一・中止未遂の研究（平13）

〔第5部第2章〕共犯の理論
　　植田重正・共犯論上の諸問題（昭60）
　　大越義久・共犯の処罰根拠（昭56）
　　　同　　　・共犯論再考（平元）
　　大野平吉・共犯の従属性と独立性（昭39）
　　神山敏雄・不作為をめぐる共犯論（平6）
　　川端　博・共犯論序説（平13）
　　　同　　　・共犯の理論（平20）

島田聡一郎・正犯・共犯論の基礎理論（平 14）
高橋則夫・共犯体系と共犯理論（昭 63）
　同　　・規範論と刑法解釈論（平 19）
照沼亮介・体系的共犯論と刑事不法論（平 17）
豊田兼彦・共犯の処罰根拠と客観的帰属（平 21）
橋本正博・行為支配論と正犯理論（平 12）

〔第 5 部第 3・4 章〕共同正犯・教唆犯・従犯
内田文昭・刑法における過失共働の理論（昭 48）
亀井源太郎・正犯と共犯を区別するということ（平 17）
下村康正・共謀共同正犯と共犯理論（昭 50）

〔第 5 部第 5 章〕共犯における未遂・錯誤・身分
十河太朗・身分犯の共犯（平 21）
西田典之・共犯と身分（新版・平 15）

〔第 6 部第 1 章〕罪数論
虫明　満・包括一罪の研究（平 4）
只木　誠・罪数論の研究（補訂版・平 21）

〔第 6 部第 2 章〕刑罰論
大越義久・刑罰論序説（平 20）
川崎一夫・体系的量刑論（平 3）
川本哲郎・精神医療と犯罪者処遇（平 14）
木村亀二・刑法の基本概念（昭 23）
斉藤静敬・新版死刑再考論（昭 55）
佐伯仁志・制裁論（平 21）
重松一義・死刑制度必要論（平 7）
城下裕二・量刑基準の研究（平 7）
　同　　・量刑理論の現代的課題（平 19）
高橋則夫・刑法における損害回復の思想（平 9）
　同　　・修復的司法の探求（平 15）
団藤重光・死刑廃止論（第 4 版・平 7）
中山研一・刑法改正と保安処分（昭 61）
原田國男・量刑判断の実際（第 3 版・平 20）
平野龍一・犯罪者処遇法の諸問題（増補版・昭 57）

松岡正章・量刑法の生成と展開（平12）
三原憲三・死刑存廃論の系譜（第6版・平20）
吉岡一男・自由刑論の新展開（平9）
吉岡一男・刑事制度論の展開（平9）

事項索引

あ
悪風感染……………………456
あてはめの錯誤……… 122,293
暴れ馬事件………………… 259
安全体制確立義務……… 154
安楽死……………………… 188

い
威嚇刑主義……………… 442
違警罪……………………… 25
意識的過剰………… 222,223
意思傾向説………… 193,197
意思決定機能……………… 4
意思決定規範……………… 252
意思主義…………… 114,115
意思責任論……………… 9,249
意思説……………………… 115
意思表明説………… 193,197
異種類の観念的競合……… 432
イタリア学派……………… 8
一元主義……………… 10,459
一故意犯説………… 129,130
一部実行・全部責任の原則
　…………………………… 360
一身的処罰阻却事由……… 448
一般的違法性の認識……… 290
一般的刑罰権……………… 441
一般的正当化事由………… 178
一般予防機能……………… 4
一般予防主義…… 7,10,441,443
違法・責任減少説………… 222
違法・責任類型説………… 46
違法過失…………………… 142
違法拘束命令……………… 262
違法の連帯性…… 407,408,410
違法性………………… 28,158
　――の概念………… 158,159

――の過失…………… 300
――の錯誤… 122,123,221,
293,296,300,305,306
――の認識可能性…… 305
――の本質……………… 162
――の要素……………… 165
――を欠く道具………… 83
――に関する錯誤
　………………… 123,124,291,293
――に関する事実の錯誤
　…………………………… 220
違法性阻却事由………… 160
――説……………… 229,230
――における法律の錯誤
　…………………………… 294
――の錯誤…………… 118,
123,124,232,280,293,294,
301,302
違法性の意識
　………… 140,284,285,296,306
――可能性……………… 298
――可能性説… 288,289,296
――の可能性…………… 284
――必要説
　………… 285,286,296,297
――不要説… 285,286,296
意味の認識
　………… 111,123,139,140,282
意味を付与する目的……… 166
医療水準………… 151,183,186
因果関係………………… 88,90
――の錯誤………… 67,68,
114,125,131,137,138
――の断絶…………… 93,94
――の中断……………… 93
――の認識……………… 137
――不要論……………… 89
――論………………… 91,99

因果的共犯論
　…… 350,351,374,379,407
因果的行為論……………… 33
因果的犯罪論……………… 76
インフォームド・コンセント
　…………………………… 186
陰謀……………………… 318

う
ヴェーバーの概括的故意
　…………………… 69,103,114
ヴェルツェル……………… 74

え
疫学的因果関係…………… 107
M・E・マイヤー…… 8,30,44

お
応招義務…………………… 239
応報刑主義…………… 7,440
応報刑論…………… 9,10,440
遅すぎた結果発生………… 69

か
概括的故意……………… 112
改善刑…………………… 443
――主義……………… 442
蓋然性説…………… 116,145
確信犯……………… 26,287,288
拡張解釈…………………13,14
拡張的正犯概念…………… 347
確定裁判の遮断効………… 436
確定的故意……………… 112
科刑上一罪……………… 422
加減的身分……………… 56
過失
　――擬制説………………… 312
　――推定説………………… 312

――責任の本質………301
――による過剰防衛…223
――による教唆………384
――による幇助………389
――の過剰防衛………225
――の競合……………156
――併存論………157,277
――の体系的地位……311
過失犯
　――に対する教唆……385
　――に対する幇助……390
　――の因果関係………106
　――の共同正犯………370
過剰避難……………236,237
過剰防衛………………221
「かすがい」現象………434
かすがい現象……………434
加担者の意思……………345
課徴金制度………………451
加重刑単一主義…………437
仮定的因果経過………94,97
可罰的違法性
　………173,230,323,448
　　　――阻却……………229
　　　――の理論………173,174
可罰的刑法違反の認識…291
可罰的責任阻却説………297
可罰的責任論……………248
可罰的符合説……………132
科料………………………456
カルネアデスの板………227
ガローファロ……………8
完結した構成要件………48
慣習刑法排除の原則……13
間接教唆…………………388
間接従犯……………392,393
間接正犯………63,71,81,385
　　――と狭義の共犯の錯誤
　　　………………………401
　　――の錯誤……………394
　　――類似説………266,267,
　　　269,271,272,275,363,364
カント……………………7
観念的競合………430,431,434

管理・監督過失
　………153,154,155,156,313
管理可能性………………14

き

危惧感説……149,150,155,307
危険刑法…………………319
危険故意…………………113
危険社会…………………307
危険性説…………………346
危険の引受け……………200
危険犯………………25,40,54
記述されない構成要件要素
　………………………………52
記述の構成要件要素………52
既遂犯……………………317
規制的機能…………………4
期待可能性……253,254,260
　　――の錯誤……………262
期待不可能………………192
　　――性…………………260
機能的犯罪論……………358
規範違反説………………163
規範受命能力……………163
規範の構成要件要素
　………………………45,52,77
　　――の錯誤……………139
規範的責任論………38,251,
　　252,255,288,297,306
基本の構成要件……………62
義務違反説…………………24
義務の衝突………………239,240
客体の錯誤…………125,128
客体の不能………………324
客観主義………………7,9,72
客観的違法論……………163
客観的危険説
　…………………73,84,325,329
客観的帰属論…………92,107
客観的構成要件要素………52
客観的惹起説……………350
客観的処罰条件……307,447
客観的正当化要素…189,233
客観的責任要素……247,254

客観的相当因果関係説
　…………………99,100,138
客観的未遂論……………318
旧過失論……………142,307
吸収関係…………………427
吸収主義…………………437
旧派…………………………7
教育刑……………………443
　　――論…………………8,10
狭義の誤想過剰防衛
　…………………………220,226
狭義の誤想防衛…………220
狭義の相当性………………98
狭義の包括的一罪………426
教唆行為……………382,386
教唆の故意………………382
教唆の未遂…………384,402
教唆犯……………………379
　　――と従犯の錯誤……400
行状責任論………………250
行政犯………………………25
行政法規違反の認識……124
共同意思主体説……349,363
共同教唆…………………387
共同実行の意思
　………………………361,368,371
共同実行の事実…………361
共同従犯…………………391
共同正犯……………343,360
　　――と従犯の錯誤……400
共犯………………………341
　　――と身分……………411
　　――における正当防衛・過
　　　剰防衛……………………407
　　――の過剰………395,397
　　――の個別性…………411
　　――の錯誤…394,395,409
　　――の中止………402,406
　　――の未遂…353,402,409
　　――の連帯性……411,418
共犯関係からの離脱
　…………………403,404,406
共犯関係の解消…………405
共犯借用犯説……………354

共犯従属性説
　……………11,352,353,377
共犯独立性説……11,351,353
共謀関係からの離脱
　……………………405,407
共謀共同教唆犯…………387
共謀共同正犯………360,406
　——の理論……344,362,364
業務上の過失……………146
極端従属形式………355,356
極端従属性説………………81
挙動犯…………40,53,62,321
緊急救助…………………214
緊急行為…………………227
緊急避難…………………227
禁錮………………………455
禁止の錯誤…………122,293
近代学派…………8,9,10,11

く

具体的（法定）符合説……132
具体的危険説
　…………66,72,83,325,327
具体的危険犯…………54,113
具体的事実の錯誤………125
具体的符合説
　……………117,126,127,136

け

傾向犯………………56,118
軽罪…………………………25
形式的意義における犯罪
　…………………………23,27
形式的違法性……………162
形式的意味の犯罪…………3
形式的客観説………70,72,83
形式的犯罪論…………49,50
形式犯…………………25,54
刑事政策説………………332
刑事犯………………………25
刑事法………………………2
刑事未成年………………256
継続犯………………………54
刑罰………………………440

——の本質……………440
刑罰拡張事由……………347
刑罰制限事由……………347
刑罰適応性………………247
刑罰法規の明確性の原則…16
刑法解釈学…………………3
刑法的違法性……………174
刑法典の現代用語化………9
刑法の不遡及………………14
刑法の補充性………………4
刑法の倫理化……………172
刑法不遡及の原則……17,18
刑務作業…………………455
結果回避義務
　……147,148,150,153,306,309
結果回避行動を動機づける義務………………………149
結果責任主義………………41
結果的加重犯
　………………53,88,120,244
——の共同正犯………372
——の共犯……………397
——の未遂……………321
結果犯……40,53,62,88,111
結果無価値論
　……………169,172,216,219
結果予見義務………147,148,
　149,150,153,306,309
結合犯………………53,426
決定論………………………10
原因説…………………89,90
原因において違法な行為の理論………………………211
原因において自由な行為
　………………71,264,271,272
——の理論………265,267,
　269,275,276,278
厳格故意説…………286,296
厳格責任説……221,294,304
喧嘩闘争…………………211
喧嘩両成敗………………211
限時法……………………19
——の追及効……………19
——の理論………………19

減縮的正犯概念…………347
限定責任能力………257,269
——者……………256,275
謙抑主義……………………4
権利行為…………………180
権利侵害説………………23
牽連犯…………430,432,434

こ

故意
　——と実行の同時存在
　…………………………68,138
　——のある道具………270
　——のある幇助の道具
　……………………83,344,417
　——の実質化………117,298
　——の体系的地位·109,280
　——の抽象化………129,136
　——のない道具………82
故意概念の実質化………284
故意規制機能……48,65,134
故意責任の本質…………280
故意説……………………285
行為………………………31
　——の客体……………59
　——の状況……………60
行為・責任同時存在の原則
　……………264,265,267,274
行為共同説…………348,370
行為支配説……345,346,364
行為者標準説……………261
行為主義……………………9
行為制御能力………255,257
行為責任論………………249
行為標準説………………422
行為無価値論……169,171,172
合意………………………193
合一的評価説……………134
広義の誤想過剰防衛……224
広義の相当性……………98
広義の包括的一罪………427
合義務的な択一的挙動……95
公共危険罪………………331
口実防衛……………209,211

事項索引　*481*

構成的身分……………56
構成要件……………27,43
　　——の違法性推定機能
　　……………28,44,45,158
　　——の欠缺…………330
　　——の故意規制機能
　　………………47,117
　　——の犯罪個別化機能…47
構成要件該当性
　　………27,45,46,47,51,62
　　——阻却説…………174,175
構成要件的過失……52,55,71,
　　141,143,148,301,302,308
構成要件的故意………48,52,
　　55,109,111,117,119,127,
　　128,130,137,139,303
　　——の故意責任推定機能
　　…………………280
構成要件的行為………53,75
構成要件的錯誤
　　116,122,123,291,293,294
構成要件標準説・422,423,430
構成要件論……43,44,46,48
交通反則金制度…………451
公務員…………………57
公務所…………………57
拘留……………………455
誤想過剰避難……………238
誤想過剰防衛…224,225,226
誤想避難………124,238,293
誤想防衛
　　……124,220,226,293,304
誇張従属形式……………355
国家緊急救助……………215
国家正当防衛……………215
国家標準説………261,262
古典学派…………7,9,10,11
異なる構成要件間の錯誤
　　……117,125,126,131,396
個別化説…………85,90
個別的刑罰権………441,461
混合惹起説………………350
混合的包括一罪…………429
混合的方法………257,258

さ

再間接教唆………………388
罪刑の均衡………………14
罪刑法定主義………6,12,13,
　　17,18,19,27,44,47,75,141
　　——の原則…………302
財産刑…………450,456
最小従属形式……………354
罪数論…………………421
再犯……………………438
再犯加重………………464
罪名従属性………357,399
作為……………31,39,40
　　——による直接正犯……63
作為義務…………75,77
　　——の発生根拠………77
作為犯…………………53
　　——との等価値性……79,80
三罰規定………315,451
三罰主義………………452

し

時間的適用範囲…………17
自救行為………………207
死刑……………………452
　　——存置論…………453
　　——廃止論………446,453
自己危殆化………………201
事後の故意………………118
事後の故意…………69,113
事実の故意
　　………35,109,284,289,294
事実の過失……300,305,306
事実の欠如………………330
事実の錯誤
　　………122,123,124,283,293
　　——と法律の錯誤の限界
　　……………………140
　　——説………221,294
　　——論……117,136,311
自手犯………………82,416
自招危難………………234
自招侵害………………211

自然的行為………………29
　　——論………………32
事前の故意…………69,113
自然犯…………………25
　　——・法定犯区別説
　　………………287,297
自損行為………………194
実行共同正犯………360,369
実行故意
　　………66,135,136,137,140
実行行為
　　……62,63,66,70,73,78,85
　　——の機能…………64
実行従属性………………357
実行中止………322,337,402
実行の着手…………70,71,
　　72,84,85,86,319,320
　　——時期70,72,86,267,272
実行未遂………………322
実在根拠………………45
実質的意義における刑法…1
実質的意義における犯罪…23
実質的意義の刑法…………2
実質的違法性………162,173
実質的意味の犯罪…………3
実質的客観説………70,83
実質的故意………284,285
　　——論……………140
実質的行為責任論…250,251
実質的犯罪論……50,51,444
実質的法益衡量説………204
実質犯…………25,54,321
実体的デュープロセス……50
　　——主義…………15,16,17
質的過剰………………223
　　——防衛…………222
実力犯…………………362
事務管理型………………198
社会生活上必要な注意
　　…………………147,150
社会的行為論……………33
社会的責任論………8,10,247
社会的相当性………197,233
　　——の理論…………146

事項索引

社会的相当性説…………161
社会防衛論……………72
酌量減軽………464,466,467
自由刑………………450,455
――の単一化…………455
集合犯………………426
重罪…………………25
修正された構成要件
　…49,60,317,341,398,409
修正された道義的責任論
　………………………248
修正惹起説……………351
従属的共犯……………379
重大な過失……………145
従犯……………379,380
――に対する教唆犯…392
修復の司法……………444
自由保障機能……5,47,48,51
終了未遂………………322
主観主義………………8,10
主観的違法要素
　………………45,165,166,167
――全面否定説………166
主観的違法論…………164
主観的危険説………74,327
主観的構成要件要素…44,45,
　52,55,64,65,118,119
主観的正当化要素
　…………167,171,189,215,232
――否定説……………168
主観的相当因果関係説
　…………………100,137
主観的不法要素………45
主観的未遂論…………319
縮小解釈………………13
主刑……………………450
主体の不能……………324
手段の不能……………324
純粋惹起説………350,351,375
準正当防衛説…………221
障害未遂………………317
消極的構成要件…………48
消極的構成要件要素…49,294
――の理論

　…………46,118,294,304
消極的責任主義……243,244
消極的責任要素……254,298
消極的属人主義………20
消極的な結果責任主義……2
消極的な構成要件要素……30
消極的身分……………412
承継的共同正犯…360,367,369
承継的従犯……………392
承継的責任無能力……264
条件関係
　…90,92,93,97,98,105,107
条件公式…89,90,95,96,97,105
条件説……………89,101
条件付き故意…………113
常習犯……25,57,287,288,439
状態犯…………………54
贖罪金…………………6
職務（職権）行為……180
処断刑…………………461
処罰阻却事由説………229
白地刑罰法規…………13
自力救済………………207
新・新過失論………149,155
侵害故意……………113,136
侵害犯………………25,54
人格形成責任…………287
人格的行為論…34,35,36,38
人格的責任論………250,288
新過失論……141,277,306
新旧学派の対立………9
新構成要件論…………45
親告罪………………26,447
真実性の錯誤…………295
心神耗弱……………268,269
心神耗弱者……………256
心神喪失………………256
真正不作為犯…31,53,75,321
真正身分犯…………56,413,414
真正目的犯……………56
身体刑…………………450
死んだ道具……………81
人的・物の適用範囲…21
人的処罰阻却事由……448

人的な処罰阻却事由………21
人の不法論……24,168,169
新派……………………8
信頼の原則
　151,152,153,156,184,309
心理学的方法………257,258
心理強制説……………7
心理的責任論…………251

す

推定の承諾…………198,199
随伴的従犯……………392
数故意犯説……129,130,136

せ

性格責任論…………10,249
性格論的責任論………251
制限故意説
　………………288,296,298,300
制限された目的刑主義…444
制限従属形式………354,356
制限責任説…………294,304
制限的正犯概念………347
政策説…………………332
政治犯…………………26
正当化事情の錯誤
　………………294,295,304,305
正当化事由……………160
――の競合……………241
正当化評価の錯誤……294
正当業務行為………179,183
正当行為………………178
正当防衛………………203
――に対する正当防衛
　…………………210,232
――の制裁の機能……206
正犯者の意思…344,345,380
正犯なき共犯…………351
生物学的方法…………257
成文法主義……………13
生命刑…………………450
西洋法の継受…………9
世界主義………………20
責任………………28,243

事項索引　*483*

　　——の概念………… 243
　　——の本質………… 247
責任過失
　　…… 142, 280, 301, 302, 308
　　——の内容………… 308
　　——の要素………… 306
責任共犯論………… 349, 379
責任減少事由………… 260
責任減少説………… 222
責任原則緩和説
　　266, 267, 269, 271, 273, 275
責任故意……… 110, 117, 280
責任主義………… 59, 120,
　　243, 244, 248, 264, 265
　　——の原則……… 286, 300
　　積極的——………… 243
責任説………… 285, 288, 297
責任阻却事由………… 245, 254
　　——説………… 229
責任能力……… 253, 254, 255
責任無能力………… 264
責任要素としての過失… 301
責任要素としての故意… 109
絶対主義…………… 7, 10
絶対的軽微型………… 176
絶対的不能・相対的不能説
　　………… 326
折衷的相当因果関係説
　　………… 99, 100, 137
説明のある同意……… 186, 202
是非弁別能力……… 255, 257
宣告刑………… 461, 468
専断的治療行為………… 185
全逓東京中郵事件判決… 176
選任・監督過失………… 312
全農林警職法事件……… 177
全部犯罪共同説
　　………… 357, 358, 399
前法的規範違反の認識… 289

そ

相対主義………… 7, 441
相対的応報刑………… 440
相対的軽微型………… 176

相対的不定期刑………… 468
相対的法定刑主義……… 461
相当因果関係………… 98, 108
　　——説… 89, 91, 92, 101, 102
相当性に関する錯誤
　　………… 220, 224, 225
相当説…………… 91
遡及禁止…………… 14
即成犯…………… 54
属地主義…………… 20
属人主義…………… 20
訴訟条件………… 447
措置入院………… 460
粗暴犯………… 362
尊厳死………… 190

た

ダートトライアル事件
　　………… 200, 201
対向犯………… 341
第五柏島丸事件……… 259, 260
第三者のためにする正当防衛
　　………… 206
対物防衛………… 212, 213
択一関係………… 427
択一的競合………… 96, 97
択一的故意………… 113
打撃の齟齬………… 125
他行為可能性……… 252, 281
他者危殆化………… 201
多衆犯………… 57, 341
他人予備………… 377
たぬき・むじな事件
　　………… 283, 292
単一的正犯概念………… 347
段階的過失論……… 157, 276
単独正犯………… 343

ち

秩序維持機能……… 4, 5, 48
秩序罰………… 451
知能犯………… 362
着手中止……… 322, 337, 402
着手未遂………… 322

注意義務………… 144
中止犯………… 332
中止未遂……… 317, 332
抽象的危険説………… 327
抽象的危険犯………… 54, 113
抽象的事実の錯誤…… 125, 132
抽象的符合説……… 132, 134
懲役………… 455
懲戒罰………… 451
超過の内心傾向… 55, 120, 166
重畳的因果関係……… 94, 96
挑発防衛………… 211
徴表構成要件………… 132
徴表主義…………… 10
徴表の機能………… 48
徴表の構成要件………… 45
超法規的違法性阻却事由説
　　………… 175
超法規的緊急避難… 228, 239
超法規的処罰阻却事由説
　　………… 174
超法規的正当化事由
　　………… 161, 178, 207
超法規的責任減少事由… 263
超法規的責任阻却事由
　　………… 260, 261
超法規的な違法性阻却事由
　　…………… 14
直近過失論………… 276
治療行為………… 184
　　——傷害説………… 185
　　——非傷害説………… 184
治療処分………… 258

つ

追徴………… 458
追徴制度………… 458
通常の過失………… 145

て

定期刑………… 468
定型説………… 50
抵抗不能な強制状態…… 262
適度の危険………… 153

適法行為の期待可能性‥‥306
適法行為の期待不可能‥‥230
転嫁罰（代罰）規定‥‥‥312

と

同一構成要件内の錯誤
　‥‥‥‥‥‥‥‥125,395
同害報復‥‥‥‥‥‥‥‥6
等価説‥‥‥‥‥‥‥‥90
等価値性の原則‥‥‥‥‥79
道義的責任論
　‥‥‥‥‥10,11,247,286
同時正犯‥‥‥‥‥‥‥343
同時犯‥‥‥‥‥‥‥‥343
同種類の観念的競合
　‥‥‥‥‥‥‥‥425,432
答責性‥‥‥‥‥‥248,297
独自の錯誤‥‥‥‥‥‥295
――説‥‥‥‥‥‥221,295
特別関係‥‥‥‥‥‥‥427
特別義務者‥‥‥‥231,238
特別予防機能‥‥‥‥‥‥4
特別予防主義‥‥‥‥10,441
独立教唆罪‥‥‥‥‥‥380
独立予備罪‥‥‥‥‥‥377
閉じられた構成要件‥‥‥48

な

名宛人限定型‥‥‥‥314,315
名宛人非限定型‥‥‥‥314
名古屋中郵事件判決‥‥‥177

に

二元主義‥‥‥‥‥‥‥459
二元的人的違法論‥‥‥351
二重処罰禁止の原則‥‥451
二重の因果関係‥‥‥‥96
二重の故意‥‥‥‥‥‥270
――の理論‥‥‥‥271,274
二重の誤想防衛‥‥220,225
日数罰金制度‥‥‥‥‥457
二分説‥‥‥‥‥‥‥‥230
任意的共犯‥‥‥‥341,342
認識根拠‥‥‥‥‥‥45,48

認識主義‥‥‥‥‥114,115
認識のある過失
　‥‥‥‥‥115,143,145,149
認識のない過失‥‥143,149
認容説‥‥‥‥‥‥115,145

は

場所的適用範囲‥‥‥‥20
パターナリズム‥‥5,194,195
裸の行為論‥‥‥‥‥‥29
罰金‥‥‥‥‥‥‥‥‥456
早すぎた結果発生
　‥‥‥‥‥‥‥67,69,138
早すぎた構成要件実現
　‥‥‥‥‥‥‥‥67,138
破廉恥罪‥‥‥‥‥‥‥26
犯意標準説‥‥‥‥‥‥422
犯罪概念の基底‥‥‥30,31
犯罪共同説
　‥‥‥‥‥348,351,370,396
犯罪供用物件‥‥‥‥‥457
犯罪個別化機能‥‥‥‥47
犯罪事実の表象‥‥‥‥111
犯罪取得物件‥‥‥‥‥457
犯罪人類学‥‥‥‥‥‥8
犯罪生成物件‥‥‥‥‥457
犯罪組成物件‥‥‥‥‥457
犯罪徴表説‥‥‥‥‥‥8
犯罪類型‥‥‥‥‥44,48,53
犯罪論の「実質化」
　‥‥‥‥‥‥‥16,50,445
反社会性の認識‥‥‥‥289
板東三津五郎ふぐ中毒死事件
　‥‥‥‥‥‥‥‥‥202

ひ

被害者‥‥‥‥‥‥‥‥60
――の承諾‥‥‥‥‥192
――の同意‥‥‥‥‥199
――のない犯罪‥‥‥5,11
非決定論‥‥‥‥‥‥‥9
必要的共犯‥‥‥‥341,342
非難可能性
　‥‥‥‥‥243,247,252,277

避難の意思‥‥‥‥232,235
非破廉恥罪‥‥‥‥‥‥26
評価機能‥‥‥‥‥‥‥4
評価規範‥‥‥‥‥‥‥164
表現犯‥‥‥‥‥‥‥56,120
表象説‥‥‥‥‥‥114,115
開かれた構成要件
　‥‥‥‥‥48,144,155,275
被利用者標準説‥‥72,83,84
ビルクマイヤー‥‥‥‥7
非連続型‥‥‥‥‥273,274
ビンディング‥‥‥‥‥23

ふ

ブーメラン現象‥‥‥‥303
フェリー‥‥‥‥‥‥‥8
フォイエルバッハ‥‥7,12
不確定的故意‥‥‥112,113
付加刑‥‥‥‥‥‥450,457
不可罰的事後行為‥‥‥429
不可罰的事前行為‥‥‥428
不作為‥‥‥‥‥‥31,39,40
――による教唆‥‥‥387
――による作為犯‥‥75
――による忘却犯‥‥34
――による幇助‥‥‥391
――の因果関係‥‥‥105
――の共同正犯‥‥‥375
――の実行行為‥‥‥74
不作為犯‥‥53,63,71,74,114
――に対する教唆‥‥387
――に対する従犯‥‥391
不真正――‥‥‥‥31,53,
　75,76,77,78,79,80,87
不真正身分犯‥‥56,413,414
不真正目的犯‥‥‥‥‥56
付随事情の正常性‥‥‥252
不能犯‥‥‥‥‥‥324,325
不能未遂‥‥‥‥‥‥‥324
部分的責任能力‥‥‥‥255
部分的犯罪共同説‥358,399
不法‥‥‥‥‥‥‥‥30,45
不法・責任符合説‥‥‥134
不法共犯論‥‥‥350,379,407

事項索引　*485*

不法構成要件………30,46
不法領得の意思………56
文理解釈………13

へ

併科主義………437
平均人標準説………261,262
併合罪………422,434,435
　──の加重………464
併合主義………10,441
ヘーゲル………7
ベーリング………8,47
ベッカリーア………6
遍在主義………20
片面的教唆犯………386
片面的共同正犯
　………361,373,375
片面的共犯………374

ほ

保安処分………258,459
　──法定主義………460
防衛意思………217,225
　──の内容………216
防衛行為の相当性………214,218
防衛行為の必要性………218
防衛効果の可能性………219
防衛の意思………215,232
　──必要説………215
法益概念の精神化………24,170
法益関係の錯誤………196
法益欠如の原則………194
法益権衡の原則………205,236
法益衡量説………24,204
法益侵害説………23,163
法益標準説………423
法益保護機能………4
法確証の利益
　………203,204,213,229
包括的一罪………427
包括的同意型………199
忘却犯………33,35
法条競合………427
幇助行為………389,390

幇助の故意………389
法人の過失責任………312
法人の刑事責任………37
法人の犯罪能力
　………37,58,59,312
包摂の錯誤………293
法定刑………461
法定的符合………398
　──説………126,129,
　132,133,134,136,394,395
法定犯………25,288,362
法定犯・行政犯………287
　──の自然犯・刑事犯化
　………25
放任行為………159
方法の錯誤………125,128
方法の不能………324
法律説………333
法律犯………
法律的応報刑………7
法律的事実の錯誤………123
法律の過失………305,306
法律の錯誤
　………122,123,124,283,290
　──説………294
法令行為………178,179
法令の不知………282,290,291,299
保護観察制度………460
保護刑論………440
保護主義………20
保護の客体………59
保護法益………59
補充関係………427
補充性の原則………236,237
補充を必要とする構成要件
　………48,143,144
保障者説………75,76,77
保障者的地位………75,77,376
没収………457
補導処分………460
本来の一罪………421,424,426
本来の数罪………421

ま

マグナ・カルタ………12

──的機能………5
マネーロンダリング………458
　──規制………458

み

未終了未遂………322
未遂結果説………267
未遂の教唆………382
未遂の幇助………389
未遂犯………317
　──教唆・幇助………402
　──の共同正犯………402
　──の処罰根拠………318,320
三友炭坑事件………176
見張り行為………344
未必の故意………113
身分………411
　──の意義………57
　──の概念………412
　──のない共同正犯………376
　──のない共犯………411
　──のない道具………82
身分犯………25,56,57,76,412

む

無意識的過剰………222
無形の従犯………380
むささび・もま事件………283

め

迷信犯………326
酩酊構成要件………276
名誉拘禁制度………455
命令規範………164,252
命令説………164
メタノール事件………282
メッガー………45,112
免責の緊急避難………228

も

目的刑主義………440,441
目的刑論………8,10
目的説………161
目的的行為論………33,34

目的のない道具……………82
目的犯……………55, 118, 412
目的論的法益概念………170

や

やわらかい行為共同説……348
やわらかな決定論……10, 251

ゆ

優越的行為支配……………366
───説……………363, 365
優越的利益説………………161
優越的利益の原則
　………199, 204, 230, 233
有形的従犯…………………380
許された危険……153, 184, 199

よ

要素従属性…………………357

抑止刑論……………………11
予備…………………………318
───・陰謀に対する教唆
　………………………388
───・陰謀の教唆………388
───・陰謀の従犯………391
───・陰謀の中止………339
予備罪の共同正犯…………376
予備的従犯…………………392

り

リーガル・モラリズム………5
離隔犯…………………83, 85
リスト………………8, 23, 41
量刑…………………………468
───における責任主義・244
利用者標準説
　………72, 83, 84, 85, 87
量的過剰……………………223

両罰規定
　………58, 59, 312, 315, 451

る

類型説…………………………44
類推解釈………………………13
───の禁止…………………13
累犯…………………………438
累犯加重……………………439

れ

連続・非連続型……………278
連続型…………………273, 274

ろ

労役場留置…………………457
労働争議行為………………181
ロンブローゾ…………………8

判例索引

明治時代

大判明 36・5・21 刑録 9 輯 874 頁………… 14
大判明 41・3・5 刑録 14 輯 161 頁………… 423
大判明 41・4・14 刑録 14 輯 391 頁………… 372
大判明 41・6・22 刑録 14 輯 688 頁………… 422
大判明 42・1・21 刑録 15 輯 10 頁………… 18
大判明 42・3・16 刑録 15 輯 258 頁………… 434
大判明 42・3・25 刑録 15 輯 328 頁………… 464
大判明 42・6・8 刑録 15 輯 728 頁………… 344
大判明 42・6・8 刑録 15 輯 735 頁………… 166
大判明 42・9・20 刑録 15 輯 1139 頁………… 392
大判明 42・9・23 刑録 15 輯 1151 頁………… 422
大判明 42・10・8 刑録 15 輯 1293 頁………… 434
大判明 42・11・19 刑録 15 輯 1645 頁………… 425
大判明 42・11・25 刑録 15 輯 1667 頁………… 433
大判明 43・1・20 刑録 16 輯 23 頁………… 433
大判明 43・2・3 刑録 16 輯 113 頁………… 368
大判明 43・2・28 刑録 16 輯 349 頁………… 433
大判明 43・4・28 刑録 16 輯 760 頁…… 132,196
大判明 43・6・23 刑録 16 輯 1280 頁…… 385,386
大判明 43・10・11 刑録 16 輯 1620 頁………… 176
大判明 43・11・1 刑録 16 輯 1812 頁………… 434
大判明 43・12・9 刑録 16 輯 2139 頁………… 381
大判明 44・3・16 刑録 17 輯 380 頁………… 370
大判明 44・3・16 刑録 17 輯 405 頁………… 57
大判明 44・4・17 刑録 17 輯 605 頁………… 413
大判明 44・5・16 刑録 17 輯 874 頁………… 416
大判明 44・6・15 刑録 17 輯 1180 頁…… 356,386
大判明 44・6・23 刑録 17 輯 1252 頁………… 356
大判明 44・7・8 刑録 17 輯 1390 頁………… 462
大判明 44・8・25 刑録 17 輯 1510 頁………… 418
大判明 44・10・9 刑録 17 輯 1652 頁………… 414
大判明 44・11・10 刑録 17 輯 1865 頁………… 356
大判明 44・11・16 刑録 17 輯 1984 頁………… 422
大判明 44・11・20 刑録 17 輯 2014 頁………… 368
大判明 44・12・18 刑録 17 輯 2211 頁………… 381
大判明 44・12・21 刑録 17 輯 2273 頁
　………………………………… 344,345,380
大判明 44・12・25 刑録 17 輯 2328 頁………… 432
大判明 45・5・23 刑録 18 輯 658 頁………… 433

大正時代

大判大 2・1・31 刑録 19 輯 151 頁………… 18
大判大 2・7・9 刑録 19 輯 771 頁………… 390
大判大 2・11・5 刑録 19 輯 1114 頁………… 433
大判大 2・11・6 刑録 19 輯 1137 頁………… 58
大判大 2・11・7 刑録 19 輯 1140 頁………… 352
大判大 2・11・18 刑録 19 輯 1212 頁… 335,403
大判大 3・3・10 刑録 20 輯 266 頁………… 419
大判大 3・3・11 刑録 20 輯 278 頁………… 152
大判大 3・3・27 新聞 936 号 27 頁………… 362
大判大 3・4・24 刑録 20 輯 619 頁…… 144,146
大連判大 3・5・18 刑録 20 輯 932 頁
　………………………………… 412,418,419
大判大 3・6・24 刑録 20 輯 1329 頁… 413,416
大判大 3・7・24 刑録 20 輯 1546 頁………… 331
大判大 3・9・21 刑録 20 輯 1719 頁………… 417
大判大 3・9・25 刑録 20 輯 1648 頁………… 211
大判大 3・11・7 刑録 20 輯 2046 頁………… 388
大判大 3・12・24 刑録 20 輯 2615 頁………… 292
大判大 3・12・24 刑録 20 輯 2618 頁………… 370
大判大 4・1・26 刑録 21 輯 21 頁………… 116
大判大 4・2・10 刑録 21 輯 90 頁………… 78
大判大 4・3・2 刑録 21 輯 194 頁…… 415,416
大判大 4・3・2 刑録 21 輯 221 頁………… 433
大判大 4・10・29 刑録 21 輯 1751 頁………… 356
大判大 5・5・4 刑録 22 輯 685 頁………… 339
大判大 5・5・29 刑録 22 輯 833 頁………… 433
大判大 5・6・8 刑録 22 輯 919 頁………… 141
大判大 5・9・13 刑録 22 輯 1335 頁………… 386
大判大 5・11・8 刑録 22 輯 1693 頁………… 357
大判大 5・11・10 刑録 22 輯 1733 頁………… 411
大判大 6・1・9 刑録 23 輯 1261 頁………… 425
大判大 6・2・26 刑録 23 輯 134 頁………… 433
大判大 6・4・25 刑録 23 輯 422 頁………… 425
大判大 6・5・25 刑録 23 輯 519 頁… 380,386

大判大 6・7・5 刑録 23 輯 787 頁
……………………………353,356,382,392
大判大 6・9・10 刑録 23 輯 999 頁…326,339
大判大 6・11・29 刑録 23 輯 1449 頁………78
大判大 6・12・12 刑録 23 輯 1357 頁………4
大判大 7・4・10 刑録 24 輯 317 頁………147
大判大 7・7・15 刑録 24 輯 975 頁………439
大判大 7・7・17 刑録 24 輯 939 頁………78
大判大 7・11・16 刑録 24 輯 1352 頁………84
大判大 7・12・18 刑録 24 輯 1558 頁…78,80
大判大 8・6・20 刑録 25 輯 786 頁………356
大判大 8・8・30 刑録 25 輯 963 頁………78
大判大 8・11・13 刑録 25 輯 1081 頁………146
大判大 9・3・16 刑録 26 輯 185 頁………396
大判大 9・6・3 刑録 26 輯 382 頁………411
大判大 9・6・26 刑録 26 輯 405 頁………222
大判大 10・1・22 刑録 27 輯 29 頁………250
大判大 10・3・25 刑録 27 輯 187 頁………21
大判大 10・5・7 刑録 27 輯 257 頁………83
大判大 10・5・7 刑録 27 輯 267 頁………390
大判大 11・2・25 刑集 1 巻 79 頁………374
大判大 11・3・1 刑集 1 巻 99 頁………389
大判大 11・3・15 刑集 1 巻 144 頁………356
大判大 11・4・18 刑集 1 巻 233 頁………362
大判大 11・5・9 刑集 1 巻 313 頁………127
大判大 11・5・11 刑集 1 巻 274 頁………157
大連判大 11・7・22 刑集 1 巻 397 頁………57
大判大 11・10・6 刑集 1 巻 530 頁………390
大判大 11・10・27 刑集 1 巻 593 頁………380
大判大 12・2・16 刑集 2 巻 97 頁………115
大判大 12・2・22 刑集 2 巻 107 頁………419
大判大 12・3・23 刑集 2 巻 254 頁…127,419
大判大 12・4・30 刑集 2 巻 378 頁
……………………………69,103,114,125,127
大判大 12・5・26 刑集 2 巻 458 頁…90,102
大判大 12・7・12 刑集 2 巻 718 頁………353
大判大 12・7・14 刑集 2 巻 658 頁………102
大判大 12・8・21 刑集 2 巻 681 頁………432
大決大 13・3・5 刑集 3 巻 178 頁………180
大決大 13・3・31 刑集 3 巻 256 頁………386
大判大 13・4・25 刑集 3 巻 364 頁………283
大判大 13・4・29 刑集 3 巻 387 頁…385,398
大判大 13・8・5 刑集 3 巻 611 頁…286,299
大判大 13・12・5 刑集 3 巻 851 頁………413

大判大 13・12・12 刑集 3 巻 867 頁………234
大判大 14・1・28 刑集 4 巻 14 頁……57,412
大判大 14・2・20 刑集 4 巻 73 頁………393
大判大 14・5・26 刑集 4 巻 342 頁………434
大判大 14・6・9 刑集 4 巻 378 頁………283
大判大 14・7・3 刑集 4 巻 470 頁………111
大決大 15・2・22 刑集 5 巻 97 頁…123,292
大判大 15・9・28 刑集 5 巻 387 頁………78

昭和 2 ～20 年

大判昭 2・3・28 刑集 6 巻 118 頁………391
大判昭 2・9・9 刑集 6 巻 343 頁………102
大判昭 2・10・28 刑集 6 巻 403 頁………356
大判昭 2・12・8 刑集 6 巻 476 頁………380
大判昭 2・12・20 評論 17 巻刑法 18 頁……218
大判昭 3・3・9 刑集 7 巻 172 頁………391
大判昭 3・4・6 刑集 7 巻 291 頁
……………………………101,120,372
大判昭 3・6・19 新聞 2891 号 14 頁………218
大判昭 4・3・7 刑集 8 巻 107 頁………78
大判昭 4・4・11 新聞 3006 号 15 頁…95,107
大判昭 4・8・26 刑集 8 巻 416 頁………420
大判昭 4・9・3 大審院裁判例(3)刑 27 頁
………………………………301
大判昭 4・9・17 刑集 8 巻 446 頁………338
大判昭 4・11・29 刑集 8 巻 575 頁………362
大判昭 5・1・27 刑集 9 巻 16 頁………433
大決昭 5・2・4 刑集 9 巻 32 頁………420
大判昭 5・2・7 刑集 9 巻 51 頁………239
大判昭 5・5・26 刑集 9 巻 342 頁………208
大判昭 5・6・25 刑集 9 巻 433 頁………37
大判昭 5・11・4 新聞 3210 号 13 頁………380
大判昭 5・11・22 刑集 9 巻 823 頁………464
大判昭 5・12・12 刑集 9 巻 893 頁………434
大判昭 6・2・16 評論 20 巻刑法 41 頁……183
大判昭 6・7・2 刑集 10 巻 303 頁………114
大判昭 6・7・8 刑集 10 巻 312 頁…133,396
大判昭 6・11・9 刑集 10 巻 568 頁………362
大判昭 6・11・26 刑集 10 巻 627 頁………183
大判昭 6・12・3 刑集 10 巻 682 頁………258
大判昭 6・12・5 刑集 10 巻 688 頁………338
大判昭 7・1・25 刑集 11 巻 1 頁………212
大判昭 7・2・22 刑集 11 巻 107 頁………434
大判昭 7・2・26 刑集 11 巻 126 頁………396

判例索引　*489*

大判昭 7・4・28 刑集 11 巻 504 頁 ………… 361
大判昭 7・5・12 刑集 11 巻 621 頁 ………… 433
大判昭 7・6・6 刑集 11 巻 756 頁 ………… 466
大判昭 7・6・14 刑集 11 巻 797 頁 ………… 391
大判昭 7・8・4 刑集 11 巻 1153 頁 ………… 296
大判昭 7・10・11 刑集 11 巻 1452 頁 ………… 361
大判昭 7・12・8 刑集 11 巻 1804 頁 ………… 222
大判昭 8・4・15 刑集 12 巻 427 頁 ………… 362
大判昭 8・6・17 刑集 12 巻 817 頁 ………… 432
大判昭 8・6・29 刑集 12 巻 1001 頁 ………… 294
大判昭 8・7・1 刑集 12 巻 1029 頁 ………… 382
大判昭 8・7・11 刑集 12 巻 1290 頁 ………… 101
大判昭 8・8・10 刑集 12 巻 1420 頁 ………… 390
大判昭 8・8・30 刑集 12 巻 1445 頁 ‥ 127,129
大判昭 8・9・29 刑集 12 巻 1683 頁 ………… 416
大判昭 8・11・6 刑集 12 巻 1471 頁 ………… 468
大判昭 8・11・13 刑集 12 巻 1997 頁 ………… 362
大判昭 8・11・21 刑集 12 巻 2072 頁 ………… 260
大判昭 8・12・6 評論 23 巻刑法 77 頁 ……… 144
大判昭 8・12・9 刑集 12 巻 2272 頁 ………… 390
大判昭 9・5・31 刑集 13 巻 694 頁 ………… 382
大判昭 9・6・21 刑集 13 巻 852 頁 ………… 465
大判昭 9・8・2 刑集 13 巻 1011 頁 ………… 208
大判昭 9・8・27 刑集 13 巻 1086 頁 ………… 196
大判昭 9・9・28 刑集 13 巻 1230 頁 ………… 299
大判昭 9・9・29 刑集 13 巻 1245 頁 ………… 386
大判昭 9・11・20 刑集 13 巻 1514 頁
　………………………………… 363,413,415,416
大判昭 9・11・26 刑集 13 巻 1598 頁 ………… 356
大判昭 9・12・20 刑集 13 巻 1785 頁 ………… 463
大判昭 10・2・13 刑集 14 巻 83 頁 ………… 389
大判昭 10・3・20 刑集 14 巻 315 頁 ………… 392
大判昭 10・5・13 新聞 3866 号 7 頁 ………… 463
大判昭 10・7・10 刑集 14 巻 799 頁 ………… 362
大判昭 10・10・23 刑集 14 巻 1052 頁 ………… 426
大判昭 10・10・24 刑集 14 巻 1267 頁 ………… 391
大判昭 10・11・25 刑集 14 巻 1217 頁
　………………………………………… 37,39,58
大判昭 10・12・10 刑集 14 巻 1259 頁 ………… 363
大判昭 11・1・31 刑集 15 巻 63 頁 ………… 197
大判昭 11・5・12 刑集 15 巻 617 頁 ………… 144
大連判昭 11・5・28 刑集 15 巻 715 頁
　………………………………………… 362,363
大判昭 11・8・6 刑集 15 巻 1163 頁 ………… 363

大判昭 11・12・7 刑集 15 巻 1561 頁 ……… 216
大判昭 12・2・17 刑集 16 巻 92 頁 ………… 417
大判昭 12・3・6 刑集 16 巻 272 頁 …… 334,336
大判昭 12・3・10 刑集 16 巻 299 頁 ………… 393
大判昭 12・6・25 刑集 16 巻 998 頁 ………… 338
大判昭 12・9・21 刑集 16 巻 1303 頁 ……… 336
大判昭 12・11・6 体系 30 巻(4)957 頁 ……… 236
大判昭 13・3・11 刑集 17 巻 237 頁 …… 78,80
大判昭 13・4・19 刑集 17 巻 336 頁 …… 337,338
大判昭 13・6・17 刑集 17 巻 475 頁 ………… 434
大判昭 13・11・18 刑集 17 巻 839 頁 ………… 392
大判昭 13・12・23 刑集 17 巻 980 頁 ………… 425
大判昭 14・2・28 刑集 18 巻 63 頁 ………… 299
大判昭 14・3・29 刑集 18 巻 158 頁 ………… 300
大判昭 14・7・14 刑集 18 巻 411 頁 ………… 439
大判昭 14・11・27 刑集 18 巻 544 頁 ………… 144
大判昭 14・12・22 刑集 18 巻 565 頁 ………… 166
大判昭 15・1・26 新聞 4531 号 9 頁 ………… 288
大判昭 15・3・1 刑集 19 巻 63 頁 ………… 418
大判昭 15・5・9 刑集 19 巻 297 頁 ………… 390
大判昭 15・8・22 刑集 19 巻 540 頁 ………… 14
大判昭 16・5・20 刑集 20 巻 305 頁 ………… 18
大判昭 17・9・9 新聞 4798 号 5 頁 ………… 363
大判昭 19・9・29 刑集 23 巻 199 頁 ………… 458

昭和 21～40 年

大判昭 21・11・27 刑集 25 巻 55 頁 ………… 335
最判昭 22・11・5 刑集 1 巻 1 頁 …… 372,397
最大判昭 23・2・6 刑集 2 巻 2 号 23 頁・468
最大判昭 23・3・12 刑集 2 巻 3 号 191 頁
　……………………………………………… 453
最判昭 23・3・16 刑集 2 巻 3 号 220 頁‥380
最判昭 23・3・16 刑集 2 巻 3 号 227 頁‥115
最判昭 23・4・8 刑集 2 巻 4 号 307 頁‥462
最判昭 23・4・17 刑集 2 巻 4 号 384 頁‥372
最判昭 23・5・29 刑集 2 巻 5 号 521 頁‥432
最判昭 23・6・17 裁判集刑 2 号 493 頁‥‥466
最判昭 23・6・22 刑集 2 巻 7 号 694 頁‥‥18
最判昭 23・6・22 刑集 2 巻 7 号 711 頁‥361
最大判昭 23・7・7 刑集 2 巻 8 号 793 頁
　……………………………………………… 212
最大判昭 23・7・14 刑集 2 巻 8 号 889 頁
　……………………………………………… 282
最判昭 23・7・22 刑集 2 巻 9 号 995 頁‥362

490　判例索引

最大判昭23・10・6 刑集 2 巻11号1267頁
……………………………………372, 397
最判昭23・10・23 刑集 2 巻11号1386頁
……………………………………387, 398
最判昭23・11・30 体系31巻(3)970頁 …… 361
最判昭23・12・14 刑集 2 巻13号1751頁・361
最判昭23・12・24 刑集 2 巻14号1916頁・433
最判昭24・1・20 刑集 3 巻 1 号47頁…・328
最判昭24・2・8 刑集 3 巻 2 号113頁‥366
最判昭24・3・22 刑集 3 巻 3 号333頁‥396
最判昭24・3・29 裁判集刑 8 号455頁…・465
最判昭24・4・5 刑集 3 巻 4 号421頁‥220
最判昭24・4・9 刑集 3 巻 4 号501頁‥290
最大判昭24・5・18 体系30巻(3)799頁 …・207
最大判昭24・5・18 刑集 3 巻 6 号796頁
………………………………………… 423
最判昭24・7・9 刑集 3 巻 8 号1174頁・336
最判昭24・7・12 刑集 3 巻 8 号1237頁
…………………………………360, 403, 433, 434
最判昭24・7・23 刑集 3 巻 8 号1373頁・427
最判昭24・8・18 刑集 3 巻 9 号1465頁
……………………………………… 208, 215
最判昭24・9・20 裁判集刑13号519頁…・466
最判昭24・10・1 刑集 3 巻10号1629頁
…………………………………………390, 413
最判昭24・11・15 刑集 3 巻11号1791頁・363
最判昭24・11・17 刑集 3 巻11号1801頁・209
最判昭24・12・17 刑集 3 巻12号2028頁・402
最大判昭24・12・21 刑集 3 巻12号2048頁
……………………………………………433, 456
最大判昭24・12・21 刑集 3 巻12号2062頁
………………………………………………439
最判昭25・1・24 刑集 4 巻 1 号54頁…・439
最判昭25・2・16 刑集 4 巻 2 号184頁‥344
最判昭25・2・24 刑集 4 巻 2 号255頁‥429
最判昭25・2・28 刑集 4 巻 2 号268頁…・57
最判昭25・3・31 刑集 4 巻 3 号469頁‥101
最判昭25・6・6 刑集 4 巻 6 号950頁‥397
最大判昭25・6・7 刑集 4 巻 6 号956頁
……………………………………………457
最判昭25・7・6 刑集 4 巻 7 号1178頁
………………………………………83, 344
最判昭25・7・11 刑集 4 巻 7 号1261頁
……………………………………133, 388, 397, 399

最大判昭25・7・19 刑集 4 巻 8 号1463頁
…………………………………………391
最判昭25・8・31 刑集 4 巻 9 号1593頁・326
最判昭25・9・19 刑集 4 巻 9 号1664頁・412
最判昭25・9・27 刑集 4 巻 9 号1783頁
…………………………………………234
最判昭25・10・10 刑集 4 巻10号1965頁
……………………………………397, 398
最大判昭25・10・11 刑集 4 巻10号1972頁
…………………………………………18
最大判昭25・10・11 刑集 4 巻10号2012頁
…………………………………………196
最判昭25・11・9 刑集 4 巻11号2239頁
……………………………………90, 102
最判昭25・11・9 刑集 4 巻11号2244頁・466
最判昭25・11・15 刑集 4 巻11号2257頁
……………………………………181, 182
最判昭25・11・24 刑集 4 巻11号2393頁・192
最判昭25・11・28 刑集 4 巻12号2463頁・286
最判昭25・12・19 刑集 4 巻12号2586頁・381
最判昭25・12・26 刑集 4 巻12号2627頁
……………………………………296, 299
最判昭25・12・26 刑集 4 巻13号2885頁・297
最大判昭26・1・17 刑集 5 巻 1 号20頁
…………………………………266, 271, 274, 275
最判昭26・1・30 刑集 5 巻 2 号374頁
……………………………………286, 299
最判昭26・3・27 刑集 5 巻 4 号686頁‥372
最判昭26・4・10 刑集 5 巻 5 号825頁‥426
最判昭26・6・7 刑集 5 巻 7 号1236頁・146
最大判昭26・7・18 刑集 5 巻 8 号1491頁
…………………………………………182
最大判昭26・8・1 刑集 5 巻 9 号1709頁
…………………………………………250
最判昭26・8・9 刑集 5 巻 9 号1750頁・182
最判昭26・8・17 刑集 5 巻 9 号1789頁
……………………………………124, 292
最判昭26・11・15 刑集 5 巻12号2354頁・286
最判昭26・12・6 刑集 5 巻13号2485頁・386
最決昭27・3・4 刑集 6 巻 3 号345頁‥208
最判昭27・3・7 刑集 6 巻 3 号441頁‥180
最判昭27・6・24 裁判集刑65号321頁
……………………………………148, 301
最判昭27・9・19 刑集 6 巻 8 号1083頁

判例索引 491

………………………………57,411,413
最判昭28・1・23刑集7巻1号30頁…371
最決昭28・3・5刑集7巻3号482頁…384
最決昭28・3・5刑集7巻3号506頁
………………………………4,141,302
最判昭28・3・20刑集7巻3号606頁…423
最判昭28・4・14刑集7巻4号850頁…432
最決昭28・5・7刑集7巻5号937頁…297
最判昭28・6・12刑集7巻6号1278頁…400
最大判昭28・6・17刑集7巻6号1289頁
………………………………180,182,426
最大判昭28・7・22刑集7巻7号1621頁
………………………………………21
最決昭28・12・24刑集7巻13号2646頁…270
最判昭28・12・25刑集7巻13号2671頁
………………………………236,237
最大判昭29・1・20刑集8巻1号41頁…339
最判昭29・3・2裁判集刑93号59頁……391
最大判昭29・4・7刑集8巻4号415頁
………………………………………182
最決昭29・4・27刑集8巻4号546頁…208
最判昭29・4・27刑集8巻4号555頁…380
最決昭29・5・27刑集8巻5号741頁
………………………………433,434
最決昭29・7・15刑集8巻7号1137頁…210
最決昭29・12・17裁判集刑101号535頁…458
最判昭30・10・14刑集9巻11号2173頁…208
最判昭30・10・25刑集9巻11号2295頁…209
最判昭30・11・11刑集9巻12号2438頁…208
最判昭31・5・24刑集10巻5号734頁…414
最決昭31・7・3刑集10巻7号955頁…82
最判昭31・10・25刑集10巻10号1455頁
………………………………………432
最判昭31・12・11刑集10巻12号1605頁
………………………………176,260
最判昭32・1・22刑集11巻1号31頁…212
最判昭32・2・26刑集11巻2号906頁…120
最大判昭32・3・13刑集11巻3号997頁
………………………………112,287
最判昭32・3・28刑集11巻3号1275頁…176
最決昭32・9・10刑集11巻9号2202頁…335
最大判昭32・10・9刑集11巻10号2497頁
………………………………………18
最判昭32・10・18刑集11巻10号2663頁

………………………………………291
最判昭32・11・19刑集11巻12号3073頁
………………………………418,420
最大判昭32・11・27刑集11巻12号3113頁
………………………………………58
最判昭33・4・18刑集12巻6号1090頁・146
最判昭33・5・6刑集12巻7号1297頁・434
最大判昭33・5・28刑集12巻8号1718頁
………………………………364,366
最判昭33・6・17刑集12巻10号2142頁・372
最判昭33・7・10刑集12巻11号2471頁
………………………………259,260,314
最判昭33・7・25刑集12巻12号2746頁・146
最判昭33・9・9刑集12巻13号2882頁
………………………………………79,80
最判昭33・9・19刑集12巻13号3127頁・182
最判昭33・11・4刑集12巻15号3439頁
………………………………260,263
最判昭33・11・21刑集12巻15号3519頁
………………………………………82,196
最判昭34・2・5刑集13巻1号1頁…224
最判昭34・2・27刑集13巻2号250頁…292
最判昭35・2・4刑集14巻1号61頁…237
最判昭35・3・1刑集14巻3号209頁…57
最判昭37・3・23刑集16巻3号305頁…328
最大判昭37・4・4刑集16巻4号345頁・18
最判昭37・5・4刑集16巻5号510頁
………………………………141,302
最大判昭37・5・30刑集16巻5号577頁・13
最決昭37・11・8刑集16巻11号1522頁・376
最大判昭38・5・22刑集17巻4号370頁
………………………………………179
最決昭39・7・9刑集18巻6号375頁…436
最決昭39・12・3刑集18巻10号698頁…179
最判昭40・3・26刑集19巻2号83頁・37,58
最決昭40・3・30刑集19巻2号125頁…411
最判昭40・11・2刑集19巻8号797頁…468

昭和41～63年

最判昭41・6・14刑集20巻5号449頁…152
最決昭41・7・7刑集20巻6号554頁…224
最大判昭41・10・26刑集20巻8号901頁
………………………………176,182
最判昭41・12・20刑集20巻10号1212頁

最判昭42・3・7刑集21巻2号417頁
………………………………………57,412
最決昭42・5・25刑集21巻4号584頁‥307
最決昭42・8・28刑集21巻7号863頁‥433
最判昭42・10・13刑集21巻8号1097頁‥153
最決昭42・10・24刑集21巻8号1116頁
……………………………………101,103
最決昭43・2・27刑集22巻2号67頁
……………………………………264,269
最決昭43・6・13判時520号82頁………152
最判昭43・9・25刑集22巻9号871頁
………………………………………………458
最判昭43・12・24刑集22巻13号1625頁
……………………………………342,381
最大判昭44・4・2刑集23巻5号305頁
……………………………………176,182
最大判昭44・4・2刑集23巻5号685頁
………………………………………………182
最決昭44・6・5刑集23巻7号935頁‥439
最大判昭44・6・18刑集23巻7号950頁
……………………………………433,436
最決昭44・7・17刑集23巻8号1061頁
……………………………………393,401
最決昭44・9・26刑集23巻9号1154頁・439
最決昭44・11・11刑集23巻11号1471頁‥83
最判昭44・12・4刑集23巻12号1573頁・218
最判昭45・1・29刑集24巻1号1頁
……………………………………56,119,166
最決昭45・7・28刑集24巻7号585頁‥‥71
最決昭45・11・17刑集24巻12号1622頁
………………………………………………152
最決昭46・6・17刑集25巻4号567頁‥101
最決昭46・7・30刑集25巻5号756頁‥207
最判昭46・11・16刑集25巻8号996頁
……………………………………208,209,216
最大判昭48・4・25刑集27巻4号547頁
……………………………………177,182
最大判昭49・5・29刑集28巻4号114頁
………………………………………………431
最判昭49・7・5刑集28巻5号194頁‥102
最決昭49・11・6刑集28巻9号393頁‥13
最判昭50・8・27刑集29巻7号442頁‥175
最大判昭50・9・10刑集29巻8号489頁‥16

最判昭50・11・25刑集29巻10号928頁‥175
最判昭50・11・28刑集29巻10号983頁‥216
最判昭51・3・18刑集30巻3号212頁‥342
最決昭51・3・23刑集30巻2号229頁‥180
最判昭51・4・30刑集30巻3号453頁‥‥14
最大判昭51・9・22刑集30巻8号1640頁
………………………………………………431
最大判昭52・5・4刑集31巻3号182頁
……………………………………177,182
最決昭52・7・21刑集31巻4号747頁
……………………………………209,408
最決昭53・2・16刑集32巻1号47頁‥‥357
最決昭53・3・22刑集32巻2号381頁
……………………………………93,103,425
最決昭53・5・31刑集32巻3号457頁‥184
最決昭53・7・28刑集32巻5号1068頁
……………………………………127,129
最決昭54・3・27刑集33巻2号140頁
……………………………………132,134,284
最決昭54・4・13刑集33巻3号179頁
……………………………………362,400
最決昭54・5・30刑集33巻4号324頁‥‥14
最決昭55・4・18刑集34巻3号149頁‥202
最決昭55・10・31刑集34巻5号367頁‥314
最決昭55・11・7刑集34巻6号381頁‥314
最決昭55・11・13刑集34巻6号396頁
……………………………………195,198,201
最決昭56・12・21刑集35巻9号911頁‥113
最決昭57・2・17刑集36巻2号206頁
……………………………………356,357
最決昭57・4・2刑集36巻4号503頁
……………………………………141,302
最決昭57・5・25判時1046号15頁………108
最判昭57・5・26刑集36巻5号609頁‥211
最判昭58・7・8刑集37巻6号609頁‥454
最決昭58・9・21刑集37巻7号1070頁
……………………………………82,356
最決昭58・9・29刑集37巻7号1110頁・431
最決昭58・10・26刑集37巻8号1228頁…20
最決昭59・7・3刑集38巻8号2783頁‥257
最決昭59・7・6刑集38巻8号2793頁・102
最決昭60・3・28刑集39巻2号75頁‥114
最決昭60・7・19判時1158号28頁………453
最大判昭60・10・23刑集39巻6号413頁・17

最決昭 61・6・9 刑集 40 巻 4 号 269 頁
　……………………………………134, 284
最決昭 61・11・18 刑集 40 巻 7 号 523 頁‥429
最決昭 62・3・26 刑集 41 巻 2 号 182 頁‥224
最決昭 62・7・16 刑集 41 巻 5 号 237 頁‥299
最決昭 63・5・11 刑集 42 巻 5 号 807 頁
　……………………………………102, 309

平成元～20 年

最決平元・3・14 刑集 43 巻 3 号 262 頁…310
最決平元・6・26 刑集 43 巻 6 号 567 頁…404
最判平元・7・18 刑集 43 巻 7 号 752 頁…299
最判平元・11・13 刑集 43 巻 10 号 823 頁…219
最決平元・12・15 刑集 43 巻 13 号 879 頁…105
最決平 2・2・9 判タ 722 号 234 頁………285
最決平 2・11・16 刑集 44 巻 8 号 744 頁
　………………………………155, 310, 313
最決平 2・11・20 刑集 44 巻 8 号 837 頁…104
最決平 2・11・29 刑集 44 巻 8 号 871 頁
　………………………………155, 311, 313
最判平 3・11・14 刑集 45 巻 8 号 221 頁
　……………………………………155, 311
最決平 4・6・5 刑集 46 巻 4 号 245 頁
　……………………………………408, 410
最決平 4・12・17 刑集 46 巻 9 号 683 頁…102
最決平 5・10・29 刑集 47 巻 8 号 98 頁…431
最決平 5・11・25 刑集 47 巻 9 号 242 頁
　……………………………………155, 313
最判平 6・12・6 刑集 48 巻 8 号 509 頁
　……………………………………224, 410
最決平 6・12・9 刑集 48 巻 8 号 576 頁…357
最判平 9・6・16 刑集 51 巻 5 号 435 頁…209
最判平 13・7・16 刑集 55 巻 5 号 317 頁…15
最決平 13・10・25 刑集 55 巻 6 号 519 頁
　……………………………………82, 356
最決平 15・5・1 刑集 57 巻 5 号 507 頁…366
最決平 15・7・16 刑集 57 巻 7 号 950 頁…102
最決平 16・1・20 刑集 58 巻 1 号 1 頁……82
最決平 16・2・17 刑集 58 巻 2 号 169 頁…102
最決平 16・3・22 刑集 58 巻 3 号 187 頁
　……………………………………67, 138
最決平 16・10・19 刑集 58 巻 7 号 645 頁…104
最判平 17・4・14 刑集 59 巻 3 号 283 頁…434
最決平 17・7・4 刑集 59 巻 6 号 403 頁

最決平 18・3・27 刑集 60 巻 3 号 382 頁‥104
最決平 18・10・10 刑集 60 巻 8 号 523 頁…19
最決平 18・11・21 刑集 60 巻 9 号 770 頁…386
最決平 19・7・25 刑集 61 巻 5 号 563 頁‥460
最判平 20・4・25 刑集 62 巻 5 号 1559 頁‥257
最決平 20・5・20 刑集 62 巻 6 号 1786 頁‥211
最決平 20・6・25 刑集 62 巻 6 号 1859・224

下級審判例（高裁）

朝鮮高等法院判昭 8・7・17 評論 22 巻刑法
　346 頁 ……………………………………328
東京高判昭 23・10・16 高刑集 1 巻追録 18 頁
　……………………………………………261
名古屋高判昭 24・9・27 判特 3 号 42 頁‥300
東京高判昭 25・9・14 高刑集 3 巻 3 号 407 頁
　……………………………………………404
福岡高判昭 25・10・17 高刑集 3 巻 3 号 487 頁
　……………………………………………448
名古屋高判昭 26・1・29 判特 27 号 13 頁‥426
福岡高宮崎支判昭 26・10・31 判特 19 号 164 頁
　……………………………………………260
東京高判昭 26・11・7 判特 25 号 31 頁……385
東京高判昭 26・12・25 判特 25 号 119 頁…286
仙台高判昭 27・2・29 判特 22 号 106 頁…401
仙台高判昭 27・9・20 判特 22 号 172 頁…286
広島高判昭 27・12・8 判特 20 号 114 頁…261
東京高判昭 27・12・26 高刑集 5 巻 13 号 2645
　頁 …………………………………………286
東京高判昭 28・6・26 東高刑時報 4 巻 3 号
　69 頁 ……………………………………356
札幌高判昭 28・6・30 高刑集 6 巻 7 号 859 頁
　……………………………………368, 370
名古屋高判昭 28・7・28 高刑集 6 巻 9 号
　1217 頁 …………………………………437
東京高判昭 28・10・29 高刑集 6 巻 11 号
　1536 頁 ……………………………254, 260
大阪高判昭 29・4・20 高刑集 7 巻 3 号 422 頁
　……………………………………………210
広島高判昭 29・6・30 高刑集 7 巻 6 号 944 頁
　……………………………………………82
名古屋高判昭 29・8・30 高刑集 7 巻 8 号
　1260 頁 …………………………………363
名古屋高判昭 29・9・29 裁特 1 巻 9 号 395 頁

大阪高判昭 30・5・16 高刑集 8 巻 4 号 545 頁
……………………………………………… 381
……………………………………………… 180
広島高岡山支判昭 30・6・23 裁特 2 巻 12 号 623 頁 ……………………………………… 372
東京高判昭 30・11・9 裁特 2 巻 22 号 1160 頁 ………………………………………… 270
福岡高判昭 31・1・28 高刑集 9 巻 1 号 35 頁 …………………………………………… 145
名古屋高判昭 31・4・19 高刑集 9 巻 5 号 411 頁 ………………………………… 266, 271
名古屋高金沢支判昭 31・9・4 裁特 3 巻 19 号 905 頁 …………………………………… 276
名古屋高判昭 31・10・22 裁特 3 巻 21 号 1007 頁 ………………………………………… 371
福岡高宮崎支判昭 33・9・9 裁特 5 巻 9 号 393 頁 ……………………………………… 310
広島高判昭 34・2・27 高刑集 12 巻 1 号 36 頁 ………………………………………… 368
東京高判昭 34・12・7 高刑集 12 巻 10 号 980 頁 ………………………………………… 368
東京高判昭 35・2・1 東高刑時報 11 巻 2 号 9 頁 ……………………………………… 180
東京高判昭 35・5・24 高刑集 13 巻 4 号 335 頁 ………………………………………… 292
札幌高判昭 36・2・9 下刑集 3 巻 1=2 号 34 頁 ………………………………………… 335
広島高判昭 36・7・10 高刑集 14 巻 5 号 310 頁 ………………………………………… 328
名古屋高判昭 36・11・27 高刑集 14 巻 9 号 635 頁 …………………………………… 377, 392
名古屋高判昭 37・12・22 高刑集 15 巻 9 号 674 頁 …………………………………… 188, 189
大阪高判昭 38・1・22 高刑集 16 巻 2 号 177 頁 ………………………………………… 392
大阪高判昭 38・7・19 高刑集 16 巻 6 号 455 頁 ………………………………………… 292
札幌高判昭 40・3・20 高刑集 18 巻 2 号 117 頁 ……………………………………… 157, 277
名古屋高金沢支判昭 41・1・25 下刑集 8 巻 1 号 2 頁 ……………………………… 95, 107
高松高判昭 41・3・31 高刑集 19 巻 2 号 136 頁 ………………………………………… 307
大阪高判昭 41・6・24 高刑集 19 巻 4 号 375 頁
……………………………………………… 405
東京高判昭 42・9・21 高刑集 20 巻 4 号 553 頁 ………………………………………… 153
東京高判昭 44・8・4 判タ 242 号 313 頁 …………………………………………… 157, 277
東京高判昭 44・9・17 高刑集 22 巻 4 号 595 頁 …………………………………… 288, 296
東京高判昭 44・10・6 東高刑時報 20 巻 9 号 184 頁 …………………………………… 276
高松高判昭 44・11・27 高刑集 22 巻 6 号 901 頁 …………………………………… 265, 276
大阪高判昭 45・2・26 判時 608 号 173 頁 ‥ 144
大阪高判昭 45・5・1 高刑集 23 巻 2 号 367 頁 ………………………………………… 235
東京高判昭 46・10・25 東高刑時報 22 巻 10 号 277 頁 ……………………………… 157, 277
東京高判昭 47・7・25 東高刑時報 23 巻 7 号 148 頁 ……………………………… 157, 277
札幌高判昭 51・3・18 高刑集 29 巻 1 号 78 頁 ………………………………………… 152
東京高判昭 51・4・30 判時 851 号 21 頁 …… 108
東京高判昭 51・6・1 高刑集 29 巻 2 号 301 頁 …………………………………… 288, 291, 296
東京高判昭 51・7・14 判時 834 号 106 頁 ‥ 337
東京高判昭 52・6・30 判時 886 号 104 頁 ‥ 364
東京高判昭 54・5・15 判時 937 号 123 頁 ‥ 264
札幌高判昭 56・1・22 刑月 13 巻 1=2 号 12 頁 ……………………………………………… 156
東京高判昭 56・4・1 刑月 13 巻 4=5 号 341 頁 ……………………………………………… 180
大阪高判昭 56・9・30 高刑集 34 巻 3 号 385 頁 ………………………………………… 264
東京高判昭 59・11・22 高刑集 37 巻 3 号 414 頁 ………………………………………… 294
札幌高判昭 60・3・12 判タ 554 号 304 頁 ‥ 300
東京高判昭 60・5・28 判時 1174 号 160 頁 ‥ 125
福岡高那覇支判昭 61・2・6 判時 1184 号 158 頁 ……………………………………………… 107
福岡高判昭 61・3・6 高刑集 39 巻 1 号 1 頁 ……………………………………………… 337
名古屋高判昭 61・9・30 高刑集 39 巻 4 号 371 頁 ……………………………………………… 371
大阪高判昭 62・7・10 高刑集 40 巻 3 号 720 頁 ……………………………………………… 368

大阪高判昭 62・10・2 判タ 675 号 246 頁‥391
名古屋高判平 2・1・25 判タ 739 号 243 頁
　……………………………………………… 337
大阪高判平 3・3・22 判タ 824 号 83 頁…… 312
東京高判平 4・2・18 判タ 797 号 268 頁‥467
大阪高判平 10・6・24 高刑集 51 巻 2 号 116 頁
　……………………………………………… 236
札幌高判平 12・3・16 判時 1711 号 170 頁・391
東京高判平 13・2・20 判時 1756 号 162 頁… 68
札幌高判平 13・5・10 判タ 1089 号 298 頁・335
札幌高判平 14・1・17 判タ 1106 号 280 頁・468
東京高判平 14・12・25 判タ 1168 号 306 頁
　……………………………………………… 130

下級審判例（地裁ほか）

東京地判昭 25・4・14 裁時 58 号 4 頁…… 189
盛岡地遠野支判昭 36・10・20 下刑集 3 巻 9＝
　10 号 962 頁 ……………………………… 276
大阪地判昭 37・7・24 下刑集 4 巻 7＝8 号 696
　頁 …………………………………………… 37
横浜地横須賀支判昭 40・1・22 下刑集 7 巻 1
　号 72 頁 …………………………………… 276
京都地判昭 40・5・10 下刑集 7 巻 5 号 855 頁
　……………………………………………… 371
秋田地判昭 40・7・15 下刑集 7 巻 7 号 1450
　頁 …………………………………………… 270
東京地判昭 40・9・30 下刑集 7 巻 9 号 1828

頁 ……………………………………………… 79
前橋地高崎支判昭 46・9・17 判時 646 号 105 頁
　……………………………………………… 391
大阪地判昭 47・12・18 判タ 291 号 297 頁‥107
鹿児島地判昭 50・10・1 判時 808 号 112 頁
　……………………………………………… 188
大阪地判昭 51・3・4 判時 822 号 109 頁
　………………………………………… 266, 274
大阪地判昭 52・11・30 判時 879 号 158 頁‥188
熊本地判昭 54・3・22 刑月 11 巻 3 号 168 頁
　……………………………………………… 108
大阪地判昭 58・3・18 判時 1086 号 158 頁
　………………………………………… 264, 279
東京地判昭 58・6・1 判時 1095 号 27 頁‥312
東京地判昭 59・4・24 刑月 16 巻 3＝4 号 313 頁
　……………………………………………… 254
東京地八王子支判昭 62・9・18 判時 1256 号
　120 頁 ……………………………………… 219
大阪地判平 3・5・21 判タ 773 号 265 頁‥103
長崎地判平 4・1・14 判時 1415 号 142 頁
　………………………………………… 265, 279
東京地判平 4・1・23 判時 1419 号 133 頁・371
東京地判平 4・4・21 判時 1424 号 141 頁・429
横浜地判平 7・3・28 判時 1530 号 28 頁‥190
千葉地判平 7・12・13 判時 1565 号 144 頁・201
東京地判平 8・6・26 判時 1578 号 39 頁‥236
横浜地判平 8・10・28 判時 1603 号 159 頁・462

著者紹介

佐久間　修（さくま・おさむ）

昭和29年	名古屋市で出生。
昭和52年	名古屋大学法学部卒業。
昭和54年	名古屋大学大学院法学研究科博士課程（前期）修了。
同　年	同大学助手。
昭和60年	京都産業大学法学部講師。
昭和62年	同大学法学部助教授。
平成6年	大阪大学法学部助教授。
平成11年	大阪大学大学院法学研究科教授。
平成16年	大阪大学大学院高等司法研究科教授。
平成24年	大阪大学大学院法学研究科教授。
平成29年	大阪大学名誉教授。
同　年	名古屋学院大学法学部教授。

主要著書

刑法における事実の錯誤（昭和62年　成文堂）
刑法における無形的財産の保護（平成3年　成文堂）
大コンメンタール刑法〔第2版〕第3巻（共著　平成11年　青林書院）
事例解説・現代社会と刑法（平成12年　啓正社）
最先端法領域の刑事規制（平成15年　現代法律出版・立花書房）
いちばんやさしい刑事法入門〔第2版〕（共著　平成19年　有斐閣）
実践講座・刑法各論（平成19年　立花書房）
Law Practice 刑法（共著　平成21年　商事法務）
新演習講義刑法（平成21年　法学書院）
刑法各論〔第2版〕（平成24年　成文堂）
刑法基本講義〔第2版〕（共著　平成25年　有斐閣）

刑法総論

平成21年8月1日　初版第1刷発行
令和3年10月1日　初版第8刷発行

著　者	佐久間　修
発行者	阿部　成一

〒162-0041　東京都新宿区早稲田鶴巻町514番地
発行所　株式会社　成文堂
電話 03(3203)9201　FAX 03(3203)9206
http://www.seibundoh.co.jp

製版・印刷　三報社印刷　　製本　弘伸製本
©2009　O. Sakuma　　Printed in Japan
☆落丁・乱丁本はお取り替えいたします☆
ISBN978-4-7923-1844-4 C3032　　検印省略
定価（本体3,500円+税）